经贸院士
班级同学
贺教师节
走访交流项目
取得圆满成功

教育部哲学社会科学研究重大课题攻关项目

新农村建设与城镇化推进中农村教育布局调整研究

RESEARCH ON RURAL
SCHOOL CONSOLIDATION
IN BUILDING NEW COUNTRYSIDE
AND ACCELERATING URBANIZATION

史宁中 等著

经济科学出版社
Economic Science Press

图书在版编目（CIP）数据

新农村建设与城镇化推进中农村教育布局调整研究/史宁中等著. —北京：经济科学出版社，2014.3
教育部哲学社会科学研究重大课题攻关项目
ISBN 978 – 7 – 5141 – 4299 – 0

Ⅰ.①新⋯　Ⅱ.①史⋯　Ⅲ.①乡村教育 – 研究 – 中国　Ⅳ.①G725

中国版本图书馆 CIP 数据核字（2014）第 026010 号

责任编辑：刘　茜　庞丽佳
责任校对：刘欣欣
责任印制：邱　天

新农村建设与城镇化推进中农村教育布局调整研究
史宁中　等著
经济科学出版社出版、发行　新华书店经销
社址：北京市海淀区阜成路甲 28 号　邮编：100142
总编部电话：010 – 88191217　发行部电话：010 – 88191522
网址：www.esp.com.cn
电子邮件：esp@esp.com.cn
天猫网店：经济科学出版社旗舰店
网址：http://jjkxcbs.tmall.com
北京季蜂印刷有限公司印装
787×1092　16 开　41.75 印张　800000 字
2014 年 7 月第 1 版　2014 年 7 月第 1 次印刷
ISBN 978 – 7 – 5141 – 4299 – 0　定价：105.00 元
（图书出现印装问题，本社负责调换。电话：010 – 88191502）
（版权所有　翻印必究）

课题组主要成员

首席专家 史宁中
主要成员 邬志辉　秦玉友　于海波　刘善槐　安晓敏
　　　　　　杨卫安　凡勇昆　王海英　姜荣华　张源源

编审委员会成员

主　任　　孔和平　　罗志荣
委　员　　郭兆旭　　吕　萍　　唐俊南　　安　远
　　　　　　　文远怀　　张　虹　　谢　锐　　解　丹
　　　　　　　刘　茜

总　序

哲学社会科学是人们认识世界、改造世界的重要工具，是推动历史发展和社会进步的重要力量。哲学社会科学的研究能力和成果，是综合国力的重要组成部分，哲学社会科学的发展水平，体现着一个国家和民族的思维能力、精神状态和文明素质。一个民族要屹立于世界民族之林，不能没有哲学社会科学的熏陶和滋养；一个国家要在国际综合国力竞争中赢得优势，不能没有包括哲学社会科学在内的"软实力"的强大和支撑。

近年来，党和国家高度重视哲学社会科学的繁荣发展。江泽民同志多次强调哲学社会科学在建设中国特色社会主义事业中的重要作用，提出哲学社会科学与自然科学"四个同样重要"、"五个高度重视"、"两个不可替代"等重要思想论断。党的十六大以来，以胡锦涛同志为总书记的党中央始终坚持把哲学社会科学放在十分重要的战略位置，就繁荣发展哲学社会科学作出了一系列重大部署，采取了一系列重大举措。2004年，中共中央下发《关于进一步繁荣发展哲学社会科学的意见》，明确了新世纪繁荣发展哲学社会科学的指导方针、总体目标和主要任务。党的十七大报告明确指出："繁荣发展哲学社会科学，推进学科体系、学术观点、科研方法创新，鼓励哲学社会科学界为党和人民事业发挥思想库作用，推动我国哲学社会科学优秀成果和优秀人才走向世界。"这是党中央在新的历史时期、新的历史阶段为全面建设小康社会，加快推进社会主义现代化建设，实现中华民族伟大复兴提出的重大战略目标和任务，为进一步繁荣发展哲学社会科学指明了方向，提供了根本保证和强大动力。

高校是我国哲学社会科学事业的主力军。改革开放以来，在党中央的坚强领导下，高校哲学社会科学抓住前所未有的发展机遇，紧紧围绕党和国家工作大局，坚持正确的政治方向，贯彻"双百"方针，以发展为主题，以改革为动力，以理论创新为主导，以方法创新为突破口，发扬理论联系实际学风，弘扬求真务实精神，立足创新、提高质量，高校哲学社会科学事业实现了跨越式发展，呈现空前繁荣的发展局面。广大高校哲学社会科学工作者以饱满的热情积极参与马克思主义理论研究和建设工程，大力推进具有中国特色、中国风格、中国气派的哲学社会科学学科体系和教材体系建设，为推进马克思主义中国化，推动理论创新，服务党和国家的政策决策，为弘扬优秀传统文化，培育民族精神，为培养社会主义合格建设者和可靠接班人，作出了不可磨灭的重要贡献。

自2003年始，教育部正式启动了哲学社会科学研究重大课题攻关项目计划。这是教育部促进高校哲学社会科学繁荣发展的一项重大举措，也是教育部实施"高校哲学社会科学繁荣计划"的一项重要内容。重大攻关项目采取招投标的组织方式，按照"公平竞争，择优立项，严格管理，铸造精品"的要求进行，每年评审立项约40个项目，每个项目资助30万~80万元。项目研究实行首席专家负责制，鼓励跨学科、跨学校、跨地区的联合研究，鼓励吸收国内外专家共同参加课题组研究工作。几年来，重大攻关项目以解决国家经济建设和社会发展过程中具有前瞻性、战略性、全局性的重大理论和实际问题为主攻方向，以提升为党和政府咨询决策服务能力和推动哲学社会科学发展为战略目标，集合高校优秀研究团队和顶尖人才，团结协作，联合攻关，产出了一批标志性研究成果，壮大了科研人才队伍，有效提升了高校哲学社会科学整体实力。国务委员刘延东同志为此作出重要批示，指出重大攻关项目有效调动各方面的积极性，产生了一批重要成果，影响广泛，成效显著；要总结经验，再接再厉，紧密服务国家需求，更好地优化资源，突出重点，多出精品，多出人才，为经济社会发展作出新的贡献。这个重要批示，既充分肯定了重大攻关项目取得的优异成绩，又对重大攻关项目提出了明确的指导意见和殷切希望。

作为教育部社科研究项目的重中之重，我们始终秉持以管理创新服务学术创新的理念，坚持科学管理、民主管理、依法管理，切实增强服务意识，不断创新管理模式，健全管理制度，加强对重大攻关项目的选题遴选、评审立项、组织开题、中期检查到最终成果鉴定的全过程管理，逐渐探索并形成一套成熟的、符合学术研究规律的管理办法，努力将重大攻关项目打造成学术精品工程。我们将项目最终成果汇编成"教育部哲学社会科学研究重大课题攻关项目成果文库"统一组织出版。经济科学出版社倾全社之力，精心组织编辑力量，努力铸造出版精品。国学大师季羡林先生欣然题词："经时济世　继往开来——贺教育部重大攻关项目成果出版"；欧阳中石先生题写了"教育部哲学社会科学研究重大课题攻关项目"的书名，充分体现了他们对繁荣发展高校哲学社会科学的深切勉励和由衷期望。

　　创新是哲学社会科学研究的灵魂，是推动高校哲学社会科学研究不断深化的不竭动力。我们正处在一个伟大的时代，建设有中国特色的哲学社会科学是历史的呼唤，时代的强音，是推进中国特色社会主义事业的迫切要求。我们要不断增强使命感和责任感，立足新实践，适应新要求，始终坚持以马克思主义为指导，深入贯彻落实科学发展观，以构建具有中国特色社会主义哲学社会科学为己任，振奋精神，开拓进取，以改革创新精神，大力推进高校哲学社会科学繁荣发展，为全面建设小康社会，构建社会主义和谐社会，促进社会主义文化大发展大繁荣贡献更大的力量。

教育部社会科学司

前　言

2007年深秋，以史宁中教授为首席专家、以教育部人文社会科学重点研究基地东北师范大学农村教育研究所为班底，同时在整合国内同领域专家学者基础上组成的课题组在北京参加了由教育部社会科学司组织的"教育部哲学社会科学研究重大课题攻关项目"竞标答辩会。在课题竞标书中，我们对"新农村建设与城镇化推进中农村教育布局调整研究"有着自己的认识与解读。首先，我们认为，教育布局不等于学校布局。在传统观念中，教育布局基本上被理解为了学校布局，被理解为了学校在空间上的布点，即在什么地方办学的问题，且多局限于义务教育范畴。然而，教育布局不仅包括学校在空间上的布局，更重要的还包括农村教育体系之间的结构布局，如职业教育、成人教育、高等教育以及各种非正规教育之间的结构摆布问题。义务教育的对象是学龄儿童，布局的核心是学校数量、规模和选址问题；职业教育的对象是就业或转岗人口，布局的核心则是学校专业与当地产业结构相协调、学校层次与企业人才需求相适应、学校选址与城镇化推进相呼应的问题；成人教育的对象是普通农民，布局的重点是适应农民生产生活、文化娱乐需要，构建农村学习型社区的问题。为此，我们设计了七个子课题，全景式勾画了在新农村建设与城镇化推进背景下农村教育布局调整所必须关注的课题。

项目中标后，无论是从专家评审组的反馈建议还是开题论证会的专家建议上看，都希望我们能"收缩研究目标，突出研究重点"、"要特别重视政策研究，出有一定水平的理论成果"。为此，我们把目标重心由"农村教育布局"转向"农村学校布局"，并适当兼顾了农村教育布局。后来的实践证明，这种调整的效果是非常好的。课题组的研究成果不仅有效地服务了国家重大决策，例如我们提交的《关于制定〈规范农村学校布局调整若干规定〉的政策建议》先后被时任国务院总理温家宝、全国人大常委会副委员长严隽琪、教育部部长袁贵仁等批示，主要内容被写进了2012年9月国务院办公厅颁布的《关于规范农村义务教育学校布局调整的意见》（国办发〔2012〕48号），《被撤并农村学校用地处置问题的政策建议》、《关于在农村地区实行校车制度的政策建议》、《农村学校布局调整要警惕辍学率反弹》等咨询报告也先后被政协吉林省委员会提案委员会、吉林省教育厅等采纳；而且课题组还提出了一系列重要的创新性理论成果，如农村学校布局调整的"约束条件理论"、程序公正理论、三维决策理论（科学化、民主化、道义化决策）、"底线＋弹性"标准模型等，多项成果在 Chinese Education and Society、《求是》、《教育研究》等重要 SSCI 和 CSSCI 学术期刊发表，取得了广泛的学术影响和社会影响。

我们发现，对待农村学校布局调整问题的不同态度，实质上源于对"农村教育未来发展方向是什么"的不同认识，在这方面一直存在两种针锋相对的观点。一种观点认为，"城镇化是农村教育的发展方向"、"城市让教育更美好"。持这种观点的人观察到，农村人口正在不断地走向城镇成为市民，农村学校留住优秀师生难，城区优质教育资源下乡难，乡村教育衰败与城镇教育繁荣、农村学校"空壳化"与城区学校"大班化"的鲜明对照让他们相信，城乡教育差距是没有办法改变的，只有实行"小学进镇、初中进城、消灭农村教育"的布局调整政策，才能让所有的农村儿童享受到优质的城市化教育，只有教育的城镇化才能优化资源配置、提高教育质量、提供丰富化课程，因此，农村教育走向城市化是合民心、顺民意的不二选择。另一种观点则认为，"新农村是农村教育发展的方向"、"要让农村儿童在家门口享受优秀教育"。持这种观点的人观察到，农村人口居住分散、农村交通条件落后，农村儿童进城读书要产生不少额外的交通成本、住宿成本和生活成本，由于农村社会还存在诸多老弱病残家庭，他们实在没有精力和能力送孩子进城读书，如果乡村学校全部撤并了，他们只能被迫辍学。所以，持这一观点的人主张要保留和建设必要的村小与教学点，适度发展乡镇寄宿制学校，努力提高末端教育质量。我们认为，中国农村教育的未来要着眼于两个方向，一是城镇化建设，二是新农村建设，两者缺一不可。但是，我国的城镇化目前还有很多虚假的成分，进城农民还没有变成真正的市民，比如农民虽然进城工作了，但却不能享受正常的市民待遇，甚至有不少进城农民不能把自己的亲人和孩子带在身边，享受正常的家庭生活。同时，中国13亿人口的吃饭问题总得有人去解决，如果中国没有人种地了，一旦出现了"粮食危机"，那么就会危及整个国家安全和社会稳定，城市化也会失去激情奔涌的"血液"和活力。所以，新农村建设还不能丢，中国未来的发展之路不能只用"城镇化"这一条腿来走，而是必须用"新农村建设"和"城镇化建设"这两条腿。"新农村建设"不只是经济意义上的建设，更重要的还包括社会意义上的建设。在社会的意义上，学校本身就是一个乡村社区组织，是乡村社区文化建设的中心，没有学校的社区不仅是缺乏竞争力的，而且是不适合人居住的。君不见哪个社区有好学校，哪个社区的房价就上涨，哪个社区没有好学校，哪个社区的房价就降低吗？建设好乡村学校是国家向农民传达的真心解决"三农"问题的信号，有了这个信号，才能坚定农民建设好新农村的信心！

2012年9月《国务院办公厅关于规范农村义务教育学校布局调整的意见》（国办发〔2012〕48号）提出"坚决制止盲目撤并农村义务教育学校"，被认为是中国进入"后撤并时代"的标志。在后撤并时代，我们认为应该重点做好三件事：一是办好必要的村小和教学点，二是办好乡镇寄宿制学校，三是妥善解决城镇大校大班问题，其实质是推进城乡义务教育均衡发展，全面提高城乡学校教育质量，让农村儿童不仅"有学上"，而且能"上好学"并"学得好"！

本书由五篇二十三章组成，第一篇总论系统论述了农村教育布局调整的时代背景、研究思路、内涵要素及发展历程；第二篇调查研究运用聚类分析的方法对全国七类典型地区的农村学校布局调整个案进行了分析，展现了多样化的农村学校布局调整格局；第三篇比较研究美国、俄罗斯、韩国和日本等先后国家的农村学校布局调整历程、经验和教训并进行了分析；第四篇政策研究回顾中国农村学校布局的政策演进、学校撤并的程序公正、后续政策和小规模学校政策进行了探讨；第五篇规划研究分析了农村学校布局调整的标准、合理化模型和分类规划问题。

  农村学校调整问题十分复杂，涉及经济、社会、人口、土地、教育等诸多方面。由于时间和水平所限，书中疏漏在所难免，恳请读者批评指正。

史宁中

于长春东北师范大学

2013 年 9 月 11 日

摘　要

农村教育布局调整问题是新农村建设与城镇化推进中面临的长期复杂且事关农村百姓教育利益的重大问题，特别是进入21世纪以来这一问题尤为突出。本书基于工业化、城镇化和新农村建设的宏大背景，对农村学校布局调整的系列问题进行了深入的探讨。本书全面阐述了农村学校布局调整的内涵、要素、发展历程、标准、合理化模型及分类规划等理论问题。中国地域广大，情况复杂，本书对人口输入型、校车主导型、学区型、寄宿型、人口稳定型、多民族聚居型、小规模学校保留型等不同的农村学校布局调整类型进行了分类调查研究，并有针对性地提出了相应的布局调整策略。许多发达国家经历过的问题正是我们今天正在经历的问题，本书对美国、俄罗斯、日本和韩国的农村学校布局调整经验和教训进行了深入的剖析，并指出了别国的经验对我国农村学校布局调整的借鉴意义。农村学校布局调整问题十分复杂，涉及多方面的政策问题，本书在对我国农村学校布局调整变迁历程进行长时段分析的基础上，详细探讨了农村学校撤并的程序公正政策、农村学校撤并后的成本分担政策、教师安置政策、寄宿学校政策、闲置校产处置政策、校车政策以及小规模学校质量提升政策等一系列政策议题，并提出解决农村学校布局调整后续问题的政策建议。

Abstract

Rural education closure and consolidation is a critical issue which is bothered both the new rural construction and the urbanization advancement, and which is also closely related to the rural people's interest in education historically especially in 21st century. Based on the context of the industrialization, urbanization and new rural construction, in-depth discussion on the series issues of rural school closure and consolidation are conducted in the book. This author elaborates several theoretical problems that contain the connotation, elements, development process, standards, rationalization and classification planning models of the rural school closure and consolidation. Due to China is vast in square and whose country condition is complicated also, the author implemented a survey on different types of the rural school closure and consolidation, which can be classified into population in-flowed, school-bus oriented, school-districted constructed, boarding-school established, population stabilized, multi-ethnic gathered, and small-scale school reserved, and so on, furthermore, the corresponding adjustment of the layout strategies for each type are put forward in the book. Problems suffered by many forward countries what they have already experienced are now become worse in China gradually, experiences and lessons on school closure and consolidation from the United States, Russia, Japan and South Korea's are in-depth introduced, the references that can be imitated are reminded of as well. Rural school closure and consolidation, which is extremely complicated and involves a wide range of policy issues, on account of a long period of analysis on whose history transitions in China, on the whole, discusses on the policy on whose proceeding and related topics, such as the procedural fairness of rural schools merge, cost sharing after rural schools merge, teachers resettlement, boarding school, idle school property disposal, school bus and quality of small-scale school improved and many other policy issues are launched in the book, moreover, policy recommendations on the propose solutions to the probable problems being emerged for the rural school closure and consolidation are put forward.

目录

导言　农村教育布局调整研究的学术简史　1

第一篇
总论　7

第一章　农村教育布局调整研究的时代背景　9
第一节　人口变化趋势与农村教育布局调整　10
第二节　产业结构调整与农村教育布局调整　23
第三节　新农村建设与农村教育布局调整　35

第二章　农村教育布局调整研究思路　51
第一节　研究视角选择　51
第二节　总体框架、研究目标与内容　62

第三章　农村教育（学校）布局调整内涵与要素　73
第一节　农村教育（学校）布局调整的内涵　73
第二节　农村学校布局调整的要素　77
第三节　农村学校布局调整的利弊与妥协　83

第四章　农村学校布局调整的发展历程　94
第一节　35年来学校布局调整的宏观特征　95
第二节　近10年农村学校布局调整的演进态势　100
第三节　为何10年农村学校布局调整惊心动魄　112
第四节　农村学校布局调整的几个政策议题　118

第二篇

调查研究 125

第五章 ▶ 学校布局调整的调查对象、方法与过程 127

第一节　调查样本的选择　127

第二节　调查的内容与工具　139

第三节　调查的方法、过程与结果　142

第六章 ▶ 人口输入型农村学校布局调整调查研究
　　　　——以浙江省玉环县为例　144

第一节　玉环县概况　145

第二节　学校布局调整的调研情况　156

第三节　学校布局调整后各方面情况　161

第四节　学校布局调整的成效　165

第五节　学校布局调整后引发的问题　168

第六节　推进学校布局调整的对策建议　178

第七章 ▶ 校车主导型农村学校布局调整调查研究
　　　　——以辽宁省桓仁县为例　182

第一节　桓仁县农村学校布局调整的背景　183

第二节　桓仁县农村学校布局调整的过程及结果　186

第三节　桓仁县农村学校布局调整的多维视角　195

第四节　对桓仁县中小学校布局调整的对策建议　205

第八章 ▶ 学区型农村学校布局调整研究
　　　　——以河北省井陉县为例　209

第一节　井陉县自然概况和社会经济发展情况　210

第二节　井陉县教育布局调整的动因及可行性分析　211

第三节　井陉县教育布局调整的推进过程及推进策略　217

第四节　井陉县教育布局调整的成效及问题分析　223

第五节　完善教育布局调整中问题的思路与建议　228

第九章 ▶ 寄宿型农村学校布局调整调查研究
——以内蒙古阿鲁科尔沁旗为例　233

　　第一节　调研目的、内容、对象及工具　233
　　第二节　阿旗学校布局调整的背景、方式及成效　235
　　第三节　阿旗布局调整后的寄宿制学校建设问题　240
　　第四节　建设和完善农村寄宿制学校的政策建议　253

第十章 ▶ 人口稳定型农村学校布局调查研究
——以河南省叶县为例　258

　　第一节　调研背景及基本情况　258
　　第二节　河南省叶县及学校布局调整的基本情况　260
　　第三节　河南省叶县义务教育阶段存在的问题及分析　267
　　第四节　对河南省叶县教育现状提出的建议　276

第十一章 ▶ 多民族聚居型农村学校布局调整调查研究
——以云南省新平县为例　280

　　第一节　云南省新平县个案特点　281
　　第二节　云南省新平县农村学校布局调整的现状研究　290
　　第三节　云南省新平县农村学校布局调整的问题检视　307
　　第四节　云南省新平县农村学校布局调整的政策建议　318

第十二章 ▶ 小规模学校保留型农村学校布局调查研究
——以甘肃省和政县为例　327

　　第一节　和政县基本情况介绍　327
　　第二节　和政县中小学布局调整的现状与问题　332
　　第三节　甘肃省和政县教育之未来需要与建议　344

第三篇

比较研究　353

第十三章 ▶ 美国农村学校布局调整研究　355

　　第一节　美国乡村学校（学区）的布局阶段　355

第二节　美国乡村学校（学区）布局的调整阶段　358

第三节　美国乡村学校（学区）布局调整的反思阶段　368

第四节　美国乡村学校（学区）布局调整历程对我国的启示　373

第十四章 ▶ 俄罗斯农村学校布局调整的经验与启示　377

第一节　苏联农村学校布局调整的基本历程　377

第二节　俄罗斯农村学校布局调整的基本历程与现状　380

第三节　困扰俄罗斯农村学校布局调整的问题　384

第四节　俄罗斯政府针对农村学校布局调整的新举措　387

第五节　对我国农村学校布局的启示　392

第十五章 ▶ 日本学校撤销合并的趋势与"区域社会和学校"
　　　　　——探寻小规模学校教育的可能性　398

第一节　开放区域学校与孩子的学习　399

第二节　推行中的学校与区域社会的分离　400

第三节　"义务教育改革"与学校合并　404

第四节　小规模学校教育的可能性　406

第十六章 ▶ 韩国农村小规模学校合并政策及对中国的启示　408

第一节　小规模学校合并政策的实施背景与基准　408

第二节　小规模学校合并政策的实施效果　411

第三节　韩国农村小规模学校发展的政策建议　416

第四节　给中国的启示　418

第四篇

政策研究　421

第十七章 ▶ 农村学校布局调整的政策变迁研究　423

第一节　供不应求阶段的学校布局政策（1949～1965年）　424

第二节　"文革"十年教育工农化阶段（1966～1976年）　430

第三节　恢复和整顿不合理教育布局阶段（1977～1985年）　433

第四节　义务教育巩固普及阶段（1986～2000年）　436

第五节　农村学校大幅度撤并阶段（2001年至今）　442

第十八章 ▶ 农村学校撤并决策程序公正研究　456

　　第一节　学校撤并决策程序公正的内涵与意义　457
　　第二节　学校撤并决策程序的最低限度公正标准　460
　　第三节　学校撤并决策的公正性程序建构　464

第十九章 ▶ 农村学校布局调整的后续政策研究　470

　　第一节　农村学校撤并后的成本分担政策　470
　　第二节　学校布局调整后农村富余教师安置政策研究　480
　　第三节　农村学校布局调整后的寄宿政策　490
　　第四节　学校撤并后的校产处置政策　500
　　第五节　农村学校布局调整后的校车政策　509

第二十章 ▶ 农村小规模学校政策研究　517

　　第一节　农村小规模学校的存在价值　517
　　第二节　农村小规模学校的生存边缘化　522
　　第三节　农村小规模学校的运作特征　525
　　第四节　农村小规模学校的教育质量提升潜力　532
　　第五节　农村小规模学校的政策建议　534

第五篇

规划研究　543

第二十一章 ▶ 农村学校布局调整标准研究　545

　　第一节　现有农村学校布局调整标准的问题检视　545
　　第二节　建立农村学校布局调整标准的约束条件　549
　　第三节　中国特色农村学校布局调整标准的理论建构　557

第二十二章 ▶ 农村学校布局调整合理化模型建构研究　562

　　第一节　学校布局调整决策的效用分析　562
　　第二节　学校布局调整决策的风险分析　571
　　第三节　学校布局调整决策的理论模型　577

第二十三章 ▶ 农村教育布局调整分类规划研究　582

第一节　农村学前教育布局调整规划研究　582
第二节　农村职业教育布局调整规划研究　589
第三节　学校布局调整后农村社区教育的规划研究　605

参考文献　614

后记　633

Contents

Introduction: Academic History of Research on the
　　　　　　　Rural Education Closures and Consolidations　1

Part 1

　Introduction　7

Chapter 1　The Background of Research on the Rural Education
　　　　　　　Closures and Consolidations　9

　　Section 1　Human Population Trends and Research on the
　　　　　　　　Rural Education Closures and Consolidations　10
　　Section 2　Adjustment of Industrial Structure and Research on the
　　　　　　　　Rural Education Closures and Consolidations　23
　　Section 3　New Socialist Countryside Construction and Research on the
　　　　　　　　Rural Education Closures and Consolidations　35

Chapter 2　Research on Rural Education Layout and Adjustment　51

　　Section 1　Selection of Research Perspective　51
　　Section 2　Global Outline、Research Objective and Contents　62

Chapter 3 Connotation and Factors of Rural Education Layout and Adjustment　73

　　Section 1　Connotation of Rural Education Layout and Adjustment　73
　　Section 2　Factors of Rural School Consolidation　77
　　Section 3　Strengths and Weakness of Rural Education Layout and Adjustment and Their Compromises　83

Chapter 4　Development Process of Rural School Consolidation　94

　　Section 1　Macro Features of School Consolidation in Past 35 Years　95
　　Section 2　Evolution Trend of Rural School Consolidation in Recent Decade　100
　　Section 3　Reasons of Rural School Consolidation in Recent Decade　112
　　Section 4　Some Policy Topics on Rural School Consolidation　118

Part 2
Investigate Research　125

Chapter 5　Survey object, Methods and Processes of School Consolidation　127

　　Section 1　The Selection of the Survey Samples　127
　　Section 2　The Content and Tools of the Survey　139
　　Section 3　The Methodology, Process and Results of the Survey　142

Chapter 6　Research on Rural School Consolidation with Input Population
　　　　　　——A Case Study of Yuhuan County in Zhejiang Province　144

　　Section 1　Brief Introduction of Yuhuan County　145
　　Section 2　Brief Introduction of School Consolidation　156
　　Section 3　Conditions after School Consolidation　161
　　Section 4　Effects of School Consolidation　165
　　Section 5　Problems after School Consolidation　168
　　Section 6　Suggestions on School Consolidation　178

Chapter 7 Research on Rural School Consolidation with School Bus
——A Case Study of Huanren County in Liaoning Province   182

    Section 1   Background of Rural School Consolidation in Huanren   183

    Section 2   Process and Result of Rural School Consolidation in Huanren   186

    Section 3   Multi-perspectives of Rural School Consolidation in Huanren   195

    Section 4   Suggestions on Rural School Consolidation in Huanren   205

Chapter 8 School District-oriented Rural School Consolidation
——A Case Study of JingXing County in Hebei Province   209

    Section 1   Natural Environment and Socioeconomic Development of JingXing County   210

    Section 2   Analysis of Motivation and Feasibility on Education Layout and Adjustment of JingXing County   211

    Section 3   Propelling Process and Strategies on Education Layout and Adjustment of JingXing County   217

    Section 4   Effects and Problem Analysis on Education Layout and Adjustment of JingXing County   223

    Section 5   Thoughts and Suggestions for Improving the Education Layout and Adjustment   228

Chapter 9 Research on Rural Lodging School Consolidation
——A Case Study of Kerqin in Inner Mongolia   233

    Section 1   Research Objective, Content and Tool   233

    Section 2   Background, Mode and Effect of School Consolidation in Kerqin   235

    Section 3   Lodging School Construction after School Consolidation in Kerqin   240

    Section 4   Suggestions on Policy Construction on Lodging School in Kerqin   253

Chapter 10 Research on Rural School Consolidation with Stable Population
——A Case Study of Ye County in Henan Province   258

    Section 1   Background and Brief Introduction of Research   258

    Section 2   Condition of School Consodtion and Ye County   260

    Section 3   Problems and Analysis of Compulsory Phrase Education in Ye County   267

Section 4   Suggestions on Educational Condition in Ye County   276

Chapter 11   Investigation on the Rural School Closures and Consolidations
    ——A Case Study of X Town in Yunnan Province   280

Section 1   The Case Characteristic of the X Town in Yunnan Province   281
Section 2   The Research about the Current Situation of the Rural School Closures and Consolidations at X Town in Yunnan Province   290
Section 3   The Perspective Problem about the Rural School Closures and Consolidations at X Town in Yunnan Province   307
Section 4   Some Policy Suggestions for the Rural School Closures and Consolidations at X Town in Yunnan Province   318

Chapter 12   Research on Rural Small-sized Schools Consolidation
    ——A Case Study of Hezheng County in Gansu Province   327

Section 1   Brief Introduction of Research and Hezheng County   327
Section 2   Condition and Problems on School Consolidation in Hezheng County   332
Section 3   Suggestions on School Consolidation in Hezheng County   344

Part 3
Comparative Research   353

Chapter 13   The Research on Rural School Consolidation in USA   355

Section 1   Stage of the Layout of the Rural Schools/School District of USA   355
Section 2   Stage of the Consolidation of the Rural Schools/School District of USA   358
Section 3   Stage of the Reflection of the Rural Schools/School District of USA   368
Section 4   The Course of Rural School Consolidation in USA which Enlightenment to China   373

Chapter 14   The Research on Rural School Consolidation in Russia   377

Section 1   Progress of Rural School Consolidation in Former Soviet Union   377
Section 2   Progress and Recent Condition of Rural School

Consolidation in Russia　　380

　　Section 3　Problems of Rural School Consolidation in Russia　　384

　　Section 4　Measures of Rural School Consolidation in Russia　　387

　　Section 5　Inspiration of Rural School Consolidation to China　　392

Chapter 15　The Research on Rural School Consolidation in Japan

　　　　　　——**Exploring the Possibility of Education in Small-sized School**　　398

　　Section 1　Opening Regional School and Students' Learning　　399

　　Section 2　Separation of School and Regional Society　　400

　　Section 3　Compulsory Educational Reform and School Consolidation　　404

　　Section 4　Possibility of Education in Small-sized School　　406

Chapter 16　The Research on Rural School Consolidation in South Korea　　408

　　Section 1　Background and Standard of Consolidation Policy in Korea
　　　　　　 Small-sized School　　408

　　Section 2　Effects of Consolidation Policy in Korea Small-sized School　　411

　　Section 3　Suggestions on Consolidation Policy in Korea Small-sized School　　416

　　Section 4　Inspiration on Consolidation Policy to China　　418

Part 4

Policy Research　　421

Chapter 17　Research on Policy Development of Rural School Consolidation　　423

　　Section 1　Policy of Rural School Consolidation in the Phrase with
　　　　　　 Great Demand (1949～1965)　　424

　　Section 2　Policy in the Phrase of Cultural Revolution (1966～1976)　　430

　　Section 3　Policy in the Phrase with Reorganization (1977～1985)　　433

　　Section 4　Policy in the Phrase with Strengthen
　　　　　　 Compulsory Education (1986～2000)　　436

　　Section 5　Policy in the Phrase with Rural School
　　　　　　 Consolidation (2001～present)　　442

Chapter 18　Research on Procedural Justice of Rural School Consolidation　　456

　　Section 1　Content and Meaning on Procedural Justice of Rural School

　　　　　Consolidation　　457

　　Section 2　Limits and Standards on Procedural Justice of Rural School
　　　　　Consolidation　　460

　　Section 3　Construction of Justice Process in Rural School Consolidation　　464

Chapter 19　Research on Continuing Policy of Rural School Consolidation　　470

　　Section 1　Policy of Cost Distribution after Rural School Consolidation　　470

　　Section 2　Policy of Teacher Placement after Rural School Consolidation　　480

　　Section 3　Policy of Lodging after Rural School Consolidation　　490

　　Section 4　Policy of School Property Disposal after Rural School Consolidation　　500

　　Section 5　Policy of School Bus after Rural School Consolidation　　509

Chapter 20　Research on Small-sized Schools Policies　　517

　　Section 1　Value of Rural Small-sized Schools　　517

　　Section 2　Marginalized Survival of Rural Small-sized Schools　　522

　　Section 3　Operation Characteristics of Rural Small-sized Schools　　525

　　Section 4　Potentials in Education Quality of Rural Small-sized Schools　　532

　　Section 5　Suggestions on Rural Small-sized Schools　　534

Part 5
　　Planning Research　　543

Chapter 21　Research on Standard of Rural School Consolidation　　545

　　Section 1　Problems on Standard of Rural School Consolidation　　545

　　Section 2　Limitation of Establishing the Standard of
　　　　　Rural School Consolidation　　549

　　Section 3　Establishing the Theory on Standard of Rural School
　　　　　Consolidation with Chinese Features　　557

Chapter 22　Research on Rational Model of Rural School Consolidation　　562

　　Section 1　Analysis the Effectiveness of School Consolidation　　562

　　Section 2　Analysis the Risk of School Consolidation　　571

　　Section 3　Theory Model of School Consolidation　　577

Chapter 23 Research of Classification and Plan on Rural School Consolidation　582

    Section 1　Research of Plan on Rural Preschool Consolidation　582

    Section 2　Research of Plan on Rural Vocational School Consolidation　589

    Section 3　Research of Plan on Community Education after School Consolidation　605

References　614

Postscript　633

导 言

农村教育布局调整研究的学术简史

教育布局调整是教育发展过程中常态的教育管理活动，教育管理者一般将随着自然环境的变动和社会背景的转换，审时度势地对教育布局进行合理完善，以回应周遭环境对教育提出的要求。事实上，早在两千多年前的《学记》中就有关于教育布局情况的记载，"古之教者，家有塾，党有庠，术有序，国有学"，意指我国古代设学施教一般在每二十五家组成的闾里设立塾，在每五百家组成的党里设立庠，在每一万二千五百家组成的术里设立序，在天子的都城里设立大学。通过在不同的地域范围设立不同类型的教育机构的理念，可以看到我国古代教育管理者在教育布局方面体现出的教育思想。肇始于宋朝的书院在地址选择上大多倾向于依山傍水之处，也集中体现了教育场所与周边环境之间的相依关系。然而，这些只是关于教育布局非常肤浅的表达，真正把教育布局作为专门的内容进行研究则主要发生在现代学校诞生之后，尤其是近现代社会随着人口数量的增长和现代化进程的发展，教育布局的合理与否已然对一个地区的教育变革和发展产生了强烈的影响，教育布局调整研究才逐渐走进研究者的视野。迄今关于教育布局调整的研究主要出现在教育地理学、教育生态学和区域教育学的相关著述之中。

一、教育布局调整研究发轫于教育地理学

1949年，美国芝加哥大学地理系的费伯克（A. K. Philbrick）出版了《芝加哥市温勒特加社区和布瑞德波特社区的教育地理学》一书，研究了教育土地使用、受教育人口分布、校区与服务区居住地的公共教育等问题，提出了教育空间

规划（educational space planning）概念，开创了一门新兴学科——教育地理学。1963年，联合国教科文组织成立国际教育规划研究所，对学校位置（选址）和学区确定（规划）等问题展开研究，该所主办的出版物《学校位置规划》，发表了大量学校布局方面的研究成果，如哥尔德（W. Gould）的《热带非洲的地理与教育机会》（1971年）、马克菲尔德（D. Maxfield）的《学区空间规划》（1972年）、郎松（E. Rawstron）的《教育机会中的位置因素：来自英格兰和威尔士的例子》、托马斯·荷普（E. Thomas Hope）的《学区划分方法：以牙买加 ST. Ann 教区小学为例》等。我国改革开放以来也出现了一些专门讨论教育区域规划等关于教育地理学研究文献，我国第一篇以教育地理学为题名的论述来自1995年《河南教育学院学报》第1期的《关于创建教育地理学理论体系的几点思考》一文，随后我国学者罗明东于1997年在《上海高教研究》第6期发表的《教育地理学：一个崭新的研究领域》正式开启了教育地理学的理论研究。2003年罗明东正式出版了中国第一本《教育地理学》专著，这也是目前我国唯一以"教育地理学"为题名的著作。通过回顾国内外教育地理学的研究可以发现与教育布局调整研究相关的基本特征。首先，教育地理学借助地理学的理论和知识来研究教育布局问题。虽然教育地理学还是一个比较年轻的学科，然而地理学的发展已然源远流长，在地理学的学科历史中已经出现人文地理学、自然地理学以及应用地理学等其他分支学科，这些学科的子学科如气候学、环境地理学、社会地理学、政治地理学、发展地理学、文化地理学也已经趋于成熟。在教育地理学的产生和发展中来自地理学的这些研究均不同程度地构成了重要的理论基础，无论在研究方法和研究路径还是在研究视角和逻辑思路，给教育布局研究提供了丰富的思想资源。其次，教育地理学讨论了地理环境与教育空间布局的相互影响机制。教育地理学是研究人与地理环境之间的关系问题，而探讨人—地关系实质上就是在研究人类活动在地理环境中是怎样运动的，怎样受到自然地理环境制约又怎样反作用于自然地理环境而与自然地理环境有机融合为统一的地理环境的[1]。教育地理学不仅研究地理环境对教育的直接影响和间接影响进行详细的论述，还对教育对地理环境的影响进行必要的分析，说明教育地理学对教育布局的研究并非单向度的而是具有双向互动的特征。

二、教育布局调整研究发展于教育生态学

较早研究教育与生态之间关系的是20世纪60年代的英国学者阿什比

---

[1] 罗明东：《教育地理学》，云南大学出版社2003年版，第31页。

(E. Ashby)，在《英国印度非洲的大学——关于高等教育生态学的研究》(Universities: British, Indian, African – A Study in the Ecology of Higher Education) 首先提出了"高等教育生态学"概念，使得生态学的理论和方法开始走入教育学研究的领域。以后陆续出版了费恩(L. Fein)《公立学校的生态学》(The Ecology of the Public School)、坦纳(R. Tanner)《生态学、环境与教育》(Ecology, Environment and Education) 以及艾格尔斯顿(J. Eggleston) 的《学校生态学》(The Ecology of the School) 等，尤其是八九十年代以来，越来越多的研究者开始注意到生态学在教育研究中的意义，其中鲍尔斯(C. A. Bowers) 在教育生态学的研究上著述颇丰，连续出版了《回应教学：一个关于语言、文化和思想的课堂教学模式的生态学方法》(Responsive Teaching: an Ecological Approach to Classroom Patterns of Language, Culture, and Thought)、《教育、文化神话和生态危机：迈向深度变革》(Education, Cultural Myths & the Ecological Crisis: Toward Deep Changes) 等著述。整体而言，国外的教育生态学研究在时间上明显早于我国大陆地区，无论在研究的深度还是广度上都处于领先地位。直到20世纪80年代中后期，我国才开始出现教育生态学的研究。1990年吴鼎福和诸文蔚合著的《教育生态学》是我国大陆第一本研究教育生态学的专著，此后在1992年和2000年相继又出版了任凯、白燕合著的《教育生态学》和范国睿专著的《教育生态学》，以上三本著作引发了我国部分研究者对教育生态学的兴趣。所谓教育生态学是在生态环境的视角下研究教育规律、现象和问题，旨在促进生物和环境组成的教育生态系统保持一种动态平衡的学科。在教育布局调整研究方面，虽然这三本著作均对周围生态环境对学校教育发展的影响均有涉猎，事实上这也是教育布局调整研究关注的维度，但是前两本则显得有些点到为止，无论是宏观意义还是微观视角它们更多程度上是在讨论生态环境对"教育"而非"教育布局"的影响，只有范国睿的《教育生态学》专章探讨了学校生态分布问题，较为详细地对学校布局进行了论述。具体而言，他主要在学校分布生态因子、学校类型、学校规模和学校分布规划四个方面对学校生态分布进行研究，其中他特别提出学校分布应该遵循适应原则和平衡原则，其中适应原则包括小学布点一般应以走读、就近入学为原则，中学布点应以相对集中、分片入学为原则；平衡原则包括学校要与其他社会生态系统保持动态平衡、各级各类学校之间要保持动态平衡[①]。在教育布局调整研究的理论基础相对薄弱的当前，教育生态学所具有的生态学理论视角和研究方法无疑是一股具有生命力的源头活水，为认识和解决教育布局调整的现象和问题提供了另一种思维方式。此外，与教育地理学研究比较倾向于自然

---

① 范国睿：《教育生态学》，人民教育出版社2000年版，第193页。

环境不同，教育生态学更注重包括自然环境、社会环境和规范环境在内的复合生态环境，这无疑丰富了教育与周围环境相互关系的内涵。

三、教育布局调整研究拓展于区域教育学

在20世纪八九十年代，随着我国不同地区间教育失衡现象的出现，"区域教育"逐渐走进研究者的视野，并进而逐渐形成了区域教育学的建构。其间，陆续出现了一些重要的研究论文，例如谈松华的《我国教育发展的区域性特征及其战略选择》和《中国区域教育现代化研究》、焦凤君的《区域教育论》、董泽芳的《论区域教育统筹》、房淑云的《教育的地域性与区域教育》以及吕寿伟的《论区域教育学的学科性质》等，而且还出现了一些诸如《区域教育统筹与发展》和《区域教育发展理论探索》等关于区域教育的著作。区域教育的相关研究为区域教育学的出现提供了土壤，不久之后的1995年焦凤君在《区域教育论》一文中就提出"区域教育的研究是个尝试，刚刚开始，还有待于建立更为完善的区域教育学体系"[①]的设想，此后更是出现了《区域教育研究的兴起和区域教育学的创建》、《区域教育学的困境反思与生机探寻》、《论区域教育学的学科性质》等有关区域教育学基本理论议题的论文以及焦瑶光的《区域教育学》（2004）和彭世华的《发展区域教育学》（2003）两本专著，对区域教育学的发展起到了重要的推动意义。教育空间布局的核心内容是各级各类学校的空间布局，它包含两个方面的内容：一是学校个体的配置与分布，二是教育机构群体在整个地区所形成的网络系统。从我国乃至世界的教育研究来看，大多数都是借助生产布局学中的区位论和区域分析法，结合教育的有关理论来研究学校布局，而且主要从宏观——区域学校结构布局和微观——较小区域的学校分布（如城镇分布）两个方面进行研究。就现有的文献而言，多数区域教育研究均属于宏观层次。例如，焦瑶光的《区域教育学》全篇立足宏观视角通过考察不同区域在经济、政治、文化和人口等方面对教育的影响，论述教育布局在这些因素作用下的形态类型和发展状况。而《区域教育发展学》与此基本相似，也集中论述区域教育受到区域经济、文化、人口、民族的影响，并且它借助于发展理论来研究不同区域教育结构和类型的均衡发展问题。美国学者麦克斯菲尔德从微观方面对学校区的空间规划进行研究，他指出：学校规划涉及让学生就近上学的短期行为和确定最有利于学校扩建、改建的最佳位置的长期行为，管理者要考虑学生的容

---

① 焦凤君：《区域教育论》，载《教育理论与实践》1995年第1期，第4~8页。

量、生源的位置、新学校的位置等因素,为教育规划和决策打下基础①。区域教育学在教育布局调整研究中最大的理论贡献在于选择了那些具有某些共同特征的教育区域为研究范围,在同质性较高的情况下探讨社会环境和自然环境对教育结构、类型以及不同层级的影响,而且这样的研究视角也有利于凸显不同区域教育布局特色和水平高低。

毋庸置疑,教育地理学、教育生态学以及区域教育学在我国农村教育布局调整的实施中起到了非常关键的指导作用,为农村教育布局调整的标准构建、原则设计以及政策制定提供了学术依据。然而,以上多数学科建立时间并不长远,在理论研究上整体而言还缺乏一定的深度和力度,这正如一研究者关于当前教育地理学的研究成果所言,"研究水平不高,研究成果也不多,尤其缺乏对一些基本理论问题的研究,对研究的范畴还未清楚,大多是专题的实证性研究,没有系统的专著出版,总之,本学科还是一个普遍不受重视的研究领域"②,教育生态学和区域教育学与其类似,也面临着同样的尴尬局面。此外,这些学科并非专门针对教育布局调整问题进行的专题研究,因此对于教育布局的研究往往缺乏准确性和系统性,出现诸如学校布局与教育布局概念的混用、侧重学校空间布局而忽视教育结构以及宏观和微观视角的不均衡等缺憾,影响着教育布局调整研究的深入和政策的实施。本研究尝试在借鉴以上学科相关理论基础上,对农村教育布局的研究进行合理完善,真正实现继承传统中的理论创新。这主要体现在以下诸端:理论上,提出了不同于"学校布局"的农村"教育布局"概念体系,构建了农村教育布局合理化模型,填补了我国农村教育布局没有政策模型的空白;实践上,探索了新型学区制度的可行性,并进行制度设计;方法上,首次引入遗传算法、人工神经网络等方法于农村教育布局预测、抽样之中;在大规模调研过程中,广泛运用质化研究方法,以弥补量化研究的不足,也是一个创新;文献上,应该是国内第一次较系统译介国外在农村城镇化进程中这教育布局的著作。

---

①② 罗明东:《教育地理学》,云南大学出版社2003年版,第30页。

第一篇

总 论

第一章

农村教育布局调整研究的时代背景

学术界一般认为我国近代社会经历了三次重要的转型，首先是20世纪初期推翻了两千多年的封建王朝统治的辛亥革命，然后是20世纪中期成立了社会主义制度的中华人民共和国，80年代以后的改革开放则引发了我国第三次社会转型，而最近一次的社会转型已持续了30余年，迄今仍未停息。当前社会转型过程体现着纵横交错和纷繁复杂的基本特征，这不仅反映在我国整体社会从计划经济体制向市场经济体制、从传统社会向现代社会、从农业社会向工业社会、从封闭社会向开放社会的转变，同时范围也要广泛涉及政治、经济、文化形态、价值观念以及现代科技等诸多领域，并引发社会民众在思想观念、行为方式、社会心理结构以及生活方式中都发生着全新的变化，因此我国社会转型是一个极为复杂的影响到社会进程的社会全面变迁过程。社会转型不同于一般的社会改革或社会变化，它指涉及一个社会演进的整体战略转换，是社会发展到一定程度之后突破原有的社会制度和形态模式下的革命性变革，体现着与以往社会的发展方式和路径的断裂，而社会改革或社会变化则大多依据以往社会框架寻求突破，缺乏社会转型过程中显现出的彻底性特征。尽管社会转型所引起的社会变革以及历史影响迄今尚未完全显现出来，但是对于整个社会的发展有着不言而喻的价值意义。经济市场化意味着中国社会经济关系开始逐渐摆脱传统计划经济带来的种种弊端，走向由自由市场的自由价格机制引导的市场经济模式；随着世界范围内的民主化浪潮的推进，政治文明化促使我国政府积极推进政治改革和治理创新；在文化价值领域既存在着传统与现代的激荡也有着中国与西方国家的纷争，既有着市场经济的勃勃生机也有着与传统计划经济相联系的观念，社会文化价值呈现愈加多元化的发展趋势。然而，由于我国是后发国家，致使西方先发国家在现代化过程的不同发展阶段出现的矛盾和冲突，在中国社会中可能会集中爆发出来，社会转型在为社会整体推进带来机遇的同时，我国社会的各个领域和层级也充满着挑战。改革开放以后，以往我国的总体性社会发生了全方位的分化，社会碎片化使国家和社会的关系面临困境，国家在面对农村和城市两个方面都遭遇到前所未有的危机。今后的 5~10 年是中国改革历史上至为关键的一个时期，长期继续的矛盾、危机随时都可能找到突破点而爆发出来，把整个社会推向"高风险社会"[①]。我国政府对此也有着深刻的体会，在社会转型期间一直以来都把社会稳定置于极其重要的战略位置。

社会转型是当前我国教育改革和发展非常重要的时代背景，而教育不仅与生态系统和物质生产系统相互关联，而且也受到政治系统和文化系统的重要影响，只有深入考察近代中国社会转型的历程，理解当前不同的社会结构变化机制，才有可能对教育变革有着更为深刻的认识。因此，农村教育布局调整研究必须充分理解社会转型期间人类社会生活和活动的不同领域出现的重要变化，认识到它们对农村教育布局现状提出的新要求，这是研究的逻辑起点。当然，本研究无意也不可能对影响农村教育布局调整的社会转型的所有方面逐一考察，而是要择其要者予以论述，从人口、产业结构和新农村建设三个维度来考察农村教育布局研究的社会背景。

第一节 人口变化趋势与农村教育布局调整

教育与人口有着密切的关系，两者互相依存、互为对方存在的前提，它们之间的关系不仅自古有之，而且随着社会的发展越来越密切，它们各自成为对方发展的条件[②]。至现代学校产生以来，教育与人口之间的关系就逐渐引起了政府和研究者的关注，尤其是 20 世纪中期以来，世界范围内人口的迅猛增长给教育发展带来了很大的压力，甚至被认为是将可能给教育发展带来了无尽的困扰的社会危机。的确，教育与人口之间的关系决定了现存的人口状况与人口发展趋势对教育事业发展的包括规模、结构、速度、形式及至目标、内容在内的各个因素都有着一定的影响，同时通过教育也能够反作用于未来人口数量、质量和结构。从新

---

① 孙立平等：《中国社会结构转型的中近期趋势与隐患》，载《战略与管理》1998 年第 5 期，第 1~17 页。

② 田家盛：《教育人口学》，人民教育出版社 2000 年版，第 6 页。

中国成立以来我国教育布局调整的历程也可以看出，多数的教育布局调整均缘起于本地区人口数量、质量以及结构变化与各级各类学校建设之间形成的矛盾。因此，本节将尝试从我国整体人口、农村人口以及农村学龄人口三个层次的变化趋势，认识其与农村教育布局调整之间的关联。

一、我国整体人口发展趋势

基于人口发展过程的内外包含的复杂性，很长的一段时期里我国政府并没有在人口发展战略上达成一定的共识。自中华人民共和国成立到现在，中国人口政策出现过多次起伏变化，人口控制的力度也经历了反复的放松、收紧、放松、再收紧的曲折过程[①]，这也产生了我国整体人口独特的变化趋势。

从我国六次人口普查结果可以看出，在数量上我国总人口从1953年的5.83亿增长到2010年的13.40亿，年平均增长率在20世纪80年代以前处于上升态势，但是之后一直下降，家庭户规模也从1953年的4.33人逐渐下降到2010年的3.1人。在人口结构上我国男女性别比例呈现出男性人口多于女性的现状，而且一直以来较为稳定地保持在106上下；随着城镇化进程的不断推进，我国城镇人口比重也逐年上升，截止到2010年已经达到近50%，同时随着人口增长率的下降我国0~14岁年龄阶段的人口所占比例逐年降低，与之相反的是65岁以上的老年人口比重则逐年提高，这预示着我国正在朝向老龄化社会阶段迈进。在人口质量上我国整体人口一直有着较大幅度的进步，这不仅体现在文盲率的逐渐降低，而且受教育程度在大专及以上的人口比重也以较快的速度增长，21世纪初自高校扩招以来这种发展趋势更为明显。

表1-1　　　　　　我国历次人口普查主要指标

年份	1953	1964	1982	1990	2000	2010
总人口（万人）	58 260	69 458	100 818	113 368	126 583	133 972
年平均增长率（%）	—	1.61	2.09	1.48	1.07	0.57
家庭户规模（人）	4.33	4.43	4.41	3.96	3.44	3.10
男女性别比	107.56	105.46	106.30	106.60	106.74	105.20
城镇人口比重（%）	13.26	18.30	20.91	26.44	36.22	49.68

---

① 翟振武：《当代中国人口发展战略的回顾与思考》，载翟振武、李建新：《中国人口：太多还是太老》，社会科学文献出版社2005年版，第4页。

续表

年份		1953	1964	1982	1990	2000	2010
人口年龄结构（万人）	0~14岁	36.28	40.69	33.59	27.69	22.89	16.60
	15~59岁	59.31	55.75	61.50	66.74	70.15	74.53
	65岁以上	4.41	3.56	4.91	5.57	6.96	8.87
受教育程度（万人）	大专及以上	—	0.42	0.62	1.42	3.61	8.93
	高中	—	1.32	6.78	8.04	11.15	14.03
	初中	—	4.68	17.89	23.34	33.96	38.79
	小学	—	28.33	35.24	37.06	35.70	26.78
文盲率（%）		—	33.58	22.81	15.88	6.72	4.08

资料来源：国务院第六次全国人口普查办公室、国家统计局人口和就业统计司：《2010年第六次全国人口普查主要数据》，北京：中国统计出版社2011年版，第3~13页。

教育布局调整研究不仅要关注过去的人口变化，而且还要能够对未来人口的发展趋势进行合理的预测，目前一些研究者已经对未来人口各要素的情况进行了估计。基于我国人口增长率逐年下降的现实，尽管总人口数量还在不断的上升，但是中国人口早在20世纪90年代第一次改变了自己的发展方向，从增长型人口改变为缩减型趋势的人口[1]。由中国人民大学人口所、南开大学人口与发展所、中国人口信息研究中心以及联合国四个不同人口研究基地进行的研究表明，我国总人口数量将在2040年前后达到峰值15亿左右，随后人口数量开始逐渐下降（见表1-2），这也是很多研究对于未来中国人口的数量发展趋势产生的一个重要共识。同时，根据人口学预测中广为盛行的列队要素预测法，在2010年、2015年、2020年、2025年、2030年、2035年、2040年、2045年以及2050年我国人口的年增长率分别为0.69、0.58、0.33、0.12、-0.01、-0.06、-0.15、-0.33、-0.49[2]。以上数据也意味着在2030年左右我国人口将正式开始出现负增长，届时人口将彻底从增长型转为减少型，这与前面各个人口研究机构在预测总人口的数据上基本保持一致。在人口结构上我国老龄化趋势将日益明显，根据联合国2001年在《世界人口展望》中的预测可知，在2010年中国65岁及以上老年人口比例为8.1，2020年为11.5，2030年为15.7，2040年为21.4、2050

---

[1] 翟振武：《当代中国人口发展战略的回顾与思考》，载翟振武、李建新：《中国人口：太多还是太老》，社会科学文献出版社2005年版，第3页。

[2] 陈卫：《中国未来人口发展趋势：2005~2050年》，载《人口研究》2006年第4期，第93~95页。

为 22.7①，这与我国第六次人口普查中我国该年龄阶段的人口比重为 8.87 的数据相比较而言，显然联合国当时的预测还是相对保守，我国老龄化的现实比 10 年前科学预测的形势更加严峻。我国大约在 1990 年正式进入人口红利时期，即 14 岁及以下少儿人口与 65 岁及以上老年人口之和除以 15~64 岁劳动年龄人口的总抚养比小于 50% 时候的人口结构状态。在 1990 年、2000 年和 2010 年我国的人口总抚养比分别为 49.8%、42.6%、34.2%②，然而随着老年人口的不断上升和劳动力与儿童人口比例相对下降，在不远的将来我国很快进入到人口总抚养比超过 60% 时的人口负债时期。2005 年以后人口老龄化趋势将会逐渐加快，预计在 2015 年 65 周岁以上人口比例将会达到 9.8%，此后我国将进入人口老龄化迅速发展时期，在 2015~2035 年的 20 年间中国老年人口比重将会增加一倍，老年人口将占中国人口的 1/5~1/4③。在城乡人口的分布上，将出现城镇化水平持续稳定增长的局面。未来中国城镇化还将保持较快发展的趋势，城镇化率仍将以年均提高 1 个百分点左右的速度推进，在 2020 年中国城镇化率将达到 60% 左右④。尽管当前中国的城镇化水平滞后于工业化水平，也与西方其他发达国家有着明显差距，但是依照目前的城镇化增长速度计算，在不远的未来我国的城镇化水平将接近或达到理想水平。

表1-2　　　　　　　　未来中国总人口数量发展趋势　　　　　　单位：亿人

年份	中国人民大学人口所	南开大学人口与发展所	中国人口信息研究中心	联合国
2010	13.6	13.71	13.77	13.73
2015	14	14.12	14.3	14.18
2020	14.35	14.49	14.72	14.18
2025	14.63	14.83	15.04	14.8
2030	14.79	15.09	15.25	14.96
2035	14.87	15.27	15.38	—
2040	14.85	15.34	15.44	15.05
2045	14.75	15.34	15.38	—
2050	14.56	15.3	15.22	14.78

资料来源：《中国未来人口发展与生育政策研究》课题组：《中国未来人口发展与生育政策研究》，载《人口研究》2000 年第 3 期。

---

① 转引自于学军：《中国人口转变与"战略机遇期"》，载《中国人口科学》2003 年第 1 期，第 9~14 页。
② 中华人民共和国统计局：《中国统计年鉴（2011）》，载 http://www.stats.gov.cn，2012 年 4 月 20 日。
③ 陈卫：《中国未来人口发展趋势：2005~2050 年》，载《人口研究》2006 年第 4 期，第 93~95 页。
④ 简新华、黄锟：《中国城镇化水平和速度的实证分析与前景预测》，载《经济研究》2010 年第 3 期，第 28~38 页。

综上所述，我国总人口发展趋势可以简单归纳为以下几点：首先，人口数量已经进入低速增长阶段。新中国成立初到改革开放之前，我国总人口无论在具体数量还是增长率都处于较高的水平，人口发展形势异常严峻，这也直接催生了之后我国把人口控制战略作为国家发展的重要战略之一的重要原因。在20世纪90年代初我国人口出现了新的发展特点，人口总和生育率已经降低到2以下，这意味着我国育龄妇女生育水平已经降低到更替水平[①]以下，我国人口发展已经进入到低生育水平阶段，也实现了人口再生产类型从高出生、低死亡、高增长到低出生、低死亡、死增长的历史性转变。在低生育水平的影响之下，我国人口年平均增长率持续下降，2000年我国第六次人口普查结果显示该数据已经降低到1.07%，2010年则已经降低到0.57%，这预示着我国总人口已经步入低速增长国家的行列。按照当前发展的趋势而言，我国将在2030年出现人口负增长率的现象，人口总量在15亿~16亿达到顶峰，之后我国人口总量开始出现整体下降趋势。其次，人口结构出现新的变化特征。在人口结构上最突出的特点是城镇化水平大幅度提高，增长速度不断加快。随着城镇化进程加快，我国城镇化水平已经发生了翻天覆地的变化，在1990年我国城镇化水平为26.44%，至2010年这一数据已经达到惊人的49.68%，在短短的20年内我国城镇化水平增幅翻了近一倍。按照目前的发展速度预计我国未来20年城镇化水平将超过70%，这也预示着在总人口数量处于低速增长的背景下，从农村向城市的单向流动趋势一直继续下去。另外，由于计划生育因素，我国生育水平持续下降，人口老龄化加速到来，老龄人口峰值到来的时间不会像曾经预测的那样遥远[②]。同时，青少年人口比重日益萎缩，2000年我国0~14岁人口比重为22.89%，至2010年这一数据已经降低到16.60%，降低速度之快也超过了很多研究者的预测，人口年龄结构金字塔正在面临着从年轻型和成年型发展阶段向年老型阶段迈进的困境。最后，人口质量显现出较大程度的提升。人口质量主要体现在身体素质、思想道德素质和科学文化素质三个维度，整体而言，我国人口质量在各个方面均出现了较为明显的提升。以科学文化素质为例，大学及以上的学历人口比重在2010年已经达到了8.93%，这比起2000年的2.61%已经超过了2倍有余。在我国高等教育大力发展的今天，已经有越来越多的适龄人口有机会接受高等教育，当高等教育实现在2020年高等教育大众化水平进一步提高，毛入学率达到40%的教育发展目标，届时我国总人口大学及以上学历人口比重肯定将远远超过现在。

[①] 所谓更替水平，是指同一批妇女生育女儿的数量恰好能替代她们本身的生育水平，在出生人口性别相当的情况下，当人口总和生育率为2或者净人口再生产率为1时，就是生育更替水平。

[②] 《人口研究》编辑部等：《中国的人口，安全吗？》，载《人口研究》2005年第4期，第34~48页。

二、我国农村人口发展趋势

我国整体人口的发展变化趋势成为我国教育发展的宏观背景，也是影响农村教育布局调整的制约因素。同时，中国农村人口问题实质上就是中国可持续发展的问题，不解决以农村人口问题为核心的"三农"问题，就谈不上中国的可持续发展[①]。农村人口的研究对于农村教育布局调整而言同样必要，为了更为深入地理解人口对农村教育的作用机制，我们有必要对农村人口的发展变化趋势进行分析，从而拉近人口要素与农村教育布局调整研究之间的距离。

通过对 1990 年以来我国农村人口的相关统计可以发现（见表 1-3），其既蕴含着与全国整体人口相一致的发展趋势，也体现着自身所具有的一些特征。在农村人口数量方面，新中国成立以来我国农村地区的人口数量一直呈现不断上升的趋势，然而从 20 世纪 90 年代中期以来农村人口变化趋势发生了逆转，开始呈现逐渐下降的趋势。纵观新中国成立 60 余年的人口发展历史也可以发现，1995 年的 85 947 万人数量从上升到下降转折的分水岭。在农村人口总数持续下降的背景下，农村人口比重的逐年降低也就显得理所应当了，从 1990 年的 73.59% 下降到 2009 年的 53.41%。在农村人口结构方面，农村地区随着总人口数量的下降，家庭人口类型也逐渐从多口之家向四口之家抑或三口之家方向转型。不同年龄阶段的人口比重也有着明显的变化趋势，处于 0~14 岁、15~64 岁以及 65 岁以上三个年龄阶段的人口比重分别从 1990 年的 29.59%、64.67% 和 5.74% 变为 2009 年的 18.84%、71.36% 和 9.80%，其中 0~14 岁的儿童一直呈现较为明显的降低趋势，而其他年龄阶段的人群比重则处于上升阶段。在农村人口质量上，本研究着重选择了农民劳动力文盲比重这一重要指标，历年来我国农民文盲率呈现不同程度的下降，从 1990 年的 20.73% 到 2009 年的 5.70%，农村人口的受教育水平不断提高。这说明农民在科学文化素质上有着较为明显的改善，然而较之于城镇地区农村地区人口的文盲比重仍然偏高。

根据以上的人口统计数据，有很多研究运用各种方法对未来我国农村人口变化趋势进行了预测。在农村人口数量上，2010 年、2015 年和 2020 年我国农村人口分别为 66 109 万人、59 351 万人和 53 154 万人，农村人口比重分别为 49.54%、43.63% 和 38.61%[②]。诚然，现在看来该数据与 2010 年实际情况略有

---

① 叶文虎：《中国农村人口问题与中国可持续发展》，载《中国人口资源与环境》2005 年第 3 期，第 26~31 页。

② 胡英：《城镇化进程中农村向城镇转移人口数量分析》，载《统计研究》2003 年第 6 期，第 20~24 页。

表1-3　　　　　　　　农村地区人口发展状况　　　　　　单位：万人/%

年份	人口数量	人口比重	家庭人口	0~14岁	15~64岁	65岁以上	文盲比重
1990	84 138	73.59	4.03	29.59	64.67	5.74	20.73
1995	85 947	70.96	3.94	28.78	64.59	6.63	13.47
2000	80 837	63.78	3.65	25.49	67.16	7.35	8.09
2005	74 544	57.01	3.58	21.95	68.48	9.56	6.87
2009	71 288	53.41	3.29	18.84	71.36	9.80	5.70

资料来源：国家统计局人口和社会科技统计司：《中国人口统计年鉴（1990~2010）》，北京：中国统计出版社1990~2010年版。中华人民共和国统计局：《中国统计年鉴（1990~2010）》，北京：中国统计出版社1990~2010年版。国家统计局农村社会经济调查司：《中国农村统计年鉴（1990~2010）》，北京：中国统计出版社1990~2010年版。

误差，但是基本描述了未来我国农村人口的发展轨迹，而且其他诸多研究与该数据的变化趋势也基本一致。例如有人认为在2010年、2015年和2020年我国农村人口分别为61 590万人、56 481万人和51 567万人，自然增长率分别为3.27、2.17和1.45，农村人口比重分别为46.27%、41.87%和37.92%[1]。因此，以上数据大致显示出未来我国农村人口数量逐年降低的趋势。在人口结构中的年龄维度上，农村地区人口红利时期将很快到来，人口将逐渐从目前的中年型走进老年型。在2010~2040年这30年农村地区处于0~14岁、15~64岁以及65岁以上三个年龄阶段的人口比重分别从20.8%、70.9%、8.5%变为8.9%、51.4%、39.9%[2]，由此可以看出，农村地区人口将以很快的速度进入到老龄化阶段，并且与城镇地区相比农村老人比重更高，相当一部分欠发达省区的老人比例将高于全国平均水平[3]，农村地区人口老龄化程度要明显高于城镇以及其他发达地区。很多研究对人口年龄结构趋势的老龄化问题预测的严重性要低于现实，这也预示着农村地区的人口老龄化问题将面临比之前想象中还要更为严峻的考验。

依据以上的分析，我们可以清楚地认识到我国农村地区人口的变化趋势特征：其一，农村总人口数量迅速下降。与全国人口的数据形态相比，农村地区人口变化趋势最明显之处是总人口数量呈现迅速下降态势，这主要源于近年来城市化水平快速增长。更重要的是这一趋势还在稳步前进，目前各种研究资料显示我

---

[1] 袁桂林等：《中国农村教育发展指标研究》，经济科学出版社2009年版，第71页。
[2] 孟向东：《我国农村地区人口年龄结构变化特点与趋势分析》，载《人口学刊》1996年第5期，第45~49页。
[3] 曾毅：《中国人口老龄化的"二高三大"特征及对策探讨》，载《人口与经济》2001年第5期，第3~9页。

国城市化水平很快可超过70%。届时，农村人口大概在4亿~5亿，基本上相当于现有农村人口数量的一半左右，这也预示着在中国"农民的终结"时代帷幕正被缓缓拉开。其二，人口年龄结构失衡较为严重。很显然，目前农村地区仍处在人口红利时期，中青年人口比重大于老年和儿童，然而在生育率的快速下降和长期处于低生育水平，人口红利的美好时代在昙花一现之后将很快走到尽头，人口年龄结构将呈现趋于失衡的老年型形态。21世纪上半叶我国农村地区中青年人口比重下降的同时，老年人口在数量和比重上都迅速增大，无论对社会生产还是养老保障都是一个严峻的挑战，这是任何国家都不愿意面对的局面。与老年人口比重和数量的不断上升相对应，0~14岁的青少年人口则逐渐下降，并逐渐成为农村人口中数量最少的群体，甚至在很短的时间内这一群体的人口比重将会低于10%。

三、我国人口城镇化发展趋势

在世界各国发展历史中，工业化发展始终与城市化进程呈现并进的态势。根据普雷斯顿（S. Preston）对1957~1970年世界绝大多数国家（不包括中国）工业化与城市化关系的考察，在收集了大量数据的基础上发现工业化与城市化之间的比例大约是1:2的关系[①]，这也意味着在一般情况下，一个国家和地区的工业劳动力占全体劳动力的比例是城市人口占总人口的比例的2倍。然而，新中国成立以后的大多数时间内我国城市化水平发展相当缓慢，不但没有显示出来工业化之于城市化这种较为合理的发展关系，甚至还表现出城市化滞后于工业化的反常现象。以改革开放初期的1980年为例，当年我国第二产业劳动力占全体劳动者比例为26.2%，而城镇人口占总人口比例为19.39%[②]，基于我国第二产业中以工业为主的特征可以判断，当时我国城市化水平远远落后工业化。诚然，如表1-4所示，我国新中国成立以来至改革开放的时间内城镇人口数量和比重整体上一直呈现增长的态势，这一点毋庸置疑。然而，该时期我国城市化发展一直处于极其落后的局势，这主要体现在城镇人口比重一向较小和城镇人口数量和比重增长速度较慢两个方面。1949年新中国成立初始我国城镇化水平也只是刚刚超过10%，在1950年、1960年、1970年和1980年中，我国城镇化水平分别为11.18%、19.75%、17.38%和19.37%，与世界其他国家尤其是欧美发达国家

[①] 转引自李强等：《城市化进程中的重大社会问题及其对策研究》，经济科学出版社2009年版，第3页。

[②] 中华人民共和国统计局：《中国统计年鉴（2011）》，载http://www.stats.gov.cn，2012年4月20日。

的城镇化水平相去甚远。同时，我国城市化水平的增长速度异常缓慢，在长达30年的时期内仅仅从1950年的10.64%上升到1980年的19.39%。不容忽视的是，改革开放以来我国城市化进程进入了高速发展阶段，基于我国政府对城乡严格户籍制度的一系列"解冻"措施，我国城市化进程进入了快车道发展阶段。1980~1990年的10年间，我国城市化水平的增长额约为7个百分点；1990~2000年，我国城市化水平增长了近10个百分点；进入21世纪以来我国城市化进程进一步加快，在不到10年内我国这一数据业已超过了前十年的增长量。这一点从城镇人口的数量变化也可以予以证实，我国城镇人口数量从1980年的19 140万人增长到2010年的66 978万人，增长到之前人口数量的3倍之多，我们可以断定未来我国城镇人口超过农村人口将成为人口发展的必然趋势。这种发展速度在人类发展文明史中是十分罕见的，而将近50%的城市化水平也成为我国城市化发展史上的最高峰。

表1-4　　　新中国成立以来我国农村城镇化发展趋势　　　单位：万人/%

年份	城镇人口数量	城镇人口比重	年份	城镇人口数量	城镇人口比重
1949	5 765	10.64	2002	50 212	39.09
1950	6 169	11.18	2003	52 376	40.53
1960	13 073	19.75	2004	54 283	41.76
1970	14 424	17.38	2005	56 212	42.99
1980	19 140	19.39	2006	58 288	43.90
1985	25 094	23.71	2007	60 633	44.94
1990	30 195	26.41	2008	62 403	45.68
1995	35 174	29.04	2009	64 512	46.59
2000	45 906	36.22	2010	66 978	49.95
2001	48 064	37.66	2011	69 079	51.27

资料来源：中华人民共和国统计局：《中国统计年鉴（2012）》，载http://www.stats.gov.cn。

在过去的时间里，我国城镇化发展经历了先慢后快、先低后高的变化过程。据诸多研究报告的结果显示，目前我国城镇化的快速发展趋势在短时间内并不会停止，在未来几十年内我国城镇化水平将接近或者达到发达国家水平。可以断定届时在城市化水平上我国与发达国家之间的差距已经得到消弭，我国城市人口数量自然也将排在世界前列。有很多研究运用各种方法对未来我国城镇化发展趋势进行了预测。例如有研究者认为在2010年、2015年和2020年我国城镇人口分别为67 350万人、76 671万人和84 507万人，城镇人口比重分别为50.46%、

56.37%和61.39%[①]。通过定性分析方法和运用时间序列预测法，估计中国城镇化还将保持较快发展的趋势，城镇化率仍将以年均提高1个百分点左右的速度推进，在2020年城镇化率达到60%左右[②]。美国学者诺瑟姆（R. Northam）提出的"诺瑟姆曲线"表明一个国家的城市化大体上经历了类似扁平"S"形的曲线上升过程，期间先后出现城市化水平为30%和70%的两个拐点将城市化过程分为三个不同的发展阶段。当城市化水平低于30%意味着经济发展势头较为缓慢，这个国家尚处于农业社会；当城市化水平超过30%时出现第一个拐点，这段时期该国经济发展势头极为迅猛，即将进入工业社会；当城市化水平提高到超过70%之后会出现第二个拐点，代表经济发展势头再次趋于平缓的成熟阶段，这个国家进入后工业社会。由此我们可以认识到，在未来较长一段时间的人口发展过程中我国城镇化趋势将继续保持较快的速度向前迈进，尽管当前预测未来城镇化发展趋势的此类研究林林总总，然而多数的研究结论都表明未来我国城镇化水平将达到70%左右。当然，在越过"诺瑟姆曲线"的第二个拐点之后，我国的城市化进程的发展速度将逐渐减慢。

综上所述，本研究对我国农村城镇化发展趋势特征有了一个基本的认识。首先，我国城镇化正在从低速度、低水平阶段走向高速度、高水平发展阶段。改革开放以前的30年时间内我国城市化水平异常缓慢，从1950年的11.18%到1980年的19.37%仅仅上升了大约8个百分点，尤其是在"文化大革命"的十年中城市化水平一直在17%～18%之间徘徊。究其原因则是自50年代中期以后形成了城乡二元分割的社会结构使得城市化长期处于停滞状态，更有甚者，在较长的一段时间里实行的是"反城市化"战略，比较典型的如知识青年上山下乡、市民返乡、干部下放等，造成大规模地将城市人口迁往农村[③]。改革开放以后，通过政府对城乡严格户籍制度的一系列解冻措施，我国城市化进程明显加快，尤其是进入21世纪以来我国城市化进程在不到10年内已超过了前十年的增长量。在2010年我国城镇化水平已经接近50%，每年仍然以高于一个百分点的速度持续递增，基于诸多研究结论我们认为这种发展趋势还要持续较长一段时期。其次，我国城市化过程中凸显"不彻底"现象。事实上，我国城乡社会流动的主力军并非城市化中的增长部分，而是来自从农村流入到城市的大量的农民工。据国家统计局显示2010年全国农民工总数已经超过2亿人，这些人大多数背井离乡地

---

① 胡英：《城镇化进程中农村向城镇转移人口数量分析》，载《统计研究》2003年第6期，第20～24页。

② 简新华、黄锟：《中国城镇化水平和速度的实证分析与前景预测》，载《经济研究》2010年第3期，第28～38页。

③ 李强：《当前我国城市化和流动人口的几个理论问题》，载《江苏行政学院学报》2002年第1期，第61～67页。

来到大城市，来追寻属于自己的那片天空。然而，由于工业技术进步、城市房价升高、城乡制度壁垒等制度，进一步转移农业剩余劳动力遇到了不少问题。其中城乡制度壁垒主要表现在农村向市民转化的体制尚未完全打开，建立在户籍制度基础上的城乡不平等的社会保障、公共服务等社会管理制度的改革尚未到位，农民在实现区域流动和职业流动后难以实现身份流动和阶层流动，难以融入城市社会而成为城市市民，形成了规模越来越大的农民工群体[①]。农民很难真正成为城市中的一分子，在层层壁垒的隔离下农民向市民的转化往往成为虚妄的泡影。这样就形成了城乡社会流动中的"不彻底"现象，即大多数农民工并没有真正离开农村，同时也没有融入城市中去，而是表现出"离乡不离土"、"迁而不移"的特点，在城乡之间常年做着"候鸟"式的迁徙。这种情况在世界各国家城市化历史中是十分罕见的，一般而言是农民与土地没有任何关系之后来到城市成为市民，享受与普通市民相同的医疗保险、就业机会、教育机会以及社会保障等待遇，是一种典型的"离土离乡"彻底的迁移。

四、我国农村学龄人口发展趋势

我国总人口变化趋势为农村教育布局调整提供了宏观的人口背景，农村地区人口变化趋势构成了观察的中观层次，而农村地区学龄人口变化趋势则与农村教育布局调整直接相关。如果说我国总人口变化趋势对农村教育布局的影响程度和方式还难以预测，那么农村地区学龄人口的变化趋势产生的影响则已显而易见。对农村地区各级学校学龄人口变化趋势的考察，能够准确地把握我国农村教育布局调整的必要性和可能性，为该领域的研究提供重要的学理依据。

从表1-5可以看出，整体而言改革开放以来我国农村地区各阶段在校学生数量基本呈现下降趋势，而不同学龄阶段的变化趋势则不尽一致，其中小学阶段的在校学生数量一直以来均在下降，而初中和高中均经历下降、上升以及再下降的过程，同时随着从小学到高中阶段的上升，在校学生数量出现了明显的阶段性减少现象。具体而言，小学阶段在校学生人数变化趋势一直较为稳定，从1982年的12 119万人到2000年8 504万人降低了接近4 000万人，从2001年的8 605万人逐年降低到2010年的5 350万人，在近30年的时间内数量持续减少了近7 000万人，人数下降速度之快和幅度之大颇为惊人；初中阶段在校学生数量在整个80年代处于下降阶段，从1982年的2 824万人下降到1990年的2 566万人，在整个90年代处于上升阶段，在2000年这一数据已达到3 428万人，而进

---

① 李强等：《城市化进程中的重大社会问题及其对策研究》，经济科学出版社2009年版，第60页。

入 21 世纪以来该阶段在校学生基本呈现下降趋势，从 2000 年的 3 428 万人降到 2010 年的 1 785 万人；高中阶段的在校学生数量是这几个阶段中最少的，与初中阶段基本类似，它从 1982 年至 90 年代末一直处于下降趋势，在 2000~2004 年呈现上升趋势，之后又逐年下降。由于农村地区学校的毛入学率低于 1，因此各个阶段的在校学生数量一般要低于学龄人口的数量，然而通过对在校学生数量变化趋势我们基本能够掌握学龄人口变化的大致特征。这一点也可以通过农村地区 0~14 岁年龄阶段的儿童数量变化予以印证，在 1990~2009 年的 20 年时间内，在总人口数量持续下降的背景下，该年龄阶段人口比重从 29.59% 下降到 18.84%，这与整体上各阶段学龄人口数量的变化特征基本吻合。

表 1-5　　　　　2000~2010 年我国农村地区在校学生数量　　　单位：万人

年份	小学	初中	高中	年份	小学	初中	高中
1982	12 119	2 824	245	2004	7 379	3 168	255
1985	11 076	2 699	198	2005	6 948	2 785	234
1990	9 596	2 566	173	2006	6 676	2 564	232
1995	9 306	2 660	113	2007	6 251	2 243	209
2000	8 504	3 428	158	2008	5 825	2 064	192
2001	8 605	3 121	158	2009	5 656	1 935	174
2002	8 142	3 109	187	2010	5 350	1 785	163
2003	7 689	3 160	210	2011	4 065	1 163	163

资料来源：国家统计局农村社会经济调查司：《中国农村统计年鉴（1983~2011）》，北京：中国统计出版社 1983~2011 年版。中华人民共和国教育部：《中国教育统计年鉴（1983~2011）》，北京：人民教育出版社 1983~2011 年版。中国教育年鉴编辑部：《中国教育年鉴（1983~2011）》，北京：人民教育出版社 1983~2011 年版。

对于未来较长一段时期内农村地区学龄人口的变化趋势，也有研究者基于不同的方法进行了较为客观的预测。在 2005 年我国农村地区小学、初中、高中和大学的适龄人口数量分别为 6 813、4 469、6 093、8 392，2010 年分别为 6 720、3 056、3 681、8 726，2015 年分别为 7 178、3 403、2 339、5 263，2020 年分别为 7 693、3 200、2 947、4 071[①]，由此可知，在未来一段时间内我国农村小学阶段的适龄人口将略有回升，而初中、高中和大学适龄人口则基本呈现逐年下降的趋势，从现在农村地区的在校学生数量可以看出，此研究对于小学的预测数据和趋势略有误差。而 21 世纪初的人口学研究对农村各阶段学龄人口的预测更加符

---

① 袁桂林等：《中国农村教育发展指标研究》，经济科学出版社 2009 年版，第 61 页。

合现实状况，他们认为在 2000~2050 年农村小学适龄人口不断减少，除在 2020 年前后略有回升外将基本呈现持续减少的趋势；农村初中适龄人口数量在经历最初 3 年的增长以后就基本保持下降的趋势，只在 2025 年前后有较微弱的回升；高中在最初 2 年内适龄人口将有所增加，此后除在 2025 年前后有所回升外将持续下降；而农村大学适龄人口在经历了 2010 年前的上升以后也将进入持续下降的阶段[①]。这种研究结论基本代表了当前的主流观点，对于教育政策制定提供了较为科学合理的依据。

整体而言，在 21 世纪上半叶我国农村地区在各阶段的学龄人口数量呈现基本下降的态势。同时，从不同的研究可以看出，尽管人们对于未来农村地区学龄人口具体数据的预测存在着些许差异，但是在其中一点上已经达成了共识，即未来农村地区学龄人口数量的变化趋势将逐年降低，这就决定了农村地区在校学生数量也将随之出现持续的下降，并且这种变化趋势分布在包括小学、初中、高中以及大学的各个学龄阶段。

一个国家和地区的人口状况与教育发展之间存在着相互依赖、相互影响的关系，在一定时期内人口在数量、质量和结构的变化趋势对教育的发展有着深远的意义，同时随着教育水平的提高也在对人口形势施加着潜移默化的影响。尤其是在人口变化特征比较明显的当前，农村教育发展过程已经清楚地感受到了人口出现的躁动，农村人口出现的大幅下降不仅致使农村各阶段学龄人口的减少，而且还可能影响着教育资源的配置以及教育结构的变迁；反之，农村人口受教育年限的延长、教育质量的提升以及教育结构的变革都会反作用于人们的生育观以及对下一代子女的教育观。通过对农村教育布局调整的人口背景进行宏观、中观和微观三个层次分析，我们可以看出随着我国计划生育等政策的实施，近年来我国人口发展形势发生了重要变化，人口在不同时期内体现出了一些明显的变化特征。改革开放以来，我国的人口已经逐渐从高生育率和人口快速增长阶段逐渐走向如今的低生育率和人口缓慢增长阶段，尤其是农村人口数量以及农村学龄人口将面临长时期持续的下降态势。人口年龄结构也经历过年轻型并正处于成年型阶段，在不远的未来我国将面临进入老年型社会的局面。当前，我国各层次教育进入以结构优化为主导的协调发展期，教育资源进入整合期，城乡教育发展进入人口城市化变动为导向的调整期[②]。因此，人口的这种变化趋势对农村教育布局产生着

---

① 与此结论相一致的研究包括"段成荣：《21 世纪上半叶我国各级学校适龄人口数量变动趋势分析》，载《人口与经济》2000 年第 4 期，第 38~45 页"，"胡英：《中国城镇、农村人口发展趋势预测》，载《中国人口科学》1996 年第 6 期，第 3~10 页"，"张继、杨晓明：《21 世纪上半叶我国农村学龄人口规模预测分析》，载《教育科学研究》2001 年第 4 期，第 21~24 页"等。

② 中国人口与发展研究中心课题组：《中国人口与教育发展战略研究》，载《人口研究》2009 年第 2 期，第 4~19 页。

重大的影响,其中最为明显表现在 21 世纪以来在农村地区出现的大量"麻雀学校"和"空心学校"现象,之前农村地区广泛修建的学校大多数正在遭遇着生源日趋萎缩的困境,甚至其中一部分学校已经处于荒废状态。这也要求政府为应付即当前的人口变化,应积极优化农村教育资源的配置和重组,提高资源的利用效率,对农村地区的学校布局调整进行整体的规划和安排。任何旨在解决城乡流动适龄人口的上学问题的临时应急措施都只能解眼下燃眉之急,而不能从根本上解决问题,根本的解决办法就是调整教育投资结构,优化教育网点布局[1]。事实上,早在 20 世纪末就有人敏锐地发现人口流动带给政府资源配置的障碍。人口的城乡空间的流动给本就运转不灵的教育资源配置体系带来了新的困难,这个问题实际上是人口流动和迁移所带来的其他教育问题的一个根本原因,教育资源配置的复杂性使得最优化配置成为一个世界性难题,我们很难找到一个尽善尽美的教育资源配置模型,并通过这种配置使教育投资在各个方面都取得最大效益[2]。对此,我国政府也及时地做出了有效回应,2001 年国务院颁布的《关于基础教育改革与发展的决定》中提出"因地制宜调整农村义务教育学校布局"的政策规定,其中重点对农村教育布局情况进行了特别说明,"农村小学和教学点要在方便学生就近入学的前提下适当合并,在交通不便的地区仍需保留必要的教学点,防止因布局调整造成学生辍学",明确表达了农村教育布局调整的必要性和对于整个教育布局调整工作的关键意义。我国农村地区严峻的人口现实和变化趋势,为中国农村教育布局调整提供了确定整体规划战略的关键依据,也构成了农村教育布局调整研究和实施的时代背景。

第二节 产业结构调整与农村教育布局调整

新中国成立以来我国农村地区经历了从贫困到解决温饱再到逐渐步入小康的不同阶段历史跨越,农村经济发展模式也正在进行着从传统农业逐渐向现代农业的转化,经济增长方式逐渐从简单粗放型走向依靠科技进步提高要素生产率的集约型经济,农民生活水平普遍得到提高,此间,农村产业结构调整起着至关重要的作用。尤其是改革开放以后,农村各产业之间无论数量比例关系还是在经济技术联系都在逐渐进行着调整和优化,不断改变着过去产业比例严重失衡给农村经

---

[1] 石人炳:《我国人口变动对教育发展的影响及对策》,载《人口研究》2003 年第 1 期,第 55~60 页。
[2] 项贤明:《人口空间位移背景下的教育问题》,载《教育研究》1998 年第 4 期,第 34~38 页。

济发展带来的障碍，逐步消弭产业之间因相互隔绝造成的交流的断裂。一个国家和地区的产业结构调整既与资本的形成和资源的供给紧密相关，同时也受到人力资源的开发、科学技术进步以及现代管理制度的建立的多重影响，尤其后者在当前的经济增长和发展中承担着更为重要的角色，而科技进步和劳动者素质的提高就逐渐凸显出教育具有的重要作用。教育能够传授具有现代化社会所需要的科学技术和文化知识，提供先进的生产方式和经营理念，农村教育布局调整蕴含着教育空间布局重新整合、学校层级和类型结构变化以及教育功能更新的功能，目的在于让农村教育积极地适应当地经济发展的客观要求，依据农村产业结构调整的现状予以有效回应。

一、我国农村产业结构的变迁特征

随着世界范围内科学技术的加快发展和国际经济发展方式的不断创新，在我国社会发展过程中，产业结构调整愈加显示出其对整个社会发展的重要意义。所谓产业结构是指构成国民经济的各个产业之间的关系以及不同的组合方式，根据不同的标准可将产业结构分为不同的类型，例如它可以包括农业、工业以及服务业，也可以用基础产业、支柱产业和关联产业来表示。产业结构按照宏观产业的次序划分为第一产业、第二产业和第三产业，其中第一产业包括农业、渔业、牧业、林业、采矿业，第二产业包括工业和建筑业，第三产业包括服务业、交通运输业、商业、信息产业。不同的产业在整个社会结构中所占的比重各不相同，这就形成了不同国家在不同时期呈现出各具特征的产业结构形态，在农村地区范围内不同产业之间的关系和组合方式就是农村产业结构。新中国成立以来我国农村产业结构变迁历程大致分为三个阶段：新中国成立初至1978年为单一产业结构阶段，改革开放至20世纪90年代初为产业结构丰富化阶段，90年代以来则被称为产业结构深化发展阶段。

（一）新中国成立初～1978年：单一产业结构阶段

新中国成立以来至改革开放的几十年的时间内，我国农村地区经济比较落后，这集中体现在农村产业结构的基本特征上。首先，农村产业结构以第一产业为主，而第二、三产业内的工业和商业所占比重极少。当时我国实行社会主义计划经济的发展模式，各个产业的结构形态以及相互关系都在政府统一管理下进行调配，以工业为主的第二产业一般分布在城市地区，而且在商品经济受到压制的环境下，以服务业为主的第三产业也没有得到应有的发展，即使在1978年我国农村地区第二、三产业的比重之和也只是在30%左右，由此可以看出，当时农村地区产业结构失衡情况较为严重。其次，第一产业内部的农林牧渔业中以农业为主。第一产业包括农林牧副渔等各个产业，然而在这一时期内农业始终是我国农村经济发展的重心。1952 年我国农村地区农林牧渔业总产值是 461.00 亿元，其中农业、林业、牧业以及渔业产值分别为 395.95 亿元、7.28 亿元、51.72 亿元和 6.05 亿元，农业占据总产值的 85.9%；1978 年农林牧渔业总产值是 1 397.00 亿元，其中农业、林业、牧业以及渔业产值分别为 1 117.60 亿元、48.06 亿元、209.27 亿元和 22.07 亿元，农业占据总产值的 80.0%[①]。在近 30 年的时期内农村农林牧渔业之间一直处于非均衡的发展状态，农业与其他产业相比始终保持着明显的优势。最后，在农业种植中更加倾向粮食作物而非经济作物。1949 年我国农作物总播种面积是 124 286 千公顷，其中粮食播种面积为 109 959 千公顷，稻谷、小麦、玉米、高粱、谷子、大豆、薯类、棉花、油料、麻类、糖料、烟叶分别为 25 709、21 515、12 915、8 922、9 207、8 319、7 011、2 770、4 228、29、124、61 千公顷[②]。由此可以看出，我国粮食作物种植面积在总种植面积的比重很高，而经济性作物的种植面积一直较小，在改革开放初期经济作物的种植面积虽然较之前有着明显的增长，但是与粮食作物的增长幅度相比还是相差甚远。我国农村地区产业结构具有的这些特征主要源于当时相对滞后的农村管理体制，新中国成立之后我国农村经历了土地改革、农业合作社以及后来的人民公社的变革，改革虽然在某种程度上解决了发展中的公平问题，但是在计划经济主导下的环境中没有市场经济的生存空间，农民不能从事商品经济的运作和经营，这样就自然大大限制了除农业之外的其他产业的发展。

（二）1978～1990 年：产业结构丰富化阶段

改革开放以来我国政府已经明显地感受到以往农村体制对农村经济发展的束缚，开始了对农村地区的经济进行改革。其中，小岗村将集体耕地包干到户的行动拉开了农村经济体制改革的序幕，家庭联产承包责任制在农村开始正式实施。这种包产到户的农村体制提高了农村参加劳动生产的积极性，增加了单位土地的经济效益，有效遏制了长期以来农业生产中存在的大量消极怠工和低效现象。同时，乡镇企业的强势突起积极拓展了农村产业结构的范围，农民不仅可以从事正常的农业耕种和生产，而且他们也被允许创办私人企业，这在以前是受到国家政策严格限制的。在 1982～1986 年期间我国政府出台的五个"一号文件"也均是

---

① 国家统计局农村社会经济调查司：《中国农村统计年鉴汇编（1949～2004）》，中国统计出版社 2005 年版，第 28 页。

② 同上，第 32～34 页。

专门针对农村经济发展和改革而进行的战略部署，这些文件不仅对农村家庭联产承包责任制进行了政策上的肯定，对农村积极参与商品经济以及农民面向市场给予了大胆鼓励，而且还支持农村大力发展乡镇企业和小城镇建设，为农村产业结构的调整提供了契机。通过以上的改革农村产业结构出现了极大的变化，开始从单一的农业产业结构向包括农业、工业以及商业在内的多元化的产业结构迈进（见表1-6）。在1978年、1980年、1985年和1990年的十余年的时期内，我国农村经济按照一、二、三产业划分的比重分别为68.6%、26.0%、5.4%；68.9%、25.9%、5.2%；57.1%、35.7%、7.2%以及46.1%、46.3%、7.6%，以农业为主的第一产业在农村所有经济结构中的比重降低了20多个百分点，而以工业和建筑业为主导的第二产业则呈现出了迅猛的上升势头，以运输业和商业为主的第三产业也在逐步发展。第一产业的劳动力比重也从之前的92.9%下降到81.6%，这说明越来越多的农民开始逐渐从第一产业的农业流动到第二、三产业的生产和经营中。另外，农村产业结构的变化不仅出现在三大产业之间，也反映在产业内部不同产业间的比重。1952年农作物种植业产值占农林牧渔业总产值的比重为85.9%，1985年下降为69.2%，下降幅度为16.7%[①]，这样的变化促使了农林牧渔业之间的协调发展。

表1-6 历年来我国农村地区产业结构 单位：%

年份	第一产业	第二产业			第三产业			第一产业劳动力
		工业	建筑业	合计	运输业	商业	合计	
1978	68.6	19.4	6.6	26.0	1.7	3.7	5.4	92.9
1980	68.9	19.5	6.4	25.9	1.7	3.5	5.2	91.5
1985	57.1	27.6	8.1	35.7	3.0	4.2	7.2	84.0
1990	46.1	40.4	5.9	46.3	3.5	4.1	7.6	81.6
1995	28.2	52.8	7.3	60.1	5.0	6.7	11.7	72.5
2000	21.3	49.6	16.7	66.3	9.1	3.2	12.3	73.7
2005	16.4	68.2	5.0	73.2	8.3	2.0	10.3	70.0
2009	19.4	65.4	2.3	67.7	9.4	3.5	12.9	63.4

资料来源：国家统计局农村社会经济调查司：《中国农村统计年鉴（1978~2011）》：北京：中国统计出版社1978~2011年版。

---

① 国家统计局农村社会经济调查司编：《中国农村统计年鉴汇编（1949~2004）》，中国统计出版社2005年版，第9页。

（三）1990年至今：产业结构深化发展阶段

20世纪90年代之初我国农村产业结构开始进入了深化发展阶段并延续至今。1992年党的十四大明确提出了建立社会主义市场经济体制的决定，邓小平的南方视察在改革开放的关键时刻为经济发展注入了一针强心剂。面对这样的政治环境和经济发展机遇，农村地区工业和建筑业得到持续的发展，服务业也逐渐显露出勃勃生机。这一点从1990年以来我国农村劳动力从业人员在第一产业的比重下降趋势可见一斑，1990年至今这一数字从81.6%下降到了63.4%。同时，农村地区的产业结构出现了较为明显的变化，第一产业从46.1%锐减到19.4%，第二、三产业则从46.3%和7.6%分别增加到67.7%和12.9%。而变化最为明显的就是第一产业和第二产业，这里的此消彼长突出反映了二十余年来我国农村地区产业结构的优化和升级的历程，第三产业虽然较之以往有所增加，然而增长速度较慢。在此期间，农业产业化发展是产业结构调整凸显的鲜明特征。80年代以家庭联产承包责任制为代表的农村经济体制改革得到了有效实施，农村经济打破了长时期以来的呆板局面，商品经济的出现增加了农村生产和流通的活力，乡镇企业也顺势蓬勃发展，这预示着农村经济社会发展的美好远景。然而，这种改革持续一段时间后遭遇了动力不足的困境，诸如周期性的农产品供给过剩和不足、农林牧渔业的增产减收、农业产供销链条的断裂等，为农村产业结构调整乃至农村经济发展带来了困扰。如何改变固化了的小农经济与复杂多变的市场建立起有效的沟通机制，成为农业产业化经营的主要思路。诚然，当前农村地区的产业化经营还处于成长阶段，无论在经验积累还是大胆创新方面都还不够成熟，但是它的出现已经为农村产业结构调整指明了前进方向，农村产业结构调整已经步入了深化发展阶段。

根据对新中国成立以来我国农村地区产业结构变迁的历史回顾，能够帮助人们深入认识农村产业结构调整在当前和未来的发展特征：

首先，产业结构从单一到多元。农村产业结构也可以划分为不同的层次，其中第一层次包括第一产业、第二产业、第三产业，而第一产业又包括农业、采掘业，同时农业又可以划分为种植业、林业、牧业、渔业等，种植业又包括粮食作物、经济作物、饲料作物、绿肥作物，如此等等不一而足，因此合理的产业结构一般应该具有内在的丰富内涵。然而，我国农村产业结构在新中国成立之初却表现出相对单一的缺憾，主要表现在三大产业中以第一产业为主，在农业产业中以种植业为主，在种植业中又以粮食作物为主，形成了长期以来我国农村地区产业结构的畸形发展。这种单一的产业结构也引起了政府的重视，以农业为例，1979年我国中共中央颁布的《中共中央关于加快农业发展若干问题的决定》认为

"我国过去采取的有些政策和措施不利于农林牧副渔业的全面发展和农民社会主义生产积极性的发挥,农林牧副渔全面发展的方针也执行得很不好,这些妨碍了农业的迅速发展"。改革开放以后农村产业结构得到了较大改观,第二、三产业的工业、建筑业、商业、运输业、服务业等迅速发展起来,在乡镇企业迅猛崛起的当前,农村工业不仅包括了传统工业的冶炼业和机器制造业,还包括具有新兴产业性质的农产品加工业。

其次,产业结构比重逐渐趋于合理。理想的产业结构应当表现为自然资源和经济资源的充分而合理的利用、优良传统技术与先进技术的结合、产业之间的协调发展、供给与需求的平衡、经济效益、社会效益和生态效益的统一,这也可以用资源利用最优化、部门配合最优化、满足社会需求最大化、生态环境最优化以及综合效益最高化来表示[1]。这也意味着产业结构拒绝放任某一产业而抑制另一产业,而是要根据外部提供的各种资源和社会运行环境不断做出调整,"协调"和"最优"成为合理产业结构的标志。产业结构随着生产力的发展水平而不断演变为不同的结构类型,当今世界在产业结构的变化中形成一个共识:在生产力水平较低的地区一、二、三产业将呈现正三角形的结构,处于最上端的第三产业比重最少,处于最下端的第一产业比重则最多;当生产力达到一定的水平之后产业结构将出现倒置,即处于最上端的第三产业比重最多,处于最下端的第一产业比重则最少。我国农村地区产业结构变化趋势与此基本吻合,新中国成立初期我国农村第一产业在产业结构中居于绝对优势,第二、三产业的比重极少,随着农村地区生产力的发展第一产业比重出现了快速下降的态势,在2009年这一数据已经降至19.4%,同时以工业和建筑业为主的第二产业则在三十年间从26.0%增加到67.7%,以运输业和商业为主的第三产业比重也增加到12.9%。从我国历年来农村劳动力在各个产业的比重变化,可以看出我国农村产业结构也遵循着这种变化趋势,1978年这一指标的统计结果高达92.9%,而在2009年的统计结果已经降低到63.4%。

最后,第三产业的发展亟待加强。第三产业的产值比重一向被认为是经济发展水平高低的重要标志,也是生产力提高和社会进步的必然结果。根据库茨涅兹(S. Kuznets)的产业结构演化理论,随着经济的发展一、二、三产业的就业人口占总人口的比重会发生有规律的变化,第一产业的就业人口占总就业人口的比重会持续下降,第二产业的就业人口占总人口的比重会先上升、后下降,而第三产业的就业人口占总人口的比重则会持续、稳定地上升[2]。新中国成立以来我国农

---

[1] 刘明等:《现代农村经济学》,中国林业出版社1997年版,第53~56页。
[2] 邓智团、但涛波:《论我国农村剩余劳动力转移与区域产业结构演变》,载《中国农村经济》2005年第12期,第30~36页。

村地区第三产业的基础积极薄弱,虽然整体而言它一直沿着不断发展的态势演进,但是与第一、二产业比重迅猛的变化速度和幅度相比,它的增长趋势始终显得有些不温不火,这主要表现在第三产业的比重低和增长速度缓慢两个维度。从1978~2009年的30年间我国农村地区第三产业比重从5.4%上升到12.9%,仅仅增加了大约7个百分点,无论是产值比重还是增加幅度均落后于我国整个社会的产业结构发展。据《中国统计年鉴》显示,1978年和2010年我国第三产业的比重分别为23.9%和43.1%[①],同时期增加了近20个百分点。同时,我国第三产业在GDP的比重也要远远超过农村地区第三产业在农村GDP的比重。在农村产业结构调整中,要遵循产业结构演变的一般规律,努力实现三大产业之间的有机联系和依次推进,在不削弱第一、二产业的基础上大力发展第三产业,以适应现代农村经济社会发展的趋势。

二、农村产业结构调整的逻辑思路

无论是导致产业结构调整根本原因的比较劳动生产率变动,抑或是政府在农村经济发展中推行的各种社会变革,均构成了促使当前农村产业结构调整的主要动力。实证研究证明,农民收入的增长直接受农村产业结构调整的影响,在不同层次结构中农村产业结构变动对农民收入增长的贡献率为41.7%,农业内部结构调整对农民农业收入的贡献率为15.9%[②],因此大力调整农村产业结构是当前农村工作的重心。基于对我国农村产业结构调整的变化趋势和特征,我们可以基本确认未来我国农村产业结构调整的逻辑思路:坚持把第一产业放在首位,确保农业和农村经济发展,提供农民收入,加大对第二产业的升级和改造力度,大胆鼓励和引导农村在第三产业的迅速发展,总之,农业产业化为农村产业结构调整提供了前进方向。

首先,持续调整农业产业结构。通过对我国农村地区第一产业发展的回顾可以看出,农村生产结构与市场消费结构存在着深刻的矛盾,这主要凸显在农产品的品种结构和品质结构上。我国第一产业内部结构虽然较之以往有所完善,但是第一产业以农业为主、农业以种植业为主、种植业以粮食作物为主的特征仍然比较明显,主要粮食作物的市场供给远远大于市场需求,这也是当今诸如大米、大豆、玉米、小麦等在内的主要农产品价格一直徘徊不前的主要原因。副业和农业

---

① 中华人民共和国统计局:《中国统计年鉴(2011)》,载http://www.stats.gov.cn/,2012年4月20日。
② 吴先满等:《农村产业结构变迁的经济效应实证分析》,载《现代经济探讨》2003年第4期,第45~48页。

不应当是矛盾的，农副业之间安排得好又是可以互相支持的，在资源、劳力、资金的利用上，可以搭成一个有利的循环，如此就是荒年村子也不愁衣食了[①]。近年来我国中央政府和地方在调整农业产业结构上实施了诸项利国利民的大工程，包括退耕还林、还草、还牧在内的生态保护类工程在一定程度上改变了第一产业发展中林牧渔业的弱势地位，促使农业产业结构逐渐走向合理化。同时，初级产品和劣质产品充斥着大部分市场份额，远远不能满足人们对优质产品和特色产品的多元化市场需求，也间接地影响了农民收入的增加。2007年公布的中央一号文件《关于积极发展现代农业扎实推进社会主义新农村建设的若干意见》明确提出了"要用现代物质条件装备农业，用现代科学技术改造农业，用现代产业体系提升农业，用现代经营形式推进农业，用现代发展理念引领农业"的相关规定。要认清市场经济的需求，随时对农产品结构做出调整和安排，在农业结构上要根据因地制宜地加大畜牧业、水产养殖、经济作物等的生产。农产品结构的调整要求农民必须以提高农业的经济效益为中心，而非传统观念上的重视产量和规模，要追求最大程度上的投资收益率。近年来有人提出农业企业化的理念，这就要求农业生产在市场经济条件下，要逐渐成为一种适应新形势要求的市场化、规模化和深度开发化的渐次高度化过程，它不仅是直接涉及我国农村经济发展与改革的重大问题，也是关系到如何在现实中国国情条件下实现农业现代化的核心问题[②]。依靠科技进步，减少包括生产、流通、销售和管理在内的成本，促进农产品各层次的深加工，提高产品的科技含量和质量，争取建立和发挥受到相关法律保护的优质产品品牌效应，只有这样才能促使产品以最快的速度占领一定的市场份额。

其次，优化农村工业结构。近年来农村工业发展势头强劲，2009年的农村工业产值比重已经达到65.4%，不仅在纵向上远远超过改革开放之初的19.4%，而且与横向维度的农业和商业等产业相比也颇具优势。然而，近年来农村工业出现了诸如倒闭和亏损企业数量增加、吸纳农村劳动力的速度下降、普遍效益不高等缺憾，严重影响着农村经济的良性健康发展，这也要求农村工业在保持数量的优势基础上，需要对自身的质量和结构进行深入反思。具体而言，要打破传统城乡之间以及不同农村之间的区域壁垒限制，提倡不同类型和规模的企业通过产业化经营建立分工协作关系，以避免大量生产同类产品具有相似生产结构企业的重复性建设。同时，对那些存在重大安全隐患、污染生态环境、高消耗高排放的企业给予必要的整顿乃至停业，要加大对高新技术产业的开发和建设，保障特色工

[①] 费孝通：《江村经济：中国农民的生活》，商务印书馆2001年版，第272页。
[②] 胡鞍钢、吴群刚：《农业企业化：中国农村现代化的重要途径》，载《农业经济问题》2001年第1期，第9~21页。

业的稳步发展，提高工业与农林牧渔等产业的关联度等等。总之，要对农村工业的产品结构、生产结构、销售结构以及管理结构等进行合理的完善和改革。

最后，大力发展农村服务业。第三产业是反映一个地区经济发达水平的重要标志，2009 年我国整个社会的第三产业总值超过 43%，与第二产业的产值比重基本相当，证实了我国在过去的一段时间内的经济建设取得的丰硕成果。然而，与我国整体水平相比农村地区第三产业的发展水平还远远落后第二产业，甚至与第一产业的产值比重也存在着不小的差距，这也是当前城乡差距在产业结构中的镜像显现，因此大力发展服务业是当前农村地区产业结构调整面临的最大任务。在涵盖维度甚广的第三产业发展中，需要不断建设和完善为农服务的信息流通网络和流通基础设施。在市场经济的运行中，买卖双方信息不完全对称的特征决定了信息在生产流通中的重要意义，必须通过建设"信息高速公路"等各种方式在农村地区建立经济信息流通网络，才能够提高农民对市场信息敏锐性并根据供求等各种关系来决定自己的生产。同时，要有计划地建立各种专业市场、农业技术服务中心、职业教育培训基地、法律咨询等基础设施和机构，为农民提供一个较为完善的公共社会服务体系。"十二五"规划对新农村建设过程中的健全农业社会化服务体系中做出明确规定，"加强农业公共服务能力建设，加快健全乡镇或区域性农业技术推广、动植物疫病防疫、农产品质量监管等公共服务机构。培育多元化的农业社会化服务组织，支持农民专业合作组织、供销合作社、农民经纪人、龙头企业等提供多种形式的生产经营服务。积极发展农产品流通服务，加快建设流通成本低、运行效率高的农产品营销网络"，体现了我国政府不遗余力地大力发展农村地区第三产业的决心。

基于此，我们认为农业产业化为农村产业结构调整提供了前进方向。家庭联产承包责任制成功地解决了农民的温饱问题，调动了广大农民生产积极性，而且提供了他们积极参与商品经济的权利和地位。然而，随着 90 年代初市场经济的逐步建立，农民这种分散经营面临严峻挑战，诸如规模小、专业化水平低、市场信息闭塞、组织化程度不高、交易方式落后等弊端显露无遗，从而使得农民在参与市场交易中处于极其不利的地位。农村各个产业的发展与市场之间的割裂是近现代中国农村经济落后的主要原因。费孝通在《江村经济》中针对江村的实地考察中对此直言不讳，"当前该村的经济萧条的直接原因是家庭手工业的衰落，经济萧条并非由于产品的质量低劣或数量下降，而在于乡村工业和世界市场之间的关系问题，蚕丝价格的降低是由于生产和需求之间缺乏调节"[①]。为了规避这种难以适应现代市场经济发展形势所带来的风险，这一时期我国部分农村地区的

---

① 费孝通：《江村经济：中国农民的生活》，商务印书馆 2001 年版，第 236 页。

农业开始走向产业化经营。农业产业化是以国内外市场为导向,以提高经济效益为中心,对当地农业的支柱产业和主导产品,实行区域化布局、专业化生产、一体化经营、社会化服务、企业化管理,把产供销、贸工农、经科教紧密结合起来,形成一条龙的经营机制①。农业产业化的概念蕴含着自身所具有的明显特征,如产品商品化、经营一体化、管理企业化、服务社会化、生产专业化等。以经营一体化为例,它不仅能够把分散的和互不联系的生产过程联系起来,改善传统个人家庭为单位的作坊经营的低效和风险,而且能够通过有效地组织把产、供、销三方面集中起来,大大减少交易成本,提供了产品的经济效益。产业化经营自产生之初就显示出了自身的优越性,有利于提高我国农业的国际竞争力、促进农业内部和外部规模经营的同步发展、解决小农户生产与国内外大市场的矛盾、加快农业科技进步和推进标准化生产、提高农业的组织化程度和扩大农业经营规模、延长农业产业链和促进农业产业结构调整和优化、提高农业比较利益和增加农民收入、促进农业劳动力转移和城乡一体化建设、提高农民素质和劳动力再就业②。农业产业化经营促使农民改变之前自给自足的传统农业生产局面,转而关注市场流通、科学研究以及产品加工等信息,能够随时根据以上信息的反馈快速做出反应,最终实现农业快速高效地发展。因此,与其说农业产业化是我国政府大力发展农业而颁布的国家政策制度,不如说它早已成为农村地区发展地方经济改变落后面貌时积极探寻或正在使用的一把利剑,在市场经济的潮流中鬼斧神工般地开辟一条适合农村社会经济发展的康庄大道。

三、农村产业结构调整的教育诉求

无论是农业和工业在各个层次的结构调整,还是服务业的大力发展,都需要依靠科技进步和技术创新,需要在运营中应用先进的管理理念。农业产业化经营不仅需要国家政府在政策方面的强力支持,更需要充分认识市场经济的客观规律,熟悉生产、销售以及市场运营所涉及的农学、经济学、法学、公共管理学等信息和知识,而这一切归根结底都来自教育的发展,教育在农村产业结构调整中承担着至关重要的作用。在农村产业结构调整的当下,一些农村地区的教育布局结构显然已经不能适应产业结构调整的趋势,农村经济社会发展对教育提出了新的要求。长久以来,我国就是一个处于非均衡政治统治环境之中,城市地区在社会分层、社会结构、权力体系、社会秩序、政治控制以及政治文化等诸多方面与

---

① 艾丰:《论农业产业化》,载《人民日报》1995年12月11日第7版。
② 郭梅枝:《农业产业化发展研究》,郑州大学出版社2008年版,第36~41页。

农村地区存在着差异①，这种非均衡的政治特点不仅反映在城乡之间，而且也凸显在东部发达地区和西部落后地区；不仅是中国政治统治的整体特征，也辐射在社会中的经济、文化、教育等诸多领域。政治对教育的制约性也决定了当前教育发展的失衡状态，在农村产业结构调整的背景下，我国农村教育的非均衡状态主要体现在教育结构的失衡。传统农村教育布局调整往往只考虑现实需要，这是非常重要的，但却忽视了对农村教育发展内在规律的研究，忽视了农村产业发展影响农村教育布局的核心影响因素的结构性分析，导致一些地方的教育布局出现盲目性的现象。因此，本书将主要从结构维度来探寻农村教育布局调整的方向。

首先，丰富农村教育层次结构。农村教育在层次上可以包括学前教育、基础教育、高中教育、职业教育、成人教育等不同的阶段，与其他层次的教育相比我国基础教育阶段无论在政策规定上还是在资金投入上都凸显出一定的优势，而职业教育和成人教育由于各种因素的影响还存着弱势的地位。随着现代技术的高速发展，高新技术产业化发展使得产品生产和研发的周期大大缩短，计算机应用、通信技术和服务以及生物工程技术逐渐渗透到农村经济生产、销售的各个领域。产业结构的优化和升级已经与农村地区原有的较为落后单一的教育结构出现了内在的紧张，肩负着培养各种职业技术人才的职业教育和成人教育需要必要调整。通过建立农村职业教育和产业结构之间的理论模型进行分析，表明农村职业教育对提高农村人口素质推动产业结构升级换代起着重要的作用，同时我国农村产业结构的调整也能够促使农村职业教育适应经济和产业的要求，农村职业教育发展和产业结构调整存在着互为因果关系②。然而，目前我国农村地区职业教育正遭遇发展的瓶颈，存在思想观念偏差、教育资金投入不足、师资队伍难以适应发展要求以及专业结构不合理等问题，亟待得到相关部门的重视获得及时的解决。同时，我国农村经济取得的瞩目成就离不开农村成人教育所做出的努力，2002年教育部颁布的《教育部关于进一步加强农村成人教育的若干意见》对我国农村成人教育的地位再次确认，"农村成人教育是我国教育的重要组成部分，是构建终身教育体系、建设学习化社会的重要内容，承担着提高农村成人思想政治和科学文化素质，促进农村经济社会发展的重要任务"。然而，我国农村成人学校的发展现状不容乐观，农民高等学校、农民中等专业学校和农民技术培训学校数量均呈现下降趋势。其中农民技术培训学校数量从1995年的38.5万所下降到2009年的12.9万所，在15年间减少幅度超过2/3，毕业生人数也从7 035.4万人减

---

① 徐勇：《非均衡的中国政治：城市与乡村比较》，中国广播电视出版社1992年版，第1页。
② 林霓裳等：《农村职业教育与产业结构升级的关联性分析》，载《管理学家》2011年第2期，第69~76页。

少到4 130.7万人①。我国社会主义新农村建设提出需要"有文化、懂技术、会经营"的新型人才,事实上这也是农村产业结构调整的客观要求,政府应该采取多种举措来丰富农村教育结构,在继续稳定发展基础教育的基础上,大力完善和发展农村职业教育和成人教育,为农村经济的跨越发展提供充足的人力资源。

其次,拓展农村教育专业结构。改革开放以来我国农村地区在农科教相结合以及三教统筹的政策方针指导下,农村教育为农村经济的发展和农民脱贫致富带来了强劲的动力,尤其是农村职业教育和成人教育对农民在生产、流通和销售等领域的培训,让农业产业化经营的迅速发展有了可能。然而,随着各种高新技术在农村发展中的不断开发和应用,农村教育却并没有及时有效地调整,这集中反映在很多农村职业教育和成人教育机构中的专业结构老化,导致了新兴农业产业方面的技术人员严重缺乏的情况。当前,我国职业教育尚不能完全适应市场行业的需求,教育专业结构与行业需求结构之间存在一定断裂和脱节,如果不能够很好地对职业教育的专业结构进行适当的调试,不仅使职业教育的毕业生难以适应不同产业的要求,更重要的是这种直接击打人们对职业教育的积极性的现实,将会促使人们心中长期遵循的"重普教、轻职教"传统观念死灰复燃,让长期以来我国政府对农村职业教育的努力付之东流。为了解决这一难题,必须对农村职业教育的专业结构进行全面改革,压缩和改造农学、林果、畜牧兽医等传统专业,增加设施农业工程、园林花卉工程、畜禽养殖工程、信息技术、国际财会、农产品营销、旅游服务、家政服务等新兴产业专业和二、三产业专业,大力培养当地各类所有制单位用得起、留得住和本人干得成、能致富的乡土人才,以适应当地农业和农村产业结构的调整②。农业产业化经营作为农工商一体化的产业合作发展制度,涉及一、二、三产业的不同产业和不同领域,这就决定了农村产业结构调整需要经济、营销、生产、加工、运输、服务、会计等不同类型人才的现实。市场经济在现代科学技术高速发展的推波助澜下有着极其迅速的变化频率和越来越短的变化周期,农村职业教育和成人教育在专业设置上需要具有构建灵敏度极强的信息反馈机制,以至于能够根据产业结构的调整设置相关的专业课程,从而符合这一时期本地区经济发展的需求。

最后,调整农村教育空间结构。农村职业教育要实现向培养高级专门技术型人才目标的转变,不只是要改革专业设置,更重要的应该对整个城乡职业教育进

---

① 国家统计局农村社会经济调查司编:《中国农村统计年鉴(2010)》,中国统计出版社2010年版,第300页。

② 张志增:《农村职业教育专业结构改革的紧迫性和保障条件》,载《职业技术教育》2001年第16期,第8~10页。

行战略重组与规划布局①。从改革开放以来我国在第一产业从业人员与各个产业比重的变动趋势可以看出,我国劳动力就业结构的变动严重落后于产业结构的变动,非农产业从业人员比重仍然占据着较小的比例。产业结构的变化以就业结构的变化为标志,如果农业产业的从业人员比重一直居高不下,那么产业结构调整的成果就难以得到巩固。增长农民从事非农产业比重,促进农民剩余劳动力从农业中的合理转移,不仅有利于提高农村生产要素的充分利用和挖掘,提高农民的经济收入,更重要的是可以转变农民长期以来的传统农业生产模式的消极影响,为积极地投入到农业产业化经营中提供良好的启示意义。因此,人口从农村向城市的流动成为实现农村产业结构调整成功和促进农村经济可持续发展的关键因素,城镇化进程将一直伴随着农村产业结构调整的进行,城镇化水平的高低在一定程度上也决定着农村产业结构调整的质量。近年来,我国城镇化水平增长迅速,2010年我国城镇化水平已经接近50%,这有效保障了农村产业结构调整的健康运行。然而,它也给农村教育的空间布局带来了挑战,农村总人口和学龄人口的持续减少,让越来越多的学校面临着生源短缺的困境。对于基础教育而言,之前的"乡办高中、村办初中、小学办到家门口"的观念遭遇到严峻的挑战,甚至涌现了大量的"麻雀学校"和"空巢学校"。在这种情况下,不是按行政建制的乡、村分散人力物力财力,而是撤乡并镇或在中心镇重点加强初中校建设,在县城和有条件的中心镇设置于发展高中阶段的教育,在乡镇或中心村办小学,即按人口规模和转移趋势规划学校布局就成为历史的必然②。在学校大量撤销、合并和再建的背景下,农村基础学校空间布局发生着明显的变化。与基础教育不同,基于产业结构调整对于专业结构的要求,越来越多的农民将会产生于产业结构调整相适应的学习需求,这就促使了农村职业教育以及成人教育学校的新建和扩建。这就要求农村教育布局调整要根据当地社会经济发展状况,重构农村教育科学合理的空间布局。

第三节 新农村建设与农村教育布局调整

21世纪以来,"三农"问题一直都是我国政府以及社会各界关注的热点,新

---

① 邬志辉:《中国农村职业教育的战略转型:新概念与新思维》,载丁钢:《中国教育:研究与评论(第14期)》,教育科学出版社2011年版,第103页。

② 范先佐:《农村中小学布局调整的原因、动力及方式选择》,载《教育与经济》2006年第1期,第26~29页。

农村建设已然成为新时代我国农村社会政治、经济、文化以及生态等全面进步的系统工程。2005年10月11日在中国共产党第十六届中央委员会第五次会议上通过了《中共中央关于制定国民经济和社会发展第十一个五年规划的建议》，这是我国首次在国家政策中提出新农村建设的设想，认为在新农村建设中需要"发展现代农业、增加农民收入、改善农村面貌、培养新型农民、增加农业和农村投入以及深化农村改革"。2006年中央颁布一号文件《中共中央国务院关于推进社会主义新农村建设的若干意见》，这是我国政府首次以新农村建设为题名的政策，针对新农村建设的各个环节进行了较为全面的战略部署。新农村建设影响着农村教育的变革和发展，这种影响涉及教育的全方位，从职业教育到基础教育，从学校领导到教师管理，从课程建设到课堂教学，从教育事业的规模和速度到教育质量的提升，无不体现着新农村建设之于教育的作用。在新农村建设背景下农村教育在更多意义上体现着功能概念的特点，它是为农村社会发展和进步服务的教育实践活动，教育的变革需要积极反映新农村建设提出的客观要求。农村教育布局调整能够在教育规模、结构以及功能等维度对农村教育进行变革，为新农村建设的顺利进行保驾护航。

一、人的现代化与教育结构形态的社会化

（一）新农村建设的核心是人的现代化

2005年中共中央提出了建设社会主义新农村的历史任务，明确表示"要按照生产发展、生活宽裕、乡风文明、村容整洁、管理民主的要求，坚持从各地实际出发，尊重农民意愿，扎实稳步推进新农村建设"，从此，社会主义新农村建设作为新时期我国全面建设小康社会、促进社会和谐的一项重要政策拉开了序幕。新农村建设改变了以往简单依靠城市化进程推动农村发展的倾向，旨在减少城乡制度障碍、促使城乡良性互动，在此过程中不仅要关注经济发展，还要注重农村人文自然的保护，不仅表达了要构建生态型社会的愿望，同时还强调了对阻碍农村生产力发展上层建筑的改革决心。尽管"三农"问题在国内文件和报纸中的排序还是农业、农村和农民，但是对于做农村政策研究的人而言，我们从一开始就讲农民、农村和农业问题，中国是一个农民人口大国，面临的主要问题是农民问题，农民问题是第一位的[①]。这一观点也得到了多数研究者的认同。现代化社会是以工业产业为产业基础、以城市为区域基础、以城市市民为社会主体

---

① 刘亚平：《"温三农"、张晓山访谈新农村》，载《同舟共济》2006年第4期，第6~9页。

的,它们构成了"三农"问题的客观经济基础,因此"三农"问题实质上是在现代化进程中两种文明的并存和差别而产生的政治社会问题,农民问题是"三农"问题之首①。因此,所谓新农村建设就是要促进农民的全面发展,它的核心即是人的现代化,具体体现在作为人力资本生产能力的现代化、作为社会主体精神文明的现代化和作为政治主体公民意识的现代化三个维度。

首先,作为人力资本生产能力的现代化。发生在200年之前的工业革命决定了由农业社会向工业社会的转型,开启了世界各国现代化的进程。世界现代化进程中一共经历了三次大浪潮,第一次大浪潮发生在18世纪后期到19世纪中叶,英国的工业革命作为现代化的急先锋改变了人们的产生结构和生活方式,并且很快传播到整个欧洲地区,这种依靠煤和铁的机器大生产代替传统的农业生产方式。随后,在19世纪中叶至20世纪初,现代化在欧洲取得巨大成就的同时向北美、亚洲、非洲等世界其他地区迅速扩散,电和钢铁成为现代化发展的物质技术基础。第三次大浪潮发生在20世纪下半叶,高新技术产业成为现代化新的物质基础,开始了由工业社会向知识社会的转型。现代化在产生之后给人类带来天翻地覆的变化,这种变化几乎反映在政治、经济、社会、意识形态等人类生活、生产的每个角落,人们借助于科学技术等现代工具创造了以往社会所不能想象的财富,人权和人的尊严得到了极大尊重,社会生活各个方面都取得了长足进步,人们似乎已经步入了幸福美好的生活。诚然,在现代化的三次浪潮中诸如煤、石油、电、钢铁等物力资本起着非常重要的作用,如果缺少这些物质基础整个现代化进程将受到极大的阻碍。然而,作为科技进步和管理主体的人则始终是社会前进的掌舵者,未来世界各国的竞争将主要源于具有稀缺性特征的人力资本的竞争。人力资本与物力资本有着明显的区分,它主要是指凝聚在劳动主体身上的知识、技术以及在工作中表现出来的各种能力,虽然不能像物力资本那样可以随意地买卖,但是它能够在社会经济发展中凸显出强劲的生产性的作用。一国人力资本存量越大劳动力质量就越高;人力资本的提高还会导致物力资本生产效率的改善;人力资本在生产诸要素之间发挥着越来越重要的替代作用;人力资本本身还具有收益递增的重要特点;人力资本的发展还将有助于重塑人的道德品格与精神素质、更新思想观念、促进人的全面发展,从而为经济增长与发展创造基本的前提条件②。这也构成了美国经济学家舒尔茨(T. Schultz)非常重视人力资本在国民经济增长中的决定性作用的重要原因,从而使得人力资本的概念很快得到世界各国政府的认可和重视。如果要想在新农村建设中促进农村经济快速健康发展,

---

① 徐勇等:《中国农村与农民问题前沿研究》,经济科学出版社2009年版,第4~6页。
② 范先佐:《教育经济学》,人民教育出版社1999年版,第105~106页。

提高农民的平均收入水平,通过各种方式深入挖掘蕴含在农民内部的人力资本是一个较为恰切的选择。作为人力资本生产能力的现代化,也是对新农村建设中"生产发展,生活宽裕"要求的有力回应。

其次,作为社会主体精神文明的现代化。物质生产是其他一切社会活动的基础,人类如果没有一定的生产能力和劳动成果作基础,那么其他的一切发展都是空谈。我国哲学家李泽厚先生曾经用"吃饭哲学"的概念对之进行形象的说明,人类通过使用科学技术进行生产的活动构成了他们生存和生产的基础,这体现出了社会存在的工具本体意义。事实上古今中外都有人用不同的方式表达着对人类物质生产能力的重要性的看法,例如"仓廪实而知礼节,衣食足而知荣辱"、"以经济建设为中心"以及管理学家马斯洛(A. Maslow)影响甚广的需要层次论。然而,通过对世界几百年的现代化历程的回顾我们发现,在人类生产能力得到极大提升为丰富的物质和财富积累盛宴狂欢之时,价值、意义逐渐远离我们而去了,人们没有从这种超越历史的现代生产中感受到轻松和幸福,取而代之的是无休止的失落和紧张。德国哲学家尼采(F. Nietzsche)高呼"上帝死了"话音未落,福柯(M. Foucault)又抛出了"人已死"时代已经到来的言论,一时震惊思想界,然而在某种意义上这并非危言耸听。现代性的危机已经蔓延到社会的每个角落,人类在承受着随之而来的焦虑和痛苦。在人类的社会化过程中产品起着思想灌输和操纵的作用,它们引起一种虚假的难以看出其为谬误的意识,并由此产生了一种单向度的思想和行为模式,即凡是其内容已超越了已确立的话语和行为领域的观念、愿望和目标,不是受到排斥就是沦入已确立的话语和行为领域[①]。由此看来,在现代社会化进程中人类已经经历了严重的异化,而在新农村建设中必须对这一危机进行应对。近现代历史上我国政治、经济和文化的现代化过程,经历着东西文化的冲突和交融以及和古今思想的传承和创新,如果缺乏精神文明的变革发展,没有社会主义精神文明长时期的陶冶,就不可能产生在现代化进程中的现代人和生产成果。许多致力于实现现代化的发展中国家,正是在经历了长久的现代化阵痛和难产后,才逐渐意识到:国民的心理和精神还被牢牢地锁在传统意识之中,构成了对经济与社会发展的严重障碍[②]。传统的小农经济意识与市场化下的功利主义取向是制约我国当前新农村建设的精神障碍,当代新农村建设应该定位在精神重建上,从协作精神的重建、产业领袖的培植和新型农民的培养三个方面,提升人的精神高度,逐步克服功利主义的观念,不断提高农民

---

① [美]赫伯特·马尔库塞著,刘继译:《单向度的人:发达工业社会意识形态研究》,上海世纪出版集团2005年版,第11页。

② [美]英格尔斯著,殷陆君译:《人的现代化——心理·思想·态度·行为》,四川人民出版社1985年版,第4页。

的理想信念、道德水平、文化修养、精神面貌，这是当前农村教育最急迫的使命[①]。因此，社会主体精神文明的现代化是整个社会现代化顺利健康前进的动力源头。新农村建设对社会主体精神文明的现代化方面进行了具体化的阐释，例如，村容整洁主要指改变以往农村脏乱差的局面，改善农民的居住环境，而生活富裕则直接关涉农民基本生存的衣食住行，这样的规定就免除了历来精神文明建设过程中因政策模糊性所带来的低效甚至无效现象。社会主义新农村建设要求必须突出"乡风文明，村容整洁"的重要意义，立足农村经济发展和农民收入增加上进行社会主义精神文明建设。

最后，作为政治主体公民意识的现代化。新农村建设的目标不仅反映在经济发展和精神文明培育上，而且还对农民作为政治主体的身份意义进行了强调。新农村建设的"管理民主"要求要切实维护农民的民主权利，让农民拥有真正意义上的知情权、参与权、管理权和监督权，并提高农民的法制意识，在享受权利的同时应该自觉承担相应的义务。这是新农村建设在政治上的有力保证，凸显了我国政府对农民作为政治主体的尊重和认可，而这一切都是农民的公民意识的集中体现。公民意识事实上是公民对自身作为一般的国民身份所体现出来的态度、情感以及价值倾向，在现代社会里它集中体现在公民在法律、道德、公平、自由、责任等维度，在一定程度上它能够积极反映社会成员对自身和国家的认同程度。胡锦涛在十七大报告中提出了"加强公民意识教育，树立社会主义民主法治、自由平等、公平正义理念"的发展目标，这也是我国首次将公民意识教育列入国家政治发展和社会建设过程，随后 2010 年我国政府颁布的《国家中长期教育改革和发展规划纲要（2010~2020）》提出了"加强公民意识教育，树立社会主义民主法治、自由平等、公平正义理念，培养社会主义合格公民"政策规定，公民意识教育也逐渐进入各级学校教育教学的课程之中。然而，当前我国社会现代化进程中公民意识出现了意识不强甚至还很淡薄的缺憾，李慎之先生"千差距，万差距，缺乏公民意识是中国与先进国家最大的差距"[②] 的哀叹也表明了我国公民意识落后对我国现代化建设的消极影响，这对于政治意识本就十分淡薄的农民而言更是如此。在以往的农村政治结构中，几乎没有农民表达公民意识的机会和空间，村民的参与管理意识比较淡薄，而且在"以经济建设为中心"的社会改革氛围中，农村研究更多的是关注调整生产力结构去适应生产关系，而很少在上层建筑的秩序中去寻找改革的出发点。要改善我国农民作为政治主体公民意识的弱势处境，必须借助于社会主义核心价值观积极引导公民逐渐摆脱愚昧

[①] 邬志辉、任永泽：《精神培育：新农村建设背景下农村教育的使命》，载《东北师大学报（哲学社会科学版）》2008 年第 1 期，第 13~17 页。

[②] 李慎之：《修改宪法和公民教育》，载《改革》1999 年第 3 期，第 5~7 页。

和落后而走向现代文明的发展道路，促使公民群体形成向内的认同和凝聚和向外有选择地甄别和排斥，并最终实现农民公民意识从传统到现代的转变。

（二）人的现代化要求教育结构形态的社会化

未来 20 年是中国教育发展的"黄金时期"，最重要的发展机遇就是全面建立世界上最大的学习型社会，进一步提高全体人民的人力资本，这也是全面建立小康社会、提高人民生活质量的重要内容①。学校教育作为现代化进程中逐渐凸显的教育组织形式，无论在知识传授还是价值观培育上都起着至关重要的作用，现代学校无疑是促使"传统人"向"现代人"转化的重要场所。然而，促进人的现代化并非仅仅局限于学校范围。教育必须采取一种全面的策略，必须把教育看成是超越中小学与大学范围的一种事业，在任何情况下我们都不应把策略局限在一个单独的媒介、一种机构的形式或者一种所谓"系统结构"的范围以内，在经济与行政结构中、在大众媒体中、在工作与家庭生活中，有着丰富的教育财富②。美国学者英格尔斯（A. Inkeles）认为除得到人们广泛认同的学校教育之外，工厂和农业这些社会结构同样具有现代化意义。

首先，教育在人的现代化的作用。同其他教育研究者一样，英格尔斯也认同教育对人的现代化的重要影响，而且他还进行了一系列测试，结果显示那些受教育多的人能够体现较多的现代性品质，反之，则缺乏明显的现代性品质。诚然，学校的任何课程都没有给学生提供怎样参与公众组织、怎样接受新的经验、如何评价计划生育以及发展自己的个人效能感等方面的正式指示，但是学生们在学习数学、作文、地理的同时显然也学到了新的评价观、生活态度和行为方式，这些东西的重要意义在到他们成年之后便会显现出来③。然而，他并不赞同教育对人的现代化过程的决定性意义，如果学校教育活动能够在一个较为稳定的环境中有秩序地进行，教师也能够起到很好的楷模作用，那么这样的教育能够对孩子的现代化产生积极的意义。但是学校教育并非现代化成果的唯一来源，现实中的学校和教师也并非这样完美无缺，学校教育管理的失序和教师作为楷模角色的失范都可能阻碍孩子的正常发展甚至误入歧途。正如有的教师可能会缺乏使人趋向现代性的示范作用一样，有的学校也可能对培养人的现代性作用甚微，学校的工作如果是杂乱无章的，每学年的课程表错误百出，教学计划经常受到干扰等，也不

---

① 胡鞍钢：《从人口大国到人力资本大国》，载《中国人口科学》2002 年第 5 期，第 1~10 页。
② 联合国教科文组织国际教育发展委员会编著，华东师范大学比较教育研究所译：《学会生存——教育世界的今天和明天》，教育科学出版社 1996 年版，第 216 页。
③ ［美］英格尔斯著，殷陆君译：《人的现代化——心理·思想·态度·行为》，四川人民出版社 1985 年版，第 102 页。

能让学生产生出具有现代性的倾向来①。针对于此，必须对学校的教育内容进行改革，去除各种消极知识和文化传统对学生思想和行为的控制，更新教育观念，重视那些具有现代性意义、有助于理解和掌握现代科学技术和生产方式以及积极促进孩子独立思考的知识。

其次，工厂在人的现代化中的作用。与教育对人的现代化意义相比，英格尔斯创造性地提出了工厂才是影响人的现代化的最为重要因素的观点。当然，此言一出立即遭受到人们的质疑，其中最大的反对力量来自心理学家布鲁姆（B. Bloom）的研究结论，他认为人在青少年时期就基本形成了自己稳定的个人特征，在成年之后这些特征一般不会轻易发生变化。据此人们得到一个共识，即工厂的工人大多数是脱离学校教育的成年人，他们的个人特征早已固化，因此在工厂里不可能发生诸如价值观、态度的重塑。然而，现代工厂里蕴藏着改变人、迫使人适应的力量和条件，工厂的组织和操作形式具体体现了一系列的现代工业原则，工厂对人的现代性的促成不像课堂上教师向学生传授知识那样，公开地要求学生们接受这种知识，但是在生产的过程和环境中，它充当了一个教育人们走向现代化的无声教师，工作经验在形成现代人的过程中很好地扮演了这样的角色②。的确，在现代工业社会中工人在大多数时间的生产生活环境与工厂相关，而在工厂里到处张贴着严明的纪律和操作规范，存在着现代科学技术直接的实践和应用，到处充满着社会现代化所包含的机遇和挑战。工厂已经给工人打上了现代性烙印，影响着他们的生产方式以及生活中的态度和价值观念。工厂的环境能够使他们学会新的工作方法和新的思想方式，工厂不仅应该而且也确确实实既是一个生产的单位同时也是一个学习的环境，特别在培养人的现代性方面工厂是一所学校③。英格尔斯对工厂对人的现代化意义的强调，在众多的研究中既别具一格又言之成理，突出反映了人的现代化的影响因素并非单一的学校教育，而是多种环境共同影响的结果。

最后，农业在人的现代化中的作用。当农业生产和流通中借鉴了工业中的组织原则、特点和形式之后，农业的发展能够获得较大程度上的现代化，这给人的现代化带来了较大的推动作用。英格尔斯选取了孟加拉国的农业合作运动库米拉试验和以色列的莫沙夫为研究对象，对这两个地区的农业在影响人的现代化的过程和机制方面进行了独到的分析。以前者为例，在20世纪60年代之前，库米拉地区是一个以传统农业为主要产业结构的地区，农民人数占据绝大比例，体现出

---

① ［美］英格尔斯著，殷陆君译：《人的现代化——心理·思想·态度·行为》，四川人民出版社1985年版，第100页。
② 同上，第110页。
③ 同上，第127页。

安于现状的保守特征,教育水平处于较低的程度。研究者通过各种方式在这个地区建立了合作社,在农业发展学院的大力支持下,合作社能够提供给农民各种资源、组织并且鼓励那些农民积极参与进来。合作社的效益很快得到了显现,参与合作社的农民获得了较大的经济收益,1959~1962年农业合作社从无到有并达到了59个,在1964年这一数字达到122个,1961~1962年和1964~1965年之间,平均每一社员在合作社存款增加了一倍,信道中的培育每年都成倍增长,到1964年使用高产抗病的优良品种已经是1960年的6~8倍[1]。与孟加拉国其他地区以及没有参与合作社的地区相比,库米拉的发展变化异常惊人。其实,如果仅仅在数字上的表现还不能够充分说明该地区农业发展在人的现代化上影响的话,那么真正的改变则反映在农民本身内在的思想方式和行为习惯。通过对这些农民的测试发现,与其他农民相比那些积极参与合作社项目的农民获得了较大程度上的现代性特征,个人的现代化得到了很好的可持续发展。通过合作社的改革形式,农民能够接受到来自诸如工业等其他产业结构的知识、观念和技术,改变了农民在长时期单一生产结构氛围的局限,提高了他们的个人现代化水平。

基于以上的分析,我们应该认识到新农村建设与人的现代化以及人的现代化与农村教育布局调整之间的内在关联,不同的教育结构对人的现代化有着各具特点的影响。这里的教育结构是一种包括内部结构和外部结构的广义上的范畴,内部结构是指包括学校教育范围内各种层级结构和内容结构,外部结构则涵盖了对个人的社会化具有教育意义的诸如农业、工业等其他社会结构和领域。学校作为传道授业解惑的专业场所,几百年来在促进人从传统人向现代人的转变中始终履行着重要的责任,然而它绝非唯一,人们除学校之外也可以通过工厂、农业合作社以及其他社会结构来获得新的认知,社会是一个大学校,人们可以时时享受教育、处处接受教育,这是一个学习化的社会。我们越来越不能说社会的教育功能乃是学校的特权,所有的部门——政府机关、工业交通、运输——都必须参与教育工作,地方共同体和国家共同体都显然是具有教育作用的机构,这正如普拉塔奇所言的"城邦是最好的教师"[2]。现代的教育应该是广义上的教育概念,凡是增进人们的知识和技能,提高人们的思想情感的活动都属于教育。这就决定了在农村教育布局调整过程中,不仅要关注学校教育的布局,而且还要考察农村周遭的非学校教育结构分布;不仅要关注学校教育对学生的培育,而且也要留意新型结构形态对学生的影响;农村教育结构形态的影响群体不仅包括学生,而且也包

---

[1] [美]英格尔斯著,殷陆君译:《人的现代化——心理·思想·态度·行为》,四川人民出版社1985年版,第189页。

[2] 联合国教科文组织国际教育发展委员会编著,华东师范大学比较教育研究所译:《学会生存——教育世界的今天和明天》,教育科学出版社1996年版,第201页。

括所有农民。同样地，不同的人基于不同的个人现代化特征也有着不同的教育结构的需求。在农村教育布局调整中要注重教育结构形态反映着不同人的需求特征，在新农村建设中，作为人力资本生产能力现代化、作为社会主体精神文明现代化和作为政治主体公民意识现代化的人不仅仅包括学生，更重要的是那些不同性别、不同职业、不同年龄、不同兴趣以及不同受教育程度的农民，他们共同承担着新农村建设的职责，新农村建设过程中的教育布局调整要体现所有农民各种各样的教育需求。

二、合村并居与农村教育布局调整

在新农村建设的整个过程中，我国政府部门一直以来对农村布局规划和调整工作均给予着高度重视。2006年的中央一号文件《中共中央国务院关于推进社会主义新农村建设的若干意见》在加强村庄规划和人居环境治理上进行强调，"各级政府要切实加强村庄规划工作，安排资金支持编制村庄规划和开展村庄治理试点；可从各地实际出发制定村庄建设和人居环境治理的指导性目录，重点解决农民在饮水、行路、用电和燃料等方面的困难，凡符合目录的项目，可给予资金、实物等方面的引导和扶持"。这预示着在新农村建设的开始阶段，村庄规划工作便成为农村经济社会发展的重要维度。在相关政策的引导下，新农村建设在农村布局规划尤其是在住宅布局中进行了大胆尝试，对过去较为落后的传统村庄布局形式做出了合理改进，相继产生了具有新型社会结构的农村布局发展模式，逐渐积累了较为丰富的农村布局研究和实践上经验和教训。其中，近年来在我国一些地区逐渐出现的合村并居工程便是其中的典型，它要求将一些具有规模较小、位置临近、基础设施较为落后等特征的农村进行集中整合，建立具有现代化性质生产和生活设施的农村社区，从而改善农民的生活环境，提高农村土地的综合利用水平，并最终达到实现加快农村社会发展的目的。合村并居作为新型农村布局形式，它的产生将会给农村社会的村民自治、农业生产、文化传统以及教育发展带来一系列的影响，尤其对农村教育布局调整将产生直接的推动作用。当然，与合村并居类似的还有国家和地方的各项战略工程，如包括三峡工程的移民并居类工程，在四川、青海、云南等地震地区的灾后重建工程灾害修复类工程等等，它们均在客观上推动了农村教育布局的调整。

（一）新农村建设中合村并居的实践探索

新农村建设中的合村并居在某些地方去也被称为合村并点、合村并镇以及合村并城等，21世纪初以来在城镇化进程和新农村建设的大力推动下，合村并居作为农村布局改革中具有明显价值意义的新型模式被一些地区逐渐接受,并且在相关政策的指导下很快付诸实施。在我国河北省、山东省以及河南省等地区均能很容易捕捉到合村并居带给当地社会的变化气息,尤其山东省在我国新农村建设的合村并居实施过程中表现得比较活跃。该省在合村并居的实施范围涉及包括德州、潍坊、临沂、聊城、淄博和济宁等广大地区,无论整合村庄规模还是农村社区建设数量均走在了全国新农村改革的前列,一时吸引了社会各界人士对合村并居的关注。

在合村并居之后新建立的农村社区为当地农村经济发展和农民生活带来了积极的促进意义。实际上,合村并居正在迸发出的是一种"乘法效应":生产、生活、公共服务、基层组织等多重因素构成了"乘法"[1],它并非是各个村庄的简单相加,而是通过让农民集中居住来实现农村社会整体的综合改革和全面进步。对于地方政府而言,合村并居带来的意义主要体现在三个方面。其一,合村并居有助于节约社会建设成本。以基础设施建设为例,不论在什么时期,政府在不同农村进行基础设施建设应该以大致相似的标准进行,这不仅体现了社会公平发展的时代主题,也是新农村建设的题中应有之义。然而,地方政府的经济承受能力和财政能力相对有限,如此一来就容易形成农村基层设施的大量重复性建设,导致地方政府公共服务水平凸显低下和低效的缺憾。通过合村并居的实施,政府就可以将农村社会资源集中于数量较少的这些新建农村社区,从而提高资源的优化配置水平。其二,合村并居有利于政府集中利用土地资源。在城镇化进程中政府需要更多的建设用地,以往农村大量的耕地是城市土地的主要来源,然而自从国家规定要保持18亿亩耕地红线之后,地方政府在城镇化进程中遭遇到发展的"瓶颈"。如何做到既不触碰这条红线也不影响城镇建设用地的需求,成为近年来政府统筹城乡发展中着力思考的问题。随着农民向城市地区的单向流动引起的农村人口的逐渐减少,我国农村地区出现了大量的"空心村"现象,村庄家庭房屋空置率大幅提高,造成了农村地区住宅用地的大量浪费。在这样的背景下,如果能够集中利用农村闲置土地,为城镇化建设提供足够的发展空间,将有效减除城镇化进程的土地紧缺障碍,而在农村地区进行较大规模的合村并居则为此提供了现实的可能。其三,合村并居有利于改变农村落后衰败的村容村貌。新农村建设中的"二十字发展目标"包含着"村容整洁"的要求,对之进行重点强调的意义就在于要彻底改变过去农村地区出现的脏乱差现象,为农村的生产和生活提供优良的社会自然环境。合村并居的实施意味着农民完全脱离了以往的居住环境,一个新的具有现代化基础设施的农村社区在另外一个地方拔地而起,在这种

---

[1] 徐锦庚:《"合村并居"带来什么?》,载《人民日报》2010年7月4日第1版。

新的生活环境中可以让农民充分享受现代社会的科技成就和社会服务。

然而，合村并居或许也并非如某些人宣称的那么完美无瑕。在一些地区农民已经遭遇到农具、牲畜以及其他生产和生活用具无处安放的困境，也出现了因集中居住地与田地距离太远而产生的不便之处。中央农村工作领导小组办公室主任陈锡文甚至认为一些农村地区出现的合村并居现象实质指涉地方政府对农民土地的需求，严重损害了农村群众的切身利益，在城乡统筹的背景下需要建立以工促农、以城带乡的模式，公共财政一定要向农村倾斜，公共服务也要到农村去[①]。因此，对于一些地区在新农村建设中出现的大规模合村并居是否值得推广到其他省份中去，也逐渐引发了一些人的忧虑和反思。

（二）合村并居催生农村教育布局调整

合村并居带来了农村布局的重新整合，改变了之前农村散居分散的状态，让农民进入到具有现代城市环境特征的农村社区，这对于整个农村社会结构有着重要的影响。然而，关于合村并居之于农村发展的合理性与否以及未来发展前景等议题并非本节的重点，本研究将主要对当前一些已经完成合村并居的农村与当地教育布局调整之间的关联进行探讨。一言以蔽之，合村并居直接催生了农村教育布局调整的研究与相关政策的实施。教育布局调整主要是指教育行政部门对一定空间范围内的教育布局进行重新规划的过程，它包括学校空间、规模、层次、结构等的变化以及以上不同维度的改变所引发的教育要素资源的重新配置。对于合村并居而言，它主要在学校空间布局和教育结构两个方面对农村教育布局施加影响。

合村并居积极促进了农村学校在空间上的调整。合村并居最重要的特征就是之前的农民所有的宅基地被当地政府统一利用，这些村庄的农民将集中居住在一个新型社区之中，从而使得农民居住形式实现了由散居向集聚的转换。21世纪以来，我国随着城镇化进程的加快和农村学龄人口的不断减少，很多农村地区的学校遭遇到生源短缺困境，致使农村中小学校数量和规模逐渐萎缩。如果把小学教学点、小学和初中合在一起，这一段时期内平均每天有105.59个校点在消失，而且无论是小学与初中的在校生数还是学校数，其减少均主要发生在农村[②]。即使没有被撤并的农村学校也面临着教育经费短缺、师资力量薄弱、学校硬件设施不完整以及学校管理涣散等危机，严重影响着农村教育质量的提升和教育资源的

---

① 涂重航、陈锡文：《有些地方政府"合村并居"说白了就是要地》，载《新京报》2011年3月8日第A13版。

② 邬志辉、史宁中：《农村学校布局调整的十年走势与政策议题》，载《教育研究》2011年第7期，第21～30页。

有效利用。随着合村并居的进行，农村学校将与村庄一起搬迁至新型农村社区，农村学校顺其自然地实现了在空间上的转移，农村学校布局调整成为合村并居工程的重要工作之一。在农民新型社区内，学校就是社区结构中的一个重要组成部分，学校与农民住宅的距离明显缩短，这就免除了一些地区农村学校因不合理的空间布局问题造成的学生不能"就近入学"尴尬，也解决了因家校距离过远容易产生的生活不便以及往返途中的安全隐患等问题。

合村并居积极促进了农村教育在结构上的调整。教育布局不等于学校布局，它不仅包括学校在空间上的布局，更重要的还包括农村教育体系之间的结构布局，这既包括基础教育、职业教育、成人教育、高等教育以及各种非正规教育的不同类型的学校布局问题，也意指在职业教育、成人教育以及各种继续教育中不同的专业结构，以及从学前教育至高等教育不同的教育层级结构。合村并居之后形成的农村新型社区，具有较为完善的医疗、养老、教育、通信、金融、交通等公共服务设施，农村的自然和社会环境得到了合理的改善，成为名副其实的生态良好、环境优美以及社会和谐的现代化社区。合村并居实现了乡村人口的集中化和社区功能的现代化，以往由空心村、教育资源过于分散以及学生适龄儿童人口的减少造成的农村教育问题得到缓解，学校与农村社区之间无论在空间上还是结构功能上均形成了一种更加亲密的关系。由于教育的发展会受到人类社会和自然环境的制约，因此这种新的农村结构形态对农村教育的结构布局提出了新的要求，它不仅需要构建空间合理和具有高标准配置的农村学校布局，而且对于农村教育结构的发展也有着相应的诉求。以农村教育的类型结构为例，在以往的农村社会中一般存在着人口密度较小、文化教育基础设施缺乏等缺憾，成人教育和其他继续教育等教育形式难以进入到农村中去，这些因素往往造成了农村社会中日常生活单调、农民素质低下甚至不健康生活方式盛行等问题，对农村社会经济的内涵发展和社会和谐稳定有着消极影响。当合村并居之后，农村不仅可以建设图书阅览室、文化休闲中心等社区机构，开展丰富的文化活动，而且人们对成人教育和职业教育将产生着新的需求，届时农村教育结构布局的调整也就在所难免了。

三、新农村社会结构与农村教育功能

在新农村建设进程中，农村教育作为农村社会系统的一个子系统，发挥着非常关键的社会学意义。通过将社会视为具有一些基本需求的系统，功能主义理论提供了一种研究复杂社会系统的途径，社会每个部分都被看作具有某种"功能"或是对某个基本需求的满足具有一定的影响力，这样通过发现子系统是如何实施其影响就解释了该系统的存在和运行①。任何理论都是存在一定缺陷的，结构功能主义也不例外，它保守的社会观忽视了社会冲突，在一定程度上掩盖了社会结构和运行的本质，这也是在20世纪60年代之后其深陷冲突论、互动论以及新功能主义诟病的原因。然而这些问题掩盖不了结构功能主义独特的理论分析所带给学界的光华，在对学校之于社会系统的功能分析之中，它仍然是相对有效的分析方法。

（一）教育是农村社会结构的重要构成

一般情况下，社会结构意指整个社会系统所包含的结构要素以及这些要素之间的相互关联的方式，主要包括角色、地位、文化以及社会设置等方面，而在宏观意义上它可以包括政治结构、文化结构、经济结构、教育结构等。早期的功能主义者如斯宾塞（H. Spencer）和涂尔干（E. Durkheim）均倾向于把生物有机体的特征与社会结构作对比，认为生物是一个包含着吸收、消化、营养、循环等系统的有机体，各个系统发挥着不同的功能共同支持着有机体的生存，而社会与它们一样也包含着类似的结构。而以帕森斯（T. Parsons）和默顿（R. Merton）为代表结构功能主义认为任何社会都由一些基本的社会结构构成，这些社会结构之间存在着相互的关联，他们共同保障了整个社会系统的生存和稳定，如果社会中的任何一个结构出现缺失，就会产生功能失调，进而就可能引发整个社会动荡的危险。

在新农村建设中，我们应该把农村社会视为一个有机整体，农村经济、政治、教育等系统是农村社会的重要组成部分，它们基于不同的结构特点发挥着不同的功能，社会结构及其功能共同维持着农村整体社会的稳定运行。学校作为农村社会系统中的一个重要组成部分，是新农村建设中社会经济社会发展不可或缺的一个重要构成。我们尽可以遥远地追溯一下教育的历史，发现教育是作为人类社会的一种自然特征出现的，教育本身从未停止过发展②。不论教育在人类历史做出过何种贡献，自人类社会产生以来它就一直存在着，从原始社会作为帮助人们保存社会生活经验的口口相传到现代社会拥有着复杂结构科类齐全的现代学校，从孔子创办私学宣扬有教无类到苏格拉底运用产婆之术与学生的经典对谈，教育的身影与人类社会历史进程如影相随。在农村教育布局调整的过程中，要尽量避免那些基于政绩观思想的对农村普通中小学校肆意撤销、合并的现象，尤其

---

① ［美］乔纳森·特纳著，邱泽奇、张茂元译：《社会学理论的结构》，华夏出版社2006年版，第34页。

② 联合国教科文组织国际教育发展委员会编著，华东师范大学比较教育研究所译：《学会生存——教育世界的今天和明天》，教育科学出版社1996年版，第26页。

是要警惕"要想富裕农民，必先消灭农民"观念衍生出的"要想解救农村教育，必先消灭农村教育"的行为倾向。然而，在现实中一些地区的农村教育布局已经出现试图消除农村教育的趋势，为了完成当地教育行政部门布局调整规定的任务，置学校布局调整的标准和我国政府的政策规定于不顾，对农村地区的那些薄弱学校以及教学点大肆地撤销或者合并，为学生和学校带来了许多遗留的问题。这不仅体现了新农村建设中一些地区对教育布局调整的肤浅理解，而且也是对教育结构之于整个农村社会系统的割裂。

（二）教育凸显农村社会结构的功能意义

社会系统的各个组成部分相互联系、相互作用，都是整体中不可分割的重要组成部分，同时，社会系统的每一个子系统也都发挥着重要功能。人类学功能主义的鼻祖马林诺夫斯基（B. Malinowski）曾把人类学的研究对象划分为文化和人的基本需求，其中文化是物质文化、精神文化的综合，具体包括各种用具、物品、社会团体、观念、技术、信仰、习惯等人类创造物所合成的整体，人的基本需求是指人的新陈代谢、繁殖、舒适、安全、行动、生长、健康等需要，而人类学的使命就是通过田野调查理解人的文化性、制度性的活动与人的基本需求之间的关系[①]。这也是他对功能概念在文化意义上的经典诠释，把理解文化与人类基本需要之间的工具称为功能，这种功能主义的理解方式最终影响了后来者的思维。为了简要说明社会结构功能的关系，帕森斯提出了著名的"AGIL"模型，即适应（adaptation）、目标达成（goal attainment）、整合（integration）和模式维持（latency pattern maintenance）。其中适应是指从外界获取足够的资源，这也是社会系统功能的经济维度；目标达成是理顺系统的总目标以及目标次序的关系，利用获得的所有资源实现某些目标，这代表着系统功能的政治权威维度；为了避免一个系统可能处于的杂乱无章状态，系统的整合功能促使系统内部不同单位之间形成合作和有机的联系；模式维持能够确保维持系统行动秩序和活动方式的连续性，并且在某些制度和原则的规约下处理系统内部的紧张状态。"AGIL"分析模型具有普遍的解释意义，可以适用于任何类型的社会结构的功能分析。同时，这四个功能按照对内和对外以及手段和目的两个维度，任何社会系统都具有这两个维度组合而成的相互联系、相互影响的四种功能。曾经有很多学者都曾经利用这个模型对一些社会结构进行分析，教育结构乃至教育内部结构也成为人们研究的对象。

---

① 王铭铭：《小地方与大社会：中国社会的社区观察》，载《社会学研究》1997年第1期，第86～96页。

在社会发展的一切阶段上，教育对人类社会的命运都曾有过贡献，人类历史上最伟大的个人与集体的成就都是和教育分不开的，它相当忠实地重现人类的历史过程：无论是历史的兴盛时期还是衰败时期；无论是历史进取时期还是失望时期；也无论是历史的和谐时期还是冲突时期①。帕森斯曾经在《作为一种社会系统的学校班级》（the school class as a social system）中也曾讨论过学校班级的社会功能，认为学校班级发挥着社会化功能和选拔功能。其中，社会化功能能够促使学生在知识、情感以及态度方面达到社会运行所需要的水平，让他们实现从"自然人"向"社会人"的转变。人们对教育最为熟悉的社会化功能是传授知识和技能，从最狭隘的以上说这就是职业训练②。而选拔功能则能够为社会各个系统提供合适的人力资源，从而确保整个社会系统的健康运行。尽管该文直接研究对象只是学校班级，但该文所阐述的"社会化"和"选拔"与其说只是学校班级的两个主要功能，不如说其实也是整个现代学校教育系统的两个基本功能③。当然学校之于社会系统的功能不仅限于此，除此之外，教育还发挥着社会控制、对外来人员的同化以及社会革新和变迁等功能。尽管随着默顿对帕森斯的结构功能主义的修正，提出了显功能与潜功能、正功能与反功能等典型性概念，使得包括教育结构在内的社会各结构面临着功能评判的重构，诚然教育在系统内外同样存在着潜功能和反功能，但是这些现象的存在并不意味着对学校教育社会功能的彻底消解，也绝非预示着人们对由此产生的教育消亡论的认同。而恰恰通过对结构功能主义的完善，才使得人们更加清楚地认识社会结构的功能内涵，理解教育对于个体和社会不可或缺的重要意义。

基于"AGIL"模型的理论思路，在农村社会系统中教育首先要获取来自政府以及其他社会系统的教育资源，这是实现农村教育积极为社会服务的前提，也是促进社会现代化和人的现代化重要目标的手段，适应和目标获得功能体现了农村教育与农村政治、经济、文化以及人口发展等外部环境建立的联系。同时在农村教育系统内部也要依据教育发展规律，制定教育政策和制度等相关规定，对不同教育层级和教育类型进行合理安排，正确处理不同教育部门和不同群体之间的相互关系，以达到教育系统内部整合的目的。20世纪二三十年代晏阳初认为中国的农村问题千头万绪，纷繁复杂，但是基本上可以用愚、贫、弱、私四个字来概括，并且根据愚、贫、弱、私这四个问题，他提出了针对性的解决办法，即文

---

① 联合国教科文组织国际教育发展委员会编著，华东师范大学比较教育研究所译：《学会生存——教育世界的今天和明天》，教育科学出版社1996年版，第26页。

② ［美］戴维·波普诺著，李强译：《社会学（第十版）》，中国人民大学出版社1999年版，第419~420页。

③ 吴康宁：《教育社会学》，人民教育出版社1998年版，第373页。

艺教育、生计教育、卫生教育和公民教育。晏阳初试图通过农村教育的进行来改变农民身上存在的愚、贫、弱和私弊端，突出体现了教育系统所具有的适应、目标获得、整合以及模式维持四类功能。诚然，新农村建设应该关注农村管理体制、生产结构以及社区环境建设，村民自治、经济发展以及生态保护等也是所有工作的重心，然而教育作为农村社会系统非常重要的子系统，非但不该被遗忘反而应成为地方政府政策规划中非常重要的一环。从而实现农村教育对于内外环境的各种功能，让农村教育成为农村社区的文化中心。

第二章

农村教育布局调整研究思路

进入21世纪以来,中国农村教育的布局调整是在新农村建设与城镇化推进的大背景下进行的,是整体经济社会发展链条中的重要一环。用什么样的思路来审视农村教育布局调整是课题组在正式开展研究之前首先思考的问题。

第一节 研究视角选择

一、从社会经济转型立场研究农村教育布局调整

教育与经济社会有着复杂的联系,以至于在许多时候研究教育发展特别是宏观教育发展必须从社会开始,经济社会既是教育发展的背景,又是教育发展的变量。农村教育布局调整是农村宏观教育发展的重要议题,必须把农村教育布局调整放在农村经济社会转型的背景中进行研究。

(一)理解农村经济社会转型

社会转型是指一个国家社会结构的变化。早在20世纪80年代,郑杭生提出"转型中的中国社会"这一概念,用社会转型或者社会转型加速期来说明

中国社会的巨大变化。后来，郑杭生指出社会转型就是从农业的、乡村的、封闭的半封闭的传统型社会，向工业的、城镇的、开放的现代型社会的转变①（见表2-1）。

表2-1　　　　　　　中国社会转型度在不同时期的表现

阶段	第一阶段（1840~1949年）	第二阶段（1949~1978年）	第三阶段（1978年至今）
速度	慢速	中速	快速
广度	片面	相对片面	全面
深度	表层	较深层	深层
难度	军事上的难	建设上的难	利益大调整的难
向度	寻求资本主义现代化道路和模式	接受苏联社会主义现代化道路和模式	探索中国特色的社会主义现代化的道路和模式

资料来源：郑杭生：《中国社会的巨大变化与中国社会学的坚实进展——以社会运行论、社会转型论、学科本土论和社会互构论为例》，载《江苏社会科学》2004年第5期，第46~52页。

之后，中国教育与人力资源问题报告课题组认为，中国经济发展自1820~2000年大体经历了三个阶段、自2001~2050年将经历两个阶段②：传统农业解体经济迅速衰落期（1820~1949年）、现代经济增长初期（1949~1978年）、经济起飞期（1978~2000年）、经济起飞中后期（2001~2020年）和经济向成熟推进期（2021~2050年）。与之相应，中国人力资本积累也将沿着相同的轨迹：传统人力资本生产模式解体和新模式诞生期、现代人力资本增长初期、人力资本起飞期、人力资本迅速追赶时期和人力资本继续全面追赶时期。

对经济社会的分期上，郑杭生和中国教育与人力资源问题报告课题组是基本相同的（只是时间起点不尽相同），不同的是中国教育与人力资源问题报告课题组对未来经济发展阶段进行了预测。当前中国教育与人力资本积累正处于第四个阶段的经济起飞中后期，这一阶段是中国人力资本迅速追赶时期，是中国经济发展的重要转型期。在这个时期，经济持续增长，人力资本正在迅速追赶发达国家水平。这一阶段要求普及高中阶段教育，高等教育大众化。这一时期对中国农村教育提出一个重要要求，即普及九年义务教育之后，普及教育的重心需要进一步上移，普及高中阶段教育成为农村教育的一项重要任务。

---

① 郑杭生：《中国社会的巨大变化与中国社会学的坚实进展——以社会运行论、社会转型论、学科本土论和社会互构论为例》，载《江苏社会科学》2004年第5期，第46~52页。
② 中国教育与人力资源问题报告课题组：《从人口大国迈向人力资源强国》，高等教育出版社2003年版，第22页。

当然，必须指出的是，农村社会转型并不是简单转向工业的、城镇的、开放的现代型社会，而是转向现代农业社会。从这些意义上讲，农村社会转型初期是简单的，明晰的。农村经济转型也滞后于中国经济转型。而当农村社会进入转型深水区，农村社会的转型就面临着发展路径的选择困境。第一种路径是农村人口实现空间流动，第二种路径是农村人口就地完成阶层分化。

（二）农村人口空间流动

农村人口的空间流动，狭义而言，是指乡村人口向城镇的流动；广义而言，是指乡村人口向镇和镇区人口向城区的流动。社会转型过程中，中国社会从封闭的半封闭的传统型社会，向更开放的现代型社会的转变。中国农村社会也在社会转型过程中更加走向开放，农村人口流动加速，于是相当比例的农村学龄人口面临与进城务工人员随迁入城或留守农村的处境。

说到农村人口空间流动就涉及如何界定城乡问题。关于城乡界定问题这里不展开定义上的讨论。这里直接采用2008年国家统计局《统计上划分城乡的规定》划分方法。2008年国家统计局《统计上划分城乡的规定》第三条指出，本规定以我国的行政区划为基础，以民政部门确认的居民委员会和村民委员会辖区为划分对象，以实际建设为划分依据，将我国的地域划分为城镇和乡村。实际建设是指已建成或在建的公共设施、居住设施和其他设施。第四条指出，城镇包括城区和镇区。城区是指在市辖区和不设区的市，区、市政府驻地的实际建设连接到的居民委员会和其他区域。镇区是指在城区以外的县人民政府驻地和其他镇，政府驻地的实际建设连接到的居民委员会和其他区域。与政府驻地的实际建设不连接，且常住人口在3 000人以上的独立的工矿区、开发区、科研单位、大专院校等特殊区域及农场、林场的场部驻地视为镇区。第五条指出，乡村是指本规定划定的城镇以外的区域①。

随着农村人口的流动，我国农村人口所占比例逐渐降低。《2010年第六次全国人口普查主要数据公报（第1号）》②显示：大陆31个省、自治区、直辖市和现役军人的人口中，居住在城镇的人口为665 575 306人，占总人口的49.68%；居住在乡村的人口为674 149 546人，占总人口的50.32%。同2000年第五次全国人口普查结果相比，城镇人口增加207 137 093人，乡村人口减少133 237 289人，城镇人口比重上升13.46个百分点③。《2010年第六次全国人口普查主要数据

---

① 国务院：《统计上划分城乡的规定》，国函〔2008〕60号批复，2008年7月12日。
② 本公报中数据均为初步汇总数。
③ 中华人民共和国国家统计局：《2010年第六次全国人口普查主要数据公报（第1号）》，2011年4月28日。

公报（第1号）》显示：大陆31个省、自治区、直辖市的人口中，居住地与户口登记地所在的乡镇街道不一致且离开户口登记地半年以上的人口为261 386 075人，其中市辖区内人户分离的人口为39 959 423人，不包括市辖区内人户分离的人口为221 426 652人。同2000年第五次全国人口普查相比，居住地与户口登记地所在的乡镇街道不一致且离开户口登记地半年以上的人口增加116 995 327人，增长81.03%[1]。

近10年来，我国人口的城乡分布发生了较大的变化，城乡人口空间分布变化和未来人口空间分布的变化趋势不仅具有空间意义，也是对教育发展提出的要求。从统计学上看，城市人口平均受教育年限较长，城市人口接受的教育类型更具多样性。为了农村人口向城市流动也包括农村人口就地阶层分化的需要，农村教育发展布局上，从教育体系纵向维度，普及更高阶段的教育，需要提高人均受教育年限；从教育体系的横向维度，重视职业和成人教育发展，不仅要看职业教育和成人教育的规模，更重要的是提高职业教育和成人教育的质量。

（三）农村产业结构变化

根据《2011年中国发展报告》的统计资料，1978~2010年，我国国内生产总值1978年3 645.2亿元，2000年99 214.6亿元，同比增长了26.2%。其中第一产业，国内生产总值1978年为1 027.5亿元，2000年为14 944.7亿元，同比增长了13.5%；第二产业，国内生产总值1978年为1 745.2亿元，2000年为45 555.9亿元，同比增长了25.1%；第三产业，国内生产总值1978年为872.5亿元，2000年为38 714.0亿元，同比增长了43.4%。2005年，我国国内生产总值为184 937.4亿元，同比增长了49.7%，其中第一产业国内生产总值为22 420.0亿元，同比增长了20.8%；第二产业国内生产总值为87 598.1亿元，同比增长了49.2%；第三产业国内生产总值为74 919.3亿元，同比增长了84.9%。2010年，我国国内生产总值为397 983.3亿元，同比增长了108.2%；其中第一产业国内生产总值为40 497.0亿元，同比增长了36.4%；第二产业国内生产总值为186 480.9亿元，同比增长了105.9%；第三产业国内生产总值为171 005.4亿元，同比增长了195%[2]。

---

[1] 中华人民共和国国家统计局：《2010年第六次全国人口普查主要数据公报（第1号）》，2011年4月28日。

[2] 中华人民共和国国家统计局编：《2011年中国发展报告》，中国统计出版社2011年版，第604页。

表2-2　我国第一、第二、第三产业产值占国内生产总值的比重　　单位：%

年份	第一产业	第二产业	第三产业
1978	28.20	47.90	23.90
1985	28.40	42.90	28.70
1990	27.10	41.30	31.50
1995	20.00	47.20	32.90
2000	15.10	45.90	39.00
2005	12.10	47.40	40.50
2010	10.18	46.86	42.97

1978~2010年的32年间，第一产业在国内生产总值中的比例变小了近18个百分点，第二产业的比例变化并不十分明显，第三产业比例提高了19.07个百分点。1990~2000年第一产业在国内生产总值中所占的比例下降明显，共下降12个百分点，此后的降幅减小。而1990~2000年间第三产业在国内生产总值中所占的比例上升明显，共上升7.5个百分点。总体来看，第一产业比例不断降低，第三产业比例不断增大，我国产业结构在不断改善。

近10多年来，我国三个产业创造产值的数量都在不断增加，相比第二、三产业每天创造的财富增长速度，第一产业每天创造的财富增速是最慢的。2010年，第一、第二、第三产业平均每天创造国内生产总值分别为111.1亿元、513.9亿元、474.2亿元。1990~1995年与2005~2010年，是三个产业增长幅度均为最大的两个阶段（见表2-3）。钱纳里通过研究认为，不同工业化进程中产业结构的变化特征：第二产业的比重超过第一产业，工业化进入中期第一阶段；第一产业比重下降到20%以下，第二产业比重高于第三产业而在GDP中占最大比重时，工业化进入中期第二阶段；第一产业下降到10%左右，第二产业比重上升到最高水平，工业化达到基本实现阶段。依据钱纳里的研究，我国的工业化处于中期第一阶段。

表2-3　　　　　平均每天主要社会经济活动创造的财富　　　　单位：亿元

年份	国内生产总值	第一产业	第二产业	第三产业
1985	24.6	7	10.6	7
1990	50.8	13.7	21.1	15.9
1995	160.2	32.9	78.2	49.2
2000	224.9	38.9	124.6	81.4
2005	501.6	63.2	238.5	210.7
2010	1 099.2	111.1	513.9	474.2

资料来源：中华人民共和国国家统计局网站 http://www.stats.gov.cn。

随着三个产业产值结构的变化,三个产业的从业人员的数量也发生了重要变化。其中变化最大的是第三产业,第三产业从业人员增长迅猛,1990~2010年,增加一倍以上;第二产业从业人员增速相对较小;第一产业从业人员不断减少,10年间共减少10 983万人(见表2-4)。农村就业机会没有增加,而且机械化程度普遍提高的情况下,农村劳动力压力较大。

表2-4　　　　　　　三个产业就业人数　　　　　　　单位:万人

年份	总就业人数	第一产业	第二产业	第三产业
1990	64 749	38 914	13 856	11 979
1995	68 065	35 530	15 655	16 880
2000	72 085	36 043	16 219	19 823
2005	77 877	33 970	18 084	23 771
2010	76 105	27 931	21 842	26 332

资料来源:中华人民共和国国家统计局:《2011年中国发展报告》,中国统计出版社2011年版,第595页。

各产业人员比例是一个国家或地区经济发展阶段的重要标志,劳动力由生产率低的部门向生产率高的部门转移,反映了经济增长方式的转变。配第—克拉克定理就是解释劳动力在三个产业劳动力分布的比重变化的重要理论。这一理论是C.G.克拉克根据威廉·配第的观点,基于若干国家一定时期劳动力在三个产业之间转移的统计资料得出的。这一理论认为,随着人均收入水平的提高,劳动力首先由第一产业向第二产业转移;当人均收入水平进一步提高时,劳动力便由第二产业向第三产业转移(见表2-5)。

表2-5　　人均国内生产总值变动与劳动力在三个产业中的比重变化

阶段	1	2	3	4	5
人均国内生产总值(1982年美元)	357	746	1 529	2 548	5 096
第一产业(%)	80.5	63.3	46.1	31.4	17.0
第二产业(%)	9.6	17.0	26.8	36.0	45.6
第三产业(%)	9.9	19.7	27.1	32.6	37.4

从我国在三个产业上就业的人口比例看,从事第一产业的人口不断下降,而从事第二、第三产业的人口在不断增长,而这样一个变化趋势还将可能持续较长一段时间。为适应这一人口行业流动趋势和促进三个产业人口的顺利流动,农村教育布局要进行主动调整,从教育类型上看,农村教育类型要多样,并要提高各

类型教育的竞争力。从第二、第三产业人口数量需求和素质要求上看，第二、第三产业是科技含量和技能含量比较高的产业，也是近年发展迅速、急需人员补充的行业，然而仅完成九年义务教育的学生是不能胜任的，我们必须提高农村人口的素质，为第二、第三产业的发展及时补充和提供必要的劳动力。这就需要我们大力发展高中阶段教育，或在高中阶段教育的基础上发展高等职业教育和普通高等教育，为第二、第三产业的发展输送合格人才。从第一产业人口数量变化和素质要求看，从事第一产业的人员虽然减少，剩余人口在向外转移，但并不是对农业人口素质要求的下降，而是恰恰表明农业生产率在不断提高，农业逐渐走向现代化，这时候需要不断提高农民素质，合理补充高素质农民。

二、从改革复杂性审视农村学校布局调整

农村学校布局调整是一个不可逆转的趋势，而且合理的学校布局调整最终会实现教育资源再分配，提高教育资源使用效率，提升农村教育质量。但是不能因为农村学校布局调整是一个不可逆转的趋势，又为提高教育资源使用效率，提升教育质量这样正确的目标，就简单化地对待农村学校布局调整。由于简单化地对待学校布局调整，在许多农村地区学校布局调整并不完全是顺畅的，为顺利推进农村学校布局调整，要把农村学校布局调整过程看成是一个兼顾认知、利益和传统惯习情感等因素和维度的过程[①]。

（一）农村学校布局调整是一个认知过程

许多关于学校布局调整的知识需要向相关主体有效传播，不同主体的认识水平一定程度上影响着农村学校布局调整顺畅与否，因此要让他们了解布局调整的合法性、合目的性。农村学校布局调整还是一个学校、家长、学生、办学主体等不同主体利益调整的过程。

作为宏观与中观教育改革，农村学校布局调整首先应该基于比较稳定的认识基础之上。对一个文化水平和教育理性整体水平不高的国家和地区而言，任何一次教育改革都是一次教育启蒙，是身处教育改革之中的人们对先进教育知识的掌握，是在掌握这些知识过程中对自己教育行为的反思，是对教育现实的建设性批判。

认识发展过程，需要知识传播，需要对自己教育行为的反思，更重要的是人

---

① 秦玉友：《农村学校布局调整的认识、底线与思路》，载《东北师大学报（哲学社会科学版）》2010年第5期，第150~155页。

们形成了对教育实践的建设性批判。什么是建设性批判，这里建设性批判是相对情绪性批判和有些学者把批判当成自己的职业而言的，建设性批判即基于现有证据，只能形成这样的认识，如果发现新证据，现有的认识可能会得到修改。

教育改革作为认识过程，既要反对认识上的绝对主义，知识霸权；更要反对认识上的相对主义，认识上的相对主义容易走向专权决策和欲望实践。参与改革的利益相关主体一定不要说，只要给我们一个好的教育就行，其他的事情我们不关心。任何改革过程，都要利益相关群体参与进来，学习相关教育知识，以建设性批判的态度看待相关部门所有支持教育改革的证据，并对这些证据的全面性和客观性提出自己的疑问。

（二）农村学校布局调整是一个利益调整过程

在学校布局调整中，有的主体的利益会增加，有的主体的利益会受损。在农村学校布局调整过程中，家长和学生等主体的利益可能受损，因此，农村学校布局调整会受这些主体的阻碍。

宏观和中观教育改革中，教育行政部门绝不能以"这样是对的"的认识论依据不顾及各种利益群体的利益强行推进教育改革。在教育改革中，最不应该做的就是本来是利益调配却只用说服方式进行推进。农村学校布局调整是一个利益调整的过程，在这个过程中要首先注意利益消长方。

最需要关注的利益消长方是家庭和政府。学校布局调整后，一些学生的上学距离变远了，就要增加走读距离或住宿或乘坐校车。这无疑增加了家庭的经济负担和心理负担。政府如果是适度进行学校布局调整，且在未进行学校布局调整前所有学校都是标准化建设学校，调整后学校数量减少，政府应该省钱[①]。适度调整（之所以说适度调整是我们认为过度调整无论从理论上，还是从政策上都不应该被允许的）后，政府应该承担家庭新增经济负担，同时，政府应该给上学距离超过一个家校距离的学生给予一定形式的补偿。

第二个要关注的利益消长方是学校和学生。布局调整后，由于学校产生的规模效益，教师变得"充足"了，许多学校会把班级安排的很大，学校可以有一定比例的教师不上课了。学生在大班里上课，教学环境受到影响，教师对学生的个别化关注减少，对学生是不利的。过大规模学校对学生就更不利了，对一个人口密度不大的地区，学校规模过大，就意味着学生要离家更远上学，增加回家的

---

① 许多地方政府说没省钱，主要有两个原因，一方面是原来学校低水平维持，现在要高标准建设；另一方面是过度撤并学校，就需要大量建设寄宿制学校或开通校车。因此，过度撤并学校并非可以省钱，有此想法的地方政府应该谨慎；同时，国家各级政策一定要进行强有力的监督杜绝巨型学校和大班额出现。

路途与不便。因此，在学校有足够教室的情况下，教育行政部门要严格限制班级规模过大；如果从班级数量看，学校规模处于中等水平，更不要让班级规模过大。如果从班级数量看，学校规模没有达到中等水平，也需要选择扩大班级数量，教室充足后再接受合并学校的学生，但是班级规模也不能过大。按照常住人口中学龄人口计算，小学单班达到20人，学校规模在120人，且学龄人口从长期看处于稳定状态的学校，就不要轻易合并。合并后，平行班较多的学校，班级规模应该在40人以下。

（三）农村学校布局调整是一个情感调适过程

农村学校布局调整也是一个传统惯习情感等因素调整的过程。农村社会是一个发展较慢、传统习惯相对稳定的社会，学校布局调整改变了农村传统惯习，会面临情感调适。在相关知识传播到位，相关利益冲突处理得当的情况下，传统惯习情感等文化性因素仍然需要有一个调整过程，如果在农村学校布局调整过程中不能关注到传统惯习情感等文化性因素，农村学校布局调整的顺畅性也会受到影响。

教育改革是有认识周期、利益调整周期和文化调适周期的。一般来讲，相对于文化调适周期，认知周期、利益调整周期都相对较短。利益调整只要利益补偿数额合理，及时到位，一般就解决了。认知周期，在亲身经验和认识体验的基础上也是容易感知的。而文化适应周期，相对较长。这主要因为，特定人群的传统惯习、集体情感和价值倾向往往变化周期比较长。例如，在学校布局调整过程中，要撤并一个村的学校，给村民进行了合理的经费补偿，并且他们从认识上也接受了对他们村学校的调整。但是，村民习惯自己村里有一所学校，村民感到村里有一所学校是一个很有面子的事情；村领导会产生这样的想法，学校存在这么长时间了，如果在自己这一任期内学校被撤并了将是一件很丢人的事情。学校重组之后，特别是刚合并的时期里，被合并学校学生会认为自己在"别人"的学校上学，本地学生也会认为被合并学校学生是"外来人"，个别情况下甚至还会歧视和欺生。

在农村学校布局调整过程中，需要兼顾认知水平、利益冲突和文化适应（传统惯习情感等文化性因素的调整周期）的影响。当然，最为重要的是，不能把认知水平、利益冲突和文化适应相混淆，一个维度的冲突必须用包括这个维度在内的措施去调节，不能用一个维度的措施去调节另一维度的冲突。在农村学校布局调整实践中，最容易出现的情况是本来是利益维度的冲突，却偏偏用认知维度的措施去调节。

三、从人类学意义探究农村学校布局调整

在这个过程中,随着学校数量变少,一些学校规模扩大,部分学校新建和扩建。由于学校,特别是义务教育学校,深嵌于社区之中、服务于所有学龄人口、学校布局调整涉及范围广,并且许多地区的学龄人口又在有规律地或随机地发生着变化,学校布局调整变得非常复杂。因此,对学校布局调整的一些基本问题进行研究、梳理和澄清,对学校布局调整实践具有重要意义。

(一)学校对社区的意义

学校对社区的意义,是人类学者关注的一个重要方面。有学校会给村民带来多大意义,真的没有被太多人觉察,因为长期以来我们已经习惯了"有"学校在那里。许多人也提出随着现代大众传媒如电视、互联网进入人们的生活,成为人们生活的一部分,并且某种程度建构着人们的生活时,学校"在那里"的功能开始式微。

传统社会,人们会找教师代写书信,人们有了争执会找教师评判,人们会通过自己的孩子从学校得到一些信息。现代社会这些显性功能被现代社会的技术和大众传媒弱化和解体。现在如果你想与远方的亲友交流,如果有电话和互联网(通过视频),可以通过电话和互联网直接进行对话,再也不用求别人代笔。随着国标、省考、县聘、校用的教师政策的实施,教师也不再是来自"民间"的知识分子(本村的村民认为德高望重的人,如当年的民办教师有一批就是依据此标准选拔的),教师与村民之间变得疏离,教师变成了职业的教育人员,与教育无关的事村民也不来"麻烦"教师了。传统的学校作为消息发源地的地位,随着电视、互联网等对农村地区的广泛覆盖而动摇了。

学校被动地在那里,真的没有意义吗?如果从人类学意义上讲,可能不是这样。学校周期性的仪式活动,学校里传出的琅琅读书声对学龄前儿童逐渐认识学校是他们将要去的一个地方,是他们生命的一个阶段是非常有意义的。农村社会是一个坐息时间受季节影响比较大的社会,如果村里没有学校,学校坐息时间(一般会通过铃声)就不会为人们所直观感知,如果有学校,长辈在无意间就会对孩子说,"如果你上学了,现在早就应该起来了";"如果你上学了,现在第二节课都上完了,你还睡!"这潜在地建构了孩子的时间观念,或者说潜移默化地让孩子知道了上学时自己会是什么样的作息时间。

学校是村落中的国家[①]，这个隐喻对学校象征意义和实际功能是一个突出学校价值的表达。如果学校在本村里，家长可以方便地参与学校的活动，感知学校中的各种仪式，可以增加家长以及村民的凝聚力。在调查中，许多人反映说，也就是学校有这么大的凝聚力可以通过学生把家长准时召集到学校开会和进行其他集体活动。

（二）学校是社区的学校

学校是社区的学校是说社区是现实的学校教育的支持者。以县为主实现后，曾经有这样的顺口溜："中央转移支付，省市一分不付，乡镇如释重负，县里不堪重负"。农村学校被推给了县教育部门，短期内甚至造成了县级教育行政部门唱独角戏，乡镇和村屯出现对学校办学的责任真空。

学校应该是社区的学校，社区应该为学校发展做出自己应有的贡献。在学校布局调整过程中，在广大农村地区产生了农村学校与其服务人群的非对应性。在三级办学两级管理的农村教育体制下和农村学校广泛分布的情况下，农村学校分布格局是村有小学、乡镇有初中。以小学学校为例，学校服务的学生家长都是本村居民，村屯居民也认为学校是自己村的学校，村屯居民觉得为学校提供帮助是理所当然的，学校也给村屯居民力所能及的帮助。伴随着有些村屯学校的撤并，几个村共有一所学校，学校同时服务于几个村屯的学生，却坐落在一个村里，这样这个村觉得学校为这么多村屯的学生服务为什么单单是自己村帮助学校。学校与服务学生的非对应性使村屯帮助学校发展的责任分散了。一些学校服务几个村屯，却不在其中任何一个村里，这样就更难得到这些村屯的帮助。

无论学校坐落在哪个村屯，学校是社区的学校的观念一定要建立起来。以县为主的教育管理体制，并不意味着乡镇和村屯就摆脱了其所应承担的教育责任。2001年《国务院关于基础教育改革与发展的决定》明确界定了以县为主的农村义务教育管理体制的内涵。即：实行在国务院领导下，由地方政府负责、分级管理、以县为主的体制。《国务院关于基础教育改革与发展的决定》不仅明确界定了中央、省级、地（市）级、县级人民政府对农村义务教育发展的责任，对乡镇政府和村民自治组织对农村义务教育发展的责任也进行了明确界定。《国务院关于基础教育改革与发展的决定》指出，乡（镇）人民政府要承担相应的农村义务教育的办学责任，根据国家规定筹措教育经费，改善办学条件，提高教师待遇。继续发挥村民自治组织在实施义务教育中的作用。乡（镇）、村都有维护学校的治安和安全、动员适龄儿童入学等责任。

---

① 李书磊：《村落中的"国家"：文化变迁中的乡村学校》，浙江人民出版社1999年版，第1页。

学校是社区的学校，社区有发展教育的责任，这一点无论从宏观教育政策上，还是从日常教育管理要求上，都没有弱化的倾向，也不能弱化。社区支持学校发展的责任更不能弱化，社区现实地为学校活动创造了直接的办学环境。社区参与学校教育过程也是一个体现社区责任意识的过程。

第二节 总体框架、研究目标与内容

一、总体框架展开

新农村建设和城镇化推进的本质是农村人口特质、农村经济特质和农村社会特质的整体性现代化转型。新农村建设要提高农业综合生产能力，就必须转变农业增长方式、发展现代农业、扩大农业产业化经营、加快农业科技进步；推进农村城镇化，就必须培养有文化、懂技术、会经营的新型农民，培训有转移需要的农村富余劳动力，提高农村农业人口和非农业人口的整体素质。农村教育在新农村建设中将起到基础性、先导性、全局性的作用。新农村建设规划，既要促进农村生产发展、追求经济效益，还要考虑村落文化建设、追求社会效益。农村城镇化的过程，实质上就是农村文明化的过程，而城镇化水平往往与教育体系的完善程度密切相关。城镇化水平越低，教育层次就越低、教育结构也就越简单，城镇化水平越高，教育的层次性就越丰富、教育结构就越复杂，教育质量也就越高，其对社会发展的影响作用就越大。因此，新农村建设和城镇化推进对农村教育布局提出了新的要求，即如何依据农村经济和农村产业结构特点合理分布农村的职业教育，促进职业学校与当地产业结构的合理对接？如何依据城市化要求合理分布学校的空间结构，优化公共教育资源的配置，使农村孩子能享受到与城市儿童基本相当的有质量的教育？如何依据乡村文明、管理民主的政治文化要求合理分布农村文化站，促进农村学习型社区建设？这些都是新农村建设与城镇化推进对农村教育布局提出的要求。(它们之间的逻辑关系见图2-1。)

我们认为，中国农村的教育布局调整应该按照"尊重民意、分类指导、人文优先、兼顾效益"的指导思想进行。我们的总体研究思路是，本着兼顾短期需要和长远要求、教育质量提高和教育资源节约、教育协调发展和社会全面进步的教育布局调整战略思想，认真摸清当下农村教育布局的现状及存在的问题，积极探寻教育布局调整的影响因素群及其内在规律性关系，合理借鉴国外农村教育布局调整的成功经验，准确预测未来 20 年中国农村的人口变迁、产业结构、城镇化水平，在此基础上努力探索和实验适合不同地区实际的、有中国特色的、多样化的教育布局模式。

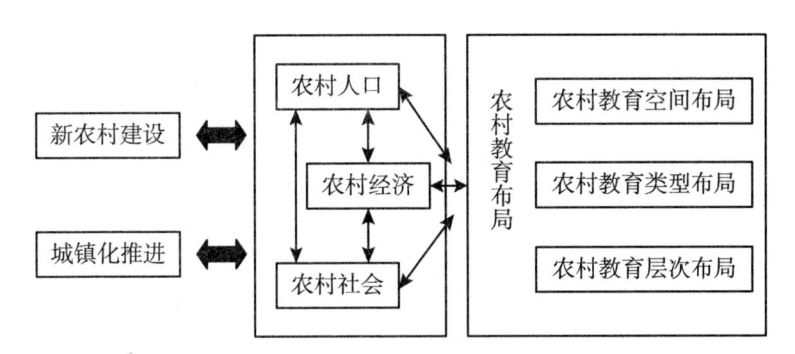

图 2-1 新农村建设、城镇化推进与农村教育布局关系

二、研究目标定位

所有研究都有发展规律的研究目标，社会政策科学研究与一般研究不同，社会政策科学研究的目标是发现规律和改革社会实践。规律是建立在对事实或事实关系的数据的基础之上的，农村学校布局调整研究作为社会政策科学研究。首先要摸清目前我国农村教育布局调整的现状、存在的问题，科学预测未来 20 年中国农村人口变迁、城镇人口比例，寻找问题和发展趋势背后的原因，给出合理解释，探索农村教育布局调整的影响因素群及其内在的规律性关系，结合研究国外农村教育布局调整的成功经验与失败教训，研究农村教育布局调整政策与配套措施。

（一）摸清我国农村教育布局调整的现状与问题

农村教育布局调整的现状与问题是农村教育布局调整研究的起点，农村教育布局调整研究的重要研究目标，就是摸清我国农村教育布局调整现状，清理我国农村教育布局调整过程中出现的问题，调查这些问题产生的原因，对这些问题的重要性及其存在时效（长期问题还是短期问题）进行调查分析。按问题的表现、原因、重要性和时效对问题进行系统调查，获得系统性和结构化的数据。在此基础上建立中国农村教育布局调整数据库，为国家制定符合各地区实际的教育布局调整政策，为农村学校布局调整的科学决策提供数据支持。

（二）总结国外学校布局调整的成功经验与失败教训

许多国家都进行了和进行着学校布局调整，这些国家积累了丰富的学校布局调整实践经验和理论研究成果，特别是发达国家，已经经历过学校布局调整，目前学校布局相对稳定。这些国家经历了一段较长时间的学校布局调整过程，积累了丰富的学校布局调整经验的同时，也有着深刻的历史教训。对我国农村学校布局调整实践具有重要的启示意义。

以国家作为分析单元，研究不同发展水平和文化特质的国家，可从不同维度和侧面给我国农村学校布局调整以重要启示。发达国家、与中国发展水平相似的转型国家以及与中国文化具有相似性国家的学校布局调整的经验和教训、经历和面临的问题及所采取的对策措施都是中国在学校布局调整实践中需要认真研究和借鉴的。

（三）探索农村学校布局调整的自变量选择及其内在关系

尽管促成农村学校布局调整的因素是复杂而多样的，但是所有的利益相关主体或决策主体都是靠操纵学校规模、家庭距离和学校数量实现学校布局调整的。学校规模要遵循追求办学效益和提高教育质量这两个目的性原则。如果学校规模的扩大不能达到提高办学效益和教育质量这两个目标，那么学校规模的扩大就是盲目扩大，这种扩大是有弊而无利的。因此学校布局调整过程中，学校规模的扩大必须时刻考察办学效益和教育质量提高这两个学校布局调整目标的实现程度。

家校距离要遵循（义务教育阶段，特别是小学阶段）方便入学（就近入学）和安全上学的原则，这客观上为家校距离设置了一个距离上限。家校距离，从方便入学的角度，当然是学校距离学生家越近越好。因此，人们更多的是关注家校距离的上限。到底家校距离多大是学生从身心上可以接受的是学校布局调整过程中需要认真研究的。家校距离不仅是一个物理距离，还应该从时间距离，从身心距离进行考察。

学校数量遵循尊重教育财政承担能力和达到学校建设的底线标准的原则。学校数量多好还是少好，从方便入学立场，最好每个村有一所学校。但是从政府承受能力的立场看，村村有小学，乡（镇）乡（镇）有中学无疑增加了政府的教育经费负担。可能有人会问，过去为什么还能村村有小学，现在为什么不能呢？这主要是由于当前已经进入教育质量的提升时代，进入人们开始广泛关注有质量的教育公平时代。学校必须尽量按照标准化要求进行建设，即使学生数量很少的学校也要按照标准化建设，学校过多过于分散无疑会增加教育投入。因此，在方便入学的条件下，一些过小的学校会通过学校布局调整撤并，减少学校数量，减少政府的教育投入压力。

（四）预测农村学校布局的发展趋势与未来政策选择

城镇化作为一个过程，是农村社会文明化的过程，是传统意义上的农村、农业和农民消失，新型农村、农业和农民出现和成长的过程。对后发型的农村社会来说，新农村建设与城镇化推进首先是一个规划和布局的问题，它至少包括村庄规划、生态农业规划、农村产业规划、建筑设计规划、基础设施规划、环境保护规划、科教文卫规划等。农村教育是新农村建设和城镇化推进中不可或缺的重要组成部分，具有基础性、先导性、全局性的战略作用。

在新农村建设和城镇化推进背景下，农村教育的布局已不简单地是学校布局的问题，更重要的是，它是伴随城镇化水平提升后面临的农村教育体系丰富与完善的问题，是伴随农业产业布局调整后的教育专业合理对接的问题。所以，农村教育布局的内涵既要包括学校空间布局，还要包括教育结构布局，更要包含农村学习型社区建设。为此，我们将重点预测未来20年农村人口（人口数量、人口结构、人口流动、人口密度、人口质量）的变动趋势和农村产业发展以及在未来20年城镇化水平的变化对教育（教育层次、教育类别）的需求，从而使农村教育布局规划更具前瞻性和可持续性。

三、研究内容选择

在确定农村教育布局调整的研究目标之后，结合农村学校布局调整过程凸显出的重大实践问题和重大理论问题，要进一步确定农村教育布局调整研究中需要重点关注的内容。

（一）农村学校布局调整的历史、现状和未来发展趋势研究

我国农村小学和初中学校数量在六七十年代达到最高峰，之后整体趋势上出现下降，并且下降速度较快。随着世纪之交开始的新一轮农村学校布局调整推进，目前农村学校布局调整进入相对平缓期。从国家范围内，未来中国农村学校布局调整将进入微调期。

无论是自然的学校布局调整或被动的学校布局调整，还是政策引导型的学校布局调整，农村学校布局调整的历程中许多地区积累了典型经验，也有教训。研究农村学校布局调整的发展历程，及时归纳典型经验，总结教训，对于顺利进行农村学校布局调整，形成学校布局调整理论，获得对农村学校布局调整的规律性

认识具有重要意义。

对农村学校布局调整的规律认识对于预测和研究农村学校布局调整的未来趋势具有重要意义。对农村学校布局调整历史和现状的研究也自然延伸到对未来农村学校布局调整发展趋势的关注。未来农村学校布局调整的发展趋势需要基于未来中国农村人口的预测和对农村学校布局调整的规律认识，预测农村学校布局调整的未来发展趋势。

（二）农村学校布局调整的价值追求与社会代价研究

农村学校布局调整作为一项重要教育改革举措，决不能充满随意性。我们要认真思考到底为什么要合并学校，要进行学校布局调整，调整后农村学校布局调整的价值追求能否实现。目前，众多研究都指出，学校布局调整能够提高办学效益、提高课程丰富性和教师质量。在这些价值追求的诱惑下，许多农村地区进行了学校布局调整，然而可能经过学校布局调整后，许多地区发现，这些价值追求没有像预期的那样实现，或者说实现的程度非常有限，相反地，一些社会代价却出现了。

因此，我们需要客观认识学校布局调整的影响。学校布局调整，即使是不过度的学校布局调整也有两面性，有提高办学效益、提高课程丰富性和教师质量的正面影响，也有负面影响。不过长期以来，我们没有充分认识和系统梳理学校布局调整带来的负面影响。学校布局调整是一把双刃剑，正面影响和负面影响同时存在，不管我们认没认识到、想不想认识到、能不能认识到，学校布局调整的负面影响都是客观存在的。

系统、全面和客观地认识学校布局调整的负面影响，才是一种理性的进行学校布局调整研究和实践的态度。现今已被许多研究反复证明过的学校布局调整的负面影响有：被撤并学校所在社会的文化因素流失，家长参与学校教育的机会减少以及教育负担加重，学生上学时间延长并且学生问题增多，学校管理成本增加等。任何无视和回避学校布局调整带来的负面影响的学校布局调整政策与实践都会在推进过程中遇到更多政策执行和实践推进的障碍。需要农村学校布局调整研究和实践加强对农村学校布局调整的价值追求和社会代价的关注。

（三）理想学校规模与家校距离研究

当然就全国大多数地区的农村学校布局调整情况看，在一定意义上可以说农村学校布局调整使农村学校规模不同程度地变大了。但是，多大的学校规模才是理想的学校规模？这个问题在农村学校布局调整实践中没有引起足够的重视。许多农村地区把撤并农村学校当成一项工作业绩，简单采取了撤并农村学校的做法，结果导致许多农村地区学校过大。

因此，理想学校规模成为学校布局调整实践过程中必须做出回答而且迫切需要做出回答的问题，也成为了农村学校布局调整研究的重要理论问题。20世纪六七十年代之后，中国的学校数量就开始减少，大多是自然减少或被动减少。1998年教育部颁发《关于认真做好"两基"验收后巩固提高工作的若干意见》指出，遵循"方便学生就近入学和充分利用教育资源，提高办学规模、效益"的原则，合理调整中小学校布局。2001年《国务院关于基础教育改革与发展的决定》提出，因地制宜调整农村义务教育学校布局。按照"小学就近入学、初中相对集中、优化教育资源配置"的原则，合理规划和调整学校布局。《国务院关于基础教育改革与发展的决定》强调"合理"调整和规划学校布局。而在实践中学校被大量撤并，许多地区出现小学进镇，中学进城的做法，巨型学校出现。理想学校规模成为实践上和理论上都迫切需要回答的问题，并且要求在政策上尽快制定出学校规模的上限。

无论是1998年教育部颁发的《关于认真做好"两基"验收后巩固提高工作的若干意见》，还是2001年的《国务院关于基础教育改革与发展的决定》都提出就近入学原则。义务教育是向学龄人口提供世俗、免费和强制的入学机会。这机会其实暗含着一个方便的含义，因为只有方便才可能是免费和强制的，否则无法真正体现免费和强制的特点。那么到底学校与家庭的距离应该多远呢？这是需要我们研究的一个重要内容。当然，对于学生入学而言，家校距离越近越好。但是，当不能保证每个村屯都有小学时，我们就需要研究小学生能够容忍的家校距离的上限。当不能保证每个乡（镇）都有初中学校时，我们也需要研究初中学生能够容忍的家校距离的上限。

（四）农村学校布局调整的程序公正与信息成本问题

农村学校布局调整不是简单的教育行政决策过程，而是一个涉及多元利益相关主体的过程。在这个过程中，尽管多元利益相关主体对于学校布局调整和发展教育的一些最终目标是相对统一的，但是多元利益相关主体对学校布局调整的态度并不总是一致的。

为了充分考虑多元利益相关主体的不同利益诉求，农村学校布局调整必须做到程序公正。充分创造机会，让不同利益相关主体的不同利益关注都得到充分表达，每次拿出对一些利益受损的利益相关主体进行充分补偿和持续补偿方案，然后再创造进行下一轮不同利益相关主体的不同利益关注都得到充分表达的机会。教育行政部门要计算出在对利益受损的利益相关主体进行利益补偿的前提下进行学校布局调整提高学校教育质量和不进行学校布局调整分别提高现有学校的教育质量这两种情况下的教育成本，决定是否进行学校布局调整。因此，要充分研究不同利益相关主体的不同利益以及可行的利益补偿方式。

进行完上述环节，如果决定学校布局调整，则需要研究学校布局调整的阶段与环节，并在每个阶段和环节做到信息透明程序公正。具体应该包括哪些阶段和环节以及如何保证信息透明也是需要研究的重要内容。当然，程序公正也不能完全保证学校布局调整的结果是令所有利益相关主体都满意的。因为，多元利益相关主体在参与学校布局调整的过程中，做出自己的决定是需要基于信息和对信息的判断的，而获得信息的机会以及对信息的利用能力是多元利益相关主体有效参与学校布局调整做出明智决定的基础。因此，多元利益相关主体获得信息的机会和对信息的利用能力也应该成为学校布局调整的研究内容。

（五）国际学校布局调整比较研究

他山之石，可以攻玉。国外农村学校布局调整的经验可以给我们以重要启示，可以为我们在一个较高的理论平台和经验平台上探讨相关问题提供方法、视角和国家个案。我们将选择三类国家进行研究：

1. 大国型国家（如美国）农村教育布局调整研究

美国具有大国教育的特点，其学校布局调整已基本完成，作为世界上最发达的国家和学校布局调整的"过来国"，美国有着学校布局调整的完整经验，研究美国历史上曾经走过的教育布局调整过程和所采取的学校布局调整政策，总结他们的经验和教育教训，可以为我国农村学校布局调整提供启示和借鉴。

2. 国情相似型国家（如俄罗斯）农村教育布局调整研究

俄罗斯与中国一样都属于金砖国家。[①] 抛开政治因素来看，两国同属于转型国家，在国情上有一些相似之处。在国情方面，俄罗斯与中国有着很大的相似性与可比性，而且俄罗斯与中国可以同时态进行比较，研究俄罗斯在城镇化进程中农村教育布局调整的有效做法，对中国新农村建设与城镇化推进背景下的农村教育布局调整具有重要意义。

3. 文化相似型国家（如日本、韩国）农村教育布局调整研究

日本、韩国与中国同属于儒家文化影响深远的国家，尽管近代日韩都"脱

---

① 2001年，美国高盛公司提出了"金砖四国"的概念，"金砖（BRIC）"是巴西、俄罗斯、印度和中国的英文首字母，与英文词的"砖（brick）"类似，故称"金砖国家"。2010年11月，南非二十国集团会议申请加入"金砖四国"。2010年12月，中国作为"金砖国家"合作机制轮值主席国，与俄罗斯、印度、巴西一致商定，吸收南非作为正式成员加入"金砖国家"，2011年4月，巴西、俄罗斯、印度、中国、南非等"金砖国家"领导人将在中国三亚举行会晤。"金砖四国"变成"金砖五国"，并更名为"金砖国家"（BRICS）。

亚"，但是长期的文化同源性使这两个国家在诸多方面与我国存在着某种程度的文化可比性。两国农村学校布局调整过程中经历过的问题及其解决策略可以为中国农村地区的教育布局调整提供经验、教训与启示。

（六）不同类型学校布局调整个案研究与政策选择研究

由于人口、地形特点、基础设施、经济发展等因素，可以把我国农村学校布局调整归纳为几种模式。

第一，人口输入型农村学校布局调整模式。一些沿海和发达地区的农村，由于地方企业发展，大量吸入外来人口，这些地方的学校布局调整是人口输入型的学校布局调整，这种模式的学校布局调整主要是新建扩建学校。

第二，人口稳定型农村学校布局调整模式。在中部地区，有的地方虽然还会有较小的人口增长率，但是总体上农村人口相对稳定，学龄人口也相对稳定，这些地区一般没有进行太大幅度的学校布局调整；也有部分地区进行了学校布局调整，撤并了一些学校，导致了巨型学校和大班额问题。

第三，校车主导型农村学校布局调整模式。在一些交通状况比较好的地区，实现了大幅度的学校撤并，如一些地方甚至推行小学进乡（镇），中学进城（县城）的学校布局调整政策。学生离家远了，很难走路上学，地方政府就发展校车，接送学生上学和放学回家。

第四，学区型农村学校布局调整模式。在义务教育普及过程中形成的村设小学、乡镇设初中的农村义务教育布局，在学校布局调整推进过程中被打破。一些地区采取了学区制的方式规划学校布局。这一学校布局模式充分利用以县为主为学校布局调整提供的政策空间，打破村小属于某村，初中学校属于某乡镇的认识惯性，依据人口分布和就近入学原则，同时考虑相对集中的可能性。几个村划归一个学区，办一所小学；几个乡镇划分成一个学区，办一所中学。这一模式主要适合于村和乡镇人口以及学龄人口比较密集的地区。

第五，寄宿型农村学校布局调整模式。一些人口密度过小的地区，家校距离过远，走读是不现实的，寄宿型农村学校布局调整模式成为这些地区学校布局调整的政策选择。寄宿型农村学校布局调整模式对其他一些地区未必是一种节约教育经费的好措施，但是对人口密度过小的地区无疑是一种具有比较优势的学校布局调整的政策选择。寄宿制农村学校布局调整模式面临的第一个问题就是学生多大年龄才可以住宿，寄宿低龄化问题成为寄宿型农村学校布局调整模式需要面对的问题，并且确实要回答好学生多大年龄可以住宿这一个问题，这既是一个实践问题，也是理论研究中需要关注的问题。接下来需要研究的是寄宿型农村学校标准化建设问题，除硬件达标外，生活教师的配置标准、学生营养和饮食结构、学生的课余生活安排与安全、学生的情感关怀与身心健康等也是寄宿学校需要长期关注的问题。

第六，多民族聚居型农村学校布局调整研究。在多数情况下不同民族的语言不同、文化传统习惯不同、心理模式不同，而且许多民族是全民族信仰宗教的。在民族杂居地区，一些少数民族学生会进入当地民族学校就读，此外还有一些民族男女学生不同校，因此男生和女生也会进入不同的学校就读。这些特点决定了在多民族聚居的农村地区需要考虑多民族聚居型农村学校布局政策。

第七，小规模学校保留型农村学校布局调整研究。一些农村地区，地形复杂，交通不便，村与村之间距离较远。这些地区的学校布局调整一般会选择小规模学校保留型农村学校布局调整模式。小规模学校保留型农村学校布局调整政策选择，是对学校布局的一种微调。由于学校规模小，小规模学校面临因"小"而来的许多问题，教师、教育投入、办学条件都会因为"小"而使效率衰减。亟须研究适应大量存在农村小规模学校的农村地区的学校教育资源配置标准和策略。

（七）农村学校布局调整配套政策研究

农村教育布局调整的过程，实质上也是各方主体利益重新分配的过程，因此需要相应的政策安排予以保障和调解。

1. 学校合并后的校产处置政策研究

学校合并后的校产问题是学校撤并后直接面临的一个问题。学校撤并后，校产应该归哪些主体所有？这些主体应该如何分配？校产包括哪些不同性质的资产，学校合并后的校产处置过程应该包括哪些环节？这些都是学校合并后的校产处置政策要研究的重要内容。

2. 学校合并后的教师编制核定与富余教师安置政策研究

如果原来的学校教师是相对充足的，在学校合并后，对农村学校教师进行编制核定后，会产生一定数量的富余教师。农村教育如何以学校布局调整为契机，在存在一定富余教师的情况下，从提高教师整体质量的立场，对农村教师进行甄别，对确实不能胜任教学的教师，可以安排到非教学岗位。如果胜任教学的教师中能有一定比例的富余教师，可以建立教师轮流脱产培训制度。因此，研究教师编制标准和不胜任教师的标准成为农村学校布局调整的重要课题。

3. 学校合并后的学生生活与安全保障政策研究

学校撤并后，一些学生需要走更远的路上学，一些学生需要住宿，一些学生需要乘坐校车，这都增加了学生生活与安全方面的问题。对走路上学的学生来说，家校距离远会增加路上的安全隐患；住宿的学生会面临校园生活不适应和校园生活安全的问题；乘校车上学，也同样会遇到校车安全方面的问题。学校合并后的学生生活与安全保障政策研究应该对这些问题给予关注。

4. 农村教育布局调整后的成本合理分担政策研究

学校布局调整是一个多元利益相关主体的利益格局调整过程。一般来说，学校布局调整后，被撤并学校教师上班的时间成本增加。被撤并学校学生如果走读，则增加走读时间；如果住宿，则增加生活费用成本和交通费用；如果乘坐校车，则会增加校车安全隐患。从长远看，学校撤并为政府节约了办学成本，而学生和家长增加了教育成本。因此，政府应该给被撤并学校学生和家长以补偿。农村教育布局调整后的成本合理分担政策需要农村学校布局调整实践和理论研究加以关注。

（八）农村小学教学点问题研究

许多农村地区由于地广人稀、地形复杂、交通不便，很难相对集中办学，特别是小学阶段，尤其是小学低年级，学生不能寄宿，只能就近上学，因此需要大量保留农村教学点以满足小学低年级学生就近入学的需要。由于农村地区小学教学点的大量存在、长期存在和教学点质量低下的现实，农村小学教学点引起了人们的广泛关注。

由于小学教学点规模小，办学条件难以形成规模性的使用效率，教师少而按生师比又超编，教育投入使用效率也相对较低。因为农村小学教学点的问题与学校规模小联系在一起，按一般学校人、物、财的配置标准，难以满足农村小学教学点的需要。这主要是由于简单地按照生均标准配置教育资源的生均相等陷阱造成的。要研究教育资源更合理的配置方式，以学校为单位产生的教育资源消费，要按照学校数量计算并平等分配到每一个学校，以班为单位产生的教育资源消费，应该按照学校班级数量计算并平等地分配到每一个学校（每一个班级），以学生为单位产生的教育资源消费，应该按照学生数量计算并平等地分配到每一个学校（每一个学生）。

这种更合理的教育资源配置方式，可以保证每个学生得到的教育机会和质量更趋向于相等，或至少为更趋向于平等的教育创造了机会条件，如果教育行政部门在分配教师资源这些本身有资源质量含量的教育要素时没有歧视性的倾向，这也为更趋向于平等的教育创造了质量条件。

（九）乡镇大规模学校与大班额问题研究

由于小学进乡镇、中学进城的过度的学校布局调整，加上部分中部农村地区学龄人口变化或其中部分学校又进行了撤并，造成了乡镇学校大班额问题。新一轮学校布局调整是在农村学校广泛分布的背景下展开的，因此农村学校布局调整更多地被人们理解为撤并学校。随着学校撤并，特别是过度撤并，乡镇大规模学校与大班额问题出现了。

乡镇大规模学校与大班额问题其实是两个问题，大班额可能学校规模并不大，大规模学校也可能班级规模并不大。有些人认为大规模学校中只要班级规模正常，就没有什么问题，因为教学活动是以班级为单位进行的。这其实是从一个角度给大规模学校存在寻找的勉强借口。其实学校规模过大会带来管理、安全、工作效率等诸多方面的问题。即使学校规模不大，也完全可能出现班级规模过大的情况，比如某小学一到六年级每个年级只有一个班，但是每个班有六十人。这两个问题，在学校布局调整过程中更容易出现，一定要杜绝在学校布局调整过程中造成的乡镇大规模学校与大班额问题。

大规模学校会带来管理、安全、工作效率等诸多方面的问题，大班额会给教学效果和教室环境带来问题。但是，我们对乡镇大规模学校与大班额问题尚未进行系统的研究。大规模学校与大班额问题是农村学校布局调整过程中非常容易出现的问题，农村学校布局调整过程中应该充分关注大规模学校与大班额问题，农村学校布局调整研究也应该深入探讨大规模学校与大班额问题。

第三章

农村教育（学校）布局调整内涵与要素

概念是研究的起点。如何认识农村教育布局涉及本项目研究的重点和基本逻辑。从这个意义上讲，农村教育布局调整的概念和农村学校布局调整的概念应该是农村教育（学校）布局调整研究时刻都关注的重要问题。确定了农村教育布局调整和农村学校布局调整的概念之后，可以进一步分析农村学校布局的要素。

第一节 农村教育（学校）布局调整的内涵

在大量关注教育领域的布局研究的文献中，我们看到的是大量有关学校布局方面的研究成果，与学校布局方面的相关研究成果相比，教育布局方面的研究成果较少。通过相关理论思考和文献考察，我们可以看出，农村教育布局调整研究涉及内容更广泛，学校布局调整主要涉及某一阶段或某一类型的学校的空间分布变化。

一、农村教育布局调整的内涵

"什么是农村教育布局调整"是农村教育布局调整研究必须明确的问题。农村教育布局调整是对农村教育布局的调整，农村教育布局既包括对不同教育阶段教育发展规模、不同类型教育比例的布局，也包括农村教育的具体学校的空间布局。农村教育布局调整也是一个所指范围比较宽泛的概念。

（一）农村教育布局调整的三层含义

农村教育布局作为一个外延广泛的概念，它是指农村学校的层次、类型和空间布局。农村教育布局调整包括农村教育的层次、类型和空间布局调整。

农村教育的层次布局调整。在农村主要是幼儿园、小学教育、初中教育、高中阶段教育。这主要涉及我们以什么样的规模和标准发展幼儿园、小学教育、初中教育、高中阶段教育。长期以来，农村小学教育和初中教育作为义务教育，国家一直致力于小学和初中教育普及。目前，农村义务教育已经全面普及，当前和未来较长一段时间内，农村义务教育的主要矛盾是提高教育质量。农村高中阶段教育和农村学前教育离全面普及还有一段距离。但是农村高中阶段教育不能走先普及机会后提高质量的发展道路，在高中阶段教育普及率比较高的情况下这条路已经走不通了。因为没有质量竞争力的高中阶段教育对高中阶段学龄人口是没有吸引力的。至于选择一个什么时间表和路线图发展农村学前教育，目前仍然没有一个相对一致的认识。

农村教育的类型布局调整。在探讨农村教育类型时，一般不涉及幼儿园、小学、初中教育，主要涉及的是普通高中教育、职业教育和成人教育。涉及农村普通高中学校教育和农村职业类高中阶段学校教育的规模和建设标准等问题。在农村普通教育、农村职业类教育和农村教育发展布局中，农村普通教育一直是各地农村教育发展的重点。职业类教育在不同发展阶段和不同地区也受到地方政府的重视，国家也规定高中阶段普通教育和其他职业类教育的比例，但是农村职业教育发展的整体状况并不乐观。与普通教育和职业教育相比，农村成人教育在教育类型布局中的地位更低，发展水平也更不乐观。

农村教育的空间布局调整。某一层次某一类型学校在农村地区的空间分布，在农村地区主要是指幼儿园、小学校、初中学校、普通高中学校和高中阶段其他类型学校在农村地区的空间分布。目前农村小学教育和初中教育已经全面普及，高中阶段教育和学前教育正在大力推进普及。对幼儿园、小学校、初中学校而言，教育布局就是学校空间布局，不需要探讨它们的类型结构。而对于高中阶段教育而言，由于其类型的丰富性，教育布局除了探讨学校的空间分布外，还要考虑高中阶段的发展规模与不同类型高中阶段教育的比例。由于研究的重点是农村义务教育，因此，教育布局调整更侧重探讨学校的空间布局。

（二）农村教育布局调整与农村学校布局调整

农村教育布局调整是针对整个农村教育体系而言的，农村教育布局调整涉及的内容更加复杂。如前面谈到，农村教育布局调整不仅涉及各学段的规模设计和发展规划，而且涉及不同类型学校的规模设计与发展规划，涉及农村教育的空间布局。

农村学校布局调整是针对农村学校空间分布而言的，农村学校布局调整涉及的内容相对比较简单。但是就某一级某一类型学校研究学校布局时，其实也要考虑教育布局对这级这类教育布局的发展规划和标准。

因此，可以说，农村教育布局调整是在农村教育体系整体的高度上来进行农村教育布局的重新设计，而农村学校布局调整则是从某一级某一类型学校的空间格局进行农村学校布局的重新设计。二者的着眼点不同，但是又有密切关系。农村学校布局调整需要放在农村教育布局调整的宏观背景下加以考虑，农村教育布局调整也需要具体考虑某一级某一类型学校的空间分布和空间分布的合理性问题。

二、农村学校布局调整的内涵

农村学校布局调整是对农村学校布局进行重新设计的过程。正如界定其他概念一样，当我们日常使用农村学校布局调整这个概念时，我们可能觉得农村学校布局调整的概念非常清晰，而当我们想正式界定农村学校布局调整的概念时，则会发现界定农村学校布局调整这个概念并不是一件容易的事情。

（一）农村学校布局与农村学校布局调整

如把农村学校布局调整看成一个主谓结构的短语，它包括一个主语和一个谓语，主语是农村学校布局，谓语是调整。调整的内容是农村学校布局。农村学校布局调整这一概念内包含一个农村学校布局的概念。农村学校布局调整不是为调整而调整，之所以调整，是原有的学校布局不合理，或调整主体认为不合理。这就涉及两个问题：什么是农村学校布局，如何评价农村学校布局的合理性。

学校布局是某一学段或某一类型学校的空间格局。学校布局的合理性可以从这样几个维度思考。首先，学校布局是否合理，不是从单所学校来看的，而是要放在学校群落中来看一所学校的布局是不是合理；其次，学校布局是否合理，不是学校自身的，不是看这所学校破旧不堪要撤并或太新要保留，而是要把学校放在具体的农村地区经济社会文化发展情境中看其布局是否合理。

学校布局调整是对不合理的学校布局进行重新设计的过程。当学校布局不合理时,就需要对学校布局进行调整。调整不是用简单的行政命令决定撤并哪一所学校或哪几所学校,而是要从学校群落的角度看某一(几)所学校应不应该撤并(新建);从学校所处的具体村镇的情境看这(些)学校应不应该撤并(新建)。

因此,"学校布局是指在一定的人口聚落范围内,地方政府和教育行政部门对学校的数量、地点、规模、层次、功能等所作的规划设计以及对教育要素资源所进行的配置安排。它既涉及学校的空间分布,还涉及学校的结构与功能构造,即在一定空间范围内办多少所学校、办什么层次和类型的学校、办多大规模的学校、办在什么地方,如何定位学校的功能、如何对办学的要素资源(人力、物力、财力等)进行配置与使用等。那么,当经济社会发展和学龄人口数量结构以及流动状况发生变化的时候,原有的布局就会出现'不合理'的状况,地方政府及教育行政部门应就这些变化对一定空间范围内的学校布局进行重新规划,这一过程就是学校布局调整。布局调整既包括撤销学校、合并学校,还包括恢复学校、新建学校、扩建学校、改变学校功能(如由学校改为教学点)、改变学制结构(如由小学六年制改变为'学前教育与小学前三年一校制'、'小学后三年与初中一校制'等),更包括因学校空间和结构改变而对教育要素资源所进行的重新配置。"[①]

(二) 农村学校布局调整与农村学校撤并

农村学校布局调整是农村学校空间分布的变化。广义而言,学校布局调整可以界定为,为了一定目标和由于一些客观原因,一定区域内学校分布格局的变化。这种变化主要指学校规模、学校数量和学校位置的变化。从逻辑上讲,学校布局调整既包括学校规模变大,也包括变小;既包括学校数量变多,也包括变少。狭义而言,学校布局调整是学校在一个国家或地区广泛分布之后,随着小规模学校被合并,学校规模和数量发生变化的过程[②]。

农村学校撤并是一所或几所农村学校撤销并入其他学校的过程。被撤销的学校叫被撤并学校,接收被撤并学校教师和学生的学校被称为新合并学校。被撤销的学校不再继续用于相同教育阶段的学校教育教学;新合并学校是接收被撤并学校教师和学生的学校,可以是以前就存在的学校,也可以是为接收被撤并学校教

---

① 邬志辉:《恢复和建设是布局调整的重要内涵》,载《中国教育报》2012 年 8 月 14 日第 004 版。
② 秦玉友、孙颖:《学校布局调整:追求与限度》,载《教育研究》2011 年第 6 期,第 94~101 页。

师和学生而新建的学校。如是为接收被撤并学校教师和学生而新建的学校，这所学校一般应该接收两个或两个以上被撤并学校的教师和学生。如果只接收某一所学校的教师和学生，则不能叫做新合并学校，而只是一所学校的异地新建学校。

第二节　农村学校布局调整的要素

一、农村学校布局的要素及其关系

在对学校布局调整的价值论层面进行分析后，我们回到学校布局调整的本体论层面进行探讨。对学校布局的本体论研究可以从学校规模、学校数量和家校距离（学校位置）三个相对独立又相互联系的方面进行。如果把学校规模、学校数量和家校距离看成学校布局调整的三个变量，从变量关系的角度看，如果学校规模越大，学校数量就越少，校际距离就越长；如果学校规模越小，学校数量就越多，校际距离就越短；如果学校数量越多，学校规模就会越小，家校距离就越短。

为更直观的说明，我们绘制了一个镇学校布局简图。如图3-1所示：不规则的灰色椭圆形是一个农村区域，这个区域的正六边形、正五边形、四方形和三角形都是农村居民居住村镇。这些正六边形、正五边形、四方形和三角形面积的大小代表居民多少。正六边形（镇A）按人口数量可以建设2所中等规模的小学校、正五边形（村6）按人口数量可以建设1所比较大的小学校、四方形（村2、村3）按人口数量可以建设1所中等小学校，三角形（村4、村5、村7、村8、村9、村10）按人口数量需要四个才能建一所适中等规模的学校。

先看一下镇A镇域内学校布局前的情况，镇A镇域内在学校布局前每个村都有一所小学。镇A镇域内学校布局应该如何进行呢？

镇A作为按人口数量可以建设2所中等规模小学校的居民居住地，要保留两所小学，不要轻易合并成一所太大的学校。村2、村3作为可以建设中等规模的小学校的居民居住地，不要因为两个村子距离近而合并。村4和村5可以合并成1所学校。村7、村8、村9可合并成1所学校，可以在三个村子之间新建一所学校，三个村子的学生都去上学，如果一个村子办学条件比较好，也可以以这个村子的学校为基础扩建学校。村6人口规模较大，原有学校要保留。村10由于地处偏远，学校的撤销容易引发辍学风险和安全隐患，原有学校应予保留或改建教学点。村1离镇A比较远，要保留原学校或改建教学点（见图3-2）。

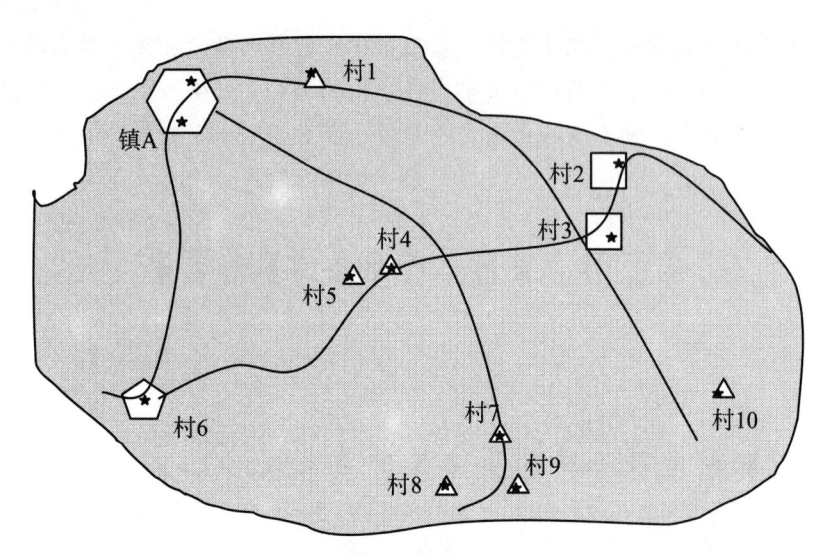

图 3-1 布局调整前学校布局示意

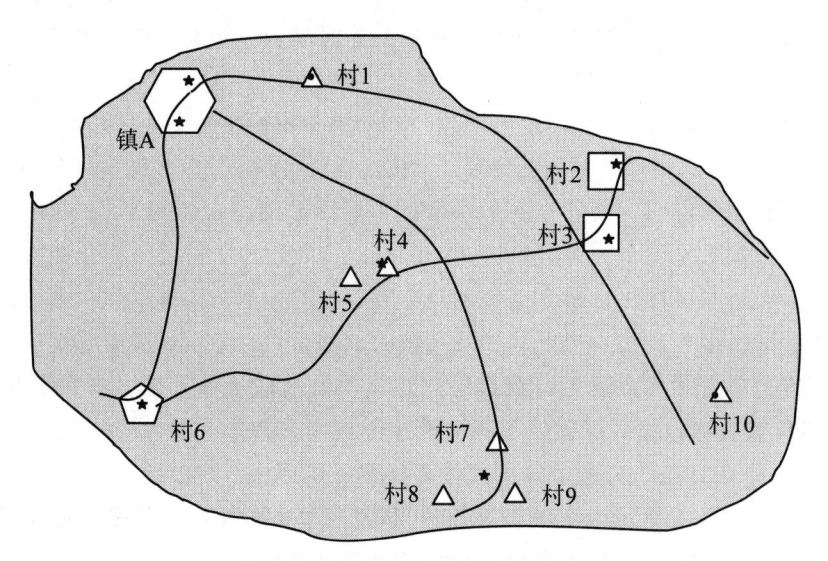

图 3-2 布局调整后学校布局示意

用数学公式表达学校布局调整与这三个要素之间的关系为：

K = f(x, y, z)

K：学校的点区域坐标；

x：学校规模 [a, b] (a、b 在不同学段有理想值)；

y：家校距离 [0, m] (m 的最大值取决于学生的身心承受能力)；

z：学校数量 [1, p] (p 值取决于财政承受能力；p 最大值是按学龄人口可以建立一所以理想规模学校的人口居住地按理想学校规模建立学校，按学龄人口在可以建立一所低于理想规模学校学生数量的学校的人口居住地建立一所学校情况下，一个区域的学校总数量）。

二、学校规模要素

学校规模（school size）是教育布局调整的一个重要变量。理想学校规模研究就是要研究学校发挥最佳教育功能时学校规模大小的问题。也可以说是在只考虑学生、教师、校长，而忽略其他因素的条件下，单纯地基于教育功能实现效果来研究学校规模。这种研究主要是实证研究。因为在实证研究中，可以有效地控制其他无关变量。

（一）学校管理立场的理想学校规模

从学校管理者愿意选择多大规模的学校，可以看出从学校教育管理的立场，理想学校规模是多大。有研究指出，校长岗位申请者把高于800名学生的学校看做是一个大学校，把少于200名学生的学校视为小学校，在两个极端值（即200~800名学生）之间的学校极少在吸引校长岗位的申请方面遇到麻烦[1]。也就是说，在校长看来，200~800人是便于管理的，管理这样的学校便于出成绩，也容易调到其他学校。

（二）教师立场的理想学校规模

教师认为所在学校不好，他就会离开这个学校或离开教师行业。教师的这一行为可称为教师退出（teacher turnover）。从教师退出率可以看出教师立场上的理想学校规模。有人以挪威为背景研究促使教师退出（teacher turnover）（包括在相同的辖区内换学校、跨辖区换学校和离开教师职业）的因素，在挪威每年教师退出比例为9.5%，由于在挪威是国家统一决定教师工资，这个研究背景很好地控制住了工资这个经济性变量。研究结果显示，学校规模是教师退出决定的一个非常重要的影响因素，最高的教师退出率存在于最小的或最大的学校；相关证据显示，在拥有70个学生和拥有670个学生的学校教师退出的可能性是相等

---

[1] Karin Barty, Pat Thomson, Jill Blackmore and Judyth Sachs. *Unpacking the Issues: Researching the Shortage of School Principals in Two States in Australia.* The Australian Educational Researcher, 2005, Vol. 32, No. 3, pp. 1-18.

的①。

(三) 课程立场的理想学校规模

学校规模与课程的全面性有关。课程开设的全面性会随着学校规模的增加而增加,当学生达到一定数量时,学校规模与课程的全面性便不再明显相关。有研究指出,学校规模的增长与更多样化的课程设置相关,直到达到 400 名学生。超过 400 名学生时,增加学生数量一般就不能大大丰富课程了②。有研究给出了学校规模与课程多样性的相关性的学校规模临界点,有 500 名学生的学校的课程有时和服务于 3 000 人及以上的学校的课程一样全面③。

(四) 学生发展立场的理想学校规模

有研究回顾了 1990 年之后学校规模效能实证研究文献,对学生的关注视角给出了一个学校规模的参考标准。肯尼思和多丽丝指出,传统上在学校比较吃力的学生和经济社会背景不利的学生是较小规模学校的主要受益者,有较大比例这类学生的小学规模应该限制在 300 人以下,服务于经济和社会异质性或较好处境的学生的小学规模应该限制在 500 人以下。服务于完全或基本上不同和/或处境不利学生的中学学校规模应该限制在 600 人以下,服务于经济和社会异质性或较好处境的学生中学学校规模应该限制在 1 000 人以下。④

(五) 教育成本立场上的理想学校规模

从经济效率看,较大规模的学校会更节约经费;换言之,按照同一生均标准配置资源,大规模学校的资金和工作人员会显得相对充足,但是并不是学校规模越大经济效益越高。有研究发现,成本实际上呈现出一个倒 U 形,因此当提高学校规模超过最佳水平将提高而不是降低生均成本⑤。从生均成本看,当在校生

---

① Torberg Falch and Bjarne Strøm. *Teacher Turnover and Non-pecuniary Factors. Economics of Education Review*, 2005, Vol. 24, No. 6, pp. 611-631.

② David H. Monk. *Secondary School Size and Curriculum Comprehensiveness. Economics of Education Review*, 1987, Vol. 6, No. 2, pp. 137-150.

③ Claude C. Turner and James M. Thrasher. *School Size Does Make a Difference*. Institute for Educational Management, 1970, P. 1.

④ Kenneth Leithwood and Doris Jantzi. *A Review of Empirical Evidence About School Size Effects: A Policy Perspective. Review of Educational Research*, 2009, Vol. 79, No. 1, pp. 464-490.

⑤ William F. Fox. *Reviewing Economies of Size in Education. Journal of Education Finance*, 1981, Vol. 6, No. 3, pp. 273-296.

超过1 000人时，再增加学生则学校的生均成本降低的极小[1]。从节约教育费用的取向出发，学校布局调整的倡导者认为理想的高中应该有1 000~2 000个学生，因为只有不到1 000个学生的学校无法进行大量物品购置，而每名学生的行政费用很高[2]。

理想的学校规模不可能单纯地考虑某个维度。有研究指出，考虑到教育机会以及课程的有效性和综合性，理想的学校规模出现在700~1 000人这一个区间[3]。综合以上校长、教师、课程、学生和成本等多元立场，学校规模应该设定在300~1 000人，在不同学段也存在一定区别。在小学阶段可以考虑稍小一些，而在高中阶段可以稍大一些。当然，在学校规模的研究结论运用到不同国家和地区的教育实践时，要考虑这些研究结论得出时所基于的班级规模，这样我们可以进一步算出学校规模。

三、学校数量要素

如果每一所学校都是按照标准进行建设的学校，那么学校数量越多则教育投入越大。但是这不是说集中办学就省钱，分散办学就费钱。但过于分散肯定是浪费的，而过于集中造成巨型学校肯定是对教育健康发展不利的。

对农村教育而言，学校数量代表着国家财政承担能力。如果国家有财政承担能力，最好能够达到村村有小学，乡镇有初中，县域分片有高中。有人会问以往财政承担能力那么弱，都可以村村有小学，乡镇有初中，现在为什么不可以？因为现在我们要办高质量的教育，要学校的硬件条件标准化、师资配置标准化、教育投入公平化，小规模学校和教学点如果全部保留，学校数量会很大，教育投入也会很大。

那么是不是越集中越省钱呢？显然不是。如果学校数量过少，家校距离过远学生无法步行上学，就必须住宿和坐车往返学校，这就要求建设寄宿制学校和配备校车。寄宿制学校和校车无疑增加了学校的教育成本。仅从经济效益考虑，并不能简单地认为学校越少越省钱。

那么保持学校数量的原则是什么？首先，不要过分追求学校大而在一个人口

---

[1] Claude C. Turner and James M. Thrasher. *School Size Does Make a Difference*. Institute for Educational Management, 1970, P. 1.

[2] William F. Fox. *Reviewing economies of size in education. Journal of Education Finance*, 1981, Vol. 6, No. 3, pp. 273-296.

[3] Claude C. Turner and James M. Thrasher. *School Size Does Make a Difference*. Institute for Educational Management, 1970, P. 1.

没有变化的地方撤并学校。比如一个人口大镇的所在地有两所学校，每所学校平均每个年级有四个平行班，一般就不要撤并。其次，不能机械追求一村一校，也不能追求一步到位的合并。如果几个学校离得比较近且几个村的规模都比较小，学校合并后一般也不超过四个年级，并且合并后学生也能在半小时之内安全到达学校，则可以合并。最后，保留必要的小规模学校或教学点。如果学生到其他学校上学确实过远，或上学路上确实难以保证安全，则要保留小规模学校或教学点，在一些特殊情况下甚至要保留一师一校的教学点。

四、家校距离要素

家校距离是学校布局中另一个重要变量，如果增大学校规模，家校距离就可能会增加，但是又不能为了追求理想的学校规模，而无限增加家校距离。家校距离成为理想学校规模追求的限制性变量。当然，家庭距离不是计算一个简单的家庭到学校的物理距离。在研究家校距离时必须考虑学生乘坐和使用的交通工具和学生年龄，或者说要考虑学生到达学校的条件，因为我们关注家庭距离实质是关注学生达到学校的时间和达到学校后的状态（如是不是很累）。

（一）作为物理距离的家校距离

很多国家规定了家校之间的物理距离。印度初等教育的两个阶段有不同的家校距离要求，一些统计资料和研究以这两种不同要求作为标准进行统计，有研究指出，95%的印度人口在1公里之内有初小，85%的印度人口在3公里之内有高小[1]。从印度对初等教育不同阶段的家校距离规定看，他们已经考虑了不同年龄阶段的学生特点。用物理距离表达家校距离的优点是便于操作，缺点是不能反映地形特点、交通条件、学生特点。

（二）作为功能距离的家校距离

从学理上看，家校距离并不是一个物理距离，而是一个考虑到交通方式、学生年龄阶段和到达时间以及由这三个因素决定的学生到达学校时身体状态的功能性距离。功能性距离可以简单用到达学校所用时间来表达，在具体规定时，还要充分考虑交通方式和学生年龄阶段。这方面的一个例子就是弗吉尼亚州对家校距离的要求，按照弗吉尼亚州的准则，小学生乘公交车单程不应该多于30分钟，

---

[1] R. Govinda and Y. Josephine. *Para Teachers in India: A Review*. UNESCO, 2004, P. 5.

初中生乘公交车单程不应该多于 45 分钟，高中生乘公交车单程不应该多于 60 分钟[①]。弗吉尼亚州对家校距离的要求考虑了交通方式、学生年龄阶段和到达时间，考虑到这三个因素时，也潜在地考虑了时间区间对不同年龄阶段学生的意义，基本可以推断出学生到校时的身体状态。

家校距离是学校规模的一个限制条件，为了避免一味地追求理想的学校规模，而无限制增加家校距离。许多国家和地区都会对家校距离，特别是义务教育阶段家校距离进行明确规定。当国家和地方对家校距离进行了规定后，这个限制性条件就为学校布局调整单方面地追求理想学校规模设置了限度。

第三节 农村学校布局调整的利弊与妥协

在义务教育普及后，许多国家和地区都经历了一个学校布局调整的过程。以美国为例，在 20 世纪的开端，美国有单班学校 200 000 所，而在 20 世纪中期之后，伴随着美国第一轮学校重组，这一状况迅速改变。今天，只有几百所单班学校还保留着……[②]。在义务教育走向普及后，学校布局调整几乎成为各国或各地区教育发展政策的重要选择。因此，为使这些选择更加合理，需要对这些选择的价值追求和可能代价进行研究与反思。

一、学校布局调整的价值追求

对于义务教育这样庞大的公共事业，世界各国特别是发展中国家从来都没有足够的钱可以把资源使用效率问题放在次要位置。因此，在学校布局调整过程中，教育资源使用效率是办学主体的一个重要关注。如果说，具体的办学主体更关注教育资源使用效率，那么在学校布局调整过程中家长等主体则更关注教育质量。学校布局调整的价值追求问题是学校发展中的恒久问题，经济效率和质量提升成为许多国家学校布局调整中流行的重要价值追求。

---

① Beth Spence. *Long School Bus Rides*：*Stealing the Joy of Childhood*. http：//www.wvcovenanthouse.org/challengewv/resources.html.

② Dennis Purcell and Rexanna Shackelford. *An Evaluation of the Impact of Rural School Consolidation*：*What Challenges may a New Round of Rural School Consolidations have on the Safety*，*Educational Performance and Social Environment of Rural Communities?*. National Rural Association Executive Committee，January 13-15，2005.

(一) 经济效益追求

经济学中有一个术语叫规模经济,将规模经济的观念运用于学校,可以推论性地认为大规模的学校比小规模学校有更大的成本效益。在规模经济思维的影响下,经济效率成为学校布局调整的重要追求。需要指出的是,如果计算学校规模变化产生多少经济效益,一个前提假设是小规模学校和大规模学校都是按照同一标准建设的。很多研究都证明了大规模学校更有经济效率。近期有人研究了学校规模与生均教育经费的定量关系,这一研究重申了与一个大规模学校相比,一个小规模学校教育一个学生需要更多的费用的观点;并提出,学校规模变化1%,每个学生的费用有0.2%的变化[1]。如果小规模学校和大规模学校都是按照同一标准建设,那么通过调整把小规模学校变成大规模学校无疑可以提高教育经费的使用效率,降低了教育预算。

(二) 课程多样性追求

人们普遍认为较大规模的学校可以为学生提供更多的课程选择。现实中,普遍的状况是从小规模学校向大规模学校转化,为课程多样性提供了条件,课程的多样性会增长。这方面相关研究更多地研究了中学学校规模与课程多样性的关系。有研究指出,学生平均增加100个百分点,在课程多样性上只能产生17个百分点增长[2]。之后,有一些研究也发现了类似的增长趋势。有研究把课程分为核心领域和非核心领域,并指出学校规模与课程设置显著相关,学校规模每增长10个百分点课程核心领域就增长1.5个百分点[3]。

(三) 教师质量追求

与小规模学校相比,大规模学校有更高质量的教师。教师质量可以从多个维度进行描述,教师学历是教师质量的重要指标之一。20世纪60年代就有研究指出,在各种组织方式(organizational pattern)的学校中,没有学士学位及以下学历的教师所占的比例随着学校规模增加而稳定减少,同时,拥有硕士学位或硕士学位以上的教师所占的比例随着学校规模的增加而增加。当年级方式(grade

---

[1] Tyler J. Bowles and Ryan Bosworth. *Scale Economies in Public Education: Evidence from School Level Data*. Journal of Education Finance, 2002, Vol. 28, No. 2, pp. 285–300.

[2] Robert B. Pittman and Perri Haughwout. *Influence of High School Size on Dropout Rate*. Educational Evaluation and Policy Analysis, 1987, Vol. 9, No. 4, pp. 337–343.

[3] Nicola A. Alexander. *Race, Poverty, and the Student Curriculum: Implications for Standards Policy*. American Educational Research Journal, 2002, Vol. 39, No. 3, pp. 675–693.

pattern）是三年级结构（three-year structure）不管学校规模大小，都拥有硕士学位及以上的教师的比例都较高，三年级（10～12年级）学校优于其他年级方式的学校，证据是有更高比例的高学位教师，相应有更低比例的本科四年以下学历的教师①。因此，优化师资也成为学校布局调整的一个价值推动。

二、学校布局调整的可能代价

在学校布局调整中，当大量撤并学校时，人们开始关注学校对社区发展的价值以及学校布局调整给社区的经济文化和教育发展带来的负面影响。早在1912年《农村生活与农村学校》一书就指出了学校对农村生活的作用，由于学校适应和能够服务于大量多样的目的，因此多重任务加给学校②。如果在学校布局调整中社区没有了学校，社区及社区学生家庭将承受一定的代价。当然，谈论学校布局调整的代价，并不是否定学校布局调整实践，而是提醒人们要在学校布局调整过程中充分考虑和尽量减少学校布局调整的社会代价，避免不必要的社会代价。

（一）社区经济文化要素流失

学校不仅可以为社区提供教育服务，还是社区的重要经济文化要素或经济文化要素的促进性要素。当从学校传出琅琅读书声时，母亲就提示孩子，明年你也该上学了；当国歌响起的时候，母亲会告诉孩子学校在升国旗，也可以告诉他国旗的故事与意义……在这些讲述中，学校成为孩子向往的地方，学校教育自然地成为儿童成长的阶段。村落里的学校对儿童和整个村落的受教育意识的形成具有重要价值。失去学校，社区就会失去教育仪式，也会失去学校曾充当的社区经济文化要素或经济文化要素的促进性因素。有研究指出学校撤并的负面影响：社区自豪感和凝聚力的中心焦点丧失，财产价值被破坏，有生育潜力家庭（现在有或没有孩子）不情愿在该地区定居……③

---

① Joe L. Jackson. *School Size and Program Quality in Southern High Schools*. George Peabody College for Teachers, 1966.

② Mabel Carney. *Country Life and the Country School: A Study of the Agencies of Rural Progress and of the Social Relationship of the School to the Country Community*. Row, Peterson and Company, Chicago, 1912.

③ Brent Edward Wholeben. *How to Determine which School to Close. NASSP Bulletin*, 1980, Vol. 64, No. 439, pp. 7–12.

(二) 教育管理成本增加

如果一个大规模学校想正常运行,学校管理和教育活动必须高度制度化,大规模学校正常运行不得不增加管理层次,延长管理链条,从而导致信息传播过程中执行力的衰减,降低行政效率。大规模学校增加了管理难度和管理成本。大规模学校有很大的预算和工作人员,复杂的组织结构,很高的管理要求,不充分的管理任务支持[1]。群体效能研究显示,一旦一个群体有20人以上,将会失去群体效能。一些人将在批判卷,一些人在写他们的上课计划,其他人以沉默的方式表示不赞成[2]。大规模学校组织教师开展活动的效果也会受到一定影响。

(三) 家长参与机会减少与教育负担增加

学校从农村社区和小社区撤出后,学校与社区的许多联系被切断了;家长想参与学校事务就要去更远的学校,花费更多的时间。本社区学校撤并给家长参与学校活动带来了机会和空间限制。学校布局调整也给撤并学校学生家长增加了教育方面的负担。孩子上学如果需要家长接送,则增加了接送时间,增加了学生的接送负担;需要乘交通工具,可能增加家庭购买或乘坐交通工具的费用;如果孩子住宿,则增加了家庭由于孩子在外地生活所需的费用。

(四) 学生上学时间延长与学生问题增加

学校布局调整过程更多的时候是小规模学校撤并,原来小社区学校的学生要走路到更大的社区的学校去上学,这样学生的上学时间就会有所增加。如果学生在上学路上有保障措施,那么适当的走路锻炼机会,可能对学生来讲不是一个坏事。但是安全、天气、路况、交通方式等这些方面因素往往成为走读的障碍。如果住宿,同样会有低龄、安全、卫生、想家等问题出现。学校布局调整后,学生来自不同社区和不同村落,学生之间可能发生群体间冲突或欺辱外地学生的现象。很多研究都表明,大规模学校的学生更容易出现缺勤、逃学、复读、辍学、参与、认同和学校联系 (connection with school) 方面的问题。

---

[1] Karin Barty, Pat Thomson, Jill Blackmore and Judyth Sachs. *Unpacking the Issues: Researching the Shortage of School Principals in Two States in Australia. The Australian Educational Researcher*, 2005, Vol. 32, No. 3, pp. 1–18.

[2] Deborah W. Meier. *The Big Benefits of Smallness. Educational Leadership*, 1996, Vol. 54, No. 1, pp. 12–15.

(五) 教育公平难以实现

在学校教育中，学生群体中每一个个体都是有明显差异的，但是在大规模学校教育中，具有不同差异的个体组成的群体往往是抽象的，因为学校教育活动往往以学生群体为对象展开。20世纪90年代，关于学校规模与学生成绩的研究文献增加非常快，这些研究中有一个重要关注是教育公平问题，即社会弱势群体在大规模学校中的成绩表现。有研究指出，随着学校规模增加，有处境不利学生的学校的平均成绩会下降。学校中的处境不利学生越多，成绩下降越大[1]。有研究者总结20世纪90年代研究成果指出，随着学校变大，招收低社会经济地位学生比例较大的学校的平均成绩更受影响[2]。

三、农村学校布局调整底线

既然农村学校布局调整的优势和劣势并存，而且赞同和反对学校布局调整的双方可能更加夸大学校布局调整的优势和劣势。那么如果无法达成一致，农村学校布局调整就需要认真研究农村学校布局调整的底线。一些学校被撤并后，被撤并学校学生到新的学校接受教育，这不是学校布局调整的结束，农村学校布局调整除了遵循农村学校布局调整的规律认识，还要注意不能触及农村学校布局调整的底线。如果触及这些底线就会引起情绪性的反应，给农村学校布局已经进行的调整和未来将要进行的调整带来隐患和潜在的威胁。

(一) 学生在场：学校布局调整努力的教育意义底线

农村学校布局调整是为农村学生而进行的布局调整，农村学校布局调整必须"学生在场"。如果农村学校布局调整引发了部分学生辍学，就触及农村学校布局调整的一个底线。正是基于此，有学者提出，农村学校布局调整要警惕辍学率反弹[3]。"警惕辍学率反弹"是人们对学生在场这一教育意义底线认同的一种确切表达。在一些农村地区，不当的农村学校布局调整一定程度上造成了农村学生辍学率的反弹，这就触及了农村学校布局的一个底线。

---

[1] Robert Bickel and Craig Howley. *The Influence of Scale On Student Performance: A Multi-level Extension of the Matthew Principle*. Education Policy Analysis Archives, 2000, Vol. 8, No. 22, pp. 1 – 32.

[2] Robert Bickel, Craig Howley, Tony Williams and Catherine Glascock. *High School Size, Achievement Equity, and Cost: Robust Interaction Effects and Tentative Results*. Education Policy Analysis Archives, 2001, Vol. 9, No. 40, pp. 1 – 32.

[3] 于海波：《农村学校布局调整要警惕辍学率反弹》，载《求是》2009年第16期，第56～57页。

之所以说学生在场是农村学校布局调整的一个底线，是因为学生辍学直接动摇了农村学校布局调整的教育意义所在。提高教育质量是农村学校布局调整的教育价值追求，只有学生在场，教育质量才能最终呈现在教育对象上，学生辍学了，教育质量则失去了教育价值呈现的依托。因此，学生在场是农村学校布局调整的一个底线，这一底线决定了教育意义的最终生成。

（二）生命安全：学校布局调整推进的公众支持底线

学校布局调整引发的安全问题主要是交通安全和学校安全问题。农村学校布局调整后，许多学生离家远了。在不具备住宿条件的农村地区，学生必须走读；在具备住宿条件的农村地区，许多学生选择了住宿，也有部分学生会选择走读。因为上学路途增加，走读学生以不同交通方式到学校上学。由于道路状况、交通工具、驾乘人员素质和路途较远的问题，许多学生面临走读上学的安全隐患。住宿生安全问题，主要包括饮食、日常生活、周边环境方面的安全问题。一些农村地区，虽然为学生提供了住宿场所，但是饮食条件不达标，日常管理混乱，周边环境差，很容易引发住宿安全问题。

生命安全作为农村学校布局调整的一个底线，并没有人会提出质疑，但是日常生活中，许多农村地区的行政部门、学校、家长，甚至是学生本人对生命安全问题都是认识不够的。因此，在农村学校布局调整实践中，当生命安全问题没有达到一定的严重程度时或者生命安全问题没有出现时，学生的安全问题往往没有引起相关部门和主体的重视，多数时候存有侥幸心理，甚至认为是小题大做。一旦出现生命安全问题达到一定的严重程度时或者生命安全问题出现时，行政部门、学校、家长和学生都会无法承受，损失难以挽回。而且生命安全问题会引起学生家长的情绪性反应，引起社会对教育的超过这个事件本身的关注，从而使农村学校布局调整面临困境，甚至会对农村学校布局调整全面否定。

（三）身心健康：学校布局调整实施的优先目的底线

如果说辍学和安全这样的问题容易被人认识到，那么健康这样的问题往往不为人们所认识，有些问题在多年之后对个体和社会产生影响时，才为人们所觉知和重视。学生的健康主要包括身体健康和心理健康。与身体健康相比，心理健康更容易被人们所忽视。例如，低龄住宿学生的父母关爱缺失问题。基于将学生心理健康发展作为一个重要底线的认识，在一些农村学校布局调整力度较大的地区，许多学校采取了家庭似的学校住宿管理，让学生放学后，有更多的机会与其他同学交往，与教师交往，可以像在家一样看电视，建立一些相对紧密的情感联系，缓解缺乏父母关爱可能造成的心理问题。

身心健康是人才培养的第一要务。如果用数字隐喻身心健康和其他方面发展的关系，可以说，身心健康是1，其他方面是1后面的0，如果学生身心健康，其后面的0越多，教育的价值越大；如果1没有了，努力去给后面添加多少0都是没有意义的。如果农村学校布局调整为了暂时的学生成绩提高和教育经费节约，牺牲了学生的身心健康，从长期看，无论是对社会，还是对学生个体都是不可取的。身心健康是农村学校布局调整的一个底线，农村学校布局调整必须保证学生的身心健康不受侵害。因此，农村学校布局调整应该对身心健康问题保持必要的警惕。

（四）文化多元：学校布局调整实践的意义关照底线

包括传统和信仰在内的文化在教育、人的社会化和日常生活中的作用是不可取代的，文化的断裂会给人们造成价值冲突，使人失去意义归属，表现出无所适从。在长期的发展中，广大农村社区形成了其特定文化，同时儿童也建立起了对自己生活空间、生活环境和生活意义的熟悉感和认同感。"当发展建立在本土价值上时，它的社会代价，比照抄外部模式所造成的人类痛苦和文化破坏要少。之所以这样是因为本土价值是一种基体，人们从中得到生命的意义、认同感和文化完整性……"[①] 尊重多元文化可以在教育发展中减少社会代价和提高教育效果，尊重文化的多元性应该成为农村学校布局调整的一个底线。

文化是支持某一生活方式背后的知识和信仰，文化浸透着生存智慧。文化差异是社会进步的活力所在，多元文化为人类进步提供了多样化的智慧基础。文化没有进步和落后之分，只是一种文化更有利于促进人们对一种生活环境的适应。任何一个群体都不能否定其他群体的知识和信仰，文化只能通过文化自己的主体得到传承和改进。在农村地区，农村学校文化可以分为两大类，一类是与民族宗教文化相关联的学校文化；另一类是非民族宗教的与农村环境相关联的学校文化。这两类文化为农村学生生活提供了知识和信仰支持，是学校教育的起点和背景，当这些学校的学生被合并到新的学校时，他们的文化必须受到应有的尊重。尊重文化的多元性是农村学校布局调整的意义关照底线。

四、农村学校布局调整的程序公正与信息成本的妥协

在严守农村学校布局调整底线的基础上，就可以启动农村学校布局调整的程

[①] ［美］德尼·古莱著，高铦、温平、李继红译：《发展伦理学》，社会科学文献出版社2003年版，第257页。

序。不过启动学校布局调整程序,要遵循程序公正。但是农村学校布局调整的程序公正不是为公正而公正,也就是说不能仅停留在程序公正的程序层面,因为程序公正仅是手段或最低要求。程序公正是为达到公正的目标,但是由于不同利益相关群体参与程序并做出有见识的决定(informed decision)需要获得相关信息的机会和利用相关信息的能力不同。因此,在农村学校布局调整过程中,除了做到程序公正外,还要努力满足不同利益相关群体获得相关信息的机会和提高他们利用相关信息的能力。

(一) 程序公正

程序公正(procedural justice)在一定意义上可以保证学校布局调整不是一个简单的行政决策过程,而是一个多元利益相关群体参与的民主决策过程。当然,不同类型的程序公正对学校布局调整的意义不同,这就需要我们深入研究程序公正的内涵和类型。

1. 程序公正的概念厘定及类型划分

什么是程序公正?程序公正是在民主社会为解决处在利益冲突中的多元利益相关群体意见分歧,达成决策所遵循的程序安排。从程序公正与结果公正的关系来看,罗尔斯把程序公正分为纯粹的程序公正、完善的程序公正和不完善的程序公正[①]。在纯粹的程序公正中,存在一种正确或公平的程序,不存在对正当结果的独立标准,只要人们遵守正确或公平的程序,结果就会是正确和公正的。在完善的程序公正中,同时要满足两个要件,第一个要件是一个独立于程序并先于程序的公平分配的标准,第二个要件是达到相应结果的程序。在不完善的程序公正中,有完善的程序公正中的第一个要件,但是没有第二个要件。

2. 学校布局调整的程序公正类型选择

如何进行学校布局调整,如果抛开行动技术问题,便演绎成在学校布局调整过程中如何体现程序公正这一问题。这个问题的实质是讨论学校布局调整的行动依据——程序公正——如何规范学校布局调整过程。哪种程序公正更适合学校布局调整?纯粹的程序公正不适合规范学校布局调整,因为在学校布局调整过程中,不能只管把不同利益相关群体集中起来投票,而不管调整后的实际效果。不完善的程序公正也不适合规范学校布局调整,学校布局调整不能在不清楚布局调整结果的情况下,把是否进行学校布局调整交给某个正确或公平的程序。当然,说这种程序公正不适合学校布局调整并不是否定正确或公平的程序。对一些利益相关群体而言这种程序公正还远远没有实现。正如有研究指出的那样,有更多为

[①] [美] 约翰·罗尔斯著,何怀宏等译:《正义论》,中国社会科学出版社2009年版,第65~69页。

（或代表）家长的利益群体，而不是家长利益群体①。完善的程序公正比较适合学校布局调整。

3. 完善的程序公正适合学校布局调整的原因分析

为什么完善的程序公正更适合规范学校布局调整过程？完善的程序公正下，学校布局调整不仅有正确或公平的程序，而且有明确的调整目标和结果预期。当然，完善的程序公正在学校布局调整过程中实行起来并不容易。因为，各种利益相关群体在参与学校布局调整决策与管理时，需要全面了解学校布局调整的相关研究信息，全程了解所面临的学校布局调整实践的信息，而要获得、理解和判断这些信息的信息成本很高。

（二）信息成本

参与决策和管理需要信息，只有基于信息，各种利益相关群体才能在不同决策中做出有见识的决定（informed decision）。考虑到信息成本限制，各种利益相关群体如何有效参与学校布局调整决策呢？从阶段上看，公民参与决策可以分提供信息、咨询和积极参与②三个阶段进行，这可以保证参与者有决策所基于的基本信息。当然，不同取向的决策又会对参与者提出不同信息要求。学校层面的决策可以分为专业取向决策和政治取向决策③。这里将分别讨论这两种决策取向及其信息成本问题的表现形式。

1. 专业取向决策与信息过剩

专业取向决策的学校布局调整，并不是只有专业人员参与，非专业的利益相关群体也会出现在决策与管理过程中，但是他们充当的角色并不是参与决策者，而是作为帮助专业人员传达专业知识和传达专业决策的中介。正如有研究指出的那样，当学校董事会作为一个专业组织运行时，校监（school superintendents）由于其专业而成为关键决策者，董事会成为校监与公众之间的沟通渠道。专业取向决策中，管理人员很显然是学校布局调整的专业人才，对其他利益相关群体而言，学校布局调整的知识太多，短期内难以掌握，因此，其他利益相关群体"不懂"专业，也自然要"听"专业人员的，参与决策的非专业的利益相关群体充当了帮助管理人员传达专业知识和传达专业决策的中介的角色。

在涉及学校布局专业知识的决策问题时，的确不能简单通过投票来决定，因为命题从来都不会因为赞同的人多而变成真理。但是在这种决策取向中，为解决知识的立场问题，避免相关研究被有选择的利用的嫌疑，专业取向的学校布局调

---

① ③ 秦玉友、孙颖：《学校布局调整：追求与限度》，载《教育研究》2011 年第 6 期，第 94~101 页。
② 李国青、娄成武：《政府决策中的公民参与》，载《贵州社会科学》2006 年第 6 期，第 4~7 页。

整决策需要通过更多合理的程序。首先，请作为第三方的学校布局调整研究方面的专家对学校布局调整研究的相关知识进行全面介绍和讲解，各种利益相关群体学习相关专业知识，加深对相关知识的理解和对相关问题的认识。在这个环节中，相关专家对学校布局调整研究的知识立场和研究背景做必要交代。其次，各种利益相关群体对学校布局调整研究的知识立场、研究背景和相关问题提出质疑，相关专家给予解答，直到各种利益相关群体深入、全面、客观地了解学校布局调整研究的相关知识信息。最后，相关部门组织各种利益相关群体参与专业取向决策。

这样一来，就有效杜绝了专业取向决策演变成管理人员主导的说服取向，使专业取向决策过程演变成各种利益相关群体代表说服本群体理解和赞同学校布局调整的过程。专业取向决策改进后，各种利益相关群体可以全面了解学校布局调整知识信息，对学校布局调整形成理性认识，当各种利益相关群体都对学校布局调整有了理性认识之后，各种利益相关群体再参与到学校布局调整决策中来。当然，各种利益相关群体对学校布局调整研究方面知识信息的掌握程度是不同的，对一些非专业人员来讲相关知识信息是过剩的，这可能成为一些利益相关群体有效参与学校布局调整决策的一种限制。另外，在许多学校布局调整过程中，地方政府并没有向利益相关群体提供学校布局调整方面的知识信息，利益相关群体获得相关知识的信息成本较大，他们学习和理解这些知识信息的时间较长，客观上也增加了学校布局调整的知识信息成本。

2. 政治取向决策与信息不对称

专业取向决策和政治取向决策的区别是至关重要的，在解决多元利益相关群体的利益冲突问题时，学校董事会作为一个专业组织运行时更可能导致学校撤并决策的冲突①。在进行学校布局调整这样的重大决策时，需要选择政治取向决策。政治取向决策要求多元利益相关群体参与决策。正如有研究指出的那样，当董事会作为一个政治实体，管理者、董事会、家长和社区会参与学校管理②。由于涉及各种利益相关群体的利益再分配、利益消长和利益竞争，多元利益相关群体需要充分参与学校布局调整过程，维护自身的应得利益。但是，在学校布局调整决策过程中不同程度地存在着信息不对称，这是政治取向决策过程中各种利益群体有效参与决策的一个重要限制。

当不同利益相关群体间存在利益竞争时，不同利益相关群体民主参与决策就既应该是一种程序，也应该是一种制度③。而这个过程中必须满足各种利益相关

---

①②③ 秦玉友、孙颖：《学校布局调整：追求与限度》，载《教育研究》2011 年第 6 期，第 94 ~ 101 页。

群体的信息需求。首先，必须保证学校布局调整全面公开，不仅学校布局调整本身信息要公开，而且学校布局调整标准①也要公开，保证不同利益相关群体可以用学校布局调整标准检查学校布局调整承诺是否实现。其次，应该广泛向各种利益相关群体进行咨询，建立管理人员与各种利益相关群体双向互动过程。在这个互动过程中，管理人员要建立信息交换机制，请各种利益相关群体对具体问题进行反馈，但为了使反馈不过于分散，信息交换要尽量基于之前对相关问题的界定。最后，各种利益相关群体在伙伴关系的基础上参与学校布局调整政策制定。在每个关键阶段开始时，要举行听证会，各种利益相关群体都要有机会公开提出自己的意见和建议，引起公众关注。在决策时，要有不同利益相关群体民主参与。结束后，都要发布信息，主动检查阶段性任务完成情况，同时积极鼓励利益相关群体参与检查。

通过以上三个阶段的学校布局调整过程的程序设计，可以保证教育管理者、学校、家长和社区代表等多元利益相关群体参与学校布局调整决策所基于的信息来源，保证多元利益相关群体在学校布局调整过程中的有效互动，保证多元利益相关群体基于伙伴关系参与学校布局调整决策。这在一定程度上解决了学校布局调整过程中的信息不对称问题，也更有利于达成一个照顾各种利益相关群体的多元利益的学校布局调整决策。但是，只要存在利益竞争，并且有委托—代理关系或专业与非专业地位存在，信息不对称②就会成为不同利益相关群体获得更多利益的基础和障碍。

---

① 学校布局调整过程中撤并、新建和保留学校的标准，这些标准如果不是国家和区域统一的，也应该经过各种利益相关群体民主参与的程序决定，并报上级管理机构或立法机构批准。

② 信息不对称既包括各种利益相关群体获得信息的机会不同，也包括获得相同信息情况下对信息的运用能力不同。

第四章

农村学校布局调整的发展历程

所谓"学校布局"是指在一定的人口聚落范围内,教育行政部门对学校的数量、地点、规模、层次、功能等所作的规划设计以及对教育要素资源所进行的配置安排。它既涉及学校的空间分布,还涉及学校的结构与功能构造,即在一定空间范围内办多少所学校、办什么层次和类型的学校、办多大规模的学校、办在什么地方、如何定位学校的功能、如何对办学的要素资源(人力、物力、财力等)进行配置与使用等。而所谓的"学校布局调整"则是指教育行政部门根据当地经济社会发展水平、学龄人口数量变化与流动状况等,对一定空间范围内的学校布局进行重新规划的过程,它包括撤销学校、合并学校、新建学校、扩建学校、改变学校功能(如由"学校"改为"教学点")、改变学制结构(如由"小学六年制"改变为"学前三年与小学前三年一校制"、小学后三年一校制等),以及由于学校空间和结构的改变所引发的教育要素资源的重新配置。

新中国成立的60多年来,小学经历了两次较大规模的增长:第一次由1949年的34.68万所增加到1965年的168.19万所,增长了4.85倍;第二次由1969年的91.57万所增加到1975年108万所,增长了17.94%,之后便开始一路下滑。特别是在"文革"后的35年中,小学由1976年的104.43万所减少到2010年的25.74万所,减幅达75.35%,小学数量已经降到新中国成立前水平,仅相当于新中国成立初小学数(34.68万所)的74.22%。已有学者指出,乡村学校的急剧消失过程是一个与民国期间"文字下乡"教育现代化进程完全相反的"文字上移"过程[1]。那么,这个过程

---

[1] 熊春文:《"文字上移":20世纪90年代末以来中国乡村教育的新趋向》,载《社会学研究》2009年第5期,第114~144页,第248~249页。

是从什么时候开始的？演进趋势是怎样的？这一重大的农村学校格局转变涉及哪些政策议题？本章拟就这些问题进行探讨。

第一节 35年来学校布局调整的宏观特征

随着1974年我国全面推行计划生育政策效果的逐步显现、20世纪80年代末以来农村富余劳动力向城市的大规模转移，导致农村学龄人口自然减少和空间流动，迫使教育行政部门对农村学校进行较大力度的布局调整。35年来，我国中小学布局调整呈现以下宏观特征：

一、近十年学校布局调整力度最大

自1976年以来的35年间，我国义务教育阶段学校数量的变化过程大致可以分为三段：1976~1985年为整顿阶段，即对"文革"时期"上小学不出村，上初中不出队，上高中不出社"这种不合理学校布局的整顿。1986~2000年为普及阶段，即为了普及九年义务教育，在"人民教育人民办"体制下，学校数量虽然在总体上仍处于减少的态势，但减少并不显著，甚至同时期农村教学点则经历了先增后减的变化过程，即由1987年的17.08万个增加到1995年的19.36万个，即使到2000年仍然保持在15.75万个。2001~2010年为撤并阶段，在《国务院关于基础教育改革与发展的决定》提出的"因地制宜调整农村义务教育学校布局"政策影响下，各地开始较大规模的学校布局调整。从35年来的总体情况看，最后10年的学校布局调整力度最大，也最为剧烈，被称为"惊心动魄的十年"①。

1976年我国有小学在校生1.5亿，到2010年已经减少到0.99亿，35年减少了5 064.80万人。值得指出的是，在这35年中，头10年在校学生数减少了1 635.30万人；中间的15年基本保持平稳，虽然在校生总数减少了169.25万人，但与1986年相比，截至1997年时还增加了812.87万人；最后10年2 602.76万人。也就是说，在30年的总在校生减少数中有51.39%是在第三个10年里实现的。与此相对应，1976年我国有普通小学和初中117.59万所，到2010年只剩31.22万所（仅相当于新中国成立初34.92万所的89.4%），35年共撤并小学和

---

① 陈薇：《撤校后的惊心动魄》，载《中国新闻周刊》2012年第7期，第76~79页。

初中（包括教学点）79.67万所，平均每天有62.36所学校消失（见图4-1）。

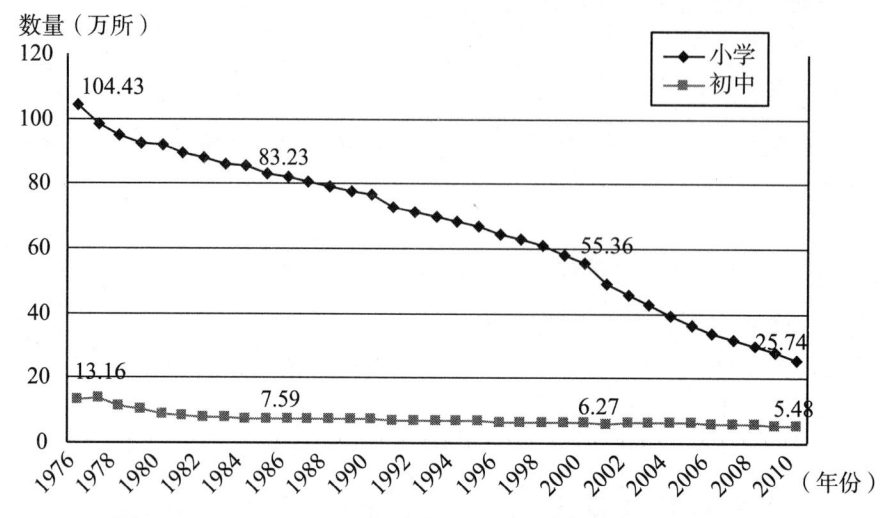

图4-1 1976~2010年全国小学和初中数量的变化情况

其中，第三个10年共减少小学和初中（包括教学点）34.89万所，占35年学校减少量的43.79%，平均每天约有95.59所学校消失。在第二阶段，小学教学点还处于上升状态，即由1987年的17.08万个上升到17.81万个，但在第三个10年却急剧减少，10年间共减少11.12万个（到2010年全国小学教学点仅存6.69万个），平均每天有30.47个教学点在消失（见表4-1）。

表4-1 35年来义务教育阶段学校布局调整的变化走势

类别	指标	1976~1985年	1986~2000年	2001~2010年
普通小学	学校数变化（万所）	减少21.20	减少26.72	减少23.39
	学校数量变化幅度（%）	减少20.30%	减少32.55%	减少47.60%
	教学点数量变化（万个）	—	增加0.73	减少11.12
	教学点数量变化幅度（%）	—	增加4.25%	减少62.41%
	在校生数量变化（万人）	减少1 635.30	减少169.25	减少2 602.76
	在校生数量变化幅度（%）	减少10.90%	减少1.28%	减少20.75%
普通初中	学校数变化（万所）	减少5.57	减少1.32	减少0.38
	学校数量变化幅度（%）	减少42.33%	减少17.34%	减少6.54%
	在校生数量变化（万人）	减少388.11	增加2 051.15	减少1 155.14
	在校生数量变化幅度（%）	减少8.92%	增加49.83%	减少17.96%

资料来源：中国教育年鉴编辑部编：《中国教育年鉴（1984~2010）》，人民教育出版社1984~2011年版；教育部发展规划司编：《中国教育统计年鉴（1984~2010）》，人民教育出版社1980~2011年版。

二、近 10 年学校布局调整主要发生在农村

从在校学生数看，2001～2010 年小学和初中在校生共减少 3 757.90 万人，其中农村[①]减少 4 591.41 万人，占 122.18%，县镇和城市的小学和初中在校生分别增加了 699.03 万人和 134.48 万人，中小学在校生人数的减少全部发生在农村（见表 4-2）。与在校生人数的减少相对应，在近 10 年减少的 28.52 万所中小学（包括教学点）中，农村减少 25.66 万所，占学校减少总量的 89.99%，每天有 70.3 所农村学校消失；县镇减少了 1.84 万所，占 5.26%，每天有 5.04 所学校消失；城市仅减少了 1.01 万所，占 2.90%，每天约有 2.77 所学校消失（见表 4-3）。由此可见，无论是小学与初中的在校生数还是学校数，其减少均主要发生在农村。

表 4-2　2001～2010 年全国分城乡小学和初中在校生人数变化

单位：万人

年份	全国	城市	县镇	农村
2001	18 974.52	2 745.01	4 503.41	11 726.1
2002	18 760.77	2 839.28	4 670.97	11 250.51
2003	18 308.16	2 951.63	4 506.98	10 849.55
2004	17 721.23	2 951.09	4 223.28	10 546.87
2005	17 035.87	2 766.2	4 537.19	9 732.49
2006	16 648.91	2 553.67	4 855.44	9 239.8
2007	16 284.9	2 808.67	4 982.19	8 494.05
2008	15 905.67	2 871.45	5 045.1	7 989.12
2009	15 512.41	2 838.21	5 079.99	7 594.21
2010	15 216.62	2 879.49	5 202.43	7 134.69

资料来源：中国教育年鉴编辑部编：《中国教育年鉴（2001～2010）》，人民教育出版社 2002～2011 年版；教育部发展规划司编：《中国教育统计年鉴（2001～2010）》，人民教育出版社 2002～2011 年版。

---

① 本书所使用的"农村"概念是小农村概念，即《中国教育统计年鉴》中使用的"农村"、"县镇"和"城市"概念。

表 4-3　　2001~2010 年城市、县镇和农村学校的变化情况　　单位：万所

年份	普通小学 全国	普通小学 城市	普通小学 县镇	普通小学 农村	普通初中 全国	普通初中 城市	普通初中 县镇	普通初中 农村
2001	491 273	26 311	48 764	416 198	66 590	8 839	18 221	39 530
2002	456 903	25 950	46 949	384 004	65 645	8 833	18 606	38 206
2003	425 846	25 473	40 007	360 366	64 730	9 037	17 702	37 991
2004	394 183	23 445	33 420	337 318	63 757	8 775	16 386	38 596
2005	366 213	20 372	29 050	316 791	62 486	8 183	17 467	36 836
2006	341 639	16 999	29 588	295 052	60 885	7 206	18 174	35 505
2007	320 061	17 535	30 942	271 584	59 384	7 607	18 735	33 042
2008	300 854	17 347	30 466	253 041	57 914	7 595	18 734	31 585
2009	280 184	16 363	29 664	234 157	56 320	7 347	18 709	30 264
2010	257 410	16 400	30 116	210 894	54 890	7 283	18 900	28 707
十年减幅	47.60%	37.67%	38.24%	49.33%	17.57%	17.60%	-3.73%	27.38%

资料来源：中国教育年鉴编辑部编：《中国教育年鉴（2001~2010）》，人民教育出版社 2002~2011 年版；教育部发展规划司编：《中国教育统计年鉴（2001~2010）》，人民教育出版社 2002~2011 年版。

三、近 10 年学校布局调整主要为农村小学

10 年来，小学和初中在校生人数由 2001 年的 1.90 亿人减少到 2010 年的 1.52 亿人，共减少了 3 757.9 万人。其中，小学在校生由 2001 年的 1.25 亿人减少到 2010 年的 0.99 亿人，10 年间减少了 2 602.76 万人，占 69.26%，这其中农村小学在校生减少了 3 254.58 万人，占全国中小学在校生总数的 86.61%。10 年中，虽然初中在校生仅减少了 1 155.14 万人，但由于城市仅减少了 5.11 万人，而县镇却增加了 186.8 万人，农村初中在校生实际减少了 1 336.83 万人，占减少总量的 115.73%（见表 4-4）。与这一生源变动趋势相对应，在 2001~2010 年减少的中小学及教学点（28.52 万所）中，小学达 28.13 万所，占学校减少总量的 98.64%，其中农村小学减少了 25.03 万所，占中小学减少总量的 87.75%（见表 4-5）。可见，近 10 年学校撤并的主要是农村小学。

表 4-4　　　　2001~2010 年全国小学和初中在校生人数变化　　　单位：万人

年份	义务教育段	小学	农村小学	初中	农村初中
2001	18 974.52	12 543.47	8 604.8	6 431.05	3 121.3
2002	18 760.77	12 156.71	8 141.68	6 604.06	3 108.83
2003	18 308.16	11 689.74	7 689.15	6 618.42	3 160.4
2004	17 721.23	11 246.23	7 378.6	6 475	3 168.27
2005	17 035.87	10 864.07	6 947.83	6 171.81	2 784.66
2006	16 648.91	10 711.53	6 676.14	5 937.38	2 563.66
2007	16 284.9	10 564	6 250.73	5 720.9	2 243.32
2008	15 905.67	10 331.51	5 924.88	5 574.15	2 064.24
2009	15 512.41	10 071.47	5 655.54	5 440.9415	1 938.6672
2010	15 216.62	9 940.7	5 350.22	5 275.913	1 784.475

资料来源：中国教育年鉴编辑部编：《中国教育年鉴（2001~2010）》，人民教育出版社 2002~2011 年版；教育部发展规划司编：《中国教育统计年鉴（2001~2010）》，人民教育出版社 2002~2011 年版。

表 4-5　　　　2001~2010 年全国小学和初中学校数变化　　　单位：万人

年份	全国（小学、小学教学点及初中）	全国（小学及初中）	小学	农村小学	初中	农村初中
2001	72.80	54.99	49.13	41.62	5.87	3.50
2002	63.39	52.16	45.69	38.40	6.47	3.74
2003	59.52	48.96	42.58	36.04	6.37	3.73
2004	55.88	45.72	39.42	33.73	6.31	3.81
2005	52.26	42.81	36.62	31.68	6.19	3.64
2006	49.15	40.22	34.16	29.51	6.06	3.53
2007	46.42	37.92	32.01	27.16	5.91	3.29
2008	43.76	35.86	30.09	25.30	5.77	3.15
2009	40.90	33.65	28.02	23.42	5.63	3.03
2010	37.92	31.22	25.74	21.09	5.48	2.87

资料来源：中国教育年鉴编辑部编：《中国教育年鉴（2001~2010）》，人民教育出版社 2002~2011 年版；教育部发展规划司编：《中国教育统计年鉴（2001~2010）》，人民教育出版社 2002~2011 年版。

第二节 近10年农村学校布局调整的演进态势

自21世纪以来的新一轮大规模农村学校布局调整,是中国社会结构转型与农村教育现代化进程中发生的重要社会现象,客观地记录与理性地分析这一事关7.2亿农民、1.3亿农村义务教育在校生、840万农村教师的历史进程,不仅具有中国意义,更具有世纪意义。纵观近10年的农村学校布局调整进程,我们发现有以下演进态势:

一、学校数与在校生数减少不同步,学校减幅远远大于在校生减幅

从小学看,2001年全国县域内有小学46.50万所,到2010年仅剩24.10万所,10年共减少22.40万所,减幅达48.17%。其中,县镇小学数由2001年的4.88万所减少到2010年的3.01万所,减少幅度达38.29%,净减少1.87万所,占县域内小学总减少量的8.34%;农村小学数由2001年的41.62万所减少到2010年的21.09万所,减少幅度达49.33%,净减少20.53万所,占县域内小学总减少量的91.67%。2001年全国县域内有教学点11.37万个,到2010年仅剩下6.67万个,10年里共减少4.69万个,减幅达41.28%。其中,县镇教学点由2001年的0.32万个减少到2010年的0.13万个,减少幅度达60.18%,净减少1 948个,占县域内小学教学点总减少量的4.15%;农村小学教学点由2001年的11.04万个减少到2010年的6.54万个,减少幅度达40.73%,净减少4.50万个,占县域内小学总减少量的95.85%。全国县域内小学及教学点由2001年的57.86万所(个)减少到2010年的30.77万所(个),累计共减少27.09万个,减幅达46.81%(见表4-6)。

表4-6 2001~2010年县域内小学及教学点数变化 单位:万所

年份	县域内小学数			县域内教学点数		
	县镇	农村	合计	县镇	农村	合计
2001	4.88	41.62	46.5	0.32	11.04	11.36
2002	4.69	38.40	43.09	0.34	10.83	11.16

续表

年份	县域内小学数			县域内教学点数		
	县镇	农村	合计	县镇	农村	合计
2003	4.00	36.04	40.04	0.32	10.17	10.49
2004	3.34	33.73	37.07	0.26	9.81	10.07
2005	2.91	31.68	34.59	0.12	9.30	9.42
2006	2.96	29.51	32.47	0.15	8.76	8.91
2007	3.09	27.16	30.25	0.16	8.31	8.47
2008	3.05	25.30	28.35	0.13	7.75	7.89
2009	2.97	23.42	26.38	0.13	7.10	7.23
2010	3.01	21.09	24.10	0.13	6.54	6.67

资料来源：中国教育年鉴编辑部编：《中国教育年鉴（2001~2010）》，人民教育出版社2002~2011年版；教育部发展规划司编：《中国教育统计年鉴（2001~2010）》，人民教育出版社2002~2011年版。

与学校数相比，在校生数的减少与之并不同步。2001年全国县域内有小学在校生1.09亿，到2010年则减少到0.81亿，10年间共减少了2742.35万人，减幅为25.25%。县域内小学及教学点减幅（46.81%）是县域内小学在校生减幅（25.25%）的1.85倍，两者之间的幅差有21.56个百分点（见表4-7）。

表4-7　　　　　　2001~2010年县域内小学在校生数　　　　单位：万人

年份	县镇	农村	合计
2001	2 257.79	8 604.8	10 862.59
2002	2 293.77	8 141.68	10 435.45
2003	2 192.90	7 689.15	9 882.05
2004	2 036.23	7 378.60	9 414.83
2005	2 185.86	6 947.83	9 133.69
2006	2 431.82	6 676.14	9 107.96
2007	2 552.19	6 250.73	8 802.92
2008	2 602.25	5 924.88	8 527.13
2009	2 637.15	5 655.54	8 292.70
2010	2 770.02	5 350.22	8 120.24

资料来源：中国教育年鉴编辑部编：《中国教育年鉴（2001~2010）》，人民教育出版社2002~2011年版；教育部发展规划司编：《中国教育统计年鉴（2001~2010）》，人民教育出版社2002~2011年版。

从初中学校看，2001 年全国县域内有初中① 5.78 万所，到 2010 年减少至 4.76 万所，10 年间减少了 10 144 所，减少幅度为 17.57%。虽然从总体上看县域内初中学校的减少幅度并不大，但是如果考虑到"农村初中学校数在减少、县镇初中学校数在增加"（见表 4-8）这一变化趋势（2001 年县镇有初中 18 221 所，到 2010 年则增加到 18 900 万所，10 年时间增加了 679 所，增幅达 3.73%；而 2001 年农村有初中 3.95 万所，到 2010 年则减少到 2.87 万所，10 年减少了 10 823 所，减少幅度达 27.38%），那么县域内初中学校的变动幅度实际为 31.11%。因为农村撤并的初中学校并不能完全为县镇所用，这种变动并不符合"正负相抵效应"，相反却符合"正负绝对值相加效应"。

表 4-8　　　　　2001~2010 年县域内初中学校数变化　　　　单位：万所

年份	县镇	农村	合计
2001	1.66	3.50	5.17
2002	1.84	3.74	5.59
2003	1.75	3.73	5.47
2004	1.62	3.81	5.43
2005	1.73	3.64	5.37
2006	1.81	3.53	5.34
2007	1.87	3.29	5.15
2008	1.87	3.15	5.01
2009	1.87	3.03	4.90
2010	1.89	2.87	4.76

资料来源：中国教育年鉴编辑部编：《中国教育年鉴（2001~2010）》，人民教育出版社 2002~2011 年版；教育部发展规划司编：《中国教育统计年鉴（2001~2010）》，人民教育出版社 2002~2011 年版。

与县域内初中在校生数的变动幅度相比，初中学校变动幅度仍显过大②。2001 年全国县域内有初中在校生 5 446.85 万人，到 2010 年减少至 4 220.25 万人，10 年间共减少了 1 226.60 万人，减幅为 22.52%，与县域初中减幅相差

---

① 初中的办学形式比较多样，既有九年一贯制学校包含的初中，也有完全中学里包含的初中，还有完全独立的初级中学。但是，无论是九年一贯制学校还是完全中学，由于都设有初中，因此在统计时我们都把他们计算到初中数里，特此说明。

② 如果以减少的总量为衡量标准，那么初中学校减幅与初中在校生减幅的幅差仅为 -4.95 个百分点（17.57-22.52），即学校减少速度低于学生减少速度，但如果考虑到学校并不像学生那样具有可移动性，那么两者之间的实际变动幅差为 8.59 个百分点（31.11-22.52）。

8.59 个百分点。与县域内初中学校的变动趋势相一致，县域内初中在校生也呈县镇增加、农村减少的态势。2001 年县镇初中有在校生 2 274.03 万人，到 2010 年增加到 2 433.73 万人，10 年净增加了 159.70 万人，增幅为 7.02%。2001 年农村初中有在校生 3 172.82 万人，到 2010 年仅剩 1 786.52 万人，10 年共减少 1 386.30 万人，减幅为 43.69%（见表 4 – 9）。这说明，农村新增的初中在校生基本都转移到县镇初中了。

表 4 – 9　　　　　　2001～2010 年县域内初中在校生数　　　　　单位：万人

年份	县镇	农村	合计
2001	2 245.62	3 121.30	5 366.92
2002	2 377.20	3 108.83	5 486.03
2003	2 314.08	3 160.40	5 474.48
2004	2 187.05	3 168.27	5 355.31
2005	2 351.33	2 784.66	5 135.99
2006	2 423.62	2 563.66	4 987.28
2007	2 430.00	2 243.32	4 673.31
2008	2 442.85	2 064.24	4 507.09
2009	2 442.83	1 938.67	4 381.50
2010	2 433.73	1 786.52	4 220.25

资料来源：中国教育年鉴编辑部编：《中国教育年鉴（2001～2010）》，人民教育出版社 2002～2011 年版；教育部发展规划司编：《中国教育统计年鉴（2001～2010）》，人民教育出版社 2002～2011 年版。

二、学校规模和班级规模同步扩大，县镇大规模学校和大班额问题突出

校均规模和班级规模是判断农村学校布局调整力度的重要指标，也是判断学校布局调整价值的重要维度。一般来说，学校数与在校生数之间存在一个相对稳定的比例关系，这个比例就是校均规模[1]。同样，校均规模与校均班级数之间也存在一个相对稳定的比例关系，这个比例就是班级规模[2]。

---

[1] 校均规模 = 在校生数/学校数。其中，在校生数指某一阶段教育的在校学生数，如小学在校生数或初中在校生数；学校数是指某一阶段教育的学校总数。

[2] 班级规模 = 校均规模/校均班级数。校均班级数 = 总班级数/总学校数。本书的校均规模和班级规模均按小学和初中分段计算。

从校均规模看，2001年县域内小学平均规模为234人，到2010年则上升到337人，10年间平均每校增加了103人，增幅达44.22%。尽管县镇和农村的小学校均规模均有所扩大，但县镇扩大最为显著（见图4-2）。

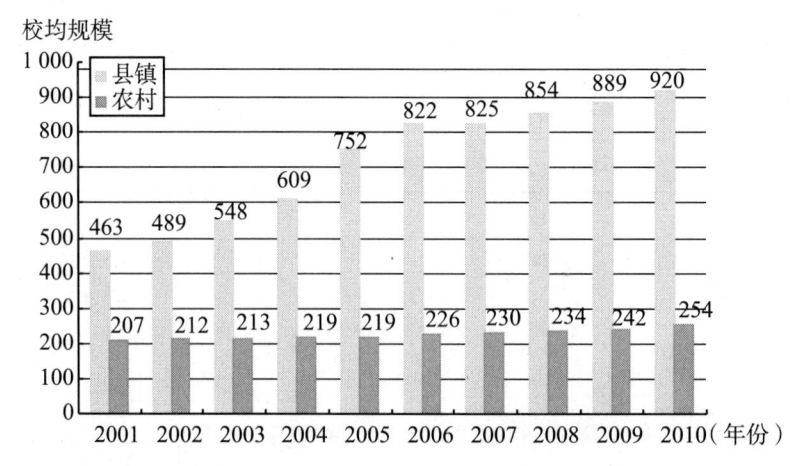

图4-2 2001~2010年县镇与农村小学校均规模变化趋势

2001年县镇小学的校均规模是463人，到2010年则猛增到920人，10年间增加了457人，增幅达98.66%。2001年农村小学的校均规模是207人，到2010年为254人，10年仅增加了47人（见表4-10）。尽管县镇和农村的小学校均规模在绝对数上还赶不上城市，但从增幅上看，城市、县镇和农村分别为73.76%、98.66%、22.70%，县镇的增幅最大，且比城市高出24.9个百分点。从县域内小学布局调整的走势中可以发现，注重"规模效益"是最基本的价值取向。

表4-10 2001~2010年城市、县镇、农村小学校均规模变化　　　　单位：人

年份	合计	城市	县镇	农村	县域内
2001	255	639	463	207	234
2002	266	663	489	212	242
2003	275	710	548	213	247
2004	285	781	609	219	254
2005	297	849	752	219	264
2006	314	943	822	226	281
2007	330	1 004	825	230	291
2008	343	1 041	854	234	301

续表

年份	合计	城市	县镇	农村	县域内
2009	359	1 087	889	242	314
2010	386	1 110	920	254	337
10 年校均增加人数	131	471	457	47	103
10 年增幅	51.25%	73.76%	98.66%	22.70%	44.22%

资料来源：中国教育年鉴编辑部编：《中国教育年鉴（2001~2010）》，人民教育出版社 2002~2011 年版；教育部发展规划司编：《中国教育统计年鉴（2001~2010）》，人民教育出版社 2002~2011 年版。表中数据为计算所得。

在初中阶段，校均规模经历了先扬后抑的变化过程，但在总体趋势上仍然是扩大的。2001 年县域内初中平均规模为 943 人，2003 年达到最高的 996 人，之后开始波动下降，到 2010 年仍为 886 人，比 2001 年减少了 57 人，减幅仅为 6.01%。虽然从表面上看县域内初中校均规模变化不大，但是如果我们再进一步观察县镇和农村初中的校均规模变化就会发现，两者呈现相反的发展趋势（见图 4-3）。

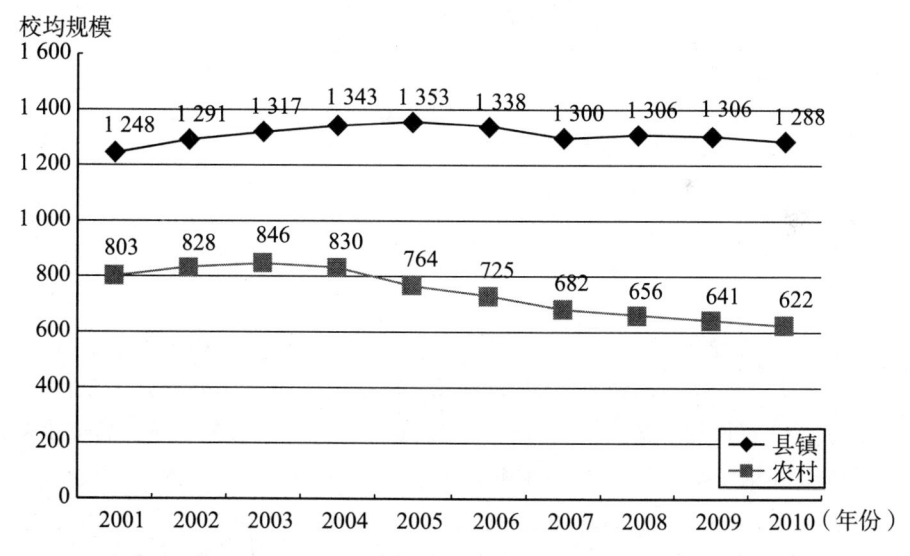

图 4-3　2001~2010 年县镇与农村初中校均规模变化趋势

2001 年县镇初中校均规模为 1 248 人，到 2010 年仅增加到 1 288 人，净增加了 40 人，增幅达 3.18%；而农村初中的校均规模 2001 年为 803 人，到 2010 年则减少到 622 人，10 年减少了 181 人，减幅为 22.46%（见表 4-11）。尽管在 2010 年县镇与农村初中的校均规模均低于城市，但在 2001~2010 年的 10 年中有 6 年（2001～2006 年）是超过城市的，2005 年作为最高年份，校均规模平均超过城市 85 人。如果再考虑县镇初中之间的学校规模有较大差异这一实际，那么一些县镇初中的实际规模会更大，存在潜在的"巨型学校"危机，值得注意和重视。

表 4－11　2001～2010 年城市、县镇、农村初中校均规模变化　　单位：人

年份	合计	城市	县镇	农村	县域内
2001	978	1 208	1 248	803	943
2002	1 019	1 269	1 291	828	980
2003	1 034	1 268	1 317	846	996
2004	1 024	1 278	1 343	830	983
2005	995	1 267	1 353	764	954
2006	979	1 320	1 338	725	933
2007	966	1 378	1 300	682	905
2008	964	1 407	1 306	656	898
2009	966	1 442	1 306	641	895
2010	962	1 454	1 288	622	886
10 年校均增加人数	－16	246	40	－180	－57
10 年变化幅度	－1.68%	20.40%	3.18%	－22.46%	－6.01%

资料来源：中国教育年鉴编辑部编：《中国教育年鉴（2001～2010）》，人民教育出版社 2002～2011 年版；教育部发展规划司编：《中国教育统计年鉴（2001～2010）》，人民教育出版社 2002～2011 年版。表中数据为计算所得。

从班级规模看，虽然县域内小学平均班额在增加，但增加并不显著。2001 年县域内小学的平均班额为 32.84 人，到 2010 年增加到 36.34 人，十年仅增加了 3.5 人。但是，如果把县镇小学与农村小学加以区分就会发现，农村小学的班级规模基本保持稳定（31 人左右），但县镇小学的班级规模却扩大迅速，由 2001 年的平均 45.54 人猛增到 2010 年的 48.88 人，超过了国家规定的每班 45 人的警戒线，10 年增加了 3.34 人，增幅为 17.67%，且从 2005 年开始县镇班额一直超过城市（见表 4－12）。如果按 46～65 人为大班额、66 人及以上为超大班额标准计算，县镇小学的大班额比例由 2001 年的 22.16% 上升到 2010 年的 29.65%，净增了 7.49 个百分点，县镇超大班额比例由 2001 年的 9.50% 上升到 2010 年的 12.90%，净增了 3.4 个百分点（见表 4－13）。尽管农村小学的大班额和超大班额比例总体上也呈增加态势，但和县镇一样出现了回落的迹象，这是一个非常可喜的变化。随着农民对优质教育的追求和选择性入学的大量出现，县镇小学班额进一步加大的趋势是否真的会有所缓解，值得进一步观察。从总体上看，解决县镇小学班额过大的问题已刻不容缓。

表4-12　2001~2010年城市、县镇和农村小学平均班额变化　　单位：人

年份	合计	城市	县镇	农村	县域内
2001	33.84	42.14	41.54	31.13	32.84
2002	34.48	43.63	43.15	31.31	33.32
2003	34.75	44.68	43.74	31.28	33.39
2004	35.11	45.69	45.10	31.39	33.60
2005	35.48	46.29	47.29	31.21	33.97
2006	36.29	46.91	48.64	31.64	34.90
2007	36.78	47.71	48.68	31.59	35.17
2008	37.12	47.75	48.80	31.64	35.45
2009	37.39	47.54	48.66	31.82	35.75
2010	37.99	47.70	48.88	32.08	36.34
10年校均增加人数	4.15	5.56	7.34	0.95	3.50
10年变化幅度	12.26%	13.19%	17.67%	3.05%	10.66%

资料来源：中国教育年鉴编辑部编：《中国教育年鉴（2001~2010）》，人民教育出版社2002~2011年版；教育部发展规划司编：《中国教育统计年鉴（2001~2010）》，人民教育出版社2002~2011年版。表中数据为计算所得。

表4-13　2001~2010年城乡小学大班额和超大班额所占比例变化

单位：%

年份	小学大班额比例			小学超大班额比例		
	城市	县镇	农村	城市	县镇	农村
2001	24.60	22.16	6.30	9.67	9.50	1.85
2002	23.08	22.35	6.52	8.70	9.15	1.97
2003	23.49	23.39	6.68	8.37	9.51	2.04
2004	25.45	26.29	6.98	8.90	11.25	2.14
2005	26.22	29.73	7.11	9.18	12.89	2.22
2006	27.00	32.39	7.51	9.49	14.66	2.39
2007	27.82	31.54	7.21	10.08	14.19	2.29
2008	27.11	30.85	7.02	10.01	13.84	2.21
2009	26.20	29.92	6.90	9.52	13.18	2.10
2010	25.81	29.65	6.93	9.18	12.90	2.02

资料来源：中国教育年鉴编辑部编：《中国教育年鉴（2001~2010）》，人民教育出版社2002~2011年版；教育部发展规划司编：《中国教育统计年鉴（2001~2010）》，人民教育出版社2002~2011年版。表中数据为计算所得。

初中阶段的大班额问题要比小学更为严峻。尽管县域内初中班级规模在10年时间里呈现波动式缓慢下降的总体发展态势，由2001年的56.87人下降到2010年的53.53人，但下降幅度不大，仅为5.87%（见表4-14）。2001~2008年间县镇初中大班额比例均超过了50%，超大班额比例也都在23%以上。尽管2009~2010年县域内初中大班额和超大班额比例有了明显的下降，但县镇和农村初中的大班额比例仍然维持在33.31%和25.40%、超大班额比例维持在18.92%和11.80%的高水平上（见表4-15）。总体上，县域内初中的平均班级规模均超过了国家规定的50人的警戒线，县域内班额过大矛盾依然突出，县镇尤为明显。

表4-14　　　　2001~2010年城乡初中平均班额变化情况　　　　单位：人

年份	合计	城市	县镇	农村	县域内
2001	55.69	50.36	57.38	56.51	56.87
2002	56.68	51.51	57.99	57.75	57.85
2003	56.82	51.30	58.23	58.03	58.12
2004	56.59	51.10	57.90	57.85	57.87
2005	55.92	50.73	58.12	56.25	57.09
2006	55.72	50.42	58.03	55.78	56.85
2007	55.16	51.28	57.68	54.51	56.11
2008	54.61	51.27	57.26	53.48	55.46
2009	53.80	51.00	56.35	52.39	54.52
2010	52.90	50.54	55.27	51.32	53.53
10年校均增加人数	-2.79	0.18	-2.11	-5.19	-3.34
10年变化幅度	-5.01%	0.36%	-3.68%	-9.18%	-5.87%

资料来源：中国教育年鉴编辑部编：《中国教育年鉴（2001~2010）》，人民教育出版社2002~2011年版；教育部发展规划司编：《中国教育统计年鉴（2001~2010）》，人民教育出版社2002~2011年版。表中数据为计算所得。

表4-15　　　　2001~2010年城乡初中大班额和超大班额所占
比例的变化情况　　　　单位：%

年份	小学大班额比例 城市	县镇	农村	小学超大班额比例 城市	县镇	农村
2001	38.73	52.92	49.00	15.82	23.99	21.42
2002	38.59	56.14	52.05	15.30	27.44	23.61
2003	38.42	56.56	53.81	15.27	26.90	25.79

续表

年份	小学大班额比例			小学超大班额比例		
	城市	县镇	农村	城市	县镇	农村
2004	37.39	55.12	52.01	13.58	26.40	24.39
2005	34.31	54.01	48.80	11.80	25.69	22.42
2006	33.59	53.29	45.84	11.39	26.22	20.47
2007	35.09	51.99	42.18	12.53	24.73	17.86
2008	34.37	50.17	38.68	12.34	23.79	16.03
2009	33.15	46.77	35.11	11.85	21.66	13.69
2010	20.07	33.31	25.40	10.96	18.92	11.80

资料来源：中国教育年鉴编辑部编：《中国教育年鉴（2001～2010）》，人民教育出版社 2002～2011 年版；教育部发展规划司编：《中国教育统计年鉴（2001～2010）》，人民教育出版社 2002～2011 年版。表中数据为计算所得。

三、教育城镇化发展与村庄学校消失并行，学生上学距离变远且寄宿低龄化

城镇化是一个综合性的概念，学术界多用人口结构、经济发展、基础设施、社会发展和生活质量等多项指标综合度量，但在国家统计中多用非农人口占总人口的比例来代表城镇化水平。在此，我们拟用城镇在校生人数占总在校生人数的比例来代表教育的城镇化水平[①]。1980 年时，我国小学教育的城镇化率仅有 12.71%，1990 年时上升为 21.61%，2000 年增加到 34.65%，到 2010 年时已达 46.18%（10 年净增长了 14.78 个百分点），略高于我国城镇化发展水平（10 年增长了 12.29 个百分点），每年以约 1.5% 的速度在增长，这意味着每年都有 80～130 万左右的小学生由农村到城镇上学。与小学教育城镇化相比，初中教育城镇化则呈加速度发展态势。1982 年初中教育的城镇化率只有 27.36%，1990 年时达 33.66%，2000 年为 44.41%，到 2010 年则猛增到 66.18%。前 20 年初中教育的城镇化率是以每年 1% 左右的速度增长的，而最近 10 年则以每年 2% 的速度在增长，10 年净增了 14.71 个百分点（见表 4-16）。这意味着，初中阶段每年都有 30～50 万左右的学生由农村到城镇就学。10 年来，我国的城镇化率由 2001 年的

---

① 教育城镇化 =（城市在校生 + 县镇在校生）/在校生总数。教育城镇化水平可以分学段计算，一般来说，教育的层级越高，教育的城镇化水平也越高。小学教育的城镇化率在一定意义上反映着村庄学校的消失状况。

37.66%增长到2010年的49.95%,增长了12.29个百分点,但是初中教育城镇化率却增长了14.71个百分点,高于城镇化率,小学教育城镇化率增长了14.78个百分点,高于初中教育城镇化增长速度。

表4-16　　2001~2010年我国城镇化与小学和初中教育城镇化率变化情况　　　　　　单位:%

年份	城镇化率	小学教育城镇化率	初中教育城镇化率
2001	37.66	31.40	51.47
2002	39.09	33.03	52.93
2003	40.53	34.22	52.25
2004	41.76	34.39	51.07
2005	42.99	36.05	54.88
2006	44.34	37.67	56.82
2007	45.89	40.83	60.79
2008	46.99	42.65	62.97
2009	48.34	43.85	64.37
2010	49.95	46.18	66.18
增长幅度(百分点)	12.29	14.78	14.71

资料来源:中国教育年鉴编辑部编:《中国教育年鉴(2001~2010)》,人民教育出版社2002~2011年版;教育部发展规划司编:《中国教育统计年鉴(2001~2010)》,人民教育出版社2002~2011年版。表中数据为计算所得。

与教育的城镇化发展趋势并行的是,村庄学校的消失也在快速发展。1990年,村校比[①]为1.07:1,基本上是"村村有小学";到2000年,这个比值扩大到1.57:1,已经是一个半村庄才能有一所小学了;到2010年时,村校比更是扩大到2.82:1,将近三个村庄才能有一所小学(见表4-17),村庄学校以每年4.93%的速度在消失。实际上,不仅村庄学校在持续消失,而且行政村数也在合村并镇改革中不断减少。从2001年到2010年的10年时间里,全国行政村数由70.93万个减少到59.47万个,实际减少11.46万个,减幅达16.16%。从村点比[②]看,2001年为6.42:1,到2010年已减少到9.09:1。如果按2001年不变行政村

[①] 村校比=行政村数/农村小学校数。由于行政村是农村居民的主要聚落形态,村校比可以在一定程度上代表农村小学生的上学距离,村校比越大,则学生上学距离越远。

[②] 点比=行政村数/农村小学教学点数。该比值同样可以作为一种折射变量代表农村小学生的上学距离。

数计算,那么 2001 年的不变村校比①为 1.70∶1,到 2010 年时则高达 3.36∶1,三个以上村庄才能有 1 所小学(见表 4-17)。

表 4-17   2001~2010 年农村的小学校数、乡镇数和行政村数

年份	小学校数(所)	教学点数(个)	行政村数(个)	村校比	村点比	不变村校比
2001	416 198	110 419	709 257	1.70	6.42	1.70
2002	384 004	108 250	694 515	1.81	6.42	1.85
2003	360 366	101 674	678 589	1.88	6.67	1.97
2004	337 318	98 096	652 718	1.94	6.65	2.10
2005	316 791	92 894	640 139	2.02	6.89	2.24
2006	295 052	87 590	637 011	2.16	7.27	2.40
2007	271 584	83 118	612 712	2.26	7.37	2.61
2008	253 041	77 519	604 285	2.39	7.80	2.80
2009	234 157	70 954	599 078	2.56	8.44	3.03
2010	210 894	65 447	594 658	2.82	9.09	3.36

资料来源:中国教育年鉴编辑部编:《中国教育年鉴(2001~2010)》,人民教育出版社 2002~2011 年版;教育部发展规划司编:《中国教育统计年鉴(2001~2010)》,人民教育出版社 2002~2011 年版;民政部统计公报。表中数据为计算所得。

教育城镇化发展和村庄学校消失的结果是农村学生上学距离的变远和学生寄宿的低龄化。据全国人大常委会常委庞丽娟教授 2004 年的调查显示,某地 3 县 15 个乡镇 1 200 名小学生中,每天往返路程超过 5 公里的约为 40%,超过 10 公里的近 10%。全国人大教科文卫委员会在西部三个省、自治区的调研也表明,有近 1/3 的学生每天单程超过 3 公里,近 1/8 的学生单程在 5~10 公里②。东北师范大学农村教育研究所 2008 年对全国 8 县 77 个乡镇的调查表明,经历了学校布局调整的小学生平均家校距离变远 4.05 公里,其中有 10% 的学生家校距离变近,有 31.14% 的学生家校距离没有发生变化,在 58.86% 的家校距离变远的小学生中,平均变远了 9.19 公里。面对一些交通不便、上学距离较远的学生,为了解决农村小学生上学的时间成本和经济成本问题,许多地区实施了寄宿政策。从全国范围看,2006 年全国县域内小学寄宿生总规模达 670 万人,占县域内在

---

① 不变村校比 = 2001 年行政村数/2001~2010 年历年农村小学数。由于 2001~2010 年间行政村数也在合村并镇的改革中不断减少,为了排除行政村减少对村庄学校消失状况的干扰,"不变村校比"是一个比较好的显示指标。
② 庞丽娟:《当前我国农村中小学布局调整的问题、原因与对策》,载《教育发展研究》2006 年第 2B 期,第 7~12 页。

校生总数的7.38%，到2010年则猛增到980万人，占县域内在校生总数的12.07%，五年增长了46.27%。2006年西部农村小学寄宿生占在校生的比例为11.33%，占比超过20%以上的有西藏、内蒙古、青海、云南和湖北，分别为66.78%、28.24%、26.53%、24.85%、20.85%，到2010年西部农村小学寄宿生占在校生的比例已上升到19.13%，西藏、内蒙古、云南、青海和湖北的比例均超过30%，分别为80.85%、51.96%、37.27%、36.29%、32.57%（见表4-18）。2008年东北师范大学农村教育研究所在对870名小学寄宿生的调查显示，从小学一年级开始寄宿的达27.1%，二、三年级开始寄宿的分别为13.6%和13.3%，即三年级之前寄宿的小学生累计百分比高达55.4%，小学生寄宿低龄化问题非常突出。

表4-18　2006~2010年县域内小学寄宿生占在校生的比例　　单位：%

年份 地区	2006 县镇	2006 农村	2007 县镇	2007 农村	2008 县镇	2008 农村	2009 县镇	2009 农村	2010 县镇	2010 农村
全国	6.86	7.54	7.77	8.26	9.50	10.40	10.09	11.67	10.58	12.84
东部	4.52	3.15	5.01	3.38	5.88	4.27	6.20	4.87	5.92	5.00
中部	7.69	7.51	9.45	8.14	11.82	10.25	12.38	11.50	13.88	12.95
西部	8.98	11.33	9.52	12.43	11.59	15.59	12.51	17.48	13.13	19.13

第三节　为何10年农村学校布局调整惊心动魄

35年来之所以出现以上中小学布局调整的宏观走势，主要有以下几方面原因：

一、教育管理体制变革为农村学校布局调整提供了制度空间

20世纪90年代中期，由于农产品供给由短缺向相对充足逆转，导致农产品价格持续低迷，农民收入徘徊不前，但农民负担却有增无减，远远超过中央规定的占上年人均收入5%的上限，有的地方甚至高达20%。为了解决农民负担过重问题，从2000年开始全国开始探索实施农村税费改革，取消农村教育集资和农村教育费附加，并严禁政府和学校向农民摊派。实际上，农村教育集资和农村教

育费附加是农村义务教育经费的重要来源,约占农村教育投入总量的30%。据统计,1994~1998年安徽省农村教育费附加平均每年为7.1亿元,农村教育集资平均每年为3.84亿元,两项合计每年约11亿元。2000年实行农村税费改革后,农村义务教育投入比上年减少7.7亿元,导致学校办公和基建维修费用锐减[1]。为了缓解"分级办学、分级管理"体制下乡镇一级政府的财政压力,2001年国务院对农村义务教育管理体制进行了重大调整,"实行在国务院领导下,由地方政府负责、分级管理、以县为主的体制",实现了农村义务教育责任由"农民承担"到"政府承担"、由"以乡镇为主"到"以县为主"的战略转变。在实行"以县为主"管理体制后,县级政府不仅有对所管辖的中小学进行布局调整的权力,而且有通过布局调整来减轻财政压力、提高资源利用效率的动力。因为在实行分税制后,许多县级政府的财政状况基本上是"吃饭财政"甚至是"讨饭财政"[2],难以支撑庞大的义务教育开支。这就是为什么农村中小学进行较大力度布局调整的制度原因。

二、由普及向提高转型为农村学校布局调整提供了政策语境

根据1986年《中华人民共和国义务教育法》提出的"国家实行九年制义务教育"和"地方各级人民政府应当合理设置小学、初级中等学校,使儿童、少年就近入学"和1993年《中国教育改革和发展纲要》提出的到20世纪末要在全国85%人口的地区"基本普及九年义务教育"、"基本扫除青壮年文盲"的要求,"普及"是2000年以前国家的战略重点,是我国整个教育工作的"重中之重"。在加快普及阶段,教育的工作重点是保障基本的和方便的入学机会,国家在总体上要保持一定的学校数量和合理的空间分布,因此在1986~2000年加快普及九年义务教育的十五年中全国小学基本维持在50万~60万所,教学点在17万个左右。随着2001年1月1日江泽民在全国政协新年茶话会上向全世界庄严宣布中国如期实现"两基"战略目标后,国家义务教育的战略重点开始转向

---

[1] 胡平平、张守祥主编:《农村义务教育投入保障机制及管理体制问题研究》,科学出版社2007年版,第5页。

[2] 据安徽省对寿县、金寨、凤阳、固镇、庐江、南陵和宁国7县的调查显示,2001年县本级财政总收入和财政总支出分别为1.63/2.95、0.98/2.24、1.06/2.04、1.18/2.20、1.91/3.12、1.38/1.86、2.88/2.40;2002年县本级财政总收入和财政总支出分别为1.54/3.04、1.06/2.38、1.10/2.10、0.97/2.07、2.66/3.24、1.59/2.07、3.32/2.91,除了宁国市财政收支有节余外,其余6县均入不敷出。见胡平平、张守祥主编:《农村义务教育投入保障机制及管理体制问题研究》,科学出版社2007年版,第7~8页。

"提高"。在巩固提高阶段，提高教育质量和办学效益成为国家的新战略重点，促进"上好学"和"有质量的教育公平"成为义务教育工作新的重中之重。2001年国务院颁布的《关于基础教育改革与发展的决定》明确指出，应"因地制宜调整农村义务教育学校布局。按照小学就近入学、初中相对集中、优化教育资源配置的原则，合理规划和调整学校布局。农村小学和教学点要在方便学生就近入学的前提下适当合并，在交通不便的地区仍需保留必要的教学点，防止因布局调整造成学生辍学……在有需要又有条件的地方，可举办寄宿制学校"。因此，过去学校布局分散、办学规模过小的问题就成为改革的核心目标之一。

三、农村城镇化发展为农村学校布局调整提供了战略预期

城镇化是乡村社会结构向城市社会结构的整体转型过程，它表现为人口由农村向城镇聚集、职业由农业向二、三产业转移、生活方式由传统向现代转变的动态发展过程。按照美国城市地理学家纳瑟姆（Ray M. Northam）的理论[①]，一定区域的城市化水平将经历三个增长阶段，即低水平缓慢增长阶段（城镇化率低于30%）、中等水平高速攀升阶段（城镇化率在30%~70%）和高水平平缓增长阶段（城镇化率高于70%）。

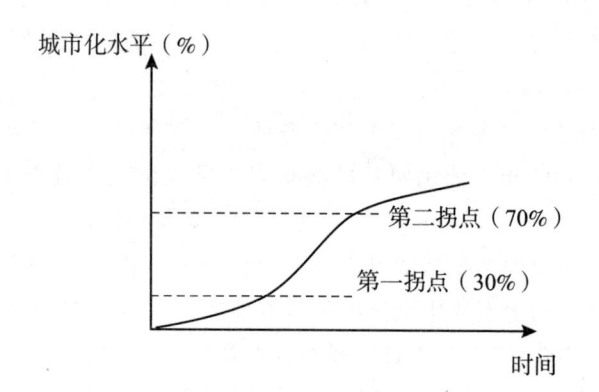

图4-4 纳瑟姆曲线

[①] 1979年美国城市地理学家Ray M. Northam发现并提出的"纳瑟姆曲线"表明：发达国家的城市化大体上都经历了类似扁平"S"形曲线上升过程，这个过程有两个拐点：当城市化水平低于30%时，代表经济发展势头较为缓慢的准备阶段，这个国家尚处于农业社会；当城市化水平超过30%时，出现第一个拐点，代表经济发展势头极为迅猛的加速阶段，这个国家进入工业社会；当城市化水平提高到超过70%之后，出现第二个拐点，代表经济发展势头再次趋于平缓的成熟阶段，这个国家基本实现了现代化，进入后工业社会。

我国1996年城镇化率进入30%的拐点，到2008年已达45.68%，仅1999~2008年的10年时间里，城镇人口就增加了1.69亿，达到6.07亿。如果按目前每年1%左右的城镇化增长速度，要达到70%的城镇化率至少需要20多年的时间。1998年党的十五届三中全会后，全国就掀起了合乡并镇的改革热潮，从1999年年底到2001年年底，全国共撤销乡6 216个，增加镇1 190个，乡镇总数共减少了5 026个，建制镇数量首次超过了乡。到2010年年底，乡数量进一步减少到14 571个，乡镇总量由1984年的97 521个减少到2010年的33 981个，减少了近2/3（见表4-19）。随着城镇化进程的快速推进，城镇人口的集聚将成为不可避免的发展趋势，传统的"村村办小学"、"乡乡办初中"、"县镇办高中"的农村教育结构形态将面临新挑战，按预测的人口变动趋势，形成"小学向集镇靠拢"，"初中基本在镇和县城"的农村教育结构形态布局成为未来20年适应城镇化发展趋势的战略预期。

表4-19　　　　　1984~2010年全国乡镇数量变化　　　　　单位：个

年份	镇数	乡数	合计
1984	7 469	90 052	97 521
1989	11 873	44 624	56 497
1997	18 316	30 324	48 640
1999	19 184	25 557	44 741
2001	20 374	19 341	39 715
2002	20 601	18 673	39 274
2003	20 226	18 090	38 316
2004	19 883	17 471	37 354
2005	19 522	15 962	35 484
2006	19 369	15 316	34 685
2007	19 249	15 130	34 379
2008	19 234	15 070	34 304
2009	19 322	14 848	34 170
2010	19 410	14 571	33 981

资料来源：中华人民共和国国家统计局编：《中国统计年鉴（1984~2009）》，中国统计出版社1984~2011年版。

四、农村生源总量减少为农村学校布局调整提供了客观依据

20世纪70年代国家推行计划生育政策之初,在农村是遇到了极大挑战的,但是,随着农村家庭生育观念的改变以及子女生存与教育成本的增加,计划生育政策越来越得到农民家庭的认同。从人口出生率上看,20世纪80年代基本呈上升趋势,由1978年的18.25‰上升到1987年的23.33‰,上升幅度为27.84%。但20世纪90年代以后,人口出生率出现较明显的下降,由1990年的21.06‰下降到2000年的14.03‰,下降幅度为33.38%。进入21世纪后,人口出生率继续减少,由2001年的13.38‰下降到2010年的11.9‰,下降幅度为11.06%(见表4-20)。从人口自然增长率上看,在1997年之前,一直在10‰以上(1978年时为12‰,1987年时为16.61‰,1997年时为10.06‰),但之后则由1998年的9.14‰下降到2010年的4.79‰,达到历史上的最低水平。由于农村人口居住相对比较分散,随着农村学校生源的快速减少,原先"村村办小学"的格局开始受到挑战,许多农村小学在校生不足50人,一些地方在"再穷不能穷教育,再苦不能苦孩子"的口号感召下,多方筹集资金新建了学校,但几年时间就出现了10名教师教2个孩子的情况,有的学校甚至没有了学生,"麻雀学校"和"空巢学校"大量出现,教学点更是难以为继。农村生源总量减少直接引发了农村学校的大规模撤并。

表4-20　　　　　人口出生率、死亡率和自然增长率　　　　　单位:‰

年份	出生率	死亡率	自然增长率
1978	18.25	6.25	12.00
1980	18.21	6.34	11.87
1981	20.91	6.36	14.55
1982	22.28	6.60	15.68
1983	20.19	6.90	13.29
1984	19.90	6.82	13.08
1985	21.04	6.78	14.26
1986	22.43	6.86	15.57
1987	23.33	6.72	16.61
1988	22.37	6.64	15.73

续表

年份	出生率	死亡率	自然增长率
1989	21.58	6.54	15.04
1990	21.06	6.67	14.39
1991	19.68	6.70	12.98
1992	18.24	6.64	11.60
1993	18.09	6.64	11.45
1994	17.70	6.49	11.21
1995	17.12	6.57	10.55
1996	16.98	6.56	10.42
1997	16.57	6.51	10.06
1998	15.64	6.50	9.14
1999	14.64	6.46	8.18
2000	14.03	6.45	7.58
2001	13.38	6.43	6.95
2002	12.86	6.41	6.45
2003	12.41	6.40	6.01
2004	12.29	6.42	5.87
2005	12.40	6.51	5.89
2006	12.09	6.81	5.28
2007	12.10	6.93	5.17
2008	12.14	7.06	5.08
2009	11.95	7.08	4.87
2010	11.90	7.11	4.79

资料来源：中华人民共和国国家统计局编：《中国统计年鉴（2011）》，中国统计出版社2011年版。

五、国家重大战略工程为农村学校布局调整提供了外部驱力

自20世纪90年代以来，国家陆续实施了一系列重大战略工程，如以三峡移民为代表的移民并居类工程，以退耕还林还草还牧为代表的生态保护类工程，以四川、青海、云南等地震灾区为代表的灾区重建工程等，这些重大战略工程的实

施极大地推动了人口的空间流动和相对集中,使原来的农村生存环境和条件发生了改变,进而引发了学校布局的相应调整。以退耕还林为例,《退耕还林条例》第三十五条规定,"国家按照核定的退耕还林实际面积,向土地承包经营权人提供补助粮食、种苗造林补助费和生活补助费。"《国务院关于进一步完善退耕还林政策措施的若干意见》第十条明确提出"国家无偿向退耕户提供粮食、现金补助。粮食和现金补助标准为:长江流域及南方地区,每亩退耕地每年补助粮食(原粮)150公斤;黄河流域及北方地区,每亩退耕地每年补助粮食(原粮)100公斤,每亩退耕地每年补助现金20元。粮食和现金补助年限,还草补助按2年计算;还经济林补助按5年计算;还生态林补助暂按8年计算。补助粮食(原粮)的价款按每公斤1.4元折价计算。补助粮食(原粮)的价款和现金由中央财政承担。""种苗和造林费补助标准按退耕地和宜林荒山荒地造林每亩50元计算。"按以上国家退耕还林补助标准,长江流域及南方地区每亩地能得到(230±50)元,黄河流域及北方地区每亩地仅能得到(140±50)元。这样的收益难以让农民在农村生存下去,因此退耕后的农民选择家中一方进县城陪读而另一方外出打工的教育与生存策略,农民的这一选择自然加剧了农村学校的急剧消失。

由上可见,近10年来农村惊心动魄般的学校布局调整的原因是复杂的,必须全面审视、统合分析。

第四节 农村学校布局调整的几个政策议题

21世纪以来兴起的农村中小学撤并风潮,在很大程度上损害了人口稀少、居住偏远地区农民子女的教育利益,导致社会弱势群体承担学校布局调整的政策代价,引发诸多值得研究和思考的政策议题。

一、程序正义问题

谁有权力最终决定农村学校的撤并?要经过怎样的程序或过程,学校撤并决策才算是科学的、民主的和公正的呢?2010年10月国家发布的《国务院关于加强法治政府建设的意见》明确指出,要把公众参与、专家咨询论证、风险评估、合法性审查和集体讨论决定作为重大决策的必经程序。对于社区居民来说,学校撤并是一个事关农村社区居民利益的重大决策,社区有没有学校不仅决定着社区的居住适宜性,还彰显着社区的社会福利水平。东北师范大学农村教育研究所在对全国 8 县 77 个乡镇下辖的村级被撤并学校调查中发现，有 45.4% 的县级教育决策部门在村小撤并过程中没有进行认真调研，更没有召开村民大会让利益受影响主体参与讨论，领导只是走走过场，开一个会就直接宣布学校被撤并了。

按照新修订《中华人民共和国义务教育法》的规定，"县级以上地方人民政府根据本行政区域内居住的适龄儿童、少年的数量和分布状况等因素，按照国家有关规定，制定、调整学校设置规划。""县级以上人民政府教育行政部门具体负责义务教育实施工作"。虽然法律规定了县级人民政府教育行政部门的学校布局决策权力，但如何合理规制权力的合法使用却是一个尚未解决的政策议题。从目前的学术文献看，合理的学校布局调整决策既要满足最低限度的程序公正标准，还要符合最基本的程序公正步骤。从程序公正标准看，首先受到决策影响的主体要实质性参与，即受决策影响主体不能被当作可以任由教育行政部门支配的客体对待，作为有利益、情感和尊严的人，要有平台和机会充分表达自己对学校关闭或合并政策的认识、情感和利益诉求；其次学校撤并决策过程要理性化运作，即要对学校布局调整的相关事实、数据、意见等信息进行全面的收集与整理，要重视对事实数据的分析、对决策方案的讨论、对不同意见的评议和对教育政策的解读等，要强化对所作决定之理由的说明；再次教育行政权力运行要公开化，即学校撤并决策的政策性依据以及学龄人口变化、教育运转成本等现实性依据要公开，学校撤并决策过程要向受决策影响主体、专业组织、社会公众、新闻媒体等公开，学校撤并决策结果、不同争论观点及决策理由和证据要在规定的时间、以正式的方式向特定公众的公开。从程序公正步骤看，至少要包括收集与分析学校运营事实、研究与制订学校撤并标准、讨论与决定学校撤并名单、告知与公布师生调转计划、评估与处置学校空闲资产等环节[①]。

二、学校规模问题

在学校布局调整决策上，教育行政部门及其他决策者经常持有这样的假设：与小规模学校相比，较大规模的学校能选拔和聘任更为优秀的教师、能向学生提供更为宽广的课程、更有助于完整配置教育教学设备、更有助于全面提高教育教学质量和学校效能，也更有助于发挥规模效益和节约教育成本。总之，越大的学校越好。在这种经验假设指导下，许多县级教育行政部门盲目追求规模效益，疯狂地进行农村学校撤并，甚至有的旗县提出了"消灭农村学校，让所有的农村

---

① 邬志辉：《农村学校撤并决策的程序公正问题探讨》，载《湖南师范大学教育科学学报》2010 年第 6 期，第 7~13 页，第 24 页。

学校全部进县城,让所有的农村孩子全部进城享受优质教育"的口号。

学校规模扩大真的能提高教育质量和节约教育成本吗? 1964 年美国学者的罗杰·巴克和保罗·甘普 (Roger G. Barker and Paul V. Gump) 在美国堪萨斯州在校生人数从 18 人到 2 287 人不等的 13 所高中,研究了学校规模、学校环境(课外与课内)、学生参与率、学生满意度之间的关系。他们的结论是,学校规模与学生参与的数量与质量呈负相关。也就是说,无论是学校提供的课外活动的种类还是学生参加课外活动的次数,小规模学校的学生参与度都明显高于大规模学校[1]。1994 年美国伊利诺伊大学的赫伯特·沃尔伯格 (Herbert J. Walberg) 教授和他的学生在《逝去的地方控制》一文中,在对 34 篇有关"规模经济与教育质量"的研究成果进行历史回顾后指出,在过去的 70 年里,美国学校呈现出经费支出日益增加而学业成绩不断下降的趋势,"规模经济"理论助长了"使学校变得更大"的倾向。他们认为,学生的学业成绩与学校规模恰恰呈负相关,学校规模越大则成效越低[2]。美国飞翼研究所 (The Wing Institute) 提供的大量实证研究数据也没有支持"学校规模大学业成绩高"、"学校规模大教育支出少"的假设,相反却支持了"学校规模越大则辍学率越高"、"学校规模与单位成本之间呈 U 型曲线关系"的结论 (见图 4-5 和图 4-6)[3]。在中国,目前还缺少类似的实证研究。即使学校确实存在规模效益现象,那么规模效益节约的往往是政府教育成本,增加的却是农民教育支出,如交通费、住宿费和伙食费等。我们可以说,农村学校规模的普遍性扩大损害了农村儿童的"就近入学"权益,政府节约的教育成本几乎全部转嫁到了农民身上。

三、机会公平问题

从义务教育的提供上看,国家教育政策的战略重点正在由解决"有学上"的"有数量的教育公平"问题向解决"上好学"的"有质量的教育公平"问题转变。学校布局调整被看作是优化农村教育资源配置、促进农村教育公平的战略举措。从教育行政部门的角度看,农村学校布局调整使所有的农村儿童都有同等的教育机会接受高质量的义务教育,但是从农村的角度看,获得这种高质量教育

---

[1] Roger Garlock Barker and Paul V. Gump. *Big School, Small School: High School Size and Student Behavior*. Stanford University Press, 1964.

[2] Herbert J. Walberg and Herbert J. Walberg III. *Losing Local Control. Educational Researcher*, 1994, Vol. 23, No. 5, pp. 19 – 26.

[3] The Wing Institute. *Does School Size Effect Student Performance*? http://www.winginstitute.org/Graphs/Systems/Does-School-Size-Effect-Student-Performance/. *What is the Most Cost Effective Enrollment Size for a School*? http://www.winginstitute.org/Graphs/Systems/What-School-Enrollment-is-the-Most-Cost-Effective/.

机会的代价是非常昂贵的。

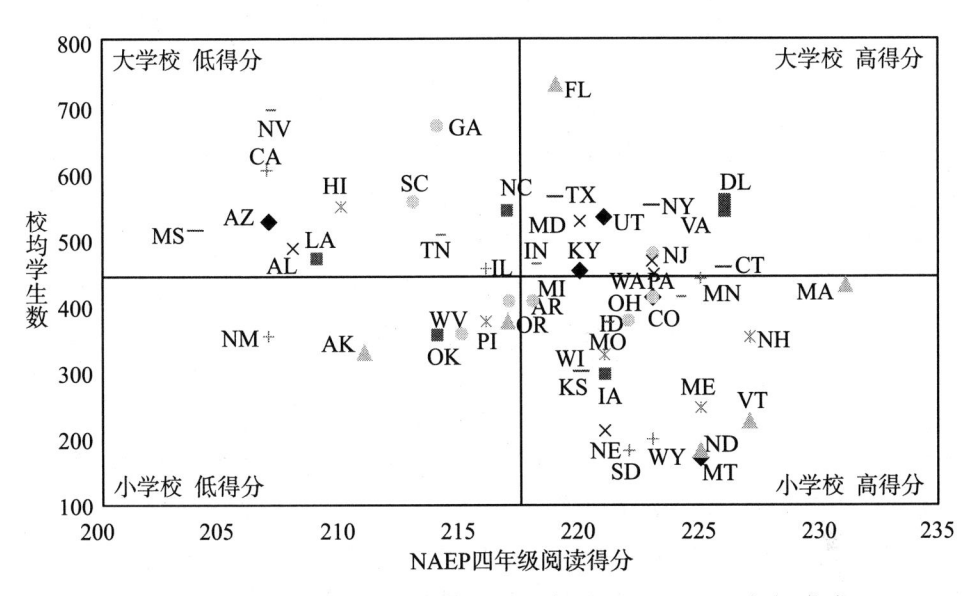

图 4-5　2005~2006 年度美国不同规模下 NAEP 四年级学生阅读成绩的分布情况

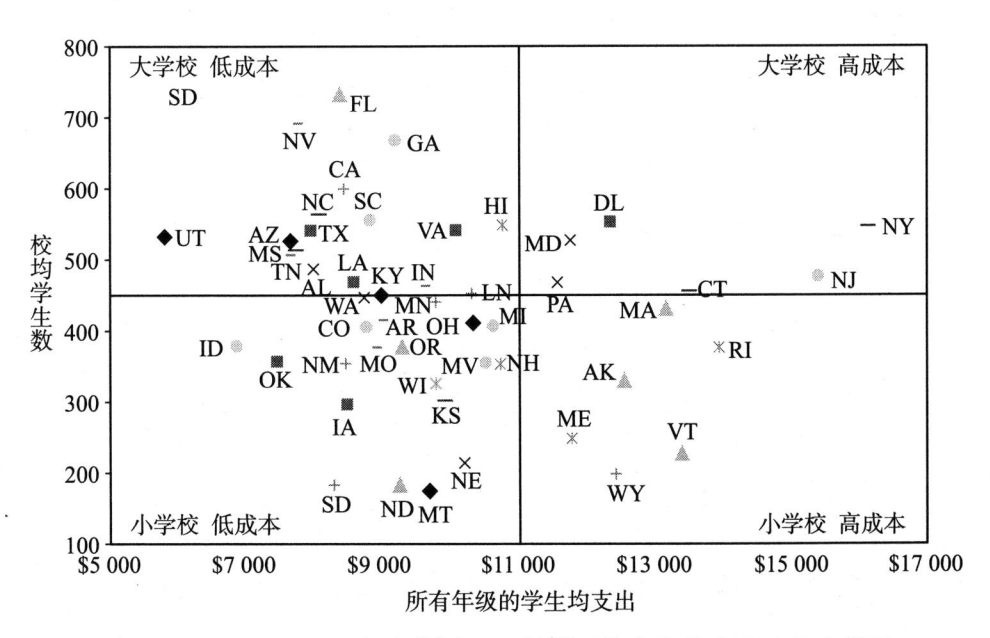

图 4-6　2005~2006 年度美国不同规模下的生均教育支出分布情况

首先，高质量的教育机会是不方便的。《中华人民共和国义务教育法》明确规定，"地方各级人民政府应当保障适龄儿童、少年在户籍所在地学校就近入学。"《国务院关于基础教育改革与发展的决定》也指出:"农村小学和教学点要在方便学生就近入学的前提下适当合并"。"就近入学"政策的本质是方便性。由于农村人口的居住地点较为分散,学校布局调整后使部分农村儿童方便就近的入学机会被剥夺,额外增加了学生的上学距离和时间成本,导致学生交通不安全概率增加、自主活动时间和课外活动参与时间减少、被迫辍学可能性加大。道格拉斯·雷曼(Douglas Lehman)的研究证实,当被要求到外村学校上学时,儿童特别是女童的辍学率会急剧增加,让学校离儿童更近有助于明显地减少不平均的教育覆盖面[1]。

其次,高质量的教育机会是高成本的。尽管国家已经实施义务教育免除学杂费的政策,但是由于农村学校布局调整政策的实施,导致部分农村儿童不得不到更远的邻村或乡镇去上学,他们的父母——农民也不得不为此多花费额外的伙食费、交通费和住宿费。据东北师范大学农村教育研究所2008年的调查显示,无论是一名小学五年级还是初中二年级的学生,由于学校撤并导致的到新校就读的额外成本每年均在1 000元以上(见表4-21),而实际上每生每年可享受的国家免补政策,初中一般为1 250元(杂费500元+寄宿生生活费补助750元),小学一般为800元(杂费300元+寄宿生生活费补助500元),免补政策的好处完全被学校撤并导致的额外负担抵消了,甚至有的地方农民负担比免费前还重。

表4-21 学校布局调整后部分到新学校就读学生的额外支出 单位:元

年级	费用	样本县1	样本县2	样本县3	样本县4
小学五年级	月均伙食费	71.75	69.18	87.65	65.42
	月均交通费	18.57	32.8	50.87	15
	月均住宿费	21.4	26.2	8	30
	年度合计	1 117.2	1 281.8	1 465.2	1 104.2
初中二年级	月均伙食费	110.79	112.34	96.84	77.92
	月均交通费	12.07	13.77	36.31	21.47
	月均住宿费	25.6	29.3	8	28.8
	年度合计	1 484.6	1 554.1	1 411.5	1 281.92

再次,高质量的教育机会是非人本的。学校布局调整后,小学低年段儿童上学问题成为家长的一大难题。对于交通条件较差的山区来说,如果选择步行上

---

[1] Douglas Lehman. *Bringing the School to the Children: Shortening the Path to EFA*. The World Bank, August, 2003.

学，每天要走几十里山路，有的还要翻山越岭，体力难以支撑；如果选择住宿，且不说许多学校的住宿条件恶劣，仅是让儿童长时间远离父母就会引发诸多的情感问题和心理问题。因此，许多地方父母不得不放弃自己的工作，花费额外的开支与孩子同住陪读。同样重要的是，失去了学校的乡村成为百姓心目中再也不适合人们居住的地方，学校的撤并导致乡村文化的断裂，加剧了乡村社会的荒芜。

学校布局调整背后的公平问题，实质是弱势群体承担教育发展代价的问题。在学校被撤并地区居住的群体往往社会经济地位较低，当他们的学校被撤并后，学生上学产生的额外负担又全部由他们来承担，这本身就是对公平正义的挑战。

第二篇

调查研究

第五章

学校布局调整的调查对象、方法与过程

为了全面反映全国学校布局调整的基本状况,需要对全国的各个地区进行抽样调查。在抽样的过程中需要明确两个基本问题,抽多少样本和抽哪些样本?这两个问题的回答通常受调研资金、调研的人力等条件的限制。通常调研的可利用的资源有限,因此,只能在特定条件限制下选择全国最具有代表性样本。在调查之前,也需要明确调查什么?这一问题直接由研究主题确定,此后还需明确通过何种调查工具,为了收集真实的数据和资料,需要选择高信度和效度的工具组合。最后一个需要明确的问题是应该如何调查,也即需要设计一套完整的方法和程序以保证调查能够顺利开展。

第一节 调查样本的选择

农村学校布局调整受许多因素的影响,如经济发展水平、学龄人口数量和农村城镇化进程等。为了在全国范围内选择具有代表性的样本,需要把布局调整的影响因素作为抽样的选择维度。我们选择样本的指标维度包括:人均GDP、人口密度、农村人口比重、学生和学校的变化状况、地理条件、民族分布等。考虑到我国地广人多,各区域之间的资源分布和经济发展状况具有较大差异,样本的选择应当遵循以下原则:

第一,为确保样本的代表性,采用分层抽样的方法,将31个省、自治区和直辖市划分为东、中、西三大经济地区,从每个地区内选取两个具有代表性的省份作为样本。

第二,选择在上述指标维度上体现高、中、低三种不同水平的省区市,但是尽量不要出现最高和最低的极值,以免影响样本的代表性。

第三,优先选择各项指标在全国范围内排名均处于较为稳定位置的省区市,保证样本的稳定性和典型性。

第四,样本的地理分布具有差异性和典型性,基本覆盖我国主要的地理形貌类型,在地理位置上东西南北中均有分布。

基于以上原则,我们在31个省区市中选择了6省区市作为样本省,将在这些地区内选择具体的调查样本。

表5-1　六省区市经济社会基本状况与学校学生变化状况

地区	浙江	河北	内蒙古	河南	云南	甘肃
人均GDP(元)	31 684 (4)	16 894 (110)	20 047 (100)	13 279 (160)	8 961 (29)	8 749 (30)
人类发展指数	0.841 (4)*	0.810 (9)	0.803 (12)	0.787 (14)	0.710 (27)	0.705 (28)
人口密度(人/平方公里)	489.19 (8)	363.05 (10)	20.26 (28)	562.40 (6)	113.78 (24)	57.27 (27)
农村人口比重(%)	43.50 (26)	61.56 (10)	51.36 (22)	67.53 (5)	69.50 (3)	68.91 (4)
2003~2006年在校生增减数(人)**	-715 916	1 168 867	262 495	840 758	211 563	258 762
2003~2006年学校增减数(所)	-1 854	5 856	4 840	3 001	5 499	801

注:*括号中的数字为在全国指标中的排序。

**中国省级行政区人类发展指数列表,见 http://zh.wikipedia.org/,2012年3月22日。

资料来源:中华人民共和国国家统计局编:《中国统计年鉴》,中国统计出版社2007年版。

表5-2　六省区市的地理条件与少数民族分布状况

地区	地理特征	少数民族
浙江	山地和丘陵占70.4%,平原和盆地占23.2%	畲族为主
河北	坝上高原8.5%,丘陵和盆地48.1%,平原43.4%	少数民族人口285万人,占全省总人口的4.22%。其中满族204万人,回族58万人,蒙古族16万人,朝鲜族近1万人
内蒙古	高原型,夹杂山地、丘陵、平原、沙漠	蒙古族为主体,还包括满族　达斡尔族　鄂温克族　鄂伦春族等

续表

地区	地理特征	少数民族
河南	山区丘陵44.3%，平原55.7%	少数民族人口134万人，占全省总人口的1.36%。其中回族人口116万人，居全国第3位
云南	山地94%	少数民族人口占全省总人口38.07%，种类多样，数量众多
甘肃	山地、高原、平川、河谷、沙漠、戈壁交错分布	主要有回族、藏族、东乡族、裕固族、保安族、蒙古族、哈萨克族等

资料来源：中华人民共和国国家统计局编：《中国统计年鉴》，中国统计出版社2007年版。

一、省区市样本的基本状况

（一）浙江省

从经济发展水平上看，浙江省人均GDP为31 684元，在东部12个省、自治区和直辖市中居第4位，处于中等偏上水平；从综合发展水平来看，浙江省的人类发展指数为0.841，居全国第4位，属于高等人类发展水平；从人口及其构成来看，浙江省总人口4 980万人，其中农村人口比重占43.50%，在全国列第26位，属于较低水平；此外，浙江省还具有人口密度较高，外来人口众多的特点，其中人口密度为489.19人/平方公里，在全国列第8位；从地理环境上看，浙江位于东部沿海地区，地形以山地和丘陵为主，兼有部分平原和盆地；从民族成分来看，浙江省少数民族成分相对单一，以畲族为主；从文化教育上来看，2003~2006年学生减少715 916人，学校减少1 854所，平均每减少一所学校学生减少386人，幅度之大，在全国列第4位。

（二）河北省

从经济发展水平来看，河北省经济发展以农业为主，人均GDP为16 894元，在东部居第10位，处于中等偏下水平；从综合发展水平来看，河北省人类发展指数达到0.810，居全国第9位；从人口及其构成来看，河北人口总数为6 898万人，位居全国第一，其人口密度为363.05人/平方公里，与浙江省同属于高人口密度省份；但与浙江省不同的是，河北省以人口流出为主；从地理环境上来看，河北省地形主要是平原、丘陵和山地三种类型；从民族成分来看，河北省少数民族种类多，数量大，以满族、回族、蒙古族和朝鲜族为主；从文化教育上来看，2003~2006年学生增加1 168 867人，学校增加5 856所，平均每增加一所学校学生增加200人，增幅全国列第13位。

（三）内蒙古自治区

从经济发展水平来看，内蒙古自治区以工矿业和农牧业经济为主，人均GDP为20 047元，在中部地区位列第一；从人口构成来看，内蒙古地广人稀，仅20.26人/平方公里；其农村人口比重为51.36%，从全国范围来看，属于较低水平；从地理环境上看，内蒙古地貌以蒙古高原为主体，高原面积占全区总面积53.4%，山地和丘陵各占20.9%和16.4%；受到地理环境和气候条件的影响，内蒙古境内草原面积广阔，草原总面积8 666.7万公顷，其中可利用草原面积达6 800万公顷，占自治区总面积的57.6%[①]；从民族成分来看，内蒙古作为少数民族自治区，以蒙古族和汉族为主，此外还有满族、达斡尔族、鄂温克族、鄂伦春族等；从综合发展水平来看，内蒙古的人类发展指数为0.803，全国居第12位；从文化教育上来看，2003~2006年学生增加262 495人，学校增加4 840所，平均每增加一所学校学生增加54人，增幅全国列第22位。

（四）河南省

从经济发展水平来看，河南省经济发达，人均GDP为13 279元，中部地区内居第5位，接近本区域内人均GDP数值；从人口及其构成来看，河南省作为全国人口数量最多的省份，人口密度全国排名第6，在本区域内排名第1；作为一个农业大省，河南农村人口的比重达到67.53%，在全国排名第5，本地区内排名第1；从地理环境来看，河南省地貌类型包括平原、盆地和山区丘陵三大类，其中平原和盆地占土地总面积的55.7%，山区丘陵占44.3%；从民族成分来看，河南省境内少数民族种类达55个，人口134万人，占全省总人口的1.36%；其中回族人口最多，116万人；从综合发展水平来看，河南省人类发展指数为0.787，在全国居第14位；从文化教育上来看，2003~2006年学生增加840 758人，学校增加3 001所，平均每增加一所学校学生增加280人，增幅全国列第9位。

（五）云南省

从经济发展水平来看，云南省经济发展落后，人均GDP为8 961元，不仅在

[①] 中华人民共和国国家统计局编：《内蒙古自治区统计年鉴》，中国统计出版社2006年版。

全国属于较低水平，甚至低于本地区内的平均水平；从综合发展水平来看，云南省人类发展指数为 0.710，在全国居第 27 位；从人口及其构成来看，云南省人口总数为 4 483 万人，农村人口比重为 69.5%；省内人口密度为 114 人/平方公里，在全国范围内属于人口密度较低的省份；从地理环境上看，云南省地形地貌复杂，山地众多，占全省总面积 94%；由于地形复杂，地质条件恶劣，省内交通建设落后；从民族成分来看，云南省是全国少数民族数目最多的省份，全省共有 25 个少数民族；其中，汉族人口为 3 062.9 万人，占总人口的 66.63%，各少数民族人口为 1 533.7 万人，占总人口的 33.37%；人口数量排在前五位的少数民族分别是彝族 502.8 万人，占总人口的 10.94%；哈尼族 163.0 万人，占总人口的 3.55%；白族 156.1 万人，占总人口的 3.40%；傣族人口为 122.2 万人，占总人口的 2.66%；壮族人口为 121.5 万人，占总人口的 2.64%；从文化教育上来看，2003～2006 年学生增加 211 563 人，学校增加 5 499 所，平均每增加一所学校学生增加 38 人，增幅全国列第 26 位。

（六）甘肃省

从经济发展水平来看，甘肃省人均 GDP 为 8 749 元，和云南省接近，在全国乃至本地区内均属于较低水平；从人口及其构成来看，甘肃省地域广阔，人口稀少，居住分散，人口密度仅为 57.27%，全国居第 27 位，仅次于西藏、青海、新疆、内蒙古四个省区市；从地理环境来看，甘肃省境内地形地貌复杂多变，山地、高原、平川、河谷、沙漠、戈壁交错分布，且气候条件恶劣，生态环境脆弱；从民族成分来看，少数民族种类以回族、藏族、东乡族、裕固族、保安族等为代表，其中东乡族、裕固族、保安族是甘肃省特有的少数民族；从综合发展水平来看，甘肃省人类发展指数为 0.705，在全国居第 28 位；从文化教育上来看，2003～2006 年学生增加 258 762 人，学校增加 801 所，平均每增加一所学校学生增加 323 人，增幅全国列第 6 位。

二、县域样本的基本状况

确定研究样本从以上 6 个省区市中选择后，接下来需要在每个省区市内各选一个最具代表性的旗县，对县域内的各级各类学校展开调查。选择县（旗）的原则主要有三点：第一，能代表本省经济发展、人口构成、文化教育的主要特点，以区别于其他地区；第二，尽量避免选择省会城市下辖旗县，保证研究具有普遍性意义；第三，所选旗县在近年内进行过或正在进行大规模的教育布局调整活动，体现样本的代表性。

表5-3　　　　　　　　各县选择标准维度

省区市	所辖旗县市（个）	所选县市	县人均GDP（元）	县人口密度（人/平方公里）
浙江	58	玉环县	44 635（3）	1 064（3）
河北	136	井陉县	18 514（27）	233（105）
内蒙古	80	阿鲁科尔沁旗	7 823（63）	20（47）
河南	109	叶县	7 843（69）	598（62）
云南	117	新平县	8 767（25）	66（96）
甘肃	69	和政县	2 307（61）	200（15）

资料来源：中华人民共和国国家统计局编：《中国县市社会经济统计年鉴》，中国统计出版社2010年版。

（一）浙江省玉环县

浙江省辖11个地级市，其中32个市辖区、21个县级市、35个县、1个自治县，共58个县市。为体现浙江省作为东南沿海经济区的特点，本次调查选择隶属台州市的玉环县作为调查样本。从地理环境来看，玉环县总面积2 279平方公里，其中陆域面积378平方公里，是中国14个海岛县之一[①]；从经济发展水平来看，玉环县作为中国"综合实力百强县"之一，人均GDP为44 635元，在全省58个县市中列第3位，能代表浙江省高经济发展水平这一情况；从人口及其构成来看，玉环县人口密度高达1 064人/平方公里，在全省属于高人口密度地区；从文化教育来看，该县2006年有小学41所，初中16所，小学在校生数29 415人，初中在校生数有16 604人；从其布局调整工作来看，该县2005~2008年小学数减少了7所，初中总数没有变，但是县镇初中减少了3所，而农村初中增加了3所。

（二）河北省井陉县

河北省辖11个地级市，其中36个市辖区、22个县级市、108个县、6个自治县，共136个县市。本次调查选取隶属石家庄市的井陉县作为样本。从经济发展水平来看，该县人均GDP为18 514元，在全省列第27位，属于经济发展水平较高的地区；从人口及其构成来看，该县2006年总人口达32万人，其中主要以汉族为主，少数民族有7万人[②]；2006年其人口密度为233人/平方公里，在省

---

① 玉环政府网：《玉环概况·自然地理》，载http://www.yuhuan.gov.cn/，2012年3月25日。
② 井陉政务网：《井陉概览》，载http://www.sjzjx.gov.cn，2012年3月27日。

内居第 105 位；从文化教育来看，2006 年，井陉县有小学 72 所，在校生 25 223 人，平均每所学校有学生 354 人，在全省排第 5 位，大规模学校情况突出①。从该县的布局调整工作来看，2007 年县政府制定出台了《关于推进教育均衡发展，实施学区建设意见》，该规定指出要进一步调整全县中小学布局，本县已经完成了 2 所公办民助初级中学的改制和 4 所初中、21 所小学的撤并工作②。

（三）内蒙古自治区阿鲁科尔沁旗

内蒙古辖 9 个地级市、3 个盟，其中 21 个市辖区、11 个县级市、17 个县、49 个旗、3 个自治旗，共 80 个旗县市。本次调研选取隶属赤峰市的阿鲁科尔沁旗。从经济发展水平来看，该旗以发展畜牧业经济为主，人均 GDP 为 7 823 元，在全自治区列第 63 位，属于较低水平；从人口及其构成来看，到 2002 年年末，全旗总人口 29.6 万人，有蒙古、汉、回、满、朝鲜、达斡尔等 13 个民族，其中蒙古族占总人口的 36.6%，汉族占 60.9%，其他少数民族占 2.5%，是以蒙古族为主体，汉族为多数③，以牧为主的少数民族地区；2006 年该旗人口密度为 20 人/平方公里，接近本自治区的平均水平，在全自治区列第 47 位，属于低人口密度地区；从文化教育来看，该县 2006 年有小学 31 所（包括教学点），初中 15 所，小学在校生数 2.03 万人，初中在校生数 1.18 万人；从其布局调整工作来看，该县从 2005~2007 年，小学生数减少了 1 174 人，初中生数减少了 151 人，小学和初中的学校数量各减少一所。

（四）河南省叶县

河南省辖 17 个地级市，其中 50 个市辖区、20 个县级市、89 个县，共 109 个县市。本次调研选择隶属平顶山市的叶县。从经济发展水平来看，是国家贫困县之一，人均 GDP 为 7 843 元，在全省列第 69 位；该县 2006 年地区生产总值达到 67.74 亿元，地方财政收入 21 600 万元，农民人均纯收入达到 3 354 元，农村义务教育阶段的公用经费基本得到保障，但在整个平顶山市的排名依然靠后④；从人口及其构成来看，全县总人口达到 86.84 万人，其中，大部分为农业人口，非农业人口数只达到 7.7 万人⑤；2006 年，叶县人口密度达 598 人/平方公里，在全省列第 62 位，属于高人口密度地区；从经济发展水平来看，该县 2006 年地

---

① 河北省统计局官网：《河北省经济年鉴（2007）》，载 http://www.hetj.gov.cn/，2012 年 3 月 21 日。
② 井陉政务网：《井陉年鉴（2008）》，载 http://www.sjzjx.gov.cn/，2012 年 3 月 21 日。
③ 内蒙古赤峰市政府网：载 http://www.chifeng.gov.cn/，2012 年 3 月 21 日。
④⑤ 叶县政府网：《叶县人民政府关于 2006 年度责任目标完成情况的报告（叶政文 [2007] 2 号）》，载 http://www.yexian.gov.cn/，2010 年 9 月 13 日~2012 年 3 月 21 日。

区生产总值达到 67.74 亿元，地方财政收入完成 21 600 万元，农民人均纯收入达到 3 354 元，农村义务教育阶段的公用经费基本得到保障，但在整个平顶山市的排名仍然是比较靠后的；从文化教育来看，该县 2006 年有小学 342 所（包括教学点），初中 40 所，小学在校生数有 7.42 万人，初中在校生数有 4.8 万人；从其近几年来的布局调整工作来看，该县从 2005～2007 年，小学生数减少了 5 788 人，初中生数减少了 9 938 人，其中小学数量减少了 10 所，县镇初中减少了 3 所，而农村初中增加了 2 所。

（五）云南省新平彝族傣族自治县

云南省辖 8 个地级市、8 个少数民族自治州；其中 12 个市辖区、9 个县级市、79 个县、29 个少数民族自治县，共 117 个市县。本次调研选取隶属玉溪市的新平彝族傣族自治县（简称新平县）作为调研样本。从经济发展水平来看，新平县人均 GDP 为 8 767 元，在全省列第 25 位；从人口构成上来看，新平县人口密度为 66 人/平方公里，在全省列第 96 位，属于低人口密度地区；从民族成分来看，新平县有二十余个少数民族，位居前三位的是彝族、傣族、哈尼族，各有人口 135 600 人、43 772 人、12 139 人，各占总人口的 48.37%、15.62%、4.33%[①]；从文化教育来看，该县 2006 年年末共有各级各类学校（不含教学点）164 所，其中初中 13 所（含云南省第三劳教所），小学 123 所，在校学生 34 999 人，其中：小学 21 589 人，学龄儿童入学率 99.01%，小学巩固率 99.81%，小学升学率 99.36%，初中升学率 60.09%，高中升学率 65.4%[②]；从布局调整工作来看，该县 2007 年的《新平县"十五"计划纲要》中的第六条指出，要以人为本，实施科教兴县，要坚持"宜并则并，需增则增"的原则，继续进行以山区、少数民族地区为重点的小学布局调整[③]。

（六）甘肃省和政县

甘肃省辖 12 个市、2 个自治州，其中 17 个市辖区、4 个县级市、65 个县，共 69 个县市。本次调研选取隶属临夏回族自治州的和政县。从经济发展水平上来看，和政县属国家级贫困县，人均 GDP 仅 2 307 元，在全省列第 61 位；该县

---

① 云南省统计局编：《云南省统计年鉴》，中国统计年鉴出版社 2007 年版。
② 新平政府网：《自然环境·社会事业》，载 http：//www.xinping.gov.cn/，2008 年 1 月 7 日～2012 年 3 月 25 日。
③ 新平政府网：《新平县"十五"计划纲要（摘要）》，载 http：//www.xinping.gov.cn/，2012 年 3 月 25 日。

2006年总财政收入为 2.6 亿元，其中主要是以第一产业和第三产业为主[①]；从人口及其构成上来看，全县总人口 19.5 万人，其中农业人口 18.48 万人，占总人口的 94.73%，少数民族占总人口的 57.4%[②]；和政县人口稠密，为 200 人/平方公里，在全省列第 15 位；从人口构成来看，全县总人口 19.5 万人，其中农业人口 18.48 万人，占总人口的 94.73%，少数民族占总人口的 57.4%；从文化教育来看，该县 2006 年有小学（包括教学点）115 所，初中 9 所，在校小学生数 2.31 万人，在校中学生数 5 627 人。从布局调整工作来看，该县从 2005～2008 年，学校数量和学生数量并没有发生多大的变化，基本上保持着一个稳定的态势。

三、乡镇与学校样本的选择

本次调研的主要对象是县域内基础教育阶段的公办学校，主要包括公办初中和小学；幼儿园、高级中学、职业技术学校和私立学校并未包含在内。我们在县域内进行样本选择时主要遵循了以下几个原则：

抽取一个县内至少 30% 的乡镇（包括城关镇）

本次调研要求在每个县内调查的乡镇至少要达到它所有乡镇数的 30%，每个乡镇最少需要调查初中一所、中心校一所、村小一所，而没有到达的乡镇也要尽量使其做镇调查表和学校的基本情况调查表。抽取乡镇的主要依据大致上有民族、地形和交通、人口密度、学校情况、布局调整情况以及个别县所有的人口迁移状况。

甘肃省共有 14 个乡镇（包括城关镇），本次调研抽取了城关镇和罗家集乡、吊滩乡、陈家集乡、马家堡镇和新庄乡 5 个乡镇。本县抽样的主要依据有：人口密度、地域面积、经济发展水平、民族状况、地形和交通、布局调整后学校数量的变化。如从乡镇的 GDP 来看，马家堡镇、陈家集乡和罗家集乡的排名稍微靠后，而其他两个镇的经济较为发达；从学校数量来看，五个乡镇均有一所初中，村小数是新庄乡和马家堡镇最多，分别为 12 所和 8 所，全县排名第二和第三，吊滩乡和罗家集乡的村小数居中，各有 7 所；从交通和地形来看，马家堡镇地处偏僻，到县城需要大约 45 分钟的路程，其次是罗家集乡和陈家堡镇，而新庄乡和吊滩乡则交通较为发达，距离县城较近。

河北井陉县共有 17 个乡镇，本次调研主要抽取了城关镇和南障城镇、威州镇、吴家堡镇、小作镇、天长镇、秀林镇 6 个乡镇，还对上安镇、辛庄镇、苍岩

[①②] 中国宏观数据挖掘分析系统，载 http：//number.cnki.net/，2012 年 3 月 27 日。

山镇和北正乡镇4个乡镇进行了简单的抽样调查。本县抽取样本的依据主要有：人口密度、交通状况和布局调整的状况。如从交通状况来看，小作镇、南障城镇、吴家堡镇和威州镇的交通状况均适中，而天长镇和秀林镇的交通状况较好；从学校数目来看，六个乡镇的初中数和中心校数目是大致相当的，村小数最多的是秀林镇，有15所，最少的是威州镇，只有4所。

河南叶县共有乡镇18个，本次调研抽取了城关镇和旧县乡、夏李乡、常村乡、龙泉乡和任店乡5个乡镇，本县抽取乡镇的原则主要有：外出打工人口状况、学校数量的变化、留守儿童状况以及人口密度。如从学校数量来看，5个乡镇中都含有1~2所初中和中心小学，含村小最多的是任店镇和旧县乡，分别为24所和21所，最少的是龙泉镇，有15所村小；从外出打工人数来看，除了昆阳县和夏李乡没有数据外，其他乡镇的外出打工人口数在全县基本上都是排在中间，常村乡、旧县乡、任店乡和龙泉乡的排名分别为6、7、8和10名。而除了城关镇外，任店镇和龙泉镇的外来人口是最多的。

内蒙古阿鲁科尔沁旗全旗共有11个乡（苏木）镇和一个天山办事处。本县抽取样本的原则有：人口密度、位于游牧区的学校和学校数量的变化。本次调研共抽取了天山办事处和新民、天山口、巴彦花、罕苏木4个乡镇，所涉及的民族主要有蒙古族和汉族，大部分以牧区为主。

浙江玉环县共有9个乡镇，本次抽取了城关镇和珠港镇、鸡山乡、龙溪乡、沙门镇、坎门街道办事处5个乡镇，其中沙门镇为浙江省省级中心镇，本县抽取样本的原则有：学校数量的变化，人口流动状况和渔民分布状况。

云南新平县共有18个乡镇，本次调研抽取了桂山镇、平甸乡、新华乡、漠沙镇、腰街镇、建兴乡和平掌乡7个乡镇，因为该县是一个汇聚了多种少数民族的地区，所以本次样本抽取的原则主要有：多种民族较为平均且以一种民族为主，人口密度、经济发展状况、学校数量的变化和地形与交通状况。

本次调研所抽取的乡镇样本无论是从数量上，还是从其代表性上，都足以代表该县整体的教育情况和布局调整工作所产生的影响。本次调研的目的主要是为了反映我国农村布局调整工作的真实情况，所以本次调研的各组在每一个乡镇中至少要涉及该乡镇的初中和中心小学，这些主要是布局调整工作中保留下来的学校，尤其是一些寄宿制学校，对于他们的调查可以深入的分析我国布局调整工作都带来了哪些影响。其次是每组调研人员在每一个镇上至少要调查一个村小，深入反映布局调整工作给其带来的变化和影响。但是，由于各地方教育部门和学校的密切配合，使得我们顺利、超额地完成了任务。总之，我们对于学校样本的选择基本上可以代表该乡镇的基本教育现状的，层层类推，我们本次调研的结果基本上可以代表我国布局调整工作全貌。

表 5-4　　　　　　　　各组调查的乡镇及学校数

组别	乡镇总数	实际调查乡镇数	调查学校总数 初中	调查学校总数 中心小学	调查学校总数 村小
内蒙古组	11	5	5	5	2
浙江组	9	6	6	6	3
河南组	18	6	7	6	4
河北组	17	7	9	11	5
甘肃组	14	6	6	5	4
云南组	18	7	7	7	7

四、具体调研对象的确定

因为农村义务教育布局调整工作是一项涉及多方面的系统性工作，所以本次调研除了对教师和学生进行调查外，更是扩大了调研对象的范围，对教育局长、校长以及农民和村长都进行了调查，以使我们的调研结果能够更加真实地反映整个布局调整工作的现状及其对所有相关人士带来的影响。

（一）学生

在初中，抽取八年级的学生进行问卷调查和测试，因为八年级的学生相对于七年级的学生来说，已经适应了初中的学习和生活，而相对于九年级的学生来说，他们又不需要面对中考的压力，这对我们调研工作的顺利进行有着很重要的作用。在小学，抽取小学高年级（四、五、六年级）的学生进行问卷调查，抽取六年级的学生进行测试，在小学之所以会选择小学高年级段的学生来作为主要的调研对象，是因为小学高年级段的学生已经具备了一定的认知思维水平和理解能力，相对于低年级的学生来说，他们更容易理解我们的调研问题，有利于我们调研工作的顺利进行。

（二）教师

初中和小学均抽取全体教师进行问卷调查，抽取一定量的教师进行访谈，访谈大部分为座谈形式，也有单独的访谈，抽取的教师尽量涉及不同的科目和不同的年级。

（三）校长

所抽取的每个学校（初中、小学）均需要尽可能地对本校校长进行问卷和调查表的调查，并辅助于非结构性的访谈，以期在学校层面上整体地了解农村布局调整工作的现状和影响。

（四）县和教育局

除了对学校内的校长和师生进行调查外，本次研究还对整个县的背景资料、县教育局进行了调查。以一个县为整体（包括乡镇调查表），对其相关的背景资料和布局调整工作以调查表的方式进行调研；对县教育局的调查以调查表的方式进行，并且对该县的教育局长进行非结构性的访谈，这样可以更深入地了解该县布局调整的现状和问题。

（五）农民及村长

分别在每一个乡镇抽取了少量的农民及村长进行调查表的调查，使得我们可以多方面地了解农村的布局调整工作真正给农村的教育工作带来了怎样的变化。除了以上的调查对象外，本次调研还尽可能地获得一个县的经济、文化、人口、地理环境等多方面的信息，这样可以在全面了解本县情况的基础上，来科学地分析我们所得的结果，进而提出真正可行的政策性建议。

表 5-5　　　　　　　　各组调查对象的数量统计

组别	内蒙古组	浙江组	河南组	河北组	甘肃组	云南组
乡镇总数	11	9	18	17	14	18
调查乡镇数	5	6	6	7	6	7
调查学校数	5初；7小	6初；9小	7初；10小	8初；16小	6初；9小	7中；14小
县调查表	1	1	1	1	1	1
教育局调查表	1	1	1	1	1	1
乡镇调查表	5	6	18	16	13	11
学校调查表	23	16	53	16	26	21
校长问卷	15	30	30	34	30	21
农民问卷	18	26	55	58	31	58

第二节 调查的内容与工具

学校布局调整对各利益主体多个维度的利益产生影响,如对学生的上学距离、学业成绩、上学安全等方面产生影响,对政府的教育资金支出产生影响,对教师的岗位分配产生影响,对农民的教育资金的支出等产生影响。为了全方位考察学校布局调整对不同主体的影响,需要设计完备的调查内容。

一、县(旗)、教育局与乡镇的相关调查内容

为了获得学校布局调整的背景信息,需要对县(旗)的经济、人口、地理等方面进行调查:
1. 财经收入状况;
2. 城镇化水平;
3. 少数民族人口分布状况;
4. 学龄人口变化状况;
5. 学校分布状况等。

二、教育局长的相关调查内容

地方政府通常是学校布局调整的引导者和决策者,该主体对决策方案的选择基于其对学校布局调整的价值判断,因此,该主体也是学校布局调整的责任主体。相关的调查内容有:
1. 学校布局调整的概况、动因和效果;
2. 学校布局调整的基本方式;
3. 学校布局调整的基本标准;
4. 如何应对学校布局调整出现的问题等。

三、学校的相关调查内容

本次研究将学校作为一个整体来调查,调查内容主要有:

1. 2000~2008年教师的基本情况（学校在编教职工结构、学校返聘情况、教师超编情况等）；

2. 2000~2008年学生的基本情况（寄宿生数量、学生家校距离等）；

3. 2008年学校基本情况（教学条件、学校基建情况、学校收支情况等）。

四、校长的相关调查内容

作为学校的行政负责人，校长对全校各方面的基本状况（如资金、师资和学生等）有全面的了解和认识，因此，考察学校布局调整的基本状况时是不可或缺的调查主体。对校长的调查内容有：

1. 校长基本个体特征，包括年龄、学历和工作经历等；

2. 学校的基本状况，包括教师数量和结构，学生数量等；

3. 校长对布局调整工作的基本态度与原因；

4. 学校布局调整对学校的各个方面产生的影响等。

五、教师的相关调查内容

关于教师调查的内容主要有：

1. 教师个人的基本情况、教师的培训情况、布局调整对教师造成的影响、在新课改实施中的问题等方面；

2. 教师评价、教师间的合作、布局调整后对教师的影响等方面的问题；

3. 学校布局调整对学生各个方面的影响。

六、学生的相关调查内容

调查布局调整对学生所造成的影响是此次调查研究的主要研究内容，其调查内容包括：

1. 学校布局调整对其上学距离、交通费用、寄宿情况的影响；

2. 学校布局调整对主科成绩的影响，包括语文、数学和英语；

3. 学校布局调整对其心理状况的影响等。

七、农民的相关调查内容

为了使本次调研能够真正从多个维度全面地反映我国县域内的布局调整工作

的现状，本次调研还将从农民身上去了解一些情况，其中主要涉及的内容有：

1. 农民的家庭自然情况和收支情况；
2. 义务教育免费后学校的收费情况；
3. 学校撤并前后校产情况和村里学生总体情况；
4. 学生上学安全情况；
5. 学校的合并情况等。

除了以上的调查内容外，本次研究还需要搜集一些关于样本县的整体情况，如整个县的面积、GDP、财政状况、各种人口数等；县教育地图；县志和县教育志；县统计数据资料和县教育统计数据资料；县长报告以及县多元文化的构成和变化状况；县民族构成；县的教育发展规划；合乡并镇规划方案；年度汇表或年终报表（2000年以来）；县教育局近几年的工作计划与工作总结等。

此次调查的工具有：

1. 调查问卷，包括教育局长、校长、教师、农民（村长）和学生调查问卷；
2. 测试题，包括小学四年级和初中二年级的测试题；
3. 访谈提纲，包括教育局长、校长、教师和学生的访谈提纲；
4. 调查表，包括学校基本状况调查表、乡镇调查表、教育局调查表和县调查表；
5. 背景文化历史资料收集目录，包括地方县志、教育统计资料等。

各调查对象对应的调查工具详见表5-6。

表5-6　　　　　　　　各类调查工具汇总

调查对象	调查表	调查问卷	访谈提纲	测试卷	资料收集目录
县	√				√
教育局	√				√
局长			√		
乡镇	√				
学校	√				
校长		√	√		
教师		√	√		
农民（村长）		√			
学生		√	√		

第三节 调查的方法、过程与结果

为了获得第一手的可靠资料，东北师范大学农村教育研究所采用深入实地调研的方法。课题组成员于 2008 年 9 月完成了测量工具的开发和调研员的系统培训，并且全体调研员于 2008 年 9 月对吉林省东丰县进行了为期一天的试调研，试调研结束后，结合在这一过程中发现的各种问题，对相关问卷进行了修订，对调查员进行了实践培训，对调研的程序进行了修正。试调研结束后，农村教育研究所共组织了 72 人的调研队伍，共分为 6 组，每组 12 人，在每组中又分为三个调研小组，每个小组 3 人，同时到内蒙古自治区、浙江省、河南省、河北省、甘肃省和云南省开展实地调研。在调研的过程中，学生和教师的问卷调查采用统一组织的形式开展，学生和教师访谈采用座谈会的形式开展，教育局长、校长的访谈采用一对一访问的形式开展，农民和村长的访谈通过深入农户家庭的形式开展，县、教育局、乡镇和学校的调查表通过找相关部门负责人填写的形式开展。

经过为期一周的调查，此次调查收集大量的一手资料。本次调研共发放的调查表有：教育局调查表 6 份，校长问卷 160 份，农民及村长的调查表 235 份，县调查表 6 份，镇调查表 70 份，学校调查表 182 份。调查问卷有：小学生问卷 2 467 份，中学生问卷 2 963 份，教师问卷 1 696 份。测试卷有：小学语文测试卷 2 107 份，小学数学测试卷 2 139 份，中学语文测试卷 2 756 份，中学数学测试卷 2 704 份。访谈有：教育局长访谈资料 6 份，中学校长访谈资料 43 份，小学校长访谈资料 65 份，中学教师访谈资料（多为座谈形式）37 份，小学教师（多为座谈形式）访谈资料 78 份。此次调研不仅收集了大量的截面量化数据，并且还进行了非结构性的访谈和实地观察，从多个角度考察了我国县域内的布局调整进展的状况。

表 5-7　　各组收集的有效调查表及问卷数量统计　　　　单位：份

组别	内蒙古组	浙江组	河南组	河北组	甘肃组	云南组
县调查表	1	1	1	1	1	1
教育局调查表	1	1	1	1	1	1
乡镇调查表	5	6	18	16	13	11
学校调查表	23	16	53	16	26	21
校长问卷	15	30	30	34	30	21

续表

组别	内蒙古组	浙江组	河南组	河北组	甘肃组	云南组
农民问卷	18	26	55	58	31	58
教师问卷	494	245	346	353	178	354
中学生问卷	220	456	421	580	225	657
小学生问卷	359	435	572	436	299	496

表5-8　各组收集的有效中小学测试卷数量统计　　单位：份

组别	中学生测试卷		小学生测试卷	
	语文	数学	语文	数学
内蒙古组	470	413	362	384
浙江组	434	434	296	302
河南组	515	529	345	359
河北组	595	607	439	432
甘肃组	196	191	217	221
云南组	546	530	448	441

表5-9　各组收集的有效访谈对象数量统计　　单位：个

组别	教育局长访谈样本	校长访谈样本		教师访谈样本	
		中学	小学	中学	小学
内蒙古组	1	5	3	6	9
浙江组	1	6	9	6	13
河南组	1	8	9	7	10
河北组	1	13	21	8	18
甘肃组	1	4	9	2	8
云南组	1	7	14	8	20

第六章

人口输入型农村学校布局调整调查研究

——以浙江省玉环县为例

随着经济的发展,现代化、城镇化进程的加快,外来人口流动空前活跃,农村劳动力开始大规模向城市转移,近年来到浙江省玉环县务工、经商的外来人口直线上升。20世纪90年代以来,农村劳动力的大规模流动已成为我国社会经济生活中最引人注目的现象。玉环县是全国13个海岛县之一,也是全国首批"小康县",它以发达的民营经济和充满活力的城市魅力,吸引了20多万外来人员前来务工,民工子女也随父母从农村来到玉环。截至2007年9月底,玉环县接收义务教育阶段的农民工子女21 295名入学,占全县义务教育阶段在校生的50.7%,其中在县教育局审批举办的10所民办民工子弟学校就读8 944名。仅2006年上半年,来玉环的外来人口已超过20万人,且随着农民工流入城市速度的加快、规模的扩大,人口流动的模式也逐渐由分散的、个人化的转移向家庭型迁移转变,流动人口的结构也因此发生了重要变化,随着父母一起流入玉环的外来儿童越来越多。据最新的数据统计显示,玉环县目前在校外来学生已超过2万人,已成为一个较为庞大的特殊群体。

转移是经济发展、社会发展的重要标志,也是30年来中国改革开放的重要成果之一,但是由于现阶段经济发展机制的不完善,城市化战略目标的不具体及新旧体制的不衔接等方面的原因,城市外来人口子女的学校教育、社会教育及由此引发的学校布局等新问题、新困境不断出现,这些问题一直以来受到党和政府乃至全社会的广泛关注,如中国政府在2003年针对农民工子女接受义务教育的问题,出台了"以流入地区政府管理为主,以全日制公办中小学为主"的"两为主"政策,力图使城市社会中这部分弱势群体能顺利接受更好的教育,这在一定程度上缓解了上学难的问题。随着农村义务教育改革与发展日益成为我国教育工作的重中之重,学校布局调整问题也受到高度关注。学校布局是一个国家或地区学校在地理空间上的分布结构,它与经济社会发展水平和人口分布状况密切相关。学校布局科学合理与否直接关系到教育资源的利用效率和教育的发展。而学校布局调整则是基于上述因素对学校地域分布、规模等进行的规划与调适。由于影响学校布局的社会经济发展水平和人口分布是变化发展的,因此学校布局结构的调整,是一个不可逆的趋势。但不能忽视这样一个客观事实:表面上看,以在县/市/区户籍学生数为基础而制定的学校布局的调整"不是一个突变的过程,是一个渐进的、长期的过程,是一个随着经济社会的发展,特别是人口的年龄结构和空间布局结构的变化而不断调整的过程。"① 由此,不难看出,布局调整是一项复杂的系统工程,受教育规划、教育战略、教育体制等多因素的影响。其在当下不仅是一个重大的现实问题,也是一个重大的政策问题。

那么,浙江省玉环县又是如何面对与破解这些难题的呢?其间还存在哪些问题与困难?政府又扮演着一个怎样的角色?问题解决得如何?带着这些问题,我们对这个以外来人口众多为特征的玉环县学校布局进行了全面调研,该调研采用问卷、访谈、查阅文献等方式对玉环县4个乡镇的15所中小学布局调整的背景、方式、成效与问题等情况作了初步了解,从而引发我们对外来人口聚集地区的学校布局调整的系列思考。在此基础上,提出了进一步完善中小学布局结构调整的一些政策性建议。

第一节 玉环县概况

一、自然地理

玉环县位于浙江省东南沿海黄金海岸线中段,东经121°、北纬28°,温州和台州两个港口城市之间,东濒东海,南连洞头洋,西嵌乐清湾,北接温岭市。地处亚热带季风气候区的玉环全年平均气温18.6°C,平均降水量1 420.5毫米,无霜期约331天。玉环系全国13个海岛县之一,全境由楚门半岛、玉环半岛及鸡

---

① 郭清扬等:《中小学布局调整与教学点建设研究》,人民教育出版社2011年版,第3页。

山、披山、洋屿、大鹿、茅埏、横床等 135 个外围岛和海礁。县域总面积 2 279.4 平方公里,其中陆域面积 377.7 平方公里,海域面积 1 901.73 平方公里。玉环岛面积 170.42 平方公里,是浙江省第二大岛,地势北高南低,丘陵平原相间,山丘面积 247.78 平方公里,约占陆地总面积的 65.6%,属于以丘陵为主的海岛丘陵地势。

二、行政建制

据考古发现的三合潭遗址证实,早在新石器时代,人类就开始在玉环大地上繁衍生息、创造文明。几经变迁,1949 年 4 月 7 日,玉环解放。玉环县下辖 5 个区 49 个乡镇。土地改革完成后,对区、乡、镇重新作调整。1952 年年底,县辖 7 个区 79 个乡、镇。1956 年 2 月,建立 3 个直属镇,6 个直属乡,2 个区辖 13 个乡镇。1958 年 7 月,洞头县建制撤销,下辖 11 个乡、镇地重新归入玉环县。1959 年 4 月,玉环县建制撤销。1962 年 4 月,玉环县建制恢复(未包括原洞头县地)。至 1967 年 1 月,全县共设置 3 个区、3 个镇、26 个人民公社。1983 年 9 月~1984 年 4 月,全县恢复乡人民政府建制。至 1986 年,全县共设置 4 个区,22 个乡,7 个镇。1991 年 3 月 11 日,从楚门区析出外塘乡、凡塘乡、芳杜乡、清港镇,建置清港区。1992 年 4 月至 5 月,撤掉 5 个区、30 个乡镇,并为 8 镇 4 乡。1993 年 11 月 6 日,省政府批准设立浙江省玉环大麦屿经济开发区。2000 年 6 月 30 日,撤销城关镇、坎门镇、陈屿镇建制,建立玉环县珠港镇。2001 年 11 月,撤销鲜叠镇,辖区拼入珠港镇陈屿办事处。2009 年 8 月,撤销珠港镇,取而代之的是设立玉城、坎门、大麦屿 3 个街道办事处。至此,县境内共设置 5 个镇(清港镇、楚门镇、干江镇、沙门镇、芦浦镇)、3 个乡(龙溪乡、鸡山乡、海山乡)、3 个街道(玉城街道、坎门街道、大麦屿街道)、27 个社区、11 个居民区、276 个行政村。

三、经济发展

新中国成立后尤其是改革开放以来,玉环县经济发展加快,90 年代初,种植面积在 1985 年的基础上扩大了近 2 倍,产量比 1978 年增长了 120 倍,形成了一个新的产业链。1992 年以来,玉环县不断大胆创新、摸索实践,经济发展始终充满了勃勃生机与活力,GDP 以年均 20% 以上的高速增长。1995 年成为全国农村经济综合实力百强县。1997 年,在玉环县的股份合作制企业遍布 27 个工业行业:机械制造、电气、金属制品、食品加工等;以及 8 个农业行业:海洋捕捞、海水养殖、淡水养殖等。民营股份企业已成为地方经济发展的新亮点,2000年,民营股份经济占全县工业总产值的90%,股份合作经济的发展,使其财政收入快速增长,综合实力大大增强。2001年,玉环县实现国内生产总值77.35亿元,全县经济密度达到2 046万元/平方公里,全年全县财政总收入5.57亿元,职工平均工资1.4万元/年,农、渔民人均收入5 723元/年,是浙江省首批小康县和全国"农民收入先进县"之一。2002年全县国民生产总值达100.11亿元,财政总收入突破10亿元大关,其中第一产业13.15亿元,第二产业58.5亿元,第三产业28.4亿元,农民人均纯收入6 651元,是浙江省17个经济强县(市)之一。个体经济占主导地位,全县有工业企业8 262家,国有工业只有2家,其中规模以上企业[①]324家,更多的是规模以下的企业,特别是个体工业就有4 908家。2007年,玉环县一、二、三产业占国内生产总值的比重分别为6.33%、66.04%、27.63%,已经形成了富有特色与一定区域优势的产业体系。农渔业方面,是"浙江省农业特色水产养殖强县",实施"强海兴渔"战略。在进一步加快农业现代化进程的同时,大力建设规范化农民专业合作社,不断壮大农业龙头企业,截至2007年年底,全县共有农业龙头企业50家;粮食播种面积达7.29万亩;农业、种植业和畜牧业总产值4.34亿元,实现农业"走出去"产值4.6亿元;水产品总产值19.39亿元;特色水果产值22 180万元。近年来,工业上大力拓展发展空间,基本上形成了以股份合作企业为主体,以汽摩配、阀门水暖、金属制品、家具、眼镜配件、药械包装、机床七大产业集群,机械装备、海洋生化等新兴产业迅速发展,形成了比较完善的加工工业体系,成为浙江省重要的制造业基地。截至2009年12月,全县工业企业有7 308万家左右;中国名牌产品3个,国家免检产品21个,浙江省名牌产品40个,中国驰名商标15个,浙江省著名商标26个;工业产值791.98亿元,全县规模工业实现产值472.75亿元。玉环县不仅成为全国最大的炊具、曲折缝纫机与平缝机生产地,被命名为"中国阀门之都"和"中国五金建材(阀门)出口基地",而且也是全国重要的汽摩配、眼镜配件、家具、医药包装生产基地,并享有"中国环保填料之乡"、"中国甲壳素之乡"美誉。截至2009年12月,全县农业龙头企业共有66家,农业专业合作社94家,省级无公害农产品基地32家,全县完成粮食播种面积7.46万亩,全县实现水产品总产值18.76亿元,第三产业实现增加值75.04亿元。

---

① 这是一个统计术语。一般以年产量作为企业规模的标准,国家对不同行业的企业都制订了一个规模要求,达到规模要求的企业就称为规模以上企业。规模以上企业也分若干类,如特大型企业、大型企业、中型企业、小型企业等。2011年国家规定年主营业务收入在2 000万元及以上的法人工业企业为规模以上企业。规模以上企业分为规模以上工业企业和规模以上商业企业两类。

表 6-1　　玉环县 1949~2011 年主要年份人均生产总值和国内生产总值

年份	人均生产总值（元）	国内生产总值（万元）	年份	人均生产总值（元）	国内生产总值（万元）
1949	67	1 037	1990	1 964	73 143
1952	82	1 326	1991	2 633	98 558
1957	102	1 891	1992	3 431	128 821
1962	141	2 999	1993	4 677	176 120
1965	148	3 485	1994	7 650	289 222
1970	139	3 778	1995	10 612	403 011
1975	174	5 252	1996	12 966	494 628
1976	186	5 712	1997	14 174	542 869
1977	212	6 591	1998	15 653	602 299
1978	250	7 910	1999	17 801	688 625
1979	282	9 061	2000	20 175	783 560
1980	394	12 849	2001	22 377	873 178
1981	453	15 011	2002	25 672	1 003 276
1982	430	14 439	2003	29 575	1 159 508
1983	448	15 277	2004	32 377	1 369 171
1984	540	18 665	2005	37 466	1 485 300
1985	790	27 674	2007	54 824	2 217 300
1986	865	30 742	2008	61 840	2 528 123
1987	1 089	39 272	2009	58 938	2 433 229
1988	1 604	58 652	2010	73 897	3 082 098
1989	1 598	59 058	2011	85 869	3 615 200

资料来源：《台州统计年鉴（2011）》，中国统计出版社，2012。

四、人口变化

据相关资料统计显示，2002 年年底，全县常住人口超过 52 万人，户籍人口为 39.13 万人，非农业人口为 17.40 万人，占 44.5%；外来常住人口为 17 万多人，占总人口的 32.7%。这几年来，玉环县外来人口逐年增多，1990 年不足 2 000 人，但到 2005 年已飞速增加到 19.16 万人，2006 年人口总数 60 万人，其中外来人口近 22 万人，占总人口数的 36.7%。2010 年共登记在册流入人口 235 692 人，较 2009 年增加了 18.2%。

针对外来人口比例不断加大的趋势，目前该县已经批准建设的 19 个居住点，可入住 3.4 万人，已建成 72 个可容纳百人以上的集中住宿点，除了 20 多家规模企业正在申报建设当中，已有 40 家企业建成外来员工宿舍。5 个外来人员较多的镇成立了流动人口计生办，各乡镇、村均有计生专职管理人员，这些外来人口居住中心基本实现了计划生育同宣传、同服务、同管理、同考核的"四同"目标。

据玉环县流动人口服务管理局 2010 年 12 月信息统计，截至 2010 年 12 月 20 日，在玉环县登记的流动人口有 235 692 人，涉及 31 个省区市，其中湖北省 45 308 人，四川省 42 965 人，贵州省 36 413 人，安徽省 27 664 人，江西省 23 734 人，湖南省 16 443 人，河南省 10 534 人，这七省合计达 203 061 人，占玉环县登记流动人口总数的 86.2%。

表 6 - 2　　　　2010 年在玉流动人口来源情况统计　　　　单位：人

省区市	人数	省区市	人数	省区市	人数	省区市	人数
湖北	45 308	云南	6 522	甘肃	354	上海	53
四川	42 965	陕西	4 277	河北	288	宁夏	41
贵州	36 413	广西	2 077	吉林	256	青海	32
安徽	27 664	江苏	1 724	辽宁	220	北京	26
江西	23 734	福建	1 658	山西	212	天津	21
湖南	16 443	山东	869	新疆	144	西藏	0
河南	10 534	广东	439	内蒙古	122	浙江	6 057
重庆	6 772	黑龙江	403	海南	64	合计	235 692

从登记在册流动人口的分布情况来看，玉城街道的流动人口达 78 583 人，占玉环县登记流动人口总数的 33.3%，楚门镇、大麦屿街道、坎门街道和清港镇分别占玉环县登记流动人口总数的 16.4%、14.6%、13.6% 和 10.9%，五大乡镇（街道）累计相加占玉环县登记流动人口总数的 89%。具体情况如下：

表 6 - 3　　　　2010 年在玉流动人口各乡镇（街道）分布情况　　　　单位：人

乡镇（街道）	登记在册	2010 年登记人数
玉城	78 583	79 688
坎门	32 160	32 824

续表

乡镇（街道）	登记在册	2010 年登记人数
大麦屿	34 519	34 335
楚门	38 637	39 727
清港	25 773	25 163
芦浦	7 563	7 440
干江	2 473	2 545
沙门	7 723	7 851
龙溪	8 135	8 135
鸡山	126	107
合计	235 692	237 815

表 6-4　　　　玉环县 1995~2010 年年末总人口　　　　单位：万人

年份	年末总人口	年份	年末总人口
1995	37.90	2003	39.28
1996	38.04	2004	39.50
1997	38.23	2005	39.86
1998	38.58	2006	40.23
1999	38.79	2007	40.66
2000	46.01	2008	41.10
2001	39.03	2009	41.47
2002	39.13	2010	41.96

注：不包括外来人口。

从玉环县（1995~2010 年年末）总人口数的变化来看，玉环县的人口总数呈现逐年上升的趋势，但上升的幅度并不很大，基本上处于一个平稳的发展阶段。

五、学校布局调整历史发展

据旧志和宗谱考证，玉环教育始于宋朝。最早见诸宗谱的私塾是北宋蓝田（近林岙）林氏私塾，书院是宋淳熙二年（1175）创建。此后较为著称的有环山书院、玉海书院、环海书院等。乾隆二十年（1755），玉环首设考试。道光二十二年（1842）建成玉环考棚。宋朝至清朝，仅建有 8 所书院，13 人举进士，中举人甚少。可见，当时玉环教育实为落后。

民国元年（1912），两所官立小学分别改为县立高等和县立初等小学校。初等小学堂改称初等小学校，共 11 所，全县在校学生 605 人。民国 13 年第一所女子小学创办于坎门，小学增至 61 所。民国 21 年，根据民国 20 年全省县长抽调会议关于各县乡镇设立初级小学、各区设立完全小学的决定，开始创办 3 所完全小学，5 所乡镇初级小学。民国 24 年，创办了 24 所短期小学，实施短期义务教育。民国 28 年春，东方小学创办不久即附设一个初中班，秋初独立为东方中学，办学不到一年被查封。民国 29 年，设立乡镇中心国民学校和包国民学校，在校生 4 655 人，开始推行国民教育制度。民国 38 年，县立初级中学增至 6 个班，学生 133 人，其中女生 27 人，教职工 34 人。

1949 年下半年，县人民政府接管了全县中小学，进行了有效的整编，全县小学生 2 161 人。1950 年，开始创办民办小学，学生增至 8 605 人。1953 年下半年，开始进行调整和整顿校网设置和教师编制的工作。1957 年，为解决小学毕业生升学困难问题，楚门、坎门各创办了一所民办初级中学，均招 2 个班。1958 年，在"大跃进"的影响下，小学增至 330 所，在校生 24 803 人，基本上一个生产大队（乡）设一所完小，离完小较远的生产小队（村）设村小。1956~1958 年，初级中学从 3 所增加到 8 所，1960 年又减少回三所。中小学基础教育在这阶段的发展较快，1958 年小学生数成倍增长，普及率也有了很大提高。

1966~1976 年间，全县小学从 219 所发展到 272 所，在校生数从 19 607 人发展到 44 850 人；中学从 5 所增至 13 所，学生 1 269 人增至 41 386 人。其中，1972 年是新中国成立以来入学率首次达到 80% 以上的年份。1977 年，全县小学 337 所，在校生 44 759 人；普通中学只有 6 所。1986 年后，实行分级办学，分级管理，合理调整校网。同时，计划生育的有效实施，使 1989 年小学减少为 213 所，在校生数 34 733 人；普通中学发展至 30 所，在校生 15 509 人。在这一阶段，初等教育虽然得到了进一步的普及，但是玉环的小学入学率（88.14%）却为地区最低，为了改变这种状况，1983 年进行了调整校网布局，与此同时，学校的办学条件、教学、教研工作都有了一定程度的提高。

表 6-5　　　　　　1949~1989 年玉环县小学教育情况

年份	学校数	班级数	在校学生数	毕业生数	招生数	教职工数
1949	56	161	3 161	453	1 736	190
1950	74	202	6 305	570	3 679	319
1951	99	234	8 683	1 109	4 613	329

续表

年份	学校数	班级数	在校学生数	毕业生数	招生数	教职工数
1952	113	299	10 294	562	4 147	317
1953	91	不详	8 370	1 371	1 823	334
1954	94	245	7 887	1 265	1 706	327
1955	93	261	9 824	1 604	2 873	352
1956	101	330	13 238	1 947	4 455	426
1957	109	322	12 695	2 890	2 086	480
1958	330	不详	24 803	2 101	不详	415
1959	130	465	18 774	1 978	4 000	587
1960	149	514	20 443	2 687	3 984	564
1961	134	403	18 768	2 835	2 925	581
1962	122	375	11 995	1 972	3 230	399
1963	141	279	12 266	1 888	3 655	534
1964	391	不详	24 035	2 192	3 485	466
1965	396	512	25 640	2 059	4 500	462
1966	219	552	19 607	1 450	5 084	712
1967	218	562	20 625	1 150	4 149	725
1968	215	545	19 853	804	1 922	731
1969	252	648	24 016	1 616	7 338	813
1970	262	744	27 724	1 945	7 597	887
1971	319	912	33 719	1 672	11 193	1 073
1972	295	1 036	41 386	1 567	14 068	1 390
1973	307	1 076	43 290	2 802	11 496	1 600
1974	278	1 177	42 303	5 661	9 454	1 601
1975	289	1 216	43 143	4 386	10 078	1 690
1976	272	1 276	44 850	6 606	11 554	1 671
1977	337	1 308	44 759	6 933	14 003	1 698
1978	344	1 265	43 253	5 654	9 935	1 650
1979	299	1 180	40 971	4 830	8 676	1 642
1980	250	1 120	39 653	4 813	8 559	1 716
1981	253	1 092	38 053	5 261	7 649	1 514

续表

年份	学校数	班级数	在校学生数	毕业生数	招生数	教职工数
1982	238	1 054	37 367	5 699	7 133	1 526
1983	224	972	36 126	6 229	6 919	1 380
1984	225	968	36 506	5 749	7 209	1 346
1985	225	963	36 662	5 726	6 533	1 455
1986	225	986	37 555	6 275	6 989	1 409
1987	224	987	36 293	6 752	5 881	1 220
1988	218	964	34 818	6 882	6 108	1 237
1989	213	968	34 778	6 798	7 048	1 262

资料来源：《玉环县教育志》，玉环县教育委员会编，浙江大学出版社，1993年。

学校布局调整是世界各国教育发展必然要面对的一个现实与变革课题。当今中国随着城镇化水平的不断提高及城乡一体化进程的加快，如何对农村中小学进行布局调整成为亟待解决的问题。从1986年《中华人民共和国义务教育法》颁布开始，我国进行了第一次较大规模的农村中小学布局调整。"从20世纪90年代中后期开始，特别是2000年以来，我国农村中小学开始了新一轮学校布局的大调整。"① 随着2001年颁布的《国务院关于基础教育改革与发展的决定》中要求"因地制宜调整农村义务教育学校布局，按照小学就近入学、初中相对集中、优化教育资源配置的原则，合理规划和调整学校布局。农村小学和教学点要在方便学生就近入学的前提下适当合并，在交通不便的地区仍需保留必要的教学点，防止因布局调整造成学生辍学。"② 自此，我国正式开始了较大规模的有目标、有规划、有步骤的农村中小学布局调整工作，此工作在全国范围内广泛开展，各地政府也都大规模地加快了布局调整的步伐。据2005年年初教育部发布的《2004年中国教育事业发展状况的报告》显示：2004年我国撤减小学3.17万所，初中973所，共计减少中小学4万所。2006年6月，教育部又先后发出两个通知，强调"农村小学和教学点的调整要在保证学生就近入学的前提下进行，在交通不便的地区仍须保留必要的小学和教学点，防止因过度调整造成学生失学、辍学和上学难问题"③。

---

① 范先佐：《农村中小学布局调整的原因、动力及方式选择》，载《教育与经济》2006年第1期。
② 何东昌总主编：《中华人民共和国重要教育文献：1998～2002》，海南出版社2003年版，第888页。
③ 《教育部关于实事求是地做好农村中小学布局调整工作的通知》，教基〔2006〕10号。

表6-6　1949~1989年玉环县中学教育情况

年份	学校数 合计	学校数 初中	学校数 高中	班级数 合计	班级数 初中	班级数 高中	招生数 合计	招生数 初中	招生数 高中	毕业生数 合计	毕业生数 初中	毕业生数 高中	在校学生数 合计	在校学生数 女生	在校学生数 初中	在校学生数 高中	教职工数 合计	教职工数 女教工
1949	1	1	/	6	6	/	79	79	/	12	12	/	133	—	133	/	34	/
1950	1	1	/	6	6	/	88	88	/	15	15	/	178	—	178	/	34	/
1951	1	1	/	5	5	/	158	158	/	15	15	/	274	100	274	/	34	/
1952	3	3	/	9	9	/	170	170	/	47	47	/	447	—	447	/	34	/
1953	1	1	/	8	8	/	104	104	/	164	164	/	435	128	435	/	34	5
1954	1	1	/	8	8	/	179	179	/	108	108	/	398	—	398	/	36	4
1955	1	1	/	8	8	/	169	169	/	81	81	/	426	122	426	/	36	3
1956	3	3	/	12	12	/	358	358	/	150	150	/	669	—	669	/	36	2
1957	5	5	/	15	15	/	506	506	/	132	132	/	1 003	—	1 003	/	40	—
1958	8	7	1	40	38	2	893	852	41	149	149	/	1 656	—	1 615	41	96	—
1959	6	5	1	40	37	3	776	671	105	253	253	/	2 048	841	1 907	141	104	—
1960	3	2	1	42	36	6	893	746	147	206	206	/	2 217	621	1 941	276	119	—
1961	3	2	1	26	22	4	408	362	46	227	199	28	1 045	210	883	162	103	—
1962	3	2	1	22	19	3	476	420	56	249	205	44	848	—	721	127	90	—
1963	3	2	1	22	19	3	418	365	53	134	98	36	852	—	741	111	90	—
1964	3	2	1	22	19	3	443	385	58	114	93	21	990	—	852	138	90	—
1965	3	2	1	25	22	3	424	468	56	233	204	29	1 211	—	1 053	158	90	—
1966	5	4	1	28	25	3	/	/	/	/	/	/	1 269	—	1 114	155	97	—
1967	5	4	1	27	24	3	/	/	/	/	/	/	1 229	—	1 074	155	97	—
1968	5	4	1	27	24	3	/	/	/	/	/	/	1 222	—	1 067	155	96	—
1969	16	2	1	31	29	2	—	888	—	869	714	155	1 202	—	1 098	104	107	—

续表

年份	学校数 合计	学校数 初中	学校数 高中	班级数 合计	班级数 初中	班级数 高中	招生数 合计	招生数 初中	招生数 高中	毕业生数 合计	毕业生数 初中	毕业生数 高中	在校学生数 合计	在校学生数 女生	在校学生数 初中	在校学生数 高中	教职工数 合计	教职工数 女教工
1970	32	2	1	—	44	—	812	719	93	—	—	—	1 474	—	1 381	93	112	—
1971	26	1	3	69	61	8	2 038	1 680	358	—	332	—	2 549	—	21 870	358	194	—
1972	27	/	4	86	70	16	1 806	1 374	432	—	638	—	3 404	1 514	2 673	731	234	—
1973	30	4	4	115	96	19	3 011	2 371	640	1 555	1 160	395	4 236	1 341	3 224	1 012	233	33
1974	17	/	4	161	141	20	6 348	5 834	514	1 284	1 064	220	9 071	2 579	7 987	1 084	330	85
1975	14	/	4	170	148	22	4 538	3 838	700	2 592	2 059	533	9 288	3 058	8 092	1 196	428	109
1976	4	/	4	217	183	34	7 012	5 782	1 230	4 399	3 916	483	1 136 444	3 963	9 387	1 977	528	103
1977	4	/	4	302	235	67	7 959	6 305	1 654	4 386	3 586	800	153 500	4 035	11 315	4 835	655	176
1978	4	/	4	286	244	42	5 645	4 677	968	6 345	4 053	2 292	13 452	3 822	11 207	2 245	719	212
1979	6	2	4	278	249	29	5 450	4 675	775	4 813	3 506	1 307	12 599	4 808	11 073	1 256	646	193
1980	5	1	4	240	216	24	4 184	3 554	630	2 150	1 424	726	11 177	3 532	9 857	1 320	650	194
1981	13	9	4	212	192	20	3 937	3 475	462	2 537	2 062	475	9 919	3 547	8 853	1 066	609	149
1982	23	19	4	210	191	19	4 451	3 797	654	2 454	1 889	565	10 262	3 821	9 249	1 013	643	153
1983	23	20	3	220	195	25	4 774	4 037	737	2 404	2 070	334	11 184	4 650	9 862	1 322	613	156
1984	22	19	3	229	201	28	4 812	4 155	657	2 684	2 334	350	12 552	5 091	10 980	1 572	690	203
1985	23	19	4	250	210	40	5 058	4 203	855	2 628	2 422	206	13 975	5 734	11 774	2 201	824	255
1986	23	19	4	260	216	44	5 248	4 461	787	3 340	2 749	591	14 379	5 844	12 113	2 266	839	277
1987	28	24	4	275	231	44	5 913	5 022	891	3 669	3 063	606	15 524	6 451	13 024	2 500	702	194
1988	30	26	4	285	242	43	5 751	5 010	741	3 944	3 190	754	15 092	6 258	12 313	2 779	723	223
1989	303 000	26 260	4	295	253	42	5 935	5 135	798	3 689	2 955	734	15 569	6 707	13 436	2 133	753	241

注：表中"—"代表数据不详。

资料来源：玉环县教育委员会编：《玉环县教育志》，浙江大学出版社1993年。

第二节　学校布局调整的调研情况

一、调研概览

根据调研所需，乡镇的选择标准如下：①县城所在地（城关镇）；②至少要调研一个乡；③外来人口最多（特别是外来务工人员子女最多）的乡镇；④2001年以来学校数量减少比例最大（特别是小学）的乡镇；⑤人口密度最大的乡镇；⑥人口密度最小的乡镇。以上标准可以重合。每个乡镇调研任务是一所乡镇初中、一所乡镇中心小学、一所村小。据此，我们实地调研了4个乡镇：玉环县县城所在地珠港镇（城关、陈屿、坎门）、沙门镇、龙溪乡、鸡山乡。调研期间发放的问卷分别是，校长调查问卷30份、教师调查问卷244份、学生调查问卷932份、农民调查问卷28份、镇基本情况调查表6份、学校情况调查表15份，并在15所学校进行了教师座谈。同时，走访了部分教育行政领导、教师、部分学生和家长。通过对问卷和实地访谈的分析，我们发现，农村中小学布局调整政策的有效实施，使农村中小学学校布局取得了明显成效，并不断趋向于合理化，初步解决了农村学校数量多、规模小、资源少的问题，在一定程度上实现了合理布局的目标。

表6-7　　　　　　　　调研学校名单

城镇	学校名称	城镇	学校名称
珠港镇（城关）	城关一中	珠港镇（陈屿）	陈屿中学
	城关镇中心小学		陈屿中心小学
沙门镇	沙门镇中学	珠港镇（坎门）	坎门一中
	沙门镇中心小学		坎门西台中心小学
	果丽小学（瑶坑村）		朝阳小学
龙溪乡	龙溪中学	鸡山乡	鸡山学校（初中）
	龙溪中心小学		鸡山学校（小学）
	密溪小学（大密溪村）		

二、学校布局调整的历程审视

合理调整中小学布局是充分利用教育资源，全面推进素质教育，提高办学质量和效益，促进基础教育均衡发展的重要举措。2000年，玉环县行政区域土地面积378平方公里，乡（镇）10个，村民委员会305个，年末总人口39万人，乡村人口32万人。小学73所，在校学生数24 000人，普通中学22所，在校学生数26 300人。教育经费总支出13 177.5万元，财政预算内教育拨款8 205.6万元，人均教育经费总支出338.75元，人均财政预算内教育拨款197.79元，财政支出中预算内教育拨款所占比例24.10%，农村人均征收教育费附加占农村人均纯收入的比例为2.77%。自2000年以来，根据上级要求和玉环实际共进行过两次学校布局调整，2000年左右开始第一次调整，目的是为了高质量"普九"。2008年开始新一轮调整，此次调整的目的是解决大量外来民工子女与本地学生同校就读产生的矛盾。根据问卷统计数据可以得知，只有7%的学校没有经历过布局调整，其他的学校都经历了不同程度的布局调整，学校布局调整有的是撤并，有的是异地重构，调整的依据是人口分布和城市发展规划。

2001年《玉环县教育事业第十个五年计划和到2010年长期规划纲要》中提出：合理调整中小学布局，根据生源条件，跨区域设置小学、初中，条件成熟的镇乡或学校举办九年一贯制学校和寄宿制学校，并逐步实施小学小班化教育，努力提高办学规模效益，提升基础教育各学段的教育质量。经过五年的布局调整工作，2005年，在完成"十五"计划目标的基础上，更是超额完成任务，小学调整为46所，中学16所。

面对学校布局调整存在的问题和困难，《玉环教育事业发展第十一个五年规划》进行了统一统筹安排。按照规划，"十一五"期间，玉环县加大了布局调整力度，按照"高中向城区集中、初中向中心镇集中、小学向乡（镇）或中心村集中"的总体要求，正确处理撤并与新建的关系，合理进行布局调整。经过新一轮的中小学布局调整，85%以上的乡镇学校达到了"四高"、"两化"水平。

表6-8　　玉环县学校2006~2010年发展规划一览

片区名称	高等学校	高中学校	初中学校	小学学校	学前机构
城关片	2（电大玉环学院、江南理工学院）	3（玉环中学、县中等技校、人文综合中学）	3（城关一中、城关二中、实验学校）	8（环山小学、城关中心小学、城南小学、三合潭小学、合洋小学、后蛟小学、民工子弟学校）	38
坎门片		1（坎门中学）	2（坎门一中、坎门二中）	7（坎门中心小学、西台小学、掉艚小学、里黄小学、双龙小学、前台小学、民工子弟学校）	34
漩门三期片				1	2
黄泥坎片				1	2

续表

片区名称	高等学校	高中学校	初中学校	小学学校	学前机构
城北片			1（城北中学）	3（城北小学、<u>青马小学</u>、<u>沙鳝小学</u>）	4
楚门片		2（楚门中学、东方中学）	2（楚门一中、二中）	6（楚门中心小学、均岗小学、外塘小学、田马小学、<u>胡新小学</u>、民工子弟学校）	18
清港片			1（清港初级中学）	6（清港中心小学、凡塘小学、清北小学、惠民小学、下湫小学、民工子弟学校）	16
漩门二期中心片				1	2
港北工业城及芦蒲片			1（芦蒲镇初级中学）	1（芦蒲中心小学）	5
陈屿片		1（陈屿中学）	2（陈屿一中、二中）	3（陈屿中心小学、古顺小学、普青小学、古城小学、鲜迭小学、民工子弟学校）	16
干江			1（干江镇初级中学）	3（干江中心小学、甸山头小学、栈台小学）	4
沙门			1（沙门镇初级中学）	3（沙门中心小学、果丽小学等3所）	3
龙溪			1（龙溪乡初级中学）	2（龙溪中心小学、密溪小学）	4
海山			1（海山乡初级中学）	1（海山乡中心小学）	1
鸡山			1（鸡山乡初级中学）	1（鸡山乡中心小学）	1
合计	2	7	17	47	150

注：校名下加横线的学校计划为外来务工者子弟学校。

自2000年以来，玉环县共撤并小学40所、初中7所、幼儿园77所，中小学学校数目由109所调整为84所，幼儿园由282所调整为205所，使全县农村中小学逐步向乡镇所在地集中，这样的做法进一步提高了农村中小学办学层次，有利于促进教育的均衡发展。

2005年《玉环县人民政府关于进一步推进教育均衡发展的决定》提出：加快中学校网调整。按照"高中学校先县城集中、初中学校向中心镇集中、中心小学向乡镇所在地集中、新增教育资源向城镇集中"的原则，调整中小学校网布局。县建设规划、国土等部门要留足原五大镇学校发展的教育用地。另外，在2010年长期规划纲要中提出：要有计划、有步骤地撤并规模小、效益低的薄弱学校，鼓励行政村、镇乡之间联办小学、初中，鼓励镇乡积极创造条件，举办九年一贯制学校和寄宿制学校，走"质量、规模、效益"之路。

表6-9　　　　　　2005~2010年玉环县中小学数量

年份			2005	2006	2007	2008	2009	2010
学校数量	小学	县镇	29	16	12	23	15	13
		农村	17	25	29	16	24	26
	初中	县镇	13	10	10	10	13	10
		农村	3	6	6	6	5	8
班级数量	小学	县镇	521	393	364	417	425	409
		农村	122	231	268	173	234	274
	初中	县镇	269	252	259	270	280	234
		农村	15	41	43	48	35	74
学生数量	小学	县镇	25 010	19 079	17 506	22 932	20 710	20 126
		农村	3 911	10 336	12 504	8 051	10 055	12 485
	初中	县镇	10 883	10 301	11 514	10 575	12 470	10 470
		农村	467	1 531	1 766	1 590	1 265	2 902

伴随着校网调整、学校的撤并，全县学校总数和在校生人数也有了很大的变化。2005年，全县共有学校279所，其中，幼儿园199所（县镇166所，农村33所）；小学46所（县镇29所，农村17所）；初中16所（县镇13所，农村3所）；普通高中7所（均在县镇）；职业高中8所（均在县镇）。而到2008年，全县的班级总数273所，其中幼儿园204所（县镇128所，农村74所）；小学39所（县镇23所，农村16所）；初中16所（县镇10所，农村6所）；普通高中6所（均在县镇）；职业高中8所（均在县镇）。2005年全县共有在校生67 860人，其中幼儿园学生15 577人，小学生28 921人，初中生11 350人，普通高中和职业高中共有在校生12 012人。到2008年，全县在校生达到了91 015人的规模，较2005年净增23 155人。幼儿园在校人数24 472人，小学生30 083人（其中寄宿生794人），初中生22 065（其中寄宿生1 590人），高中生14 395人。

在我们的调查中发现，由于具体的地理环境的制约，玉环县农村学校所处地形大都不在平原地区，而处丘陵地区的最多，约占 31%；其次是位于山区和半山区的学校占总数约为 28%，剩余的是地处其他地形，例如，鸡山学校就位于鸡山这个小海岛上面，地势崎岖，交通不便。可见，学校所处地区地形的复杂化、多样化，制约了学校的健康发展，校网布局调整势在必行。

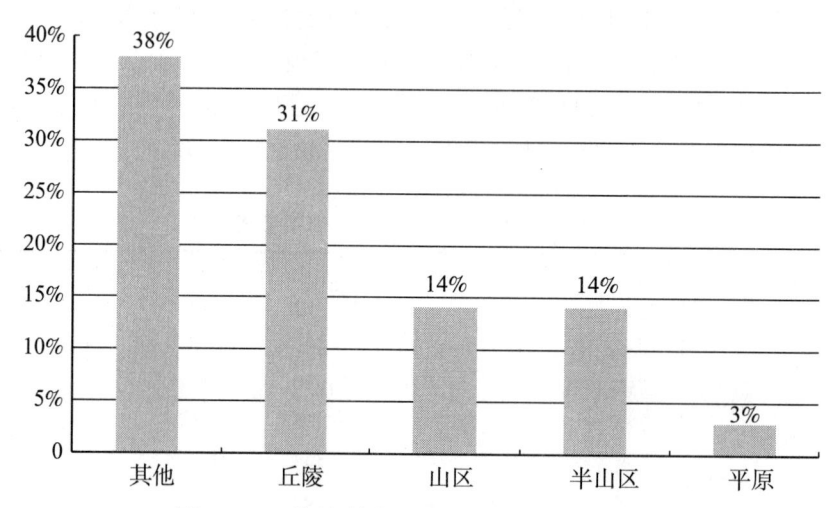

图 6-1　学校所在地区地形特点分布情况

在布局调整中根据各个学校的具体实际和需要，撤并的学校中有 55% 的学校是有其他学校的学生完全并入，有 28% 的学校是有其他学校的学生部分并入。有其他学校教师完全并入的学校占 31%，有部分外校教师并入的占大多数约 45%。关于合并后的学校资产处理，有 24% 的学校是有其他学校的资产的完全并入，部分并入的占 34%。

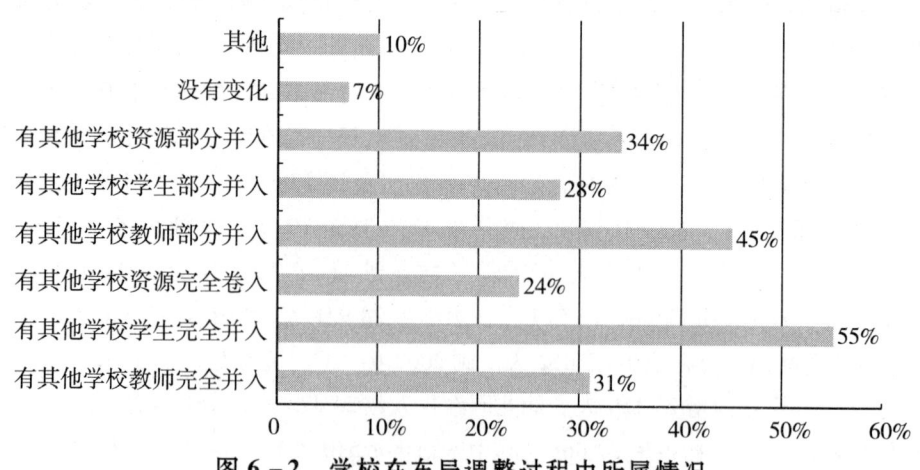

图 6-2　学校在布局调整过程中所属情况

第三节　学校布局调整后各方面情况

一、寄宿制的情况

玉环县的寄宿制建设比较落后，跟不上布局调整的步伐。在我们所调研的6个乡镇里，只有一个乡镇的初中有寄宿条件。是这些学校的学生不需要住宿吗？当然不是。据我们了解，这些学校（初中）的学生大多离家比较远，如果有条件他们肯定会住宿。例如，在调查位于海岛上的鸡山乡学校时，教师普遍反映学生上学路途远，不方便，有一部分学生每天必须坐船往返，时间长，交通不便，因为学校没有提供相应的住宿条件。

从调查数据上看，中小学生住宿生较少，初中非住宿生的比例为84.6%，小学非住宿生的比例为90.6%。初中生住宿的原因按比例（由高到低）依次为：学校离家远、学校管理比较严、家里无人照顾、上学路上不安全。小学生住宿原因按比例（由高到低）依次为：家里无人照顾、学校离家远、学校管理比较严、上学路上不安全。

住宿处的选择依据就近原则，主要集中在学校宿舍、学校周围租房和亲戚家。大部分学生还是比较认同学校的住宿条件，小学有11%、中学有16.7%的学生认为学校住宿条件都不如家里好。

住宿生在长期的学校生活中会遇到一系列的困难，其中排在前6位的依次为：想家、伙食不好、不安全、没有开水喝、课外生活单调、没有地方洗澡。主要表现在：长期生活在学校中学生会想念家人，没有情感的寄托；农村学校的条件比较简陋，如伙食、饮水、洗浴等方面，难以满足学生正常生活的需要；另外，学生对住宿安全的担忧也是一个重要的原因，例如，住宿条件简单，学校没有专门的安全保障。另外，住宿生课余生活很单调，学生放学后常常觉得无聊、无所事事，除了看书、做作业、聊天外基本没什么其他内容了。

二、学校食堂的卫生状况

调研表明，民工子弟学校食堂管理的责任意识都有了一定程度的提升，例如，清港新民、楚门普育、坎门朝阳三所民工子弟学校的食堂达到了县食品卫生量化 C 级标准。但是，民工子弟学校客观上存在硬件投入不足，食堂的基础卫生设施不完善，食品处理区面积偏小，食堂功能间设置不全，卫生管理工作不到位，没有餐厅，除玉环育民民工子弟学校外学生都在教室用餐，存在一定的食品卫生隐患。在调查的学校中，认为学校食堂干净、整洁、比较卫生的比例较低，只有一半左右（初中 51.3%、小学 55%），初中、小学分别有大约 25% 和 20% 的学生认为学校食堂有些脏乱或很脏乱，由此可以看出学生对学校伙食条件满意度较低，学校的食堂卫生条件需要进一步的改进和提高。

三、学校的教学资源情况

（一）教学资源与设施

在对校长的问卷调查中，问及"你校有哪些相关的教育教学设施？"这一问题时，90% 的校长回答学校有计算机教室和多媒体教室，有实验室的比例为 86.7%，有音乐教室的比例为 80%，舞蹈室为 43.3%，语音教室为 13.3%。由此可见，大多数学校都具备基本的教学设施，能够支撑各门课程的正常开设与实施。例如，国家规定学校必须开设的计算机课，每周两节以上、每周一节、两月一节和根本没有的比例依次为 6.7%、86.7%、3.3%、3.3%。很小一部分比较落后偏远的村小没有开设计算机课，而且学校也没有能力建计算机教室。大部分学校都配备多媒体设备（极少数完小除外），而且多媒体教室使用频率较高（83.3% 学校选择"经常使用"）。得益于本地较发达的经济条件，大部分学校硬件条件比较齐全，较为充裕的教学硬件设施为保证正常的教学提供了有力的支持。教师普遍反映跟城市地区的学校差距不是很明显，不足的是设备的更新速度较慢。

（二）图书馆资源与使用情况

图书馆的资源是辅助师生教与学的必备资源，丰富的图书资源是支撑有效教学的必要物质条件。问卷数据显示，小学图书室只有 46.3% 每天开放或者隔天开放，达不到学校总数的 50%。相对于小学，初中图书室情况稍微乐观，每天开放或者隔天开放的图书室占学校总数的 2/3 以上。因而，增加小学的图书室建设是极为必要的。在初中每周至少去一次图书室的学生达到 3/4 以上，大部分学生比较乐意去图书室获取学习需要的内容和知识。在学校图书与学习内容的相关性方面，有 65.3% 的学生认为与学习内容都相关或部分相关。

（三）教室环境

学校教室内调节室温的设施86.7%为风扇，6.67%什么也没有。由于玉环县纬度较低，教室里不必安装取暖设备。教室的桌椅设备，农村学校普遍比较旧，与城镇学校有着一定的差距。

四、学校网络情况

在调查的几个乡镇中，所有的中心小学以上的学校都为教师和学生提供了一定的网络资源，每个办公室都为教师配备电脑，计算机联网情况是校内局域网和互联网约各占一半。学校也都开设了微机室，国家规定必须开设的计算机课93.4%的学校每周至少开设一节，这些都达到了国家的基本要求。在对教师的访谈中，教师普遍反映学校的网上资源比较丰富，能够满足教学的需要，但是办公室电脑数量少，明显无法满足正常的使用需求。有的学校一个办公室十几名教师共同使用一台电脑，教师做课件和查阅教学资源的时间就会有冲突，造成很大的不便。

五、教师队伍基本情况

本次抽取的教师样本248人，调查对象的性别结构为：男性30%，女性69%，未填写性别1%；样本的民族结构为汉族230人，占样本总数的93%，少数民族共5人，约占样本总数2%；样本的年龄结构为：20~25岁的约占样本总数的31%，26~30岁的约占样本总数的18%，31~35岁的约占样本总数的17%，36~40岁的约占样本总数的15%，40岁以上的约占样本总数的0.06%。这说明玉环县教师年龄结构主要集中在20~35岁，没有趋向于老龄化。样本的第一学历结构为：中专约占样本总数的13%，高中约占样本总数的0.03%，大专约占样本总数的42%，本科约占样本总数的18%，其他与未填的约占样本总数的24%。由此可见，玉环县教师第一学历主要是大专。从调查样本教师的从教时间来看，最长的从教时间是33年，最短的是半年，平均从教时间为9.7年。从调查样本教师每周的课时来看，最多的一周上33课时，最少的一周上3课时，平均一周是14课时，可见教师工作量之大。

六、布局调整对教师的工作和生活的影响

(一) 关于教师的生活方面

从以下的几个表格中可以看出,布局调整后教师在食宿方面、家庭生产、家庭生活、交通费用、实际收入等方面并没有显著的变化。

表 6–10　　　　　　　　　　教师生活

食宿情况			家庭生产		
改善了	没什么变化	变差了	有正面影响	没什么影响	有不良影响
30%	59%	11%	12%	73%	15%
交通费用			家庭生活		
减少了	没什么变化	增加了	有正面影响	没什么影响	有不良影响
10%	51%	39%	13%	67%	13%

(二) 关于教师的工作方面

从下列的表格中可以看出,布局调整后在教师工作积极性、办公条件等方面并没有明显的变化,唯有教师的工作负担发生明显的变化,样本中有 2/3 的教师认为布局调整后工作负担明显增加了。

表 6–11　　　　　　　　　　教师工作

工作负担	减少了 4%	没什么变化 31%	增加了 65%
工作积极性	提高了 21%	没什么变化 51%	降低了 28%
办公条件	改善了 38%	没什么变化 53%	变差了 9%

在进行布局调整后,由于学校的撤并,被撤并学校教师的工作发生了很大变化,所以教师的教学岗位会有一定的变化。那么,哪些方面会影响被合并学校教师在新学校获得教学岗位?通过问卷调查发现,教师的教学水平、人际关系、所学专业还有年龄等方面对教师在新学校获得教学岗位有重要影响。其中,教师的

教学水平对教师在新学校获得教学岗位至关重要。

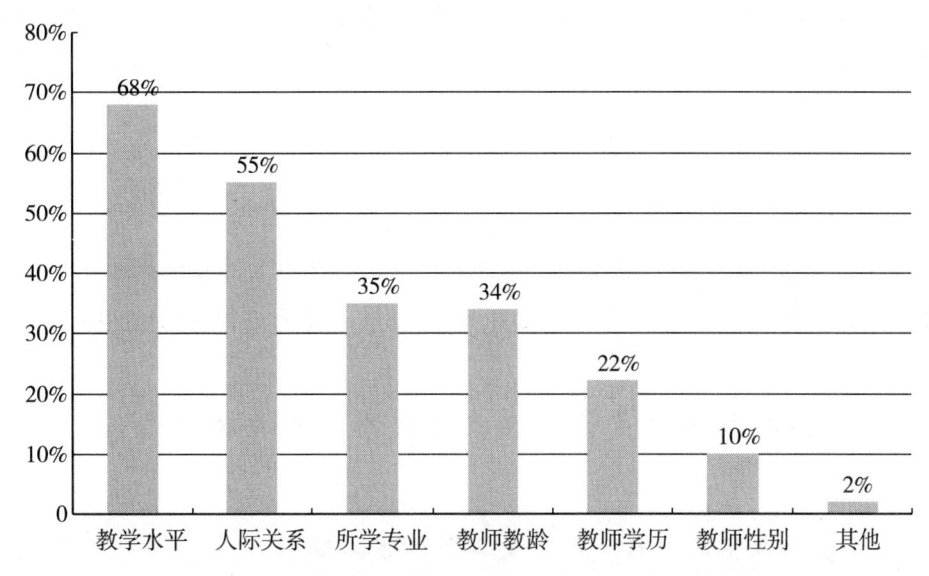

图 6-3 教师在新学校能够获得教学岗位影响因素

第四节 学校布局调整的成效

学校布局的不断调整，在全面提高教育质量和办学效益上起到了比较显著的成效，总体上说主要表现在以下几个方面。

一、布局调整日趋合理，强势教育凸显

到 2007 年，全县已经完成了新一轮中小学布局调整，做到了校园布局合理，设施完善，班额合适，并达到了安全、卫生及绿化美化的标准，全县每一所学校的办学条件都达到了较高的水平。布局调整减少了因学校规模小、数量多带来的人力、物力、财力的浪费，校内活动场地、仪器设备的使用率大为提高，学校教学条件和水平有了很大的提升。随着教育行政部门教育投入的不断增加，学校现代技术设备进一步更新，中小学的教学仪器、音体美器材、图书配套设备得到了很大程度的改善，基本上大多数学校达到了国家或者省定标准。尤其是计算机配置力度较大，全县学生数与计算机总数比例达到 9∶1 左右。此外，中心小学以

上的学校教室都装有多媒体，所有完小都配备了光盘放像等现代化设备。

布局调整后的空余校舍由教育行政管理部门统筹使用，用于中小学和幼儿园建设，有效地防止了学校土地和校产产权等教育资产的流失。通过规划的全面实施，玉环教育事业取得了显著成就。2002年玉环已跨入"浙江省教育强县"行列，基本满足了经济社会对教育的多元化、多层次需求。高标准普及了十五年基础教育，2007年，全县学前三年入园率达95.5%，小学入学率和巩固率均达100%，初中入学率和巩固率均接近100%，初升高比例达96.76%，职普比连续12年保持1∶1，中职毕业生一次性升学、就业率达97.5%。教育整体水平不断提升，全县9个乡镇均成为台州市教育明星乡镇，省教育强镇比例达90%。

二、推行标准化建设，农村学校办学条件得到改善

（一）积极实施农村中小学爱心营养餐工程

自2005年秋季入学开始，玉环县从县财政预算中专门拨款，对农村中小学享受就学资助的低收入家庭子女、福利机构监护的未成年人、革命烈士子女、五保供养的未成年人以及属低收入家庭的残疾学生和少数民族学生免费提供每周2~3餐荤素搭配、营养合理的营养餐，补助标准为每位学生每周5元。

（二）大力实施农村中小学食宿改造工程

在2005年，玉环县全县已经全面完成农村学校改水改厕的任务，改善了中小学寄宿学生的食宿条件，推广食堂食品卫生量化分级管理，到2007年，生均宿舍建筑面积、食堂建筑面积达到省定标准，为学生创造良好的学习生活环境。在调查中60%的学校表示办学条件得到了较大的改善和提高。

（三）加快农村学校教育信息化建设

到2007年，全县乡镇中心完小以上学校全部建立了计算机教室，生均计算机数居全市前茅。并且把每一个教室都建成了多媒体教室，进一步完善了"校校通"工程，提高了教育信息资源共享程度。

三、教师队伍结构优化，整体素质提高

通过布局调整，教师的年龄结构和学历层次都得到较大程度上的优化，实现

学科教师专职化，促进教师之间的合理竞争与有序交流，提高了教师队伍的整体竞争力，避免了玉环县因地形复杂、交通不便造成的教师在业务上封闭、相互独立的状态。

从整体上说，玉环县教师缺口较大，故学校布局调整有利于发挥教师的规模效应。在教师安置上，也可以做到统筹兼顾，把撤并学校的教师调配到相应学校的对口岗位上。随着学校班级、教师数量的增加，学校领导力量、师资队伍和管理水平得到了加强，竞争机制也相对有序，校内、校际教师之间的交流机会增多，教师的学习氛围比以前浓厚了许多，教师学习和提高自身素质的意愿也大为提高。布局调整也为教师培训和提高教师待遇奠定了良好的基础，教师集中后，在短时间内把教师集中起来培训变得相对容易。教师的工作积极性也有一定程度的提高，1/3 的学校形成了教师合作的研究氛围。

四、完善管理体制，教育管理逐渐规范

（一）加强对外来民工子弟学校的支持和管理

玉环县坚持流入地政府和公办学校为主、民办民工子弟学校为辅的方针，把外来民工子女教育纳入了全县教育发展规划中，增加投入，保障外来民工子女受教育的权利。外来民工子女在教育教学活动中与当地居民子女享受同等待遇。

（二）大力实施"放心班车"工程

对自购学生接送车的公、民办学校（幼儿园），县教育行政部门给予适当的补助，提高运力，并增开农村营运班线，进一步完善城乡公交一体化，在学生上下学时间段增加公交线路的运力，满足学校接送学生需要。加强了对农村中小学生、幼儿接送车的安全管理，由县政府牵头，落实相关职能部门责任，坚决整治学生接送车超载，确保中小学生、幼儿接送安全。

五、教育经费逐年增长，学校发展得到保障

在教育办学经费方面，政府财政性经费投入逐年增长，办学条件进一步改善。"十五"以来，玉环建立了以政府投入为主、多渠道筹集教育经费的投入体制，实现了教育经费"三个增长，两个提高"，确保了"三项经费"的有效落实。"十五"期间，全县教育经费总投入达 12.36 亿元。2005 年，全县教育总投

入达 3.06 亿元，其中财政对教育拨款达 2.28 亿元，较 2000 年的财政对教育拨款 0.81 亿元增长了 182%，生均费用也逐年提高。2008 年县预算内教育经费高达 4.32 亿元，其中用于校舍建设和维修的费用达到了 5 557 万元，有力地保障了学校的硬件建设和住房安全问题的解决。在公用经费中，小学生的人均费用是 350 元每年，初中生是 400 元每年。调查中有 41% 的学校表示形成了良好的学习氛围和开齐了课程，解决了以前国家规定的课程因经费问题而无法开齐开足的问题。而且，困扰农村学校发展的最大的问题—办公经费问题也得到了比较好的解决，有 37% 的学校的公用办公经费比以前增多了。

第五节　学校布局调整后引发的问题

学校布局调整都是在特定的历史背景下进行的。学校布局调整涉及政府、教育主管部门、学校、家长和学生等不同的利益主体，这些主体基于自身利益的考虑，对学校布局调整有着不同的行为预期和目的。受这种预期心理与行为的影响与制约及布局调整的过程中多方面的主客观原因，学校布局调整的失当所带来的诸多问题及其消极影响已日益凸显，例如，布局调整可能会使一些学生到离家较远的地方上学，带来上学难、上学远等问题，甚至可能会直接导致学生辍学。目前这种以政府为主的推进方式进行的学校布局调整，虽有利于减轻村舍办学的负担和促进教育的均衡发展，但也带来多方面的不必回避也难以回避的一系列问题。对此，学者庞丽娟指出："近年来，各地农村中小学布局调整中出现的大量撤减、盲目集中、加速调整等问题已严重影响了一些农村地区义务教育的健康、持续发展，使不少原本能就近入学的农村儿童及其家庭陷入求学困境中，产生了许多农村教育的新问题。"[①]

一、学校布局方面

"布局调整的动力来源于追求规模效益，促进中小学教育均衡发展和提高教育质量。"[②] 但目前玉环县学校布局上，还存在着一定数量的"分布散、规模小

[①] 庞丽娟：《当前我国农村中小学布局调整的问题、原因与对策》，载《教育发展研究》2006 年第 2B 期。

[②] 郭清扬等：《中小学布局调整与教学点建设研究》，人民教育出版社 2011 年版，第 8 页。

和效益低"的学校。根据统计资料,玉环县60人以下的学校还有4所,100人以下的初中还有2所。而有些小规模学校地域偏僻,撤并后势必给这部分学生上学带来极大不便。少数村小办学条件较差,硬件不齐全,活动空间狭窄,教育质量显著低于中心小学。由于本地区外来民工人数较多,为一些规模小、条件差、师资不足的学校提供了生存空间。从玉环县目前民工子弟学校的布局看,有6所集中在城关和坎门地区,楚门仅1所,城关和坎门因生源不足需要在楚门、芦浦等地招生,这既违反了义务教育阶段学生就近入学原则,又增加了学校学生接送车运力负担和安全隐患。

二、教育均衡发展方面

作为二元社会中的中国,城乡教育发展不均衡是教育发展中最为突出的一个现实问题。让全体孩子享受优质的教育资源,构建均衡优质的现代义务教育体系,重视区域内中小学教育的均衡发展,使区域内的普通中小学在办学经费、硬件设施、办学水平等方面相对处于一个比较均衡的状态,这是玉环县发展义务教育的目标,但是玉环县仍面临着一些新的困难和问题。当地政府一直倡导"新玉环人"的理念,试图把外来人口融入本地的生活和文化中来,使之成为玉环人的一员。尽管玉环县把外来民工子女教育纳入到了全县教育发展规划中,增加投入,保障了外来民工子女受教育的权利,但是,当地民工子弟学校的办学条件和普通公立学校之间的差距悬殊,不论是办学条件还是师资水平等与公立学校都不能相提并论。相当一大部分的"新玉环人"进入到条件较差的民工子弟学校,也就在教育起点上拉开了和"本地玉环人"的差距,造成了"新玉环人"的不满,实际上也是优质教育资源的供给和需求不平衡的矛盾表现,也与玉环县倡导的全民享受优质教育的理念格格不入。而"教育系统的首要目标,应是减少来自社会边远和处境不利阶层的儿童在社会上易受伤害的程度,以便打破贫困和排斥的恶性循环。"[①]

三、学生方面

(一)学生的上学难度加大

撤并部分中小学使得许多农村学生上学路途遥远,有的学生距学校5~10千

---

① 国际21世纪教育委员会著,联合国教科文组织总部中文科译:《教育——财富蕴藏其中》,教育科学出版社1996年版,第129页。

米甚至更远，单程时间 10～40 分钟，不得不住校，给学生造成了很大的压力。据了解，学生每学期的住宿费 1 000 元左右，平均伙食费 100 元左右，再加上交通费，家长得为孩子的住校而每学期额外支出 2 000 元左右，尤其是许多低龄入学儿童难以做到就近入学，也使许多儿童在适龄阶段推迟入学。有的学校为了争取生源，采取校车政策，负责本校学生上下学的接送工作，但是由于受到利益关系的影响，这些校车往往超载现象十分严重，有的甚至超载 300%，存在严重的安全隐患，一旦发生事故，后果不堪设想。

（二）学校生源外流现象有所加剧

随着城市化进程的加快，一方面一些经济相对落后的乡镇学校生源外流。由于优质教育资源少，城乡学校办学水平有较大差距，学生择校现象普遍存在，五大镇中心小学的择校生比例在 10%～20%，由于玉环教育跟不上群众对优质教育的旺盛需求和玉环经济发展，导致玉环人有能力把子女送到更好的学校就学，玉环生源外流比较严重。另一方面一些城区学校超标准高负荷运转，生均占地面积、生均建筑面积等指标低于省定标准，直接影响着教育教学活动的正常开展和教育质量的提高。而且，由于本地经济发展水平较高，外来人口大量流入，居民人口和学生数量还将大幅度增加，还将带来更大的冲击。

（三）学生数量和班级设置不合理

随着学校的合并、学生的转移，全县的学校班级数目也有了较大规模的改变。2005 年全县共有班级数 1 067 个（不含幼儿园），小学 643 个，初中 284 个，高中 140 个。到 2008 年有小学 590 个，初中 318 个，高中 108 个，共计 810 个（不含幼儿园），累计减少 257 个。虽然学校合并后生源问题得到了解决，但随之也出现一系列的问题，其中反映最大的是调整后的学生人数剧增，但是学校的班级数目并没有随之增加而造成的班级规模过大，给学校的教学正常的工作和日常的管理增加了不少困难，有 62% 的学校有这种情况。与此同时，学生迟到旷课的现象也有所增加，甚至出现了部分学生辍学的现象，虽然仅占 3% 的比例，但是这个问题不容忽视。

四、教师方面

（一）农村教师学历偏低

目前，我们通过问卷调查发现，从教师的学历结构来看，农村教师的最高学历都已基本达标，但是有相当大比例的教师最高学历并不是第一学历，而是第二学历；在问及最高学历的获得方式时，从表中可以看出只有 28% 的教师是通过全日制学习获得最高学历，而有 63% 的教师是通过函授学习取得最高学历。虽然农村教师的最高学历水平基本达标，但是有将近 2/3 的教师的最高学历是通过在职进修获得的，而不是通过全日制的教育获得，这说明农村教师的第一学历水平偏低。正如外国学者菲利普·库姆斯所指出的："发展中国家农村地区常常像半干旱的教育荒漠一样而没有教育质量可言，不但教师通常都是水平最低的，而且贫穷儿童的比例也很高，这些儿童真正需要最好的老师，然而他们都是最后才得到。"[①] 药石之言，一语中的。

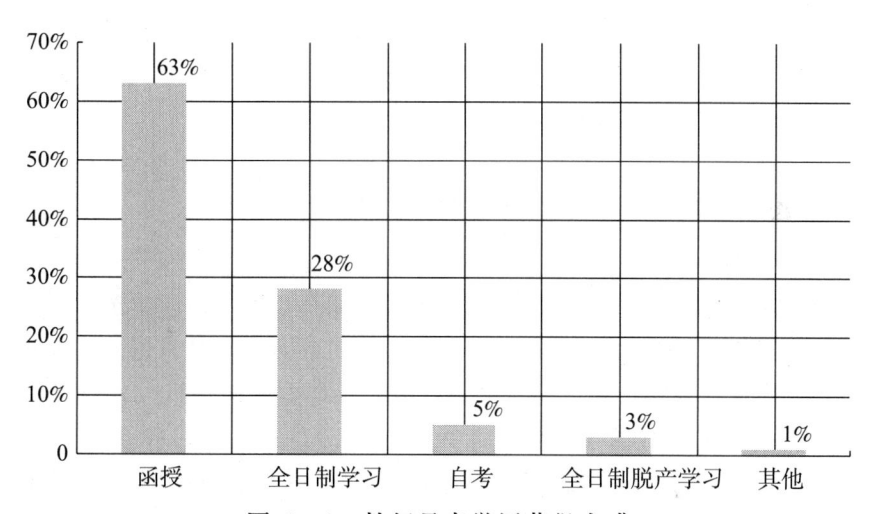

图 6-4 教师最高学历获得方式

（二）农村教师的任务过重

从问卷中我们分析发现，有 2/3 的教师认为布局调整后教师的工作负担加重。调查显示，有 65% 的教师认为自己的工作负担增加了，31% 认为没有什么变化，只有 4% 的教师认为工作负担减少了。从访谈中我们也了解到，农村教师的工作量确实很重。例如，鸡山乡海岛上每周停电两天，必须备两套教案，一套多媒体，一套传统方式教学。周一到周五每天六点半就需到校，晚上下班回去还得批改作业，中午只能休息一会儿，根本没有时间看一下自己想看的书，甚至在部分农村学校仍然存在一个教师教好几门课程的现象。另外，我们通过调查发现，布局调整后学校的规模扩大，班级的人数明显增多，造成班级与教学管理的

---

① ［美］菲利普·库姆斯著，赵宝恒等译：《世界教育危机》，人民教育出版社 2001 年版，第 126 页。

困难，加重了教师的负担，长时期的超负荷压力，影响了教师的身心健康，这使教学质量难以得到保证。

（三）教师编制城乡不均

从玉环县教育局教职工编制的调查表中可以看出，玉环县的教师编制结构合理，几乎不存在超编与缺编的现象，但是从校长的调查问卷中我们发现有47%的校长反映自己的学校处在缺编的状态，有40%的校长反映自己的学校处在超编的状态；另外，通过对中心小学教师与村小教师的访谈中我们还发现，镇中心校的教师的编制不仅满编，甚至存在超编的现象，但是农村的小学仍然存在教师缺编的问题。例如，清港镇中心小学、沙门镇中心小学教师数分别为95、57人，清港镇村小凡塘小学、沙门镇村小果丽小学教师数分别为57、7人。这也充分说明教师编制城乡不均的现象仍然存在。

（四）教师培训方面存在的问题

1. 继续教育经费明显不足

《中小学教师继续教育规定》："地方教育费附加应有一定比例用于义务教育阶段的教师培训。"但是，由于地方教育附加费的取消，各级财政投入教师培训的经费极为有限，继续教育专项资金难以落实，稳定的经费投入机制还没有形成，所以，教师培训经费形成了一个大的缺口，尤其在农村税费改革和实行"一费制"后，农村中小学教师的培训经费就更缺乏固定的经费来源。中小学教师参加培训的费用由政府、学校和个人分担很难做到，多数由学校和教师支付，加重了教师的负担，在"影响参加教师培训因素"方面，"培训经费短缺，个人承担的费用过高"占33%。具体表现在：一是大多数地方严重不足；二是缺少专项培训经费，各种培训项目在一个盘子里，在经费紧张的时候，骨干教师和新课程培训等就没有了保障；三是培训经费缺乏长效的保障机制，经常性投入不够。这些都直接影响了中小学教师继续教育的效果和质量，导致继续教育的后劲不足。

2. 缺少相应的激励机制

中小学校对于教师参加继续教育的态度大体上是支持的，但是这种支持只是表现在口头上和态度上。在"影响参加教师培训因素"方面，"学校不重视、不支持"占8%。参与访谈的一些教师表示，虽然学校表面上支持，但实际上是有一些不满情绪的，因为毕竟耽误了工作和课程。几乎所有教师都表示，参加学历继续教育完全属于个人行为，学校不会给予任何的奖励，也不会报销食宿和路费，也就是说资金上的支持几乎是没有的。只有少数领导的继续教育费用是全部报销的。大部分初中和小学教师的学历继续教育也不会给他们评定职称和增加薪水带来任何好处。学校对于非学历继续教育，会适当报销一些食宿费用。

3. 教师工学矛盾突出，影响继续教育效果

据我们在问卷调查数据分析和访谈中发现，目前，教师的工作量普遍超负荷，繁重的工作压力使他们无法安心参加培训学习。在"影响参加教师培训因素"方面，回答"教学或管理任务繁重，精力有限，没有时间参加"的占63%，"教师数量少，如果参加培训，没有教师顶岗"占28%。由于教师教学工作与培训学习的冲突，在中小学教师参加继续教育的时间安排中，我们不难得出"学习工作两不误"使广大中小学教师处于两难境地。教师除正常教学时间、课后批改作业、批改试卷外，余下时间已所剩无几。工作时间与学习时间、工作任务与学习任务、工作地点与学习地点之间矛盾突出。这三对矛盾制约着继续教育的培训方式，直接关系到中小学教师继续教育的实施和实际效果。所以，很多教师认为参加继续教育是一种负担，以至于用一种应付的态度来对待培训。

五、农民工子弟学校方面

民工子弟学校的出现是当今社会急剧变迁过程中，现行教育体制无法适应社会转型及变迁的结果，这类学校在过去及现在一段时间内解决了低收入流动人口子女的义务教育问题，发挥了对现行教育体制"补充"及"自救"的功能。调查显示，民工子女在玉环县就学总量具有稳定性，且逐年略有增长，发展较快，2002年2月，在原坎门窑厂办起了玉环县第一所外来民工子弟小学——皖驻浙希望小学，到2007年9月，经审批的民工子弟学校已有10所，2008年11月，据统计，全县有56%的外来务工人员子女，共1.2万多人在公办学校就读，还有9 480多人在11所民办民工子弟学校。不难看出，民工子弟学校对玉环教育资源起了补充作用，使玉环县在解决来玉务工人员子女教育问题上减轻了不少负担。但农民工子弟学校存在的问题也较多，主要有六方面问题：

（一）教师质量面临挑战

1. 教师不愿光临

民工子弟学校办学条件差，一般教师不肯"光临"；民工子弟学校教学质量低，一般教师担心影响他们的声誉；民工子弟学校创收途径少，经费紧张，教师工资低。

2. 教师学历普遍不高

问卷中我们发现，教师学历为中专、中师学历的教师占了很大比重，而且以函授形式获得最高学历的教师达60%以上。

3. 教师流动性大

民办农民工子弟学校教师每半年签一次合同，教师工资收入只有600元左右，与当地人均4 000~5 000元的工资水平形成巨大反差。这些多数来自外地的民工子弟教师们只是把这里作为留在大城市的跳板，一旦有更好的工作机会，他们就会选择离开。

（二）生源不稳定且学生流动性大，班级编制困难

民工生活的经济状况和工作地点的不稳定，决定了其子女的流动性。这里的流动性包括两方面。

1. 辍学问题

我们在问卷调查中当问到"以下何种情况你会放弃学业时？"，统计出以下数据见图6-5。

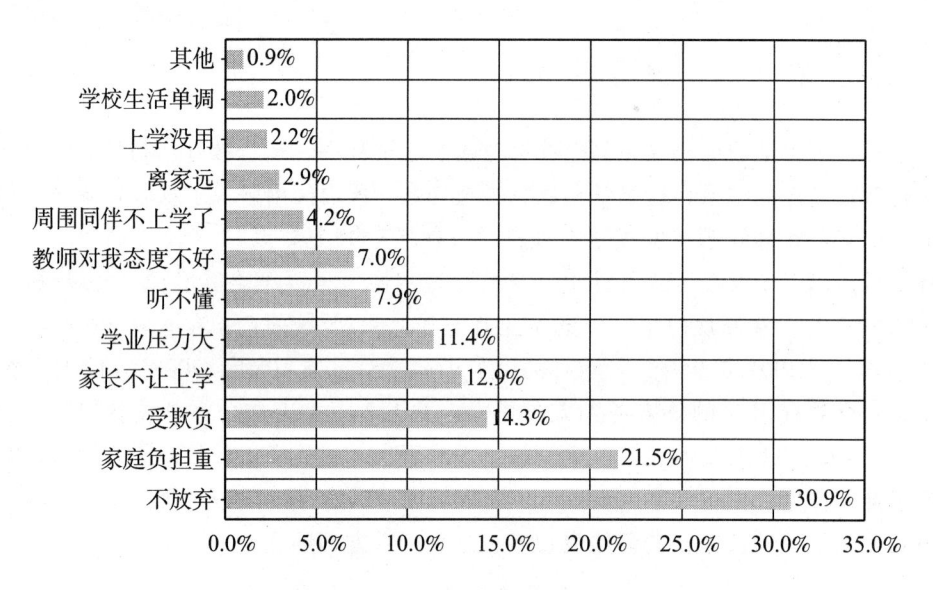

原因	比例
其他	0.9%
学校生活单调	2.0%
上学没用	2.2%
离家远	2.9%
周围同伴不上学了	4.2%
教师对我态度不好	7.0%
听不懂	7.9%
学业压力大	11.4%
家长不让上学	12.9%
受欺负	14.3%
家庭负担重	21.5%
不放弃	30.9%

图6-5 学生放弃学业情况分析

从图6-5中可以看出，家庭经济负担过重是学生辍学的主要原因，而民工子弟家庭的经济状况非常不稳定，决定了教育情况的不稳定。

2. 转学问题

玉环县的民工学生家长多来自于四川、河南、安徽等地，因为工作的不稳定，经常辗转于不同城市或城市的不同地点，这就制约了民工子女的学习稳定性，转学成了家常便饭。据校长反映，有时学生随家长转走，连招呼都不与学校

打，教师通常得在两三天后主动和学生家长联系才知道学生转学的消息。

3. 班级编制问题

由于农民工工作不稳定，经常到处迁移，其子女也不得不随父母一起流动，子女的就学经常处于时断时续的状态。而农民工子弟学校的管理者经常需要面对农民工子女随时插班、随时转学的这种状态。主要原因有以下几个方面：文化背景反差大；各地教材不统一；学生基础参差不齐；生源不稳定等等。

（三）学校办学条件不足

1. 学校基础设施建设较差

学校基础设施是保证正常教学的必要外在条件，民工子弟学校中，多数学校办学条件简陋。以密溪民工子弟小学为例，学校2003年才在教育局扶持下租了新校舍，地点在敬老院内。教学设施与设备严重不足，据教务人员介绍，学校有22台计算机，但我们调研人员并未看见任何电教设施。学校活动场地狭小，没有餐厅，每天中午学生都是在教师的组织下在班级就餐，卫生条件非常差，存在一定的食品卫生隐患。

2. 学校管理不到位，重安全轻教育质量

安全问题是民工子弟学校生存的基础，例如，密溪小学给自己设的三道大关，第一关即为安全。但对作为教育生命的教育质量重视程度如何呢？访谈中我们了解到，学校并不太注重教育质量，一是教育部门关注的不够，没有教学评价考核；二是学生家长对教育重视程度低，很多民工子弟学校的教师原本热情很高，但努力的成果却常常得不到认可，引发教师职业倦怠，教育质量无法保障。

（四）民工子弟家长教育意识淡薄

玉环民工子弟的学生家长教育程度大致分为三部分。大部分为初中毕业（42%），小学及以下文化程度的也占了37%，高中和大专以上的仅为11%和2%。从职业分布来看，临时打工的占43%，有部分尽管有较稳定的单位（35%），但大多从事的是技术含量较低的体力活动或知识成分较低的商业活动等。家长自己生活朝不保夕，所以对子女的期望值较低，也无力保证子女课后的学习。外来民工往往生育不止一个小孩，在他们的意识里，把孩子抚养长大就是自己的全部责任，至于孩子的教育问题他们的潜意识里认为那是学校的事，孩子能否成才靠的是学校老师和孩子自己。很多家长抱着"只要有书读就行，总比在街上混好"的观念，把学校当保证学生安全的监护所，平时与学校、教师、子女的沟通、交流更是少之又少。甚至还出现辱骂教师的现象，我们在朝阳小学访谈时就有教师流着泪叙述了被学生家长辱骂的经历。

（五）民工子弟学校及学生面临不公正待遇

民工子弟学校是政府办学之外的一个必要补充，但学校的地位得不到认可，民工子弟学校的办学合法化问题很难解决，更谈不上制订能体现素质教育要求的办学理念和切合学校实际的发展规划。虽然教育部门三令五申要求民工子女义务教育要和公办学校学生一视同仁，浙江省玉环县政府先后出台了《关于做好来玉工作就业人员子女教育工作的意见》和《玉环县民办民工子弟学校学区划分方案》，这是玉环县政府让外来务工人员子女享受教育同等待遇的一项重要举措。玉环县教育局也先后发布相关文件，例如《玉环县教育局关于进一步解决义务教育阶段外来民工子女就学问题的通知》（玉教基［2003］29号）、《玉环县教育局关于加强外来民工子弟学校管理的意见》（玉教基［2004］3号）。但实际上道道有形无形的门槛依然存在，例如，民工子弟学校每个学期几百元的书费和学杂费对于收入并不高的民工家庭来说依然是个不小的数目；民工子弟学校办学条件、师资水平、教育质量等方面与城市学校还有一定的差距。例如，许多民工子弟学校未能按国家规定的课程开齐开足，学校办学场地狭小，多数学校甚至从未做过课间操，举办者投入小，"圈养式"教学十分明显，教育质量根本无法保证。民工子女介入城市和农村这两个群体之间，他们无法短时间内适应城里的生活，这些不公正待遇直接导致了学生心理以及价值观上的问题。此外，在学校的发展上，地方政府虽然也做了很大努力来缩小民工学校与当地公办学校之间的差距，但却顶着很大的压力，原因是地方居民的不同意见，尽管民工是当地财富创造的主力军，但当地居民还是认为民工不应该与他们同享当地社会福利。

（六）民工子弟健康问题让人堪忧

健康问题分为生理健康和心理健康。在生理健康上，由于家庭经济条件的匮乏，农民工子女本身在营养健康上出现了很大的问题。单纯依靠农民工打工所得的收入，其子女在医疗上根本得不到基本保障。当孩子生病时只能去一些小型的医疗诊所，而对那些大医院昂贵的医疗费用却望而却步。因此学生的生理健康很难保障。在心理健康上，进城务工的农民工因工作流动性大、住所及子女就读的学校很难保证固定。这样的农民工子女常常要面对陌生环境，而且与父母来到城市，其自身学习基础和经济情况决定了其在所在城市的弱势地位，在新学校中出现问题也很难和迫于生计整天忙碌的家长沟通，心理问题得不到及时解决，令人担忧。在调查中我们也对留守儿童进行了问卷调查，问卷分析结果如下：

A. 你的父母外出打工情况是（　　　）

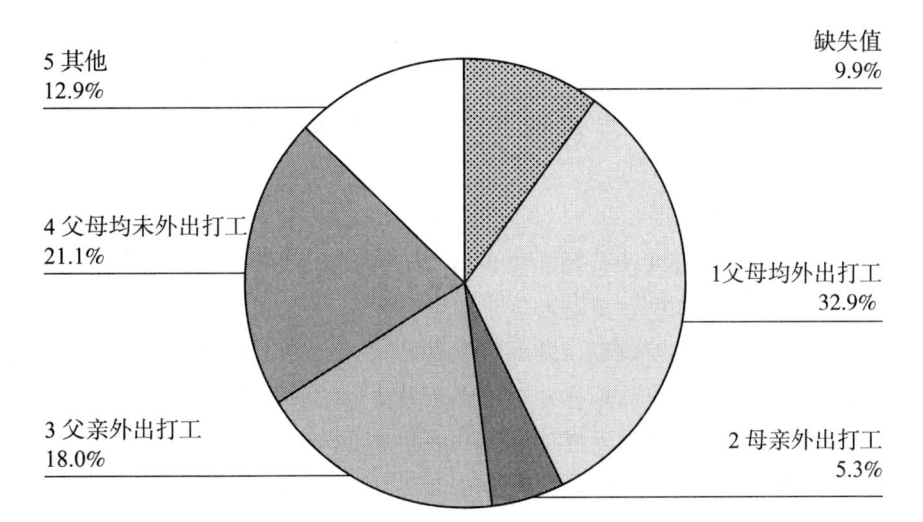

图 6-6　父母外出打工情况分析

B. 如果你的父母外出打工，你平时和谁生活在一起（　　）

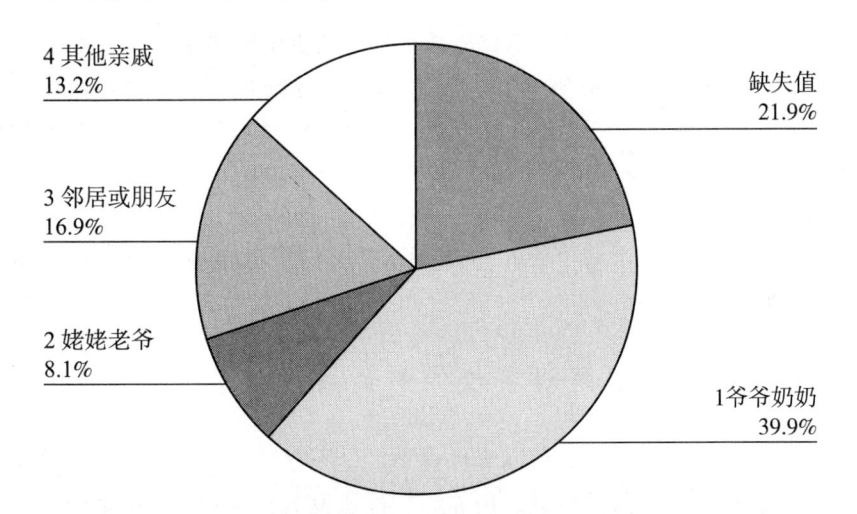

图 6-7　父母外出打工子女与谁生活在一起的情况分析

我们发现父母出去打工的孩子近 50% 和祖父母或外祖父母一起生活，隔代人的代沟问题，生活方式上的异同，教育观念的落后都是造成孩子心理问题的重要因素。那么，这些孩子有了心理问题该怎么办，学校如何对待这个问题？调查中我们发现，没有一所民工子弟学校设有心理咨询室。

第六节 推进学校布局调整的对策建议

坚持统筹协调,继续调整好学校布局,坚持效益原则、统筹规划原则、整体性原则、环境与生态原则、就近与安全原则。根据城市化发展和镇乡行政区划调整的实际,结合薄弱学校改造,统筹规划学校布局,逐步实现学校布局合理化、办学条件标准化。要有步骤地撤并规模小、效益低的薄弱学校,鼓励行政村、镇乡之间联办小学和初中,有条件的地方要积极创办寄宿制学校和九年一贯学校。要加强农村完小的建设与改造,改善办学条件。

一、切实落实义务教育"以县为主"管理体制的要求

2001年,《国务院关于基础教育改革与发展的决定》指出,实行在国务院领导下,由地方政府负责、分级管理、以县为主的农村义务教育管理体制。2003年,《国务院关于进一步加强农村教育工作的决定》指出,要落实农村义务教育"以县为主"管理体制的要求,加大投入,完善经费保障机制,进一步明确了各级政府在保障农村义务教育投入的责任。这就将农村的义务教育管理体制由乡镇主管提高到由县级政府主管,有助于改变当前农村义务教育投入不足等问题。

二、实施向农村薄弱学校倾斜的财政政策

广大农村中小学校由于长期以来经费不足,不管是在学校校舍、教学设备等硬件设施上,还是在教师的引进、培养等软件建设上,与城区中小学校的差距日渐加剧。在建设海岛城市框架下,城市化水平不断提高,广大农村学校也将逐渐转变为城区学校。因此,对于农村薄弱学校,应更多地从教育和社会的视角去衡量和看待其作用及未来走向,积极实施向农村薄弱学校倾斜的财政政策,尽快改善学校的办学条件,是基本实现义务教育均衡化所面临的迫切需要解决的问题。

(一)保障义务教育经费的增长

根据《中华人民共和国教育法》和《中华人民共和国义务教育法》等法律规定,县级政府保障义务教育经费投入的责任,以保证义务教育经费的投入在国

内生产总值和财政支出的比例，保障义务教育经费投入的逐年稳步增长。

（二）建立义务教育财政专项转移支付制度

县级政府承担着统筹和直接支付义务教育经费的责任。因此，要明确要求县级政府在财政预算中做出全面的义务教育收支预算。通过义务教育财政专项转移，尽量弥补各乡镇因财力不同而导致的义务教育经费投入差异，推动农村教育的均衡发展。

（三）加大对农村薄弱学校基建项目的投入

近年来，随着农村薄弱学校建设、危房改造和布局调整等政策的推进，一些薄弱学校的基本建设、教学设备等教学条件有了一定程度的改善。但总体而言，农村薄弱学校的教学条件与城镇学校相比，差距仍然很大，一些学校还存在校舍不足、教学设施落后等问题。

三、加强寄宿制的建设

一方面，针对学校实际情况适当增设寄宿制学校。另一方面，适当增加寄宿制学校后勤服务人员与生活指导教师的编制。寄宿制学校教师工作负担沉重、心理压力过大问题和寄宿制学校后勤服务人员编制不足，是困扰农村寄宿制学校长远发展的客观现实，解决的最有效办法就是增加对寄宿制学校的经费投入和后勤服务人员编制，把教师从繁重的学生生活管理与生活指导工作中解放出来。同时，结合布局调整后教师家校距离的增加，且在一定程度上增加教师生活和经济负担的实际情况，应该考虑在寄宿制学校建设的同时，开展教师农村安居工程。在方便学生寄宿就学的同时，也要解决因布局调整而造成家庭距离学校较远的农村教师的住校问题，使广大农村教师能够安居乐业。

四、切实提高农村教师的整体素质

（一）大力实施"农村教师特岗计划"和城市教师到农村支援计划

抓住当前国家推行的农村教师特岗计划和实行的城市优秀教师对口支援农村

教育工作的有利时机，采取多种措施吸引优秀大学毕业生到农村中小学任教，利用城市学校的优质教育资源，来带动农村学校的协调发展。

（二）切实提升在职农村教师的素质

大规模地开展各种形式，特别是高层次的农村中小学教师、校长的培训工程，以构建农村教师队伍培养新机制，提高农村教师校长的整体素质。

五、加强农民工子弟学校建设

（一）积极扶持和鼓励民工子弟学校发展

解决民工子女义务教育问题离不开民工子弟学校的发展。为此，第一，合理调整布局和做好相应规划。在做好布局调整同时应合理规划学区并划片招生，政府及教育部门应使民工子弟学校保持一定的办学规模，实现规模效益，便于学校管理和让民工子女相对就近入学。第二，积极整合玉环县现有学校教育资源，重新利用村校校舍，以公办为主，招收民工子女入学，保证民工子女有书读、有学上。第三，政府要加大政策扶持和资金支持的力度。第四，加强对民工子弟学校的服务和管理，制订和完善玉环县民工子弟学校的设置标准，严格把好审批关，健全年检和评估制度，逐步提高要求，努力促进民工子弟学校规范办学，逐步规范民工子弟学校的财务管理，切实加强对民工子弟学校的安全管理，通过布局调整，逐步取消民工子弟学校学生接送车，彻底解决民工子弟学校学生接送车严重超载问题。但值得欣慰的是玉环县政府已经采取了一系列措施改善民工学校，如不断改善打工子弟学校的办学条件，努力使民工子弟享受与本地学生的平等待遇等等。

（二）户籍制度的变革

户籍历史造成的社会不公现象存在的时间是如此之长，以至于社会和农民自身都认为这是"天经地义"的差异而"自觉"地接受。作为决策者也很少意识到这是农民子弟早应得到的基本权利。如果意识问题不解决，民工子女的教育公平问题就不可能真正解决。中国教育会会长顾明远先生认为："我们要特别关注处境不利人群的教育。这里主要指的是城市中流动人口子女的教育以及保障儿童的教育。对于流动人口子女的教育，有些城市已经制定了政策，但大多数城市还没有采取有效的措施使他们能够得到学习的机会。有些地方政府认为户口不在本地的，本地没有经费为之提供教育，这种认识是不对的。外来人口为城市建设做出了贡献，而且也是纳税人，他们的子女有权享有受教育的机会，当地政府有义务给外来人口及其子女提供学习的机会。"现行的外来人口子女入学政策本来就是一种不公平，这一不公平的源头如果不消除的话，其他不公平将不会自动消除，民工子女的教育公平也成为一句空话。"当发展建立在本土价值上时，它的社会代价，比照抄外部模式所造成的人类痛苦和文化破坏要少。之所以这样是因为本土价值是一种基体，人们从中得到生命的意义、认同感和文化完整性……"① 由此，公平的回归，文化的融合，价值观的认同，意义的皈依等应成为学校布局调整的一个重要支撑。温家宝曾提出"同在一片蓝天下"的愿景，民工子女同样是祖国的明天、未来的希望，我们期待着民工子弟教育公平的实现。

（三）合理调整工资待遇

工资待遇低和工作环境差导致师资力量不足且流动性大。调研中，我们了解到民工子弟学校教师工资大多在 600~800 元，与公立学校教师的工资差距很大。且民工子弟学生难管理，教师承受着工作与生活的双重压力，在这样的工作条件下必然导致教师的流动性加大。为保护教师的积极性，各地应按照当地生均公用经费标准，不分学生来源，不论接受民工子女多少，等量足额地拨付办公经费，并按师生比核定教师编制，核发教师工资。

总之，学校布局调整是一项优化基础教育结构，合理配置教育资源，以进一步促进义务教育改革与发展的重要政策。学校布局调整的问题，并不是一个"头痛医头，脚痛医脚"的过程，而是一个政府、社会、学校、家长等不同利益主体调整的过程。尽管学校布局调整政策的落实与推进必然会受到多种因素的制约，遭遇各种阻力与困难，但其调整结果也将对义务教育的持续、健康发展产生深远影响。对此，需要因地制宜、实事求是，科学合理地稳步推进布局调整，还需要对学校布局调整过程中出现的问题予以理性的反思与有效的调整。唯此，学校布局调整才能对整个义务教育事业的健康发展起到积极的促进作用。

---

① ［美］德尼·古莱著，高铦、温平、李继红译：《发展伦理学》，社会科学文献出版社 2003 年版，第 257 页。

第七章

校车主导型农村学校布局调整调查研究

——以辽宁省桓仁县为例

我国的城乡二元经济结构造成了诸多的社会问题,如贫富差距扩大、地区发展不平衡、城乡文化素质差距的扩大等,已经成为影响和制约中国国民经济及现代化发展的障碍。随着生产力的不断发展,城乡人口、资源、资本、科学技术等生活和生产要素相互融合,互为资源、市场、服务,逐步达到了城乡之间在社会、经济、文化、环境上协调发展的过程,我们称之为城乡一体化。城乡一体化的目的就是要把城市与农村、工业与农业、城镇居民与农村居民视作一个整体,通过政策的调整和体制的改革来改变我国社会长期形成的二元经济结构现象,希望达到城乡在政策上的平等、产业发展上的互补、国民待遇上的一致,而教育的一致性是国民待遇一致性的重要标志之一。

当前,中国教育发展的突出问题是资源配置的不均衡。教育资源利用率的高低很大程度上取决于学校布局结构的合理程度。20世纪90年代计划生育政策效果的显现使农村小学生源不断减少,教学点学生数量急剧下降,出现了许多麻雀学校,甚至有的教学点根本就没有学生,校舍刚刚建好几年,学生却没有了。目前,针对这些问题的最好解决办法就是进行学校布局的调整。但是,随着学校布局调整的进行,人们越来越关注的是学校调整工作是否能够提高基础教育质量,是否能真正实现城乡教育一体化发展的问题。由此可见,学校布局调整的政策含义随着进程的变化也发生了变化。那么,我们应该如何理解城乡一体化过程中教育的布局调整呢?布局调整是一项短期的政策目标还是一个长期发展过程?

我国从"九五"开始实施农村小学布局调整,"十五"期间达到了此项工作的高潮。调整速度快,涉及面广,渗透了农村的每一个角落。那么,经过几年的实践后,人们关注的问题是合理布局的目标是否得以实现?农村中小学布局调整究竟取得了哪些具体成效?调整后的学校还存在哪些问题?本章都将给予回答,并针对实地调研工作中发现的调整过程和调整后出现的问题提出解决建议。

第一节 桓仁县农村学校布局调整的背景

学校布局调整是世界各国教育发展都要面对的课题。当今中国随着城镇化水平的不断提高,以及对城乡一体化教育方面的不断追求,如何对农村中小学进行布局调整就是亟待解决的问题。布局调整是一项提高农村基础教育质量、推进教育均衡发展、促进教育公平的重要举措。在布局调整的过程中,辽宁省桓仁县"九年一贯制"学校建设的成功实践,为我们探索全面提高农村教育质量提供了一个成功的范例。

一、桓仁县概况

桓仁是以历史上古国的州府之称而命名。唐朝渤海时代的桓州以及高句丽时代的桓都,均为今名桓仁之渊源。

桓仁满族自治县位于辽宁省东北部边缘,西北与新宾满族自治县交接,西和本溪满族自治县相连,南与宽甸满族自治县为邻,东北部和通化县、集安市交界。境内总面积3 547平方千米,其中山林面积435万亩、耕地面积40.1万亩、水域面积39.8万亩,基本形成了"八山一水一分田"的自然面貌。桓仁总人口31万,有满、汉、朝、回等14个民族。其中农业人口22万,辖12个乡镇、109个行政村。

桓仁县坚持"工业强县、旅游兴县、文化名县、生态立县"发展战略,社会经济始终处在不断发展的进程中。桓仁地区雨量充沛,境内河流多、流速急、落差大,水利资源十分丰富。依托水资源优势,大力发展水电能源转化,建有国家大型水电站2座,县属水电站20座,是全国首批100个电气化县之一,并兴修以水库为主的农田水利配套工程,进行水产养殖和农田灌溉,建有辽宁最大的淡水养殖场;全县水利引水、蓄水、提水工程逐渐形成规模,灌溉数十万亩良田。煤炭资源丰富的桓仁以暖河子煤矿为主,利用煤炭资源、发展热电能源转化,建有桓仁金山热电有限责任公司。桓仁地处长白与华北两大植被区系过渡带,境内山高林茂,林业资源丰富,为辽宁省"以发展林业经济为主县份",是辽宁省重点林区,素有辽东"绿色宝库"之美称。自然生态环境优越,形成了种类繁多的土特产品,素以果、菌、菜、药、鱼、米、蛙而著称。另外,桓仁之山蕴藏丰富矿产资源,现已探明黑色金属、有色金属、贵重金属、稀有金属、建材非金属、燃料、化工原料、冶金辅助原料、地热水等矿藏。第三产业方面以商贸流通业和旅游业为重点,不断扩大规模,其中旅游业发展势头强劲,完成中国生态旅游大县创建工作,中国旅游强县创建工作已经通过国家验收。桓仁县的自然资源为其发展奠定了坚实的基础。

二、桓仁县农村学校布局调整的缘起

人才匮乏是一直以来制约桓仁经济和社会发展的一个"瓶颈"问题。从教育发展的若干指标看,桓仁的突出问题是城乡教育发展不均衡,严重影响了经济和社会的快速发展。全县第五次人口普查资料显示,2000年全县城镇文盲率达0.2%,农村文盲率达0.8%;就业人口平均受教育年限为9年,城镇为12年,农村只有8年。近20年来,桓仁城镇居民收入增长迅速,城乡收入差距也在不断扩大,1980年为1.05∶1,2005年为1.4∶1。城乡收入差距不断扩大的一个重要原因就是城乡教育水平和教育发展程度的差异。由于桓仁地处偏僻、交通不便利、农村居民的居住地点又分散在沟沟岔岔,导致桓仁县的教学网范围较大。

表7-1　　　　　　　　2001年桓仁县学校情况统计

学校	小学教学点		小学		初中	
	县镇	农村	县镇	农村	县镇	农村
学校数	—	54	1	61	4	18
班级数	—	—	99	879	71	219
学生数	—	—	4 972	20 865	3 024	11 741

资料来源:桓仁县教育局。

2001年,桓仁有各级各类学校186所,下设教学点达54个。教学点分布范围大,位于桓仁县的沟沟岔岔,给教育局展开工作造成了很多不便。我们在教育局的数据统计本上只找到了教学点数量,但具体的班级数和学生数却没有准确的数字。

  桓仁县乡乡办初中，村村办小学，居民组附设教学点，但是全县学额平均每年以千人的速度下降，农村不足百人的微型校，不足 10 人的微型班越来越多。办学条件落后，教师素质参差不齐，管理不规范，经费不充足，教育成本不合理，办学质量低，薄弱学校和危房多，择校等问题比较突出，导致了不同地区学生不能享受同等的教育资源。研究其根本原因，主要是受"三级办学、二级管理"这种旧的办学体制的制约，要实现教育的均衡发展，就必须改变农村这种落后的不适应现在教育发展的办学模式。因此，进行中小学校布局调整，建设农村九年一贯制寄宿制学校是桓仁县农村教育发展的必然趋势。

  2002 年开始桓仁县总共有镇 7 个，乡 11 个，行政村数 140 个，全县 168 所镇及以下中小学校全部参与了布局调整。学校调整集中于三年时间完成，调整的速度迅速，效果明显。桓仁县学校为什么进行如此大规模的调整工作呢？

  根据调查，我们发现桓仁县农村中小学布局调整的原因可以归纳为如下几方面：从内部需要来看，生源数量急剧下降和本县农村发展的实际需要是推动桓仁农村中小学布局调整的主要内因。桓仁中小学的学生在近 10 年内持续减少，从中学来看从 1999 年中考的 5 000 人下降到 2008 年的 2 000 人，从小学来看每个村小可能只有三四个学生，2008 年一个乡的 12 个村学生总数不到 60 人，2008 年合并之后中学从 30 余所减少到 13 所，村小全部撤并到乡镇总计 19 所。从外部推动力量来看，主要体现在省里的寄宿制试点的发展、资金和政策的鼓励支持，领导政绩需要和外部成功范例的驱动。

  在对学校领导和教师的问卷调查中发现有 48.64% 的人认为桓仁农村学校布局调整是为了"执行上级命令"，有 14.86% 认为是为"更好完成普九任务"，有 13.51% 的人认为是为"提高教育教学质量"，而只有 9.46% 的人认为"乡镇学校分布密集"，6.76% 的人认为"学校规模太小"，其他则是"政府教育投资不足"（4.05%）、"师资数量过剩"（2.70%）。

  从调查中可以看出教育局、学校领导和教师对于同一个问题的回答不尽相同，领导岗位的工作人员首先看到的是整个教育环境的改变、生源的减少、成功范例以及资金注入的推动，最后认为政绩需要也是一部分原因；而在一线工作的教师在学校布局调整过程中属于被动接受者，他们认为这项工作的进行首要原因是上级的命令、领导政绩，最后才是对于教育的实际需要。但总体来看，桓仁县农村中小学校进行布局调整仍然是从当地农村教育的实际情况出发的。

第二节 桓仁县农村学校布局调整的过程及结果

一、桓仁县九年一贯制学校建设的指导思想和基本原则

(一) 指导思想

以"三个代表"重要思想为指导,全面贯彻十六届三中全会及全国农村教育工作会议精神;围绕全面建设小康社会的奋斗目标,坚持发展为第一要务;以提高为"三农"服务能力和水平为导向,以健全投入保障机制为重点,深化改革,加快桓仁县农村教育晋级步伐,改善中小学办学条件,提高教师队伍和教育教学质量,推动农村教育跨越式发展。

(二) 基本原则

1. 坚持优先发展农村教育,把农村教育摆在教育工作重中之重的地位,树立跨越式发展理念,抢抓机遇,创新改革。

2. 坚持体制、机制、方式创新,坚决落实以县为主的农村义务教育管理体制,健全农村教育发展的新机制,构建农村教育发展的新方式。

3. 坚持为农业、农村、农民服务的方向,增强农村教育在农村人口素质、农业产业结构调整、农业工业化、农村城镇化、农村劳动力转移及农村文明建设等方面的服务水平。

4. 坚持统一规划、分步实施的原则,在学校布局、建设规模、校址选定、办学设施等方面进行统一规划。校舍建设要坚持适用、够用、因陋就简、避免浪费、注重质量的原则;以2010年在校生数来规划学校的建设规模,避免校舍闲置,浪费资源;2010年前充分利用原有校舍和超额编班的办法过渡,实施"减多少、进多少"的原则。

二、布局调整的启动

(一) 朝鲜族寄宿制学校的初尝成功

桓仁县政府在"九五"末期就开始了寄宿制办学体制的探索。1999年,全

县朝鲜族人口有 6 800 人,主要分布在 6 个乡镇,有 6 所小学,校均 42 名学生,平均班额 7 人,专任教师 86 人,师生比为 1 : 2.9,当时的办学条件落后,教育质量低下,教育资源也严重浪费。为了解决此困境,县政府投入资金 990 万元建设全县朝鲜族寄宿制学校,新建了教学楼、宿舍和食堂,占地 7 020 平方米,于当年 9 月投入使用,全县 7 所朝鲜族小学及附属的学前班和县城内的朝鲜族中学一次性合并,建立了幼儿、小学、初中直至高中的一贯制寄宿制封闭式管理的学校。合并学校后,小学平均班额 30.4 人,原有的 86 名专任教师仅有 43 人聘任到专任教师岗位,另有 13 人聘用到生活辅导教师岗位,6 人聘用到工勤岗位,8 人提前离岗,16 人待岗。经过几年的实践,教育教学质量明显提高,在全省同类学校中成绩名列前茅。

(二) 九年一贯制寄宿制学校的实验

2001 年,本溪政府在科学分析该市农村人口发展变化的基础上,进行了大量的调查研究,决定以国务院在全国实施"农村中小学危房改造工程"建设为契机,集中建设一批农村九年一贯制寄宿制学校,科学、合理地调整本溪市农村教育结构布局。在国家和省有关部门的重视和指导下,市政府成立了由教育局、财政局、发改委等部门组成的农村九年一贯制寄宿制学校建设领导小组,制订了本溪市农村危房改造、教育结构布局调整、九年一贯制寄宿制学校建设实施方案。

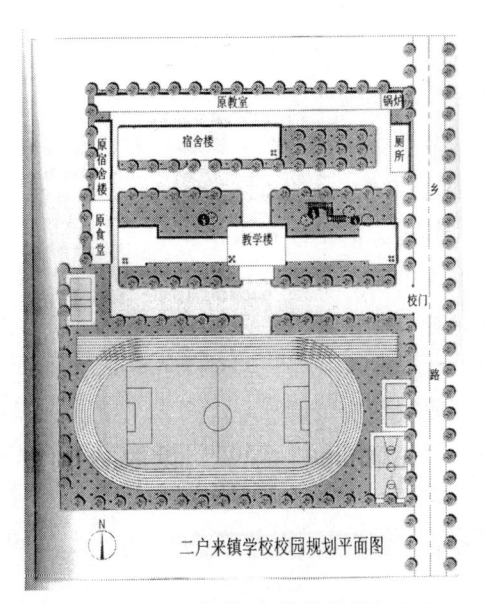

图 7-1 二户来镇学校校园规划平面

资料来源:《桓仁满族自治县农村中小学寄宿制学校建设规划》,桓仁满族自治县人民政府,2003 年。

2002年，县委县政府抓住省市对口扶贫、库区移民脱贫和中小学危房改造的机遇，在广泛征得社会和多数家长认可的情况下，决定在北甸子乡建设九年一贯制寄宿制学校。当时的北甸子乡学校校舍破旧，条件简陋，配套设施条件差，满足不了现代教育需求，仅有一座1 080平方米的教学楼且无暖气，冬天楼窗里探出一截黑乎乎的浓烟滚滚的炉筒，风向不好时师生们被呛得涕泪交加。平房宿舍夏天漏雨冬天透风，根本满足不了远道学生住宿的要求，部分学生租住民房，处于放任自流状态。其次，分散办学增加了教学管理和业务指导的难度，7所村小和3个分校点散落在全乡的沟沟岔岔，有的分校点仅有一名教师、几个学生，教学行为严重不规范。再次，师资力量不足，一些水平低能力差的教师不得不勉强工作在一线，体、音、美等课程开不全，学生的全面发展只是空谈。最后，学校管理混乱松散，教师对学校已经失去信心，甚至外出开会学习都不敢自报家门。

朝鲜族寄宿制学校办学经验给了桓仁县教育部门以很大的启示。2002年5月北甸子乡学校（现更名为桓仁实验学校）建校工程启动，投资1 200万元，开工建设了教学楼、宿舍楼、食堂、教师公寓，总建筑面积15 294平方米，10月投入使用，全乡1所初中、6所小学、3个教学点的985名学生全部进入新校舍就读。同时，北甸子乡教师队伍又经历了一次重大改革，学校实行了人事制度改革——双向选择、择优聘用，为新学校作师资准备。北甸子乡专任教师共有99名，通过考核、试讲，继续留在一线的专任教师仅有45人，其余的被聘到生活教师、门卫、锅炉、炊事员、维修工等工勤岗位。空缺的岗位、先高薪聘请学科带头人，从锦州、丹东、县内等地聘请业务领导及专业教师8人，不足部分从应届的师范类本、专科毕业生中择优录取，这样经过优化组合，一支结构合理、专业齐全的教师队伍组建起来了。在分配制度上，学校实行了以岗定薪、多劳多得，极大地调动了全体教职工的工作积极性。

北甸子寄宿制学校集中办学的实践证明集中办学有很多优势：一是有利于控制农村初中生辍学。调整前全乡辍学率高达7.1%，调整后下降到3.86%，远远低于调整前标准，也低于市里的4.2%的标准；二是有利于深化教育体制改革，优化教师队伍结构，即施行的人事改革；三是有利于教学质量的提高，该县在调整后的小学毕业质量检测中由原来最落后的位置跃居到中上游位置，中考考入重点高中人数增多，高考突破"0"的记录；四是有利于培养中小学生良好的生活、学习、健康习惯和自理能力；五是有利于降低办学成本，减少地方财政支出。

表 7-2　　　　　　桓仁县农村寄宿制学校休息时间

序号	学校 \ 星期	星期一 上午	星期一 下午	星期二 上午	星期二 下午	星期三 上午	星期三 下午	星期四 上午	星期四 下午	星期五 上午	星期五 下午	星期六 上午	星期六 下午	星期日 上午	星期日 下午
1	八里甸	休	休	休	休										
2	木盂子										休	休	休		
3	铧尖子	休	休										休		休
4	二户来									休	休	休			
5	雅河						休	休	休	休					
6	普乐堡				休	休	休								
7	四平	休	休	休											休
8	二棚甸	休	休	休											休
9	沙尖子			休	休	休									
10	五里甸				休	休	休								
11	黑沟	休	休	休											休
12	业主沟		休	休	休										
13	北甸						休	休	休	休					
14	拐磨子					休	休	休							
15	西江										休	休	休		
16	西园										休	休	休		
17	东关	休										休	休		休
18	五女山											休	休	休	

说明：空格日期为上课时间。

县委县政府在认真总结和探索朝鲜族寄宿制学校和北甸子寄宿制学校办学经验的基础上，认为实施寄宿制教育是改变农村教育落后面貌的一个有效途径，于是决定举全县之力，全面实施寄宿制学校建设工程。

三、实施过程及结果

（一）调查宣传工作

2002 年，全县各级各类学校 186 所，在校生 57 358 人，在岗教职工 3 542

人。中小学共145所，中小学生28 967人，1 080个教学班，其中初中18所，初中生11 010人，230个教学班，平均班额48人；小学127所（含大东沟1所），小学生17 957人，850个教学班，平均班额21人。

2002年下半年，县政府组织了一个专门调查组，利用5个月时间，深入到全县各乡镇的150所学校展开调研，摸清了各校教学质量和教育资源的配置情况，广泛征求了学生家长及社会各界人士的意见和建议，掌握了今后10年生源变化的情况。据统计，小学在校生2003年是27 607人，比2002年减少了1 360人；2004年在校生25 786人，比2003年减少1 821人；2005年在校生23 333人，比2004年减少2 453人；2010年在校生将降至14 209人，比2005年减少9 124人。2010年以后全县农村各校的在校生将基本稳定。

（二）规划与实施

确定了新建学校的校址、投资规模，制定了《全县农村九年一贯制寄宿制学校建设五年规划》，并聘请省内外教育专家对规划进行了认真的评审。《全县农村九年一贯制寄宿制学校建设五年规划》指出，自2003年起至2007年，利用5年时间，在全县农村建成16所全省一流的九年一贯制寄宿制学校（含已建成的北甸子乡学校），并实现部分学生在校寄宿。到2010年实现全县农村学生全员寄宿的目标。

2003年6月，时任辽宁省委书记闻世震同志来桓仁视察了北甸子九年一贯制寄宿制学校后，明确指示："要利用三年的时间全面完成桓仁寄宿制学校建设任务。"同年7月，省长鲁昕对桓仁的寄宿制学校建设也做出了重要批示："桓仁县布局调整，共享优质资源，速度快、效果好。我的意见是如果百姓同意，可考虑2004年完成80%以上，请近期抓紧落实"，并将桓仁确立为辽宁省寄宿制学校建设试点县。根据闻书记、鲁省长和省教育厅的指示精神，县政府对规划进行了调整，时间由五年调整为三年，即从2003年至2005年年底全面完成建设任务。

从2003年，用三年时间桓仁县农村各乡镇所在地建设14所寄宿制中小学，建设规模合计为84 251平方米，其中教学用房45 665平方米，生活用房38 586平方米。需要征地4.4公顷，动迁房屋1 100平方米。计划总投资6 962.7万元，其中土建工程6 017.2万元，征地151.8万元，动迁58万元，旧校舍维修150万元，教学仪器设备280万元，生活设备305.7万元。结合各乡镇具体情况，难易结合，分3年完成：2003年完成4所学校建设，建设规模合计28 907平方米，建设投资2 321.9万元；2004年完成5所学校，建设规模34 118平方米，建设投资2 786.5万元；2005年完成5所学校，建设规模21 226平方米，建设投资1 854.3万元。

表7-3 桓仁县农村中小学寄宿制学校规划

项目 单位	计	校舍建设规模（m²）							计划投资（万元）						
		教学用房			生活用房			计	土建工程	各项费用	校舍维修	校园设施	教学设备	生活设备
		小计	中学	小学	小计	中学	小学								
合计	84 251	45 665	44 349	1 316	38 586	32 803	5 783	6 962.7	6 017.2	209.8	150		280	305.7
桓仁镇	8 326	5 166	5 166		3 160	3 160		691.6	583.8	41.4	20		20	26.4
二户来镇	3 026				3 206	518	2 688	283.2	221.8	13.8	10		20	17.5
铧尖子镇	8 031	4 722	4 722		3 309	3 309		625.9	562.2	23			20	20.7
木盂子镇	7 153	3 998	3 998		3 155	60	3 095	598	514		28		20	36
八里甸镇	6 576	2 516	2 516		4 060	4 060		524.9	475				20	29.9
雅河乡	7 624	3 962	3 962		3 662	3 662		580.1	534.7	25	6		20	25.4
普乐堡镇	5 650	2 555	2 555		3 095	3 095		474.2	406.2		10		20	17
向阳乡	6 000	6 000	4 684	1 316				468.7	428.7				20	10
铜锌矿地区	9 936	4 971	4 971		4 965	4 965		824.2	683.4	75.5	16		20	29.3
沙尖子镇	3 886	3 886	3 886		2 217	2 217		349.5	294.2		18		20	17.3
五里甸子镇	2 217				2 060	2 060		238.5	177	24.2			20	17.3
四平乡	6 063	4 003	4 003		3 316	3 316		503.3	426.2	6.9	3.5		20	15.2
黑沟乡	3 316				2 381	2 381		291.7	247.7				20	24
拐磨子镇	6 267	3 886	3 886					508.9	462.2		7		20	19.7
业主沟乡														

说明：1. 土建工程项目：土建、室外配套工程、基础费用（设计、预算、审图、监理、质量监督）。
2. 各项费用项目：征地、动迁、围墙、校门、厕所。
3. 校园设施设备项目：理、化、生、体、音、美实验室、"新三室"、仪器设备。
4. 教学设备项目：课桌椅、宿舍柜、餐柜、餐桌。
5. 生活设备项目：桓仁满族自治县人民政府：学生床、宿舍柜、餐柜、伙房设备。

资料来源：《桓仁满族自治县农村中小学寄宿制学校建设规划》，2003年。

表 7-4　桓仁县农村中小学寄宿制学校建设投资计划

项目 单位	投资总额（万元）	计	新扩建工程 土建工程 小计	教学	宿舍	食堂	配套	小计	各项费用 征地	动迁	校舍维修	校园设施	教学设备	生活设备
合计	6 962.7	6 277	6 017.2	3 116.6	2 166.6	31.5	392.5	209.8	151.8/66 亩	58/1 100m²	150		280	305.7
桓仁镇	691.6	625.5	583.8	351.2	196.6		36	41.4	41.4/18 亩		20		20	26.4
二户来	283.2	235.7	221.9		182.6	23.3	16	13.8	13.8/6 亩		10		20	17.5
铧尖子	625.9	585.2	562.2	321	144	67.2	30	23	23/10 亩				20	20.7
木盂子	598	514	514	272	214.5		27.5				28		20	36
八里甸	524.9	475	475	171	276		28						20	29.9
雅河	580.1	534.7	534.7	269.4	165	68.3	32	25	57.5/25 亩	25/500m²	6		20	25.4
普乐堡	474.2	431.2	406.2	173.7	210.5		22				10		20	17
向阳	468.7	428.7	428.7	419.7			9				16		20	10
铜锌矿	824.2	758.9	683.4	338	192.4	115	38	75.5		18/300m²	18		20	29.3
沙尖子	349.5	249.4	294.2	264.2			30						20	17.3
五里甸	238.5	201.2	177		151		26	24.2	9.2/4 亩	15/300m²	35		20	17.3
四平	503.3	433.1	426.2	272.2	128		26	6.9	6.9/3 亩				20	15.2
黑沟	291.7	247.7	247.7	247.7	144	67.7	36						20	24
拐磨子	508.9	462.2	462.2	264.2	162		36				7		20	19.7
业主沟														

说明：1. 土建工程造价：教学楼 680 元/m²，宿舍楼框架结构 680 元/m²，砖混结构 620 元/m²。
2. 配套工程：供水、供电、供暖、室外工程、锅炉及配套设备。
3. 征地、动迁费用：征地 23 000 元/亩，动迁 500 元/m²。
4. 教学设备资金（万元）：化学 2，物理 8，生物 4，体音美 4。
5. 生活设备资金：学生床 200 元/个，宿舍柜 360 元/个，餐桌 120 元/个，餐柜 600 元/个，伙食设备 4 万元。

资料来源：桓仁满族自治县人民政府：《桓仁满族自治县农村中小学寄宿制学校建设规划》，2003 年。

通过全县上下三年的积极努力,如期完成了省政府交给桓仁的寄宿制学校建设试点任务。到 2006 年,全县共建寄宿制学校 20 所,总建筑面积 152 155 平方米,总投资 1.9 亿元,消灭 D 级危房 24 000 平方米,全县学校实现了楼房化、暖气化。随着寄宿制学校的建成,桓仁学校的布局调整任务也同步完成,学校布局主要采用完全合并式的合并形式,即在学龄人口普遍减少、班额不足的情况下另选校址,将两所以上学校合并成为一所学校,学生按年级整体上加以合并并重新编班,校产和师资集中在一起。"最初学校布局并没有具体标准,主要是以乡镇所在地为主建设寄宿制学校,然后辐射周边的区域,实行较小的乡镇不建设学校,较大的乡镇进行合并的实践策略。"[①] 到 2006 年年底,桓仁共撤并学校 160 所,全县各级各类学校由原来的 186 所调整为 26 所,形成了较大乡镇办九年一贯制学校、较小乡镇办小学、初中向中心乡镇靠拢、县城周边乡镇向县城集中的布局态势。截至 2008 年,桓仁县学校数量稳定在 26 所,其中 12 年一贯制学校 2 所,九年一贯制学校 10 所,独立高中 1 所,独立初中 2 所,独立小学 8 所,职教中心、业余体校、教师进修学校各 1 所,另有少年宫 1 个。全县目前在校生 32 906 人,其中高中 8 103 人,初中 10 510 人,小学 14 293 人。现有在岗教职工 3 028 人,其中中学 1 455 人(初中 1 026 人,高中 429 人),小学 1 416 人,职业中专、教师进修学校 157 人。

近几年来,桓仁县以建设寄宿制学校为切入点,调整学校布局,统筹教育资源,改善办学条件,优化教师队伍,提升管理水平,促进了地区教育的均衡发展。

(三) 实施工作中的故事

组织变革作为战略发展的重要途径,总是伴随着不确定性和风险,并且会遇到各种阻力。桓仁县学校布局调整过程中遇到了哪些阻力呢?建校五年来,在无任何管理经验借鉴、无专家理论著述参考的情况下,学校领导、教师、学生克服困难,共同努力,教育水平逐步提高,走出了一条寄宿制学校发展的特色新路。那么这样一条艰难的路是怎么走过来的呢?

1. 家长的疑问

调整的过程中引起了村里百姓的许多"不满情绪",这对于县教育局规划好的调整方案必然带来了阻力。比如 2004 年秋,二户来学校的合并由于一次性合并容纳不了那么多的学生,所以教育局打算通过三年分批进行,但是很多家长不同意,有的上访到乡镇人大了,所以必须一次性合完。合并完容纳不下,我们就

---

① 桓仁县教育局领导访谈资料整理。

采取了临时大班型的办法,经过一两年的过度就正常了。所以桓仁县教育局化阻力为动力,以不变应万变,采取了一次性合并并暂时用大班教学的方法成功地完成了调整工作。

然而刚合并的时候,家长还是有很多的不理解和担心。例如,认为食堂吃的差,孩子生病是学校环境造成的,这种情况当时很严重。学校经常开家长会解释,另外带家长代表,特别是村委会代表参观,让他们24小时跟踪参观学校的运作,看看教学、吃、住、行到底是什么情况,这样也就解除了家长对学校的疑虑。

2. 教师的"无知"

刚寄宿的时候,教师不知道寄宿之后应该怎么做,所以,以北甸子学校作为样板,遇到问题和困难及时和对方交流,然后再将总结的经验实践在学校,每一项工作实施的时候都做好材料、做好准备、做好记录,为以后再遇到这样的问题时,结合前面的实践经验就知道应该怎么做效果会更好。

3. 校产和债务

新校舍在建设过程中把旧校舍的资产登记下来,新校舍建设好后,对照登记单把原校设备都搬到新校舍,原有资产有记录,如果资产有丢失,由当时学校的校长负责。政府文件规定校舍归教育局和政府,村小的资产实际应该是村里的,当时村主任非常不满意,认为那是他们投资建设的学校,但是政府的说明明确,孩子现在不在那里上学了,在新学校学习,旧校舍卖完的资金还是投入到新学校。资金这方面,桓仁县是三级办学,县办高中、镇办初中、村办村小,国家是不允许的①,但是该县经济不好,后期改成两级办学,二户来政府经济也不好,政府这些公务员工资开不出来。2003年辽宁省政府第一次给了转移支付,给二户来拨款下来统一支配,不允许收取学杂费。2004年的春天各学校开始有债务,秋天开始寄宿,所以合并的时候各个学校都是带着债务合并的。合并之后二户来学校从县里聘了一个校长并没有管理债务问题。一直到现在债务还在那里放着,各个村小的领导自己掏的腰包,当时的大部分领导都退休了。实际上欠一万多元,当时政府承诺给解决,把老的旧校舍卖了之后还债,但是卖了之后也没有管。政府统一支配投入这所学校了,比如说操场、办学条件、设施,当时投了300多万元。

4. 人事管理

人事制度方面进行了改革,采取竞聘上岗的原则。优化教育资源配置,让农村孩子享受到以前只有城市孩子才能享受的良好教育条件是成立九年一贯制寄宿

---

① 据这位校长介绍,由于桓仁县经济不好,并没有按照国家的要求去实施以县为主。

制学校的宗旨。比如2004年暑假，二户来实施了全镇教师竞聘上岗。第一步是领导成员的竞聘。通过对个人表现及能力的考核，教育局任命了学校的领导班子：一名校长、四名副校长（分管政教、中学、小学、总务）、四名主任（分别主持政教处、中学教导处、小学教导处、总务处的工作），一共9人。第二步是教职员工的竞聘。教师考试由教育局统一组织实施。主要考察知识水平和业务能力；教师前三年的年度考核成绩；教师填报的岗位自愿。综合这三方面，根据人事局设定的人员编制，由学校领导班子集体讨论，确定了聘用人员。

第三节 桓仁县农村学校布局调整的多维视角

农村教育具有城市教育所不具备的特色，实行城乡一体化的学校布局调整不是消灭农村教育的优势及特色，而是实现城乡教育资源共享。城乡一体化的学校布局调整是通过加强城乡资源的整合，充分发挥城乡教育双方的优势实现城乡教育的共荣。桓仁县学校布局调整可谓一场巨大的教育组织变革，而变革一个难以解决的基本问题就是观念是否能随之变更，如果一个不断变更的主题与一个保守的系统并存必然引发诸多难以解决的并发问题。那么，桓仁教育组织变革后是否存在这种情况呢？它的成功经验和优势又在哪里？

一、桓仁县农村学校布局调整成功经验

（一）政府重视是桓仁县学校布局调整顺利进行的前提

合理利用政策制度制定权、资源分配权、人事调度权进行统一调控，有利于中小学布局顺利调整。桓仁县中小学布局调整工作走在了辽宁省的最前列，是由于该县政府高度重视这一工作，将其列入教育强县工作内容之一。县委县政府多次深入农村调查研究，了解情况，制定了全县农村中小学布局调整统一规划，根据县里当时的教育现状以及发展趋势，分析九年一贯制寄宿制学校建设的必要性和优越性，制订了布局调整工作的指导思想、基本原则、目标和保证措施，就调整的建设规模、投资计划和调整后的学校数量、学校建设标准、学校教学设施配备等制订了具体的操作方案，并成立了领导小组负责实施。作为寄宿制学校的试点，在省、市、县政府投入大量资金。这是桓仁县在三年这么短暂时间内快速、有效地完成布局调整工作的重要保证。

（二）行政调控与成功经验示范相结合是布局调整合理有效选择方式

农村学校布局调整主要是政府行为，调整后的效益和质量的提高是政府不断追求的目标，这样才能获得社会的认可，但这并不意味着布局调整这项工作一开始就会得到当地百姓的认可，获得乡村社会给予的支持。那么到底需要怎样一种调整方式才是合理有效的呢？范先佐教授把农村中小学布局调整的方式分为三种：示范方式，即政府以成功的经验来推动整个区域内农村中小学布局的调整；强制方式，即政府利用手中掌握的资源，用行政方法对农村中小学布局调整进行直接的控制和干预，以达到政府意愿目标；示范与强制相结合的方式，即两者的结合运用，并认为示范的方式是一种较为理想的方式。

在针对学校领导和教师对调整方式的认同调查可以看出，有50%的人认为桓仁县采取的是"强制式"调整方式，25.68%认为是"示范与强制相结合"，而认为是"示范式"调整方式的仅为24.32%。综合选项结果，并从整个布局调整的过程来说，桓仁县是将朝鲜族寄宿制学校这个成功案例的示范与政府的强制推行相结合的。一方面桓仁县率先建设了朝鲜族寄宿制学校取得了积极的成功经验；另一方面在成功实例的鼓励下县教育局制定了九年一贯制寄宿制学校布局调整规划，在全县强力推行。已经成功取得成绩的学校会组织村民参观，这样村民就会看到新学校良好的办学条件、优质的教师队伍，从而乐于让孩子到新建学校上学。这种典型引导后进行强制推行的调整方式，使桓仁县学校布局调整工作速度快、效果好、群众满意度高，是一种典型引导后的强制式。

（三）人事制度改革是桓仁县九年一贯制寄宿制学校建设的关键环节

2003年年初，根据《国务院关于进一步加强农村教育工作的决定》和省、市的有关规定，桓仁县全面实施"以县为主"的管理体制，学校人事制度、人员工资、教育经费等由县统筹，这为学校合理布局、教师队伍优化组合创造了体制保证。紧密结合寄宿制教育的实施，在人事和分配制度改革上，桓仁县坚持每建成一所学校就改革一所学校人事制度的原则。人事制度改革初次尝试于北甸子学校（桓仁实验学校），改革原则是：按需设岗、公开竞聘、以岗定薪。2004~2006年寄宿制学校陆续建成投入使用，全县城乡一共进行了三次人事制度改革：2004年秋，对投入使用的沙尖子、木盂子、二户来、拐磨子4所寄宿制学校进行人事工资制度改革，工资制度参照北甸子寄宿学校的做法进行了改革。2005

年秋季开学前进行了第二次人事制度改革，这次竞聘工作从 2005 年 7 月 18 日开始至 8 月底结束，通过考试、考核、民主评测、竞聘演说等形式，秉承公开、公正、公平的原则竞聘上岗。2006 年 6 月末开始第三次人事制度改革，学校领导干部通过民主测评、考试、考核、竞聘演讲和答辩等程序，择优聘任校长、书记、副校长、中层领导；教师、职员、工人的竞聘工作从 7 月 18 日开始到 31 日结束，通过考试、考核、民主测评、竞聘演讲等形式竞聘上岗。

（四）校园巴士的实行是桓仁县学校布局调整后学生上学的安全保证

集中办学后大部分学生上学路程变远，学生上下学路上能否安全就成为一个需要关注的问题；而且实行寄宿制办学，学校规模扩大，造成了学生的节假日集中乘车难的问题，大规模的学生集中乘车往返，县客运班车运力明显不足，成为影响各校正常教学秩序的难题。为保证通勤学生的交通安全，县政府一次性投资 300 余万元，统一购置了 12 辆新型客车，桓仁县就读于寄宿学校的农村孩子们坐上了"校园巴士"，彻底告别了排队挤公交车回家的历史。"校园巴士"的车队由县客运公司专门选派的经验丰富的工作人员和司机组成，为的就是更好地服务于全县农村学生。各寄宿制学校则打破正常的周末休假制度，实行轮换休假，12 辆校园巴士从此将每天轮流接送全县农村各校寄宿生。

下面是雅河学校校负责后勤的工作人员为校园巴士的具体工作情况做的简单介绍：

校园车由客运公司统一管理，雅河学校有 323 名学生乘车，周三下午上完两节课，两点四十下课后统一组织学生坐车。我们八个行政村，这组是四辆车，就是按东西南北路，属于南路车就从九号到十二号。校车都排号，星期三下午上完两节课之后四辆车按照村的线路和学生居住的实际情况设不同的站点，站点的要求就是学生家里离这个站点超过 200 米就设一个站点，如果 200 米以内就不设站点。

学生是统一组织，都有固定座位，一般都是低年级在前，高年级在后，特别有晕车的尽量安排在前排坐着，这是送学生。学生到家门口下车。每一辆车，比如说九号车，他就跑这一个线路，所以对这个车的孩子都比较熟悉，站点在哪，这个站点几个学生，这孩子叫什么名，司机一般都知道。

校园车在运行之前有个行车单，在后面备注一栏里写明了设置站点，站点名称，每个站点学生数。

二、桓仁县农村学校布局调整的教育变化

（一）积极影响

1. 促进了教育资源的合理配置，办学条件得到有力改善

桓仁县九年一贯制寄宿制学校办学规模较大，新建校舍、教学设施基本完备，办学条件很大程度上有所改善，解决了农村教育的资源配置问题，实现了集中投资，使教育经费和教育设施得到合理有效的配置。到2007年，桓仁县寄宿制学校试点任务全面完成，办学条件得到了根本改善，城乡所有学校都消灭了危房，全部实现了校舍楼房化。学校完善了图书杂志资料、语音室、实验室、电脑与电教化设备、体育场地、活动器材等教学资源，并且建设了标准的食堂和活动场所，这样大量的资源可以相互弥补所缺，完全共享。从表7-5中可以看到：54.05%教师认为学校调整后实现了教育资源合理配置，31.08%的教师认为调整后资源配置变化情况明显优化，41.89%的教师认为一般优化，剩下27.03%的教师认为资源变化不大或者有所减少。全县各个乡镇的教育资源得到合理优化配置，避免了过去资源分散、利用率低的问题。总之，九年一贯制学校缩小了办学条件上的强弱差距，优化了教育资源配置，使教育优势得到最大的发挥，为农村高质量、高水平的普及义务教育，促进教育公平奠定了坚实的基础。

表7-5　　　　　　　学校布局调整带来的有利变化

你认为学校布局调整带来了哪些积极变化	人数	所占百分率（%）
优化了教师年龄结构、学历结构等	40	54.05
开齐了课程	23	31.08
优化资源，改善了办学条件	60	81.08
学校公用经费比以前增多了	26	35.13
有利于形成学习氛围	25	33.78
没有变化	2	2.70

2. 促进教育工作人员的结构优化

首先，实现了领导干部和教师队伍年轻化、质优化。学校改革后校级领导干部平均年龄为43.9岁，下降了5.8岁；中层领导干部平均年龄41.6岁，下降了4.7岁；实施人事制度改革后，全县校级领导干部本科及以上学历达到了64.8%，提高了17.5个百分点，中层领导干部本科及以上学历达到66.5%，提

高了 18.1 个百分点。桓仁县教师具有大专及本科学历的比例均上升了 20 个百分点。

表 7-6　　　　桓仁县 2007 年中小学教师年龄结构调查

年龄段（岁）	25	26~30	31~35	36~40	41~45	46~50	51~55	56~60
小学	10	168	259	287	356	323	11	1
初中	24	31	98	214	327	259	6	2

资料来源：桓仁县教育局。

其次，教师工资制度合理化。实行以校为单位的工资总额包干制度，一年一包，包干期间，增人不增资，减人不减额。经过以岗定薪，评聘分工，专业教师、生活教师、工勤人员等不同岗位享受不同的工资待遇的优化组合，拉开了专任教师与职员、工勤人员的工资差距，使分配制度更趋于合理，充分调动了广大教职工的积极性。

最后，基本建立了领导干部能上下、能进出的管理机制。"评聘分开"的竞聘制度彻底打破了原来评上高级职称不干活还多挣钱，而工作能力强、业务水平高，因岗位有限而无法评上高级职称的年轻教师多劳少得的实际问题。这种激励机制提高了专任教师的工作积极性。对于人事改革后形成的部分待聘人员，桓仁县教育局成立了培训中心，负责他们的管理、培训、再就业等工作。根据缺编学校所缺岗位情况和待聘人员培训期间的考试、考核情况，适时组织第二次竞聘。

3. 促进了专任教师业务水平的提高

集中办学后，经过人事制度改革，教师分工明确，承担的教学工作专业性强，有利于教师专业水平的提高；同时，教师集中后，在良好的办学条件和现代化的教学手段下，教师更能够自觉提高自身的素质和教育技能，以保证优秀的教学质量；另外，学校开展的各种教研、科研活动给教师营造了一个规范化、科学化的教学交流机会，教师之间也易于形成一定的竞争氛围，无形中促使其不断提高自我、完善自我。访谈中，学校领导也指出，教师集中后相互之间形成的竞争，有利于提高教学水平和教师自身业务水平。调整后学科结构趋于合理化，各个学科基本上都有了专职教师，每个学科教师人数增加也为教师之间的沟通和交流提供了契机，也有利于提高教师的工作积极性。根据问卷调查，69.35% 教师工作积极性有不同程度的提高。教师在师师之间以及师生之间的交流、沟通中不断地认识自我、发展自我，教会学生学习、生活、生存的同时，也用知识提升了自己。

4. 有效提高了教育教学质量

布局调整前学校分散，规模小，教师少，部分学校只能保证开出基本学科，而且老师专业性不强，一些老师身兼两三门学科，体音美、英语和信息技术等科目开不了，这种情况严重影响了教育教学质量的全面提高和学生综合素质的发展。集中办学后，资源的优化，教师的专业化使国家规定的各类学科都能开全，开课质量明显提高，音体美等课程丰富多彩，学生的特长得到发展，从而促进了教育质量的提高。农村中小学布局调整的最终目的就是教育质量的提高。调查发现，75.68%的教师认为桓仁农村中小学布局调整促进了教育质量的提高。另外，在回收的175份学生问卷中有81.71%的学生认为调整后更加喜欢上学了，有64.57%的学生认为自己的学习积极性提高了，64%的学生成绩在不同程度上有所提高。据访谈了解，寄宿制之前，桓仁教育局每年统一对小学六年级和中考进行评定，R学校当时成绩特别可怜，实际全县当时成绩也不高，而实行寄宿制之后第二年就发现有所提高。另外，中小学布局调整后除了教师的合理配置、办学条件改善外，教师的责任心增强也是促进农村学校教育质量提高的关键。调整后教师与学生的相处时间增加，高达85.71%的学生认为调整后师生关系改善，同时79.43%的学生认为教师更加民主了，这些因素与教育质量的提高都是密不可分的。

5. 有利于培养学生独立自主能力

桓仁县农村寄宿制学校多为封闭式或者半封闭式管理，学生吃住在学校，放假还有校园巴士接送，孩子的吃住行学校都包揽下来了。这样，不仅帮助学生养成了生活自理能力和自主习惯，更为培养学生的自立性奠定了基础。Y校教师提到，"像小学一年级学生，如果在家的话，穿衣服都得爸爸妈妈给穿，但是在学校住宿他就养成了晚上洗脚，洗漱完了睡觉，定时就寝，然后早晨定时起床的好习惯，那么洗脸、穿衣服、叠被褥都是他们自己做，都能完成，一年级也都能完成。"学生寄宿后日常生活发生了很多变化：从窄小单调的家庭生活来到了开放活泼的集体生活；从心理依赖严重不断向独立自主迈进。这是寄宿制学校从心理、生活方面给学生带来的良好改变。

6. 能减轻家长的监护负担

封闭式或半封闭式学校管理方式使学生除放假外，每天24小时全部都在学校中度过，这样家长就不用像以前那样每天接送孩子，减少了很多需要花费在孩子身上的时间。学生的衣食住行、课后辅导、安全等烦琐复杂的监护事务在上学期间都交给了学校，这样家长们可以全心全意地把精力和时间放在生活和工作上。

7. 教育管理、业务指导工作上呈现出更多优势

过去由于学校数量太多，面积太大，教育行政部门对学校的管理非常不到位，甚至有时出现失控。业务指导又很难切中要害，成本高，效益低。教育行政

指导、业务指导如果每年开展一次，大约也需要四个月时间，就连中心校领导深入村小也需要半个月。实施寄宿制集中办学后，学校数量减少幅度大，统一的教育行政指导和业务指导覆盖率增加，同时工作力度也大大加强；另外，教师参加共同学习、教研活动的机会也会相应增加。因此，集中办学为教育行政部门的管理工作带来了许多便利条件。

8. 推进了农村小城镇化进程

九年一贯制寄宿制学校的建设不仅是教育本身的提高，它也是促进整个社会发展的重要因素之一。就学校建设项目本身而言，全县三年兴建学校投资7 000万元，建筑规模8万多平方米，这对于桓仁建筑市场的开发产生了强烈的刺激，大大地促进了建筑业的发展。新建成的学校也成为学校所在乡镇的标志性建筑，为其小城镇建设增添了一道亮丽的风景线。R校校长说，"我们的想法是通过寄宿制学校建设，把生产力给解决了。确确实实是这么回事，从小的方面来说，从村镇到这儿30多里地，当学生、教师过来之后，就有可能不在原来的地方住了，家属可能就到这里做别的产业，有的老百姓直接就上县里来。其实，现在县里已经饱和了，根本上来说还是被教育打动了。"另外，一些家长为了方便照顾孩子，也搬到了学校附近居住，在这里打工、做生意等等，这也就增加了小城镇人口数量和建筑规模，有利于并村规划的落实。集中办学形成了较大的消费群体，也促使了农民在种植业、养殖业、服务业等整个产业结构中的调整。

（二）产生的新问题

学校合并后相对于合并前有哪些优势？又产生了哪些新的问题呢？我们认为应该站在不同角度去看待学校布局调整问题，而教师是一个承上启下的位置，他们在教育最前线，他们深刻地明白学生到底需要怎样的教育，怎样的教育对于学生的全面发展才是有益的。同时，在访谈过程感受到，教育管理者的访谈回答很少提及调整带来的负面影响，而学生在学校仍然处于"下等"地位，不敢"乱"说话，教师是最敢于表达真实心声的群体，我们通过访谈的方式试图真切、感性地了解学校布局调整的真实情况。

发现桓仁县农村中小学布局调整虽然成果显著，但仍然存在的问题如下：

（1）教师尤其是班主任压力过大；
（2）部分教师上下班不便；
（3）学生身体素质下降；
（4）学生厌学、辍学仍然严重；
（5）食堂浪费现象严重；
（6）宿舍冬天暖气不够；

（7）学生上课时间长；

（8）孩子脱离农村基本知识；

（9）除了语数外，接触不到其他的基本知识；

（10）管理人员繁多，工勤人员不够；

（11）校园巴士是否收费成谜；

（12）家庭经济支出增多，精神负担加重。

从与教师犀利的对话当中可以看出，与调整前相比，九年一贯制寄宿制学校有很多优势的同时还存在很多弊端，可以说刚刚合并后的学校还没有完全成熟，仍然在不断探索中，随之而来也出现了一系列问题。这些问题值得我们去进行深刻的反思：

1. 集中办学加大了学校的管理难度

布局调整的目的在于优化教育资源配置，保证有限的教育经费发挥最大的使用效益，尽可能地改善学校的软硬件，向城市规模效益靠拢，但是符合要求的规模出来了，随之而来的管理上也出现了诸多问题。

从学校整体的管理体制来看，调整后的学校组织管理幅度增大、层次增多。这样很容易在强调职能分工、恪守程序的科层式管理下形成一个庞大而低效的组织。另外，学校实行寄宿制，规模扩大，教师没有更多的精力来关心照顾众多的学生，容易使学生缺乏归属感，年龄较小的学生行动随意性大的特点也势必给管理上带来难度，同时产生安全隐患。

2. 难以区别对待小学生和初中生的学习生活衔接问题

由于小学生和初中生在年龄上、身体上和心理品质上的差异使九年一贯制学校在课时长短的设置、广播操的选择上产生了两难的问题。中小学生在很多方面是应该区别对待的，但现实执行又不得不统一标准，因此，因材施教的原则不能够在九年一贯制学校完全执行。形式上九年一贯制的体系管理，但实际还是小学和初中分开的，师资也是按小学和初中两套管理，有的学校业务副校长是一个，但下面业务还得分两摊，小学教育和初中教育，经济上一批人马，就是统一管理，但教学上还是两套。小学生和初中生的体操不一样，小学一年级学生和初中三年级学生年龄差距太大，初中三年级几乎是一个成人，小学一年级还是一个小孩，若做同一个操小学生恐怕做不了，但若时间上不统一的话会互相干扰，校区都是在一个校区。上课时间小学和中学也存在冲突，小学一堂课40分钟，初中一堂课45分钟。有的时候里边正在上课，外边却下课了乱哄哄的，所以有的小学学校统一变成42分钟一节课，这对初中老师肯定不适应，别看差三分钟，生物钟就是上课45分钟，这个概念不是钟表上的概念，而是生物钟的概念，10多年习惯形成的，讲课虽然不看表，但他心理上有这个感觉，减到42分钟，甚至有的学校减到40分钟,就很难把握这个课堂的节奏,总是忙忙碌碌的,也是一些问题。

3. 农村生活教师和工勤人员编制不够,一线教师压力过大

农村教师编制本来就不够,义务教育实行以县级政府管理为主体后,对教师编制的控制更严格。农村一线教师不仅要承担沉重的教学任务,课后还要兼顾学生的后勤服务工作,负责学生的起居生活、巡夜、接送学生坐校园巴士等无报酬的劳动,教师认为这是额外的"义务劳动"。宿舍、食堂、教学出问题都找班主任,班主任就等于学生的监护人,所以班主任是没有精力去潜心研究教学、搞教学的。在问卷调查中有86.48%的教师认为学校布局调整后工作负担增加,其中有77.03%的教师认为工作负担明显增加。有的教师干脆直接在调查问卷中用文字表达对于工作压力过大的无奈:"教师工作量明显增多,节数少但在校工作时间反而增多;中午得不到休息,节假日得不到正常休息,晚自习太累,顾不上自己的家;课表25节课,实际40节,包括自习,还要另加晚自习,在学校工作12个小时有余。"如果这样长此以往下去,对于教师的专业发展及工作的态度是起负面作用的,同时对于寄宿学校的长期发展也是不利的。

4. 部分家长形成依赖心理,学生家庭教育被忽视

农村寄宿制学校还在一定程度上强化了部分家长对国家、学校、教师的依赖思想。在访谈中,有家长说:"学校收取了学生的住宿费、生活费,孩子吃住在学校,家长交钱了,教育的事情,学校理应全部承担。因此,学生在学校,教师应当负责全部责任。"这种把教育孩子的责任完全推给学校、推给教师的做法并不是明智的选择,它是一种对自己孩子不负责的表现,造成了孩子家庭教育的缺失,不利于营造良好的教育生态环境。父母是孩子出生后的第一任教师,他们不应是狭隘地照顾孩子的身体成长,还需要为孩子提供一个温暖的思想和情感交流空间,他们才是孩子生命中最重要的人。集中办学后严重的剥夺了孩子大部分的家庭教育时间,把孩子所有的一切都抛向学校,很容易造成孩子亲情教育的缺失,导致情感上的冷漠和隔阂。而且有的家长错误地认为孩子只有周末才回家,一定要加倍地疼爱,而这加倍补偿的疼爱往往容易取得相反的效果。在与学生的交谈中,几乎每个孩子都说放假回家和爸爸妈妈更亲了,而他们所谓的"更亲了"却使家长错误地听从孩子可能不合理的要求,这对于孩子自身的成长是没有益处的。我国当前农村的集中办学调整政策在无形中使家长产生依赖心理的同时,也严重忽视了家庭关怀对儿童教育的重要作用。

5. 增加了家长经济负担和精神负担

"家长的负担减轻了,免了住宿费、交通费、学费、课本费等,需要交的就是伙食费,孩子在家也是一样吃饭的。如果孩子在家,家长还要接送,寄宿后家

长能够脱开手真正做他的生意或者外出打工,这对于家长经济各方面来说都有好处。" R 校长如是说。虽然税费改革及一费制的政策出台减轻了农民的经济负担,但是从学校布局调整后实际情况看,每个家庭的教育成本相对都在增加。在对家长进行访谈过程中了解到,孩子住宿要准备些物品,还有伙食费,再者孩子不在身边还要给些零花钱,花费增加许多。有家长举个例子说:"孩子不在家,菜和米都省下来了,米可以拿去卖,可以换钱,但是农村的蔬菜,特别是自己家里种的蔬菜比较廉价,卖的少没有人买,根本不可能卖,就是能卖也卖不了多少钱,这么多菜大多数还是浪费了。另外,学生在学校还是要交一日三餐的伙食费的,不像在城市里,在家里菜也是买着吃,在学校里也是买着吃,花费差不多,所以费用肯定是增加了。还有就是孩子在学校,做家长的总是不放心,怕吃不好,睡不好的,惦记的更多了"。

当地的学生是乘坐校园巴士上下学,每年每个学生收取 40 元车费,但是当我们在和学生交流提到这个问题是,学生有的说这个费用已经不交了,但是有的学生说还交,于是校园巴士到底收不收费成为一个疑问。孩子不在家长身边,父母惦记是人之常情,担心孩子吃不好、睡不好、学习不好等。一旦发生点头疼脑热的,或者在学校磕磕碰碰的,就算是半夜,家长也会从很远的家里赶来看望,这就增加了家长的精神负担和压力。

6. 学生心理压力大而且远离社会

虽然说学生寄宿对于锻炼独立自主能力有很大帮助,但是对于低年级的学生来说,突然间从舒适的家庭生活转移到学校的集体生活,而且刚刚合并不久的学校生活条件还不完善,难免会造成学生的不适应感,独立生活对于低年级学生的压力是很大的。在进入现场调研之前,研究者曾从一位在桓仁县进行过教学实习的大四学生那里了解到,她实习所在学校根本没有热水供学生洗漱,于是,在访谈中专门就这个问题作了深入了解,得到的答案是,有些学校的确仍然存在这种情况,而且学生宿舍冬天暖气是不够的。有教师提到,有一次宿舍楼管理员半夜被冻醒的情况,那么可想而知学生的寝室供暖情况不容乐观。另外,除了生活上的压力,学习考试带来的压力也有所增加,家长把孩子送到寄宿制学校就是希望他们能够考出好成绩,对孩子要求提高的同时也增加了孩子的心理负担。

学习时间延长,也就是说游戏的时间减少了。寄宿制学校学校责任重大,领导向教师要成绩,教师就"逼"学生学习;领导怕学生出意外,教师就"剥夺"孩子们原本属于玩乐的时间,就算是正常的体育课时间,稍微激烈一点的活动都会取消。如此下去,孩子就会成为一个学习的机器,丢失掉原本属于他们天真烂漫的童年,这对于孩子的身心发展是非常不利的。

学生在学校的时间延长,有充裕的学习时间,教师可以及时、个别地进行指导，但是过长上课时间和单调的语数外学习使学生根本接触不到其他的课外知识。教室内虽然有电视机，也只有小学生有时候可以看看动画片，初中生除了上课时间用来教学，其他时间根本不让看，对于国家大事根本接触不到。学生寄宿大大减少了他们与社会接触的机会，长期生活在学校教育环境里，对于一个身心正处于发育时期的中小学生来说，会削弱他在多种环境中的适应能力。访谈过的教师无一不认为这种封闭性导致学生厌学情绪严重，辍学现象仍然存在。

7. 割断了传承农村文化的重要纽带

学校的布局调整政策不经意间忽视了农村文化建设的重要性。原来的一村一所小学是自然发挥着传承和发展农村文化的标志性建筑，它是唯一带有文化韵味和农村文化的标志性设施。一方面，学校调整后，村落与学校之间失去了情感的交流中心，学校的文化影响力也随之消失。另一方面，调整后学生被封闭在学校内，对于原来在自然条件下就可以学习到的农科知识基本接触不到了，他们生活的环境又和城市相差甚远，到头来不仅城市文化学不到，农村文化熏陶也丢失了，这对于在寄宿制学校上学的农村孩子来说应该是一种遗憾。城乡一体化不是乡村完全对于城市的复制，要保留其原有的特点。从宏观角度看，对于中国农村文化建设来说无疑是巨大的损失。

第四节 对桓仁县中小学校布局调整的对策建议

我国农村城乡一体化中小学布局调整是教育改革与发展过程中的一项长期性、系统性的重要工作。为了促进城乡教育一体化，义务教育健康稳定的发展，实现农村教育资源优化与配置、实事求是的中小学布局调整是必要的。通过实地调研，我们发现学校进行布局调整、集中办学后仍然存在很多尚未解决的问题，研究者针对发现的问题提出以下几点建议。

一、积极探索九年一贯制学校的管理模式

经过对桓仁县学校的实地了解发现，很多已经运行的九年一贯制学校仍然是采用两套管理方法，例如校领导班子分初中一套，小学一套。而真正的九年一贯制学校应该就像一个生物体有一套内脏一样以一个系统的分工协作来运行。九年一贯制学校在学校办学目标、学生的培养目标、行政业务管理、教学管理等方面都要形成一个统一的系统，也就是说要找到一条可以贯穿于九个年级的主线。

二、建立学校布局调整后的安全管理制度

教育行政部门应时刻关注学校的安全工作。教育行政部门可联合乡（镇）领导、公安部门不定期深入学校内部，在学校正常的状态下检查安全工作是否达到标准，同时注意工作是否存在疏漏之处，如有不完善的地方及时解决，彻底解除安全隐患。另外，学校加强安全意识教育。可利用教室和走廊的宣传栏、校园广播等进行安全教育，还应该为教师和学生定期上安全教育课、举办安全意识讲座、开展安全知识竞赛、模拟危险防范等。这些工作在于提醒教师和学生时刻保持安全防范意识，形成一种习惯。最重要的是学校要制定一系列完善的安全管理制度。学校安全可分为校外安全和校内安全，校外安全包括学校周边环境安全、学生交通安全、校外活动安全，校内安全包括校舍安全、消防安全、卫生医疗安全、大型活动安全、教学实验安全等。在学校安全的分类下，将每一类安全工作的每一步都要细致分化到每个具体工作人员身上，签订责任书，建立一个责任追究制度，确保安全工作落到实处。

三、设置生活教师编制并促进生活教师专业化

首先，寄宿制学校领导要认识到生活教师的意义。寄宿制学校的特殊性在于承担知识教育责任的同时也承担了学生的家庭教育责任，那么这个家庭教育责任无疑落在了生活教师身上。生活教师扮演着孩子们家长的角色，他们的道德情操、自身素质、生活习惯以及对于学生的关爱程度无疑对学生的成长有着至关重要的作用。因此，学校管理者应当在生活教师的聘任、待遇、激励等方面予以重视，视生活教师与教学教师于同等地位。

其次，促进生活教师专业化。学生首先是作为一个人在生活，其次作为学习者去学习，所以生活教师的职业技能对于学生在学校的生活质量起着重要的作用。生活教师不在言传而在身教，学校应在教育学、教育心理学、生活技能等方面对生活教师进行培训，并引导生活教师形成自主学习、终身学习的意识，以提升他们的能力，满足学生在学校习得生活常识和技能的需求。

最后，合理设置生活教师编制，减轻教学教师压力。全县学校的生活教师和工勤人员虽然由原来的210人扩大到970人，但是寄宿制学校学生的大部分生活如坐车、吃饭、寝室生活等仍是由班主任和任课教师兼任，这一方面说明生活教师数量可能有欠缺，另一方面也说明对班主任职能和生活教师职能边界区分的不清晰。教育行政部门应该在合理的师生比范围内适当增加生活教师人员的编制，

保证寄宿制学校生活教师人员的数量和质量，促使学校的工作人员结构合理化。

四、探索建立具有家庭特点寄宿制学校管理新模式

一方面，在教师思想上，要把学生当作自己的孩子。教师可以利用家长会或者电话（对远距离学生）与家长进行沟通，在交流中了解学生的成长，另外如果有需要可以采用个别访谈或者家访等方式深入了解教师认为问题较严重的学生。学生们首先是个孩子，其次才是学生，老师不光要教会他们知识，也要指导他们人生的成长，这就要求老师要有高度的爱心与责任心。学校教学活动和生活中，教师倾注真诚的爱心，用真实的情感来打动学生，无论是教学中还是生活中都要耐心地对待学生，这符合科学发展观与和谐社会的要求。另一方面，从环境上营造轻松的气氛，生活老师从生活上多关心学生。作者在思考，曾经古老的游戏"过家家"①是否可以重新登上舞台，"过家家"是一种与儿童智力和认同发展相关的模仿行为。孩子们可以通过游戏尽情地发挥想象力和创造力模仿成人，在这样游戏过程中来促进人际互动。教师在教学中的道德、情感与价值观目标中形成以大家庭观念为主线并在教学中自然运用，以对学生产生潜移默化的影响。学校提倡大家庭观念，在大环境上建立大家庭的真实氛围，定期开展以家庭观念为主导的活动。

五、构建学校、家庭、社会三位一体的教育网络体系

学校、家庭、社会之间进行教育整合产生的合力作用是教育成功的必要条件。广泛整合社区教育资源，形成一个学校、家庭、社会三结合立体化的教育网络，丰富学生社会实践活动。首先，学校与家长可通过交流笔记全程了解学生的成长。笔记中教师可以记录学生在学校学习、生活情况并反馈给家长，同时，家长在交流笔记中记录学生在家里的教育情况，以及家长对于教师或者学校有哪些建议。其次，充分发挥学校已有多媒体资源的作用。定时定点让学生收看新闻、教育、娱乐等电视节目，以防止学生与社会脱节。再次，寄宿制容易导致学生的亲情缺失，容易导致学生人格不健全，甚至出现心理问题。学校可以聘请专业的心理学教师担任心理医生，为学生们讲授心理健康课程并通过建立心理咨询室及

---

① 过家家是一种儿童的角色扮演游戏，即几个伙伴分别扮演同一个家庭的成员，如"爸爸"、"妈妈"、"孩子"、"宠物"等，利用简单的道具（也可不用），模仿成人日常家庭活动，如做饭、照顾孩子、结婚。

时发现学生的心理健康问题,帮助他们树立起积极向上的人生观、世界观,逐步学会快乐的学习和生活。最后,学校与社区形成一种互动交流关系。学生在封闭且城市化的教学建筑中容易丢失本来可以在生活中学习的农村文化,所以学校可以联合社区,组织学生进行农业劳动、社区服务等活动,以使学生在社会服务实践中认识社会。社会教育比较松散,只有学校主动与社会各个方面交流沟通,组织对学生有意义的活动才能促进学生与社会的融合。

第八章

学区型农村学校布局调整研究

——以河北省井陉县为例

我国是一个多山的国家,就地形地貌而言,山区(包括丘陵和高原)面积663.6万平方公里,占国土面积的69%,山区人口占全国人口的56%[①]。受二元分割社会体制和农村义务教育保障机制不健全的影响,山区县域内农村学校一度呈现出点多、面广、规模小、师资差的局面。随着山区农村人口的向城镇流动和计划生育政策的进一步推进,山区农村适龄生源人数逐年减少,超小规模学校和空壳化学校逐年增多,在"普九"过程中投放的教育资源被大量闲置。通过山区县域内教育布局调整盘活现有教育资源,逐步提升山区农村教育质量,便日益成为一个具有建设性意义的实践话题。作为一个山区县,河北省井陉县在山区县域内农村教育布局调整中,采取打破乡镇行政区划组建跨乡镇中心学区的做法,结合校舍改造和寄宿制学校建设,有效整合了教育资源,极大地提升了山区县域内农村教育的质量。

为探索我国山区农村义务教育阶段教育布局调整的有效模式,推广山区县域内农村义务教育阶段教育布局调整过程中可行性做法,发现存在的问题以及寻求科学有效的解决办法;我们调研组一行17人从2008年10月20日至10月27日,对河北省井陉县展开了为期8天的农村山区县域教育布局调整调研。

本次调研采取文献分析法、问卷法和访谈法相结合的方式。在前期相关文献收集的基础上,实地发放教师问卷353份,其中有效问卷340份;发放初中生学生

---

① 贾治邦:《抓住战略机遇,转变发展方式,全面开创现代林业科学发展新局面:在全国林业厅局长会议上的讲话》,载 http://www.china.com.cn/,2011年1月25日/2011年3月15日。

问卷580份，其中有效问卷572份；发放小学生问卷436份，其中有效问卷410份；发放校长问卷33份，其中有效问卷33份；发放学生家长及村民问卷100份，其中有效问卷83份。访谈教师70余人，访谈校长50余人（包括17名教学点负责人），并对井陉县教育局分管教育布局调整工作的副局长进行了专访。同时，还收集了大量井陉县有关教育布局调整的相关政府文件、会议纪要、各学区经验汇总、县志、教育志、寄宿制学校管理细则、校本教科研材料等大量文字材料和实物。

第一节　井陉县自然概况和社会经济发展情况

作为冀西的一个山区县，井陉县历史悠久，民间教育传统浓厚，矿石资源丰富。改革开放以来，井陉县在社会经济和文化等方面取得了长足的发展，为农村学校教育布局调整打下了较为坚实的物质基础。

一、井陉县自然概貌

井陉县位于太行山东麓，河北省西部。县城微水镇东距省会石家庄市40公里，东北距首都北京350公里。全县总面积为1 381平方公里（207.15万亩），其中耕地36万亩，占总面积17.4%。井陉地表基本形态为盆地，四面环山，中间陷落，地势自南向北，自东向西倾斜。全景地貌由不同的中山地貌、低山地貌和河谷地貌组成，素有"七山两水一分田，三川九岭十八峪"之称。境内有石太铁路、石太高速客运线、石台高速公路和307国道横贯，是河北与山西两省交通咽喉要道。

井陉县境内有种类繁多的矿产资源，非金属矿产资源在质量和数量上有很强的竞争力。截至2004年年底，井陉县共发现70多种可利用的矿产资源。其中，能源类矿产主要是煤炭，黑色金属矿产主要是铁矿石，有色金属矿产主要是镍矿石、铅矿石、锌矿石、铜矿石等；贵金属矿产主要是银矿石，稀土及散元素，矿产主要是锗矿石，化工原料非金属矿产资源主要有电石用灰岩、制碱用石灰岩、磷矿等；其他特种非金属矿产、建材及其他非金属矿产有43种。其中已探明资源储量的矿产38种，已开发利用的26种。井陉县是河北省电石用灰岩和制碱用灰岩的重要产地，其储量居全国第三位，居河北省第一位[①]。

---

① 井陉县政务网：《井陉概况》，载http：//www.sjzjx.gov.cn/，2011年12月10日。

二、井陉县社会经济发展状况

井陉县居民以汉族为主，所占比重超过99%。截至2008年，全县总户数104 856户，人口总数319 791人，户均3人。其中乡村人口250 138人，城镇人口69 653人。1985~2000年，人口逐年增加，从2001年开始逐年下滑，2001~2004年，年均减少2 190人。全县人口主要集中在经济相对发达和交通相对方便的县城和建制镇周边，全县人口密度232人每平方公里，比石家庄市均人口密度少348人。20年来，井陉县有10个镇的人口密度由每平方公里232人增加到259人，全县人口在逐年向经济相对发达和交通相对便利的县镇或其规模较大的建制镇集中。自从1980年井陉县大力提倡晚婚晚育和实施计划生育政策以来，1985年全县人口自然增长率为7.2‰，2004年人口自然增长率降低到2.9‰。从2000年起，全县0~14岁的少年儿童占总人口比重24.7%，60岁及以上人口占全县总人口比重11.1%。按照国际惯例，少年儿童人口所占比重低于总人口的30%，老年人口所占比重高于总人口10%时，即为老年型社会。因此，井陉县人口的年龄构成已经步入老年型社会。

改革开放以来，井陉县经济呈现出快速增长的势头。1984年，全县实现生产总值（GDP）11 759万元，财政收入2 077万元。2004年两项指标分别达到455 701万元和25 560万元。20年间GDP翻了5.28倍，财政收入翻了3.62倍，扣除物价因素，20年平均增长速度为15.4%。2004年年底，在河北省全省县域经济综合排名中，井陉县跨入全省综合经济前三十强的行列。2005~2007年，随着井陉县经济结构得以进一步优化和调整，县域经济实力进一步提升。2005年县域GDP总量499 786万元，总财政收入34 195万元，可支配财力31 333万元。2007年这三个数字分别达到72 445万元、50 580万元和47 434万元。

第二节 井陉县教育布局调整的动因及可行性分析

作为一种反映政府意志的公共治理行为，教育布局调整是一项系统工程，井陉县山区县域内教育布局调整工作正是在遵循教育结构与经济结构、人口结构和教育发展规律相适应的基础之上展开的。在山区县域内农村教育布局调整的过程中，井陉县采取了打破乡镇行政区划，组建跨乡镇辐射服务的中心学区制的做法，即将同类同级别的小学、初中按照相对就近的位置和该学校在百姓心目中的认可程度划分成若干个学区,在学区内通过一定的管理制度、运行机制及考核评估措施,搭建交互平台、实现资源共享、实施优质学校对薄弱学校在学校管理和教育教学上的指导与帮扶,从而缩小区域内学校间的差距。

一、井陉县教育布局调整的动因

近些年来,随着井陉县经济的快速健康发展,很多山区农村人口逐年向交通相对便利、经济相对发达和就业机会相对较多的县镇驻地或其他建制镇驻地流动。受计划生育政策和人口自然增长率逐年降低的影响,井陉县小学适龄人口入学人数正在呈现逐年递减趋势。很多农村学校由于受条件简陋、师资薄弱、经费极其缺乏等因素的困扰,教育质量非常低下,难以满足逐渐富裕起来的农村人口对优质教育的强烈诉求。

(一)人口自然出生率逐年降低

就出生人口数量而言,1995年全县出生人口4 604人,1998年为3 469人,2003年为2 933人,呈逐年下降趋势。从小学在校生数量看,2003年全县小学在校生为31 593人,2008年锐减到21 395人,小学在校生将以每年2 000人左右的速度递减。1985年井陉县流动人口1 674人,净流入726人。随着计划生育政策的实施,人口控制措施的深入推进和优生优育观念的逐步养成,1982~2000年20余年来,井陉县0~14岁的少年儿童数所占人口总数的比率逐年走低。如:1982年第三次人口普查时,0~14岁的少年儿童占全县总人口的28.6%,到1990年第四次人口普查时占全县总人口的27.0%,到了2000年第五次人口普查时占全县总人口的24.7%①。井陉县的人口结构由第三、第四次人口普查时的成年型向第五次人口普查时的老年型快速过渡。

(二)农村适龄儿童逐年向城镇学校流动

由于受农村人口向城镇流动、计划生育等因素的影响,小学适龄人口入学数正在呈现逐年递减趋势。随着井陉县社会经济各方面的发展进步,井陉县农业人口数量开始逐步减少,且向经济发达、交通便利和就业机会较多的城镇集中。1985年全县总人口为294 069人,其中农业人口275 509人,城镇非农业人口18 560人。到2004年,全县总人口319 791人;农业人口250 138人,城镇非农业人口

---

① 《井陉县志》编撰委员会编:《井陉县志》,新华出版社2006年版,第121~123页。

69 653 人。到 2007 年时，全县总人口 32.2 万人，其中城镇非农业人口 7.2 万人（见表 8-1）。同时，全县人口逐步向县城和建制镇集中。如县城驻地所在的微水镇，2004 年人口密度为 599 人每平方公里，比 1985 年每平方公里增加 186 人，是全县人口密度最高的镇。20 年来其他 10 个镇的人口密度由每平方公里 232 人增长为 259 人，而其余 7 个乡的人口密度平均每平方公里减少 1 人。

表 8-1　　2000~2007 年井陉县总人口和城镇非农业人口数量变化

单位：万人

年份	2000	2001	2002	2003	2004	2005	2006	2007
全县总人口	33.1	32.6	32.3	32.2	32.0	32.0	32.1	32.2
城镇非农业人口	3.7	3.7	3.9	7.0	7.0	7.0	7.0	7.2

（三）农村小规模学校大量出现

改革开放后，为普及九年义务教育、巩固双基、方便学生就近就读，井陉县各村基本上都开办了小学，部分自然村开设了教学点。截至 2003 年，全县共有小学 318 所（包括教学点），初中 41 所，普通高中 3 所，职业教育中心 1 所，特教学校 1 所，进修学校 1 所。尽管井陉县农村基础教育取得了长足发展，但持续的生育率下降造成中小学学龄人群逐渐萎缩、小学在校生规模逐渐缩小、小学不得不逐步合并、班级数量逐年减少、班级规模逐年缩小，不少农村地区及偏远山区出现了很多"空壳学校"。2002 年，全县 359 所学校中，一校一师学校有 74 所，不足 30 名学生的学校有 95 所，二、三、四年级复式的学校有 160 多所。小学平均规模不足 90 人，初中平均规模不足 450 人。以辛庄中心学区为例，2003 年有小学 27 所，其中一师一校的就有 20 所，30 名学生以下的学校有 23 所。

总之，农村中小学点多、面广、规模小、布局分散的现状，造成不少井陉山区学校生源严重不足，师生比例严重失调，合格师资极端短缺。同时，由于大量办学条件差、办学规模小、班容量小、复式教学的中小学和教学点的长期存在，使得很多农村学校基本教育教学设施严重匮乏，课程开设不全，教育教学质量长期低效徘徊。而井陉县城学校及经济条件相对较好的建制镇驻地的学校却超负荷运转，深山区及办学条件差的乡镇学校学生流失严重、生源急剧萎缩、使得有限的教育教学资源严重浪费。为满足基本教学需要，各学校不得不重复投资改善办学条件，使有限的教育经费不能发挥很好的效益，教育投资效益低下。所有这些严重制约着井陉县教育事业的健康、良性和可持续发展。因此，井陉县山区县域内农村教育布局调整势在必行。

二、井陉县教育布局调整的可行性分析

教育布局调整是为了实现一定目标,必须考虑一些客观原因、一定区域内学校分布格局的变化。这种变化主要指学校规模、学校数量和学校位置的变化。从逻辑上讲,教育布局调整既包括学校规模变大,也包括变小;既包括学校数量变多,也包括变少。狭义而言,教育布局调整是学校在一个国家或地区广泛分布之后,随着小规模学校被合并,学校规模和数量发生变化的过程[1]。对于教育布局调整这样庞大的公共事业而言,除了需要强大的经济投入和教育资源投放作为物质基础外,还需要有利的政策指引和科学有效的体制策略规范,同时,更需要有强大的民意支持。

(一) 经济增长是井陉县教育布局调整的物质基础

就教育布局调整而言,说到底其实质就是在现有学校网点不能满足现实学龄人口增或减的状况下而采取的撤并或重新规划选址建校问题。对任何国家与社会而言,教育尤其是基础教育,都是其政治生活与文化生活中的一件大事。全民教育的实施,义务教育特别是免费义务教育的逐步普及,需要各级政府和各级财政投入巨额教育经费来保障和支持,在农村县域财政基本上是为维持正常工资发放的财政情况下,巨额的教育布局调整投入对县级财政是个巨大的压力。

改革开放以来,井陉县经济取得了长足发展。特别是进入 21 世纪以来,井陉县国民经济迎来了新一轮的健康可持续增长。当地政府围绕"加快发展、富民强县"的目标,提出了全面实施"五大战略"(山区开发富民、工业项目立县、旅游经济活县、改革开放强县、科技进步兴县),2003 年全县 GDP 实现 36.8 亿元,同比增长 13.0%,人均 GDP 突破一万元,达到 11 414 元。财政收入达到 2.1 亿元。2004 年全县 GDP 实现 45.6 亿元,财政收入 2.556 亿元,同比分别增长 16.1% 和 21.7%。2004 年年底,在全省县域经济综合排位中,井陉县进入河北省经济 30 强县的行列。井陉县 2005~2007 年 GDP 总量、总财政收入和可支配财力也在逐年大幅增长,2007 年全县可支配财力达到 47 434 万元(见表 8-2)。

---

[1] 石人炳:《用科学发展观指导中小学校布局调整》,载《中国教育学刊》2004 年第 7 期,第 3~5 页。

表8-2   2005~2007年井陉县GDP、总财政收入和可支配财力变化

单位：万元

年份	2005	2006	2007
GDP总量	499 786	580 689	724 445
总财政收入	34 195	41 766	50 580
可支配财力	31 333	36 853	47 434

在经济收入逐年提高的同时，井陉县对教育的投入也逐年提升。2004~2007年井陉县国家财政性教育经费和县预算内教育经费逐年大幅度提高，2007年井陉县国家财政性教育经费为12 963.4万元，全县预算教育经费为11 117万元（见表8-3）。

表8-3   2004~2007年井陉县教育经费投入变化

单位：万元

年份	2004	2005	2006	2007
国家财政性教育经费	7 231.6	9 681.4	10 963	12 963.4
预算教育经费	6 568.4	7 449.2	8 425	11 117

同时，井陉县拨付的教育事业经费也呈现出逐年上升趋势。2001~2003年，井陉县财政拨付教育事业的经费分别为4 952.6万元、5 713.1万元、5 846万元，分别比上年增加13.57%、15.36%、2.32%。在教育布局调整全面实施的2004年，井陉县财政拨付教育事业经费6 120万元，占全县财政可用财力53%[1]。其中2004年井陉县用于教育布局调整和改善办学条件的资金达到1 400万元左右。2004~2007年全县布局调整、寄宿制学校项目建设和危房改造的资金达到7 300万元。可以说，持续的经济增长和优厚的资金投入是井陉县教育布局调整的强大物质基础。

（二）以县为主的管理体制为教育布局调整提供了足够的政策空间

由于长期二元分割社会体制的存在，以往国家注重城镇教育发展的政策性导向使得农村教育长期以乡镇财政为投入的主体，其中农村的教育附加税费和农民的教育集资为农村教育的发展做出了极大贡献。在此期间各地农村实施的教育布局调整实质上是地方教育部门迫于财政压力，被动适应生源变化的一种各自为战的消极措施。农村教育发展必需的科学合理的布局调整既受财力限制，又没有明

---

[1] 《井陉县志》编撰委员会编：《井陉县志》，新华出版社2006年版，第251、970页。

确统一的国家政策导引。

2001年5月，随着《国务院关于基础教育改革与发展的决定》的颁布，我国开始实行在国务院领导下，由地方政府负责、分级管理、以县为主的体制。明确要求"省级和地（市）级人民政府要加强教育统筹规划，搞好组织协调，在安排对下级转移支付资金时要保证农村义务教育发展的需要。县级人民政府对本地农村义务教育负有主要责任，要抓好中小学的规划、布局调整、建设和管理工作"。同时要求县级政府"因地制宜调整农村义务教育学校布局。按照小学就近入学、初中相对集中、优化教育资源配置的原则，合理规划和调整学校布局。农村小学和教学点要在方便学生就近入学的前提下适当合并，在交通不便的地区仍需保留必要的教学点，防止因布局调整造成学生辍学。教育布局调整要与危房改造、规范学制、城镇化发展、移民搬迁等统筹规划。调整后的校舍等资产要保证用于发展教育事业。在有需要又有条件的地方，可举办寄宿制学校"。决定明确了县级政府对县域内农村教育发展规划投入的主体责任和办好县域内农村教育的法定义务，由此我国才正式开始较大规模的，有目标、有规划、有步骤的农村中小学布局调整工作。

2001年4月30日，河北省人民政府颁发了《河北省人民政府办公厅关于进一步调整中小学布局的意见》，明确要求以各县（区）坚持"统筹规划、分步实施、相对集中、扩大规模、确保入学、提高效益"的基本原则，坚持以农村小学和建制镇所在地中小学教育布局调整为重点，突出中心学校的规模效益和示范辐射作用，逐步形成规模办学的格局。在国家和河北省相关教育投入制度改革意见和布局调整相关指导性文件的指导下，井陉县开始了县域内基础教育布局调整工作。2004年7月16日，井陉县政府颁布《井陉县人民政府关于加快中小学布局调整的意见》，作为纲领性文件，在全县范围内开始了教育布局调整工作。

强有力的政策赋权是井陉县开展教育布局调整的权力来源，明确的指导意见规定了井陉县县级政府在布局调整工作中义不容辞的责任。只有明确的责、权、利关系协调，为教育布局调整实施工作提供施政动力和方向指引，才能使县级政府在教育事业发展方面有所作为。

（三）教育历史悠久，社会各界有强烈的优质教育诉求

作为一个历史悠久的山区县，井陉县教育传统悠久，有着源远流长的民间重教兴学氛围。北宋时期井陉曾建学宫，明时设陉山书院，清乾隆年间开办皆山书院。在官办书院同时，民间私塾教育也获得一定发展，据井陉教育志记载，最兴盛时全县有村塾80余所，义学8处。清末癸卯学制改革时期，皆山书院改为县立高等小学，民国七年全县小学发展到114所。抗日战争前的1934年，全县高

小发展到 8 所，初小发展到 246 所，在校生 9 500 余名。1947 年井陉解放后，井陉教育获得改造，到 1950 年时全县小学发展到 260 余所，在校生 15 500 余名，儿童入学率达到了 66.7%。截至 1966 年"文革"前，全县共有小学 268 所，高小和完小 58 所，在校生 33 034 名，儿童入学率达到 87%。中学 6 所，其中完全中学 1 所，初中 5 所，在校生达到 2 017 名[①]。改革开放后井陉县掀起了兴办农村教育的热潮，基本上每个村子都开办了小学，部分自然村开设了教学点。截至 2003 年，全县共有小学 318 所（包括教学点），初中 41 所，普通高中 3 所，职业教育中心 1 所，特教学校 1 所，进修学校 1 所。随着人民生活水平的逐年提高，社会竞争的加剧，人们对优质教育的诉求也逐渐强烈起来，让子女接受与城镇儿童一样的优质教育，进而通过受教育程度的提升以改变社会地位和实现社会地位的代际转变，成了逐渐富裕起来的农民的最大教育渴求。这种教育诉求与山区农村学校点多、面广、规模小、师资差、效率低下的现实形成巨大的反差。以高中公助生录取分数为例，井陉县一中 2001、2002、2003 年的高一新生录取分数分别为 424、461、468 分，而在行政区划上与井陉多次分合的鹿泉市第一中学的录取分数为 460、480、490 分。分数差距让井陉社会各界切实感受到教育质量的差距。因而社会各界对提高基础教育质量，让子女在家门口接受优质教育的呼声非常强烈。

因此，在基础教育阶段实施教育布局调整，加快教育资源整合步伐，实现教育资源优化组合，增强办学的整体实力，让孩子在家门口接受较为优质的基础教育，已经成为顺应民心民意的大势所趋。

第三节　井陉县教育布局调整的推进过程及推进策略

作为一项系统工程的教育布局调整，不能完全凭借主观热情和行政权力去推进。任何一项工作要想取得好的成果，必须要在开展之前做好充分的准备。对于井陉县来说，教育布局调整的推进是在了解教育结构与经济结构、人口结构和教育发展规律相适应的基础之上，由井陉县政府主导发起，由井陉县教育局负责推进实施，并经历了先期试点摸索、全面实施和后期推进三个阶段。采取了打破乡镇行政区划，组建跨乡镇辐射服务的中心学区制的做法，结合校舍改造和寄宿制学校建设，有效整合了教育资源，极大地提升了山区县域内农村教育的质量。

[①] 井陉县文教局编：《井陉县教育志》，河北人民出版社 1991 年版，第 1~6 页。

一、井陉县教育布局调整的推进过程

农村中小学布局调整不是一种自发的行为,而是由社会力量所塑造的,也是一种社会结构问题的反映。在一定意义上,教育布局调整是教育资源利益格局的调整,在调整过程中政府始终居于主导地位,并且不少地区是以运动形式进行的,这就使得教育布局调整的选择方式呈现出教育行政与政治推进相结合的特点[①]。对井陉县教育布局调整而言,也是由井陉县政府主导发起,由井陉县教育局负责推进实施的,并经历了先期试点摸索、全面实施和后期推进三个阶段。

(一) 先期试点

基于人口自然出生率逐年下降,农村人口向城镇流动,农村小学布局分散、规模偏小、效益较低的现实情况,为实现基础教育规模、结构、质量、效益的协调发展,井陉县从1996年开始着手实施乡镇中学规模办学的试点工作。以秀林镇初中教育布局调整为例,该镇1999年试点布局调整前有1 207名初中学生分散在马峪、北横口、南北张村、吴家庄、梅庄、秀林7所初中学校,共有92名任课教师,教育质量整体位居全县下游。1999年井陉县投资500多万元,新建镇中学教学楼,将全镇7所初中学校合并集中为1所,并在全镇范围内公开竞争选聘新镇中学教师。目前该镇初中有教学班28个,学生1 570人,教师80名。由于形成了较大的办学规模,师资配备非常齐全,教育教学设施设备配套完善,使得该镇中学教育质量大幅提高。2002年中考时,该校初三毕业生及格率为49.3%,高出全县及格率10个百分点;优秀率为16.7%,高出全县优秀率6个百分点;三年巩固率为94.3%,名列全县第一。

在先期试点取得理想成效的基础上,为摸清本地区教育实际情况,井陉县开展了县域范围的教育布局调整调研工作,并外出学习其他地区教育布局调整的成功经验,以规划合乎当地实情的布局调整方案和实施细则。

首先,政府重视布局调整工作,把布局调整工作当作县域政治生活和事关民生的大事。县委、县政府多次组织人员深入17个乡镇进行专题调研,摸查各学校校舍、设备、师资、生源,掌握各乡镇村经济实力、人口状况、学校布局,为推动全县布局调整提供了可靠的第一手资料。其次,学习借鉴外地成型经验,2004年5月,井陉县政府组织学习组,赴湖南炎陵考察学习山区县布局调整和

---

① 范先佐:《农村学校布局调整与教育的均衡发展》,载《教育发展研究》2008年第7期,第61～66页。

低龄儿童寄宿制办学经验。最后，通过深入调研，在广泛征求群众意见的基础上，确定了"以办人民满意教育为宗旨，以学校标准化建设为抓手，以布局调整为突破，整合资源，优化结构，缩小城乡教育差距，推进山区基础教育规模、结构、质量、效益协调发展"的总体发展思路，出台了《关于进一步加快教育发展的决定》、《关于加快农村中小学布局调整的意见》和《井陉县中小学布局调整规划方案》三个纲领性文件，形成了以规模办学、标准化学校和寄宿制学校建设为主要形式的全县基础教育整体框架。进而拉开了在县域内全面实施教育布局调整的序幕。

（二）明确范围、方式和时间，促进布局调整的全县域实施

为使山区县域内教育布局调整工作朝向科学、合理和可持续的目标发展，2004年7月16日，井陉县政府出台《井陉县人民政府关于加快中小学布局调整的意见》，在全县范围内开始教育布局调整。主要内容如下：

1. 调整范围

一是生源短缺，师生比例严重失调，结构布局明显不合理的中小学；二是办学条件差，办学规模小，办学效益长期低下的中小学。

2. 调整方式

按照小学、初中就近入学和优化教育资源配置的原则，结合危房改造和城镇化建设，通过改、扩、并、撤、建的办法，对原有学校进行整合。第一，乡镇中学和中心小学同处一地且两校规模较小的可以合并办成九年一贯制学校。第二，撤去在校学生总人数在30人以下的教学点，撤去各中心学区规模较大学校所在地2公里以内的，且不具备办学规模的村办小学，改为教学点或尽可能就近并入规模较大的学校。第三，部分居住分散、生源短缺的大山区，由乡镇政府组织相邻几个村联合举办寄宿制小学。辛庄乡、苍岩山镇和南王庄乡为寄宿制学校试点乡镇。

3. 调整步骤

在坚持统一规划，分步实施的原则下，先易后难，稳中求进。根据各地实际，先撤校，后并点，先搞好试点，后整体推进，最大限度地整合教育资源。

二、井陉县教育布局调整的推进策略

在教育布局调整的过程中，井陉县基于当地山区农村学龄人口逐年减少且向城镇性流动的实际，针对以往按照乡镇行政区划所设置学区面临机构庞大、人员臃杂、职能弱化的新问题，结合偏远贫困山区人口便捷优质教育的诉求，打破传

统按乡镇行政区划设置学区的局限，跨乡镇行政区划设置了中心学区，大量兴建了寄宿制学校，以确保教育布局调整的顺利实施。

（一）打破乡镇行政区的农村教育管理格局，设置跨乡镇行政区划的中心学区

在教育布局调整中，井陉县采取了跨乡镇辐射管理的学区制管理模式，取消了传统的以乡镇行政建制为单位的中心学区管理模式。这种管理模式产生于"以县为主"的农村教育管理体制和农村义务教育经费保障新机制实施宏大社会背景下。而在此以前，农村乡镇财政和农民教育集资为农村基础教育特别是农村义务教育投入的主体。随着分税制的实施和农村义务教育经费保障机制的逐步建立，义务教育阶段的办学责任开始主要由县级政府承担，原有的以乡（镇）中心学区（教育管理办公室）作为一级农村教育管理机构，在县教育局和乡镇分管干部的双层领导下，负责本中心学区内部中小学教育教学管理工作。由于一些农村乡（镇）规模过小，以乡（镇）为单位设置中心学区实施教育教学管理，造成了乡（镇）中心学区学校数量及管理人员过多，编制紧缺，在农村中小学布局结构调整过程中，难以按照标准化学校的建设要求制定规划，更难以实现教师配备的学科专任化，使校际间的差距不断拉大。

因此，进一步理顺县域教育三级管理体制，建立和完善以县为主，县级教育行政部门、整合多个乡镇中心学区和学校三级管理的县域教育管理新体制；以适应学龄人口逐年减少和城镇化进程的不断扩展，并以辐射多个乡镇的大学区管理体制改革；以带动中小学布局调整和标准化学校建设，就成为教育改革的必由之路。井陉县教育布局调整实施辐射几个农村乡镇的中心学区管理体制正是在这种背景下产生的。

在具体实践中，井陉县打破了乡镇界限，根据人口分布、地理位置、教育现状、资源优势等因素，按照"规模、结构、效益协调统一"的原则和"一个学区辐射 2 到 3 个乡镇，不低于 3 万人口"的要求，撤销了原来的 17 个中心学区，重新组建了微水、上安、威州、小作、天长、秀林、障城 7 个学区。在学区管理上实行"统一组织领导、统一目标任务、统一计划要求、统一管理措施、统一教研活动、统一师资配置、统一财务收支、统一仪器装备、统一考核评价、统一奖优罚劣"的十统一的模式。这种做法的意义在于：

首先，利于农村教育行政管理机构减员增效。在布局调整前井陉县 17 个中心学区共有管理人员 92 人，布局调整后 7 个学区的学校管理人员减少到 35 人（微水学区 6 人、秀林学区 5 人、天长学区 5 人、威州学区 5 人、障城学区 6 人、上安学区 4 人、小作学区 4 人）。平均 5 人构成的学区管理机制将教育行政管理

权限辐射到几个乡镇农村中小学和幼儿园，减少了农村教育管理行政机构的管理人员编制，克服了以往机构小而全的弊端，降低了农村教育行政管理成本和学校办事成本，减少教育经费消耗，在总投入为定量的情况下等于增加了教育事业经费。同时学区制赋予学区行政管理机构更多职责，如监督《义务教育法》在农村的落实，控制辍学率的具体工作，主要由学区机构来做。使得学区管理权限可以延伸到村组乃至农户家庭，有利于巩固、提高农村义务教育成果。

其次，有利于教育均衡发展。学区制的建立打破了以往以乡镇为单位实行中心学区管理的行政区划，为办学规模的合理化扫清了障碍，继而带来了学校生源的增加和教育资源的聚合效应。中心学区化管理的目的之一是实现教育设施、课程、人力资源的共享，最终的落脚点在核心资源上，即推进课程和人力资源的共享。这种体制有利于通过调控、盘活、优化教师队伍，促进了教育系统内部人力资源的合理配置，以缩小校际之间的差距，进而加速提高农村教师的专业化水平。同时，为学区内优质师资的交流和共享也提供了一个平台。在此基础上，学校布局强调"优质均衡"，每个学区内都配置有名牌学校、幼儿园。学区内各级教育机构在教育硬件资源上可以充分共享，更可以在新的课程改革中共享各自的课程资源，使以往的校本课程能够真正成为学区的课程，从而充分提高课程资源的使用率。

最后，学区机构可以有效推动教育研训工作顺利实施。在学区中心校附设学区研训室，由学区中心校校长兼任主任，学区中心校研训员为成员，具体负责学区内的教学研究和教师培训工作，构建起"县教研室和县教师进修学校——学区研训室——学校研训组"三级研训网络，实现教研、培训的有机统一。学区研训室作为新的机构，成为联结县级教研、培训与校本研训的纽带，使县域内教研和培训工作从上到下形成贯通的体系，为全面提高县（市）域农村初中、小学教育教学水平提供坚实保障[①]。

（二）为控制流辍率和巩固义务教育普及成果，兴建寄宿制学校

寄宿制学校建设是教育布局调整后大量撤并学校导致的必然结果，农村中小学布局调整工作和危房改造工程的稳步实施，为井陉县建设农村寄宿制学校提供了基础和条件。在布局调整的过程中，井陉县结合标准化学校建设和农村学校危房改造共建成寄宿制学校32所，其中包括分布于5个乡镇的8所低龄寄宿制学校。对井陉县教育布局调整而言，兴建寄宿制学校主要基于以下两个

---

① 陈国庆：《关于学区制度建设的几个问题》，载 http://www.jxedu.gov.cn/，2007年5月18日/2012年4月7日。

方面的考虑:

首先,布局调整后学校的服务半径加大,增加了学生往返学校的时间,并存在很大的交通安全隐患和其他不确定负面影响因素。教育布局调整的直接结果,是改变了过去按人口状况和行政区划状况设点办学、乡乡办初中、村村有小学、实现就近入学的格局,同时使学校服务的覆盖半径大大提高。布局调整前初中生平均的家校距离为4.4公里,小学生平均的家校距离为1.9公里;布局调整后初中生平均的家校距离为11.4公里,小学生的平均家校距离为2.8公里。初中学校的平均服务半径在布局调整后扩大了7公里,小学的平均服务半径在布局调整后扩大了0.9公里。家校距离的扩大无疑增加了学生(特别是小学低年级学生)的往返学校与家庭走读的距离和时间,带来了往返途中的很多安全隐患,同时还增加了往返时间和一定的交通费用,家长对孩子的安全担心,建设寄宿制学校势在必行。

其次,农村空壳家庭和留守儿童的增多,迫切要求建立寄宿制学校并使其承担起寄宿学生监管的责任。随着井陉县社会经济的发展,全县流出人口比例逐年增高,流动幅度增大,流动频率升高。1985年全县流动人口1 674人,净流出人口848人。2000年第五次人口普查时,井陉县全县流出人口(出乡镇)27 431人,净流出人口4 305人;外出打工或创业者占85.6%,且以青壮年为主。2004年全县有2万多农民工,其中流出县外的约700人。在本地打工的农民工年均工资6 000余元,在县外打工的农民工年均工资8 500余元[①]。较低的年均收入使得绝大部分农民工(特别是婚育年龄段的青壮年农民工)没有足够的经济实力把子女带到打工所在地接受教育,只有把子女交由父母或其他亲属照看。由于长年失去父母的监护与关爱,大量农村"留守儿童"的学习、生活、安全和情感品德健全发展都存在一定忧患。而组织纪律较为严明的农村学校无疑成为农村留守儿童最合适、最安全的监护场所。

这种形势迫切需要集中有限财力、集中教育资源,建设寄宿制学校,使得农民子女就近获得优质教育资源。同时又可以减轻一部分农村家庭因子女转学城镇学校而造成的经济负担,并在生活、安全、食宿上提供方便的服务,进而为家长从事经营活动提供便利,解决后顾之忧,同时也在一定程度上利于农村富余劳动力的转移。因此,整合教育资源,集中投入,建设农村寄宿制学校,是满足农民群众对优质教育需求的必由之路,也是实现教育公平和体现社会公正的有力措施之一。

---

① 《井陉县志》编撰委员会编:《井陉县志》,新华出版社2006年版,第128~137页。

第四节 井陉县教育布局调整的成效及问题分析

在5年里,井陉县共筹措7 300万元资金,破除了地域、隶属、体制障碍,大力推行跨乡镇行政区划的中心学区制,以项目建设带动教育布局调整,基本构建了以标准化学校建设为主体,以寄宿制学校建设为重点,以九年一贯制学校建设为补充,以小学高年级集中、小学教学点附设幼儿园为过渡的教育发展格局。尽管井陉县在教育布局调整中有效整合了教育资源,极大地提升了农村教育质量,在很大程度上满足了人民群众对优质教育的需求。但由于教育事业单位人事体制改革的滞后,低龄寄宿制学校运作管理经验不足和富余教师安置工作不善等因素影响,井陉县在山区县域内教育布局调整过程当中也不可避免地暴露出一些问题。

一、井陉县教育布局调整的成效分析

在教育布局调整的过程中,井陉县通过寄宿制学校建设,新建教学楼、综合楼、学生公寓、餐厅、图书馆等48栋,建成寄宿制学校32所,标准化学校43所。截至2007年9月全县共保留7个学区,初中16所,小学66所,小学教学点64个,九年一贯制学校1所,普高3所,职业教育中心1所,特殊教育学校1所,教师进修学校1所。跨乡镇、跨体制撤并小学16所、初中8所,7个乡镇取消了初中建制,5个乡镇建成8所低龄儿童寄宿制学校,4个乡镇只保留1所学校。调整后的小学平均规模由85人增加到457人,初中平均规模由406人增加到1 286人。

2001~2008年井陉县农村小学班级数量由1 249个减少到696个,农村初中班级数量由267个减少到149个(见表8-4);在校舍建设、在校生数量及班级数量获得优化整合的同时,师资结构也得到了一定改善,全县农村基础教育阶段教师的数量发生了明显改变,教师的年龄结构、学历结构和职称结构都得到不同程度的提升。

表8-4　　　　　2001~2008年班级数量变化情况　　　　　单位:个

年份		2001	2002	2003	2004	2005	2006	2007	2008
小学	县镇	149	145	109	132	116	133	128	125
	农村	1 249	1 172	1 102	950	855	838	795	696

续表

年份		2001	2002	2003	2004	2005	2006	2007	2008
初中	县镇	175	174	173	219	144	193	133	122
	农村	267	279	276	281	214	221	171	149
高中	县镇	47	54	68	68	—	58	59	55
	农村	27	31	37	35	—	30	30	30

2004年与2008年相比,井陉县县镇小学专任教师增加了41人,农村小学专任教师减少了283人(见表8-5),优质师资力量得以有效集中,富余教师得以有效整合。

表8-5　　　　2002~2008年井陉县小学教师数量调查表
（农村小学含教学点）　　　　　　　单位：人

年份		2002	2003	2004	2005	2006	2007	2008
县镇	教职工数	280	278	290	269	301	303	330
	专任教师数	262	261	260	239	276	277	303
	代课教师数	8	3	2	7	7	5	5
农村	教职工数	1 527	1 480	1 431	1 440	1 352	1 362	1 282
	专任教师数	1 477	1 418	1 366	1 359	1 262	1 258	1 194
	代课教师数	129	91	54	11	14	5	1

同时,在教育布局调整之后,井陉县教师队伍质量得到明显改变。据井陉县教育局统计,2008年的教师年龄、职称、学历结构较之于教育布局调整之前均得以较大程度的优化。在1 435名小学教师（含教学点）中,31~45岁年富力强且教学经验较为丰富的中青年教师有631名,接近总数的44%;46岁以上的中老年教师584人,占总数的近41%,其中50岁以上的306人,占总数的21.3%。在所有917名初中教师中,年龄31~45岁的教师541名,占总数的近59%。在1 541名小学（含教学点）教师中,小教高级884人,小教一级603人,有小教高级职称者占总数的近58.4%。就最后学历而言,井陉县小学和初中教师完全达标。

总之,教育布局调整精减了农村中小学教师数量,初中教师年龄结构合理,有中高级职称者占总数的近56%,但有高级职称者仍然偏少,职称结构呈尖顶"纺锤形",基本上建成了一支素质较高的初中教师队伍。尽管小学教师有高级职称者多达58.4%,但数据也反映了小学教师年龄构成偏高,这部分教师的最后学历以继续达标教育学历为主,小学教师队伍的力量有待于进一步加强。

二、井陉县教育布局调整过程中存在的问题分析

作为一种政府行为,井陉县教育布局调整的直接依据是《中华人民共和国义务教育法》、《中共中央关于教育体制改革的决定》、《中国教育改革和发展纲要》等法律及相关教育发展指导性文件,以及国家、省、市、县有关教育布局调整的相关指导性文件。尽管这些法律和指导性意见及文件赋权政府在立足本地实际的情况下,有权利和义务做好县域内教育布局调整工作,但就我们在调研中收集到的相关材料及了解到情况而言,当地政府及教育行政主管部门在布局调整全面实施之前,并没有积极地寻求相关教育科研、计生人口和建设规划等机构和部门的专家或专业人员进行实地考察论证,也没有针对国内外农村教育布局调整过程中可能出现的问题及不利影响进行相关研讨。因而,在布局调整中不可避免地出现了一些问题。

(一) 缺乏专职管理和工勤人员,寄宿制学校运行中存在较多问题

在布局调整的过程中,井陉县共建成寄宿制学校32所,其中包括分布于5个乡镇的8所低龄寄宿制学校。并制定了《井陉县农村中小学寄宿制学校的管理办法》,从寄宿制学校的机构设置、生活管理、教学管理、活动管理及设备的完善等方面对农村寄宿制学校的正常运转加以规范和指导。但通过对有寄宿条件的4所初中学校和4所低龄寄宿制学校的实地问卷调查和访谈调查来看,寄宿制学校在运行中主要存在学校管理难度增大、人员结构性缺编、教师工作压力和负担加重等问题。

1. 学校管理难度增大

实施集中寄宿制办学后,住校学生的平均年龄减小,但数量增多,给学校的政教管理和后勤服务带来很大困难。同时在餐饮卫生、群体性疾病预防、突发事件应急处置等方面给学校日常管理带来巨大的压力。如某中学是在原有镇中学基础上合并周围几所初中而成的寄宿制学校,该校对学生的日常管理由布局调整前的平均每工作日8个小时延伸到几乎24小时,特别是晚饭后至寄宿学生休息前,门卫、政教、后勤、宿舍管理各个部门必须安排专人值班。班主任除白天的日常授课和班级管理工作外,还要协同宿舍管理人员和政教管理人员清点学生人数共同值夜班。同时学校附近网吧、游戏厅较为集中,周边治安环境不容乐观,经常有个别社会青年在学校门口滋事。对一些低龄寄宿学校而言,一二年级寄宿生的日常生活照看管理工作十分艰巨,由于寄宿生年龄太小、生活自理能力极差,要

求包括校长在内的几乎所有教师全部包干，负责照顾学生的食宿和日常生活。尽管学校有严格细致的监管看护制度，教师和其他管理人员尽职到位，但诸如低龄寄宿生的大小便、衣物清洗、疾病治疗、想念父母等问题仍旧层出不穷。在某九年一贯制学校我们了解到，由于中小学生作息时间不一致，课时要求和课堂时间长度不同，带来了诸如体育运动场地、实验室、微机室、语音室的使用冲突和课程安排协调困难之类的问题。另外，不同年级、不同年龄阶段学生的睡眠、课外活动、用餐时间安排等方面也存在一定冲突，所有这些问题的存在都增加了寄宿制学校管理的难度。

2. 人员绝对性超编，结构性缺编

合并周边几所不具备寄宿条件的学校建成寄宿制学校后，势必要求在新建（或组建）的寄宿制学校增加新的工作岗位和人员编制。除了新增教师岗位确保日常教学工作顺利进行外，寄宿制学校还应该新增厨师、餐厅服务员、宿舍管理员、卫生员和生活教师（保育员）等一系列非教学岗位。尽管按《井陉县农村中小学寄宿制学校的管理办法》中有关编制配备的规定，原则上要求小学1~2年级每30名学生配1名保育员，3~4年级每40名学生配1名生活老师。但由于受事业单位编制数量限制，很多寄宿制学校缺乏此类专业人员。作为权宜之计，只能让合并学校后没有通过竞聘获得教学岗位人员或精简下来的学校管理人员，来从事学生餐饮服务、宿舍管理和保育指导等工作。另外，尽管合并后的寄宿制学校可以按照课程标准的要求开齐所有课程，但同样由于事业单位编制的限制，信息技术、英语、音乐、美术等课程缺少专业教师，只能由学校合并过程中的落聘教师、新近大中专毕业的代课教师执教，或由其他学科教师兼课。同样由于学校合并、班额扩大和师生比下降，一些教师在以教学能力为依据的岗位竞争中失去教学岗位，这些教师的合理安置问题日益突出。因此，寄宿制学校在人员方面存在着原来岗位上退下来的人员无法合理科学安置，新岗位要求的专业人员不专业、人员管理混乱的问题。教职工人员绝对性超编、结构性缺编的问题非常突出。

3. 教师工作压力和负担加重

对不少农村教师而言，教育布局调整实际上增加了他们的工作压力和经济负担。在对351名中小学教师的问卷调查中发现，47%的人认为教育布局调整增加了自己的食宿费用；当问及"布局调整对你的交通费用产生何种影响"时，其中有44%的人认为教育布局调整增加了自己的交通费用；近一半的人认为：布局调整增加了自己的工作负担。对许多在全封闭管理的寄宿制学校工作的教师而言，既要对学生的学习负责，又要承担管理学生和保障学生人身安全的责任。由于不仅仅要往返家庭与学校之间坚持日常的教学工作和科研活动，而且不少教师

还要充当学生生活指导教师或保育员的角色,他们的工作压力和负担增加问题更为突出。如在对某低龄寄宿制学校进行教师访谈时,有教师说:每周 20 多节课的教学任务,外加班主任工作和值班充当生活指导教师,尽管辛苦,但可以无偿接受,因为自己是教师。最为担心的是害怕自己因为工作不到位或疏忽,给寄宿的孩子带来安全问题,影响了学生正常的心智健康发展。可见,寄宿制学校的教师除了要承担繁重的日常教学和学生生活管理指导压力之外,还要承受巨大的精神压力。过重的负担,使不少寄宿制学校的教师迷失了自我,没有了应有的职业激情和乐趣,并不同程度地产生了职业倦怠。

(二) 全部取消农村教学点,不利于教育公平的实现

截至 2008 年,井陉县保留小学教学点 64 所。按照井陉县 2010 年全县教育布局调整"3154"发展格局的规划(保留含职教中心在内的 3 所高中、10 所初中、50 所小学、40 所幼儿园),2008~2010 年将逐年整合、取消 64 所教学点。对于县镇或人口较为集中的建制镇而言,在确保寄宿制学校安全良性运转的情况下,全部取消教学点具有一定的教育实践价值。但对于地处大山深处偏远教学点而言,就应该慎重考虑其去留问题。教学点是在偏远农村地区实现教育公平的一种有效形式,如果教学点都被撤销,那么很多教学点就会变成"失学点",个别家庭贫寒的农村儿童会可能因为贫困、路程太远、在学校吃不好等原因辍学。这样的结果会使我们多年努力提高的入学率下降,一部分偏远山区贫苦农民子女的教育需求得不到满足,势必要影响教育公平的实现。

(三) 大幅度清退代课教师可能带来一定的负面社会影响

教育布局调整的初衷在于整合教育资源、提高办学效率,伴随着布局调整过程中学校、教学点的合并与重新组建,生源与师资也向规模更大、条件更好的学校集中,因而不可避免地出现了班级学生额数增加和生师比的变化,富余教师势必会产生。同时,学区制教育管理模式的实施,减少了学校管理人员的数量,富余的教育行政管理人员也面临着分流重新安置。另外,以往分布于各个学校和教学点的非教学岗位上的后勤与其他教学辅助人员也同样面临着分流问题。2004~2007 年的井陉县教育布局调整,小学教师在整合后减少了 211 人,初中教师在整合后减少了 137 人,教学岗位减员 348 人。学校管理人员在整合后减少了 53 人,全县 7 个学区在教育布局调整后共减少教学岗位及非教学岗位人员 501 人,平均每个学区减少 71.5 人。从井陉县 2002~2008 年县镇和农村中小学代课教师数量变化来看,2002 年时全县农村小学有代课教师 129 人,至 2008 年仅剩余 1 人。2004 年农村初中有代课教师 104 人,至 2008 年剩余

37 人，减少了 67 人。在教育布局调整前后农村代课教师共减少了 195 人，占全县 7 个学区布局调整后教学岗位人员减少数量的一半还多。除去布局调整前后几年间因自然原因离退休、死亡、病退和调离或分流从事学前教育等原因造成的教师数量减少外，清退代课教师是井陉县教育布局调整中解决富余教师的主要做法之一。

在处理代课教师的问题上，如果不肯定代课教师为补充我国农村师资力量和普及农村义务教育所做出的历史贡献或一笔带过，只讲"清退"而不考虑"妥善安置"和"合理补偿"，将有违事实与情理，会使众多代课教师及其背后所涉及的农村家庭陷入失业而带来的无以谋生的困境，如不能处理好清退补偿问题，将会带来潜在的社会负面影响。农村代课教师群体实际上是我国"三农"问题中"农民问题"的一个重要组成部分，也是一个应该得到高度关注的弱势群体，简单的"全面清退"有违社会公平与社会和谐。

第五节 完善教育布局调整中问题的思路与建议

学校布局是一个国家或地区学校在地理空间上的分布结构，它与社会经济发展水平和人口分布状况密切相关。学校布局是否科学，直接关系到教育资源的利用效率和教育的发展。由于影响学校布局的社会经济发展水平和人口分布是发展变化的，因而学校布局的调整是不可避免的[①]。为使教育布局调整朝向科学公正可持续的方向发展，必须坚持以人为本，在农村地区应确定符合地方实际的中小学教育布局调整标准和调整方式，把方便学生入学放在突出位置；坚持协调发展观，统筹城乡教育发展，统筹"中心"与"边远"地区的教育发展，城市中小学教育布局调整要考虑流动儿童的教育问题；坚持可持续发展观，教育布局调整要在对地方学龄人口变化趋势进行科学预测，对未来教育发展周密规划的前提下进行[②]。

通过对井陉县教育布局调整的调查分析，结合调研中反映出来的问题，对井陉县教育布局调整的后期推进工作给出以下意见或建议：

---

①② 石人炳：《国外关于学校布局调整的研究及启示》，载《比较教育研究》2004 年第 12 期，第 39~43 页。

一、设计公正程序，使布局调整工作稳定可持续发展

布局调整工作是一项事关千家万户的优质教育诉求与井陉县域教育长远发展的大事，也是一项千头万绪的系统工程。同时，教育布局调整又是一个学校空间变化、学校内部教育要素重组和区域教育资源再分配的过程。这个过程涉及教育行政部门、学校、教师、家长等多元利益主体，因此，在教育布局调整中必须首先多方探讨，权衡维系多方利益，设计制定出一个科学公正的程序，在一定意义上保证教育布局调整不是一个简单的行政决定过程，而是一个多元利益相关群体参与的民主决策过程。在教育布局调整过程中，不能只管把不同利益相关群体集中起来投票，而不管调整后的实际效果。不完善的程序公正也不适合规范教育布局调整，教育布局调整不能在不清楚布局调整结果的情况下，把是否进行教育布局调整交给正确或公平的程序。当然，这种程序公正不适合教育布局调整并不是否定正确或公平的程序。对一些利益相关群体而言这种程序公正还远远没有实现，正如有研究指出的那样，有更多为（或代表）家长的利益群体，而不是家长利益群体[①]。

为使后期推进工作朝向"科学、合理、高效"而非"高速"的方向可持续发展，建议进一步加强与高层次教育科研机构、人口计生部门、建设规划部门和预算审计部门的联系沟通，组建由相关专家和专业人员参与的布局调整"咨询考察调研团体"，在肯定前期布局调整工作成效的基础上，进一步分析前期教育布局调整过程中出现的问题和矛盾，为井陉县域内教育布局调整提供科学合理的建议规划，避免在后期布局调整推进过程中的主观任意性和盲目性。避免后期调整中出现教学网点过分集中，过大而全的所谓"规模出效益"的做法；增加教师的工作压力和学校的运营成本，减少教师指导学生的平均时间，同样不利于实现教育公平。

二、兼顾教育公平与效益，适当保留教学点

教学点存在有其合理性和必要性，教学点的去留与否应该建立在对教学点的性质、作用和未来发展趋势的充分研究与教学点所服务区域特征的实地调研基础之上。在教育社会学视域中，教学点是偏远贫困农村地区"文化"存在的一个重要标志，兴办学校往往被视为"国家作为"进入乡村的一个重要标志。撤并

---

① 秦玉友、孙颖：《学校布局调整：追求与限度》，载《教育研究》2011年第6期，第96~103页。

教学点在很大程度上等于抽空了偏远贫困农村地区居民的文化意识寄托，客观上促成了"文化空壳化"农村社区的出现，并最终导致该地区的文化荒漠化[①]。从学制角度看，教学点不是完整独立的初等教育形式。规模小、地理位置偏远、多采用复式教学、管理上依附于其他学校是农村教学点的基本特征。教学点虽然规模较小，但它在农村义务教育中的地位却不容忽视。最直观的价值体现就是：方便学生就近入学，减少上学放学往返途中的安全隐患，同时就近上学可以减轻低收入农民家庭因子女寄宿、交通或伙食费用而造成的经济负担。究其深层次的学理价值分析，教学点还是实现教育公平的一种必要补充形式。教育和其他行业不同，它不仅要追求效率，还要保证公平。无论在理论和实践上，对教育公平与教育效率的最大化追求绝对都是难以科学合理平衡的博弈。在教育布局调整过程中，当地政府的预期和动力之一就是追求规模效益。在政府教育经费投入有限和以学生数量分配教育经费的情况下，学生数量的多少就决定了学校公用经费的多寡。为了整合教育资源，当地政府必然要对规模过小的学校进行合并。但当今世界各国几乎全都秉承教育公平的理念，力争在具体的教育实践中做到不分民族、宗教信仰、政治立场、社会出身、性别的教育公平，并进一步引申为追求教育起点、过程与结果的公平。很多国家的教育立法都明确要求：兴办教育事业应是在公平优先基础上兼顾效率。

就井陉县现阶段的情况而言，尤其是在寄宿制学校建设还有一定困难，寄宿制学校在运行和管理过程中存在较多问题的情况下，保留一些教学点是必要的。在偏远或交通不便地区特别是山区，如在南障城镇的西部山区和苍岩山镇的西部山区应该根据当地山高路远的实际，适当保留一些教学点，并有侧重地加强其师资和其他教育教学物质器材的配置，尽管是兼顾教育公平与效益的折中做法，但"一刀切"的做法也值得进一步商榷，并非完全可取。

三、妥善处理代课教师问题，化解潜在社会矛盾

我国农村地区，尤其是偏远穷困交通不便的农村地区，代课教师的问题由来已久。代课教师大量、长期存在的根本原因是：受地方政府财力所限、教育投入严重不足而无法增加农村地区教师的编制比例的情况下，不得已而采取的权宜之计。目的在于以极低的教育投入满足农村地区公办教师的数量严重不足现实下的农村义务教育的低水平运转。截至2003年，我国基础教育阶段学校代课教师人

[①] 孙来勤、秦玉友：《"后普九"时代农村小学教学点边缘化境遇和发展思路》，载《当代教育科学》2010年第8期，第5～8页。

数仍然有近54万人，占全国教师总数的5.3%。其中小学代课教师近42万人，占代课教师的78%；中学代课教师12万人，占代课教师的22%[①]。据2006年3月2日教育部新闻发布会称："2005年我国中小学代课教师约44.8万人，分布在农村公办中小学的约30万人"。据2006年4月27日时任周济部长《关于普及义务教育和实施素质教育的工作报告》中的数字，全国仍有代课教师近50万人。由于我国绝大多数地区代课教师没有与学校签订相应的劳动用工合同，地方政府对代课教师的管理和登记制度非常松散，我国代课教师的确切数量可能存在较大的漏报、少报，其实际人数很可能远高于教育部公布的数字[②]。代课教师的存在是我国当前农村师资队伍数量不足的客观现实，在一定时期内他们以极低的工资收入和几乎为零的福利待遇支撑着农村教育的半壁江山，确实为偏远农村地区义务教育的普及做出了不可磨灭的贡献。

但代课教师的存在毕竟是特定时期的权宜之计，农村代课教师有着致命的先天的不足，其结构特征是：代课教师的来源基本是落榜初中毕业和高中毕业生，没有经过教育主管部门审核，没有受过系统的师范专业教育和职业培训，大部分代课教师教龄长、年龄偏大、家庭负担重，多数是农民，有责任田，往往处于"半耕、半经营小生意、半教"状态，且多数为女性。解决代课教师问题是我国农村教育体制改革发展的必然所在，也是广大农民对优质农村教育的强烈诉求所在。目前解决代课教师问题主要有三种方式：放任自流、全部清退和择优聘用。在实践操作中，出于一劳永逸的考虑，很多地方政府与教育行政主管部门采取的是全部清退的方式。就其合理性而言，这一做法漠视了农村代课教师对农村教育事业发展的贡献。就其合法性而言，也缺少相应的法律依据，并且与我国《劳动法》的有关条款相违背。因此，应该在承认代课教师身份、特殊地位和历史贡献的基础之上，建立科学合理的代课教师退出机制，加大对农村代课教师的培训投入和力度，适当增加农村教师编制、择优聘用或转正年富力强且有丰富农村教育教学经验的代课教师，退养经培训仍不合格的代课教师，并给予适当的补贴或在其自主谋业方面提供优惠的政策和资金资助。

四、增加寄宿制学校教师编制，减缓教职工工作压力

尽管各地在农村教育布局调整中，通过调整和优化教师配置，补充了一批合

[①] 玉丽：《教师何时告别"代课"——我国代课教师相关问题研究》，载《教育科学研究》2005年第8期，第34~37页。

[②] 庞丽娟、韩晓雨：《我国农村代课教师：现实状况及政策建议》，载《教育发展研究》2007年第7期，第41~45页。

格教师,妥善安置一批代课人员和不合格教师,总体上提高了农村中小学教师队伍的素质,促使农村学校的教育质量不断提高。但寄宿制学校教师工作负担沉重和心理压力过大以及寄宿制学校后勤服务人员编制不足两大问题是困扰农村寄宿制学校长远发展的客观现实,解决的最有效办法就是增加对寄宿制学校的经费投入和后勤服务人员编制,把教师从繁重的学生生活管理与生活指导工作中解放出来。同时,结合布局调整后教师平均家校距离增加,往返费时且在一定程度上增加教师生活和经济负担的事实,应该考虑在寄宿制学校建设的同时,开展教师农村安居工程。在方便学生寄宿就学的同时,也要解决因布局调整而造成家庭距离学校较远的农村教师的住校问题,使广大农村教师能够安居乐业。

另外,还要考虑人口城乡分布的变动对现有教育网点分布提出的新挑战。对于以人口迁出为主的农村地区,尤其是迁出率高的地区,本来就生源不足的学校更是雪上加霜。而对于以人口迁入为主的交通相对便利、经济相对发达的县城建制镇,尽管人口迁移增长在一定程度上补偿了因生育率下降带来的生源减少的压力,但人口迁移增长过快也给当地教育带来了新的压力,如学校网点不足、班额过大、教师教学工作压力增加等。这就要求在流入人口集中的县城和交通条件便利以及经济相对发达的建制镇(如上安镇、天长镇、威州镇)适当增加教育网点的数量,以满足流入人口子女的教育需求。

最后,还要尊重山区农村社会特质和农民诉求,警惕辍学率反弹。由于自然环境相对恶劣、交通不便和信息相对闭塞,山区农村农民非常保守和因循守旧。长期聚族而居的特性,使山区农民更为排外。同时,由于自然资源贫瘠和各种资本优势稀缺,山区农民更为贫穷,对子女的教育预期更为短视和务求短期经济回报。作为布局调整的利益主体之一,山区农民比国家、地方政府、教师等都更加成为利益的最大相关者。从长远的角度考虑,教育布局调整无疑有利于农民子女的发展。但从近期的利益考虑,如果在布局调整中不考虑山区农村社会和农民的特征,不尊重山区农民的诉求,在寄宿条件和交通安全条件难以保障的条件下,势必会造成山区农民教育费用的增加,精力与焦虑的增加,甚至会引发山区农村不同姓氏村落间的矛盾激化。所以,必须考虑这些不利因素可能造成的山区农村辍学率反弹,避免个别农民成为布局调整近期利益中的最大受困者。

第九章

寄宿型农村学校布局调整调查研究

——以内蒙古阿鲁科尔沁旗为例

自2001年开始，全国范围内的农村中小学布局调整正在深入推进和广泛铺开。农村学校布局调整自实施以来，确实收到了一定的成效，使农村中小学的办学资源得到一定程度的整合与优化配置，对促进农村义务教育均衡发展起到相应的积极作用。然而，这项工作在开展过程中也引发了许多新的矛盾和问题，如学生上学距离变远、家庭教育支出增多、上学交通安全存在隐患等，损害了学生及其家庭的利益，造成了不良的社会影响。在此背景下，教育部人文科学重点研究基地东北师范大学农村教育研究所在全国范围内开展了这次大规模的实地调研。

第一节 调研目的、内容、对象及工具

一、调研目的

本次调研主要有两个目的：一是把握现实状况，即通过实地调查了解当前农村学校布局调整的基本状况，把握农村学校布局调整取得的成效以及在实施的过程中出现的问题；二是寻求改进策略，在提出政策建议方面，我们采取"尊重事实、研究事实，一切从实际出发"的归纳研究思路，关注利益相关者对当前

农村学校布局调整的真实感受和改善期望，真正践行一种"问政于民"和"问计于民"的学术研究精神，为问题的有效解决建言献策。

二、调研内容

本次调研的主题是"农村学校布局调整"，通过文献收集、文献分析以及结合当前农村学校布局调整的现状，我们把本次调研内容聚焦于以下几个维度。

（一）县基本情况、教育基本情况

包括阿鲁科尔沁旗（简称阿旗）的经济、人口以及教育发展状况，学校布局调整前后的学校数量、学校规模、学校办学条件、学生就学状况等。

（二）各乡镇基本情况、教育基本情况

包括各乡镇的经济、人口以及教育发展状况，学校布局调整前后的学校数量、学校规模、学校办学条件、学生就学状况等。

（三）各学校基本情况

包括布局调整前后学校的教育设施设备状况、师资队伍状况、校本课程的研发状况、学校环境和安全状况、学生家庭背景、学生学习和生活状况、学校发展规划、教学点情况、学校教育经费收支状况等。

（四）各乡村及村民基本情况

包括村里学生总体情况、学校合并情况、学校撤并前后校产情况、学校撤并前后学校办学条件情况、家庭自然状况、家庭收支状况、学校布局调整的影响、子女上学安全情况、学生上学费用情况等。

三、调查对象

内蒙古自治区位于我国的北部边疆，幅员辽阔，由东北向西南斜伸，呈狭长形。内蒙古自治区的主要特点是地广人稀，2006年全区总人口2 392.35万人，其中蒙古族人口423.83万人，城镇人口1 163.64万人，占全区总人口的比重48.6%；乡村人口1 228.71万人，占全区总人口的比重51.4%。全区共居住有49个民族。内蒙古独特的自然风貌和民族风情决定了其教育发展的特色，也决

定了该地区农村学校布局调整的特点和难度。阿旗位于赤峰市的东北部，地形狭长，距市区最远，总人口 30 万，其中蒙古族 11 万，是一个经济相对落后的旗县。阿旗共有 11 个乡镇，我们按照 50% 左右的比例抽样，进行实地调查。抽样的标准如下：（1）小学生寄宿最多的乡镇；（2）人口密度最小的乡镇；（3）学校数量变化最大的乡镇；（4）学校布局调整后学生集中最多的乡镇；（5）具有鲜明少数民族特色的乡镇。按照以上 5 个标准，在与当地教育局沟通协商之后，我们选取了天山口镇、罕苏木苏木、新民乡、天山镇、巴彦花镇这 5 个乡镇作为实地调研的样本地，对其余 6 个乡镇进行非实地调研，即通过发放调查表的方式进行调研。在抽取的 5 个进行实地调研的乡镇中，每个乡镇，我们再通过聚类分析的方法抽取其中的 1 所初中、1 所中心校、1 所村小学作为样本校进行实地调研。由于阿旗布局调整后取消了村小学，因此调查组共抽取了 8 所学校进行实地调研，其中 4 所九年一贯制学校、3 所独立小学、1 所独立初中。

四、调研工具

本次调研主要针对五个主体进行，包括学生、教师、家长、校长和行政管理人员（以教育局为主）。在调研工具上主要使用调查表、问卷和访谈三种类型。其中，调查表包括学校调查表、行政管理人员（以教育局为主）调查表，问卷包括校长问卷、教师问卷、学生问卷及测试等。调查工具设计全面考虑了农村学校布局调整过程中涉及的相关利益主体，以及影响学校布局调整的内外因素，例如调查表除了基本信息之外，还涉及了各县区的经济状况、人口状况、教育状况等。访谈包括行政管理人员（以教育局为主）访谈、校长访谈、学生访谈、教师访谈和家长访谈五类。行政管理人员（以教育局为主）、校长、教师和家长访谈一般采用个别访谈的方式，而学生访谈一般采用集体访谈的方式。在调研过程中，调研组共发放校长调查问卷 18 份，回收有效问卷 16 份；发放教师调查问卷 220 份，回收有效问卷 196 份；发放中小学生调查问卷 859 份，回收有效问卷 740 份；发放中小学生测试问卷 1 700 份，回收有效问卷 1 600 份（包括语文和数学两科）；发放农民调查问卷 25 份，回收有效问卷 19 份。

第二节 阿旗学校布局调整的背景、方式及成效

自农村学校布局调整实施以来，一些地区通过因地制宜、实事求是地合理调

整中小学布局，集中力量改善了一批乡镇中心学校的办学条件，使合并后的学校实现了一定的规模效益，当地的教师队伍质量与教育教学水平也得以提高。但是，与此同时，在农村学校布局调整的过程中，一些地方政府由于没有正确理解中央关于学校布局调整的政策内涵，没有遵循"循序渐进、分步实施、区别对待"的原则，没有依据当地实际、因地制宜地开展调整工作，盲目地撤并和减缩当地中小学校，因而损害了受教育群体的利益，尤其是弱势群体的利益，导致了新的教育不公平。内蒙古阿旗在学校布局调整前期先是做了大量的调研工作，形成调整规划方案，再上报人大以法律形式确定下来之后，才开始分步骤进行。总体来说，阿旗的学校布局调整比较规范，有规划、有步骤。

一、阿旗学校布局调整的背景

农村学校布局调整是针对农村中小学长期高投入、低产出，学校布局分散难以管理，低水平重复建设，以及农村生源萎缩所造成教育资源的严重浪费而做出的政策决策。旨在通过学校布局结构调整，实现教育资源的合理配置与优化重组，促进教师队伍的优化组合，提高资金、设备及校舍的使用效益，从而缩小发展的差距，促进教育均衡发展。阿旗是从 2002 年开始进行学校布局调整的。当时，由于村办小学，家庭和集体经济负担过重，阿旗的义务教育发展存在小学点多面广，布局分散；专任教师合格率较低，师生比率低；办学条件落后等诸多问题。有些学校校舍常年得不到维修，教育教学设备得不到添置，教具、图书奇缺；教师素质普遍不高，没有外出进修和参观学习的机会，民办教师比例大，学历不达标；整体教育教学质量不高，有些学校根本不能开全学科，不能上满学时，很难全面贯彻国家课程计划。2002 年阿旗新建了天山一中，原有一中的校舍及其他资源转移给了义务教育学校，用于"普九"达标。2003 年 8 月 16 日阿旗遭受了 6.1 级（国家认定为 5.9 级）地震，校舍（特别是牧区村小的校舍）遭到毁灭性打击。2004 年 3 月 24 日又遭遇了一次余震，校舍再次受到破坏。2005 年，又面临着自治区的"两基"达标验收。阿旗的学校布局调整就是在这样的大背景下进行的。

二、阿旗学校布局调整的方式

阿旗进行学校布局调整的依据主要有三个：一是由阿旗的地区特点所决定。阿旗地域广阔，人口稀少，人均占地面积 0.047 平方公里，而且由于该地区以牧业为主，牧民生活方式灵活，居住比较分散。二是受人口增长规律的影响。近年来，阿旗农村地区的生源越来越少，很多村子（嘎扎）一个年龄段的学龄儿童往往只有七八个甚至三四个，根本办不了一个班。三是民众对于优质教育资源的强烈需求。由于村小规模过小，教师短缺，课程无法开齐，教育教学所需的仪器设施也无法配备。在无法保证基本的教育教学质量的情况下，农民开始千方百计把自己的孩子送到条件较好的乡镇学校和县城学校去读书。

阿旗按照行政区划，在根据"一乡一校"或"多乡一校"这一原则进行学校布局调整的基础上，兼顾"集中办学"原则，即能集中在县城的尽量集中在县城。调整模式是：小学：（1）人口较多的苏木乡镇前期可采取邻村联合办学的办法，原则上服务半径在2.5公里左右。后期根据学生情况，可有计划向一乡一校过渡，达到布局调整后要求的规模。（2）人口较少的苏木乡镇在前期学校布点基础上，按未来人口预测情况，有计划、有步骤地撤点并向一乡一校过渡。中学：（1）根据预测，未来人口较多的苏木乡镇，能达到规模要求的，原则上每个苏木乡镇可设立一所初级中学；人口较少，达不到规模要求的苏木乡镇可两个或几个苏木乡镇办一所地区初级中学，为以后乡镇合并后并校做好准备。（2）在半农半牧地区，蒙汉两种语言授课的苏木镇，原则上不搞蒙汉合校。（3）一个苏木乡镇总校与中学并行的学校应逐步规范管理，逐步过渡为总校一套班子一处办公，中学、小学归总校管理。

以上调整模式在2003年地震过后，在2004年改为：结合灾后重建和寄宿制学校建设工程等工作，以"一乡一校"或"几乡一校"为模式，以寄宿制为主，扩大城区办学规模，农牧区适当集中，同时保留部分教学点。具体步骤是：首先把初中合进蒙中和汉中；其次是把初中的教育教学资源转移给当地就近的小学，把小学变成完全小学；最后重新规划建立新校。阿旗学校布局调整的方式多样，包括新建学校、一所学校的教师和学生分散并入到其他学校、一所学校的教师和学生全部并入其他学校、两所或多所学校的教师和学生合并到一所学校等方式都是存在的，其中新建校约占50%。

三、阿旗学校布局调整取得的成效

阿旗2000年布局调整前有27个苏木乡镇，有270所学校，至2005年布局调整后，合并成了11个苏木乡镇和1个社区，37所学校，学校撤并率高达70%。其中，普通高中2所，职业高中1所，九年一贯制学校11所，独立初中3所，完全小学20所。值得注意的是，37所学校中，位于天山镇县城的有10所学校（8所是旗直属学校），其中，完全小学7所，独立初中3所。就目前的实施状况来看，学校布局调整为阿旗教育带来了以下几个方面的积极影响。

(一) 提高了农村教育质量, 促进义务教育均衡发展

学校布局调整以前, 阿旗有270所学校, 300多个行政村, 几乎村村有小学, 由于学校布局分散, 办学条件差, 学校规模小, 教学质量差, 难以满足广大农民对于优质教育的需求。通过学校布局调整, 按照"一乡一校"或者"几乡一校"的原则, 所有的教学点和一些规模小的学校被撤并, 从原来的270所学校合并成现有的37所学校, 撤并率达到70%, 教育教学资源和教师资源都得到了集中, 有效地改善了学校的办学条件, 尤其是农村学校的办学条件, 提高了学校的教育教学质量。此外, 为了满足人们对于优质教育的需要, 阿旗的学校布局调整坚持能集中在县城的尽量集中在县城, 现有的37所学校中有10所学校位于县城, 60%以上的学生都集中在县城。尽管目前城乡学校之间仍然存在一定差距, 但与布局调整以前相比, 城乡校际差距有了很大改进。所以说, 阿旗的学校布局调整在一定程度上促进了县域内义务教育的均衡发展。

(二) 学校办学条件得到了改善, 部分学校公用经费增多

学校布局调整以前, 各乡镇中小学普遍存在布局分散、规模过小, 校舍破旧, 教师资源紧张等问题。但在学校布局调整后, 教学点和一些规模小的学校被撤并以后, 教育教学资源得到了较好的利用, 大部分学校的办学条件得到了改善, 教学楼、计算机、多媒体、图书等基本教育教学设施都比以前有了较大程度的提高, 教育教学质量也稳步提升了。在进行调查的16个校长中, 认为学校布局调整改善了办学条件的有11个校长, 占总调查人数的69%; 在进行调查的196名中小学教师中, 认为学校布局调整后教师的办公条件改善了的有136名教师, 占教师总人数的69%。此外, 部分学校在布局调整后, 学生人数增多, 学校规模增大, 学校公用经费也比原来充裕多了。比如天山三中, 布局调整后学校学生总数达到2 800多人, 每年教育经费拨款150万元, 相对来说比较充裕。而一些小学校, 全校总共二三百个学生, 每年拨下来的公用经费仅用于取暖费都不够。在进行调查的16位校长中, 认为学校布局调整后学校的公用经费比原来增多了的有7位校长, 占总调查人数的44%。

(三) 优化了教师结构, 教师整体水平提高

学校布局调整使原来相对比较分散的教师资源得到了集中和优化, 不仅优化了教师的年龄结构、学历结构和专业结构, 还提高了教师的整体水平。在进行调查的16名校长中, 认为学校布局调整优化了教师结构的有8名校长, 占总调查

人数的 50%。

首先，学校布局调整优化了教师的年龄结构。学校布局调整以后，教师资源重新配置，一些年龄比较大的和教学水平差的教师被安排当生活老师（初中叫舍务老师）或者做后勤工作。对于缺乏教师资源的学校，教育局再根据学校需要为其配备了相应的年轻教师，基本实现了教师队伍的年轻化。在阿旗县 1 602 名小学教师中，年龄在 20~30 岁的教师人数为 571 人，占小学教师总人数的 36%，年龄在 31~40 岁的教师人数为 461 人，占小学教师总人数的 29%，55 岁以上教师数仅为 12 人；在阿旗县 816 名初中教师中，年龄在 20~30 岁的教师人数为 328 人，占初中教师总人数的 40%，年龄在 31~40 岁的教师人数为 340 人，占初中教师总人数的 42%，55 岁以上初中教师人数仅为 2 人。

其次，学校布局调整优化了教师的专业结构。学校布局调整以前，由于学校规模小，生源较少，教师资源也比较分散，很多学校尤其是教学点和村小只开语文和数学两门课程，其他课程则由语文老师和数学老师兼任，教师普遍存在"所教非所学"和"多科教学"的现象，教学质量难以保证。学校布局调整以后，教师资源得到了集中和优化，各门课程基本上都有了专职教师，"所教非所学"和"多科教学"的情况得到了很大改善。据对 196 名中小学教师的调查来看，布局调整后，只教 1~2 门课的教师人数有 183 人，占专任教师总数的 93%。其中，仅教 1 门课的教师人数为 133 人，占专任教师总数的 68%，只有很少一部分的教师还在承担多学科教学的任务。

最后，学校布局调整优化了教师的学历结构。学校布局调整以后，精减了部分不合格教师，代课老师也被全部清退，很多学校的教师学历合格率都有了大幅度的提高。如罕苏木总校布局调整前学校教师学历合格率仅在 40%~50%，布局调整后，教师学历合格率基本达到了 100%。

（四）形成了教师合作氛围，教师工作积极性提高

学校布局调整以后，所有的教学点和村小被撤并，被撤并学校的教师和学生向总校集中，这样一来，不仅为教师们创造了相互学习、相互交流的环境和氛围，也增加了他们外出学习、参加培训的机会。布局调整以前，由于一个教师同时要教几门课，不能发挥自己的专长，并且教师数量较少，根本形不成教研组，很多教研活动无法开展。布局调整以后，学校根据教师的学科和专业进行调配，每门学科都组成教研小组，能够开展各种教研活动，如集体备课、评课、竞赛等，相互交流和学习，有利于提高教学水平。在进行调查的 16 名校长中，认为在学校布局调整过程中，形成了教师合作的研究氛围的有 14 名校长，占调查总人数的 88%；在进行调查的 196 名中小学教师中，认为学校布局调整提高了教

师工作积极性的有128名教师，占调查总人数的65%。

（五）形成了学习氛围，辍学率大幅度下降

学校布局调整以后，学生也得到了集中。原来很多教学点和村小一个年级只有一个班级，甚至只有两三个年级，学校开不齐课程，很多教育教学活动无法开展，学校缺少学习氛围。布局调整以后，教学点和村小的学生被集中到了总校，学校和班级规模扩大，同一年级有了平行班级，可以开展各种竞赛和活动，形成了学习氛围。而且，布局调整以后，学校的教育教学质量也有了很大提高，再加上义务教育免费政策的实施，都吸引着越来越多的家长和学生接受教育。尽管学校布局调整导致一部分学生上学离家较远，但是，针对这种情况，各乡镇根据需要都建立了寄宿制学校，将离家较远的学生统一安排在学校住读，由学校统一管理，在一定程度上缓解了这一矛盾。因此，学生的辍学率也得到了大幅度下降。比如，罕苏木总校布局调整前初中辍学率高达40%～50%，而现在初中辍学率仅为0.16%，基本实现了"一个都不少"。

第三节 阿旗布局调整后的寄宿制学校建设问题

伴随着农村学校布局调整的逐步实施，农村地区寄宿制学校的建设也开始成为政府工作的重点。《中国教育事业发展状况报告》显示：从2004～2009年，全国共新建、改建、扩建农村寄宿制学校2 400多所，"两基"计划完成后，中、西部23省区市将新建、改扩建寄宿制学校7 727所，增加寄宿生204万人。对于居住分散的农村地区来说，实行寄宿制学校建设，一方面可以通过整合教育资源为全体儿童提供优质教育，保证农村地区义务教育阶段的完成率；另一方面可以通过开办寄宿制学校改善农村学校的办学条件，从而提高农村义务教育质量。然而，实证研究发现，寄宿制并不是解决所有问题的灵丹妙药，在实施寄宿制学校建设的过程中，在学生人格的养成、学业成就、亲子关系的建立等方面同样存在着诸多的问题。

一、布局调整后寄宿制学校建设成为重点

从目前来看，在一些山区、交通不便地区建立寄宿制学校，将离校远的孩子统一安排在学校住读，由学校进行统一管理，无疑是解决因布局调整导致学生上

学难问题的较好途径。寄宿制学校不仅能解决学生上学远的问题，而且寄宿的集体生活，可以提高他们的生活自理能力，增强学生的交往能力和与人合作的能力，对于他们的成长无疑具有积极的影响①。不可否认，寄宿制学校建设对于阿旗的教育发展产生了重要的推动作用，但是，也随之产生了一系列的问题，如寄宿条件较差、生活老师配备不足、安全管理不到位、家庭教育支出增加等。因此，对于阿旗地区来说，布局调整后最突出的问题就是寄宿制学校建设问题。

（一）学校布局调整后学生上学距离变远

1. 小学生家校距离情况

农村学校布局调整必然导致学生上学距离的增加。由于阿旗地广人稀，面积1.42万平方公里，人口只有30万，根据对阿旗5个乡镇8所中小学校（其中4所九年一贯制学校）的实地调查，布局调整以后，一部分学生上学距离大大增加，学校服务半径过大。对于学生上学距离问题，我们对小学生发放调查问卷共计362份，回收有效问卷311份。据统计分析，小学生家校距离情况（见表9-1），家校距离在2公里及2公里以下的小学生占所调查学生总数的25%；家校距离在2公里以上10公里以下的占43%；家校距离在11～20公里的占16%；家校距离在21～50公里的学生占13%；有3%的学生家校距离超过51公里；部分学生家校距离过大，最远达70多公里。按照我国农村义务教育学校服务半径2公里标准计算，有75%的小学生家校距离过大。家校距离过大，对于小学生来说，必然增加了上学的困难程度，加重了父母接送学生上学的负担和相关费用，对于家校距离超过5公里的学生，则不得不选择进入寄宿制学校就读。

表9-1　内蒙古阿鲁克尔沁旗小学和初中学生家校距离情况　　单位：公里

家校距离	小学生 人数（人）	小学生 比例（%）	初中生 人数（人）	初中生 比例（%）
2公里以下	78	25	103	24
2.1～10公里	134	43	150	35
11～20公里	50	16	103	24
21～50公里	40	13	60	14
51公里以上	9	3	13	3

---

① 范先佐：《布局调整后的寄宿制学校建设问题》，载《新课程研究》（教育管理）2007年第6期，第8～10页。

2. 中学生家校距离情况

我们对初中生发放调查问卷共计 497 份，回收有效问卷 429 份。经统计分析，中学生家校距离情况（见表 9-1），家校距离在 2 公里及 2 公里以下的中学生占所调查学生总数的 24%；家校距离在 2 公里以上 10 公里以下的占 35%；家校距离在 11~20 公里的占 24%；家校距离在 21~50 公里的学生占 14%；有 3% 的学生家校距离超过 51 公里；部分学生家校距离较远，最远达 80 多公里。从统计数据看，中小学生的情况基本一致，中学生家校距离远的比例稍大一些，家校最远距离也要远一些，这是由于到县城就读的初中生比例较多造成的。在选择"家长让你住宿或寄宿的原因"时，48% 的学生选择了"学校离家远"、22% 的学生选择了"上学路上不安全"、22% 的学生选择了"学校在学习方面管理比较严格"、5% 的学生选择了"家里没人照顾"。这在一定程度上说明，家校距离和上学安全仍然是决定学生选择寄宿的主要原因。

（二）学校布局调整后学生上学存在交通安全隐患

布局调整后，学生上学距离增加，家校距离过远的学生不得不选择寄宿，但是每 5 天或者 10 天回一次家是非常必要的，孩子们非常渴望回家与家人团聚，尤其是小学生。布局调整前，学生上学一般走路或者骑自行车即可。布局调整后，由于路途遥远，学生回家必须选择适当的交通工具。据调查发现，阿旗的中小学生回家选择以乘坐交通工具为主并呈现出多样化的特点（见图 9-1），在对 740 名中小学生的调查结果显示：56% 的学生选择乘坐客车回家，路途稍近的学生走路或骑自行车，分别占 14% 和 13%，选择乘坐摩托车回家的学生占 7%，也有一部分学生只能坐马车或驴车回家，这样的学生占 2%。在访谈中，一位教师对于学生的交通情况说："学生放假回家都是家长来接送，家里住得都比较远。摩托车、三轮车，什么车都有。还有毛驴车挺多的。我们学校每周放假的时候是上午十一点，家长从家出来是早上七八点，要是毛驴车肯定就是慢了。早上十点多到学校，接完学生最后回去就花一天的时间了。"由此可见，学生回家选择什么样的交通工具在阿旗仍然是由学生家长自己解决，教育主管部门和学校考虑到安全责任和资金等问题，目前无力统一安排。学生回家选择各种各样的交通工具存在着一定的交通安全隐患，乘坐摩托车、三轮车的学生尤甚。

（三）学校布局调整后学生寄宿比例大大增加且低龄寄宿问题突出

农村中小学布局调整客观上必然导致大多数学生在学校寄宿，在调查的 311 名小学生中，251 名小学生选择寄宿，寄宿比例为 81%；在调查的 429 名初中生

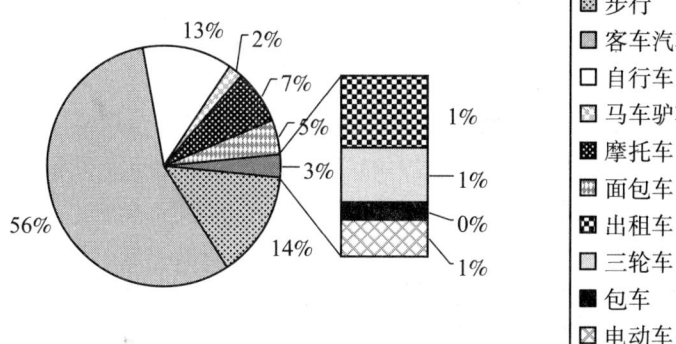

图 9-1　中小学生回家交通工具情况

中,有343名选择寄宿,中学生寄宿的比例为80%。在大规模发展农村寄宿制学校的同时,寄宿学生低龄化现象也变得非常突出。对251名小学寄宿生的调查显示,小学一年级开始寄宿的学生比例达10%,二三年级开始寄宿的分别为10%和15%,即三年级之前寄宿的小学生累计百分比高达35%。这些低龄学生正处于需要家庭呵护的心理发展阶段,生活还不能完全自理,这样过早地离开家庭到寄宿学校生活,不仅不利于儿童健康心理的发展、健全人格的养成,也为寄宿学校的管理带来一系列的难题。

在调研中,各学校一致认为对于寄宿生的管理困难主要集中在低年级学生,尤其是一二年级的学生刚来时,日常生活都不会自理,连怎么吃饭都不懂,心理负担也比较大,在生活老师有限的情况下,根本不可能对他们进行精心的生活照顾和专业的心理指导。另外,从家庭状况来看,小学低年级是亲子情感培养的关键期,而这个时期父母的影响特别重要。这些低龄寄宿生一周甚至半月左右才能和家长相聚一次,很难系统地接受父母影响,对亲子关系的培养十分不利。以A3小学为例,该校共有小学生280名,住宿生有190名左右,其中低龄住宿生约占50%。这些低龄儿童中有很大比例的学生离家超过30里,有的甚至上百里,在这种情况下,低龄住宿成为该地区小学教育的无奈抉择,也是当下很多地区农村教育发展不得不正视的现实。

(四) 学校布局调整后学生回家频率降低

布局调整后,一部分学生上学距离变远,有的学生只能选择寄宿,寄宿学生只能在每周末回家一次,尽管很多学校为了方便学生回家,不惜采取措施调整学校作息时间,但是学生回家频率仍然大大降低。如有的学校考虑到小学生年龄偏低,独立性不强,他们想家的情况较为突出,学校尽量考虑让学生每周回一次家，即每 5 天回家一次。而对于初中生，为了能够让学生减少奔波之苦，每次回去可以在家里待的时间长一些，学校调整作息时间，把两周合成一周，让学生每两周可以休息 4 天，即每 10 天回家一次。在回家频率方面，从调查的数据来看，寄宿中小学生 5 天或者 10 天回家一次这两种是普遍情况，小学生的回家频率情况与初中学生回家频率情况（见表 9–2）基本相似。小学生 5 天和 10 天回家一次的比例分别为 46% 和 34%，初中生 5 天和 10 天回家一次的学生比例分别为 40% 和 37%，其他学生则只能 20 天、30 天或 60 天回家一次，不住校的学生则每天回家一次或者两次，回家一次的这部分学生在学校吃中午饭。另外，小学生回家的间隔明显比初中生短，分别为 5 天、10 天、20 天和 30 天，而初中则为 5 天、10 天、30 天和 60 天，小学生 20 天和 30 天回家一次的学生比例不高，分别只占 1%。

表 9–2　　内蒙古阿鲁克尔沁旗小学生和初中生回家频率

频率	小学生 人数（人）	小学生 比例（%）	初中生 人数（人）	初中生 比例（%）
60 天回家一次	—	—	4	0.93
30 天回家一次	3	0.96	8	1.86
20 天回家一次	3	0.96	—	—
10 天回家一次	106	34.08	159	37.06
5 天回家一次	143	45.98	172	40.09
1 天回家一次	28	9.00	69	16.08
1 天回家两次	28	9.00	17	3.96

（五）学校布局调整后学生上学相关费用增加

义务教育免费政策实施以后，确实在一定程度上减轻了家庭特别是贫困家庭的经济负担，然而，布局调整客观上又使农村家庭不同程度地增加了教育支出。一方面，布局调整前，学生上学一般选择走路或者骑自行车，几乎没有什么经济成本，布局调整后，学生上学距离变远，学生往返学校和家庭不得不选择客车、三轮车、摩托车乃至出租车等交通工具，学生上学的交通费用成为家庭教育支出的一个重要组成部分，即使有的家庭选择以马车和驴车接送孩子回家和返校，也要花费一定的时间和人力物力。另一方面，布局调整前，学生在家生活，所需生活费大多不需要现金支付，而是靠家庭生产就可以满足，布局调整后，一部分学生不得不选择寄宿，这就意味着家庭要增加必要的现金支出，如住宿费、伙食费等。因此，布局调整后家庭教育支出的结构发生变化，交通费、伙食费、住宿费等相关费用增加。

1. 中小学生月交通费

据对466名乘坐交通工具上学的中小学生的调查发现，中小学生每月的交通费用普遍要花费10~40元左右，占74%。其中，每月花费10元左右的占17%，每月花费20元左右的占20%，每月花费30元左右的占17%，每月花费40元左右的占20%，少数学生花费在50~350元不等（见表9-3）。

表9-3　　　　　　　　　　中小学生月交通费情况

月交通费（元）	学生数（人）	所占比例（%）
10	79	17
20	93	20
30	79	17
40	93	20
50	23	5
60	14	3
70	14	3
80	14	3
90	5	1
100	14	3
120	14	3
150	9	2
160~350	19	4

2. 中小学生月伙食费

（1）小学生月伙食费

布局调整后，在校寄宿的学生，伙食费用支出是必要的，一部分不住宿的学生，中午要在学校吃午餐，也会产生一部分伙食费用支出。在对252名在校就餐的小学生的调查结果表明（见表9-4），小学生的每月伙食花费集中于20元、50元、90元和100元，每月花费20元的占14%；每月花费50元的占17%，每月花费90元的占21%，每月花费100元的占14%，另有少数学生月伙食花费在120~600元不等。

表9-4　　　　　　　　　小学生月伙食费情况

月伙食费（元）	学生数（人）	所占比例（%）
10	8	3
20	35	14
30	14	6
40	11	4
50	42	17
60	7	3
80	5	2
90	54	21
100	36	14
120	17	7
150	7	3
200	2	1
300	5	2
360	4	2
400~600	5	2

（2）中学生月伙食费

在对357名在校就餐的中学生的调查结果显示（见表9-5），中学生每月在校伙食花费以100元和150元的占多数，每月伙食花费100元的占16%，每月伙食花费150元的占10%，其他学生花费在10~80元不等，也有少数学生花费在200~600元。

表9-5　　　　　　　　　中学生月伙食费

月伙食费（元）	学生数（人）	所占比例（%）
10	37	8
20	15	3
30	29	6
40	11	2
50	23	5
60	14	3
80	31	7

续表

月伙食费（元）	学生数（人）	所占比例（%）
100	75	16
130	15	3
150	48	10
200	17	4
300	22	5
400	15	3
500	4	1
600	1	0

3. 中小学生年住宿费

学生每年住校所要缴纳的住宿费因学校不同而有所差别，县城学校每年每生为 120 元，乡镇总校每年住宿费用一般为每年每生 80 元，农村小学为每年每生 40 元，即使在同一所学校，因住宿条件的不同，收取的住宿费用也会有 20 元左右的差别。尽管国家对于家庭困难的寄宿生有补助政策，但补助范围较窄、补助标准偏低，远远不能满足家庭困难学生的实际需要。另外，因为学校生活用房紧张，不能完全满足所有学生的住宿要求，也有一部分学生选择在校外租房住宿，也有几个同学合租一处房子，由其中一个家长负责照顾学生的日常生活，这样的学生住宿花费比在学校住宿花费要高，一般来说，小学生每年约在 200~800 元，中学生每年约在 200~1 000 元。

二、农村寄宿制学校建设带来的积极效应

近年来，以农村寄宿制学校建设为重点的发展策略，受到国家和各地方政府及教育主管部门的提倡和重视。教育部提出的《国家西部地区"两基"攻坚计划》中与寄宿制学校建设有关的两项措施分别是：第一是实施"农村寄宿制学校建设工程"；第二是实施"两免一补"，给寄宿生以生活补助。目前，各地区都在积极开展农村寄宿制学校建设，他们普遍认为建设寄宿制学校是破解农村中小学发展困境的良策。不可否认，当前农村寄宿制学校的发展确实存在诸多的问题，备受争议，但是，"农村寄宿制学校建设工程"的实施，建设了一批较高质量的农村学校，提高了农村学校的教育教学质量，尽可能地满足了农民群众对优质教育资源的需求，对农村教育的发展起到了积极的促进作用。

（一）提高农村义务教育质量，需要建设和发展寄宿制学校

我国农村地区经济发展欠发达，学校布局分散，地方政府财力薄弱，难以保证基本的办学需要。随着人口出生率的不断下降和学龄人口的不断减少，为农村庞大分散的每个教学点都投入优质的教学资源和师资并达到优良的教学质量愈发变得不现实，为了提高教育资源配置效率，降低教育成本，在地方政府财力非常有限的情况下，由中央政府筹措主要资金，建设与发展农村寄宿制小学，则成为解决农村地区教育资源紧张、促进农村义务教育发展的有效策略。

农村寄宿制学校建设可以将优势教学资源集中，足额配置专业化教师，学校也有条件开展丰富多彩的各种教学活动，这无疑将有力地促进农村义务教育质量的提高。寄宿制学校可以同时解决离家远的学生上学不便的困难，有利于扩大农村学生受教育的机会，也为农村儿童公平地享受高质量的义务教育提供了基础[1]。因此，建设和发展农村寄宿制学校是政府有效解决教育质量与教育效益问题的最佳策略，成为促进农村义务教育发展的重要方式。

（二）农村留守儿童不断增多，寄宿制学校承担主要的监管责任

近年来，留守儿童的数量不断增多，这些留在家中的孩子，或由爷爷奶奶照看，或寄托在亲戚邻里家中，或由当地的"代理家长"照顾饮食起居和学习，还有的孩子甚至出现被二次寄养的情况。这些留守儿童长年失去父母的监护，由于亲子关系的缺失和监护人的教育能力有限，留守儿童在心理、性格和学习成绩方面表现并不乐观。从精神面貌上看，尽管大部分留守儿童的独立能力较强，但由于长期缺乏亲情滋养，较之其他儿童，留守儿童的表现更加内向。寄宿制学校的学生，有更多的时间待在学校这一教育环境里，更能体会到学习的价值，也有更加充足的学习时间，在这种情况下，寄宿制学校无疑就成了留守儿童最有资格、最安全的监护场所。

布局调整后，随着寄宿制学校建设的不断推广，留守儿童成为寄宿生的重要组成部分。据任课教师反映，这些留守儿童的学习成绩并不受太大影响，比较明显的特征就是不太喜欢参加学校和班级组织的活动，更愿意一个人待着，显得不是太合群。很多寄宿制学校已经开始关注留守儿童的教育问题，并且积极制订了干预方案，在困难补助上也会优先考虑留守儿童，这在一定程度上解决了农村留守儿童在教育和生活照顾上存在的难题。寄宿制学校大都实行任课教师轮换对寄

---

[1] 王海英：《西部农村寄宿制小学：问题与对策》，载《湖南师范大学教育科学学报》2011年第5期，第56~59页。

宿学生的监管负责制，而且在正课之外的早晚均安排了相应的教学或学习活动，作息时间严格有序，学生可以学到更多的东西，参加更多的活动，受到教师更全面直接的教育和监护。可以肯定，他们比非寄宿学生学到的东西更多，时间的利用率更高。此外，寄宿学校相对封闭、安静的环境，也更有利于学生的人身安全和少受校外不良因素的侵扰。

（三）家长不能胜任子女教育任务，向寄宿制学校转移其教育职能

由于很大比例的农村家长缺乏辅导孩子学习的能力和意识，非寄宿生很难得到来自家庭的学习支持和有效监督。尤其目前独生子女占大部分比例，父母的溺爱使儿童养成了很多不良习惯，使部分家长束手无策。据了解，有的家庭父母并未外出打工，爷爷奶奶也在家赋闲，有充足的时间和人力来照看孩子，但是，他们还是选择把孩子送到寄宿制学校去就读，原因就是家长认为自己的文化水平不高，怕不能胜任孩子的学习辅导任务，而且担心老一辈的生活习惯会对孩子产生不良影响，学校里的老师知识水平更高，对孩子的学习负责任，对孩子的教育也更在行。因此，这部分家长更愿意送孩子去寄宿制学校就读。

布局调整后，由于学校的撤并，越来越多的学生选择住进了寄宿制学校，原来由家庭分担照顾教育子女的职能正在向学校转移。孩子寄宿后，不仅减轻了家长的教育任务，而且大部分孩子的学习成绩也提高了。学校的集体生活，锻炼了孩子的独立自主能力，对于生活习惯和性格的培养也是大有好处。有的孩子在家里的时候，家长根本管不了，在学校却很听话。无疑这样的生活和学习经历，对孩子良好品质的养成以及为未来适应社会生活提供了非常有益的经验。很多家长逐渐体察到寄宿生活的好处，他们也愿意把孩子送到寄宿制学校就读。

三、农村寄宿制学校建设过程中存在的问题

自 2004 年实施"农村寄宿制学校建设工程"以来，不仅新建了一批以农村初中为主的寄宿制学校，而且对原有条件较差的寄宿制学校和不具备寄宿条件而有必要实行寄宿制的学校不断加快改扩建的步伐。"两基"攻坚计划实施期间，全国共新建、改建、扩建农村寄宿制学校 7 651 所。2009 年，全国义务教育寄宿生总人数 3 329 万人，其中小学寄宿生总人数 981 万人，比 2008 年增加 64.9 万人，初中寄宿生总人数 2 348 万人，比 2008 年略有增加[①]。我们应该以理性的态度对待农村寄宿制学校建设，农村寄宿制学校有利于优化教育资源，提高办学效

---

① 教育部发展规划司：《2009 全国教育事业发展简明统计分析》，教育部规划司内部资料，2010 年。

益，确实促进了农村教育的快速发展，但是，农村寄宿制学校在建设和发展过程中也存在很多的问题。

（一）学校基本食宿条件不完备

首先，生活用房普遍紧张。在调查的几所寄宿制学校中，生活用房如宿舍、食堂面积的紧张已经成为普遍现象。学校目前投入使用的学生"宿舍"基本都是由原来的教室改造而成，每个房间都容纳了40名以上的寄宿生，甚至有所学校的学生宿舍设在食堂二楼，竟然住了108名小学生。有的学校根本不能提供足够数量的宿舍来满足学生的住宿要求，许多学生只好在学校附近租房住，部分家长为了照顾孩子生活起居不得不一起陪读，而且这一现象并不是个别现象，具有普遍性。

其次，基础生活设施不完备。在调查中，课题组发现学生对于住宿条件并无太多要求，但是日常生活设施不完善给儿童带来了诸多生活上的不便，如没地方洗衣服、洗澡；喝开水不方便；宿舍离厕所距离太远，晚上上厕所会害怕等。这在当下成为影响寄宿生校园生活质量的主要问题。在调查中当问到"你在学校遇到的最大困难是什么？"时，25%的学生反映"想家"、20%的学生反映"没有地方洗澡"、15%的学生反映"伙食不好"、12%的学生反映"上厕所害怕"、7%的学生反映"没有开水喝"等问题。

最后，食宿卫生状况不容乐观。在住宿条件上，每间宿舍由于容纳的儿童数量过多，导致卫生状况恶劣，空间拥挤、空气污浊的情况较为普遍；在就餐问题上，31%的学生认为学校食堂的卫生状况"条件一般、有些脏乱"，5%的学生认为学校食堂的卫生状况"很脏乱"。

（二）学校生活教师配备严重不足

布局调整后，家校的距离过远导致大量的中小学生不得不选择住校，其中，低龄儿童占很大的比例。低龄儿童过早地离开父母的照顾到学校生活，他们对住校生活不能很好地适应，刚住校的时候经常哭闹，低龄儿童住校带来的最大的问题就是低龄儿童生活不能自理，诸如吃饭，睡觉，上厕所，晚上蹬被子等日常事情必须有专门的生活老师负责照顾，儿童生病了则需要生活老师及时送医治疗。儿童住在学校能否得到细致周到的照顾，是家长放心把自己的孩子送到学校的前提，而做到这一点，除了学校科学的管理之外，生活教师的责任感、爱心以及工作态度等都起着至关重要的作用，因此，寄宿制学校生活教师的配置是寄宿制学校的重要方面。经调查发现，在生活教师方面，阿旗的寄宿制学校普遍存在的问题有：

第一，生活教师数量不够，生活教师的工作量大。每名生活教师负责照顾30多名学生，有的学校每位生活教师要负责照顾40多名学生，工作压力大，担心出事，担心学生生病。

第二，生活教师年龄普遍偏大。多数教师年龄在45～60岁，多为以前的任课教师通过转岗而担任生活教师。

第三，生活教师没有经过专门的岗位培训和相关业务培训，工作的随意性强，只能对学生的生活进行基本的照顾和管理，不能对学生的心理健康和文化知识以及课外娱乐生活等方面提供必要的帮助和指导。

（三）低龄寄宿生生活教育和情感发展缺失

低龄学生离开父母在学校住宿不仅要面对和父母家人的长期分离，还要适应陌生的生活环境和人际关系。这些七八岁的小孩子没有熟悉的环境，没有父母的日常照顾，这对他的心理有着很大的冲突和压力，这种冲突和压力最直接的表现就是私自"逃离"学校，一年级刚入学的学生经常由于想家而私自逃出学校，这种显性的抵抗教育现象给学校的日常管理工作带来了很大压力，给学校教师和管理人员也带来了额外的工作负荷。为了避免出现安全事故，各个学校对于低龄寄宿生的管理工作做出了严密的规定：随时清点学生人数，一旦发现有学生缺席，马上发动教师寻找。而这种显性抵抗一般会持续1个月左右甚至更长的时间，直到同伴关系确立。

家庭是孩子成长的第一课堂，父母作为孩子的第一任老师，对孩子的健康成长具有无可替代的作用。亲子关系与儿童社会行为的关系一直是发展心理学中一个重要的研究领域。父母一直被认为是儿童社会生活中的重要他人，大量研究表明，拥有高质量的亲子关系的儿童通常表现出比较高的社会技能和较少的问题行为[1]。到寄宿制学校就读，长期见不到父母和亲人，平时面对的只有老师和同学，造成了农村寄宿制学校学生亲子关系的断裂，而对于正处在人格形成关键期的儿童来说，家庭教育对于他们来说基本就没有了，这样就容易造成心理与学习方面的一些问题，从而会对学生健康人格的形成产生极为不利的影响。

（四）寄宿学生安全隐患问题突出

在农村寄宿制学校建设工程深入实施的基础上，农村寄宿制学校的学生安全问题受到了高度重视。《关于进一步做好农村寄宿制学校建设工程实施工作若干

---

[1] 万明钢、白亮：《教育公平、教育资源整合的路径反思——对农村寄宿制学校的重新解读》，载《教育理论与实践》2009年第9期，第28～32页。

意见》和《国家西部地区农村寄宿学校建设工程项目学校管理暂行办法》都对学校的安全管理工作给予特别强调与重视。布局调整后，学校的学生数量大大增加，学校生活用房严重短缺，教育教学设施跟不上，生活教师数量不足，学生的安全管理问题成为学校的重大问题。对寄宿制学校校长的访谈发现，所有校长无一例外地认为学生安全问题是最担心的问题。

寄宿制学校的学生安全问题主要包括：学生在校外住宿的安全问题，学生在校期间的人身安全问题，由于食宿条件差引发的学生身心健康问题，学生往返学校和家庭路途期间的交通安全问题，校园周边环境存在安全隐患问题等。尽管当前各个学校都积极采取措施加强学生安全管理，如为了学生在校期间的人身安全，学校往往采取封闭式管理的办法，禁止学生随意出校；在学生放假回家的时候，学校采取家长签字的办法，保证由家长本人接学生回家以免发生意外；把安全教育作为自己的校本课程进行建设等，但是，这些方法治标不治本，只能是一时之策，而不是长远之计，不能从根本上解决寄宿制学校的安全隐患问题。

（五）寄宿学生的课余生活单调贫乏

课余生活是学生学校生活的重要组成部分，课余生活状况在学生的精神生活中占据着非常重要的地位，尤其对于寄宿生来说，生活时空基本都是在校园度过的，学生的课余生活状况直接决定着儿童的校园生活质量。因此，如何安排学生尤其是寄宿生的课余生活，使他们在丰富生活中消除孤独感的同时，培养正确的世界观、人生观、价值观及成长具有举足轻重的作用。但就目前学校组织的业余活动来看，课余的文体活动并没有在缓解儿童想家情绪、促进身心健康上起到应有的作用，充分发挥儿童自我个性与能力的课余生活也没有得到充分的开发与重视。

首先，学生课余生活仍停留在简单的同伴玩耍，学校有意识组织的多是特长展示类活动，而那些没有特长的学生则游离于业余活动边缘，无法参与，业余活动成为少数特长学生的展示舞台，业余活动的普及性不够。多数学校学生课余生活形式比较单调，仍停留于应试教育的单调的、传统的教育生活模式，缺乏组织学生课余生活的能力和意识。

其次，学生课余生活的形式较为单调、内容、质量不高。目前寄宿制学校的调查发现中小学生课余生活单一，仍以学习为主，自由活动时间较少，同伴间的互动也较少，图书室基本不开放，或者没有设置图书室。寄宿生课余时间学多玩少，缺乏电视、图书室等其他必备的娱乐设施。很多学校出于学生安全考虑，对学生实行封闭式管理，学生不能走出校门，活动空间是极其有限的。儿童的活动空间和心理空间都极其有限，缺乏接触外部世界哪怕是虚拟外部世界的机会。

最后，生活教师多是由布局调整后富余教师担任，没有经过专门的培训。虽然这些教师都极具责任心，但是停留于简单的"照看"，缺乏组织课余活动的意识，缺乏对学生全面发展的促进意识。这种观念上的轻视，直接导致了学生的课余生活质量较低，没有起到应有的教育效能。在调查中，当了解学生想家时采取了哪些排解方法，却没有一个儿童选择通过参加文体活动来解决这一问题。

（六）寄宿学生家庭教育经费支出增加

对于家长而言，农村寄宿制学校正在分担越来越多的教育责任，为数量庞大的寄宿学生和父母外出打工的留守儿童提供了一个相对比较安全和谐的成长环境。但是，与此同时学生住宿也给家庭带来一些问题，比如家庭教育费用的结构由于孩子寄宿而发生了直接的变化，家庭教育支出大大增加。学校撤并之前，学生上学距离较近，平时上学走路或者骑自行车，几乎没有什么花费。而布局调整后，到寄宿制学校就读，以初中住宿生为例，如果每10天回家一次，月伙食费为90元，年住宿费为80元，月交通费为20元，每学期按照4个月计算，那么该生一年的最低生活费用大约是960元，对于人均纯收入1 000~1 500元的农村家庭来说，这些费用都是新增的经济负担，而且是一笔不小的经济支出。

义务教育免费政策实施以后，学生上学不再缴纳学杂费，确实在一定程度上减轻了家庭特别是贫困家庭的经济负担。但是，除了学杂费外，很多家长还要负担文具费、校服费、资料费、交通费以及寄宿学生的食宿费等多项费用，有些贫困家庭学生的日常教育费用甚至占到家庭经济收入的50%以上。尽管国家对家庭贫困学生实施了"两免一补"的救助措施，但与数量庞大的贫困生群体相比，扶持力度还远远不够。

第四节 建设和完善农村寄宿制学校的政策建议

农村寄宿制学校建设是解决布局调整后学生上学路途遥远问题的一种有效途径，毋庸置疑，建设和完善农村寄宿制学校仍是当前农村义务教育发展的工作重点，然而，关键在于如何建设和完善，如何最大限度地发挥寄宿制学校的功能，同时规避其所带来的不良影响。为此，我们有必要推行相应的配套体制改革，以保障农村寄宿制学校建设的科学性和有效性。

一、确立标准化寄宿制学校建设的标准体系

自"农村寄宿制学校建设工程"实施以来,各地区在政策指引下结合自身实际情况,不断进行寄宿制学校建设的探索,并取得了较大的成就。但由于缺少对寄宿制学校建设标准体系的深入系统研究,寄宿制学校建设存在办学条件不能满足寄宿要求、师资配备不足、学校管理混乱等诸多问题,这些暴露出来的问题表明农村寄宿制学校在资金投入、学校布局、人员管理和基础设施建设方面都需要有更为明确统一的基本标准。以标准化的要求规范寄宿制学校建设,明确寄宿制学校标准化建设的标准体系,改善教学条件,加强师资队伍,从而提高农村义务教育质量,是当前建设和完善农村寄宿制学校的重要内容。

标准化寄宿制学校有两个方面的规定性:第一是寄宿制的学校形式,寄宿制学校突破生源分布稀疏造成的教育发展"瓶颈",有效改善农村教育办学条件,实现教育规模经济,打破教育规模过小对农村地区先进教学设备和优秀师资配备的制约,从而提高农村义务教育质量。第二是标准化的学校建设要求。标准化寄宿制学校建设标准是一个参照体系,它既应该包括满足最基本的办学条件的底线意义上的标准,还应当包括不同地区根据自己实际条件制定的理想标准,再有就是这个参照体系要具有较强的可操作性,应该包括一种全面的测算方法,各地可以根据实际办学相关条件的指标测算出本地区具体的建设标准[1]。一个全面的标准化寄宿制学校建设标准体系应该包括资金投入标准、学校布局标准、学校建设标准、人员配备标准等。标准化寄宿制学校建设标准体系的制定对于规范寄宿制学校,切实提高农村教育质量具有重要意义。

二、加强寄宿制学校生活教师队伍建设

大量低年龄儿童住宿,需要有专职的生活教师负责照顾他们的起居和生活,在实地调查的几所寄宿制学校当中,校长们都一致反映寄宿制学校生活教师数量严重紧缺和素质普遍低下的事实。一个生活老师对所负责的寄宿小学生要进行"24 小时管理",包括食、宿、学、玩等方方面面,而在阿旗,平均每 70 名寄宿小学生才配备 1 名生活老师,并且在寄宿制学校担任生活教师的往往不是即将退休的老教师就是一些后勤管理人员,而这些人几乎没有从事生活教师这个职业的

---

[1] 石人炳:《国外关于学校布局调整的研究及启示》,载《比较教育研究》2004 年第 12 期,第 35~39 页。

工作经验，所以在对学生情感进行关怀的方面，生活教师表现出"不去做"和"不会做"的特征。

针对当前农村寄宿制学校生活教师数量不足和素质低下的状况，要适当放宽农村寄宿制学校教师编制，根据中小学生的年龄和身心发展特点，按照一定比例配备专门的生活教师和后勤人员，并对其素质提出相应的要求。在生活教师选聘方面要适当向年轻教师倾斜，并优先考虑幼儿教育专业或者心理学专业背景的教师，并加强对生活教师的相关培训，提高其业务水平。在条件允许的情况下，可以在一些师范类院校开设专门针对生活教师的课程，为寄宿制学校提供专业化的生活教师来源。同时，鼓励生活教师自身加强自我学习的意识，不断提升其业务能力，从而更好地对寄宿学生进行全面的关怀和照顾。

三、开展对寄宿生监护人的培训工作

父母及其他监护人是寄宿小学生生活、教育的重要依靠力量，他们的监护情况如何直接关系到寄宿小学生的身心与情感的健康成长。学生进入寄宿制学校以后，与父母相处的时间就变得非常有限。一部分人因为父母外出务工而无法与之团聚，父母只能通过电话与自己的子女进行联系。但是在农村的寄宿小学中，一般是没有公用电话的，即使有电话，也是通话次数少、通话时间短，在这样的通话中父母也只是简单地询问一下孩子的日常生活以及学习等情况，很少涉及更深的情感交流。这种有限的联系也难以弥补家庭成员外出对学生关爱的缺失。即使有的寄宿学生父母未外出务工，短短的两三天回家时间也并不能弥补寄宿小学生长时间关爱与情感交流的缺失。因此，寄宿制学校在认真做好自身工作的同时，要高度重视做好家长或其他监护人的相关工作，形成家庭学校共管合力[①]。

第一是要加强对寄宿生监护人的培训，办好家长学校，利用家长会、教师深入监护人家中面对面交流沟通等形式，提高他们在情感上关怀寄宿小学生的知识和能力，增强他们关爱寄宿小学生、重视孩子情感健康成长的责任心和紧迫感，督促他们依法履行监护义务，与学校一起共同关爱和培育寄宿学生。

第二是要加强与监护人的情况交流和信息沟通。学校和老师要加强与学生家长和其他监护人的联系，通过各种有效方式，及时沟通学生在学习、生活、思想、行为等方面出现的情感问题，分析存在的原因，共同商量解决办法，及时化解矛盾，使学校教育和家庭教育互相促进，形成合力，通过对学生的情感关怀来

---

① 胡延鹏：《农村寄宿制小学情感关怀缺失问题研究》，东北师范大学 2009 年硕士学位论文，第 25 页。

促进寄宿学生的发展。

第三是要鼓励和支持寄宿学生与家长建立沟通机制，通过亲情书信、亲情电话、节假日团聚等方式，增强相互间的沟通和情感交流，化解长期分离造成的交流缺失和情感缺失。学校应结合实际，尽可能为双方的沟通交流提供便利条件。

四、丰富寄宿制学校学生的课余生活

学校应从寄宿的特点出发，开展丰富多彩的活动来满足寄宿生的需要。第一是可以利用课余时间组织学生看电视、读书看报、下棋、进行各种体育比赛等；第二是可以根据学生的爱好特长，组织艺术团、科普活动小组、各种兴趣小组等；第三是可以积极鼓励社会力量参与，开展心理辅导、生活护理、道德法制、消防安全等讲座活动；第四是对于少数民族地区，各学校在组织学生课余生活时，可以有针对性地增加以民族风情为主体的活动，既可丰富学生课余生活，又能传承民族文化；第五是有的学校有大面积校田，可以利用这些独特的教育资源开展相应活动，既丰富了学生课余生活，又发展了学生的非智力能力。总之，寄宿制学校要因地制宜开展多种形式的活动内容，以提高寄宿学生的课余生活质量，确保他们能够健康快乐成长。

要保障寄宿学生课余生活质量，教师是关键。应尽快建立面向学生课余生活管理的农村寄宿制学校教师培训体系，有针对性地开展关于学生学习、交往、身心发展等内容的培训，使其认识到课余生活对于学生身心健康发展的重要作用，在日常工作中能够合理安排寄宿生的课余生活，并且有意识地提高寄宿学生课余生活的质量，将简单的学生管理转变为丰富的蕴含教育性的课余生活，在课余生活中培养学生的非智力因素。

五、继续完善寄宿生补贴政策

农村寄宿制学校学生补贴是政府针对农村义务教育阶段贫困家庭学生提出的一项资助政策，作为"两免一补"政策的重要组成部分，寄宿生补贴政策进一步扩大了农村学生尤其是贫困学生的受教育机会，进一步促进了教育公平。在过去的几年里，对于寄宿生补贴的经费投入方面，各级政府已做了很大努力并取得了阶段性成果，但补助额度低，补助范围小仍然是比较普遍的现象。阿旗寄宿制学校一般是按照小学 90 元/学期、初中 120 元/学期的标准对住宿生发放相应的补贴，根本无法解决贫困农民家庭子女的沉重经济负担，但就是这种低额的补助，也不是所有住宿生都有，一个班级往往只有少数的几个贫困学生能够获得补助。

目前，广大农村寄宿生及家庭急切需要得到数量更多、覆盖面更广的经济资助，尤其是农村贫困家庭、特殊困难家庭更需要经济资助。因此，提高寄宿制学生生活费补贴标准并扩大补助范围应该成为农村寄宿制学校学生补贴政策下一步工作的重点。考虑到我国各地发展极不平衡的状况，我们建议制订统一但不划一的补助标准，根据每个寄宿生家庭的经济状况和实际需要，发放等级不同的补助金，以基本补贴为基础，针对地区和家庭情况给予贫困学生以额外的倾斜。

六、推行寄宿制学校与教学点、校车制度相结合的办学形式

农村寄宿制学校建设确实有效地促进了农村义务教育的发展，但是，寄宿制学校并不是在所有农村地区都适合，应该根据各地方的实际情况，对农村中小学校进行合理布局，把寄宿制学校与教学点、校车制度结合起来，坚持多样化的办学形式，以实现农村义务教育的公平有序发展。

一方面，慎重对待教学点的撤留问题。尽管教学点办学条件落后、师资供给不足、教育质量低下，但是教学点确实有助于解决学生上学难的问题。偏远农村地区的学生大多来自贫困家庭，而就近入学能节省相当数量的交通费和食宿费。因此，不能根据单一的标准来判定教学点的撤留，这是不合理的，如果撤掉教学点导致学生上学偏远又不能解决其寄宿问题，这样的教学点就要保留。

另一方面，寄宿制学校建设和校车制度相结合。对于内蒙古这样地广人稀的地区来说，布局调整使学生家校的距离大大增加，75%的小学生和76%的中学生家校的距离超过2公里，最远的学生家校的距离超过50公里。布局调整后，有80%左右的中小学生不得不选择寄宿，即使学生每10天回一次家，每年也要负担一笔不小的交通费用，家长接送学生也要花费一定的费用和时间，尤其在农忙时节更是如此。而且中小学生上学的交通工具也是五花八门，存在较大的安全隐患。因此，我们建议建设和发展农村寄宿制学校要和校车制度相结合，在现阶段可以考虑在交通便利的农村地区实行校车制度[①]。值得注意的是，在实行校车制度的过程中还要考虑到学生的乘车时间，一般来说，中小学生单程乘坐校车的时间不宜超过40分钟，家校的距离过远的学生仍然以寄宿为主，避免乘坐校车时间过长给学生的学习和生活带来消极的影响。

---

① 安晓敏、邬志辉：《美国中小学校车制度及其对我国的启示》，载《外国教育研究》2011年第4期，第60~64页。

第十章

人口稳定型农村学校布局调查研究

——以河南省叶县为例

学校布局结构,就是指一个国家或地区学校在地理空间上的分布结构,学校布局结构与国家或地区的经济社会发展水平以及人口分布状况有着密切的关系,这是影响学校布局结构的两大因素,由于这两大因素是不断发展变化的,因而学校的布局结构也需要不断地进行调整,形成科学、合理的学校网点布局。一个国家或地区的学校布局结构是否科学合理,直接关系到教育资源的有效利用和学校的教育教学质量[①]。学校布局及调整会受到经济、政治、文化、人口、地理以及教育自身规律等多方面的制约和影响。

第一节 调研背景及基本情况

随着社会的发展,一些新状况对农村中小学布局提出了新的挑战。主要表现在以下几个方面。首先,新时期的城镇化带来的挑战。新时期城镇化发展的结果是城乡结构的改变,导致城镇区域的扩大化和农村区域的相对缩小。城乡格局的改变要求对农村教育布局进行调整,尤其是对农村中小学进行布局调整,以促进教育资源的合理化配置,优化城乡教育结构。其次,农村人口的改变带来的挑战。农村

---

① 范先佐:《教育经济学》,人民教育出版社1999年版,第115~116页。

适龄儿童数量的减少是农村人口变化的主要表现之一。一方面，计划生育政策的实施使得农村适龄儿童数量锐减。20世纪80年代，"计划生育"作为我国的一项基本国策写入了《宪法》。经过20多年的努力，这个政策产生了明显的效果。农村适龄儿童的锐减使得农村中小学出现了生源不足的危机，于是必须对农村中小学进行布局调整。另一方面，随着青壮年劳力涌入城市，越来越多的儿童被家长带到城市上学，他们虽然不能享受到与城市儿童相同的待遇，但是他们积极追求优质教育的想法是不变的。于是，农村儿童流动到城镇中，使得农村适龄儿童进一步减少。总之，农村儿童数量锐减的状况促使农村中小学布局调整势在必行。最后，人们对优质教育资源的追求带来的挑战。合理的教育布局能够在一定程度上集中教育资源，使更多的人接受到公平的优质教育。在"会宁现象"中存在大量的农村学生家长与孩子一起"寄宿"的情况。为了孩子能够接受到优质教育，家长通常会在城乡接合部租房居住来照顾孩子。这说明现在农村与城镇的教育还存在不平等的现象，越来越多的人更加重视对优质教育的追求。新中国成立以来，我国不断地通过对学校布局政策的调整来实现对优质教育资源的追求。20世纪50年代，我国实施的是"统一领导，分级管理"的教育体制，即根据国家的方针、政策，公社统一领导和集中管理本地区所属的公办小学。同时，加大力度兴办各类中学，使中等教育的结构发生了很大变化。"文革"期间，公社主要对中学进行管理，而把对小学的管理任务下放给各大队，这是教育管理权下移的明显表现。80年代，是适龄儿童入学的高峰期，是我国学校布局调整的关键阶段，在协调各类教育共同发展的基础上，我国形成了"村村办小学，乡乡办初中"的格局，在学校数量上也达到了一定规模。90年代，随着适龄儿童的减少和城镇化的发展，学生数量萎缩，学校规模变小，有些学校仅存十几人，并且还有很多"一师一校"的现象，这种现象是教育资源浪费的一种表现，同时不能满足农民对教学质量的高要求。因此，在一些地区开始对农村中小学进行布局调整。例如，安徽"凤阳模式"、山东"阳信模式"、河南"辉县模式"和河北"围场模式"都在当时产生了不小的影响。进入21世纪，许多农村地区已基本实现或正在实现义务教育，那么如何优化教育资源配置使人们获取更高质量的教育是值得我们关注的问题。

2001年5月29日，《国务院关于基础教育改革与发展的决定》提出要"因地制宜调整农村义务教育学校布局。按照小学就近入学、初中相对集中、优化教育资源配置的原则，合理规划和调整学校布局。农村小学和教学点要在方便学生就近入学的前提下适当合并，在交通不便的地区仍需保留必要的教学点，防止因布局调整造成学生辍学。学校布局调整要与危房改造、规范学制、城镇化发展、移民搬迁等统筹规划。调整后的校舍等资产要保证用于发展教育事业。在有需要又有条件的地方，可举办寄宿制学校"。2003年9月20日《国务院关于进一步加强农村教育工作的决定》提出:"继续推进中小学布局结构调整,努力改善办学条件,重点加强农村初中和边远山区、少数民族地区寄宿制学校建设,改善学校卫生设施和学生食宿条件,提高实验仪器设备和图书的装备水平。"2006年6月7日,教育部办公厅发出《关于切实解决农村边远山区交通不便地区中小学生上学远问题有关事项的通知》。2006年6月9日,教育部发出了《关于实事求是地做好农村中小学布局调整工作的通知》。2007年3月5日,温家宝在《在第十届全国人民代表大会第五次会议上的政府工作报告》中提出:"要坚持把教育放在优先发展的战略地位,加快各级各类教育发展。总体布局是,普及和巩固义务教育,加快发展职业教育,着力提高高等教育质量。"农村教育布局问题日益引起党和政府的重视,而新农村建设和城镇化推进又为农村教育布局调整植入了新的背景。

在此背景下,切实做好农村学校布局调整成为政府和社会各界日益关注的问题。为此,在2008年10月,教育部人文社会科学重点研究基地东北师范大学农村教育研究所,开展了农村教育布局调整的调研。河南省叶县作为中原地区人口较稠密和外出打工人员较多的代表样本,我们对其布局调整的状况进行了较为全面、深入的研究。

本次调研采取问卷和访谈相结合的形式,对河南叶县的昆阳镇、任店镇、旧县乡、常村乡、龙泉乡、夏李乡的2镇4乡进行抽样调查。对于县内其他12个乡镇则通过乡镇调查表的形式获取相应信息。调研组发放各类问卷9种,具体情况如下:(1)教师基本情况问卷。发放问卷370份,回收问卷362份,有效问卷346份。(2)小学生基本情况问卷。发放问卷435份,回收问卷432份,有效问卷421份。(3)中学生基本情况问卷。发放问卷586份,回收问卷584份,有效问卷572份。(4)校长调查问卷发放30份,收回30份。(5)学校基本情况调查表发放53份,收回53份。(6)乡镇调查表发放18份,收回18份。(7)县教育局调查表发放1份,收回1份。(8)县调查表发放1份,收回1份。(9)农民问卷发放55份,收回55份。

第二节 河南省叶县及学校布局调整的基本情况

一、河南省叶县的基本情况

叶县,隶属平顶山市。位于河南省中部偏西南,地处黄淮平原与伏牛山余脉结合部，总面积 1 387 平方千米，辖 18 个乡镇（包括 561 个行政村，3 544 个村民组和 4 个居委会）。依据 2000 年全国人口普查统计，河南叶县总人口 87.42 万，其中农业人口 156 434 户，79.42 万多人，占总人口的 90.8%；非农业人口 2 717 户，8 万多人，占总人口的 9.2%。有汉、回、满、蒙古、藏、纳西、壮、羌、白、彝、傣、苗、土、哈尼、土家、维吾尔、朝鲜、高山、东乡、拉祜、布依、傈僳等 30 个民族，少数民族 1.74 万多人。人口密度为每平方公里 519 人。

叶县所辖行政区版图，形似一个规则三角形，呈西南东北走向，全县山区面积约 300 平方千米，约占总面积的 21%；丘陵面积约为 260 平方千米，约占总面积的 19%；平原及洼地 830 平方千米，占总面积的 60%。全县土地总面积 208 万亩，人均耕地为 2.38 亩/人。河南人多地少，农民进城务工人员较多，是外出打工的主要输出地之一。河南叶县是流动人口和留守儿童问题表现较为突出的县城。

叶县矿产资源丰富，主要有岩盐、铁、煤、大理石、石墨等 23 种，尤其是岩盐分布面积 400 平方公里，总储量 2 300 亿吨，是全国第二大内陆盐田，氯化钠含量 90% 以上，现已探明储量居全国井矿盐之首，在 2007 年叶县被授予中国岩盐之都称号。叶县城镇居民人均可支配收入 3 635 元，农民人均现金收入 1 897 元。目前正在建设之中，经济效益尚未完全体现。全县 2007 年三产业总值为 831 479 万元，第一产业产值 208 842 万元，第二产业产值 414 231 万元，第三产业产值 208 406 万元。三大产业产值比例约为 25%、50% 和 25%。财政收入为 28 739 万元，可支配财政收入 76 969 万元，财政供养人口 18 911 人；教育支出占财政总支出和三产业总值的比例分别为 22.91%、0.79%。2007 年，我国教育支出 12 148 亿元，财政总支出为 49 781 亿元，所占比例为 24.40%；教育财政支出占 GDP 的比重超过 3%。以上统计数据表明，河南叶县教育支出占财政总支出的比重低于国家比重，而在国内总产值方面，更少的可怜。通过数据可以看出，相对于三产业总值来讲，叶县的财政支出比例较小，对于教育的支出也相对较少。河南叶县对教育的认识程度以及对教育的投资力度都有待加强，对于教育的投入数量不利于当地教育的发展规模和效益。

二、教育的基本情况

截止到 2007 年年底，叶县共有小学 292 所，其中县镇小学 8 所，农村小学 284 所；初中 33 所，其中县镇初中 13 所，农村初中 20 所；普通高中 4 所，其中县镇高中 3 所，农村高中 1 所；职业高中 3 所全部位于县镇内。公办学校小学生 71 643 人，其中县镇小学生 11 178 人，农村小学生 60 465 人，县镇小学平均规模为 1 397 人，农村小学平均规模为 213 人；初中学生 41 304 人，其中县镇初中

15 518 人，农村初中 25 786 人，县镇中学平均规模为 1 194 人，农村中学平均规模为 1 289 人；高中学生 11 905 人，其中县镇普通高中 8 256 人，农村普通高中 3 649 人；职业高中 7 882 人。数据表明，县镇中学与农村中学平均规模相差不大，而县镇小学的平均规模是农村小学平均规模的 6.5 倍。这么悬殊的比例体现出两个问题：第一，县镇小学已经形成了规模化管理；第二，农村小学出现了生源不足的问题，小规模的农村小学还大量存在。

叶县的教师基本情况如下，小学及教学点的教师数为 3 640 人，初中教师 2 005 人，普通高中教师 487 人，职业高中教师 206 人。表 10-1 是河南叶县各类学校的生师比例及河南省及全国对生师比的标准比较。

表 10-1　　　　　　　　生师比例对照表

		河南叶县	河南	全国
小学	县镇	19.68	23.0	21.0
	农村		25.0	23.0
初中	县镇	20.60	16.5	16.0
	农村		18.5	18.0
高中	县镇	28.55	13.0	13.0
	农村		13.5	13.5

数据显示，河南叶县小学的生师比低于河南省及国家制定的生师比标准，说明小学教师的数量还是比较充足，小学教师数量缺乏的现象表现得不明显。而初中和高中的生师比都高于地方和国家制定的标准，叶县初中和高中教师在数量上表现出一些贫乏。过高的生师比将会导致教学质量的下降，不利于开展高质量的教学活动。

截止到 2007 年年底，叶县 31 所初级中学，有 5 所中学地处山区，其余 26 所都在平原地区，平原地区中学数量占中学总数的 83.9%。共有 292 所小学，71 所地处山区，其余 221 所均在平原地区，平原地区小学数量占小学总数的 79%。叶县的平原地区面积占总面积的 75.7%，因此在一定程度上体现了叶县中小学在设置地点上已经对地理条件有所考虑。

三、河南叶县农村学校布局调整的指导思想及基本情况

（一）河南叶县农村学校布局调整的指导思想

为了尽可能地缩小城乡差距，为更多的人提供优质的教育资源。国家在

2001年5月出台了《国务院关于基础教育改革与发展的决定》(简称《决定》)。河南叶县在《决定》的指导下,积极按照"以县为主"管理体制的相关要求,并从全县的整体情况出发,于2002年制订了《叶县中小学布局调整规划方案》,开始对农村中小学进行布局调整。

《叶县中小学布局调整规划方案》针对"村办小学,乡办中学"的现有格局,根据学生数量萎缩、学校规模变小的现状,本着整合教育资源,改善办学条件,缓解教育投入不足的目的,对农村中小学进行布局调整。其主要措施是撤并部分农村中小学学校,并且调整的重点在山区。河南叶县在农村学校布局调整的过程主要遵守以下原则:

第一,坚持依据生源决定撤留的原则。全县14个平原乡(镇)小学服务半径不超过2公里(不含寄宿制学校),凡班额不足20人的不设成建制的小学;4个半山区的乡(镇)一般应达到12个班,中小学平均班额为50人。

第二,坚持依照地理位置合理设点的原则。在交通不便或距离较远的村保留必要的教学点,逐步形成中心小学、完全小学、教学点相互关联的网络结构。

第三,坚持因地制宜、集中建校的原则。每个乡(镇)可设若干所中心小学,距离中心小学较远的村,可以以行政村为单位设立小学;凡是校舍陈旧的学校都要调整,危房较多的学校要进行改建和新建。

第四,坚持政府依法确定和公布校点的原则。在布局调整的过程中基本保证各乡镇保留1~3所初中,调整的情况要对外公布,征求群众的意见。

第五,坚持科学规划逐步实施的原则。中小学布局调整在坚持学生就近入学的前提下,有计划、有步骤地调整撤并一些村小和教学点。保证既防止中小学布局不合理造成资源浪费,又要防止过急、过快、过度调整出现新的学生上学难的问题。

(二) 河南叶县农村学校布局调整的基本情况

河南叶县从2002年开始中小学布局调整,形式是以对学校的撤并为主。学校布局调整带来的最明显变化是学校数量的变化。总体来说,河南叶县对中小学进行撤并的力度并不大,表10-2是叶县学校数量的变化表。

表10-2　　　　　叶县2000~2008年学校数量调查　　　　　单位:所

年份	小学教学点		小学		初中		普通高中		职高(中技、中专)	
	县镇	农村	县镇	农村	县镇	农村	县镇	农村	县镇	农村
2007	0	34	8	284	13	20	3	1	3	0
2006	0	40	19	283	18	22	2	1	3	0

续表

年份	小学教学点 县镇	小学教学点 农村	小学 县镇	小学 农村	初中 县镇	初中 农村	普通高中 县镇	普通高中 农村	职高（中技、中专） 县镇	职高（中技、中专） 农村
2005	0	19	23	294	10	22	2	1	3	0
2004	0	9	8	317	7	32	2	1	3	0
2003	0	23	12	338	6	34	2	1	3	0
2002	0	38	10	374	6	36	2	1	2	0
2001	0	4	14	451	63	4	2	1	2	0
2000	0	0	5	459	6	36	2	0	8	0

其中农村学校（包括小学教学点、小学、初中、高中）的数量分别为：2000年，495个；2001年，490个；2002年，449个；2003年，396个；2004年，359个；2005年，336个；2006年，346个；2007年，339个。

表10-2反映出小学教学点变化波动较大，反映了教学点撤并的难度和与农民利益相关度较大；村小数量减少幅度较大，为74所；县镇小学数量波动幅度也较大，与村小撤并的关联度较大。初中整体撤并力度较大，趋势是向乡镇集中。高中阶段职业高中数量变化较大，反映了农村高中生源结构的变化取向普通高中。

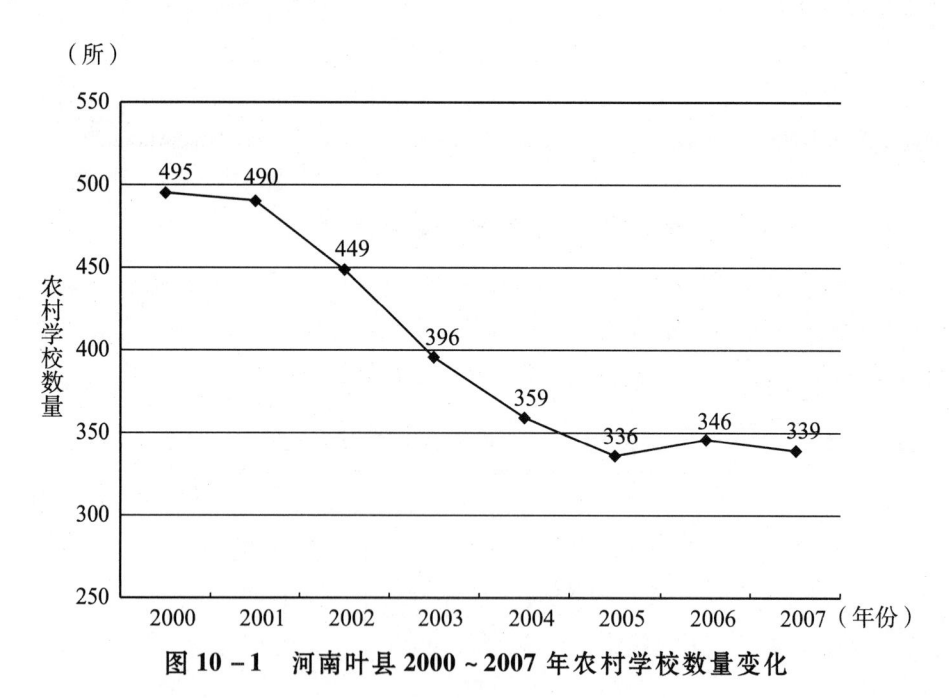

图10-1 河南叶县2000~2007年农村学校数量变化

图 10-1 显示，自从叶县开始进行布局调整，农村学校（包括教学点、小学、中学）的数量就有明显地减少，这种趋势直到 2005 年后趋于平稳。在 2002~2005 年 3 年调整中，农村学校数量减少 159 个。而从 2006 年起，农村学校的数量保持平稳，波动并不明显。这种变化情况说明，叶县中小学布局调整的第一阶段至 2005 年基本完成，这一阶段是以农村中小学和职业高中的布局调整为主。2005 年以后，叶县中小学布局调整主要针对县镇小学和初中，调整的手段是以撤并为主。学校数量的变化一方面是与行政管理部门的政策有关，另一方面与叶县学生数量的变化也有很大关系。2000~2007 年农村学生数量的基本情况如下：农村小学学生数量 2000 年 95 641 人，2001 年 86 844 人，2002 年 88 500 人，2003 年 81 193 人，2004 年 69 486 人，2005 年 66 804 人，2006 年 62 708 人，2007 年 60 499 人。农村初中学生数量 2000 年 38 361 人，2001 年 40 374 人，2002 年 41 869 人，2003 年 43 743 人，2004 年 42 649 人，2005 年 30 792 人，2006 年 28 604 人，2007 年 25 786 人。总体来说，叶县农村在校学生数正以较大幅度减少。

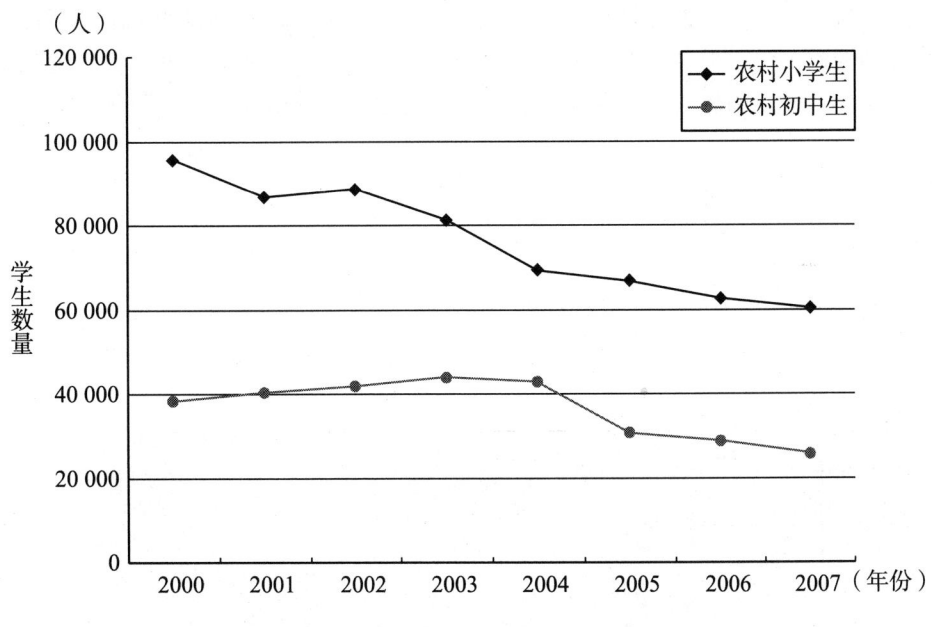

图 10-2 河南叶县 2000~2007 年农村学生数量变化

造成叶县农村在校学生数大幅减少的原因主要来源于两个方面。一方面，人口的自然出生数量明显减少。20 世纪 70 年代起开始实施的计划生育政策已经取得了明显的效果。农村适龄儿童的锐减使得农村中小学的规模不断变小。详细数据如表 10-3 所示。

表 10-3　　　　叶县 1985 年与 2007 年中小学学校数与学生数对比

学校及学生数量	1985 年	2007 年
小学学校数量（所）	494	292
小学生数量（人）	106 600	71 643
初中学校数量（所）	113	33
初中学生数量（人）	24 500	41 304
高中学校数量（所）	5	4
高中学生数量（人）	3 219	11 905

数据表明，与 1985 年相比，目前河南叶县的小学学生数已经出现了明显地减少，小学学生数量的减少要求对中小学进行布局调整，对学校进行适当的合并是有必要的。而初中、高中学生数量的增多主要是由于中学普及程度提高与学生升学率大幅提高的结果。

另一方面，随着城镇化进程的加快，农村劳动力大量涌入城市，河南省作为一个农村劳动力输出大省，在这方面表现得也很突出。越来越多的适龄儿童被家长带到城镇上学，他们虽然不能完全享受到与城镇儿童相同的待遇，但是他们积极追求优质教育的想法是不变的。农村儿童向城镇的不断流动，也使得农村学生不断减少。

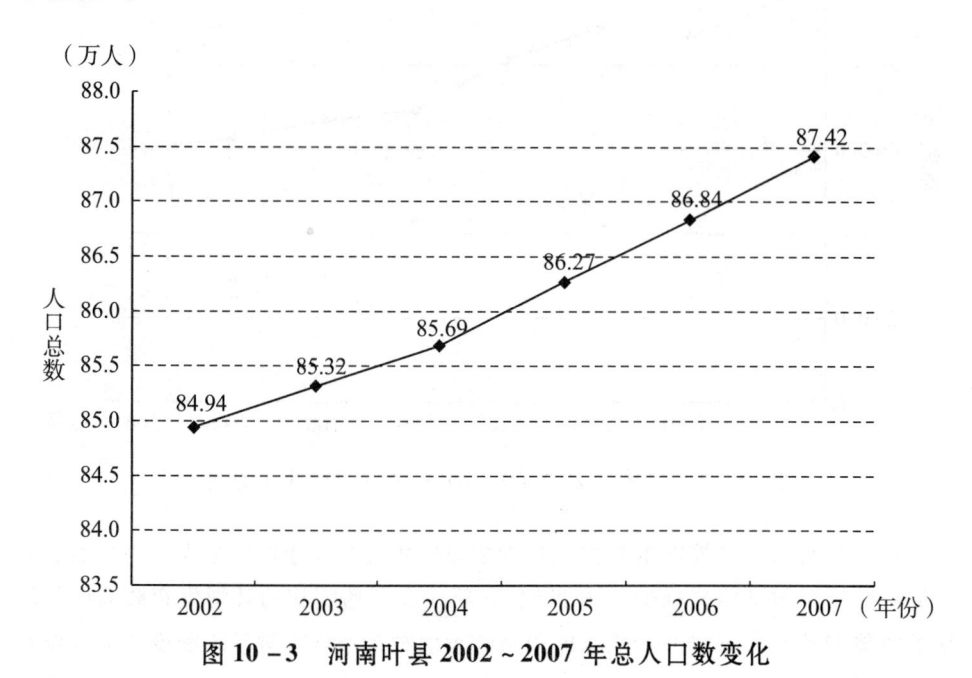

图 10-3　河南叶县 2002~2007 年总人口数变化

另外，行政区划的变化也会给学校布局调整带来影响。因此，对河南叶县行政区划的变化情况进行调查也是必要的。叶县所辖12个乡、6个镇、561个行政村，2000~2008年，河南叶县的乡镇及行政村数量并没有发生改变。因此，河南叶县进行的农村学校布局调整与县内行政区划的关系并不大。

根据叶县农村中小学布局调整规划显示，"十一五"期间叶县预计在2008年撤销中学19所；2009年撤销小学1所，中学13所；2010年撤销10所中学。在2008~2010年预计要撤并的43所中小学中有7所在山区，叶县未来中小学布局调整中地理条件已经不是调整的主要因素。从地理环境来看，目前的中小学布局已经处于较为合理的地位。

第三节 河南省叶县义务教育阶段存在的问题及分析

一、由农村中小学布局调整直接导致的问题

（一）学生大量寄宿，身心出现不适应的状况

第一，住宿环境差不利于学生的健康成长。布局调整后，学校规模扩大，导致校舍紧缺。大多数学校的寄宿生住在七八十年代建造的教室里，房屋简陋，宿舍十分拥挤，有些学校的学生甚至在地板上打通铺住宿。有些学校实在没有住房，就租借居民用房作学生宿舍。在访谈的过程中，我们发现教师和学生住宿的环境都很差。一所乡镇初级中学女生宿舍中，一个不是特别大的宿舍中竟然住了32人，木质的房梁清晰可见，窗户透光度极差，如果仅仅从房屋的外观来看，根本想象不到这是学生宿舍。一些学校由于受资金限制无力配备食堂、厕所、水房、洗澡间等基本设施。由于没有食堂，学生只能在学校附近简陋的饮食摊上吃饭，卫生安全得不到保障。一些宿舍附近没有厕所，为了晚上少上厕所，有些学生干脆从下午就开始不喝水，尽量吃水分少的食物。这样的住宿环境给学生的身心发展带来不利影响。

第二，学生小学阶段便开始寄宿，容易引起心理问题。布局调整后，许多学生从小学就开始寄宿。这些学生在家中生活全靠家长照料，过惯了衣来伸手、饭来张口的生活。寄宿后，日常生活不能自理，需要别人照顾。特别是低年级的寄宿学生，由于过早失去亲情关怀，使他们在情感、心理上易出现许多问题。通过

对叶县6乡镇12所学校421名小学生（25名四年级学生，25名六年级学生，其余371名为五年级学生）问卷调查来看，在421名被调查小学生中，寄宿生为263人，所占比例达到了62.47%。再从寄宿生开始寄宿的年级来看，在263名寄宿生中，从五年级开始寄宿的学生最多，人数为214人，比例81.37%；其次为六年级，人数为25人，比例为9.51%；而从三年级及以下开始寄宿的学生也有14名，比例为5.32%（见图10-4）。

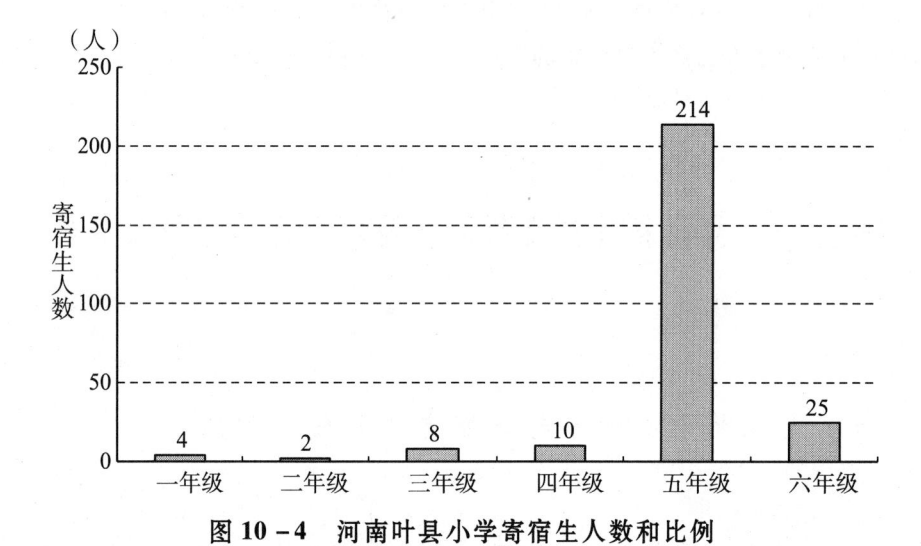

图10-4　河南叶县小学寄宿生人数和比例

对初中学生的调查主要是在叶县6个乡镇6所中学进行的，572份问卷均由八年级学生完成。中学生寄宿情况的调查结果如图10-5所示。从图10-5中可以看出，在572名被调查学生中，寄宿生为514人，所占比例达到了89.86%。再从寄宿生开始寄宿的年级来看，在514名寄宿生中，从五到六年级开始寄宿的学生最多，人数达到了336人，比例为65.37%；其次为七年级，人数为138人，比例为26.85%；而从一到四年级开始寄宿的学生人数较少，只有23名，比例为4.47%（见图10-5）。

从调查结果来看，河南学生的住宿起始年级主要集中在五、六年级，低年级（三年级以下）寄宿的情况相对较少。通过同家长的访谈来看，让孩子离家住宿并不是主动选择，除少数情况外，家长还是希望孩子能够在家吃住。可是由于学校的硬性要求，孩子不得不寄宿在学校。从一定程度上来讲，硬性规定学生寄宿是学校便于管理的一种措施。但孩子由于想家、缺乏父母关心等而造成的心理影响对其健康成长极其不利。

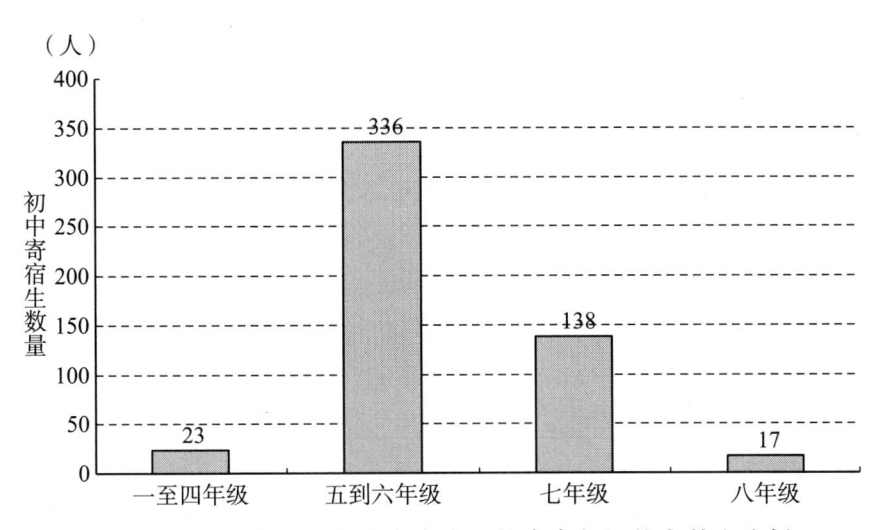

图 10-5 河南叶县中学寄宿生开始寄宿年级的人数和比例

（二）学生家长的身心、经济压力增加

调研组通过问卷和访谈相结合的方式对农民进行调研，共发放问卷 60 份，回收 56 份；访谈共计 30 次；问卷及访谈涉及 26 个村庄 60 户农村家庭。通过问卷和访谈分析，我们发现学生家长身心和经济压力显著增加。

首先，学生家长的身心压力加大。通过调查发现，布局调整前后，被调查县中小学生的家校距离都有所增加，小学尤其明显。如表 10-4 所示，经历了学校布局调整的小学生平均家校距离变远 3.35 公里，其中有 2.61% 的学生家校距离变近，有 16.15% 的学生家校距离没有发生变化，在 81.24% 的家校距离变远的小学生中，平均变远了 4.21 公里。当本村学校被合并后，学生到邻近村或乡里去上学，为了保证孩子的安全，三年级以下的学生家长通常会选择每天接送孩子上下学。这样的调整在一定程度上牵涉了家长的工作精力、束缚了家长本应自由的时间安排。布局调整后出现的寄宿生每周回家的交通安全也存在相当的隐患。有些学校虽有校车接送，但车辆并不规范，主要是安全系数不高的农用三轮或小四轮车，而且经常超载；有的学校连三轮车也无法提供，只能将同路的学生编成队，让高年级学生带着低年级的学生，或者由教师护送或直接要求家长接送。这种变化直接给家庭带来时间安排和精神方面的负担。

其次，学生家长的经济压力加大。政府进行学校布局调整，目的之一就是集中教育资源、优化资源配置。但这却将教育成本转嫁给了农民，增加了学生家长的经济负担。学生家长经济负担加大的主要原因来自学生的寄宿。许多家长考虑到孩子上下学的时间和安全问题，不得不让孩子在学校寄宿，孩子在校寄宿直接

表10-4　　　　　　河南叶县小学生家校距离变化　　　　　　单位：公里

指标	总人数	家校距离变近学生	家校距离没变学生	家校距离变远学生
人数	421	11	68	342
所占比例	100%	2.61%	16.15%	81.24%
变化距离	3.35	-2.94	0	4.21

导致农民承担的教育费用增加。学生到离家很远的学校寄宿，交通费、伙食费、住宿费，以及购置被褥、餐具的费用都是一笔不小的开支。一学期下来，即使享受国家优惠政策，免交了学杂费、书本费，获得了一定的住宿生活补助。但相对于走读来说，孩子寄宿给家长带来的经济压力还是有所增加的。

（三）部分义务教育阶段的教育资源流失

教育资源短缺是教育公平失衡的主要原因。我国现阶段教育资源并不富裕，利用效率也不高。学校布局调整以后，出现了部分义务教育阶段教育资源流失的现象。

农村学校布局调整后，出现一些校舍闲置及土地归属的问题。调研发现，河南叶县对于这部分校舍及所辖土地有以下几种处理途径。第一种方式，将校舍和土地划归县教育局所有，这种情况下教育资源多会用于幼儿园的使用。第二种方式，将校舍和土地划归村里所有，或直接将其作为村委会的所在地。第三种方式，较为少见，部分校舍和土地归属并不明确，至今闲置。无论是采取上述哪种形式的处理方式，都是对义务教育阶段教育资源的浪费。有限的义务教育阶段教育资源或是流入到非义务阶段，或是转移到其他领域，这样的处理方式都不利于有限义务教育资源的保持和合理利用。

二、与布局调整相关的其他问题

根据《叶县中小学布局调整规划方案》，县政府及教育有关部门进行学校布局调整是本着整合教育资源，改善办学条件，缓解教育投入不足等目的进行的。考察布局调整的成效与问题，除了考察布局调整直接引发的问题之外，还需要关注政府布局调整的目的有没有实现，还存在哪些问题，等等。

（一）学校硬件设施有待改善，使用率不高

学校布局调整目的之一就是为了优化教育资源，改善学校的办学条件。调查中我们发现，布局调整后，河南叶县农村学校的硬件设施配备依然不完善，已经

配备的资源使用效率也不高。如一些学校称自己设有图书室、语音室,但当学生填写问卷时,发现学生根本不知道学校还有这些资源,可见有些学校基本不对学生开放图书室和语音室。表10-5为中学生和小学生对图书馆的使用情况。

表10-5　　　　　　河南叶县小学和初中图书室使用情况

	学校不对学生开放	没有图书室	其他
小学	16%	28%	56%
初中	34%	50%	16%

另外,某些学校为了避免学生在体育活动中受伤,干脆把校园里的体育设施撤走,"学校出现一次安全事故,好几年都不能翻身啊"。这样的行为实际上是剥夺了学生活动的权利,虽然能够在一定程度上避免安全事故的发生,但却不利于孩子的身体发展,不利于培养全面发展的人。这样的结果也与政府进行布局调整的本来意图相悖。

(二) 农村初中班额仍然过大

为使义务教育真正实现"面向全体学生,促进学生全面发展"的目标,政府的一个基本职责是为所有学龄儿童和青少年创造良好的学习环境,班额的大小是反映这一环境的重要指标之一。班额,是指一个教学班中的学生数量,也是一名任课教师在某段教学时间内所面对的学生数量,反映的是学生的学习环境、教师的教学工作环境和工作量。教师在班额较大的班级中的教学情绪和教学效果都会受到影响。班额除会影响教师教的活动外,还会影响到学生学的活动。班额较大的班级中,每位学生获得教师的关注程度会相应减少,这样的情况不利于孩子的学习。因此,对于河南这种班额过大问题突出的地区来说,布局调整应把减少班额过大问题作为一项重要任务。可是就调查的数字来看,河南叶县农村学校尤其是初中的大班额问题依然突出。

如图10-6所示,自2002年以来,农村小学的班额基本保持稳定,33人的班额基本属于正常的范围。而农村初中班额2005年达到了最高峰,接近100人,之后虽然有所下降,但依然维持在75人以上,和其他地区相比,依然很大。学校布局调整并没有完全实现减少班额的作用。

(三) 布局调整后,农村教师问题依然突出

第一,农村教师学历基本达标,但缺乏相关性。目前,农村教师的学历进修主要通过函授、电大和自学等渠道进行,但取得的学历中有2/3以上是文科专业,

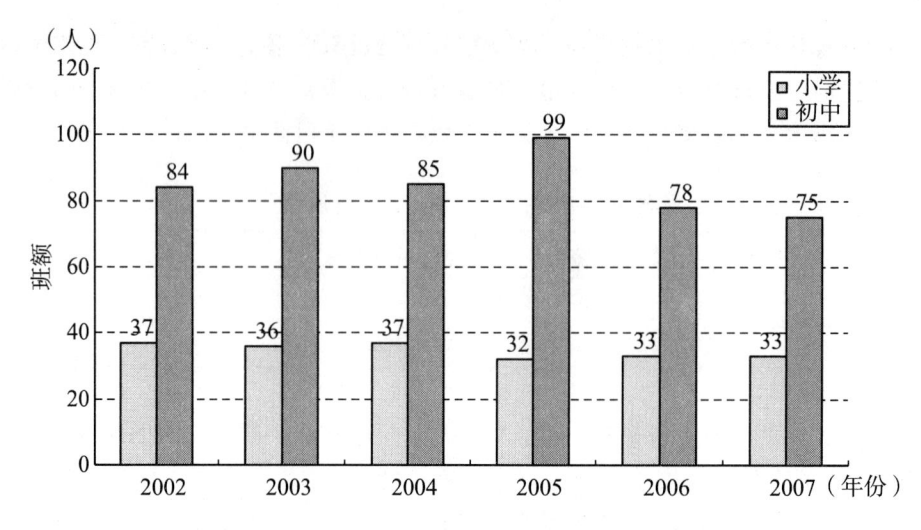

图 10-6 河南叶县农村小学及初中班额变化

这种重层次轻专业的倾向，使得农村教师学科结构失衡的问题十分突出。在 346 份教师问卷中，第一学历与最终学历学科一致的只有 67 人（其中包括 19 人第一学历为中师）。并且农村教师的最终学科以中文为主，这是因为获取中文专业的学历相对容易。

农村教师存在结构性缺失。相当一部分农村学校的教师身兼数科，但相关性差，往往是一个教师教两个互不相关的学科，如体育教师教外语、语文教师教物理等。在农村学校中，虽然基本能够达到国家要求的生师比要求，但在英语、音乐、体育、美术、劳动技术、信息技术等专业的教师数量仍然缺乏。

此外，农村教师尤其是农村小学教师的老龄化现象比较严重。由于编制的硬性规定，新教师难以充实进来，致使农村学校尤其是小学教学点等更需要年青教师的地方，教师的老龄化问题突出。

第二，农村教师编制多样，身份复杂。教师编制作为教师在学校以及社会上的一种"身份证明"，与教师的工资、待遇直接相关，并且在一定程度上影响着教师的工作满意度。我们在调研中发现，河南叶县的教师编制中，不仅存在教师编，还存在工人编、干部编等。其中有不少非教师编制的人员也同样站在讲台上，承担一定的教学任务。但不同编制的教师工资、待遇是不同的。有的教师在讲台上辛苦了 20 多年，却仍然是工人编制，不仅工资比正常教师少很多，而且也享受不到同等的待遇。这种现象在农村表现得更加明显，在我们的调研过程中 3 名村小的教师主动找到我们来谈她们的问题，3 名教师中一名 54 岁，两名 50 岁。她们在 2000 年前属于代课教师，县里在 2000 年进行了一次转编制，标准主要参照个人的学历情况。现在她们虽然已经转为正式的教师编制，可是在转正前的工龄则全部清零，那位54岁即将退休的老教师由于工龄短暂并没有办法评职称。这种"工龄较短的老教师"表现出来的教师身份问题引起了我们的重视。不同身份的教师收入相差悬殊，同工不同酬给这些教师带来许多压力，同时也会感到不平衡。这些问题导致部分教师对工作的满意度低，影响他们对教学工作的时间、精力、态度、期望等方面的投入。

第三，农村教师工资福利较差，学校布局调整给他们带来了更多交通、住宿方面的压力。教师的经济地位表现在教师的工资、待遇、福利上，它直接影响着教师对自己教学工作的认可度和满意度。调查问卷的分析结果显示，教师的月工资是1 137元，而月支出是845元。显然教师的工资水平处于温饱型，很难支撑除日常生活消费水平之外的其他需求。而在问卷中对"根据你的工作状况，你认为你的工资多少元一个月比较合理"的回答中，教师期望的月收入平均值达到了2 605元。而对问题"教师的压力来源"的回答中，选择"工资待遇差"的占到了68%。显然，大部分的教师对自己的工资不满意，希望获得更高的报酬。由于学校布局调整的影响，许多教师因家校距离的增加不得不在学校住宿或是乘车在家校间通勤。在我们所发放的346份教师问卷中，有199人住校，134人不住校，13人空缺，住校人数占总数的57.5%。这对于本来并不富裕的教师来讲，住宿以及交通费用又给他们带来更多的经济负担。

第四，学校布局调整后，教师的身心压力增加。布局调整后，教师的专业性和专职性得到了增强，但教师的工作负担并没有减轻，大多数教师反映工作量和工作压力加大。大班额问题不仅给教师的教育教学工作带来沉重负担，同时也加大了教师的心理压力，尤其是寄宿制学校的教师。

由于农村教师编制较紧，寄宿制学校缺乏专职的生活教师，许多学校不得不让其他教师来兼任。这些教师除了完成正常的教学任务外，课余时间还要承担起管理学生生活和安全的责任。对于低年级寄宿生，教师白天不仅要管理他们的穿衣、吃饭、洗漱、洗衣，晚上还要陪他们睡觉，一旦学生生病，教师更是要贴身照顾。这实际上是在教师原有职责的基础上，又附加了一部分"家长"的责任。除了备课、改作业、上课外，还要打理学生的衣食住行，教师的额外负担增加很多。较之非寄宿学校的教师，无论是在工作时间、工作范围、管理内容，还是在工作责任方面，寄宿制学校教师均增加了工作强度。不少老师说"每天就像一部机器，一启动，不到天黑就不会停下来"。过重的负担，导致教师不同程度地产生了职业倦怠。

由于农村学校师资薄弱，一般教师除担任课任教师外，还在学校承担着其他方面的工作。担任的工作过多过杂，占用了老师们大量的休息时间，如图10-7所示。

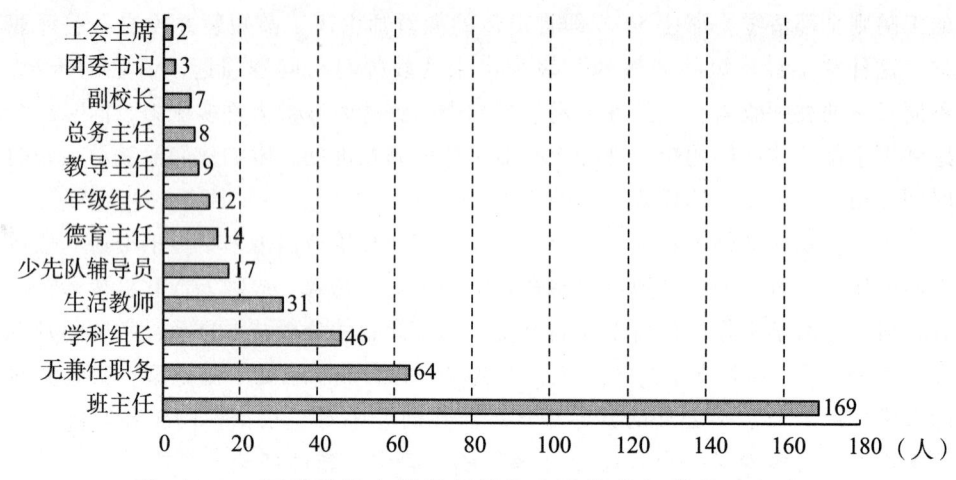

```
工会主席  2
团委书记  3
副校长    7
总务主任  8
教导主任  9
年级组长  12
德育主任  14
少先队辅导员 17
生活教师  31
学科组长  46
无兼任职务 64
班主任    169
```

图 10-7　河南叶县农村课任教师在学校兼任其他职务情况

图 10-7 显示，在所调查的 346 位课任老师当中，兼任班主任工作的老师有 169 人，占被调查老师的 48.84%；兼任生活教师工作的老师有 31 人，占被调查老师的 8.96%；兼任学科组长的老师有 46 人，占被调查老师的 13.29%；什么兼职也没有的只有 64 人，只占 18.50%；而且其中有些老师还身兼数职。承担的工作过多给教师的正常教学工作增加了很大负担，增加了教师的身心压力。

（四）学校管理意识薄弱、管理措施不到位

河南省是外出打工者较多的省，留守儿童较多。在所调查的 421 名小学生和 572 名中学生当中，小学留守儿童的比例为 16.63%，中学留守儿童的比例为 13.46%（见表 10-6）。这些留守儿童一般由他们的祖父母、外祖父母或其他亲友照顾管理。这些监护人无法全部替代父母履行教育孩子的责任，他们或是过于溺爱，或是放任、放纵，对孩子的成长造成不利影响。而在外打工的家长因经济、通信等原因不能及时与子女沟通联系。即使父母有一方在家的家长，或因迫于生计忙于农活，或在当地打小工，早出晚归与子女沟通的时间少，对子女也疏于教育。更有少数家长自身素质低，对子女教育不闻不问，任其自由发展，忽视了家庭成员、父母自身的示范教育作用。再加上大量的寄宿学生，和留守学生一起成为学校管理中的重点和难点。

表10-6　河南叶县2007年18个乡镇寄宿生数以及留守儿童数　　单位：人

乡镇	初中人数	中心小学人数	村小人数	寄宿生	留守儿童数
龚店乡	900	800	2 100	600	450
昆阳镇	3 756	6 723	—	2 056	102
旧县乡	3 061	297	3 871	810	—
任店镇	2 211	652	3 802	—	385
辛店乡	1 655	3 178		550	231
马庄乡	807	241	965	—	—
常村乡	1 097	602	2 409	602	700
龙泉镇	1 200	680	2 300	520	820
遵化店镇	1 423	153	3 347	—	74
水寨乡	710	540	1 728	—	526
洪庄杨乡	1 375	642	2 708	—	600
邓李乡	1 050	426	2 328	294	634
仙台镇	2 800	440	3 200	—	20
城关乡	1 661	379	3 122	247	236
廉村乡	1 900	220	4 340	—	1 238
保安镇	1 253	1 094	1 578	1 400	524
田庄乡	930	202	2 596	718	—
夏李乡	1 037	817	2 712	—	227

与成长在家长身边的孩子相比，留守儿童由于亲情的缺失常常自暴自弃，难于管理。在布局调整的过程中，他们可能还会出现对新环境不适应的情况。因此，教师应该对这样的留守儿童给予更多的关注，让他们尽量在短时间内适应布局调整带来的影响。在我们访问的乡镇学校中，学校很少有专门针对学生心理问题的相关制度、措施。比较明显的例子是，当在访谈校长对撤并学校学生有什么看法时，他们的回答多为没有特别的关注。而外界人们对农村教育救助的理解，只是局限于资金和物质方面。其实，教育弱势群体不仅需要物质方面的保障，而且还需要心理、情感和精神方面的疏导。由于农村学校师资力量相对薄弱，再加上升学的压力，学校往往只重视学生的学习成绩，很少去关注学生的情感和心理。

（五）布局调整之后，农村学校的管理体制还有待理顺

河南叶县存在与乡（镇）教办类似的机构，对所辖乡镇的学校进行管理。

乡（镇）教办是 1990 年前后为当地开展"普九"、"扫盲"等教育方面的工作和加强对农村中小学的管理而建立起来的。乡（镇）教办工作人员许多是抽调当地教师队伍中的骨干来担任的。乡（镇）教办自成立以来，对调动乡、村两级基层组织办学积极性、加强农村教育管理和提高教育教学质量发挥了积极作用。尤其是在农村"两基"工作中，充分协调各方面的力量，对努力促进"两基"达标，功不可没。随着农村"两基"目标的逐步实现，国家和地方政府逐步采取措施来取消乡（镇）教办或是弱化乡（镇）教办对农村学校的管理职能。为了落实 2002 年《国务院办公厅关于完善农村义务教育管理体制的通知》的相关规定，河南省也出台相应政策，如《河南省人民政府办公室转发省编办教育厅、财政厅关于河南省中小学教职工编制标准和河南省中小学教职工编制核定实施办法的通知》。这次农村义务教育管理体制的调整，有一项重要的工作，就是乡镇人民政府不再设立专门的教育管理机构，而改为以县为主的教育管理体制。通知发布 6 年以后，在河南叶县仍然存在类似于乡（镇）教办的机构，只是名称上改为"中心校"。中心校与原来乡（镇）教办的功能基本类似，对本乡镇中小学的财政、教学过程还保留着相当的管理权限。在调研中我们发现，乡（镇）教办除了为农村学校提供教学、课程的培训指导外，还对学校的财务、未来规划有一定的领导权，学校的有些工作必须要获得乡（镇）教办的同意才能实施。在"以县为主"的管理体制下，是否意味着乡级政府对农村学校的发展可以完全不负责任？如果不是，他们应该负起哪些责任？怎样才能防止他们"越权管理"，与"以县为主"的管理体制相冲突？等等都是需要认真解决的问题。

第四节 对河南省叶县教育现状提出的建议

一、加强各级政府财政投入，尤其是加强中央财政投入力度

中部六省（安徽、湖北、河南、湖南、江西、山西）居于中国腹地，连南贯北、承东启西，古有"逐鹿中原"、"中原定，天下安"之说，其战略地位非常显著。然而，改革开放 30 多年来，中部地区政策边缘化倾向明显，致使其经济发展水平与区域核心地位极不相称。

从新中国成立至改革开放前，国家的区域经济发展主要以均衡发展战略为指

导思想，在生产力布局的实践中更多地从属于国防安全需要。中部地区以其农业资源优势在"深挖洞、广积粮"时期，对全国"自给自足"式发展做出了不可估量的贡献。改革开放后实施的是东部偏好发展战略，国家优先发展东部地区。20世纪70年代末期国家集中资源重点发展珠江三角洲，80年代末期倾力打造长江三角洲，90年代中期重点建设京津唐及渤海三角地带，90年代末期实施西部大开发，2003年又提出了振兴东北的大规划。为了积极推进全国的均衡发展，在中央政府的领导和地方政府的积极配合下，西部和东北地区的教育事业已经得到有效发展。"西部大开发"的诸多措施中，包括加快西部地区基础教育的财政投入，加大对西部贫困地区和少数民族地区教育的扶持力度；利用世行贷款及国际组织捐款等支持西部地区改善中小学条件；在全国开展"对口扶贫支教工程"，支援西部中小学；等等。这些措施大大提高了西部地区和东北地区的教育整体水平。国家这种非均衡发展战略的初衷是期望通过西部提速，东北攻坚，东部保持，东西互动，拉动中部。可是就目前情况来看，中部地区处在尴尬的境地。蓬勃发展、增势强劲的东部经济对中西部经济的带动作用犹如"蚍蜉撼大树"，仍然力所不逮。东部发展的扩散效应还是未来式，中西部地区反而因为东部增长极的持续极化效应，资源仍源源不断地流向东部，东中西差距还在继续扩大。虽然，国家在2004年提出了"中部崛起"战略，但相对来讲对于中部地区的教育问题关注度仍不高。中央要制定相应政策积极向中部倾斜，通过财政补偿政策平衡中东部之间利益再分配。中央和地方税收分成应该适当调整，以解决中部地方政府财政供给不足的问题。针对区域资源优势，实施国家重大项目在中部立项等。只有以经济为保证来谈教育、科研的发展才是有可能的。河南作为一个人口大省，和中部地区和其他省份相比，并没有明显的发展优势，在教育发展中更需要中央政府的大力支持。

二、加强寄宿制学校标准化建设，实行科学管理

河南叶县中小学的寄宿情况较明显，初中学生大部分已经寄宿，在发展规划中已经明确提出未来要加强小学寄宿制学校的建设。目前河南叶县寄宿制学校主要存在以下几个方面的问题。首先，学校管理粗放，管理人员不到位、素质不高；其次，学校环境较差，食宿及卫生条件均有待提高；最后，校园文化活动贫乏，不利于学生身心发展。我们认为在寄宿制学校的发展过程中，应该建立统一的建设标准，规范学校管理，同时更加注重人文关怀。

虽然寄宿制学校已经大量存在，但许多学校并没有达到寄宿制学校应该达到的最基本要求。寄宿制学校的建立不仅是为了让孩子有书读，更是为了读好书。

学校要以培养学生全面发展为目的，让他们有充足的体育场所锻炼身体，有足够的乐器、体育器材、画笔等培养课余爱好。可现在的寄宿制学校没有电视可看，图书室没有或很少利用，课余生活贫乏，这对于寄宿学生的成长是不利的。政府应该负起更大的责任，加强寄宿制学校的硬件建设，让寄宿学生获得更好的发展。

寄宿制学校的特点是大量学生的集体生活，相对于非寄宿制学校更容易发生群体性卫生事件。加之义务教育阶段的学生大多自理能力较差，个人卫生意识不强，卫生习惯尚需培养，如果忽视学生的卫生管理，就很容易酿成卫生安全事件。因此，卫生管理应纳入学校的常规管理，配备具有从业资格的专职或者兼职医务人员从事卫生指导；要建立学生健康档案，每学年对学生进行一次常规体检；同时加强与当地医疗机构的联系，建立与医疗机构及时沟通、救助的机制。

另外，要加强寄宿学生的住宿管理。良好的住宿管理，有助于学生之间形成良好的人际关系，养成良好的生活习惯。由于男、女学生存在生理和心理上的差异，并考虑到我国的文化传统，小学低年级寄宿生应该配备生活保育员，与寄宿生同吃、同住；宿舍实行分时段封闭管理，宿舍出入口应有门卫值班；值班人员夜间应对学生宿舍进行巡视，防止意外情况发生。

三、政府制定相应政策解决教师身份问题

作为法定意义上的教师，最根本的特征是具有正式编制和稳定的经济收入。国家规定各级教师的最低学历，只有符合最低学历标准者，国家才承认是正式教师，具备正式的教师身份。教师身份与其他职业地位的获得一样，不只是一种专业资格，更是一种社会身份的象征。由于我国特殊的历史和社会原因，教师身份的获得通常有两种方式：一种是接受正规的师范教育训练，取得相应的文凭和资格；另一种是民办教师转正。在河南叶县，转正后的教师却有着不同的编制类型，如工人编制、干部编制等。教师身份的复杂性导致部分教师工作在教学第一线却并不是教师编制，使得他们无论从社会地位、经济收入还是其他权利方面都没有获得同等的待遇。导致"同工不同酬"，"工龄短的老教师"这些不公平现象的发生。为了稳定教师队伍，使他们能够"安教乐业"，解决教师身份问题是关键。河南叶县非教师编制的教师有 3 000 多人，他们在教师总数中占将近一半，政府应该加大力度解决这些教师的编制问题，根据教师的实际工作性质给予他们相应的编制。

四、加强对在校学生心理问题的关注

鉴于河南省是外出打工较多的省份，留守儿童也相对较多，我们建议：第一，优先安排农村留守儿童和单亲子女寄宿就读，并给予他们更多的关心关爱；第二，拓宽师生、生生之间沟通交流的方式和渠道，开展丰富多彩的文体活动，减少寄宿生的心理问题，引导学生身心健康发展；第三，政府还需要做出硬性规定，要求学校必须设立专门机构，负责学生的心理辅导工作，定期举行心理健康教育讲座，有条件的学校可以把心理健康教育纳入课程体系，使学生掌握相应的心理调适及消除心理障碍的有效方法，提高承受挫折和适应环境的能力。班主任老师应掌握相应的心理教育的技能和方法，帮助学生走出心理的阴影，形成健康的人格。

五、加强农村寄宿制学校生活指导教师的培训

河南叶县农村中小学的寄宿制学校较多，除了寄宿条件需要进一步提高外，寄宿制学校的生活教师的培训值得关注。生活指导教师是指在寄宿制学校专门负责学生饮食起居等生活方面问题的指导教师，他们不仅是学生的保姆，更应该能够运用教育学、心理学、营养学、管理学和一定的医学知识来综合指导学生树立正确的生活观，培养其健全的身心，使学生具有较高的情商，能够助其完成学业。

生活指导教师的培训应该作为一个单独的专业进行培训，而目前由其他学科的教师担任生活指导教师的情况比较明显。这种非专业的生活教师也许对某一学科比较擅长，可是对教育学、心理学、营养学等方面的知识了解得并不多，他们很难按照儿童的心理发展需要来提供相应的指导。因此，对生活指导教师的专业培训是必要的，同时也不应该忽视他们爱心的培养。专业知识的取得是可以通过努力来实现的，可是爱心并不是一朝一夕就可以实现的，如果生活指导教师连对学生最起码的爱心都不具备，那么无论他有多么高超的生活指导知识都很难成为一名合格的生活指导教师。因此，我们建议：第一，适当放松寄宿学校的教师编制配备标准，增加寄宿学校的教师编制；第二，加强对寄宿制学校校长和生活教师的专业技能培训；第三，建立科学合理的教师工作评价和奖励机制，对于因学生寄宿而增加的工作量，给予相应的补贴。

第十一章

多民族聚居型农村学校布局调整调查研究

——以云南省新平县为例

改革开放以来,随着农村富余劳动力向城市的单向流动,农村地区学龄人口的相对缩减,迫使我国教育行政部门进行了多次的学校布局调整。所谓学校布局调整是指教育行政部门根据当地经济社会发展水平、学龄人口数量变化与流动状况等,对一定空间范围内的学校布局进行重新规划的过程,它包括撤销学校、合并学校、新建学校、扩建学校、改变学校功能、改变学制结构,以及由于学校空间和结构的改变所引发的教育要素资源的重新配置。因此,随着经济和社会的发展,尤其是在人口年龄结构和居住空间不断变化的影响之下,学校的布局调整也成为学校持续变革和发展的常态,是学校发展和优化教育资源配置的必然选择。20世纪90年代中后期在农村税费改革、农村城镇化和农村生源减少等因素的推动下[1],我国先后颁布了《关于基础教育改革与发展的决定》、《关于进一步加强农村教育工作的决定》等有关学校布局调整的政策,它们作为地方各级政府和教育行政部门的纲领性文件,对各地区的学校布局调整起着重要的指导作用,新一轮农村学校布局结构调整正式拉开序幕。

然而,经过十余年时间的调整,我国农村地区尤其是境况比较复杂的中西部边缘山区和多民族聚集地区的学校布局现状如何?该地区在布局调整中如何作为?在布局调整中遭遇何种困境和问题?地方政府和教育行政部门应采取什么样

---

[1] 范先佐:《农村中小学布局调整的原因、动力及方式选择》,载《教育与经济》2006年第1期,第26~29页。

的措施予以应对？对以上一系列问题的回答构成了本章研究的基本思路和主要内容。2008年10月，教育部人文社会科学重点研究基地东北师范大学农村教育研究所在教育部哲学社会科学研究重大课题攻关项目《新农村建设与城镇化推进中农村教育布局调整研究》的支持下，选取云南省新平县作为西部多民族地区的代表为其中的典型个案，展开了对该地区农村学校布局调整的现状、困境以及政策建议等方面系统、深入的研究和探索。本次调研主要采取问卷调查和访谈调查相结合的形式，对云南新平县的6镇、6乡共计12个乡镇进行抽样。在问卷调查中，课题组一共设计并发放了7类不同的问卷，具体如下：（1）教师基本情况问卷。发放问卷354份，回收问卷354份。（2）小学生基本情况问卷。发放问卷496份，回收问卷496份。（3）中学生基本情况问卷。发放问卷657份，回收问卷657份。（4）县调查表。发放1份，收回1份。（5）学校基本情况调查表。发放36份，收回36份。（6）农民和村长问卷。发放58份，回收问卷58份。（7）县教育局调查表。发放1份，收回1份。此外，在访谈调查中，课题组选取新平县教育局局长、7个乡镇的部分校长和教师为对象进行了结构式和半结构式的访谈。由于校长和教师均来自该县各级各类的中小学校，因此这些丰富的访谈资料为课题的深度开展提供了有效补充。

本章有关数据采用Excel等统计软件进行处理。

第一节 云南省新平县个案特点

由于个案研究是针对单一个体在某种情境下的特殊事件[1]，因此对于所选个案中教育的"情景"分析就显得非常必要。而且农村学校布局调整标准问题实质上是一个多目标线性规划问题，要受到物质性条件、社会性条件和教育性条件的制约[2]，这些条件的现实构成是学校布局调整的关键性因素。基于此，本节内容主要论述云南省新平县教育的社会背景以及对学校布局调整过程中面临的特殊挑战。

一、云南省新平县概览

云南省新平县在云南省中偏西南部，行政上隶属于玉溪市。该县地处哀牢山

---

[1] 郑金洲等：《学校教育研究方法》，教育科学出版社2003年版，第190页。
[2] 邬志辉：《中国农村学校布局调整标准问题探讨》，载《东北师大学报（哲学社会科学版）》2010年第5期，第140~149页。

中段东麓，东与峨山彝族自治县毗邻，东南与石屏县接壤，南连元江哈尼族彝族傣族自治县，西南接墨江哈尼族自治县，西与镇沅彝族、哈尼族、拉祜族自治县相接，北隔绿汁江与双柏县相望。全县面积 4 223 平方公里，地辖 6 镇 6 乡，共设有村民（社区）委员会 120 个，村民小组 1 459 个，自然村 1 634 个。该县属于西部贫困县，经济发展水平较低，与其他中东部比较发达的市县相比，新平县的经济相对还比较落后。据 2008 年的《中国统计年鉴》显示，2007 年我国人均 GDP 为 18 934 元[1]，这要比同期新平县的人均 GDP12 249 元相比要高出很多。尽管经济发展落后，但是新平县发展较为迅速，2000～2007 年的 GDP 总量一直呈现较快的增长趋势，且产值分配比例较为合理。财政收入为 26 899 万元，可支配财政收入 69 000 万元，财政供养人口 8 099 人。此外，由表 11－1 可知，2007 年新平县全县总人口 27.1 万人，其中非农业人口 3.63 万人，农村人口在总人口中占据大多数，大约占总人口的 90%。少数民族人口共计 19.4 万人，据 2009 年一次官方统计显示，该县仅彝族和傣族的人口达到 176 812 人，占全县总人口 272 941 的 64.8%[2]。新平县之所以又称为新平彝族傣族自治县，原因即是彝族和傣族是该县人口的主要民族构成，当然除此之外还包括回族、哈尼族等其他少数民族共计 15 种。值得一提的是，新平县属于典型的地广人稀地带，人口密度远远小于全国平均水平。以 2004 年为例，由《中国人口统计年鉴》显示，该年我国总人口为 129 988 万人[3]，国土面积 960 万平方公里。由表 11－1 可知 2004 年新平县 26.95 万人，全县面积 4 223 平方公里，由此计算出我国人口密度为 135.4 人/平方公里，新平县人口密度为 64.2 人/平方公里。

表 11－1　　　　　　　　　新平县基本情况调查

年份	2000	2001	2002	2003	2004	2005	2006	2007
全县辖区面积（平方千米）	4 223	4 223	4 223	4 223	4 223	4 223	4 223	4 223
GDP 总量（万元）	87 204	100 483	112 064	132 139	166 142	196 576	245 729	346 792
总财政收入（万元）	6 976	7 541	7 359	8 175	10 395	16 166	18 768	26 899
可支配财力（万元）	20 387	24 785	25 735	26 679	36 094	41 936	51 695	69 000
财政供养人口（人）	7 715	7 819	7 807	7 976	8 043	8 062	8 093	8 099
第一产业 GDP（万元）	32 629	32 070	34 163	37 126	42 393	45 310	48 690	53 270

---

[1] 国家统计局：《中国统计年鉴 2008》，http://www.stats.gov.cn/，2012 年 4 月 20 日。
[2] 新平县委人民政府：《人口民族》，http://www.xinping.gov.cn/，2012 年 4 月 20 日。
[3] 国家统计局人口和就业统计司编：《中国人口统计年鉴》，中国统计出版社 2005 年版，第 3 页。

续表

年份	2000	2001	2002	2003	2004	2005	2006	2007
第二产业GDP（万元）	30 600	36 765	40 100	49 252	69 969	92 867	133 538	204 116
第三产业GDP（万元）	23 975	31 648	37 801	45 761	53 780	58 399	63 501	89 406
全县人总数（万人）	26.31	26.53	26.85	26.97	26.95	26.83	27.01	27.1
非农业人数（万人）	3.28	3.37	3.44	3.48	3.62	3.62	3.65	3.63
少数民族人数（万人）	18.21	18.39	18.64	18.82	18.95	19	19.23	19.4
外出打工人数（人）	506	438	408	411	3 182	4 203	4 249	3 947
外来人口数（人）	1 876	1 887	1 904	1 980	2 016	2 046	2 560	3 398

此外，新平县所属地区自然资源非常丰富。新平县的水资源给人留下深刻印象，境内有1条大江和32条河流，如绿汁江、大春河、南达河、棉花河、南恩河、达哈河、发启河等，全县水资源总量为56.7亿立方米，水能资源理论蕴藏量127.22万千瓦（含红河干流），可开发利用装机容量52.36万千瓦，蕴藏着巨大的水能资源。新平县旅游资源丰富，其中以原始生态最为典型，它是世界同纬度生物多样化、同类型植物群落保留最完整的地区，被列为联合国"人与生物圈"森林生态系统定位观察站和国际候鸟保护基地。矿产资源种类丰富，已发现矿种37种（含伴生矿种），占省内矿种的25%，有各类矿床、矿点、矿化点156处，已探明的矿种金属矿有金、银、铜、铁、铬、镍、钴、铅、黄铁、水银、铝、钯、铀，非金属矿有煤、石灰岩、白云石、蛇纹石、石膏、石棉、水晶、滑石、叶蜡石、大理石等，其中铁矿石储量5.86亿吨，铜矿石储量173万吨，分别占全省探明储量的48%和25%；煤炭储量620万吨，可开采量250万吨；锌矿储量36.2万吨；大理石储量2.6亿立方米。新平县拥有的如此丰厚的各种自然资源，是该县经济快速增长和社会发展的基石。由表11-1显示的近10年来"外来人口数"呈现逐年增长趋势的现状，甚至在前几年远远高于"外出打工人数"，应该与本地资源丰富有着莫大的联系。

总体而言，新平县主要体现以下三点特征：其一，经济发展水平较低，但发展速度较快；其二，人口结构复杂，少数民族人口数量和种类较多，人口密度小；其三，自然资源比较丰富。

二、新平县农村学校布局调整面临的挑战

新平县最明显的特点即它是一个典型的多民族地区，少数民族人口数量占有

较大的比例。多民族地区的教育在我国教育体系中占据着非常重要的地位，2010年颁布的《国家中长期教育改革和发展规划纲要（2010～2020年）》对"民族教育"寄予厚望，特别提出要"重视和支持民族教育事业"、"全面提高少数民族和民族地区教育发展水平"的发展目标。因此，课题组选择新平县作为个案研究绝非偶然，而是基于我国教育发展的需要和课题内容覆盖范围的考量。作为我国西部多民族不发达地区的典型，新平县在学校布局调整中会面临如何的特殊挑战将是本研究必须关注的议题。

（一）生源数量逐年减少

对于新平县这样的多民族地区，我国同样也采取了积极的计划生育政策，以控制人口的过快增长。在国家《关于全面加强人口和计划生育工作统筹解决人口问题的决定》等相关政策指导下，新平县也颁布了一些计划生育规定，如《新平县计划生育服务站所改革人员竞聘办法》、《新平县"十一五"人口和计划生育教育培训工作方案》、《新平县人口计生系统公共服务网络"强基工程"实施方案》等。这些文件的一个最大特点，即是它们都一如既往地采取"控制人口数量，提高人口素质"的目标指向，其中数量控制是关键。例如，在2008年新平县出台的《新平县"十一五"人口发展规划中期评估及"十二五"期间至2020年人口发展规划思路》指出在"十二五"期间计划生育的工作思路主要"以控制人口数量提高出生人口素质、改善人口结构、引导人口合理分布，统筹解决人口问题"为主线，反映了计划生育的数量控制和质量提高观念。

在如此严厉的计划生育政策背景下，新平县人口增长速度较慢。近些年该地区的人口自然增长率相对较低，从2005～2009年新平县的人口自然增长率为4.16‰、4.64‰、4.16‰、2.14‰、2.16‰[1]，据2008年的《中国统计年鉴》显示，2000年我国人口自然增长率为7.57‰，2007年的人口自然增长率为5.17‰[2]，由此可以看出，新平县的人口自然增长率低于我国人口自然增长率的平均水平。同时，该县计划生育部门也设定了较为严格人口目标，如在人口控制计划中，2010年全县的人口自然增长率控制在4.72‰，到2020年人口自然增长率控制在1.5‰以内[3]，这样的目标显然非常低。自然增长率的降低，使得该地

---

[1] 新平县计生局：《新平县2005～2009年人口和计划生育工作总结》，http://www.ynf.gov.cn/，2012年4月20日。

[2] 国家统计局：《中国统计年鉴2008》，http://www.stats.gov.cn/，2012年4月20日。

[3] 新平县计生局：《新平县2005～2009年人口和计划生育工作总结》，http://www.ynf.gov.cn/，2012年4月20日。

区的人口数量也没有出现显著增长，尤其是近5年来，该县总人口数量以及自然增长率都增长较为缓慢。课题组的调查结果显示，从2000~2007年该县每年的人口数量分别为26.31万、26.53万、26.85万、26.97万、26.95万、26.83万、27.01万和27.10万人。

表11-2　　　　　2000~2008年新平县0~18岁人口　　　　单位：人

年份	2000	2001	2002	2003	2004	2005	2006	2007	2008	总计
0岁	3 576	3 414	3 209	3 063	2 819	2 624	2 626	2 368	2 053	25 752
1岁	3 494	3 576	3 414	3 209	3 063	2 819	2 624	2 626	2 368	27 193
2岁	3 612	3 494	3 576	3 414	3 209	3 063	2 819	2 624	2 626	28 437
3岁	3 447	3 612	3 494	3 567	3 414	3 209	3 063	2 819	2 624	29 249
4岁	3 166	3 447	3 612	3 494	3 576	3 414	3 209	3 063	2 819	29 800
5岁	2 956	3 166	3 447	3 612	3 494	3 676	3 414	3 209	3 063	30 037
6岁	2 790	2 956	3 166	3 442	3 612	3 494	3 576	3 414	3 209	29 659
7岁	2 946	2 790	2 956	3 166	3 447	3 612	3 494	3 576	3 414	29 401
8岁	3 073	2 964	2 790	2 956	3 166	3 447	3 612	3 494	3 576	29 078
9岁	3 909	3 073	2 946	2 790	2 956	3 166	3 447	3 612	3 494	29 393
10岁	4 831	3 909	3 073	2 946	2 780	2 956	3 166	3 447	3 612	30 720
11岁	4 473	4 831	3 909	3 073	2 946	2 780	2 956	3 166	3 447	31 581
12岁	4 276	4 473	4 831	3 909	3 073	2 946	2 780	2 956	3 166	32 410
13岁	4 964	4 276	4 473	4 831	3 909	3 073	2 946	2 780	2 956	34 208
14岁	4 270	4 964	4 276	4 473	4 831	3 909	3 073	2 946	2 780	35 522
15岁	4 813	4 270	4 964	4 276	4 473	4 831	3 909	3 073	2 946	37 555
16岁	4 832	4 813	4 270	4 964	4 276	4 473	4 831	3 909	3 073	39 441
17岁	4 869	4 832	4 813	4 270	4 964	4 276	4 473	4 831	3 909	41 237
18岁	4 878	4 869	4 832	4 813	4 270	4 964	4 276	4 473	4 831	42 206
共计	75 175	73 729	72 051	70 268	68 278	66 732	64 294	62 386	59 966	612 879

基于新平县较低的人口自然增长率，该县学校的学龄人口数量出现了较为明显下滑趋势。其实这种情况并不奇怪，尽管总人口数量在不断增长，但是人口自然增长率的持续降低，因此在校适龄学生的数量不但没有增加，反而出现逐年下降的态势。具体而言，从 2000～2008 年该县每年的在校学生人数分别为 33 041 人、33 091 人、30 545 人、29 071 人、27 061 人、28 107 人、26 980 人、27 064 人、28 596 人。此外，由表 11-2 可知，2000～2008 年新平县 0～18 岁年龄人口数量统计具有以下明显的特征：首先，随着时间的推移人口逐年减少。在 2000～2008 年期间，0～18 岁的总人口分别为 75 175 人、73 729 人、72 051 人、70 268 人、68 278 人、66 732 人、64 294 人、62 386 人、59 966 人，出现了明显的整体下滑。其次，随着年龄的减小人口逐渐减少。在 0～18 岁这个年龄段，近 10 年的人口数分别为 42 206 人、41 237 人、39 441 人、37 555 人、35 522 人、34 208 人、32 410 人、31 581 人、30 720 人、29 393 人、29 078 人、29 401 人、29 659 人、30 037 人、29 800 人、29 249 人、28 437 人、27 193 人、25 752 人，呈现的每个年龄段人口数量逐年下滑。由此，我们可以得出这样的结论：随着时间的推移，学龄人口在不断地减少，而且迄今为止，这种不断减少的趋势仍在继续。

（二）自然交通极为不便

总体而言，新平县的自然环境和交通条件相对较差，这不仅给当地人民的生产、生活造成不利影响，而且也是学校布局调整必须面临的严峻挑战之一。

首先，新平县自然环境相对恶劣。云南省地处我国西南边陲，西北部是高山深谷的横断山区，东部和南部是云贵高原。整个云南游 84% 的面积是山地，高原和丘陵占 10%，其余的都是一些坝子、湖泊之类。因此，地理位置特殊，地形地貌复杂是云南省地理环境的最大特点。新平县作为云南省的一个县区，其地理位置的优劣情况由此可见一斑。新平县全县总面积 4 223 平方千米，其中山地面积 4 139 平方千米，坝区面积 83 平方千米，几乎全部被山地覆盖。地势西北高、东南低，境内最高海拔哀牢山主峰大磨岩高达 3 165 米，最低海拔漠沙镇南嵩村 422 米。此外，新平县境内总共分布着一江 32 条河流，主河流元江自西向东南贯穿新平县全境，把全县分为东西两个部分，众多河流湖泊的纵横交错、星罗棋布。以上的这些因素构成了新平县的特殊的自然环境特征。

其次，在如此恶劣和复杂地理环境的影响下，新平县的交通发展也相对缓慢，交通状况相对落后。由于地处山区地带，无论公路还是铁路的修建，在投资开发和设计上都会遇到在平原地区所不曾遇到的困苦和艰难。据 2007 的《新平年鉴》上显示，新平县虽然全县 120 个村（居）委会都实现了村村通公路，村民小组通公路率达到 95.9%，而且很多指标都显示"比市下达指标提高了某个百分点"，但是总体来看全县的公路状况不好。这主要表现在 2007 年全县实现路面硬化占公路总里程的 14.8%，重点公路好路率为 69.6%，一般公路好路率为 65.3%，乡村公路好路率为 38.1%[①]。交通路况的优劣是多种因素共同作用的结果，本书无意对此深究，但此事实足以说明了新平县交通环境恶劣的现状，这与实现该县交通部门"为新平经济社会发展创造良好的交通环境"的目标还有相当长的一段距离。学校布局调整如果处理不当，会造成一定数量的学生居住地与学校的距离相对延长，这将无疑给学校和家长带来很大的压力和负担。在对新平县中小学教师进行访谈时，大多数教师认为学校周围的路况不太好，学生在上学和放学回家时也往往走的是山路，甚至部分路段比较危险，因此学校在这方面也一直进行安全方面的宣传和教育。例如，其中一些小学教师认为，"学生的交通方式主要是步行，对于家很远的或者条件好的家庭才会有家长用摩托车接送一下。路况大多是山区、土路和石子路，下雨的时候很不好走"、"大部分学生走路，极少数几个人乘车。多数都是那些小路，有几个地方还是比较危险的"，缺乏便利的交通条件和交通工具，成为制约该县农村地区学校教育的重要因素之一。

面对这样的自然环境和交通环境，新平县的学校布局调整自然要根据本地区的特点，因地制宜地采取恰切的布局调整政策和措施。如何在既能保证学生教育质量和学生安全的情况下，又能使得学校布局调整顺利进行，成为新平县教育行政部门应积极思考的重要问题。

(三) 民族文化风格迥异

由上文可知，新平县人口的一大特点是民族构成复杂。该县境内分布着彝族、傣族等十多种少数民族，少数民族是该县人口的主要构成。以新平县的一个镇为例，该镇居住的民族有彝族、傣族、拉祜族、哈尼族、回族、白族、满族、壮族、苗族、傈僳族等少数民族。所以新平县不同民族的复杂居住情况可见一斑。不同的民族拥有各具特色的文化传统，千百年来勤劳善良、乐观淳朴的新平县各族人民共同创造了多姿多彩的具有民族特色的各种文化，主要表现在民族服饰、传统节日、民族工艺、风味饮食、舞蹈乐器以及民间文学等。就传统节日而言，新平县各民族除与我国汉族一起过的春节、端午节以及中秋节等传统节日外，他们还有自己的民族节日，如彝族的火把节和朝山会、哈尼族的祭母节和红

---

① 新平年鉴编纂委员会编：《2007 新平年鉴》，德宏民族出版社 2007 年版，第 123 页。

蛋节、傣族的泼水节和花街节、拉祜族的卡腊节等。这些独具特色的民族风情，为新平县的生活和发展平添了活力和风采。同时，新平县境内有伊斯兰教、佛教和基督教三大宗教，据统计显示，2006年经县人民政府批准开放的宗教场所17处，依法登记的宗教活动场所15处①。因此，不同的民族文化和宗教信仰不仅成为当地人民生活的一道亮丽风景线，而且也构成了学校布局调整的社会文化背景。

在认识新平县各具特色的民族文化的同时，也引起了本书对一个问题的思考，即新平县丰富多彩的民族文化之间是否兼容？显而易见，不同文化背景的群体之间有着比较明显的差异，这可能表现在观念差异、语言差异、习俗差异和启蒙差异等不同方面。以习俗差异为例，在傣族人民欢庆一年一度"泼水节"时，彝族的人对此未必感兴趣，甚至当有傣族人民在狂欢时把水撒到彝族人身上时会引来一些麻烦，因为彝族人可能认为这并非一种祝福，而是对自己的不礼貌，是对自尊的一种伤害。正因为如此，"民族平等、团结和共同繁荣"成为我国的一项非常重要国策。各级各类政府对此也一贯比较重视，新平县政府在此做出了极大的努力，如拨出民族专项经费帮助少数民族和民族地区进行基础设施建设、成立新平县花腰傣族文化研究学会、实施民族团结目标管理的责任制以及关于民族宗教工作五项机制的建设等，以上都反映了新平县政府对民族宗教和谐团结工作的重视程度。然而，在现实中不同地区的民族和宗族之间是否存在着不可调和的冲突？历来的学校布局调整的事实证明，不同文化之间、不同家族之间以及不同宗教信仰之间的矛盾不仅影响着他们之间的社会关系往来和经济合作，也影响相互之间的学校合并。在这样的情况之下，随着各民族的学龄人口减少，即使两个民族学校不存在交通阻隔与距离，他们也不愿意合并学校②。在课题组对当地小学生的一份调查问卷显示，关于"你与同伴的关系"的问题，在496位调查对象中有322位学生认为"非常好"，占据总量的64.9%；有115位学生认为"比较好"，占据总量的23.2%；有47人认为"一般"，占据总量的9.5%；有3人认为"经常吵架"，占据总量的0.6%；没有回答的有9位学生，占据总量的1.8%。另外需要说明的一点，在整个调查过程中，没有出现选择"不与同伴说话"以及"没有同伴"选项的学生。因此，在此次调查中有将近90%的学生认为自己与同伴的关系"非常好"和"比较好"，这最起码证明了不同民族文化学生之间还不存在不兼容的状况。也许有时候会有小矛盾，但都是一些鸡毛蒜皮，一位校长在谈到该问题时认为，"学生之间有了矛盾并不是说民族问题，而是

---

① 新平年鉴编纂委员会编：《2007新平年鉴》，德宏民族出版社2007年版，第80页。
② 邬志辉：《中国农村学校布局调整标准问题探讨》，载《东北师大学报（哲学社会科学版）》2010年第5期，第140~149页。

学生之间语言不通等因素造成的。他们之间都有自己的少数民族语言和生活习惯。例如傣族喜欢水,平时干净一些,而其他民族的学生个人卫生方面可能差一些。矛盾会有,但不特别突出。"以上虽然不能充分说明新平县不同民族和文化之间的人群兼容情况,但是它在一定程度上反映了学生之间的关系还比较融洽,基本不存在民族文化不兼容的情况,这为学校布局调整免除了不必要的干扰因素。

(四) 学校教育凸显特色

基于以上的社会和自然背景,新平县农村中小学校的教育教学表现出比较明显的特点。对于新平县教育教学特点的考察,本书主要在教学语言、教学方式和课程设置等方面进行阐述。

在教学语言上部分学校采用双语教学。由于民族众多,各种语言和各式的方言也比较繁杂,因此少数民族地区的汉语教学障碍比较大。为了提高少数民族地区的教育质量,新平县的部分地区采用了双语教学,还选派了部分教师到外地参加双语教学师资培训班,为该地区教育教学的进行提供了有效帮助。在教学上采用多种教学方法。随着基础教育新课程的推进,新平县的部分学校也积极地尝试了诸如小组合作、讨论式、探究等具有明显现代教育特点的教育方法。在教学组织形式上存在复式教学。部分学校根据地方特点采用了各式各样的复式教学。例如,不同班级学生在同一个教室、使用同一块黑板;不同班级的学生同在一个教室,但是各班学生面朝不同的方向,各自使用一块黑板;不同班级的学生在不同的教室,教师流动上课。而对于体育、音乐、美术等科目,一般都是把不同年级的学生安排在同一个教室授课。实践证明,在多民族的山区、半山区地带,适当采用复式教学是一种正确的教学形式选择,对提高山区少数民族的文化素质有着积极的意义。在课程设置上与国家课程标准积极靠拢。在2002年教育部颁发《基础教育课程改革纲要(试行)》之后,各学校开设了品德与生活(1~2年级)、品德与社会(3~6年级)、语文、数学、音乐、美术、体育、卫生与健康、劳动技术、安全教育、写字和英语。需要说明一点,基于新平县特殊的教育环境和条件,并不是所有学校都开设了英语教学,而是只在部分有条件的地区开设。

作为多民族地区的典型,新平县与其他中东部发达地区相比在教学上凸显了自己的特点,主要表现在复式教学、教学点以及双语教学。此外,在课程设置、教学方法、作业以及考试形式等方面,很大程度上受到基础教育课程改革的影响,但是还有较大的进步空间。

第二节 云南省新平县农村学校布局调整的现状研究

一、新平县农村学校布局调整的政策管窥

我国农村学校布局调整是关系到农村教育的重大举措,是优化资源配置提高义务教育教学质量的重要契机,因此国家和教育部极其重视,出台了诸多相关的政策文本。如《关于基础教育改革与发展的决定》、《关于进一步加强农村教育工作的决定》以及《教育部关于实事求是地做好农村学校布局调整工作的通知》等。综合本阶段我国中小学校布局调整的相关政策,可见其政策重点主要集中在农村地区学校的布局调整。基于国家关于农村学校布局调整的规定和本地区实际状况,新平县也及时地提出了相应的政策要求,具体体现在布局调整政策原则和布局调整实施方式上。

(一) 布局调整政策原则

新平县在国家"小学就近入学、初中相对集中、优化教育资源配置"的指导下,提出了本地区中小学校布局调整的"需增则增、宜并则并"[1] 原则。所谓"需增则增、宜并则并"意指对于那些需要增加学校的地区,尤其是人口密度大或者自然环境、交通条件恶劣以致影响学生正常入学的地区,教育行政部门要按照一定的要求对原学校扩建或者建设新学校,以满足当地中小学对教育的需要;反之,对于那些学生数量较少的学校,教育行政部门要在不违反"就近入学"等原则的情况下,对那些中小学进行合理撤并。纵览新平县近年来布局调整工作历程,"需增则增、宜并则并"是该县教育行政部门在中小学布局调整工作中一向遵循的实施原则,比较认真地贯彻了"因地制宜"的教育部关于中小学校布局调整工作的政策要求。然而,该原则也有需要深入思考的空间,例如作为地方教育行政部门落实国家政策的原则,其应该具有可操作性、实践性和具体性等特点,以便更有效地指导实践工作,但是"需增则增、

---

[1] 新平教育:《县教育局 2005 年工作总结及 2006 年工作计划》,http://www.xpedu.cn/,2012 年 4 月 20 日。

宜并则并"与教育部规定的"小学就近入学、初中相对集中、优化教育资源配置"、"因地制宜"相比甚至更加模糊,与云南省教育厅提出的四项基本原则即"求真务实,因地制宜;整体规划,分步实施;适度集中,高效利用;建撤统一,确保安全"①相比也要"精练"许多。这样的"瘦身"让本地区教育行政部门和学校缺乏了具体性、可操作性原则的指挥,可能会引起不必要的误会。

(二) 布局调整实施方式

新平县教育行政部门在布局调整中采用了与"危房改造工程"相结合的方式,即"把中小学危房改造与收缩校点相结合,把半寄宿制学校的建设与中小学危房改造相结合"。②与其说这是新平县在农村学校布局调整中的一个创举,不如说是该地区教育行政部门面临艰难情况的无奈之举。2001年以来我国在义务教育阶段实施"以县为主"的管理体制,县级地方政府承担了义务教育投入的责任和义务,这对于东部发达地区来说可以承受,但是对于那些相对贫困的西部地区的政府而言无疑是一个沉重的负担。新平县地属我国西部偏远山区地带,较低的经济发展水平影响了教育的快速发展,因此"两基"的完成、义务教育经费的保障以及硬件设施的建设等基础性工作成为本地区教育发展的重心。显然,需要资金保障的布局调整工作对于本地区而言是一种新的压力。然而,农村地区中小学布局调整工作已经成为教育持续发展和改革的必行之路,"小学就近入学、初中相对集中、优化教育资源配置"也是近年来农村教育不懈追求的目标。因此,坚持布局调整与"危房改造工程"相结合不仅能够为当地政府减轻一定的财政压力,而且也能有效地利用学校教育资源,并最终促进危房改造、布局调整、半寄宿制学校建设等项目顺利开展。

综合本阶段云南省新平县中小学校布局调整的相关政策,可见其政策具有以下两个明显特点:首先,与国家和政府关于中小学校布局调整的政策规定一脉相承。这一点在"需增则增、宜并则并"的原则上表现得颇为明显,它不仅是国家"因地制宜"的贯彻和落实,也是省教育厅"四项基本原则"的遵循和继承,这就有效保证了本地区在中小学布局调整中始终有着正确的方向引领。其次,关于中小学布局调整的政策还不完善。这主要表现在布局调整的标准制定、实施步

---

① 罗崇敏:《大力实施云南中小学区域布局战略性调整》,http://www.ynjy.cn/,2012年4月20日。
② 杨永祥:《认真学习贯彻十七大精神,推进新平教育事业科学发展》,http://www.yuxiedu.com/,2012年4月20日。

骤以及方案设计等方面。以方案设计为例，在 2011 年的《新平县教育局 2011 年工作要点》中提出了"制订出台中小学布局调整方案"①的目标，说明之前该地区在布局调整工作中在方案制订上还不够完善。因此，在以后的工作中，教育行政部门应该积极制定出相应的标准、实施步骤等关于中小学布局调整的政策文本，因为这些才是提高布局调整工作的关键。

二、新平县农村学校布局调整的现状分析

学校布局是一个国家或地区学校在空间上的分布结构，它与社会经济发展水平、人口分布状况及所属地域支配阶级对学校布局的认识密切相关，而学校布局调整则是基于上述因素对学校地域分布、规模大小等进行的调试与整合②。所以，我们理解学校布局调整是指学校在空间上、规模上、资源上和功能上的重新安排，凡是学校在这几方面上有意图地变动的，都可看作是布局调整。由于新平县各学校在学校功能上的变化不明显，因此本章主要从空间维度、规模维度和资源维度三个方面来分析新平县农村学校布局调整的现状。

（一）空间维度

空间维度主要分析中小学校所处的地理位置与空间安排，它主要包括了家校距离的远近、中小学校数量的变化等因素。对中小学校空间维度的考察，是我们整体上把握布局调整的关键。

1. 家校距离

家校距离一般意指学生家庭与学生所在学校之间的空间距离，它的大小对中小学校是否进行布局调整有着直接的影响，例如，在非寄宿学校中如果多数学生家校距离较远则应考虑进行适当的扩建或者新建学校。由于家校距离是关系学校布局调整过程空间维度中至关重要的一个问题，也是决定学校撤并与否的主要参考指标，因此课题组对此投入了较大的精力，也获得了较为完整的资料。

---

① 新平县教育局：《新平县教育局 2011 年工作要点》，http://www.xpedu.cn/，2012 年 4 月 20 日。
② 容中逵：《当前我国乡村学校布局调整问题研究》，载《中国教育学刊》2009 年第 8 期，第 16～18 页。

表 11-3　　　　　　　　　学生家校距离情况　　　　　　　　单位：人

距离	学生数	百分比	住宿人数	百分比	女生住宿	百分比
1 公里以内	148	17.9%	15	10.1%	6	40.0%
1~3 公里	149	18.0%	51	34.2%	24	47.1%
3~5 公里	156	18.9%	122	78.2%	59	48.4%
5~10 公里	150	18.2%	142	94.8%	71	50.0%
10~15 公里	96	11.6%	92	95.8%	48	52.2%
15~20 公里	88	10.7%	70	79.6%	35	50.0%
20 公里以上	39	4.7%	34	87.3%	18	52.9%
总数	826	100%	526	—	261	—

课题组一共选取了新平县 36 所学校为调查对象，其中有 6 所学校的问卷为无效问卷，因此有效问卷共有 30 所。为了研究的便利，本书采用求平均数和百分数的形式对调研结果予以统计分析。如表 11-3 所示，在平均每所学校 826 名学生中，家校距离在 1 公里以内的学生有 148 名，占据学校总数的 17.9%，其中住宿人数 15 名，占据该范围内学生总数的 10.1%，女生住宿人数为 6 人，占据住宿人数的 40%；家校距离在 1~3 公里以内的学生有 149 名，占据学校总数的 18.0%，其中住宿人数 51 名，占据该范围内学生总数的 34.2%，女生住宿人数为 24 人，占据住宿人数的 47.1%；家校距离在 3~5 公里以内的学生有 156 名，占据学校总数的 18.9%，其中住宿人数 122 名，占据该范围内学生总数的 78.2%，女生住宿人数为 59 人，占据住宿人数的 48.4%；家校距离在 5~10 公里以内的学生有 150 名，占据学校总数的 18.2%，其中住宿人数 142 名，占据该范围内学生总数的 94.8%，女生住宿人数为 71 人，占据住宿人数的 50%；家校距离在 10~15 公里以内的学生有 96 名，占据学校总数的 11.6%，其中住宿人数 92 名，占据该范围内学生总数的 95.8%，女生住宿人数为 48 人，占据住宿人数的 52.2%；家校距离在 15~20 公里以内的学生为 88 名，占据学校总数的 10.7%，其中住宿人数 70 名，占据该范围内学生总数的 79.6%，女生住宿人数为 35 人，占据住宿人数的 50%；家校距离在 20 公里以上的学生有 39 名，占据学生总数的 4.7%，其中住宿人数 34 名，占据该范围内学生总数的 87.3%，女生住宿人数为 18 人，占据住宿人数的 52.9%。从图 11-1 能够形象地看出家校距离的分布情况。

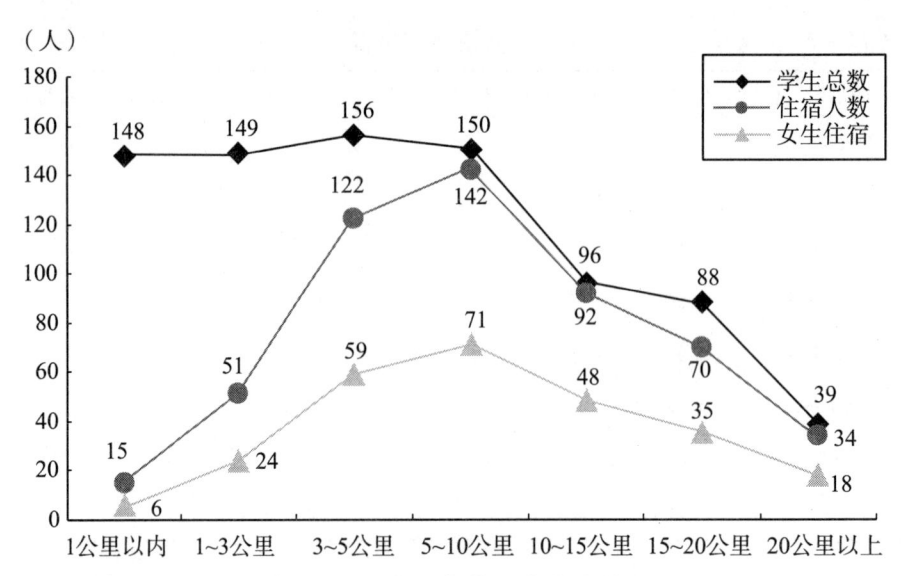

图 11-1　学生家校距离分布情况

2. 学校数量

农村学校布局调整的一个显著特点是各级各类学校数量的变化，而学校数量的增减又使学校的空间位置发生了变化，无论采取撤并的形式还是新建学校都会对本地区的学校布局产生一定的影响。因此了解该县的中小学校数量变化的程度和趋势也是认识学校空间安排的一个重要途径。肇始于 20 世纪末并延续至今的全国中小学布局调整工作，已经成功地让各地普通小学和初中数量出现了大幅减少，例如在 2000~2009 年的 10 年间减少了 27.98 万所[1]。从表 11-4 可知，新平县农村学校的数量变化情况也基本反映了我国整体上的变化趋势。

表 11-4　　　　2000~2008 年新平县农村学校数量　　　　单位：所

年份	幼儿园	小学教学点	小学	初中	总量
2008	17	3	109	14	143
2007	17	3	109	14	143
2006	15	3	109	14	141
2005	10	5	111	14	140
2004	8	6	112	14	140
2003	8	8	112	14	142

---

① 中国教育年鉴编辑部编：《中国教育年鉴（2000~2009）》，人民教育出版社 2000~2009 年版。

续表

年份	幼儿园	小学教学点	小学	初中	总量
2002	8	12	118	14	152
2001	0	15	121	14	150
2000	0	15	121	15	151

由表 11-4 可知新平县学校数量在该阶段的变化趋势。新平县农村学校数量从 2000 年的 151 所下降至 2008 年的 143 所，但是从 2003~2008 年的学校数量变化幅度不大，基本保持在 140 所以上，其中幼儿园数量保持上升，小学教学点、小学和初中数量均逐年下降。具体而言，幼儿园的数量从 2000 年的 0 所逐渐增长到 2008 年的 17 所；小学教学点和小学的数量则呈现逐年下降的趋势，分别从 2000 年的 15 所、121 所下降到 2008 年的 3 所、109 所；初中学校数量比较稳定，除 2000 年为 15 所之外其余年份基本保持在 14 所。

自 2000 年起，新平县经过一系列布局调整，农村的教学点、小学数量有着明显地减少，这种趋势直到 2006 年后趋于平稳。在 2000~2005 年的 5 年调整中，除幼儿园之外，农村基础教育学校数量整体减少 28 所，其中小学教学点和小学的数量变化幅度较大。幼儿园的变化趋势给人留下了较为深刻的印象，在 2000~2008 年，该县农村几乎从 0 所发展到 17 所，这与我国近年来对幼儿教育的重视程度以及农民对儿童学前教育的较大需求有着很大关系。然而我国农村学前教育的现状仍然不容乐观，农村教育的发展任重而道远，我国新颁布的《国家中长期教育改革与发展规划纲要（2010~2020 年）》规定，重点发展农村学前教育，努力提高农村学前教育普及程度。[①]《国务院关于当前发展学前教育的若干意见》也提出了"国家实施推进农村学前教育项目，重点支持中西部地区，而且地方各级政府要安排专门资金，重点建设农村幼儿园"。[②] 的要求。纵观新平县这几年的学校数量变化趋势图，我们很容易看出在 2000~2003 年，学校数量变化幅度较大，整体上呈现下降的趋势，而 2003 年以后，农村学校的数量保持平稳，波动并不明显。

由此我们可以得出新平县农村学校布局调整过程中在空间维度体现出的如下几点特征：

第一，学生家庭所在地相对分散。家校距离在 1 公里以内、1~3 公里、3~5 公里以及 5~10 公里范围内的学生数量基本相当，都在 150 人上下浮动，各占

---

① 教育部：《国家中长期教育改革与发展规划纲要（2010~2020 年）》，2010 年 7 月 29 日。
② 教育部：《国务院关于当前发展学前教育的若干意见》，2010 年 11 月 21 日。

全校总人数的18%左右。而距离超过10公里的学生数量分布也比较平均，只有家校距离在20公里以上的学生占据较小比例。因此，整体而言，该地区学生家校距离分布集中度不明显。

第二，3公里的范围是学生是否选择寄宿学校的转折点。具体而言，在家校距离3公里范围内住宿的学生比例较小，而超过3公里范围住宿的学生比例大。由图11-1可以知，当家校距离在3~5公里及以上时，学生住宿的数量比例非常高，大约在90%浮动。从很多学校的调查中我们也获知，基于较差的自然环境和交通状况，只有那些家校距离较近的学生才会选择每天回家，而家校距离超过3公里的学生一般会在学校住宿，只有少量家庭经济条件较好的学生才会被家长每日接送。

第三，住宿学生中男女比例基本相同。在各所学校男女比例相当的情况下，女生住宿和男生住宿的比例也各占50%左右，这一比例在家校距离的各个阶段都比较一致，这说明男女学生在选择是否住宿的态度和行为上没有差别，不是造成学生选择是否住宿的影响因素。

第四，农村学校数量整体上出现下降趋势。这种趋势在教学点和小学的数量上表现得最为明显，初中学校的数量几乎没有什么变化，幼儿园则出现了明显的上升趋势。

（二）规模维度

中小学校的规模既指学生规模也可以指教师规模，既指班级规模也可以指学校规模；既可以指中学规模也可以指小学和幼儿园规模，在本书中，它指各级各类学校、班级、学生和教师在数量上的表达。这些规模得到变化是促使布局调整政策颁布的一个重要原因，因此，对包括学校、班级、教师和学生在内的中小学校规模维度的调查，是让我们认识和了解该地区农村学校布局调整现状和问题的重要途径。

1. 学校规模

学校规模是指学校内学生数量大小，它的大小不但能够体现教育资源利用效率，而且也是影响学校教育教学水平的重要因素。有研究认为，在小学至少需要14名教师才能让小学的基本教育教学功能得以发挥，按照国家规定的生师比19~23计算，小学的最低规模应为266~322人；初中至少需要12名教师才能完成初中的教育教学任务，按照国家规定的13.5~18生师比计算，那么初中的最低规模应为162~216人[①]。在对新平县中小学校调查的基础上，按照以上标

---

① 邬志辉：《中国农村学校布局调整标准问题探讨》，载《东北师大学报（哲学社会科学版）》2010年第5期，第140~149页。

准，本书对这些学校的规模大小进行分类，以 180 人为界限，学校规模在 180 人以下的为低规模学校，学校规模在 180 人以上的为合理规模学校。

表 11-5　　　　2000~2008 年新平县不同规模学校数量　　　　单位：所

年份	学校总数	低规模	百分比	合理规模	百分比
2008	159	106	66.7%	53	33.3%
2007	169	119	70.4%	50	29.6%
2006	178	131	73.6%	47	26.4%
2005	182	137	75.3%	45	24.7%
2004	144	106	73.6%	38	26.4%
2003	225	162	72.0%	63	28.0%
2002	225	162	72.0%	63	28.0%
2001	276	222	80.4%	54	19.6%
2000	311	266	85.5%	45	14.5%

由表 11-5 可知，新平县在 2000~2008 年学校规模调查中，历年低规模的学校所占比例要高于合理规模学校的比例。具体而言，历年低规模学校所占百分比分别为：85.5%、80.4%、72.0%、72.0%、73.6%、75.3%、73.6%、70.4%、66.7%；合理规模的学校所占百分比分别为：14.5%、19.6%、28.0%、28.0%、26.4%、24.7%、26.4%、29.6%、33.3%。而且，低规模的学校数量在逐年减少，从 2000 年的 311 所减少到 2008 年的 159 所；规模合理的学校数量保持稳定，基本保持在 50 所左右。值得一提的是，尽管学校规模存在规模效益，但是学校规模并非可以无限制地扩大，更不能发展成广为诟病的巨型学校。所谓巨型学校是指中小学在校学生人数超过 3 000 人，班级总数高于 60 个的超大规模学校[①]。一旦发展到巨型学校，学校的各项管理和运作就容易出现各种问题，严重影响着教育教学质量水平的提高。我国中小学的学生数应该维持如下规模：完全中学为 900~1 500 人，初级中学为 900~1 200 人，小学为 810~1 080 人[②]。2008 年新平县学校规模的统计中显示，学校规模在 2 888 人以上的有 1 所，但没有具体统计该所学校学生人数是否超过 3 000 人或者班级数是否超过 60 个，在 1 441~2 888 人范围内的有 3 所，由此我们可以判断，新平县中小学校基本不存在规模过大的问题。

[①②] 张新平：《质疑巨型学校》，载《中国教育报》2006 年 10 月 31 日，第 4 版。

2. 班级规模

班级规模是指各级各类中小学校内各年级的班级数量,它的大小在一定程度上代表着学校规模的大小。

表 11-6　　　　2000~2008 年新平县农村学校班级数　　　　单位:个

年份	小学教学点	小学	初中	总量
2008	577	737	90	1 404
2007	752	743	88	1 583
2006	864	763	89	1 716
2005	952	804	100	1 856
2004	985	867	223	2 075
2003	1 280	737	236	2 253
2002	1 475	743	308	2 526
2001	2 640	763	266	3 669
2000	2 712	804	267	3 783

整体而言,本地区中小学的班级规模均出现下降趋势。由表 11-6 可知,2000~2008 年新平县的班级数量整体上出现下降,从 2000 年的 3 783 个降到 2008 年的 1 404 个。其中,小学教学点和初中的班级数均出现了下降的趋势,且小学教学点的下降幅度较大,这也在一定程度上印证了小学教学点撤销的速度较快的现状;而小学的班级数变化幅度较小,变化趋势不明显,基本保持在 800 个左右。

3. 学生规模

学生规模是指各级各类学校的学生数量,学生规模的大小也是布局调整过程中需要考虑的一个重要因素。随着学校数量和学校班级数量的不断减小,在校学生的数量是否也会随之减小?具体见表 11-7。

表 11-7　　　　2000~2008 年新平县农村学校学生数　　　　单位:人

年份	幼儿园	小学教学点	小学	初中	总计
2008	2 109	577	17 506	3 637	23 829
2007	2 147	752	17 478	3 641	24 018
2006	2 213	864	16 975	3 931	23 983
2005	1 627	952	16 616	4 615	23 810
2004	1 710	985	16 584	11 512	30 791

续表

年份	幼儿园	小学教学点	小学	初中	总计
2003	1 631	1 280	17 563	12 517	31 991
2002	1 775	1 475	17 562	13 400	34 212
2001	1 868	2 640	18 244	13 776	36 528
2000	1 460	2 712	23 292	14 011	41 475
总计	15 540	12 237	161 820	81 040	270 637

由表 11-7 所知，农村学校的学生数量也均基本出现了逐年减少的趋势，以农村初中学生数量为例，在 2000 年该县农村初中学生数量为 14 011 人，而到 2008 年时此数量已经降低到了 3 637 人，尤其是在 2004~2005 年学年间，短短的一年内农村初中学生数量从 11 512 人降到 4 615 人，变化之大令人叹为观止，具体原因也尚需进一步查证。而随着农村幼儿园数量的逐年增长，幼儿园里的学生数量整体上出现相应的增长，然而并没有出现大幅上涨，除了 2003 年数量意外偏低之外，基本呈现比较平稳的态势。整体而言，由于学龄人口的不断减少，学生的数量也逐年减少，2000~2008 年的学生数量分别为 41 475 人、36 528 人、34 212 人、31 991 人、30 791 人、23 810 人、23 983 人、24 018 人和 23 829 人。值得注意的是，2005 年以来学生的数量基本稳定，变化幅度和趋势不明显。

4. 教师规模

教师是学校改革和发展的核心动力，学校的发展不仅要依靠扩大规模、加大投入的常规手段，更需要积极提高教师的能力和素质，这才是现代教育中真正意义上的学校内涵式发展。有研究者认为在财力相对充裕的今天，学校发展的核心问题并不是硬件，而是软实力的有效提升，而学校软实力最集中、最典型地凝聚于学校师资水平上[①]。通过透视教师的数量、年龄结构、职称结构和学历结构的情况，在一定程度上可以反映该地区中小学校师资水平的高低。

（1）教师数量

表 11-8　　　　2000~2008 年新平县农村学校教师数　　　　单位：人

年份	幼儿园	小学教学点	小学	初中
2008	663	20	3 318	1 674
2007	659	19	3 281	1 707

---

① 方展画：《农村教育发展亟待三大突破》，载《中国农村教育》2010 第 3 期，第 9~11 页。

续表

年份	幼儿园	小学教学点	小学	初中
2006	494	21	3 303	1 680
2005	494	16	3 286	1 692
2004	487	18	3 325	1 667
2003	214	23	3 384	1 661
2002	298	34	3 415	1 655
2001	156	40	3 482	1 632
2000	34	41	3 566	1 621

随着新平县农村学校的数量在2000~2008年的逐年递减，该县教师的数量又将如何变化呢？由表11-8可知，在2000~2008年期间，随着幼儿园数量的逐年增加，该县农村幼儿园教师数量由34名增至663名，增长速度和增长幅度都较为明显；而小学和初中的教师数量在这一段时间内则变化不大，尤其是自2003年以来，这两个阶段的教师数量没有出现大的波动；小学教学点的数量整体上出现下降，但是在2003年以来也基本保持稳定，大约在20名。

（2）教师职称结构

教师职称是教师教育教学水平的一个重要标志，由于农村教育环境较差，教师质量和水平较低，对我国农村地区教育阶段教师职称的评定有着一定的影响。一般而言，农村地区的中小学教师职称有着显著的特征，即高级职称比例小，中级职称比例大，整体而言小学教师高级职称比例有待提高[1]。

表11-9　　　　　　2007年新平县教师职称结构　　　　　　单位：人

职称	幼儿园 人数	幼儿园 百分比	小学 人数	小学 百分比	初中 人数	初中 百分比
中教高级	0	0.00%	0	0.00%	74	9.70%
中教一级（小教高级）	33	58.90%	732	46.20%	278	36.30%
中教二级（小教一级）	22	39.30%	756	47.70%	362	47.30%
中教三级（小教二级）	1	1.80%	90	5.70%	21	2.70%
小教三级	0	0.00%	0	0.00%	—	—
未评职称	0	0.00%	8	0.40%	30	4.00%

[1] 袁桂林等：《中国农村教育发展指标研究》，经济科学出版社2009年版，第111页。

由表 11-9 可知，2007 年对新平县教师职称结构的调查情况具体如下：第一，在幼儿园阶段的 56 名幼儿园教师群体中，"小教高级"和"小教一级"分别为 33 人和 22 人，占据较大比例，"小教二级"的比例则较小；第二，在小学阶段的 1 586 名小学教师中，"小教高级"和"小教一级"仍然占据较大比例，且数量上旗鼓相当，而"小教二级"占据的比例仍然较小，只有 90 名教师，而"未评职称"的教师有 8 名；第三，在初中阶段的 765 名初中教师中，具有"中教二级"职称的教师人数最多，共有 362 人，具有"中教一级"职称的教师有 278 人，位居第二，随后是具有"中教高级"职称的教师有 74 人，而"中教三级"和"未评职称"的教师人数较少，分别是 21 人和 30 人。查《中国教育统计年鉴 2008》可以得知（见表 11-10），在 2007 年全国中学教师在中教高级、中教一级、中教二级、中教三级和未评职称的分布比例分别为 10.0%、41.0%、37.6%、4.6%、6.8%；小学教师在中教高级、小教高级、小教一级、小教二级、小教三级和未评职称的人数比例分别为 0.7%、49.7%、38.6%、4.8%、0.3%、5.8%；幼儿园教师在中教高级、小教高级、小教一级、小教二级、小教三级和未评职称的人数比例分别为 0.6%、15.9%、17.6%、6.0%、1.2%、58.7%[①]。由此可见，2007 年新平县教师的职称分布与当年全国水平相比，初中教师在中教高级和中教一级上稍逊一筹；小学教师在中教高级、小教高级以及小教一级上明显落后，与义务教育阶段不同，本县幼儿园教师的职称情况则普遍领先于全国平均水平。

表 11-10　　　　　　2007 年全国教师职称结构　　　　　　单位：人

职称	幼儿园 人数	幼儿园 百分比	小学 人数	小学 百分比	初中 人数	初中 百分比
中教高级	6 486	0.60%	41 881	0.70%	348 124	10.00%
中教一级（小教高级）	163 835	15.90%	2 795 610	49.70%	1 423 602	41.00%
中教二级（小教一级）	181 824	17.60%	2 170 542	38.60%	1 302 747	37.60%
中教三级（小教二级）	62 318	6.00%	269 333	4.80%	161 170	4.60%
小教三级	11 966	1.20%	19 479	0.30%	—	—
未评职称	605 588	58.70%	325 093	5.80%	233 314	6.80%

（3）教师年龄结构

农村地区的教师年龄结构存在一定的问题由来已久，这也被很多研究者所证

---

① 中华人民共和国教育部发展规划司编：《中国教育统计年鉴（2008）》，人民教育出版社 2008 年版。

实。据教育部统计数据显示，在2007年小学教师35岁及以下、36~45岁、46~55岁、56岁及以上的比例分别为44.1%、26.8%、24.3%和4.8%，其中45岁及以下教师的比例超过了70%。初中教师35岁及以下、36~45岁、46~55岁、56岁及以上的比例分别为55.8%、30.6%、11.3%和2.4%，其中45岁及以下教师的比例超过了86%[1]。本研究的调查结果显示，新平县小学教师35岁及以下、36~45岁、46~55岁、56岁及以上的比例分别为49.7%、33.5%、17.7%和0.1%，其中45岁以下教师的比例达到了83.2%，稍低于国家统计的平均水平。初中教师35岁及以下、36~45岁、46~55岁、56岁及以上的比例分别为59%、34%、7.5%和0%，其中45岁及以下的占据93%之多，低于教育部在该阶段的统计86%之下。由以上统计可知，新平县整体上教师年龄老龄化程度较之于全国教师而言并不明显，其中小学阶段老龄化程度稍稍高于全国，而初中教师老龄化程度稍稍低于全国水平。

表 11-11　　2007 年新平县教师年龄结构　　单位：人

年龄	幼儿园 人数	幼儿园 百分比	小学 人数	小学 百分比	初中 人数	初中 百分比
25 岁以下	0	0	70	4.40%	40	5.20%
26~30 岁	20	35.70%	395	24.90%	168	22.00%
31~35 岁	15	26.80%	324	20.40%	243	31.80%
36~40 岁	15	26.80%	227	14.30%	173	22.60%
41~45 岁	4	7%	288	18.20%	87	11.40%
46~50 岁	2	3.70%	149	9.40%	29	3.80%
51~55 岁	0	0	131	8.30%	25	3.70%
56~60 岁	0	0	2	0.10%	0	0
总数	56	100%	1 586	100%	765	100%

(4) 教师学历结构

教育的质量在一定程度上取决于教师的质量水平，而教师的质量水平又取决于教师的学历水平，因此，教师的学历合格率和学历结构是我们考察一个地区教育发展水平的重要指标。

---

[1] 教育部：《国家教育督导报告2008（摘要）——关注义务教育教师》，载《中国教育报》2008年12月5日，第002版。

表 11-12　　　　2007 年新平县教师学历结构（最高学历）　　　　单位：人

学历	幼儿园	小学	初中
研究生	1	0	3
本科	10	163	515
专科	45	1 078	235
高中	0	295	12
高中以下	0	50	0
学历达标率	100%	96.8%	98.4%

根据《中华人民共和国教师法》的规定，取得幼儿园教师资格，应当具备幼儿师范学校毕业及其以上学历；取得小学教师资格，应当具备中等师范学校毕业及其以上学历；取得初级中学教师、初级职业学校文化、专业课教师资格，应当具备高等师范专科学校或者其他大学专科毕业及其以上学历[①]。据此，由表 11-12 可知，幼儿园的所有教师的学历合格率达到 100%；小学教师的学历达标率在 96.8%；初中教师的学历达标率为 98.4%。2008 年发布的《国家教育督导报告》显示，2007 年全国小学、初中专任教师学历合格率分别达到 99.1% 和 97.2%，其中农村小学、初中分别达到 98.7% 和 96%[②]。由此我们可以看出，新平县农村学校教师的学历合格率与全国的农村地区的教师相比，小学教师的学历合格率稍低于全国水平，而初中教师的学历合格率稍高于全国平均水平。

综上所述，我们可以得出该县农村学校在规模维度的主要特征：

第一，学校规模普遍较低，而且规模较小的学校在逐渐增多。其中学校规模在 180 人以下的学校比例占到 2/3 之上，但是随着布局结构调整工作的推进，学校规模在逐年上升。

第二，学校班级数量和学生数量逐年减少。在生源数量逐年减少以及中小学学校撤并的教育情境影响下，各级中小学校班级数量和学生数量呈现逐年减少的趋势。然而，期间幼儿园的学校、班级和学生的数量逐年增加。

第三，教师的情况较为复杂。具体而言，在数量上幼儿园教师数量增长速度和增长幅度都较为明显，而小学和初中的教师数量在这一段时间内则变化不大，小学教学点的数量整体上出现下降；在职称上除幼儿园阶段之外，整个义务教育阶段的教师较之于全国平均水平普遍较低；在年龄和学历达标率上，本地区教师

---

① 教育部：《中华人民共和国教师法》，1994 年 1 月 1 日。
② 教育部：《国家教育督导报告 2008（摘要）——关注义务教育教师》，载《中国教育报》2008 年 12 月 5 日，第 002 版。

与全国平均水平区别不明显。

第四,本地区学校布局调整工作在 2005 年前后接近尾声。学校规模、班级规模、学生规模和教师规模在 2005 年前后基本保持稳定的状态,此时该地区的布局调整工作基本结束。

(三) 资源维度

我国中小学布局调整的初衷是在不影响教育质量的情况下,尽量减少政府开支、优化教育资源的配置。通过透视学校布局调整中的资源维度的现状,可以清楚地了解该地区在布局调整工作的资源配置的特点、来源、使用和管理情况,进而检视需要继续改进的问题。本节计划从国家财政拨款、学校教学条件等方面进行阐述。

1. 国家财政拨款

我国教育投资主要来源于国家财政拨款、社会集资、学校自身投资、厂矿企业单位投资以及学生家庭和个人投资等。国家财政拨款也是国家财政对教育的投资,作为现阶段我国教育投资的主渠道,它主要包括教育事业经费和教育基本建设经费。

表 11-13　　　　　新平县 2004~2008 年教育经费　　　　　单位:万元

年份	教育经费总数	国家财政性教育经费	预算内教育经费	公用经费	基本建设经费
2008	—		1 535.35	633.53	1 129.73
2007	13 592.80	12 285.10	1 440.30	639.97	1 087.40
2006	13 246.00	11 988.80	9 640.40	670.26	1 183.08
2005	11 599.70	11 096.20	1 022.95	702.36	863.50
2004	10 753.30	9 706.60	621.70	582.47	1 460.10

在 2004~2008 年期间,国家政府对新平县的教育投入情况在表 11-13 中有着清晰地显示,整体上教育经费呈现逐年上涨的态势。对教育经费总数和国家财政性教育经费而言,均呈现逐年上升的趋势,其中教育经费总数从 10 753.30 万元增加到 2007 年的 13 592.80 万元,国家财政性教育经费从 9 706.60 万元增加到 2007 年的 12 285.10 万元。对于预算内教育经费、公用经费以及基本建设费而言,它们的变化趋势并不十分明显。另外,从《新平县教育志(1978~2005)》关于该县 2005 年之前的教育经费统计看,教育经费一直稳步逐年增

长[①]。然而，仅从教育经费总量上并不能真正认识到政府对教育的重视程度，如果要更深入地探讨教育经费的投入情况，就有必要对诸如生均教育经费、生均公用经费等指标进行分析，同时与国家整体水平再做横向对比，具体见表 11 – 14。

表 11 – 14　　　　　2004 ~ 2008 年新平县生均教育经费　　　　单位：万元

年份	生均经费	生均预算内教育经费	生均公用经费	生均基建费	学生总数
2008	—	—	0.02	0.03	41 937
2007	0.33	0.04	0.02	0.03	41 081
2006	0.32	0.24	0.02	0.03	40 876
2005	0.29	0.03	0.02	0.02	39 908
2004	0.27	0.02	0.01	0.04	39 766

表 11 – 15　　　2004 ~ 2008 年地方教育部门和其他教育
部门各级学校生均教育经费[②]　　　单位：万元

年份	生均经费	生均预算内教育经费	生均公用经费	生均基本建设费
2008	0.55	0.37	0.21	0.02
2007	0.45	0.29	0.17	0.02
2006	0.37	0.22	0.13	0.03
2005	0.32	0.18	0.11	0.03
2004	0.27	0.16	0.09	0.03

根据 2004 ~ 2008 年该地区的学生数量，我们很容易地计算出这一段时间内新平县各级各类教育的生均经费、生均预算内教育经费、生均公用经费和生均基本建设费。然而，当我们只是面对这些数据时，因为缺少了参照物它们或许只是一些没有实际意义的数字，因此只有把它们与我国其他地区或全国教育经费的平均水平相比较，才能发现其中的意义、辨别其中的问题。在生均经费方面，在 2004 ~ 2007 年期间，新平县生均教育经费分别为 0.27 万元、0.29 万元、0.32 万元和 0.33 万元，而据《中国教育经费统计年鉴（2004 ~ 2007）》显示，这几年的生均经费分别为 0.27 万元、0.32 万元、0.37 万元、0.45 万元和 0.55 万元[③]，由此可以看出，尽管这几年新平县的生均教育经费也逐年增长，但是与全

[①] 新平县教育局编：《新平县教育志（1978 ~ 2005）》，云南大学出版社 2008 年版，第 38 页。
[②] 中华人民共和国教育部财政司等编：《中国教育经费统计年鉴》，中国统计出版社 2005 ~ 2009 年版。
[③] 中华人民共和国教育部财政司、国家统计局社会和科技统计司编：《中国教育经费统计年鉴（2004 ~ 2007）》，中国统计出版社 2004 ~ 2007 年版。

国平均水平相比还是有着很大的差距。同时，生均预算内教育经费和生均公用经费也是如此。值得一提的是，新平县的生均基本建设费与我国其他地区相比出现了较高的现象，为什么？新平县在基本建设上一向不遗余力，其实这也不奇怪，究其原因则是新平县经济、社会和教育发展一直比较落后，这就造成学校基础设施建设明显滞后于其他地区，因此就往往出现诸如"危房改造工程"等项目成为教育工作重要任务的情况。例如，新平县教育局在确定2006年十项重点工作时，"认真组织中小学危房改造工程和学校布局调整工作，努力完成县人代会提出的排危建校任务"就是其中之一。在课题组调查期间发现，在被调查的35所学校中，有10所学校里存在D级危房，而且在个别学校内的危房不仅包括教室，而且也覆盖了食堂和宿舍等建筑物。总之，新平县的教育投入还不能够满足本地区教育的需求，亟待各级政府把"教育优先发展"、"教育为本"等理念落到实处。

2. 学校教学条件

本研究中的学校教学条件主要指学校用于教育教学活动的硬件设施，调查范围主要集中在农村各中小学微机数（学生用）、微机数（教师用）、计算机联网数、图书总册数、新增图书所花资金、报刊种类数和订阅报刊所花资金等。

表11-16　　　　　2000～2008年新平县学校教学条件

年份	微机数（学生）（台）	微机数（教师）（台）	计算机联网数（台）	图书总册数（册）	新增图书所花资金（元）	报刊种类数（种）	订阅报刊所花资金（元）
2008	371	312	238	406 362	37 440	658	153 983.6
2007	398	274	224	391 714	39 745	654	149 016
2006	370	220	166	387 140	30 877	596	159 074.9
2005	365	172	109	375 359	47 865.1	612	126 092.8
2004	177	111	29	347 035	26 625	552	115 679.9
2003	57	57	8	346 176	33 461	519	110 515.4
2002	24	27	4	327 112	28 575	494	101 034.2
2001	0	18	0	319 918	24 394	481	97 136.6
2000	0	14	0	311 828	18 980	478	93 490.6

由表11-16可知，在所有被调查的本地区农村学校中，关于学校教学条件的微机数、计算机联网数、图书总册数、新增图书所花费资金、报刊种类数以及

订阅报刊所花资金均随着时间的推进从 2000~2008 年出现了不断增长的态势（其中，在"新增图书所花资金"一项的调查中，有部分调查对象反映的不是数字，而是如"乡统筹"、"捐款"式的文字表达，因此表 11-16 中该项的数字变化不明显的原因应归咎于此）。以"微机数（教师）"为例，从 2000 年最初的 14 台，逐年增长到了 2008 的 312 台，微机数量的逐年增长也已为本地区中小学教师的教学和科研等工作的有效开展提供了便利。但是，与我国中东部发达地区相比，新平县的学校教学条件整体上仍然比较落后，尤其是供学生使用的微机数量，在 2008 年该县供学生使用的微机数量只有 371 台，照此计算平均每 100 名学生还不能拥有一台微机，远远不能满足学生正常的计算机基本技术以及网络知识的学习需求。

总之，新平县教育在资源维度上体现出以下两点特征：

首先，人均经费量较少。无论在国家财政投入资金还是在学校教学条件上，还都不能满足现有教育发展的需求，这主要表现在人均经费和人均教育教学条件与我国其他较发达地区有着不小的差距。相信随着我国教育政策愈来愈重视教育公平，教育均衡发展将是今后较长一段时间内我国坚持的重要的教育方针，这也为增加本地区的教育资源投入带来了希望。

其次，教育资源的投入量逐年增加。即使生均教育经费和生均教育教学条件不能与发达地区同日而语，然而通过分析近年教育投入量数据的变化趋势，发现它们基本呈现不断增长的态势，这在一定程度上说明政府始终在支持本地区教育事业的发展。

第三节　云南省新平县农村学校布局调整的问题检视

新平县各级政府和教育行政部门一向重视农村基础教育的发展和改革，近十年来对农村学校的布局调整工作做出了持续不断的努力，迄今已取得了明显的成效，使得本地区农村学校的布局结构逐渐趋于合理，教育质量和资源配置水平也都有着显著的提高。但是，该县在农村布局调整过程中，仍存在着一些值得研究者和教育行政部门关注的缺憾。教育部在 2006 年的《教育部关于实事求是地做好农村学校布局调整工作的通知》中所指出在布局调整中有的地方工作中存在简单化和"一刀切"情况，脱离当地实际撤销了一些交通不便地区的小学和教学点，造成新的上学难；有的地方盲目追求调整的速度，造成一些学校大班额现象严重，教学质量和师生安全难以保证；有的地方寄宿制学校建设滞后，学生食宿条件较差，生活费用超出当地群众的承受能力，增加了农民负担；有的地方对布局调整后的学校处置不善，造成原有教育资源的浪费和流失等①。通过课题组在该县较长时间的实地调查和数据分析，不仅发现新平县农村学校布局调整中仍然存在着类似的问题，而且也出现了一些新的困惑，因此，它们应该引起各级部门尤其是教育行政部门的高度重视。

一、教育经费投入严重不足

布局调整的顺利实施需要一定的政策保障机制，特别是经费保障机制来支撑，才能保证其积极效应的发挥②。然而教育经费投入不足的问题由来已久，尤其是在中小学布局调整工作中，无论是学校关闭、扩建抑或是几个学校的合并，都需要政府付出一定的成本，没有一定的教育经费作后盾，势必会给中小学布局调整工作的进行带来困难。

（一）政府财政经费投入不足

我国教育经费投入的主体是政府，政府财政经费投入不足在本地区主要体现在生均经费上。由上文可知，在 2004～2007 年，新平县生均教育经费与我国"地方属教育部门和其他部门各级学校"的生均经费相比，几乎均远远低于全国平均水平，严重限制了本地区教育的发展。农村学校布局调整工作需要大量的经费，而这些经费主要来源于政府财政的教育拨款。现实中的教育投入的严重不足，使得新平县在农村学校布局调整工作中面临较为严重的资金问题，表现在基础设施、教育教学设施设备、寄宿管理等诸多方面的建设相对滞后。财政性教育经费占 GDP4% 的比例以及教育经费占各级政府财政支出的比例一直未能真正实现，尽管 2004 年财政部下发了统一界定财政经常性收入口径的意见，但实际上地方财政部门在使用财政经常性收入时经常会视用途变口径③。2001 年以来我国在基础教育阶段的管理体制是"以县为主"，2006 年新实施的《义务教育法》也对国家和各级政府的职责作了详细的规定和安排，但是由于各种因素的存在，各级政府尤其是地方政府在教育资金投入上还不够到位。同时，地方政府负债现象又使得布局调整工作困难重重，以 2005 年为例，该年本地区教育共欠款 3 647

---

① 教育部：《教育部关于实事求是地做好农村学校布局调整工作的通知》，2006 年 6 月 9 日。
② 郭清扬：《我国农村学校布局调整问题、原因及对策》，载《华中师范大学学报》（人文社会科学版）2008 年第 1 期，第 127～133 页。
③ 贺新向：《农村学校布局调整问题研究》，华东师范大学 2007 年博士学位论文。

万元，其中大部分为乡镇匹配部分①，造成布局调整需要搬迁和新建的学校陷入僵局。另外，即使将来该地区的生均经费逐渐提高甚至高于全国平均水平，彼时也不要高兴过早，需冷静地对待。由于该地区自然环境复杂，交通条件较差，致使一些教学点的存在对于教育正常发展非常必要，而且本研究也证实了至少2/3以上的中小学属于较小规模的学校事实。麻雀虽小、五脏俱全，尽管学校里学生数量比较少，但是标准化的教育教学设施设备、基础建设等不能因为学生数量的多少而进行分割，如此一来，对于新平县之类的西部少数民族地区而言，不宜完全按照生均教育经费来计算教育投入量。因此，加大各级政府对农村地区的投入，任重而道远。

（二）教育硬件设施有待改善

我国进行布局调整的主要目的是通过优化资源配置，使得有限的资源得到有效利用，从而解决教育经费短缺的问题。然而，经过布局调整之后我们发现仍然有部分学校在教育经费上捉襟见肘，突出表现在教育硬件设施亟待改善上。在中小学基建方面，我国一向重视危房改造的工作，至2009年我国实施中小学安全工程以来，中央投入180亿元，已完成6.5万所学校校舍加固改造，竣工面积1.7亿平方米，惠及学生约5 000万人②，危房改造工程取得了瞩目的成绩，但是新平县中小学危房改造工作依然不容乐观。从学校基建情况的调查中得知，该县还存在部分有危房的学校，如新化乡小学、水塘村小学、水塘镇小学和戛洒镇小学分别有D级危房面积3 021.9平方米、1 429平方米、2 858平方米和901平方米。而且，在被调查的35所中小学中，只有12所学校有图书馆（室），有近2/3的学校还没有图书馆（室）。在调查中有部分教师反映，现有教育设施没有及时改善已经影响到正常的教育教学。究其原因则是，新课程改革要求教师应当充分利用先进的教学资源，但是这些学校的资源有限，缺乏教具和设备，如很多教室里没有电视、多媒体等现代化的教学仪器，配套的设备也不能及时下发。因为新课程教学与以前的课程教学有着较大区别，没有这些设施设备，就严重影响着正常的教育教学的进行。还有教师在回答"您认为教育行政部门还应该抓好哪些方面的工作"时认为，"我们课堂教学培训的时间很少，而且培训费要自己出，教学参考资料也很少，一个课本也就配发一本，我们不可能自己买的。教育主管部门首先应重视硬件建设，教师师资配备也太低了，应该加强一点"。因此，如何采

---

① 新平教育：《县教育局2005年工作总结及2006年工作计划》，http://www.xpedu.cn/，2012年4月20日。
② 袁新文：《让孩子最安全家长更放心》，载《人民日报》2011年4月7日，第001版。

取有效措施增加对农村学校硬件设施改善的资金投入,应该成为当地教育行政部门的关注点。

二、学生正常就学困难增加

(一) 家校距离普遍较远

关于"学生居住地与学校距离"的调查结果显示,新平县农村学校中家校距离在"1公里以内"、"1~3公里"、"3~5公里"、"5~10公里"、"10~15公里"、"15~20公里"以及"20公里以上"的学生,所占比例分别为18.9%、18.1%、18.7%、18.5%、11.4%、10.0%和4.2%。综合而言,家校距离在5公里范围内的学生比例占据55.7%,在5公里以上的占据44.3%,在10公里范围内的学生比例为74.4%,而超过10公里范围的学生比例为25.6%。

有研究者认为我国边远山区新建小学的服务半径以1.5~2.5公里为宜;对于边远山区的寄宿制学校(招收4~6年级的小学生),服务半径可扩大到3~5公里;对于边远山区新建的初中服务半径应为7~12公里;对于边远山区的寄宿制初中,服务半径可扩大至15~20公里[①]。鉴于本次调查对象是中小学生且以小学生居多,而家校距离在5公里范围内的学生比例才刚刚过半,因此本研究认为本地区的家校距离普遍较远。如果家校距离过远,会给学生和家长带来一系列不利因素。

首先,影响学生就近入学。新平县地处多山多水地带,自然环境比较恶劣,交通条件也多有不便。原本自然条件就不好,再加上家校距离过远形成中小学服务半径过大的局面,就会促使家长对儿童家校路程上的安全等因素考虑会多一些,这样也就容易致使适龄儿童难以做到就近入学或者直接辍学。其次,给学校寄宿管理带来挑战。家校距离较远最直接的后果,就是有越来越多的学生寄宿学校。试想这些学生一般年龄比较小,生活尚不能完全自理,还需要成人去呵护和照顾,这势必给学校的寄宿管理带来了极大挑战和无形压力。最后,容易脱离乡土文化。如果家校距离近,学生就不会整日寄宿在学校,这样他们就自然有直接参与农业生产和劳动的机会,而乡土文化的培育是农村教育中的重要目标。由于布局调整造成家校距离过大,从而使得原本应由学生从事的劳动也"被"取消,这对于农村孩子劳作能力的培养和乡土气息的熏陶是极为不利的,同时也是一种

[①] 邬志辉:《中国农村学校布局调整标准问题探讨》,载《东北师大学报(哲学社会科学版)》2010年第5期,第140~149页。

剥离学生乡土情结的不当举措①。尤其是最后一点,可能会给当地儿童的成长造成难以估量的损失。

(二) 大量学生寄宿弊大于利

布局调整造成大量学生选择寄宿。新平县特殊的自然环境和交通条件,给学生上学和放学带来诸多不便,因此很多家长选择让孩子寄宿学校。据当地教育局统计,在距离学校 1 公里以内以及 1~3 公里范围内的学生,因为距离较近的缘故,住宿率相对比较低;而在距离学校 3 公里以上的学生住宿率很高,一般在 90% 以上。在另一份调查中也印证了这一结论,如 2008 年在平均每校 794 位学生当中,寄宿学生达到了 535 人,占据全校总人数的 67% 之多,见表 11 - 17。从 2000~2008 年的寄宿学生所占比例分别是 46%、52%、51%、52%、53%、59%、64%、68% 和 67%,尤其是在 2005 年以后,寄宿学生的比例基本保持在学校总人数的 2/3 左右。

表 11 - 17　　　　2000~2008 年农村学校学生寄宿情况　　　　单位:人

年份	总人数	寄宿学生	百分比
2008	794	535	67%
2007	796	541	68%
2006	817	524	64%
2005	851	506	59%
2004	845	445	53%
2003	908	470	52%
2002	954	489	51%
2001	1 003	519	52%
2000	1 066	494	46%

学生大量寄宿引发了诸多问题,让学校、家长等深感头疼。首先,增加教师的工作量。由于年幼的中小学生寄宿学校,教师不仅要承担教学任务,而且在生活上照顾孩子。固然学生寄宿免除了家长照看孩子的诸多麻烦,但是这项任务被直接转嫁给了学校教师,在一定程度上给教师增加了负担。本书在对该地区农村中小学校的教师访谈时,有一教师认为,"少数民族地区学生存在很多问题,他们的生活习惯不一样,有的学生经常偷偷地回家去,然后又被家长送回来。像我

---

① 容中逵:《当前我国乡村学校布局调整问题研究》,载《中国教育学刊》2009 年第 8 期,第 16~18 页。

们这里有 110 人，其中有 96 人住校，如果他们走了还不与我们说，会有很多麻烦。另外，我们每天早上六点半到晚上十点半一直工作，除了工作还要照顾学生，只有学生睡着后我们才能回去。"多数教师都认为他们在学生寄宿上感到非常疲惫。教师负担过重，正常的教学时间内除了课程教学还要对学生的生活进行必要的指导。因此，诸如查阅教学资料、制作课件、批改作业的工作只能占用自己的业余时间，每天要工作十几个小时。在这样的教学情境下，教师将很容易产生倦怠甚至逐渐流失。其次，不利于学生身心健康发展。据调查数据显示，在关于"寄宿学生数量"的调查中，该县每所小学从一年级至五年级的平均住宿量基本保持在 100 人左右，男女比例基本相当，那些年龄比较小的一二年级学生，寄宿学生的数量甚至还稍微高于四五年级。根据小学生的身心发展特点，在中小学布局调整中小学三年级之前原则上禁止办寄宿学校[①]。这也意味着如果在小学三年级之前办寄宿学校，不仅给会对学校的管理带来较大的负面影响，而且对小学生的正常身心发展也会产生阻碍。尽管一些教师认为在学校住宿会对学生有一种帮助，如"住宿以后，总体上说还是很适应的。因为住宿后虽然没有家长照顾，但教师的管理和照顾却比以前更加到位，比如带着学生写作业、进行课外辅导等，对学生的成绩的提高很有帮助"。然而，在大多数时间里，由于孩子年龄比较小，会出现衣服不会洗、饭菜不会买、睡觉时需要有人照看、想念父母等情况，甚至有很多小学生基本生活也不能自理。这些孩子在家里都是习惯了衣来伸手、饭来张口的生活，如果在他们没有形成照顾自己能力之时就被寄宿到学校，无疑将给他们身心发展带来一种挑战。

三、师资队伍建设需要加强

（一）教师结构亟待改善

经过调查发现，本地区农村教师队伍出现结构性不足和严重超编的现象，影响着中小学校教育质量的提高。

首先，师资队伍结构性不足。教师队伍存在结构性不足主要表现在副科教师和优质教师上。一般而言语文、数学主科教师比较充足，而具有专业背景的英语、音乐、体育以及美术老师则十分缺乏。尽管有些学校能开设体、音、美课程，但是这些科目一般只有一位教师，这样不仅让教师产生教学压力，也对学生

---

① 邬志辉：《中国农村学校布局调整标准问题探讨》，载《东北师大学报（哲学社会科学版）》2010年第 5 期，第 140~149 页。

的全面发展产生不利影响。究其原因主要是在20世纪90年代，农村地区需要大量的教师，于是在当时大中专学生包分配的宏观政策背景下，无论专业结构合理与否，均被分配到各级各类的中小学校中去，所以产生了主科教师和副科教师分配不合理现象。此外，该县农村学校优质教师分布也不合理。在农村地区的教师群体中有初中毕业的教师、有经过努力得以转正的民办教师、甚至有小学毕业的教师。这些第一学历水平较低的教师虽然现在已经取得了专科学历或者接受了学校和各级教育行政部门的培训和进修，但是仍然存在难以适应现在的教学环境和工作的教师。此外，优质教师的反向流动也是造成这一现状的原因，优质毕业生不愿意到边远贫困地区当教师，同时当地培养的优秀教师又不断流失[1]。因此，农村教师的质量一直在较低的层次上徘徊。

其次，教师超编情况严重。似乎教师超编与上面的教师数量不足存在着矛盾，其实不然，这正是本地区教师队伍面临的双重困境。调查显示，本地区几乎所有的学校编制都是满编，甚至还有一些学校出现满编N人的情况，只有很少的学校的学科才出现缺编，而且满编、超编的情况要远远超过缺编。本地区教师编制的主要特点可以概括为以下两点：其一，副科缺编严重，主科满编或者超编。在调查中发现，中小学包括语文、数学和外语在内的主科很少有缺编的情况，基本都是满编或者超编，而副科如体育、音乐和美术教师则容易出现缺编情况。其二，缺编和满编出现集中现象。教师缺编或教师满编一般会集中出现在某些学校，如果某校教师缺编，那么就可能普遍反映在各个学科；如果某校满编或者超编，则一般不会缺编。农村地区的中小学校出现超编和满编现象可能有以下几点原因：一是教师编制过紧。其二则是适龄人口高峰期向高中阶段转移，小学学龄人口减少，对教师需求减少。由于教师系统目前更多遵循计划经济体制的管理方式，教职员工是"准公务员"身份，基本上是终生的，如果教师没有违法犯罪行为和严重违反教育教学纪律行为，教育机构是不能辞退教师的，因此教师队伍不能马上得到缩减[2]。虽然各学校的教师队伍出现结构性短缺的情况，但是在编制已满的限制下，也很难再引进新教师或者优质教师。在教师专业水平本就不高的情况下，学校又不能引进那些优质教师，使得本地区教师队伍建设始终难以有所突破。

（二）教师职业幸福感不强

幸福感是人们对基本生活满足和人生价值实现上的一种主观体验，新平县学

---

[1] 郭清扬：《我国农村学校布局调整问题、原因及对策》，载《华中师范大学学报（人文社会科学版）》2008年第1期，第127~133页。

[2] 袁桂林等：《中国农村教育发展指标研究》，经济科学出版社2009年版，第103页。

校教师普遍感觉到幸福感不强的主要表现为工作量较大。该县地处高原山区地带，山路崎岖不平、河流湖泊星罗棋布，加之处于亚热带气候区，雨水天气比较多，学生上学安全隐患特别大。据一位校长反映，全校学生离学校最近的有5公里路程，最远的是13公里，学生上学的平均时间都在两个小时以上。除了部分中心小学外，其他的农村学校都实行寄宿制。寄宿制对学校带来的最大挑战是教师工作任务的无条件加重。教师们除了要承担对学生教学和晚自习学习辅导正常等正常的工作外，还要对寄宿学生生活上进行必要的关系和照顾，他们不仅要付出更多的时间和精力来照顾学生的日常生活起居，还要观察学生的身体状况，例如学生在生病时还需要带领他们去看病。在这种"既当爹又当妈"的多重角色担当下，教师们的工作压力之大可想而知，而且更重要的是他们所做的这些工作得不到学校任何的额外补贴。因此，本地区农村学校教师的职业幸福感普遍不高。

四、家长受到不利影响令人担忧

在农村学校布局调整中，部分家长受到了不利影响，主要表现在家长经济压力增大和逐渐助长家长消极的教育观念两个方面。

（一）家长经济压力骤然加重

由于家校距离普遍较远以及学生大量寄宿学校现象的存在，学生家长不得不承担孩子交通费、学校生活费等，这无形之中加重了家长的经济负担，给他们带来了前所未有的压力。新平县属于我国贫困地区，农民家庭相对比较贫困，这在课题组对部分农民家庭的调查中可以反映（如下表所示）。农民家庭普遍收入较低，且大多数家庭入不敷出，因此，学校布局调整所带来的这种"结果"给农民家庭的经济压力骤然加重。

表11-18　　　　　　新平县农村农民家庭年均收支　　　　单位：个/%

金额		家庭年均纯收入/比例	家庭年均支出/比例
3 000元以下	个数（个）	20	3
	百分比（%）	41.70	7.50
3 001~8 000元	个数（个）	15	23
	百分比（%）	31.30	57.50

续表

金额		家庭年均纯收入/比例	家庭年均支出/比例
8 001~20 000 元	个数（个）	7	9
	百分比（%）	14.60	22.50
20 001 元以上	个数（个）	6	5
	百分比（%）	12.50	12.50

在收回的 58 份调查问卷中，"家庭收入情况调查表"选项有效问卷 48 份，"家庭支出情况调查表"选项有效问卷 40 份，于此我们可以看出新平县农民家庭年均收支情况的主要特征：

首先，家庭年均纯收入低。由表 11-18 可知，在 48 位调查对象中，年均纯收入在 3 000 元及以下的家庭最多，共计 20 户，占据总数的 41.7%；年均纯收入在 3 001~8 000 元的家庭，一共有 15 户，占据总数的 31.3%；年均纯收入在 8 001 元以上的家庭数量较少，总共只有 13 户，占总数的 27.1%。以上数据说明了该县大部分农民家庭比较贫困，尤其是年均纯收入在 3 000 元以下的 20 户中有 14 户的年均纯收入在 1 500 元以下。2009 年的《中国统计年鉴》显示，在 2000~2008 年我国"农村家庭人均纯收入"依次为 2 366.4 元、2 475.6 元、2 622.2 元、2 936.4 元、3 254.9 元、3 587.0 元、4 140.4 元和 4 760.6 元[①]，由此可以计算，新平县农民家庭年均收入水平低于我国农村居民家庭的平均水平，当然更无法与城镇相比。由此可见本地区农民年均收入非常之低，农民生活非常艰辛。

其次，与家庭年均纯收入相比，家庭年均支出偏高。在 40 位调查对象中，年均支出在 3 001~8 000 元范围的家庭最多，一共有 23 户，占据总数的 57.5%；而年均支出在 3 000 元以下的家庭仅有 3 户，与年均纯收入的统计中在 3 000 及以下的家庭数量相比，远远小于后者。究其原因大致有二：其一，这些农民家庭确实比较贫困，经济入不敷出；其二则是农民对外来调查者的"介入"有种天然的戒备心理，因此不愿意透露家庭的真实情况，主观故意为之。无论是哪种缘由暂且不谈，这并非本研究的重心，关键是该调查结果已经充分体现一个事实：教育支出本来已十分贫困的农民家庭已十分沉重，如果再让他们承担因为学校布局调整所带来的住宿费、伙食费、交通费和学校的各项杂费等费用，将会引起他们极大的不满情绪。而且在对村长进行调查时发现，中小学生辍学的原因也往往是"家庭困难"的原因。因此，如何能够消解布局调整转嫁于农民家庭

---

① 国家统计局：《中国统计年鉴（2009）》，http：//www.stats.gov.cn，2012 年 4 月 20 日。

的经济压力,有效减轻这些弱势群体的经济负担,应该成为国家和地方教育行政部门的关注点。

(二) 助长家长消极教育观念

由于新平县少数民族历来比较轻视学校教育,再加上布局调整之后大量孩子寄宿学校,这就进一步强化了部分家长对孩子教育的忽视。新平县地处高原山地地区,交通不便,当地经济比较落后,农村文化水平较低,主要以耕地为生。新平县以傣族和彝族为主,因此少数民族的传统思想文化对家长教育子女有着重要的影响。例如,傣族的家长偏重于进行本民族传统道德规范和风俗习惯的教育,全民信仰小乘佛教,至今还保留着浓厚的规范习俗。传统的傣族人对待孩子很迁就,一般不打骂孩子,即使孩子犯错了也只是轻描淡写地说教一下。他们认同学校教育对于青少年成长的重要性,因此在家里不鼓励孩子努力学习,而是把教育孩子的任务完全抛给了学校。尽管随着当地经济发展和外出务工人员的增多,家长的教育观念有了较大改变,但是仍然对孩子教育的预期比较低。一方面,家长对孩子进一步接受高中教育的期望比较低,在现实中能够从初中升入高中的概率较低,而且学生上高中的各种花费较高,部分家庭基于自己的家庭经济条件而难以承担。另一方面,大多数家长认为孩子读到初中就够了,没有进一步学习的必要。因为当地气候适合农作物生长,种地就可以维持自己的生活,学生读到初中就完全可以够用了。再说现在还有很多大学生读了几年大学还是回来找不到工作,还不如早早地回到家里来帮助家长务农,这样也能为家庭省下不少钱。在对一位中学校长进行访谈时,他认为主要是父母亲的思想还是过于传统,父母的思想束缚了学生的发展。同时他也举一案例来说明,"在某一片区的某一学校,这个片区的小孩本来很聪明的,但是读着读着他就不想读了。我们知道了就去做家访,然而家长对此的态度就是无所谓,读书和不读书好像对他们来说没有什么影响。"尤其是在中小学布局调整之后,学生与家长很难见上一面,几乎完全脱离家庭教育的视线,家长更不会对孩子的学习进行关心,现实中甚至出现家长为了节省费用或者外出务工赚钱而故意让孩子辍学的现象。面对家长们如此消极的教育观念,显然学校教育的工作压力就更大了。

五、布局调整制度亟待完善

农村学校布局调整工作要以完善的制度建设为前提,只有构建起一套科学完整的工作制度,才能有效推进布局调整的开展。然而,该县在布局调整制度建设上还有待完善,例如,在该县的中小学布局调整工作已经开展多年之后,才在

《新平县教育局 2011 年工作要点》的文件中明确提出"制定出台中小学布局调整方案",由此可见布局调整制度建设略显滞后。它主要体现在撤并后教育资源处置不当和缺乏明确的布局调整标准。

(一) 撤并后教育资源处置不当

撤并后的中小学校对于教育资源的处置不合理,是布局调整制度规定不够完善的一个重要体现。经过学校布局调整之后,对一些被撤并的学校校产及相关资源的处置至关重要,然而在调查中发现了被撤并教育资源处置不当的问题。例如,在对村长和农民关于"学校撤并前后校产情况"的调查结果显示,一些被撤并的学校资产处于"闲置"或"卖掉"的境况,甚至部分被撤并学校成了农村中的"荒原"地带。2001 年颁布的《国务院关于基础教育改革与发展的决定》中明确规定"调整后的校舍等资产要保证用于发展教育事业",因此新平县学校撤并后的校产处置情况与布局调整政策规定明显相左。至于为何出现这种"闲置"或者"卖掉"的情况,一般有三方面的原因:相关规定过于笼统,缺乏可操作性;产权归属不明晰,影响校产处理;激励与监督问责机制不健全,相关部门缺乏对校产处置的动力与压力[1]。如果要有效解决撤并后教育资源处理不合理的问题,教育行政部门有必要在以上三点原因中进行反思,进而完善对撤并后学校教育资源的处置政策制度。

(二) 缺乏明确的布局调整标准

农村学校布局调整标准是推进农村学校布局调整、促进农村学校布局调整科学化、合理化和规范化的核心政策问题[2],对于学校布局调整有着重要的指导意义,因此农村学校布局调整标准的设定对于工作的开展有着举足轻重的作用。教育部在农村学校布局调整中的"因地制宜"是一把双刃剑:一方面它让地方教育行政部门在制定和实施相关政策时有了一定的自由,可以根据本地教育的特点来科学制定和实施;另一方面,地方教育行政部门难以把握"因地制宜"的程度,这样就容易造成农村学校布局调整的主观性、随意性和不合理性。这集中体现在部分地区制定的农村学校布局调整标准上。以家校距离为例,在农村地区中小学进行布局调整中,往往只关注家庭与学校的物理距离是多少公里,而没有注

---

[1] 邬志辉、王存:《农村被撤并学校资产处置的政策选择》,载《教育发展研究》2009 年第 21 期,第 6~10 页。

[2] 邬志辉:《中国农村学校布局调整标准问题探讨》,载《东北师大学报(哲学社会科学版)》2010 年第 5 期,第 140~149 页。

意到更重要的文化距离和时间距离。国外有研究者在学校布局调整中对家校距离用三种方法来衡量：一是物理距离，即实际的空间距离，用公里来衡量；二是文化距离，当儿童不得不离开本社区到另外一个陌生文化环境中的学校，就会产生文化的兼容问题；三是时间距离，考虑诸如山地、河流、森林等自然条件的阻碍而延长上学途中的时间[①]。从以上三个方面来决定学校的撤并去留，能够更加合理地制定布局调整标准关于家校距离的内容，对布局调整工作的顺利进行有着积极作用。

第四节　云南省新平县农村学校布局调整的政策建议

基础教育在各级各类教育构成的教育体系中占有着极其重要的位置，我国肇始于20世纪末的农村学校布局调整，在当下重视教育公平、教育质量的教育政策环境下，俨然成了一项顺应教育发展规律和时代发展趋势的教育举措。地方政府在推进农村学校布局调整的过程中，应当始终把广大农民群众及其子女的根本利益与受教育权利放在第一位，坚持因地制宜、实事求是的原则，科学、合理、积极、稳妥地切实做好布局调整工作[②]。因此，在积极推进各地农村学校坚持"因地制宜"地进行布局调整中，采取有效策略和措施对布局调整中出现的复杂现状和问题的予以解决，对基础教育的健康发展具有重要的战略意义和实践意义。

一、加大农村基础教育经费投入力度

农村学校布局调整是一项需要花费大量人力、物力和财力的工程，尤其是新建学校的基础设施建设、寄宿学校中后勤部门的运作和完善以及学生家长的各项支出等，均需要国家和政府在资金上予以大力支持。

（一）加大国家财政投入力度

农村义务教育是我国基础教育系统非常重要的一环，但是长期以来并没有得

---

① 转引自石人炳：《国外关于学校布局调整的研究及启示》，载《比较教育研究》2004年第12期，第35～39页。
② 庞丽娟：《当前我国农村中小学布局调整的问题、原因与对策》，载《教育发展研究》2006年第2B期，第1～6页。

到国家和教育部的重视,至少在资金的投入上还远远落后于城市等发达地区,这也是为何近几年关于基础教育阶段学校"均衡"发展的呼声愈来愈响的直接原因。所以,有必要明确各级政府提供教育的职责,将义务教育划入公共财政支出的重点领域,禁止以各种理由挪用、截留、挤占、平调教育经费。同时,不仅要认识到农村基础教育在整个教育系统中的重要地位,而且也要认识到农村学校教育之于新农村建设以及城镇化进程中的重要战略意义,进而加大对农村基础教育的投入力度和比例。

(二) 完善教育经费管理制度

教育经费在教育管理中一向属于比较敏感的管理对象,为了避免违法乱纪行为的发生,有必要建立严格的规章制度。首先,要进一步规范、改进各类学校的财务管理,加强项目管理,坚决反对一切浪费现象,反对学校建设中追求奢华的现象,努力提高经费使用效益。严禁挪用、截留、挤占、平调教育经费[1]。以此来保证教育经费的利用效率。另外,建立有效的监督评价机制。建立有效的教育经费使用评价机制是提高农村学校布局调整中经费支出的关键举措,也是当前亟待解决的重要问题。可以尝试建立健全教育系统内部审计制度和外部审计制度,对农村学校布局调整的经费使用情况进行监督和审查,采用多元评价方式,同时要考虑评价主体的多元性,如成立由教师、社会知名人士、农民代表等组成的监督委员会。

(三) 建立学生家庭利益补偿机制

随着教育公平的呼声愈来愈响,近年来我国尤其重视对农村基础教育的支持,不断加大对贫困家庭进行必要的资金补助,如现在实施"三免一补"政策中就包括了对小学半寄宿制学生和初中困难学生生活给予补助,有效减轻了农村家庭特别是农村贫困家庭的经济压力。农村学校布局调整的参与主体并非只是学校和政府,家长、社区等社会其他群体也在自觉不自觉地参与其中。在现实中,家长有可能会遭受到来自情感和财产的损失,如部分家长要较之布局调整之前要额外负担寄宿费、伙食费、交通费以及其他费用,这些之前从来没有的开支让本就十分贫困的农民独自承担,对他们来说无疑就是一种新的不公平。对此,我国可以仿效美国的乡村学校布局调整中建立的利益补偿机制[2]。即农村学校的布局

---

[1] 教育部:《国家教育事业"十一五"规划纲要》,2007年5月18日。
[2] 张源源、邬志辉:《美国乡村学校布局调整的历程及其对我国的启示》,载《外国中小学教育》2010年第7期,第36~41页。

调整对于不同的群体有着不同的意义，可能会有一些群体如农民家长自身利益遭受一定的损失，他们自然对布局调整表现出抵触和反抗的情绪，这时国家可以采取为该地区的学生提供伙食补助以及为学生提供住宿补助等的政策机制。如此一来，不仅减除了农民家庭的额外经济负担，而且对于整个学校布局调整工作的积极推进大有裨益。

二、加强寄宿学校后勤管理建设

新平县的农村学校经过布局调整之后，出现了大量的寄宿学生和寄宿学校，甚至很多学校学生寄宿率达到90%以上，寄宿学生的不断增多无疑给学校的后勤管理带来了极大的挑战。如何才能促使后勤管理不再成为寄宿学校的"软肋"，成为我们应该共同思考的议题。

（一）加大后勤硬件设施建设

教育部在颁布的《教育部关于实事求是地做好农村学校布局调整工作的通知》文件中对加大寄宿制学校硬件设施建设进行了非常详细的规定，"各地要进一步加强寄宿制学校的建设和管理，按照国家和省级规定标准建设校舍、学生宿舍、食堂、厕所等设施，严格寄宿制学校的管理，及时消除各种安全卫生隐患，确保学生在校的安全。尽快消除大班额现象，努力改善寄宿条件，为学生提供良好的学习和生活环境，特别要优先解决因布局调整需要寄宿的学生的需求。切实落实补助贫困家庭寄宿学生生活费的政策，减轻学生经济负担[1]。"从课题组的调查结果来看，该县很多学校的食堂、学生宿舍以及厕所等基础设施比较简陋，还不能满足学生的基本生活需要，严重影响着学生的身体健康和学习生活。为此，政府和学校要加大对后勤管理的投入力度，想方设法多渠道筹集资金，在硬件上为学生的安全、满意的寄宿条件提供大力支持。

（二）完善后勤管理制度体系

与硬件设施建设相比，建立和完善寄宿制中小学校的后勤管理制度可能显得更加重要。中小学校要根据自身特点建立完善的后勤管理制度体系，这些制度体系应该包括学生宿舍管理制度、学生食堂管理制度以及后勤人员管理制度等一系列制度，有了制度保障才能避免之前各学校后勤管理混乱不堪的局面。与此同

---

[1] 教育部：《关于实事求是地做好农村学校布局调整工作的通知》，2006年6月9日。

时，各级政府和教育行政部门也应该根据寄宿学校后勤管理的客观需要提供必要的制度保障。然而，令人比较遗憾的是，目前各地还存在诸如"经费政策不配套"、"建设政策不配套"、"编制政策不配套"等现象。以"经费政策不配套"为例，作为寄宿制学校，在后勤管理中有基础设施建设、后勤人员聘任等种种需求，这就迫切需要国家对此给予必要的经费支持。然而，现在很多地区还没有建立寄宿制学校经费标准，关于后勤建设和管理经费不到位，从而使那些寄宿制学校在后勤建设上明显滞后。例如，新平县农村学校由于缺乏经费无法聘任工勤人员进行正常的后勤服务，就造成一线教师不得不无偿服务后勤的现状，严重影响着政策的教育教学。我们相信如果解决了后勤管理的经费、政策和编制等问题，不仅可以免去一线教师的"烦扰之苦"，进而提高教育教学水平，而且还能让学校后勤管理得到更加有序和健康的发展。

三、促进农村学校的内涵式发展

随着我国基础教育改革的深入，很多学校提出了内涵式发展的诉求，他们重视教职工的能力、素质的提高以及教师队伍活力的保障，从而在追求学校根本上的进步。在农村学校布局调整的教育背景下，旨在加强教师队伍建设的"内涵式发展"是让农村师资建设走出困境的一剂良方。任何学校的发展，都必然体现为硬件和软件两个方面，所谓的教育"硬件"，通俗地讲就是"有钱能办到的"，而所谓的"软件"便是"有钱也未必能办到的"。在财力相对充裕的今天，学校发展的核心问题并不是硬件，而是"软实力"的有效提升。学校的"软实力"最集中、最典型地凝聚于师资水平上[①]。所以，我们必须充分认识到农村学校师资队伍建设之于农村教育发展的核心地位。

（一）在教师编制标准上给予政策倾斜

关于新平县农村学校教师，课题组发现的一个主要问题是在教师不足的情况下各学校出现教师编制满编或超编，几乎不存在教师缺编的现象。事实上，这种情况在我国西部地区普遍表现的比较明显，尽管经过学校布局调整之后，平均每个学校的学生数量有所增长，但是与其他发达地区相比仍然比较少。根据 2001 年颁布的《关于制定中小学教职工编制标准的意见》中已经明确规定，中小学教职工编制根据高中、初中、小学等不同教育层次和城市、县镇、农村等不同地

---

① 方展画：《农村教育发展亟待三大突破》，载《中国农村教育》2010 年第 3 期，第 9~11 页。

域，按照学生数的一定比例核定①。因此，学生数量少造成了农村地区教师的编制较少，编制少也引起了部分学校教师队伍的不足，尤其是结构性缺乏。由于师资短缺，因此这里的教师异常繁忙，例如他们常常一人承担几门课程的教学，每天在学校从早到晚的工作，而且回到家还要批改作业，甚至寄宿制学校还要求教师在学校照顾学生的生活起居，教师普遍苦不堪言。只有国家在政策上对农村学校教师编制上予以适当倾斜，让农村的每所学校有着充足的多学科教师，才是真正意义上为实现学校内涵式发展提供了基础和保障。

（二）促进教师专业得到持续发展

纵览近几年的中小学教师培训，尽管在一定程度上提高了广大中小学教师的教育教学研究能力和教育理论素养，开阔了他们的教育视野，但是也存在着效率不高、培训形式不够灵活等问题，严重阻碍了教师的专业发展和学习。如一些教师反映"培训虽然有过，但规模和次数还是不够的，并且有些培训内容上教学实际中，可以说是心有余而力不足。"这与传统的培训思想即缺乏思考和反思的意识和能力分不开。新平县教师在接受各种培训时要尽量避免和及时纠正"从技术到技术、从经验到经验"的传统思路，要不断对培训活动中出现的一些问题和现象进行思考，提出解决的意见，改善课堂教学的形式和途径，并对自己的观念和行为进行一系列深入反思，从而从"外塑型"的教师培训走向"内生型"的教师专业发展。

（三）建立农村学校教师的激励机制

在学校教学活动中，教师的动机来自需要，而需要则确定他们的行为目标，激励则作用于内心活动，激发、驱动和强化教师的行为。美国著名心理学家和行为科学家维克托·弗洛姆（Victor H. Vroom）的期望理论认为，一个目标对人们的激励程度受到目标效价和期望值两个因素的影响，即人们对实现的该目标有多大价值的主观判断和对实现该目标可能性大小的主观估计。对于学校的所有教职工人员，应树立各种具有挑战性但又有可能达到的目标，建立覆盖整个教师专业发展与实施网络的激励机制，如对于学校内部的教师，可以有计划地培养和选拔骨干教师、学科带头人等。与此同时，要通过激励机制的运行，促使教师从外在激励到内在激励的转化，在不断地自我实现、自我超越中推动教师专业的可持续发展。

---

① 教育部、财政部：《关于制定中小学教职工编制标准的意见》，2001年10月11日。

四、贯彻农村学校布局调整政策精神

迄今为止,中央和教育部颁布的关于学校布局调整的教育政策包括《关于基础教育改革与发展的决定》、《教育部关于实事求是地做好农村学校布局调整工作的通知》等,这些文件的颁布是近十年来我国中小学校布局调整的指导性纲领。因此,各级政府、教育行政部门以及社会民众能否正确理解其精神实质对于农村学校布局调整工作的实施有着极其重要的意义。

(一)避免政策执行的失真现象

地方政府以及各级各类学校在制定辖区内的对应的政策时,一定要在国家政策文件的背景下进行。然而由于各种因素的影响,地方政府和教育行政部门在政策的制定和实施中有意无意地偏离了既定的教育政策的目标[1],造成了教育政策执行的失真现象。如一部分地区在考核中小学布局调整时,往往把"撤并"学校数量的多少学校作为重要评价指标,而对于这些学校是否应该被"撤并"、如何"撤并"以及"撤并"目的是什么等关键问题关注不够,显然这样的做法与国家的中小学布局调整思路背道而驰。事实上,国家推行中小学布局调整的最重要的目的就是优化教育资源配置和提高教育质量。通过有效的布局调整,使得各个学校的资源、师资和空间等各个方面得到了良好的改善,教育质量也就得到了有效提高。农村学校结构调整绝不等于简单的"撤并"或"收缩",而应该以促进当地农村义务教育的健康发展为根本出发点[2]。因此,评判中小学校布局调整政策失真的标准不是"撤并"多少所学校和教学点,不是新建多少所新学校,也不是是否在规定时间内完成任务,而是在坚持"小学就近入学、初中相对集中、优化教育资源配置"以及"实事求是、稳步推进、方便就学"等原则的情况下,在确保农村义务教育普及的基础上,最大限度地优化资源配置,让更多的学生得到了更优质的教育。

(二)加大政策的社会宣传力度

不仅要让各级政府和教育行政部门正确理解布局调整政策,而且也需要加大学校布局调整政策和措施的宣传力度,让中小学校、学生家长以及社会各界对中

---

[1] 邬志辉主编:《现代教育管理专题》,中国广播电视大学出版社2008年版,第185页。
[2] "中西部地区农村学校合理布局研究"项目赴云南课题组:《云南省农村学校布局结构调整的现状及改革建议》,载《教育财会研究》2007年第5期,第13~19页。

小学布局调整政策有着清晰的认识。教育部文件曾明确指出，各地要切实做好政策宣传工作，在实施布局调整前，要将调整方案向当地群众公示，充分听取社会各界的意见，对群众反映强烈的问题要认真做好解释工作，并及时修改、完善方案，不得简单从事，强行撤并[①]。如果宣传工作不到位，就可能会给布局调整工作带来极大的阻力。学生、家长、教师、合并校校长、乡镇政府及教育部门领导等看似被动的政策接受者，实质上都可以辨别困境、生产知识、寻找资源、积极地发挥能动性重构生活[②]，他们在不断地对政策的执行用不同的方式予以回应，也许这种回应是不断变动的甚至前后矛盾的，但是它一定是反映当下中小学布局调整现状和问题的晴雨表。农村学校布局调整能否成功，广大农民家长和社会各界人士的理解和支持起着不可低估的作用。

五、完善教育行政部门布局调整政策

由于我国现阶段农村基础教育实行"以县为主"的教育管理体制，因此在推进农村学校布局调整的过程中，县级教育行政部门在政策的制定、实施以及相关措施的推行起着关键作用。在保障农村学生受教育权方面，政府应该承担更多的责任，政府在进行农村学校布局调整时，其价值取向应该始终指向学生的成长与发展，尤其是那些贫困家庭的学生[③]。因此，政府和教育行政部门对于一些关涉布局调整整体的一些政策性问题，还需要再多一些深入地思考和反思。

（一）科学设计学校布局调整政策标准

由于"中小学布局调整方案"制订工作的滞后，该县在农村学校布局调整中自然缺乏明确的标准，此时教育行政部门面临着两方面的困难。首先，确立布局调整的标准。布局调整的工作开展需要布局调整标准来提高工作的效益和水平，所谓布局调整标准是一种可供教育行政部门工作人员共同遵守的规则，它对布局调整工作做出详细的规定，进而影响布局调整参与者的价值观念、行为准则以及活动方式等方面，最终实现学校布局调整的圆满完成。只有确立了学校布局调整标准，教育行政部门才能有"法"可依，才能顺利推进布局调整工作有序进行。其次，保证布局调整标准的合理性。建立布局调整标准并非一劳永逸，如

---

① 教育部：《关于实事求是地做好农村学校布局调整工作的通知》，2006年6月9日。
② 叶敬忠等：《不同社会行动者对农村学校布局调整政策的回应》，载《中国农村经济》2009年第11期，第87~96页。
③ 王海英：《农村学校布局调整的方向选择——兼谈农村学校"撤并"之争》，载《东北师大学报（哲学社会科学版）》2010第5期，第156~161页。

果要加强布局调整工作的科学性,就务必对布局调整标准的合理性进行推敲。诚然,由于现实国家政策标准模糊不清、学术研究提出的标准又过于理性和静态以及现实中诸多县市教育行政部门自行开发的布局调整标准过于重视客观效果[1]等因素的存在,给各地区的布局调整工作标准的制定造成了一定的困难,要想建立一个科学合理的布局调整标准绝非易事。但是这并非是教育行政部门可以借此推脱的理由,毕竟中小学布局调整是关系到地区教育发展的一项重要内容。要建立合理的布局调整标准,很重要的一点即是要在"方便就学"与"提高教育资源的利用效益"二者之间找到切合点[2],这是布局调整标准制定中必须坚持的原则。以农村教学点的撤并为例,在我国自然环境和交通条件较差的地区,教学点是当地基础教育有效和必要的补充。因此,教育行政部门不顾及学生是否"方便入学"就撤并大量教学点的行为,就严重违背了我国布局调整政策的初衷,应该在标准设计上严加防范。

(二) 教学点的撤并和保留需统筹规划

之所以把农村地区教学点的撤并和保留专门提出进行讨论,是因为它对本地区基础教育的发展有着非常重要的意义。如果集中与分散的关系处理不好,不仅会出现教育资源在教学点与集中办学学校之间的重复性浪费[3],而且有可能引起学生大量辍学的风险。新平县地处边远山区地带,交通条件成为制约农村学生就近入学的一大障碍,而教学点的存在一定程度上有效地缓解了这一困境,因此农村教学点在农村教育中起着不可替代的作用。然而,为了完成布局调整所谓的"任务",有些地方出现了教学点的撤并风潮,如新平县从1997~2005年,全县在学校布局调整中一共增加村完小5所,减少教学点198个[4]。在不到10年的时间内,缩减198个教学点,速度惊人。当然,对教学点的大力撤并在某种程度上与云南省中小学关于区域布局战略调整目标——"通过三年的努力(2010~2012年),一师一校的点全部撤销"[5]的定位不无关系。虽然这样可能会快速实

---

[1] 邬志辉:《中国农村学校布局调整标准问题探讨》,载《东北师大学报(哲学社会科学版)》2010年第5期,第140~149页。
[2] 石人炳:《国外关于学校布局调整的研究及启示》,载《比较教育研究》2004年第12期,第35~39页。
[3] 范先佐,曾新:《农村中小学布局调整必须慎重处理的若干问题》,载《河北师范大学学报(教育科学版)》2008年第1期,第7~12页。
[4] 新平县教育局编:《新平彝族傣族自治县教育志(1978~2005)》,云南大学出版社2008年版,第81页。
[5] 罗崇敏:《大力实施云南中小学区域布局战略性调整》,载http://www.ynjy.cn/,2012年4月20日。

现"提高教学效益、办学条件"的目标,但是该地较差的自然环境和交通条件不免引起研究者的担忧。2001年教育部颁布的《关于基础教育改革和发展的决定》中有这样的规定:农村小学和教学点要在方便学生就近入学的前提下适当合并,在交通不便的地区仍需保留必要的教学点,防止因布局调整造成学生辍学①。因此,在农村学校布局中,不宜将学校规模作为学校调整的唯一标准,将低于标准的小规模学校和教学点全部撤并。根据实际情况,应该保留的教学点不仅力争要保留,而且还要加强对教学点的资金投入和各方面的指导,例如,可以对教学点教师进行特别培训,探索适应这些学校特点的有效教学方法,最终提高教学水平和教育质量。这样才能在保证教学效益与学生正常入学的基础上,统筹规划本地区的教学点的撤留问题。面对西部地区义务教育面临的困境,甚至有一些学者认为应该尽快规划并启动"国家农村边远山区教学点建设工程",解决长期想解决而至今未能有效解决的义务教育发展的难点问题②。因此,关于教学点的撤并和保留有一定的风险,相关政策和措施对此需谨慎。

---

① 国务院:《国务院关于基础教育改革与发展的决定》国发〔2001〕21号,2001年5月29日。
② 何卓:《对我国农村学校布局调整的思考》,载《教育发展研究》2008年第1期,第35~39页。

第十二章

小规模学校保留型农村学校布局调查研究

——以甘肃省和政县为例

伴随着城乡一体化进程,如何整合公共教育资源,促进城乡教育的均衡发展成为社会各界关注的焦点。基于前期理论研究的基础,教育部人文社会科学重点研究基地东北师范大学农村教育研究所于 2008 年 10 月对甘肃省和政县进行了关于农村中小学布局调整的调研,对甘肃省和政县中小学布局调整的情况有了更为全面、深入的认识,为学校布局调整政策的制定提供了实证性的支撑依据。

本次调研采取问卷和访谈相结合的形式,对甘肃省和政县的 5 个乡镇进行抽样调查,具体包括陈家集乡、新庄乡、马家堡镇、吊滩乡、城关镇,另对其他 9 个乡镇发放了基本情况调查表。调研组发放各类问卷 9 种,共收回有效问卷情况如下:教师基本情况问卷 163 份,小学生基本情况问卷 299 份,中学生基本情况问卷 225 份,校长调查问卷 30 份,学校基本情况调查表 27 份,乡镇调查表 14 份,县教育局调查表 1 份,县调查表 1 份,农民问卷 31 份。

第一节 和政县基本情况介绍

本次调研围绕着甘肃省和政县 2001~2007 年中小学布局调整展开。学校布局调整是以优化教育资源、提升教育质量为目的,表面上只是教育领域的行政行为,但其涉及社会内在众多因素,如人口、地理、文化等。因此,在对和政县学校布局调整情况进行研究前,需要对和政县的基本情况做简单介绍,作为研究和政县学校布局调整的基础。

一、地理环境

和政县位于甘肃省临夏回族自治州南部,全县总面积正好是祖国版图的万分之一。县政府所在地距省会所在地120公里,距州府所在地30公里。和政县地处西北黄土高原与青藏高原交汇地带,地势南高北低,南部是秦岭山系西延形成的石质高山区,北部为黄土高原特征的黄土丘陵沟壑区。以太子山为主的山脉形成南北向伸延的4条山系和东西向伸延的2条山系将全境分割成4个河谷地带和2个沟谷地带。整个地貌特征是:层峦叠嶂、河流交错、沟壑纵横、水流湍急。南部太子山系最高峰海拔4 368米,北部最低处接近临夏盆地中心的马家堡镇小河村海拔1 900米,县城附近的河谷开阔地带海拔在2 200米左右。全境属北温带大陆性气候,又有"春迟秋早,冬长夏短"的高原气候特征。春季多雨雪,夏季短而少高温,并多暴雨和冰雹,秋季降温快而又多连阴雨,冬季长而干燥,降雨多集中在农历7~8月间,农作物易受秋涝灾害。因南北地势高低悬殊,地域之间气候差异较大,往往出现南湿北旱或北湿南涝的现象。和政县又处于东部工农业区与西北农牧业区过渡地带,农牧林业生产、矿业、水能资源有一定优势,旅游资源尤为丰富,其中具有6项世界之最的古动物化石著称于世,国家AAAA级旅游景区松鸣岩享誉陇原。

二、行政区划

和政县隶属甘肃省临夏回族自治州,作为历史古城,有"西北泉城"之称,历经三次大的修建改造,正向环境优美、设施完善、社会和谐的旅游型城市发展。1986~2001年行政区划稳定,辖城关镇、三合乡、梁家寺东乡族乡、陈家集乡、三十里铺乡、马家堡乡、罗家集乡、买家集乡、卜家庄乡、新营乡、关滩沟乡、新庄乡、吊滩乡、达浪乡,计1个镇13个乡,县政府所在地设在城关镇。2002年2月经省政府批准,三合、三十里铺、马家堡3乡撤乡建镇,辖区未变。2003年10月经省政府批准,买家集乡撤乡建镇,时辖5个镇9个乡。2004年年底经省政府批准,撤销关滩沟乡建镇,将原属关滩沟乡的咀头村并入城关镇辖区,槐庄、关滩沟、金场沟行政村并入新庄乡辖区,大沟、三坪行政村并入新营乡辖区。从2005~2008年,全县辖5个镇,8个乡,1个民族乡,其中包括122

个行政村，917 个自然村。

三、人口民族

和政县土地面积为 960 平方公里，各地生产、生活条件差别不大，所以人口地理分布比较均衡。截至 2007 年年底，全县总人口为 19.73 万人，人口密度为每平方公里 205.5 人。1986～2005 年，和政县人口自然增长呈逐年下降趋势，人口自然增长率由 1986 年的 13.49‰ 下降至 2005 年的 6.07‰（见图 12-1）。1986～1995 年，计划生育措施逐步完善，人口意识不断强化，但农村经济体制改革后，计划生育管理体制又面临新的形势，加之受 1962～1973 年补偿性生育高峰的影响，人口增长率在低水平上有回升之势。1996～2005 年，和政县人口发展出现较大转折，由于人口年龄结构转变导致生育高峰育龄妇女群体规模下降和计划生育力度进一步加大等综合影响，人口增长势头减缓，人口总量由 1996 年的 18.51 万人增长到 2005 年的 19.51 万人，平均每年增加 1 022 人，进入典型的低速增长阶段。

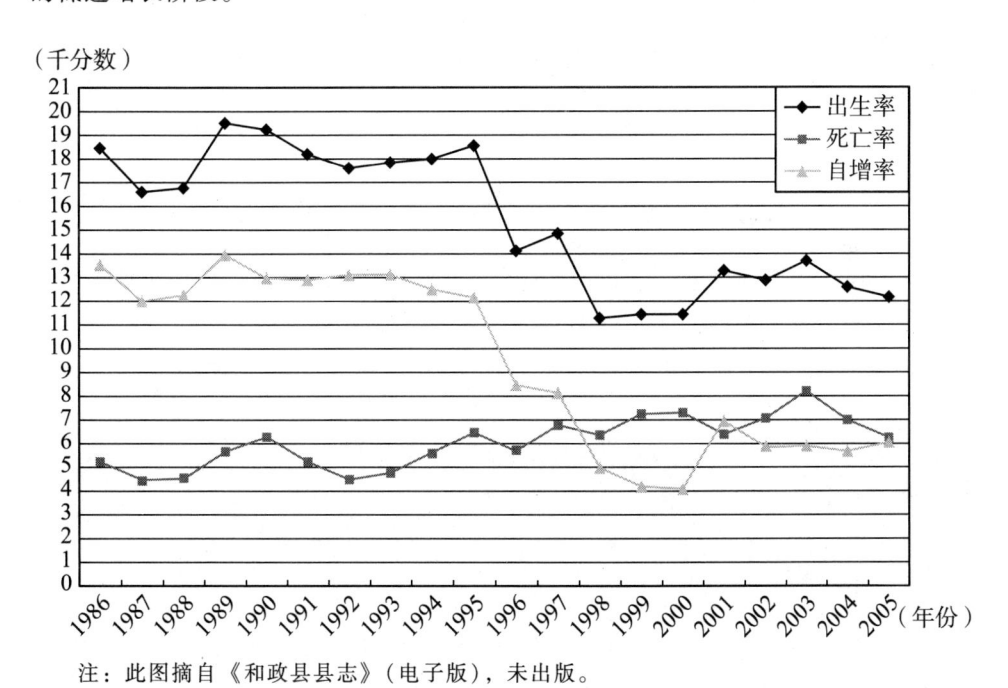

注：此图摘自《和政县县志》（电子版），未出版。

图 12-1　1986～2005 年和政县人口出生率、死亡率、自然增长率变化曲线

除对县域内人口总体数量的关注外，和政县接受各级教育的人口数量能在一定程度上体现出其人口的文化素质。根据 1990 年第四次人口普查和 2000 年第五

次人口普查统计，和政县接受各级教育的人数比例有明显提升，但这种提升是针对自身发展历程的，相对于省内、国家层面的情况来看，和政县文盲率仍然很高。直到 2008 年 10 月，和政县才通过了国家"两基"验收，是当时全国仅有的 6 个没有按时通过"两基"验收的县城之一（见表 12 - 1）。

表 12 - 1   1990 年、2000 年和政县接受各级教育的人数比例

年份	总人口（人）	小学以下	小学	初中	高中、中专	大专以上
1990	163 548	72.57%	15.95%	8.10%	3.22%	0.16%
2000	183 074	57.4%	27.29%	11.06%	3.78%	0.47%

和政县人口总体数量呈现低速增长的态势，其中农村人口的增长比例更加缓慢，在总人口中所占的比例持续下降，反之，城镇人口的增长速度则很高，尤其在 2000~2005 年，增长比例有明显提升（见表 12 - 2）。

表 12 - 2   和政县城镇、农村人口的数量和比例情况

年份	城镇人口（人数及百分比）		农村人口（人数及百分比）	
1990	5 630	3.56%	157 918	96.44%
2000	6 590	3.60%	176 484	96.40%
2005	10 316	5.29%	184 797	94.71%
2007	11 300	5.73%	186 000	94.27%

从人口的民族构成来看，和政县是少数民族聚居区，所辖范围内汉族人口只占四成，回族和东乡族的人口总数已超出一半，此外还有保安族、撒拉族、土族、藏族、满族、蒙古族在此地都有出现。其中，在东乡族聚居的梁家寺地区设东乡族乡，作为少数民族乡，该乡已被载入省民委编纂的《甘肃少数民族地方》一书。截至 2007 年，全县 122 个行政村中，纯汉族行政村 22 个，大多分布在汉族人口占一半以上的乡（镇）；纯回族、东乡族等少数民族杂居的行政村 24 个，大多分布在回族、东乡族人口占一半以上的乡（镇）；汉族、回族、东乡族杂居的行政村 76 个。

四、教育情况

截至 2007 年年底，和政县共有各类学校 128 所。其中独立高中 1 所，独立初中 6 所，九年一贯制学校 3 所，小学六年制学校 72 所，教学点 43 个，幼儿园

2 所，职业技术学校 1 所（见表 12-3）。

表 12-3 2007 年年底和政县各类学校数量分布

学校类型 乡镇	幼儿园	教学点	小学	初中	高中	职业技术学校	合计
城关	1	3	5	2	1	1	13
三合	0	2	4	1	0	0	7
梁家寺	0	4	4	0	0	0	8
陈家集	0	3	5	1	0	0	9
三十里铺	0	7	7	1	0	0	15
马家堡	0	5	6	1	0	0	12
罗家集	0	1	7	1	0	0	9
买家集	0	3	4	0	0	0	7
新营	0	2	4	0	0	0	6
卜家庄	0	4	4	0	0	0	8
关滩沟	0	2	4	0	0	0	6
新庄	0	2	7	1	0	0	10
吊滩	0	3	6	1	0	0	10
达浪	1	2	5	0	0	0	8
合计	2	43	72	9	1	1	128

全县有教职工 1 657 人，代课、招聘教师及临时工 504 人，中小学现有专任教师 1 448 人。中小学在校生 31 772 人，在园幼儿 776 人。全县学龄儿童入学率达 97.22%，巩固率为 98.81%，少数民族儿童、女童入学率分别为 97.04%、96.1%；适龄少年入学率为 95.28%，少数民族男少年、女少年入学率分别为 95.3%、94.99%，巩固率为 98.15%。2007 年 11 月"两基"工作通过了州政府的复查验收。

五、经济水平

和政县经济比较落后，是国家扶贫工作重点县。截至 2007 年年底，城镇居民人均可支配收入 5 547 元，比 2006 年增长 11%；农民人均纯收入 1 442 元，比 2006 年增长 8.1%。全县以农业为主，本地特色产业有啤特果产业、油菜产业、畜牧产业、旅游产业、劳务产业五大支柱产业。和政县内自然资源较丰富，全县已开发利用的农耕地面积为33.9万多亩，占总面积的23.6%，人均耕地1.27亩。县内水资源丰富，有5条河流，年径流量达5 034亿立方米，水能总蕴藏量为3.72万千瓦，可开发量为1.56万千瓦，小水电开发潜力极大。县内生物资源、矿产资源等尤其是古动物化石、野生动植物资源较多，这些为和政县发展旅游业提供了得天独厚的自然条件。其中，松鸣岩和古动物化石博物馆是和政县旅游业的两张王牌。截至2007年年底，和政县旅游事业综合收入达9 900万元，牧业总产值达到1.01亿元，油菜产业实现产值8 750万元，啤特果产业实现产值315.6万元。另外，2007年全年累计输转劳务人员5.38万人，其中政府有组织输转2.3万人，实现劳务收入1.75亿元，劳务收入占到农民人均纯收入的35%以上。

第二节 和政县中小学布局调整的现状与问题

为了优化教育资源配置，和政县于2001年制定了《和政县中小学布局结构调整规划》，进行县域范围内的中小学布局调整。截至2008年调研之时，和政县已经进行了近7年的学校布局调整。甘肃省和政县是一个少数民族聚居地，对西部少数民族地区开展学校布局调整情况进行审视和反思，有利于我们更加深入了解欠发达地区学校布局调整的状况，为学校布局调整类型的多样性提供实证性例证。

一、和政县中小学布局调整的实施

（一）中小学布局调整的政策制定

21世纪以来，和政县的学校布局结构已经不能满足教育发展的需要，其布局结构的不合理状况在一定程度上加剧了城乡教育差距的存在。和政县学校布局不合理，导致一系列问题的产生：（1）学校分散、班额不足，资源浪费严重，教师队伍结构失衡，生师比例低，教学仪器设备配备难度大、利用率低；（2）增加了教师负担。教师没有时间进行学习、培训，不利于素质的进一步提高；（3）学校管理松散，不利于开展正常的业务及教研活动，学校规模太小，难于实现规模管理；（4）不利于素质教育的实施和学生的全面发展；（5）不利于现代教学方式及先进教学仪器设备的引入和使用；（6）造成经费浪费，正常的活动费用、器材费无法解决。基于对上述弊端的研究，根据甘肃省教育厅发（2001）29号《关于做好实施中小学危房改造前期工作的通知》精神，为了优化和政县教育资源配置，减少学校数量，扩大学校平均规模，提高生师比例，提高办学质量和效益，县政府于2001年在全面调查全县教育现状的基础上，依据《和政县国民经济和社会发展"十五"计划纲要》制定《和政县中小学布局结构调整规划》，开始进行县中小学布局结构调整。希望通过学校布局调整达到"精简、精干、合理、高效"的目的，优化教育结构，优势互补，协同发展，使有限的资源得到充分利用，学校布局趋于合理，组织结构、人员素质及配备不断完善和提高，使学校管理不断规范，从根本上改变教育管理环节上的薄弱状况，使教育教学质量和办学效果全面提高。在学校布局调整过程中，坚持实事求是，分类指导，统一规划，分步实施的原则，本着适度集中，扩大规模，优化资源，提高效益的指导思想，逐步实现学校布局合理、教育结构优化、学校用人机制健全和经费使用高效的目标，促进省域基础教育事业持续、稳步、健康的发展。先调整合并办学效益差、规模小的教学点、三年制学校和生师比例小的学校；再调整合并学校距离较近，属于重复建设的学校；摘除小学戴帽初中班，合理布局，新设初级中学，扩大初中学校规模，调整学校结构。

（二）中小学布局调整的实践

在各级相关政策的指引下，和政县计划从2001年开始对县域内中小学布局结构进行调整。在2001~2003年，将中学学校数从原有的12所（包括5所戴帽初中）变为10所，学校数减少9.1%（见表12-4）。

表12-4　和政县2001~2003年中学分布情况及布局调整规划方案

乡镇	调整前学校名	撤并学校	调整后学校名
城关	和政一中（初中部） 和政六中		和政初级中学 城关初级中学
三合	和政五中		三合初级中学
梁家寺	梁家寺附设初中	梁家寺附设初中	
陈家集	陈家集附设初中		陈家集初级中学
三十里铺	马牧沟附设初中 和政一中（高中部）		三十里铺初级中学 和政高级中学
马家堡	和政三中		马家堡中学

续表

乡镇	调整前学校名	撤并学校	调整后学校名
买家集	和政四中		买家集初级中学
新庄	新庄附设初中 南岔附设初中	南岔附设初中	新庄初级中学
吊滩	和政二中		吊滩初级中学
合计	12	2	10

小学学校数由原来的137所，调整为72所小学和43个教学点。教学点大量存在是由于和政县独特的地理、交通及经济条件所致，教学点设一至二年级，并归相近接纳高年级学生的学校管理（见表12-5）。

表12-5　和政县2001~2003年小学分布情况及布局调整规划方案

乡镇	调整前 学校	调整前 教学点	撤并学校	调整后 学校	调整后 教学点
城关	台子街、西关、龙泉、杜家河、后寨子、教场、张家庄、洒拉崖、麻藏		后寨子	台子街、西关、龙泉、杜家河、洒拉崖	教场、麻藏、张家庄
三合	三合、虎家、孕新庄、二甲、杨家	周刘家、前山	周刘家	三合、虎家、孕新庄、二甲	杨家、前山
梁家寺	梁家寺、福和、杨仲家、山坪、大马家、赵家沟、友好、甘沟			梁家寺、福和、杨仲家、山坪	大马家、赵家沟、友好、甘沟
陈家集	陈家集、贾百户、孟家、宋家沟、上王家、陈家沟、王泉	王录山、赵家山、刘家沟	宋家沟、赵家山	陈家集、贾百户、宋家沟、孟家、王泉	陈家沟、上王家、王录山
三十里铺	马牧沟、闵家、齐家沟、四十里铺、包侯家、马家河、大坪、洒麻浪、张家沟、三十里铺	大路、希望、阴山、陈家咀		马牧沟、包侯家、齐家沟、马家河、张家沟、四十里铺、三十里铺	闵家、大坪、洒麻浪、大路、希望、阴山、陈家咀

续表

乡镇	调整前 学校	调整前 教学点	撤并学校	调整后 学校	调整后 教学点
马家堡	中庄、马集、小河、杨台、张湾、脖项、团咀、大庄	台子、刘湾、前湾		中庄、马集、小河、杨台、脖项、大庄	团咀、张湾、台子、刘湾、前湾
罗家集	罗家集、三岔沟、大滩大坪、裴台、李家山、庙洼	小滩、九山、张家山、三岔沟、联合、大泉、大滩、阴洼	大泉、阴洼、大滩、小滩、九山、三岔沟、张家山	罗家集、三岔沟、大滩、大坪、裴台、李家山、庙洼	联合
买家集	牙塘、回校、民主、两关集、古录山、团结	石咀、杨家台子	杨家台子	牙塘、回校、民主、两关集	古录山、团结、石咀
新营	甘沟门、寺营、大庄、阎蔡坪、三坪	金穗、河沿、山城、炭市、边子科、大沟	边子科、炭市、河沿	甘沟门、寺营、大庄、阎蔡坪、三坪	山城、金穗
卜家庄	卜家庄、白杨沟、吊滩、松树	甘沟、前坪、拉里洼、马场		卜家庄、白杨沟、吊滩、松树	甘沟、前坪、拉里洼、马场
关滩沟	关滩沟、槐庄、咀头、三坪、金场沟	西岔坡、大沟	西岔坡	咀头、三坪、关滩沟、槐庄	大沟、金场沟
新庄	新庄、南岔、腰套、前进、将台、草滩、榆木、中良	光明、峡门、张家楼	张家楼	新庄、南岔、腰套、前进、草滩、榆木、中良	将台、光明、峡门
吊滩	吊滩、新集、中心、狼土泉、国英、爱乐、桦林	车巴、桦林、科托、扎子	扎子、桦林、爱乐	吊滩、新集、中心、狼土泉、国英、桦林	车巴、科托
达浪	达浪、李家坪、杨家族、杜家崖、郑家坪	仲马家、大庄、杨焦家、何家	杨焦家、何家	达浪、李家坪、杨家族、杜家崖、郑家坪	仲马家、大庄
合计	93	44	22	72	43

在 2004～2007 年，和政县对中小学布局又进行了调整，截至 2007 年年底共有各类学校 128 所，其中独立高中 1 所，独立初中 6 所，九年一贯制学校 3 所，小学六年制学校 72 所，教学点 43 个，幼儿园 2 所，职业技术学校 1 所。此次大规模的学校布局调整，对于县域层面讲，具有教育资源优化、整合的目的。从国家层面讲，具有规划、统计的管理作用。

二、和政县中小学布局调整的特点

2001～2007 年，和政县始终处于学校布局调整期间，此时在了解、掌握和政县中小学布局调整情况的基础上，对在调整过程中出现的问题和呈现的特点进行归纳和分析，有利于和政县教育行政部门把握中小学布局调整的进程和程度。和政县中小学布局调整表现出一系列显著的特征与当地特有的人口、经济、社会等因素有直接关系。下面就基于各类问卷获取的相关数据，结合访谈获得的实质性资料，对和政县中小学布局调整中呈现出的特点进行展示。

（一）中小学学校数量变化不大，大量完小变成教学点

2001～2007 年和政县对学校布局结构进行调整，从调整范围来看，调整主要集中在中小学阶段，对于幼儿园和职业技术学校没有数量上的调整。从中小学阶段来看，2001 年教育布局调整前，和政县共有中小学校 143 所，其中完全中学 2 所、初级中学 4 所、小学附设中班学校 5 所、五年制小学 85 所、三年制小学 31 所、教学点 16 个。到 2007 年教育布局调整后，中小学校数量总体变化不大，共减少 15 所。在小学低年级阶段变化明显，将原有大量的三年制小学改设为教学点，教学点数量增加 27 个（见表 12-6）。

表 12-6　　　　和政县学校布局调整前后各级各类学校数量
（2001 年和 2007 年）

年份	幼儿园	教学点	小学	初中	高中	职业技术学校	合计
2007	2	16	116	11（包括完全中学 2 所和小学附设初中班学校 5 所）	0	1	146
2001	2	43	72	9	1	1	128

和政县教育行政部门在制定中小学布局调整规划的过程中，便考虑到当地地势以山川为主、人口数量相对稳定等实际情况，并非选择简单地以撤并学校为手

段以达到优化教育资源的目标,而是在可能的情况下对中小学进行结构调整,即在各方面因素都允许的条件下实施校际整合,而在达不到基本条件的情况下,设立大量教学点来取代完全小学,这种情况在农村地区发生较多。

中小学校内部的结构调整,虽然没有在学校数量上实现整合,但对于小学高年级阶段的调整也是教育资源整合的一种形式,能够在一定程度上为促进教育质量的提升奠定基础。

(二) 小学教师的管理任务重于中学教师与小规模小学的大量存在有必然关系

对"除担任科任教师外,还在学校担任哪些工作"的调查结果显示,91.43%的小学教师还要在学校担任其他职务,其中有64.29%的小学教师在担任学科教学的同时还要担任班主任工作。63.89%的中学教师在担任学科教学的任务外,还要在学校担任其他职务,其中有45.83%的教师同时担任班主任工作(见表12-7)。

表12-7　　　　　任课教师担任学校其他工作情况　　　　　单位:%

其他工作	小学	初中
班主任	64.29	45.83
生活教师	7.14	4.17
学科组长	12.86	11.11
年级组长	1.43	4.17
副校长	2.86	0.00
教导主任	8.57	2.78
德育主任	0.00	0.00
团委书记	0.00	1.39
总务主任	2.86	1.39
工会主席	0.00	0.00
少先队辅导员	15.71	0.00
无	8.57	36.11
合计	70	72

由此可见,除专业范围内的学科教学外,和政县更多的小学教师要负责班级的管理工作,这种现象的产生与中小学班级的规模差距有直接关系。由于农村适

龄儿童数量的减少，农村小规模学校数量剧增，尤其在小学阶段表现得更为明显，这也是和政县在布局调整过程中新设大量教学点的重要原因。在国家规定生师比的要求下，农村小学教师的相对数量呈现不足，因此他们在完成教学任务的同时还要担任更多的管理工作，尤其以班级管理的任务更为突出。

（三）小学生寄宿情况少，中学生寄宿对软环境评价高

和政县小学寄宿情况少，这种事实的存在与中小学布局调整时新设并保留大量教学点有直接关系。国际大量相关研究证明，低龄寄宿对于学生的身心发展会带来一系列负面影响，和政县在中小学布局调整过程中也是考虑到这一因素，而非完全在追求经济收益的前提下实现公共教育资源的整合。

对寄宿中学生进行的调查显示，虽然他们认为在校寄宿花费不多，97.26%的中学寄宿生表示月伙食费在100元以内，98.48%的中学寄宿生表示月交通费在30元以内。但他们对于学校寄宿的情况并不表示乐观，5.8%的中学寄宿生认为学校所有条件都不如家里好。深究其原因，认为学校伙食条件和住宿条件比家里好的分别占6.25%和20.98%，学生对于学校寄宿的硬件条件与环境表示并不满意，而对学校寄宿能给他们带来心理方面的软环境提升评价很高，79.46%的学生认为学校的学习环境比家里好，61.16%的学生认为学校寄宿能提供更好的交往环境（见表12-8）。

表12-8　　　　　　　　寄宿学生对寄宿状况的评价　　　　　　　　单位：%

评价	小学	初中
学习条件	62.86	79.46
住宿条件	5.71	20.98
伙食条件	11.43	6.25
交往环境	40.00	61.16
都不如家里好	2.86	5.80
合计（人）	35	224

对中学生寄宿原因进行调查时发现，有近八成学生把寄宿原因归结为家校距离远，由此可见家校距离的客观存在是造成中学生选择寄宿的首要原因，对中小学校进行布局调整需要重点关注的因素即是学校服务半径，其中包括地理条件、交通状况而带来的服务半径的测算和制定问题。路上不安全、家里没人照顾是造成中学生寄宿的次要原因，均占7.78%，另有5.56%的中学生认为学校管理比较严是造成寄宿的原因（见表12-9）。

表12-9　　　　寄宿学生对寄宿原因的选择情况　　　　单位:%

评价	小学	初中
学校离家远	25.71	78.89
路上不安全	20.00	7.78
学校管理比较严	0.00	5.56
家里没人照顾	5.71	7.78
合计（人）	35	90

无论是从寄宿学生的主观评价角度，还是从寄宿原因的探讨角度，中学生选择寄宿大多出于无奈，而造成他们对寄宿环境不满的原因也主要侧重于由于家校距离远等客观原因而造成无法与家庭保持紧密联系的弊端。

（四）校长对于学校布局调整的评价褒贬不一

通过问卷调查和访谈的形式，研究者发现校长作为重要的相关主体，由于其身份的特殊性，校长既能从普通教师的微观角度对学校布局带来的影响进行感受，又能够以管理者的身份从政策制定、执行者的视角对学校布局调整带来的变化进行分析，由此校长对于学校布局调整对于学校带来的影响具有综合分析的可能性。小学校长认为，学校布局调整给学校带来的有利影响表现得最为突出的分别是，形成了教师合作的研究氛围、开齐了课程，分别占72.73%和54.55%。中学校长认为，最突出的有利表现是改善办学条件和学校公用经费的增加，分别占64.29%和57.14%（见图12-2）。

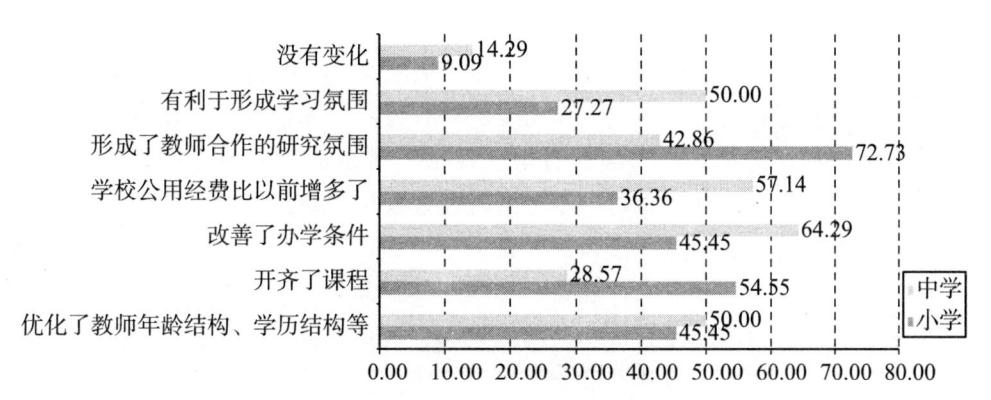

图12-2　校长对学校布局调整带来的优势分析

针对学校布局调整对学校带来的有利影响调查发现，小学校长对于学校布局调整带来的影响侧重于师资队伍方面，这与和政县小学规模偏小有直接联系，小学教师队伍由于绝对数量少而导致教学水平偏低，是制约农村小学师资队伍提升的重要因素。而对于中学来讲，学生已经通过寄宿的方式实现了集中化、规模化，由于小规模而带来教师数量绝对缺乏的现象已经表现得不是很明显，于是中学校长对于学校布局调整而带来的有利因素则主要关注于对进一步规模化而带来的经济收益，如办学条件和公用经费方面。

学校布局调整在带来有利变化的同时，也带来一些消极影响，包括对多个利益相关群体的影响。对于作为基层领导者的校长来讲，无论是小学校长还是中学校长，他们都认为因为学校布局调整而使"班级规模扩大，给班级管理带来的困难"是最为严峻的挑战，其次"给部分教师生活带来困难"和"导致部分学生辍学"也同样成为基层管理者关注的焦点（见图12-3）。

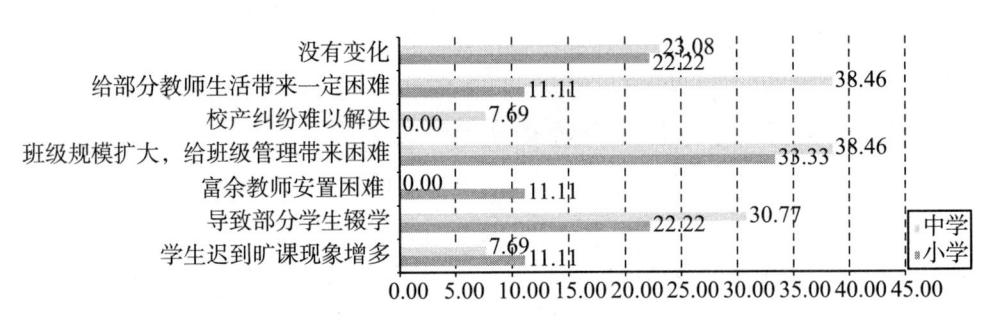

	中学	小学
没有变化	23.08	22.22
给部分教师生活带来一定困难	38.46	11.11
校产纠纷难以解决	0.00	7.69
班级规模扩大，给班级管理带来困难	38.46	33.33
富余教师安置困难	0.00	11.11
导致部分学生辍学	30.77	22.22
学生迟到旷课现象增多	7.69	11.11

图12-3　校长对学校布局调整带来的劣势分析

尤其是在少数民族地区，由于学校布局调整作为导火索而引发少数民族学生辍学的现象也时有发生。

（五）校长压力多来自行政方面

中小学校长作为基层学校领导，其压力来源多重，既包括教学、管理的外界压力，也包括自身形成的内在压力。经统计发现，无论是中学校长还是小学校长，他们均认为来自"上级检查考核评估"带来的压力都是较大的，由此可见，被调查的中小学校长对自主管理现状表现出较强的不满，有强大的外界力量对校长的自身管理进行干涉给其带来较大的压力。除上级考评外，影响中小学校长的主要因素还有学校经费、办学条件等方面的行政管理压力，具体数据见下图，而与教学质量直接相关的因素却常被校长认为并非是重要因素，如来自自身专业素质、生源质量不高、部分教师素质欠佳、升学率的压力（见图12-4）。

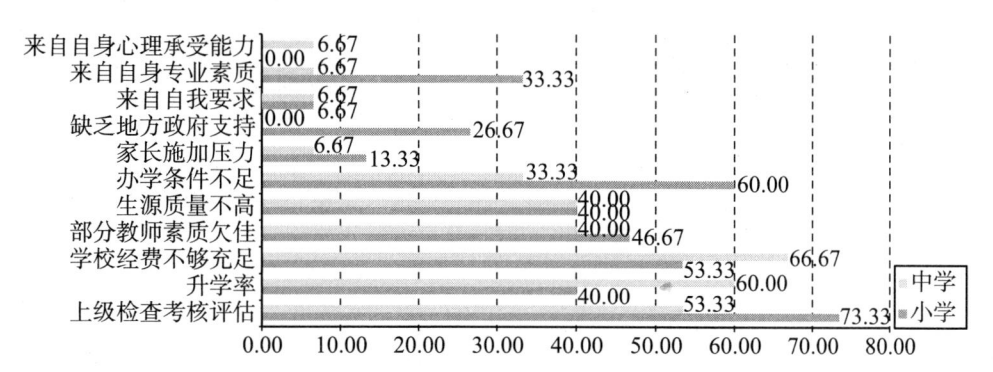

压力来源	中学	小学
来自自身心理承受能力	0.00	6.67
来自自身专业素质	6.67	33.33
来自自我要求	6.67	6.67
缺乏地方政府支持	0.00	26.67
家长施加压力	6.67	13.33
办学条件不足	33.33	60.00
生源质量不高	40.00	40.00
部分教师素质欠佳	40.00	46.67
学校经费不够充足	53.33	66.67
升学率	40.00	60.00
上级检查考核评估	53.33	73.33

图 12-4 校长自身的压力来源情况

与教学质量直接相关的因素并未被校长排在压力来源的首位，并非证明学校教学质量已经实现了完全性的提升，校长已经无须感到来自此方面的压力，而是官本位的社会环境使基层学校领导更多以管理者的角色出现，而非教育者的身份。只有完成好管理者的角色，校长才被认为是其个人价值的实现。对于农村小规模学校来讲，师生数量较少带来学校组织相对简单的现象，为了开齐课、开足课，小规模学校的教师常常担任多学科教学，基本没有精力从事行政辅佐的工作，于是小规模学校校长常常表现出行政压力偏大的现象。事实上，教育行政部门应该减少学校的行政管理，尤其应给予小规模学校更多的自主权，这与小规模学校具备的可灵活变动的特点有直接关系。使得基层学校校长能够减少来源于行政方面的压力，将更有机会成为专家型管理者，为学校的可持续发展提供发展的原动力。

（六）家校联系方式略显单一

家长与学校的有效沟通能够为学生的身心发展提供优质的环境基础，就目前情况来看，通过家长会进行沟通是学校通常采取的联系手段，由于家长会已经作为学校定期举办的活动，因此其举办程序和内容已经基本规范化，作为相对成熟的联系方式被学校和家长双方认可并采纳。除家长会的形式外，通过家访、把家长叫到学校面谈、利用各种通信方式也作为主要沟通方式（见图12-5）。

由此可见，目前和政县家校联系形式主要以家长会的形式展开，这种沟通形式具备受众群体较多、信息传递范围广等特点，但由于家长会召开的频率较低，且形式多以单向度的信息传递为主，缺乏家长参与学校事务的积极性和可能性。除家长会以外的家校联系形式，如家访、约家长到学校面谈、利用各种通信方式进行沟通，这些方式仍表现出较强的随意性和不定时性，且这些方式的家校联系也通常是在应急情况下表现明显，缺乏规范化的实施保障程序直接导致其制度的

图 12-5 家校联系形式的情况

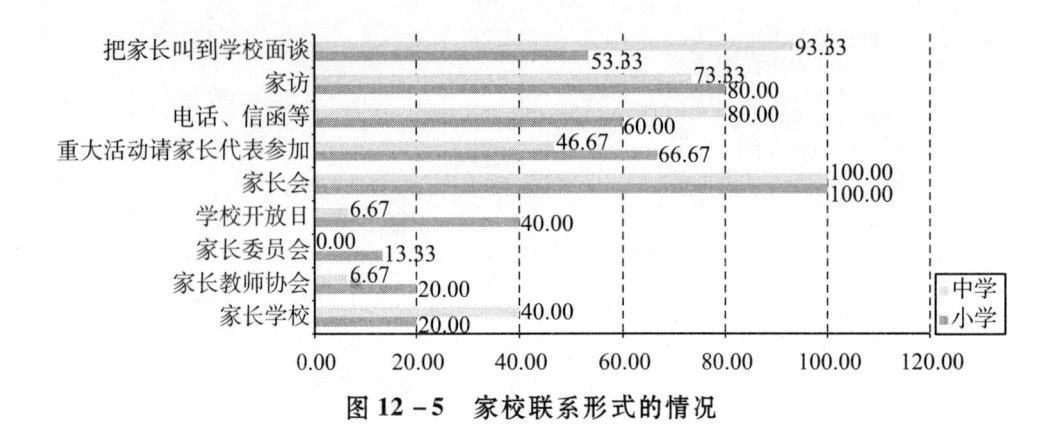

非常态化。以家校联系为前提的家校合作，需要以家校互通信息作为合作前提，家长能够真正参与到家校合作的互动中，而非简单的信息接收与反馈。由于学校和家庭作为学生成长的两个重要环境，各有特点、各具优势，只有家校能够真正实现互动，协调发展，才能为学生的全面发展创造更适合、更优良的成长环境。

三、影响和政县中小学布局调整的因素分析

根据《和政县中小学布局结构调整规划》的要求，和政县从 2001 年起实施各项措施，以优化教育资源配置，促进民族地区经济发展培养更多的建设人才为目标。截至 2007 年，和政县中小学布局调整表现出一些特点，总体来讲呈现调整数量变化较小、实现结构调整的特点。和政县中小学布局调整中表现出的特点，不仅是由政策制定者和实施者的主观意愿决定，也是由众多客观因素共同影响。

（一）和政县人口数量现状及未来变动趋势预测

2001~2007 年和政县中小学布局调整期间，和政县总人口数量呈现稳步上升的状况，从 2001 年的 19.08 万人增长到 2007 年的 19.73 万人。其中和政县小学和初中在校生数却呈现微减的趋势，从 2001 年的 31 746 人减少到 2007 年的 29 219 人。由此可见，无论是和政县全县总人口数还是义务教育阶段在校学生数，目前人口数量都相对稳定，无明显涨落变化。基层学校校长也对和政县小学适龄儿童减少的情况，有很深刻的感受。

除对和政县人口现状进行调查外，还要对未来和政县人口数量的变化情况进行预判，尤其是对未来在校学生数量进行发展性预测，对在校学生数量进行预测

是学校布局调整政策制定标准的重要依据。学校布局调整的目标是实现教育资源的优化，最终实现教育质量的提升，但学校布局调整实施的前提是由于学生数量减少而存在大量小规模学校为实施前提的。而目前和政县在近期内人口数量相对稳定，是形成县域范围内中小学布局调整数量变化不大、结构变化明显的重要原因。

（二）和政县民族文化的保护与传承

和政县是甘肃省临夏回族自治州下属的一个县，县域内有汉族、回族、东乡族、保安族、撒拉族、土族、藏族、满族、蒙古族9个民族，在东乡族聚居的梁家寺地区设置东乡族民族乡。截止到2007年，和政县共有行政村122个，纯汉族行政村22个，大多分布在汉族人口占一半以上的乡（镇）；纯回族、东乡族等少数民族杂居的行政村24个，大多分布在回族、东乡族人口占一半以上的乡（镇）；汉族、回族、东乡族杂居的行政村76个。少数民族人口数占总人口的57.43%。在语言方面，和政县的汉、回族人民同操汉语，东乡、保安、撒拉、土、藏各民族内部使用民族语言，汉语与民族语言并存。各民族长期交往以汉文汉语作为双向交流工具。少数民族在自己的语言中，逐渐吸收大量汉语词汇，有很多人兼通双语；汉族也借用民族语言中的日常用语。语言有多方面的融汇，显示出从语音到词汇大同小异的"汉腔"和"回腔"的差别。和政县域内少数民族大量存在的现象较为明显，学校作为社区内重要的文化载体，也同样承担着对少数民族文化的传承作用。鉴于对少数民族文化的保护与传承，教育行政部门在制定学校布局调整政策和实施过程中都要对其进行考虑，因此在和政县学校布局调整过程出现数量减少不明显，而较多存在结构调整的现象。

（三）和政县地形及交通条件成为学校扩大服务半径的制约因素

和政县地处青藏高原与西北黄土高原交汇地带，地势南高北低，南部是秦岭山系西延形成的石质高山区，北部为黄土高原特征的黄土丘陵沟壑区。以太子山为主的山脉形成南北向伸延的4条山系和东西向伸延的2条山系将全境分割成4个河谷地带和2个沟谷地带。整个地貌特征表现为重峦叠嶂，河流交错，沟壑纵横，水流湍急。南部太子山系最高峰海拔4 368米，北部最低处海拔1 900米，县城附近的河谷开阔地带海拔在2 200米左右。全县地貌呈现出山丘起伏、沟壑纵横、山多川少的自然景观。与地势平坦的平原相比，和政县地势情况相对复杂，地理条件和交通条件共同制约了和政县中小学服务半径的扩大。忽视地理条件、交通状况等客观因素，而片面追求教育资源优化整合的中小学布局调整会带来一系列负面的影响，如学生因路途远而辍学、交通设备及管理不合格而引发的安全隐患,因此和政县针对中小学布局调整的学校撤并幅度较小也同样是基于学校服务半径的调整底线而实施的。

第三节 甘肃省和政县教育之未来需要与建议

2001~2007年,甘肃省和政县对中小学布局进行调整,呈现出结构性调整为主的特点,而非单纯数量上的整合,因此和政县域内中小学数量变化不大,呈现小规模学校较多的特点,在布局调整过程中表现出的上述特点与和政县人口、地势、民族等多方面的状况都有紧密联系。通过从学校布局调整所表现的问题出发,为和政县教育发展提供相应的解决策略和建议,有利于多方利益相关体对于教育现状的认识和理解,为促进和政县教育的可持续发展奠定基础。

一、承认小规模学校的优势,提升认可程度

学校布局调整的目标是通过优化配置公共教育资源,促进教育质量的提升。无论是学校布局调整政策的制定者还是执行者都在倡导以扩大学校规模来实现学校布局调整的目标,而对小规模学校多以负面评价和改进建议为主。在这样的宣传和引导下,无论是教师还是家长都要受到倾向性的影响对小规模学校产生负面的抵触心理,这样的教育环境实际上不利于小规模学校的存在,而片面认识的存在与人们对小规模学校的优势认识不清有直接关系。目前和政县存在大量小规模学校的现象,以农村小学阶段尤为明显,这些小规模学校的存在与所处的客观环境有直接的联系(见表12-10)。

表12-10　　2008~2009学年和政县农村小学班额情况　　单位:人

班额	合计	一年级	二年级	三年级	四年级	五年级	六年级
25人及以下	284	70	61	48	38	32	35
26~35人	154	28	24	21	24	27	30
36~45人	137	5	19	28	29	33	23
46~55人	58	12	6	12	13	7	8
56~65人	23	1	4	5	5	6	2
66人及以上	8	3	4	1	0	0	0

事实上，小规模学校不仅是客观环境选择的结果，其也具备大规模学校未具备的优势，包括社区与学校紧密的联系程度、对学生个性关注的可能性等方面。20世纪80年代以来，一些美国学者通过实证研究指出小规模学校可以利用替代性方案克服自身固有的问题，这些研究为农村小规模学校的推行提供了重要的实证依据。小规模学校具有较强的灵活性，是其优势特点展示的切入点。从课程安排上，可以集中于核心课程，同时利用远距离或跨学校授课的形式，解决因规模小而带来的师资数量相对不足的问题；从学生个性发展来看，小规模学校的学生容易得到更多关注，不易被忽略或边缘化，使学生形成较强的归属感；从家校距离方面看，小规模学校的存在实质上是缩小了学校服务半径，即总体上缩小了家校距离[1]。小规模学校的存在与发展的优势可分为表面和深层两类，从表面上来看，小规模学校的存在可以降低因家校距离远而给学生带来的身心发展障碍，目前社会对小规模学校的理解也基本从这一层面出发，即把小规模学校的存在归因于客观条件的制约，而非主体优势。从深层优势来看，小规模学校由于灵活特质而具有的针对性、个体关注特点尚未被社会各界所认可，因此包括研究人员、教育行政管理人员在内的所有相关主体应在认识其主体优势的前提下，对小规模学校进行相对客观的理解与宣传。应避免对小规模学校给予完全式的否定，这样既不利于对小规模学校存在价值的全面理解，同时也会造成部分家长和教师对小规模学校失去存在与发展的信心，进而因盲目跟随而选择主动放弃。小规模学校的存在对于农村社区的经济、社会、文化方面都起着至关重要的作用，加强对小规模学校优势的认可，可在一定程度上避免教师和家长的主动放弃意识，有利于促进小规模学校在社区环境中发挥更大的作用。

二、重视教师的全科型培训与"走教"制度的结合

和政县小规模学校的大量存在对教师队伍提出了更高的要求，由于师生比的固定标准，小规模学校的师资状况呈现出相对饱和而绝对不足的现象，而这些小规模学校也大多出现在农村地区。农村小规模学校师资缺乏的现象，会直接导致两种结果的产生。其一是农村小规模学校由于教师相对数量不足导致学科结构存在明显缺失的状况，因此呈现出农村小规模学校教学质量偏低的现象。其二是虽然农村小规模学校的教学质量常常成为社会各界批判和关注的焦点，但农村小规模学校教师所具有的工作压力要明显大于普通学校教师，这与小规模学校对教师

---

[1] 贾建国：《美国农村小规模学校运动及其对我国的启示》，载《外国教育研究》2010年第4期，第76~80页。

多学科教学、管理等多层面的要求有必然联系。为了实现农村小规模学校开齐课、开足课、开好课的目标，优化农村教师的师资队伍被认为是可行之举，从宏观角度看，优化教师队伍可以通过增加教师数量和提升教师素质这两种形式实现。从实践过程来看，根据目前国家政策制定的师生比标准，小规模学校由于学生数量较少，在增加教师编制方面不具备优势，因此通过增加教师数量的方式来为小规模学校提供师资保障的手段存在实施障碍。鉴于此，通过提升教师素质这种方式为小规模学校提供充足的师资储备可谓是可行之举。农村小规模学校教师素质提升的问题，与普通教师通过学历提升的要求不同，其培训目标明确，即促进教师多方面素质的提升，为教师在农村小规模学校中能够兼任多门学科打基础。在培训目标明确的基础上，需要对农村教师开展全科型培训的保障条件进行讨论。农村小规模学校教师的全科型培训的有效开展需要培训主体和被培训者的双方认可，通过适合的方式、课程，达到能为小规模学校提供多学科服务的目标。事实上，教师的全科型培训要求被培训者具有较强的可塑潜质，培训者及被培训者要有全科型培训的意识和能力，这些要求对于被培训者来讲都是较高层面的要求，由此也应该对被培训者的能力和付出表示认可，在评价体系和标准中应对农村小规模学校教师进行适当倾斜。由于全科型培训体系的构建、培训者能力的培养、培训课程的开发等方面的建设与完善都需要较长时间，是一个长期的方向性工程，因此需要在长期方向性工程的基础上，结合可以短期看到效果的"走教"制度。走教制度指一名教师跨两个以上的学校，任同一门课程[①]。走教制度实施的基础是相邻学校的合作与交流，为若干小规模学校提供互通有无、共同发展的机会，这就要求相邻学校间应形成良好的协作机制，若此制度能够得到有效的实施便能够在相对较短时间内解决农村小规模学校因教师数量不足而存在课程开不足、开不齐的现象。但走教制度只是暂时性解决策略，不具备持续发展的动力，因此需要与全科型培训有机结合，促进教师队伍素质的提升，在一定程度上解决因师资缺乏而引起的教育质量偏低的现象。

三、校长参与式领导的应用

校长作为学校的主要领导，在职业定位中应具备领导、管理式的特质。在职业角色扮演中，校长通常扮演两种角色，即任务角色和社会角色。任务角色通常要求校长以达成组织目标为目的，而扮演基于任务为基础的管理、监督角色。社

---

① 吕京：《西部农村小学英语走教背后的矛盾透视——四川省 B 县个案分析》，载《全球教育展望》2008 年第 7 期，第 62~65 页。

会角色要求校长在组织机构中以组织关系的理顺为目标，而扮演基于关系为基础的协调角色。事实上，这两种职业角色的存在并非完全孤立的，而是表现出互相依存的关系，任务角色的扮演强调执行结果，而社会角色的扮演则强调执行过程。成功的校长能够按照实际需求平衡这两个层面的需求，合理分配时间和精力来实现组织目标和组织关系的双重达成。事实上，校长对于两种角色的侧重与倾斜不能仅仅依靠个人的主观意愿，也要根据服务组织的客观特点决定，如组织结构的规模、组织结构的复杂程度、组织的内部氛围等。例如，在规模较小、结构相对简单的组织中，由于缺少中层机构的组织和协调，领导者不得不面对更多的行为实施者，因此在此种情况下领导者需要侧重于社会角色的扮演，即通过与直接执行者的紧密联系，通过关系疏离等形式实现组织目标的达成。和政县大量小规模学校的客观存在，造成学校组织内部结构相对简单。对于小规模学校的校长来讲，其领导形式常表现出与基层教师直接接触，而缺乏学校中层领导执行上传下达任务的条件。因此，这就要求小规模学校的校长，在扮演两种角色时，能够向社会角色有所倾斜，关注执行过程中组织关系的梳理，即强调小规模学校校长与基层教师的沟通与交流。相对于管理制度相对完善的大规模学校来讲，小规模学校校长的个人管理方式则会在很大程度上影响着执行力的发挥，因此对于小规模学校来讲应采取积极参与式的管理方式，避免因规章制度约束力弱而带来的不良后果。除学校组织内部的参与式管理外，小规模学校校长通常面对学校与农村社区高度融合的现象，农村社区为学校提供存在与发展的环境，起到重要的支持作用。概括我国基层学校教育管理者的管理风格可总结为以下四种类型：权威与权力相结合的权威型管理类型，理论与实践相结合的研究型管理类型，传统与现代相结合的行动型管理类型，以及学校与社会相结合的经验型管理类型[①]。在小规模学校中，学校所辐射的社区范围相对较小，因此常表现出学校与社会相结合的经验型管理的特点。总之，作为小规模学校的校长来讲，其在注重组织内部的社会角色外，还要扮演好组织外部的社会角色。在对职业范畴内扮演角色的倾向性有所了解后，校长应基于所处组织的规模小而导致师资力量相对缺乏的现象，因此小规模学校校长在角色形式的选择方面也应该打破权威式的领导方式，充分认识到参与式领导在其职业角色扮演中起到的积极作用。因此，和政县小规模学校的校长，在权衡任务角色和社会角色的比重外，还需要选择适合于小规模学校管理的形式，即主动参与的管理形式，为小规模学校特有文化氛围的形成奠定基础。

---

① 上官子木：《四种校长与四种管理类型——来自个案访谈的调查与思考》，载《教育科学研究》2003 年第 5 期，第 25~29 页。

四、加强社区、家长等多元利益相关体的有效参与

学生的身心发展过程是多主体共同作用的结果，在对学生身心发展的影响方面，各主体各具优势，影响内容、形式、程度都不尽相同。作为学生身心发展的重要影响主体的学校来讲，应主动联合社区、家长等校外利益相关主体参与到学生发展过程中。

首先，加强社区和家长参与学校活动的认识。在学校活动中，社区和家长的共同参与能够避免因"学校教育万能化"而给学生发展带来的片面影响。目前，和政县社区、家长在参与学校活动中，表现出形式单一、地位不平等的问题，这与他们对自身的定位和认识程度有直接关系。和政县小规模学校的存在多以农村社区为依托，社区与学校的合作不应仅停留在补充或保障层面，而是应该采取积极措施，发挥社区的社会特性，为学生将学校所学到的知识应用到社会中提供实践环境，同时培养学生服务社会的能力和意识[1]。家长与学校的合作中多以被动参与的角色出现，除举办频率相对较低的家长会外，家长与学校的沟通多以个人行为为主，具有较强的随意性。家长在与学校的合作中，表现出的被动、辅助等特点均不利于其作用的发挥和责任的承担。教育行政管理部门以及学校应加强对社区和家长的宣传，促进多方利益相关主体对自身责任和义务的认识。

其次，社区、家长参与学校活动应以尊重沟通为前提。目前家长与学校间正规的沟通形式略显单一，家长会是相对制度化的家校联系方式，但这种形式具有组织频率较低、受众群体较多的特点，这些特点直接导致信息的单向传递，家长对于学校活动的参与缺乏程序性保障，信息交流方式不畅通导致实施过程受阻。除家长会以外的家校联系方式，则表现出较强的随意性，无论是家长主动联系还是教师主动联系，都表现出一定的随意性，因此在家校合作中制定相应制度能够为其沟通提供保障性前提。此外，和政县是少数民族聚居县，学校在与社区合作的过程中，应充分尊重少数民族的文化、习俗，只有建立在以尊重为基础的沟通才能实现各主体主动参与意识的发挥，为形成有效合作提供实施途径。

最后，社区与家长参与学校的科学化。加强认识和保障沟通是从主观层面和政策层面为多主体的合作奠定基础，调研中发现，社区和家长参与学校活动的技巧与方式选择也直接影响到合作的有效性，这就要求学校承担起培训的责任。导致社区及家长不能科学参与学校教育的因素较多，如文化水平低、不懂教育规

---

[1] 张云间、张秀岩、王晓明：《关于社区教育若干基本问题的思考》，载《教育研究》1995 年第 5 期，第 58~62 页。

律、缺乏参与技能等。因此，学校在实践中应向家长和社区沟通，以学生身心发展规律以及教育规律为基础，培训其科学的教育方式和管理办法。对社区定期公开学校信息，积极吸引社区成员为学校发展建言献策。上述程序的规范化能够有效结合各利益相关体的优势，为学生的全面发展提供适合的环境。

五、小学教学点为学生提供入学机会的同时，还要关注学生身心的可持续发展

不完全小学的大规模撤并与小学教学点在农村地区的大量设置是和政县学校布局调整的重要结果。相对于一般完全小学，农村小学教学点具有规模小、年级段少、教学形式灵活等特点。农村小学教学点虽然普遍面临着经费短缺、教师整体素质低、教师工资待遇低、办学条件差等一系列问题[①]。但教学点能为低年级学生提供就近入学的机会，减少因家校距离远而导致辍学、低龄寄宿、安全受到威胁等不良后果的产生，因此我国一些农村地区至今仍保留大量的教学点。就和政县目前布局调整的情况看，小学教学点大都为三年制，这种设置方式能够体现出教育行政机构在制定学校布局调整政策时已经充分考虑到为学生提供公平的入学机会，在"有学上"的基础上实现"上好学"是社会各界对教育部门提出的进一步要求，因此教育行政部门需要在最大限度内发挥教学点的优势，为学生的可持续性发展提供动力。和政县农村小学教学点三年制的状况比较普遍，这就意味着学生在结束小学三年级的学习任务后需要转入附近其他完全小学的高年级段继续学习，这种转变对于年龄尚小的小学生来讲是一个挑战。一方面，学生需要面对上学地点改变而带来生活方面的影响。学生需要在每天远距离走读和寄宿之间进行选择，当然这个选择需要有家长的充分理解和支持。虽然小学三年级的学生已经在身心上有所成长，但这种成长是否能够满足因远距离上学而带来课余可支配时间减少、体力消耗过大等问题还需要进一步探讨。另一方面，学生还不得不面对上学环境改变而带来学习方面的影响。学生在教学点完成低年级学习任务后，需要就近到新的教育环境中，他们需要面对新的同学、教师，需要理解并适应新学校的文化理念。因此，要求学生具备较强的理解与适应能力，只有这样才能避免因为不适应新的学习环境而产生厌学的心理。

社会各界对小学教学点的质疑通常表现为对教育质量的怀疑，即把教学点看作是完全小学的补充形式，其存在的可能性仅仅因为地形、人口等客观条件的需

[①] 范先佐、郭清扬、赵丹：《义务教育均衡发展与农村教学点的建设》，载《教育研究》2011年第9期，第36~42页。

求。事实上，教学点具有完全小学不具有的特点，如教学形式灵活、对个体集中关注强等特点可化作教学点存在的优势，而不是一味地批评。针对小学生转到完全小学高年级阶段进行教育可能遇到的生活和学习方面的困难，教学点在完成正常教学任务的同时，还应采取多形式的活动，培养学生的适应能力。如为同年级学生提供更好的沟通交流平台，同年级的学生一般会在同一时间段选择去就近的完全小学完成高年级阶段的小学教育，同伴互助型关系可以为新学段提供强有力的支持性保障；教学点由于教师数量相对缺乏，则要求教师任教多门学科，这在向教师的专业性提出质疑的同时，为教师能从多个学科角度全面认识学生提供了可能性前提，教学点教师提供针对学生个性化发展的教育教学活动，能够为学生提供获得自信的途径和保障条件，缓解学生因自卑等情绪影响产生的不适应心理而带来的负面影响。总之，应该加强社会各界对教学点功能的认识，尤其是因为其规模小等特点而带来的发展优势。这些优势的充分认可和有效利用，不仅为其存在提供合理性前提，而且有助于为学生提供可持续发展的动力。

六、改善交通条件促进教育资源的优化整合

教育资源的优化整合是学校布局调整的实施目标，其中判断条件之一即是扩大学校服务半径。和政县以山区为主的地势环境直接影响到学校服务半径的有效扩大，虽然地势条件属于非人力可改善的条件，但通过交通条件的改善可在一定程度上实现学校服务半径的扩大，促进教育资源的整合与优化，符合和政县在学校布局调整政策制定和实施过程中"以生为本"的基本理念，即不仅仅以家校距离作为实施中小学撤并的唯一标准，而是将地理条件、学生年龄段等一系列能够影响学生入校后状态的因素作为重要的衡量指标。交通条件的改善，能在程度范围内尽可能减少住宿学生的数量，避免低年级学生因身心各方面缺乏相应准备而表现出各种不良反应。此外，交通条件的改善能够减少住宿学生的数量，从而减少农村中小学校对寄宿生管理及配套设施建设与管理而带来的压力。目前，通过媒体等公众渠道表现出社会各界对农村教育的批评已经不仅仅局限于教育教学层面，而且对其管理层面的关注也越来越多，这与教育管理带来的影响具有较强的显性效果有直接关系。鉴于学生身心发展角度和学校管理角度的综合考虑，和政县通过改善交通条件促进教育质量的提升具有可行性。

根据和政县的实际情况，研究者认为本地的交通条件可以通过以下两个方面进行改善。一方面，有计划地对道路条件进行改善。对于道路条件进行改善可能带来多维层面的利益，对于教育层面来讲，改善道路条件可以在一定程度上减少因地势条件制约而带来的上下学路途困难，为学生上下学路上的安全性提供保障

性条件基础。道路条件改善过程中所涉及的部门较多，需要各部门的综合协调，才有可能产生良好效果，为教育资源的优化整合、教育质量的提升提供条件性保障。另一方面，加强对交通工具的改善。相对于改善道路条件的巨大工作量和较高的实施难度，通过改善交通工具的途径被认为是可在相对较短时间内收得成效的措施。在改善交通工具方面，既要提升交通工具的客观质量，同时也要加强对交通工具的管理。在必须发展校车的地区，对校车的管理、保养、维护、人员保障、责任归属等问题都应该列入需要监督的范围内。和政县是全国贫困县，因此对于校车如何进行高效、高能的利用也应在和政县教育行政部门的重点考虑范围内。对于缺乏发展校车条件的地区，应强化公共交通对于教育服务的功能，对乘坐公共交通上下学的中小学生提供一定的优惠政策和保障措施，如发车时刻的安排、车票补助以及优先乘坐等具体措施。通过对交通条件的改善，使得学生不会因为家校距离问题而对其身心产生伤害，同时还能够在尽可能的范围内优化教育资源，为教育质量的提升提供条件性保障。

第三篇

比较研究

第十三章

美国农村学校布局调整研究

对学校进行布局调整是世界各国在城市化进程中必然面临的课题。作为一个早发的现代化国家①，美国的学校布局及其调整前后经历了 100 余年的时间，基本上是按照自然演进的逻辑展开的，但事实上，美国农村中小学学校布局调整（rural school consolidation）的道路并不平坦，毋宁说是伴随着民众的反对甚至是批判的声音前行的。中国农村中小学布局调整正处在关键阶段，回顾美国农村中小学布局调整所走过的历程，借鉴他们成功经验，吸取他们失败的教训，对后发的中国顺利平稳地度过学校布局调整期，办让农民满意的农村教育有着重要的启示意义。

第一节 美国乡村学校（学区）的布局阶段

美国乡村学校的布局阶段主要是指从殖民初期到 19 世纪中后期这一阶段。在宗教普及与政治统一的驱动下，美国学校的数量经历了由少到多的发展过程。

---

① 依据现代化理论，英国是源发型的现代化国家，美国、日本和德国是在 20 世纪初叶至中叶先后完成对英国追赶的，因此应该算是第二拨的现代化国家。但是，作为第二拨的现代化国家，美国、日本和德国的追赶与英国所走的现代化道路有许多相似性，而与第三拨的现代化国家如亚洲"四小龙"的追赶有很大的不同，因此，这里把美国也算成是早发的现代化国家。

一、美国乡村学校设立的背景

(一) 宗教普及推动了乡村学校的出现

早期学校的设立源于民众的宗教狂热。以新英格兰地区为例[①],此处最早为清教徒[②]的聚集地,清教徒极度崇尚《圣经》,认为只有会读、写《圣经》的人,才能直接承受上帝的圣恩,获得救赎。在学校出现前,教堂承担了教授学生《圣经》的任务。随着民政事务的增多、市镇人数的发展,教堂越来越无法承担众多学生的教学任务,因此在当地居民的要求下,政府开始在教堂附近单设学校[③],由教会人员为学生讲授宗教故事,阐明教义,并教授《圣经》,这便是美国学校的雏形。当时的美国是一个成分复杂的移民之地,来自不同国家、不同教派的移民大多按照各自的文化习惯聚居,因此,各教派分教区设校教学的现象较为常见。

(二) 政治统一促使乡村学校广泛设立

美国建国后,应政治统一的要求和公共教育运动的推动,政府在全国范围内大量设立公立学校。建国初期,为保证国家的稳定与统一,政府开始设立非教派学校为全体国民提供免费教育,传授国家正常运作所必需的基本的共有核心知识与价值观念[④]。到19世纪四五十年代,公共教育运动进一步将学校教育推广到教育原本稀缺的地区[⑤],学校数量进一步增加。以马萨诸塞州的洛厄尔学区为例,此学区在1840年共有21所初等学校,到1850年已经发展到有46所初等学校[⑥]。10年间,学校的数量增加1倍有余,足以证明此阶段学校广泛设立的程度。

[①] 新英格兰地区在整个美国教育史上一直处于发展前列。建国后美国学校与学区制的雏形最早也发源于新英格兰地区的马萨诸塞州,所以这里以新英格兰地区的教育发展为例。

[②] 清教徒是16世纪宗教革命时期兴起的新宗教教派,由于反对腐败的正统国教,在英国备受国教徒的迫害,因而大举迁美,目的是想在此建立一个信仰自由、政教合一的理想社会。

[③] 滕大春著:《美国教育史(第二版)》,人民教育出版社2002年版,第53页。

[④] [美]劳伦斯·A·克雷明著,周玉军、苑龙、陈少英译:《美国教育史(2)——建国初期的历程(1783~1876)》,北京师范大学出版社2002年版,第121页。

[⑤] 同上,第414页。

[⑥] 同上,第448页。

二、美国乡村学校布局的特点及产生的问题

在宗教普及与政治统一的推动下,美国初等学校的数量显著增加。受宗教、政治及文化的影响,当时的学校布局主要呈现以下几个特点:

第一,学校由地方自行设立。殖民地初期到 19 世纪中后期,学校设立的职责主要由地方负责。在殖民地时期,全国并未形成统一的教育领导机构,因而由各地①自主办学。当社区认为有必要设立学校时,就通过镇区居民的自愿捐款、纳税以及缴纳学费等形式筹资,组成一个学区,成立学校。当地教会负责委派教师、视察学校和管理学校一切事务,市镇议会负责设置学校和供应学校运转经费②。建国后,殖民地时期的教育地方自治雏形演变成较为完善的学区制,学区承担设校与管学的责任。此时,学区从早期的非正式组织逐渐演变为一种正式的教育管理机构,它一方面有权向居民征收教育税以用作设校办学,另一方面拥有管理教育事务的权利,如选派教师、确定各科课本、制定教学计划以及教学纲领。由于各地对教育的重视与努力程度不同,各地学校的设立情况也有所相同。如在新格兰地区,居民深受传统宗教习俗影响,较为重视教育事业,因此一直处于全国教育发展的前列,而南方诸多州由于疏于对教育的管理,教育发展则相对落后。

第二,学校与社区的关系非常紧密,是社区教育、文化以及社会活动的中心。早期教堂承担了宗教、教育及社会等多种职能。当学校脱离教堂而单独设立时,大部分学校仍是居民议论社会、政治问题以及处理学校事务的场所③。当时,密歇根州大港市(Grand Haven)便将最早的学校同市镇议会大厅、巡回法庭以及教堂共同设立于市镇中心的公共建筑内,作为市镇居民都可参与的共享资源④。从大港市的学校设立情况可以看出,当时的学校不仅拥有教育功能,同时也被赋予了社会功能,是社区活动的中心,更是社区的文化象征。

教育地方自治一方面有利于各地根据当地的特点灵活地发展教育事业,但另一方面由于各地经济发展水平以及对教育重视程度的不同,教育发展水平总体并不均衡,这主要表现在以下几个方面:

---

① 清教徒深受 16 世纪宗教革命的影响,在新英格兰地区沿用加尔文在日内瓦改革的做法,将此地划分为若干镇区,镇以村为中心,管辖约 20~40 英亩的地域,并在村中心建教堂,方便教士向镇区居民布道、传道,形成教区。后来的行政区划大多由早期的教区演化而来。
② 滕大春:《美国教育史(第二版)》,人民教育出版社 2002 年版,第 76 页。
③ 同上,第 251 页。
④ David H. Seibold. *A History of Grand Haven Schools*. http://www.macagency.com/bevsblog/images/History%20of%20Grand%20Haven%20Schools.pdf.

第一,教育投入差距大。美国早期教育的运转经费大部分来自于地方居民缴纳的税款以及学费。因此,学校经费的充裕程度通常与当地的经济发展水平息息相关。由于各地的经济发展水平参差不齐,因此投入的教育经费也存在巨大差距。如有的州生均教育经费为34.35美元,有的州则为144.56美元[1],这种教育投入差距既表现为州际间的差距,也表现为州内的城乡以及区域差距。特别在许多农村地区,大量存在的"一教师、一教室"学校的教育经费更为缺乏。

第二,农村教师稳定性差。教育经费的投入水平直接影响了教师队伍的稳定性。与城市学校相比,农村学校的教育经费来源相对单一,大多为当地的税收及缴纳的学费,经费不足问题非常严重,而城市教育经费的来源则相对多源化,且较为稳定。大量农村"一教师、一教室"学校的教师待遇低、工作环境差,无法吸引和留住优秀教师,导致农村地区教育发展远远落后于城市地区。

第三,学区管理者管理水平参差不齐。早期全国并未制定统一的办学标准,建国后宪法规定教育实行地方自治制度,由各州统一管理各州的教育事业。但在建国初期,这一宪法并未得到有效执行。直到19世纪中叶,大部分州才确定了州的教育领导地位,在此之前,各地的教育事业基本由地方学区管理者管理。在许多农村偏远学区,大部分教育管理者并无教育管理经验,而是由当地居民自愿承担,管理者管理水平有限,仅凭主观感觉处理教育事务、判断教育发展方向,教育管理者参差不齐的管理水平限制了当地教育的发展水平,进而导致了各地教育发展水平的不均衡。

第二节　美国乡村学校（学区）布局的调整阶段

19世纪中期以前,美国各地均自主设立与管理学校。19世纪后期,随着州教育领导体制的逐步完善,各州普遍建立了州教育委员会,规划州教育事业的发展;市、县也建立了相应的教育领导机构。由于城市建立教育领导机构较早,办学经费日渐充足,而农村地区教育管理机构建立较晚,加之受地方经济发展的限制,城乡教育质量的差距越来越大。为了改善各地教育质量低下、教育发展水平不均衡等问题,各州开展了不同程度的学校（学区）调整运动。

---

[1] 滕大春:《美国教育史（第二版）》,人民教育出版社2002年版,第349页。

一、学校(学区)布局调整的原因

(一)教育质量低下

造成教育质量低下的原因是多方面的,其中教育地方自治是重要原因。在美国民众眼中,教育地方自治是其政治民主与自治的重要象征。因此,尽管《宪法》规定由各州统一管理教育事业的发展,但大部分地区的教育仍由当地居民负责管理。各地经济发展水平决定了各地教育质量并不均衡。特别是大量的"一教师、一教室"学校办学条件差,师资力量弱,培养的学生不能或难以适应社会与经济发展的需要。政府认为教育质量低下不但不能培养出国家所需要的"理想公民"以增强国力,而且还使国家处于危机之中。因此,大量"一教师、一教室"学校成为学校(学区)合并的首要目标。

(二)农村学校生源减少

19世纪中期以后,美国城市工业迅速崛起,吸引了大量农村毕业生流入城市。同时,农业工业化、机械化的兴起带来了农业的规模化经营,农村就业机会减少,剩余劳动力持续增加,大量失业农民也纷纷涌入城市寻找新的工作机会。农村人口流失导致农村生源减少,农村生源减少又导致生均教育经费的增加。在一般情况下,每生每年花费的教育经费约为100美元,但在"一教师、一教室、一学区"的学校中,每生每年的教育经费为150美元[①]。出于对规模效应的追求,大量"一教师、一教室"学校被合并。特别是20世纪七八十年代,农村经济低迷,致使许多农村学区出现财政危机,难以投入充足的教育经费兴办学校,部分学区为了节约教育经费也不得不主动合并到大的学区,以缓解财政困境。

(三)公司寻利行为的驱动

除了教育质量低下以及生源减少外,大型私人企业的寻利行为也促使了政府对学校(学区)进行合并。如美国国际收割机公司便鼓励政府进行学校(学区)调整,原因是因为该公司承担了全美校车的制造;而在西弗吉尼亚州,为了争取学校建设集团(SBA)为学区提供赞助,大量小学校不得不合并,以便学校建设

---

① 滕大春:《美国教育史(第二版)》,人民教育出版社2002年版,第441页。

集团可以为学区重新修建校舍[①]。

二、美国学校（学区）布局调整的标准

美国是典型的教育地方分权制国家，教育事业由地方负责管理。在学校布局调整的过程中，州一级教育部门负责制定学校（学区）布局调整的标准，而学区则是学校（学区）布局调整实施的主体。由于各州的经济发展水平参差不齐，州际间教育发展差距较大，各州所制定的学校（学区）调整标准也不尽一致。但总体而言，仍然存在共通之处，主要表现在以下几个方面：

（一）依据学校（学区）规模推进学校布局调整

从学校层面而言，规模主要是指学校现有的学生人数。当学校的就学人数少于所规定的标准时，就面临着被合并的可能。如亚利桑那州制定"学校生存能力规则"以确定学校是否应该被合并。它以学校人数来判定学校是否是"有生存能力"的学校。该规则规定，从学前教育阶段到小学六年级，只有当每个年级的人数达到20人时才可以认为学校有发展能力，这也就意味着，如果小学（包括学前）全校人数少于140人时，则会被视为无生存能力，进而成为关闭或合并的目标[②]。而对于学区而言，除了以学区现有的学生数作为合并的标准外，学区入学人数数量的变化也是布局调整时所考虑的依据。如纽约州的部分学区就将学区现有的入学人数和未来计划入学的人数的持续减少或缩减作为学区合并的重要条件[③]。

以学校（学区）规模作为学校布局调整标准这一假设的前提来自于经济学领域。传统经济学认为：与规模较小的组织相比，大组织可以运转得更有效率，因此，扩大组织规模可以减少单位投入成本，达到产出的最高效益。而将此经济学理念运用到教育领域，则认为如果扩大学校规模，便可以降低学校的生均成本，以达到学校办学规模效益的目的。美国各州以学校（学区）的规模作为布局调整的标准主要是为了缓解学区的财政压力。特别是在20世纪七八十年代，农村经济低迷，许多农村学区出现财政危机，为了摆脱教育财政困境，学区与政

[①] Joe Bard, Clark Gardener and Regi Wieland. *Rural School Consolidation Report*: History, Research Summary, Conclusions and Recommendations. *The Rural Educator*, 2006, Vol. 27, No. 2, pp. 40 – 48.

[②] Dennis M. Mulcahy. *Rural Education Reform*: The Consultation Process. National Rural Education Association 89th Annual Convention & Research Forum Tucson, 1997.

[③] Ed Young and Harry A. Green. *School System Consolidation*. Staff Education Brief, 2005, No. 8, pp. 1 – 15.

府便开始积极主动地推行学校布局调整，以缩减教育预算。

（二）依据学校（学区）课程提供的全面性作为学校布局调整的标准

从学校角度而言，调整的主要标准则是以学校能否提供全面的课程计划以及学生参与多样化课外活动的条件与机会。具体所需要提供的课程计划以及参与的课程科目各州设定的标准并不一致；但课程的全面性、课外活动的多样性以及特殊课程的提供情况是重要的依据。从学区角度而言，调整的标准大都以学区能否提供完整的 K—12 年的教育计划来确定学区是否应该被纳入合并计划。以密歇根州为例，当一个学区不能提供完整的从幼儿园到高中的教育计划时，就需要合并到较大的学区，以便学生可以接受更好的、更高质量的教育[1]。除密歇根州外，亚利桑那州也以学区能否提供完整的 K—12 的基础教育作为学区是否需要合并的标准。

能否提供多样以及全面的课程计划是许多州学校（学区）布局调整考虑的标准之二。这一假设的前提认为：小规模学校（学区）无法为学生提供较为全面的课程以及多样化的课外活动，而大规模的学校可以提供多样而有效的课程计划。以课程提供情况作为学校（学区）布局调整的依据主要是出自提高教育质量的考虑。杰克森认为，大学校比小学校可以提供更为显著的、更多种类的课程。沃尔博格（Walberg, Walberg）研究了 38 个州的数据后证明，规模较小的学区很少提供广泛多样的特殊化课程[2]。因此，政府认为：小规模学校无法提供充足而多样的课程，这不但影响了整体教育质量的提高，而且培养的学生也不能适应社会与经济发展的需要。特别是在 1983 年美国国家教育质量委员会发布了《国家处在危机之中：教育改革势在必行》重要调查报告以后，小规模学校以及农村的"一教师、一教室"学校的教育质量成为学者主张合并的重要依据。迫于国家发展的需要以及学者的呼吁，许多州为了让学生接受到更多、更好、更有效的课程计划，开始对小规模学校进行调整。

（三）依据学校（学区）的地理条件、学校（学区）间距离以及税收情况等条件作为学校布局调整的标准

从自然条件而言，一些州以当地的地理条件、地形情况以及人口稠密度等作

---

[1] David H. Seibold. *A History of Grand Haven Schools*. http：//www.macagency.com/bevsblog/images/History%20of%20Grand%20Haven%20Schools.pdf.

[2] John R. Slate and Craig H. Jones. *Effects of School Size：A Review of the Literature with Recommendations*. http：//www.usca.edu/essays/vol132005/slate.pdf.

为制定学校（学区）布局调整的标准。如 1998 年博克思和马特尼思（Boex，Martinez-Vasquez）对乔治亚州的研究发现，当两个学区的地理面积越相似时，学校合并的可能性越大[1]。除此以外，学校布局调整时也将合并学校与学区之间的距离纳入合并时考虑的标准之内。

从经济方面而言，税收较少或者税收负担较为严重的学区，也是学区合并的依据。美国实行的是教育地方自治的管理模式，在大规模学校（学区）布局调整以前，地方政府对教育的投入占很大比例，而国家与州政府的投入则相对较小。大卫·斯特朗（David Strang）对各级政府的教育投入研究表明，1945 年地方政府对教育的财政投入为 65%，州政府约为 34%，而联邦政府的投入仅为 1%[2]。从教育投入的权重来看，各地教育发展的水平直接与当地的经济发展水平，即税收情况密切相关。但由于各地经济发展水平并不一致，教育发展水平也并不均衡，许多偏远或农村学区由于财政收入少，教育财政压力较大，无力支撑当地学区的发展。因此，各州便将有税收负担的独立学区与经济条件较好的学区进行合并，一方面减少经济不发达地区发展教育的压力，另一方面保证学生可以获得高质量的教育资源。如纽约州以当地的税率以及平均财富水平来划定学区发展是否有财政负担。当平均税率高于州平均水平，或平均财富低于州平均水平时，就认为此学区没有能力支撑当地教育事业的发展，而被纳入合并的范围[3]。各地合并的标准因地制宜，并不一致，并且并非所有州都将税收水平作为合并考察的依据。

三、学校（学区）布局调整的结果

大规模学校（学区）布局调整后，美国学校的数量大幅度缩减。学校的减少与学区的变更一方面改变了传统的教育管理模式，带来教育管理权的上移，另一方面也有利于教育行政机构对学校（学区）进行管理，改善教育发展的不均衡状况。

---

[1] L. F. Jameson Boex and Jorge Martinez-Vazquez. *Structure of School Districts in Georgia*: *Economies of Scale and Determinants of Consolidation*. Fiscal Research Center of the Andrew Young School of Policy Studies, 1998.

[2] David Strang. *The Administrative Transformation of American Education*: *School District Consolidation 1938 - 1980*. *Administrative Science Quarterly*, 1987, Vol. 32, No. 3, pp. 352 - 366.

[3] Ed Young and Harry A. Green. *School System Consolidation*. *Staff Education Brief*, 2005, No. 8, pp. 1 - 15.

（一）学校数量大幅度缩减

经过一个多世纪的调整，美国全国的学校（学区）数量锐减。自1940～1990年的50年间，美国学区减少了近87%，从117 108个缩减为15 367个[①]，缩减的数量超过10万个，平均每州学区的数量从2 437个缩减到318个，每个学区所覆盖的小学生人数从216人上升到2 646人[②]。在密歇根州，1910年全州共有学区7 333个，而在1998年全州的学区减少为559个，减少幅度为92.3%[③]；再如内华达州，1952年，全州共有学区177个，受学区财政危机的影响，到1954年全州共有学区17个，两年内缩减幅度为90.4%[④]。从学校数量来看，从1940～1990年的50年间，全国小学与初中的数量下降了69%，从近20万所下降到62 037所，而同时期美国全国人数却增加了70%。学校锐减的速度远高于人口增长的速度[⑤]。学区管理管辖人数的上升与管辖区域的增加也进而带来一系列新的问题与矛盾。

（二）教育管理权力上收

19世纪中期以后，大部分州都上收了教育管理权力，成立了州教育委员会和教育厅，前者负责教育发展决策与规划，后者负责制定并执行教育政策。随后，各市、县、乡也成立了教育管理机构负责管理地方教育。第一次世界大战后，全国大部分州都形成了自上而下的教育管理部门。这种完善的教育管理体制在削弱了学区原有管理职能与权限的同时，也将学校任命教师、举办考试以及制定教学计划等权力收归到市、县教育部门。这一举措打破了教育地方自治的传统，削弱了当地民众办学的积极性，割裂了学校服务地方的功能，引起了民众强烈的不满与学者的质疑。

（三）教育发展不均衡情况有所缓解

布局调整前，美国存在严重的教育发展不均衡的状况，这种不均衡不仅体现

[①] Herbert J. Walberg and Herbert J. Walberg III. Losing Local Control. Educational Researcher, 1994, Vol. 23, No. 5, pp. 19-26.

[②④] David Strang. The Administrative Transformation of American Education: School District Consolidation 1938-1980. Administrative Science Quarterly, 1987, Vol. 32, No. 3, pp. 352-366.

[③] David H. Seibold. A History of Grand Haven Schools. http://www.macagency.com/bevsblog/images/History%20of%20Grand%20Haven%20Schools.pdf.

[⑤] Kathleen Cotton. School Size, School Climate, and Student Performance. http://educationnorthwest.org/webfm_send/513.

在州际间的不均衡,同样也体现于州内区域发展的不均衡。特别是在许多农村学区,经济发展水平能力较弱,支撑教育发展的能力有限,与城市学区的差距越来越大。为了改变这一现状,各州依据当地税收与经济发展情况对学校以及学区进行了合并与调整,增加了国家以及州层面对教育的投入,在一定程度上缓解了农村学区发展的困境,有利于州内教育的均衡发展。大卫·斯特朗(David Strang)研究了1945~1980年间联邦政府、州政府以及地方政府对教育经费投入的变化情况后得出结论:1945年,地方政府对教育的财政投入为65%,州政府约为34%,而联邦政府的投入仅为1%;而到1980年,地方政府对教育的财政投入减少到44%,州政府增加为47%,联邦政府对教育的投入达到了9%[1]。这说明,美国的学校布局调整伴随着教育行政权力以及教育投入责任的上移,投入主体由原来的地方教育管理部门上升至州政府。州政府对教育投入的增加保证了州教育管理机构可以在全州范围内调控教育资源的配置,改变了教育发展水平受各地经济发展水平制约的状况。教育管理权力上收至州教育行政部门后,各地的教育质量低下、教育发展不均衡状况均有所缓解。

(四) 学生入学的补偿措施日益完善

学校(学区)合并必然导致学校服务半径的扩大,势必影响被合并学区学生入学的积极性与便利性。因此,伴随着美国学校(学区)布局调整的进行,各州开始探索并制定不同的补偿政策。如马萨诸塞州于1869年决定合并学区,1880年决定取消"一教师、一教室"学校,另在适中地点建立中心学校,学生到校及回家由公款置备校车接送[2]。也有州为学生提供免费午餐,以弥补学生远离家庭上学所带来的不便。

四、学校(学区)布局调整存在的问题

美国学校布局调整使教育不均衡状况得到了大幅度的改善,并提高了各地的教育质量,但是,推进了将近100年的美国学校(学区)布局调整也带来了一系列的问题。

---

[1] David Strang. *The Administrative Transformation of American Education: School District Consolidation 1938 - 1980. Administrative Science Quarterly*, 1987, Vol. 32, No. 3, pp. 352 - 366.

[2] 滕大春:《美国教育史(第二版)》,人民教育出版社2002年版,第439页。

(一) 学校（学区）布局调整加重了当地居民的财政负担

传统经济学理论认为，增加规模可以减少每单位的成本。因此，为了提高每单位的效率，就应该扩大规模，但事实上，教育领域扩大学校规模并不能带来教育投入的减少，反而可能增加生均教育经费。西弗吉尼亚州的学校（学区）合并证明了这一结果[1]。20世纪90年代，西弗吉尼亚州在大规模地进行学校布局调整前，政府宣称学校合并将会为纳税人节约数百万美元，但学校合并后民众却发现，州政府在学校合并上的花费超过10亿美元。大量资金用于交通、校舍修建和购置教学设备，一部分用于发放学校管理人员的薪酬。乔治·贝利（George Bailey）等人对米苏拉县（Missoula County）的学校合并进行调查后也发现[2]，学校关闭后，纳税人并未节省任何开支。相反，由于学区服务半径的扩大，学区的教育管理部门需要更多的办事人员，教育人事部门的开支将会增加，而所需花费都要由当地纳税人承担。另有学者对1960~2004年间的学校布局调整的数据进行分析后认为，并没有明显的证据表明小学区合并到大学区后可以降低学校的生均教育经费。从研究可以看出，学校布局调整不但没有为纳税人节省教育开支反而增加了教育经费的投入。

在教育领域中，生均教育成本与学校规模并不是简单的直线形关系，而是呈"U"形曲线相关，即规模过小的学校与规模过大的学校生均教育成本都较高，因此，一定程度上，合并小规模学校可以带来积极的效益，但如果达到学校规模的极限则同样会产生较高的生均教育成本，进而出现规模经济的负效应。

(二) 学校（学区）布局调整导致部分学生学业成就有所降低

学校（学区）布局调整后，学生的学习成绩并没有因为布局调整而有所提高。学校（学区）合并支持者认为：合并学校可以降低生均教育成本，并将节约的经费用于投资改善学校的课程，这样可带来学生成绩的提高[3]。但实际上，学生的学习成绩与学校规模并没有强相关关系。哈尼斯（Harnisch）的研究证明

---

[1] 王强：《20世纪美国农村"学校合并"运动述评》，载《外国中小学教育》2007年第8期，第1~4页。

[2] George Bailey. *A Consolidation Model for K-12 Consolidation within Missoula County*. Annual Rural Educational Conference, June 22-24, 1994.

[3] 滕大春：《美国教育史（第二版）》，人民教育出版社2002年版，第251页。

学校规模与学生成绩的相关系数仅为 0.13[①]。从提高教育质量的相关因素而言，学生的学习成绩是与教师的质量、学生家庭所处的社会阶层以及学校整体的文化相关，而并非与布局调整支持论者所声称的学校规模有关。

学校布局调整后，学生并未获得高质量和多样化的课程。蒙克（Monk）认为学校合并后，大规模学校尽管可以提供多样化的课程，但并不能保证每位学生都可以获得高质量的课程[②]。多样化的课程只是为高质量的课程提供了前提，而非必然的结果。此外，巴克和甘普（Barker and Gump）的研究也发现在大规模学校中，只有很少一部分学生可以接受特殊教育的课程，大多数学生并不能获取充分而有效的课程机会[③]。另外有研究表明，学校布局调整后，许多离家距离较远或家庭社会经济地位较低的学生，其在参与课外活动的机会与时间等方面将处于更加不利的地位[④]。学校布局调整不但没有为学生提供多样化且充分的教育资源，反而降低了部分学生可获得的教育资源。

学校布局调整后，学生的辍学率增高。科南特（Cotton）在关于学校规模与辍学率关系的研究中发现，小规模学校的辍学率较大规模学校的辍学率低。皮特曼和霍夫沃特（Pittman and Haughwout）研究了 744 个公立学校与辍学率之间的关系后得出结论，当学校的人数少于 667 人时，平均辍学率为 6.4%，而当学校的规模大于 2 091 人时，平均的辍学率为 12.1%[⑤]。特别是在高中毕业班级，辍学率随着学校规模增加而增高。因此，学校合并的一个潜在结果是增加了学校的辍学率。

学校布局调整后，大规模学校学生的纪律问题更加突出。霍尔（Haller）的研究表明，学生人数为 443 人的农村学校与学生人数为 1 200 人的城市学校相比较而言，前者纪律问题更少[⑥]。随着学校布局调整带来学校规模的增大，大规模学校的纪律问题愈加突出，管理难度也随之增大。

（三）校车制度所引发的学生路途安全隐患等问题

学校（学区）合并必然带来服务半径的扩大，为了弥补学生上学的不便，大部分州都采用校车接送学生上下学。现阶段，每年全美共有 2 350 万学生乘坐

[①] Delwyn L. Harnisch. *Characteristics Associated with Effective Public High Schools*. Journal of Educational Research, 1987, Vol. 80, No. 4, pp. 233–241.

[②③⑤] John R. Slate and Craig H. Jones. *Effects of School Size: A Review of the Literature with Recommendations*. http://www.usca.edu/essays/vol132005/slate.pdf.

[④] Craig B. Howley. *School District Size and School Performance: Rural Education Issue Digest*. http://www.eric.ed.gov/ERICDocs/data/ericdocs2sql/content_storage_01/0000019b/80/16/c7/46.pdf.

[⑥] Emil J. Haller. *High School Size and Student Indiscipline: Another Aspect of the School Consolidation Issue?*. Educational Evaluation and Policy Analysis, 1992, Vol. 14, No. 2, pp. 145–156.

44万辆校车穿行于家校之间，整个行程约为43亿英里①。但从校车的实行情况来看，尽管美国的校车制度已经相对完善，但其所带来的新问题与矛盾仍然受到学术界的质疑，其施行的结果并不令人满意。这些质疑主要表现在以下几个方面：第一，受自然环境、地理地形、道路情况以及校车运行过程中难以预测因素的影响，乘坐校车会增加学生的安全风险，并且在长时间乘坐校车途中，学生间容易发生打架、斗殴，也更容易沾染上不良的行为习惯，如吸烟等②。第二，在经济方面，学术界主要对校车能否节省教育资源提出了质疑。主要内容涉及校车的使用效率问题，包括对校车服务所需要运营成本（如配备、维护经费、人员工资、损耗等）以及对校车生均成本的精确测算③。有研究指出：校车的交通费用与安全问题是美国学校布局调整后带来的难题。仅1995~1996年，全国范围内的校车费用总计超过100亿美元④，在西弗吉尼亚州，1997~1998年间全州学生的交通费用为1.3亿美元⑤。第三，在教育方面，长时间乘坐校车会对学生的学业成绩、参与课外活动的机会与时间等方面产生不利影响，并可能打乱正常的教学进度。鲁瑶琪和卢瑟·特威坦恩（Yao-Chi Lu and Luther Tweeten）的研究表明，在学业成就方面，每天乘坐校车1小时的小学生比不乘坐校车的平均成绩降低2.6分，高中生的学业成绩则平均降低0.5分⑥。第四，在心理方面，米歇尔·福克斯（Michael Fox）认为早出晚归乘坐校车影响儿童与父母的情感交流，不利于儿童心理健康成长。以西弗吉尼亚州为例，西弗吉尼亚州的教育法规在关于校车乘坐的规定中指出小学生每天乘校车的单程时间不超过30分钟，初中生不超过45分钟，高中生不超过1个小时，但事实上，在西弗吉尼亚的部分县，学校合并后有超过半数的学生每天在校车上度过的时间超过了规定时间⑦。甚至有学生笑言：高中4年乘坐校车的时间可以绕行世界两圈。第五，在社会不公方面，学者认为长时间乘坐校车会对家庭社会经济地位较低的学生群体产生的不利影响，并且也带来了乘坐校车群体与非乘坐校车群体间的相互融入问题⑧。

---

①②④ Beth Spence. *Long School Bus Rides: Their Effect on School Budgets, Family Life, and Student Achievement*. Educational Resources Information Center, 2000.

③ John W. Alspaugh. *The Effects of Geographic and Management Factors on the Cost of Pupil Transportation*. Journal of Education Finance, 1996, Vol. 22, No. 2, pp. 180 – 194.

⑤⑦ Beth Spence. *Long School Bus Rides: Stealing the Joy of Childhood*. http://www.wvcovenanthouse.org/challengewv/resources.html.

⑥ Yao-Chi Lu and Luther Tweeten. *The Impact of Busing on Student Achievement*. Growth and Change, 1973, Vol. 4, No. 4, pp. 44 – 46.

⑧ Craig B. Howley. *School District size and School Performance: Rural Education Issue Digest*. http://www.eric.ed.gov/ERICDocs/data/ericdocs2sql/content_storage_01/0000019b/80/16/c7/46.pdf.

第三节 美国乡村学校（学区）布局调整的反思阶段

从国家角度看，尽管学校（学区）的调整提高了学校的教育质量并改善了教育发展的不均衡状况，但从民众角度看，学校（学区）的布局调整却损害了部分学生公平的入学机会、割裂了学校与社区的联系。因此，从20世纪90年代开始，一些学者从学校规模、办学成本、学生入学公平以及学校与社区的关系等角度开始对学校（学区）的布局调整进行反思。

一、美国学校（学区）布局调整的反思

（一）学校规模是否会影响学生的学业成绩

学校（学区）合并的第一个前提假设认为：学校规模过小会影响学生的学习成绩，因此为了提高教育质量，就需要对小规模学校进行合并。但是，这个看似合理的前提假设却受到众多学者的质疑。

凯思琳·科顿（Kathleen Cotton）研究了大规模学校与小规模学校在课程质量、学业成就、学生态度、课外活动的参与度、学生出席率、辍学率、教师态度等方面的差异后认为，学校规模与学生的学习成绩并无明显的相关性。相反，小规模学校更容易带来较好的学业成就[1]。小威廉·富勒和赫伯特·沃尔伯格（William J. Fowler, Jr. and Herbert J. Walberg）的研究也表明，学校规模与课程质量之间并无可靠的相关[2]。因此，并不能得出"学校规模会影响学生学业成绩"这样的结论。罗杰·巴克和保罗·甘普（Roger G. Barker and Paul V. Gump）在《大学校小学校：中学规模与学生行为》一书中提到：在提供课外活动的种类和参加课外活动次数方面，小规模学校的学生参与度明显高于大规模学校[3]。托马斯·格雷戈里和杰拉尔德·史密斯（Thomas B. Gregory and Gerald R. Smith）认

---

[1] Kathleen Cotton. School Size, School Climate, and Student Performance. http://educationnorthwest.org/webfm_send/513.

[2] William J. Fowler Jr and Herbert J. Walberg. School Size, Characteristics, and Outcomes. Educational Evaluation and Policy Analysis, 1991, Vol. 13, No. 2, pp. 189 – 202.

[3] Roger Garlock Barker and Paul V. Gump. Big School, Small School: High School Size and Student Behavior. Stanford University Press, 1964.

为，小规模学校中的学生对学校有着更为积极的态度[1]。克雷格·霍利（Craig B. Howley）认为，虽然大规模学校拥有更多的班级、更多可以选择的课程、更先进的设施，但却更容易导致学生产生不良行为习惯[2]。而且，对于社会经济地位较差的学生而言，就读于小规模学校更容易取得较好的学业成绩[3]。从上述学者的研究可以看出，学校规模与学生学业成绩之间并没有明显的正相关性，反而小规模学校拥有比大规模学校更好的受教育环境与受教育机会，并可带给学生积极的态度、情感与价值观，特别是对于经济社会地位较低的学生而言，小规模学校可以保证给每一位学生公平的参与机会。因此，以学校规模作为衡量学校教育质量的标准，显然不是合理且有效的。

（二）学校（学区）合并能否降低学校的办学成本

学校合并的第二个前提假设认为，学校规模过小会增加生均教育投入，而合并学校（学区）则可以降低办学成本，实现学校办学的规模效应。但是，自学校（学区）合并以来，这一假设一直受到学者们的关注。

凯思琳·科顿（Kathleen Cotton）的研究表明，与大规模学校相比，小规模学校运转起来更经济，大规模学校的生均成本反而较高[4]。前文所提到的西弗吉尼亚州的学校（学区）布局调整证明了这一研究结果[5]。尽管西弗吉尼亚州政府在大规模地进行学校布局调整前宣称，学校合并将会为纳税人节约数百万美元，但学校合并后民众却发现，学校布局调整并未为纳税人节约费用，州政府反而花费超过 10 亿美元用于解决学校布局调整后所带来的交通配置、校舍修建以及购置教学设备，而另外一部分开支则用于发放学校管理人员的薪酬。有学者对 1960～2004 年间的数据进行分析后认为，没有明显的证据表明从小学区合并到大学区可以降低学生的生均教育经费。因此，从经济的角度考虑，小规模学区比中等及大型学区更有经济效益，而且小规模学校比大规模学校更有利于促进社会稳定，

---

[1] Thomas B. Gregory and Gerald R. Smith. *High School as Communities: the Small School Reconsidered.* Phi Delta Kappa Educational Foundation, 1987, pp. 8 – 85.

[2] Craig B. Howley. *School District size and School Performance: Rural Education Issue Digest.* http://www.eric.ed.gov/ERICDocs/data/ericdocs2sql/content_storage_01/0000019b/80/16/c7/46.pdf.

[3] Joe Bard, Clark Gardener and Regi Wieland. *Rural School Consolidation Report: History, Research Summary, Conclusions and Recommendations. The Rural Educator*, 2006, Vol. 27, No. 2, pp. 40 – 48.

[4] Kathleen Cotton. *School Size, School Climate, and Student Performance.* http://educationnorthwest.org/webfm_send/513.

[5] 王强：《20世纪美国农村"学校合并"运动述评》，载《外国中小学教育》2007 年第 8 期，第 1～4 页。

这也可以为国家节省开支①。上述学者的研究表明，学校合并并不能使学校的办学成本降低，相反，小规模学校的办学可能更为经济。

（三）学校（学区）合并是否能促进教育公平

学校（学区）合并必然带来服务半径的扩大，为了弥补学生上学的不便，大部分州都采用校车接送学生上下学。这一举措看似合理，但却引发了人们对教育公平的质疑。

丹尼斯·马尔卡伊（Dennis M. Mulcahy）的调查发现②，家长最为关注学生在乘坐校车过程中的安全与欺侮问题、学生远离家庭在就学过程中的健康与心理问题、学生的教育质量问题、突发事件能否及时解决以及学生的社区情感归属问题。乔·巴德（Joe Bard）等人的研究发现③，那些需要乘坐校车远距离上学的学生在参与课外活动的时间以及与老师交流的机会上都明显低于不乘坐校车的儿童，而这严重影响着学生身心的发展。鲁瑶琪和卢瑟·特威坦恩（Yao-Chi Lu and Luther Tweeten）的研究也表明，与不乘坐校车时相比，每天乘坐校车一小时的小学生与高中生的学业成绩均有所降低④。因此，许多学者质疑，学校布局调整并没有为学生提供高质量的教育，反而引发被合并学校学生学习上的不公平。

（四）学校（学区）合并是否会损害社区的共同性基础

美国学校与社区有着密不可分的关系，这种关系是自学校产生就出现，并且在学校的历史发展过程中逐步稳定并增强。但学校（学区）的布局调整却打破了这种关系，割裂了学校与社区的联系，带来了民众的不满。

艾伦·派希金（Alan Peshkin）在伊利诺伊州的调查发现，对于农村社区而言，学校具有象征性的意义。它是整个社区的精神、生命力以及和谐的代表；它不仅具有教育意义，同时也有政治意义与社会意义，学校是居民自治的象征，更是居民社会活动的场所⑤。马尔卡伊也认为，学校与社区是相互依存的，学校的

---

①③ Joe Bard, Clark Gardener and Regi Wieland. *Rural School Consolidation Report: History, Research Summary, Conclusions and Recommendations.* The Rural Educator, 2006, Vol. 27, No. 2, pp. 40 – 48.

② Dennis M. Mulcahy. *Rural Education Reform: The Consultation Process.* National Rural Education Association 89th Annual Convention & Research Forum Tucson, 1997.

④ Yao-Chi Lu and Luther Tweeten. *The Impact of Busing on Student Achievement.* Growth and Change, 1973, Vol. 4, No. 2, pp. 44 – 46.

⑤ Alan Peshkin. *Growing up American: Schooling and the Survival of Community.* University of Chicago Press, 1978.

存在证明了社区存在的意义与价值①。艾伦·狄杨（Alan J. De Young）等人认为学校是整个社区社会、文化活动的中心，社区居民通过学校获得社会身份，并借以产生对社区的归属感与责任感。乡村学校对于社区的意义远胜于法律上的规定，它的存在有利于社区的稳定与延续②。农村学校（学区）的合并与重组，使原本具有象征意义和维系社区凝聚力的"纽带"——学校逐渐消失。这不仅影响了农村社区的经济发展，社区也失去了社会交往资源，更加剧了农村社区的瓦解与社区人口的外流。从以上学者的研究可以看出，学校（学区）布局调整对社区带来的有利方面要远少于给社区带来的不利方面。因此，学校（学区）布局调整依然是一个需要深思熟虑的改革。

二、美国学校（学区）布局调整的改进对策

尽管美国的学校（学区）布局调整已经持续了一个多世纪，但事实上，学校（学区）布局调整的历程并没有结束，许多州的学校布局调整仍然在进行中，如马萨诸塞州、纽约州依然面临学校（学区）的合并与调整。这也正说明学校（学区）布局调整是一个长期持续的历程。为了应对学校（学区）布局调整过程中出现的问题，更有效地指导正在进行中以及即将进行的学校布局调整，各州政府汲取学区（学校）布局调整过程中所积累的经验，采取一系列改进对策以指导教育布局调整的具体实施，力求减少这一过程中的负面效应。

（一）加强学区居民决定教育事务的权利

学校布局调整涉及合并学区每一位居民的切身利益。因此，在州教育部门以及当地教育部门决定合并学区教育机构或学校时，当地学区的选民有权利决定是否同意被合并。当学校（学区）调整的决议涉及取消当地学区，重新建立新学区时，也必须由当地有资格的投票人通过以后才能实施。如果任何一个学区的投票结果对学校（学区）合并持否定态度，决议就不能通过；如果第二次投票仍然持否决态度，那么，此项决定就成为无效决议③。纽约州和密苏里州一直保留着当地选民控制教育的习俗。由于在早期学校布局调整过程中，缺乏对群众意

---

① Dennis M. Mulcahy. *Rural Education Reform: The Consultation Process.* National Rural Education Association 89th Annual Convention & Research Forum Tucson, 1997.

② Alan J. De Young and Craig B. Howley. *The Political Economy of Rural School Consolidation.* Peabody Journal of Education, 1990, Vol. 67, No. 4, pp. 63-89.

③ New York State Education Department. *Guide to the Reorganization of School Districts in New York State.* http://www.emsc.nysed.gov/mgtserv/sch_dist_org/GuideToReorganizationOfSchoolDistricts.htm.

见的重视、忽视向群众反映布局的真实情况，因此，布局调整后出现的许多问题，如学生上学距离远、乘坐校车时间长、学生学习成绩下降等，引发了被合并学区民众对这一举措的反对，甚至在一些州提出决议要打破大学区，重新回归到小学区的管理方式。如在佛罗里达州以及密歇根州就存在"回归小学区"的呼声[1]、[2]。从政策推行的可行性和政策实行的有效性而言，充分尊重当地居民的意见是保证学校（学区）布局调整行之有效的重要途径。这样一方面是政府尊重学区居民受教育权、教育知情权以及教育决策权的体现，另一方面也有利于教育机构对学校（学区）调整后可能存在的问题进行真实、深入的了解，并及早做出相关的对策，将不利影响降低到最低。

（二）注重中立机构对合并学校（学区）的可行性研究

一旦学校（学区）布局调整的计划通过，当地的教育督导便会委任一个中立机构对合并后可能出现的问题进行研究并给予相关的对策建议[3]。研究所形成的报告与政策建议主要提供给当地学区的官员、纳税人以及教育督导以便让当地学区的居民了解学校（学区）合并后的具体情况。研究的主要内容包括：现有的以及未来计划的入学人数、现有的以及计划的专业工作人员、现有的以及计划中的校舍情况、学区合并后所能提供的教育计划与课程、学校（学区）合并后的交通情况、学校（学区）合并后的财政关系（包括州政府给予的帮助、需要的花费项目以及当地居民所需承担的税收负担）等几方面。在整个研究过程中，可行性研究要保证充分听取当地民众的意见，为研究提供真实、准确以及全面的信息。当地的教育委员会为此项研究提供充足的资金以保证研究的顺利进行。《纽约州学校（学区）合并指导方针》中明确规定了可行性研究的重要性，并认为可行性研究是实施学校（学区）布局调整的必要环节[4]。除纽约州外，俄亥俄州教育部也建立立法委员会在学校（学区）布局调整之前，进行可行性研究并对布局调整所产生的影响以及问题进行研究[5]。可行性研究一方面可以真实反

---

[1] Alan Richard. *Fla. Measure Would Allow Breakups of County Districts. Education Week*, 2006, Vol. 25, No. 20, P. 20.

[2] Michigan Department of Education. *School District Reorganization*. http：//www.michigan.gov/documents/school_district_reorganization_122545_7.pdf.

[3] New York State Education Department. *Guide to the Reorganization of School Districts in New York State*. http：//www.emsc.nysed.gov/mgtserv/sch_dist_org/GuideToReorganizationOfSchoolDistricts.htm.

[4] New York State Education Department. *Guide to the Reorganization of School Districts in New York State*. http：//www.emsc.nysed.gov/mgtserv/sch_dist_org/GuideToReorganizationOfSchoolDistricts.htm.

[5] Ohio Department of Education. *Highlights of Am. Sub. House Bill 66 FY 2006 - FY 2007 Biennial Budget*. http：//www.ode.state.oh.us/GD/DocumentManagement/DocumentDownload.aspx?DocumentID=1816.

映当地居民在学校布局调整后即将遇到的困难以及需求,另一方面,可行性研究也为政府部门对学校(学区)布局调整采取积极、有效的配套措施提供了帮助。

(三) 强化学校(学区)布局调整的法定程序

为了保证学区居民对学校(学区)事务管理的权利,有效地减少布局调整过程中出现负面效应,许多州都以法令的形式加强了对学校布局调整程序的控制。如纽约州 2009 年颁布的《纽约州学校(学区)合并指导方针》明确规定了布局调整执行的程序[①]。包括:首先由教育督导提出学校(学区)合并的请求并将决议分发到布局调整所涉及的各个学区;由各学区的职员将合并决议通告给学区的居民,适时举行学区居民的特殊会议并投票决定学区的合并与否,并根据学区居民的投票情况做出是否合并的选择。投票同意后,由学区居民选举教育委员会的新成员,然后由新任教育委员会成员准备新学区的运作事务。如果学区居民投票未通过学校合并的决议,则不能推进学校合并的事项,并择时再进行第二次投票,如果依然没有通过,则学校(学区)合并的决议将被搁浅。特别值得一提的是,整个过程必须严格按照指导方针所要求的程序进行,不能省略其中的步骤。并且指导方针还对居民投票的资格、投票的地点、时间、投票的计票方式、投票的保密性、投票的结果公布人员进行了严格而细致的规定。

第四节 美国乡村学校(学区)布局调整历程对我国的启示

我国自 20 世纪 70 年代末开始进行学校布局调整,至今也进行了 30 多年。根据国家公布的统计数据,从 1978~2007 年的 30 年间,全国共减少普通小学和初中 683 283 所。在未来一段时间内,随着城镇化进程的推进和农村人口的减少,农村学校布局调整仍会继续。那么,美国的经验和教训会对我国当前的学校布局调整有哪些启示呢?

---

① New York State Education Department. *Guide to the Reorganization of School Districts in New York State*. http://www.emsc.nysed.gov/mgtserv/sch_dist_org/GuideToReorganizationOfSchoolDistricts.htm.

一、学校布局调整应考虑当地的实际条件

美国的学校布局调整是在美国特有的经济发展水平与社会环境条件下进行的,我国应该根据国情慎重地借鉴。以美国校车制为例,校车制是伴随着美国学校(学区)合并而出现的,它保障了离学校较远学生的入学。虽然各州做法不一,但大都购置了校车、配备了相关的专职保障人员并为边远地区铺路,保证学校合并政策的顺利推进,后来发展成为比较完善的校车制度,包括校车优先、校车避让以及校车责任等完善的规定。尽管全美国有近44万辆校车每天穿梭于家校之间,但校车的安全系数却是乘坐家庭轿车和公共汽车上学的40倍,即每年因坐校车伤亡的人数是坐一般车辆的1/40,事故率仅为每亿英里0.02次[1],而这一发展历程经历了近一个世纪。近年来,我国在一些地区也已经开始推行校车制度,但这一措施能否完全适用于我国还不能完全下定论。原因有二:一是因为美国与我国的地理环境不尽相同。虽然美国与我国处于同一纬度带,但美国地形以平原居多,山区较少,且人口相对较少,因此,推行校车制相对容易。而我国地形复杂、多样且居民居住分散,实行校车制度无论是客观条件或是安全条件都将是很大的挑战。二是校车制的实行对经济发展水平有很强的依赖性,而我国现在的经济发展水平还不能满足在全国范围内普及校车制。因此,我们鼓励有条件的地区要积极发展校车制度,对于不适合的地区则要积极探索寄宿制度或保留适当的教学点,并研究适合小规模学校的发展之路。

二、学校布局调整应考虑学校与社区的联系

在学校对社区的影响方面,学校调整过程中应该注意避免割裂学校与社区的互动。美国学校与社区的联系非常紧密。对社区居民而言,学校不仅是学习知识的地方,同样也是社区居民共同生活的中心,是居民精神的寄托,学校所具有的不仅仅是教育功能、更具有政治功能与社会功能。由于许多偏远农村社区学校(学区)布局调整导致了社区凝聚力的下降甚至村庄的丢失,因此,一些社会学家坚持认为应该适当地保存农村学校以加强农村社会的发展。美国学者对学校与社区关系的反思启示我们,在学校布局调整过程中,更应该努力保护与维系学校与社区之间的联系。传统上,我国的农村学校是传播正规知识体系与孕育乡村民俗文化的场所,学校不仅是神圣的国家象征,同时也是社区凝聚的纽带与社区文

---

[1] 杨丽明:《美国校车:足以撞烂"悍马"》,载《中国青年报》2011年12月17日。

化的中心。乡村学校作为一个社会实体而存在，但从文化学的意义上来说，学校更是社区存在和发展的希望。学校布局调整后，那些维系社区存在与发展的纽带——学校消失了，这不但会使农民在情感上产生对社区的遗忘与失落，更可能加剧农民向往城市、鄙视农村的态度。因此，从可持续发展的角度来看待学校布局调整，需要我们重新思考农村学校存在的意义与价值，并探索农村学校消失之后，农村地区原有校舍再利用与功能再发挥的途径。

三、学校布局调整的推行需要建立完善的利益补偿机制

从美国学校布局调整的历程来看，利益补偿机制的建立在推行农村学校布局调整过程中起到了至关重要的作用。学校布局调整涉及学生、家长、教师、村民以及当地教育行政部门等多个群体，无论是从利益还是情感而言，学校对于每一个群体的意义都是不同的，所以一些群体对学校布局调整表现出反对、抵制的情绪是必然的。造成这种情况，可能有利益损失上的考虑，也可能包括情感失落上的原因。情感的失落会随着时间的推移而慢慢减弱，但利益的损失就需要相应的措施来给予补偿。如学校布局调整时，以提供免费午餐或免费校车来减少家庭因学校调整而带来的额外经济负担。在我国部分地区，已经建立了相关的利益补偿机制，如为学生提供伙食补助以及为住校学生提供住宿补助等，但覆盖范围还非常有限，补偿力度还抵不上农民在这方面的实际支出。因此，今后还应完善利益补偿机制，它不仅有助于减少由于学校距离远而产生的辍学现象，还有助于减轻弱势群体上学所需花费的额外负担，以免造成部分学生因为经济负担而产生辍学现象的发生，这也是促进教育公平，进一步巩固提高教育发展水平的有效途径。

四、加强与学校布局调整相关的辅助性研究

美国从设立学校到对学校进行布局调整，前后经历了近400年的时间，即使农村学校的布局调整也经历了一百多年的时间，先后经历了数量由少到多、由分散走向集中的变化过程。但无论学校如何变化，都会有相关的辅助性政策保障执行，这与美国研究者重视反思，并积极开展相关的辅助性研究是分不开的。这些研究不但为利益补偿机制的实施提供了依据，更为重要的是凸显了对公民所应享有的受教育权、教育知情权以及教育决策权的尊重。如在学校合并后，许多民间机构或第三方研究机构对学校规模、班级规模以及学生上学的可承受距离等进行研究，为学生更方便、更平等地接受到高质量的教育提供了客观与合理的依据。特别是其研究的细化以及精确性更是值得我们学习的。如对于班级规模的研究，

佛罗里达州的研究认为，从学前教育到小学三年级的班级人数以 18 人为宜，四年级到八年级的班级人数以 22 人为宜，而九年级到十二年级则以 25 人为宜[①]。大量细致、操作性强的研究不仅有利于家长、教师等当事人客观准确地认识学校布局调整，更有助于学校布局改革的科学推进。

学校布局调整是一项任重而道远的教育议题，我国应该从美国学校布局调整的历程中学习其有效经验，吸取其经验教训，更好地推进我国学校布局调整。

---

① Linda Champion. *Impact of the Class Size Amendment on the Quality of Education in Florida*. http：//www.cepri.state.fl.us/pdf/2005%20Class%20Size%20Impact%20Exec%20Summary.pdf.

第十四章

俄罗斯农村学校布局调整的经验与启示

农村教育是俄罗斯国民教育体系的基本组成部分。俄罗斯共有中小学校约6.5万所,其中近70%的学校坐落于农村地区,在校生人数占全国学生总数的30.6%,农村教师数量约为全国教师总数的40.7%[1]。苏俄政府历来十分关注和重视农村教育,20世纪90年代以来,教育改革涉及农村学校结构、布局、师资、经费等多方面内容,并取得了一定的成绩。同为农业大国、教育大国,俄在发展农村教育方面的很多成功经验值得我们借鉴,对我国农村教育的发展具有启示作用和参考价值。

第一节 苏联农村学校布局调整的基本历程

苏联农村基础教育在当时处于世界领先行列,乡村教育设备相当完善,师资水平整体较高。因此,我们有必要回顾苏联农村教育经历的几个阶段,了解当时的学校布局情况。

一、初步建立农村教育体系阶段

十月革命胜利之时,面对全国3/4的文盲率,苏维埃政府于1919年在全国

---

[1] 王燕:《俄罗斯农村教育改革》,载《基础教育参考》2005年第1期,第25~26页。

范围内开展了以不脱产为前提的扫盲运动。当时设立的扫盲学校有：夜校、工人学校、扫盲班、为期10个月或7年的扫盲学校、设在农村的工农速成中学和农村青年学校。"至1939年苏联有九千万人摘掉了文盲的帽子，1940年在农村基本消灭了文盲"[1]。

在发展农村普通教育方面，1920年12月，俄共（布）中央决定延续1917年"建立'符合现代教学学要求和实施免费义务教育'的学校网"的布局计划，全面实施免费义务教育，以农村原有的4年制小学和3年制农村青年学校为普通教育的基本类型，课程设置紧密结合农村社会生活。

同一时期，全苏成立了很多以短期培训为主的职业学校，主要招收上述农村四年制小学毕业生，培养其成为农业工人，尤其是机务人员，以实现农村农业的机械化。初步形成了农村职业技术教育系统。

为了办好农村教育，政府在全国设立师范院校，开办各种形式的师资短训班，并在提高农村教师的政治地位和生活条件上做了很多工作。

二、大力发展农村教育阶段

为了振兴经济、向城市输送数量多、质量好的人才，苏共十七大要求在农村实施7年制综合体技术教育。根据这一规划，20世纪30年代到50年代后期，全苏农村新建学校数量猛增，就学人数大幅上涨，学校分布日益合理。当时差不多每3所学校中就有1所7年制学校，每10所学校中就有1所中学[2]。除了劳动教育略偏重于农业外，农村学校的课程设置与城市已无太大区别。在师资培养上，政府专门成立了农业师范院校，同时为在职农村教师开办了培训班，致力于其业务水平的提高。

这一时期农村职业教育仍以培养更多更好的农机人员为目的。学校形式由简单的青年农民学校训练班发展为农业机械化学校，并在农村开办了农业和畜牧业技术训练班。至1940年全苏半数以上的农机人员都是由这类学校培养的。此时，农村职业学校已经开始招收七年制学校毕业生，普通教育的水平有明显提高。

扫盲运动后，为了保证农村青年的不脱产学习，政府相继成立了按正规中学教学大纲进行教学的高级成人学校、青年农民学校、各种类型的函授学校以及流动教学点，促进了农村成人教育水平向更高层次发展。

---

[1] 张维仪：《苏联农村教育介绍》，载《教育研究与实验》1987年第1期，第57~62页。

[2] 曾天山：《苏联农村教育的演变及其历史成因》，载《外国教育研究》1991年第2期，第44~49、34页。

三、调整与完善农村教育阶段

20世纪50年代末到80年代初期,苏联农业经营方式处于调整期,政府注重把发展农业生产、建设农村社会与发展农村教育紧密联系,积极实施农村教育改革。针对农村普通教育改革,政府一方面加强教学与生产、普通教育与职业教育间的联系,建立了结合学生科学基础知识教育的劳动教育和职业定向体系;另一方面扩大、改善农村学校的布局和网络,基本形成了以农村小学为基础、中学为中心的农村学校网。当时全苏有92.6%的小型农村居民点,农村小学的平均人数为17人左右,面对这样的情况,经过反复的推敲,苏联当局决定结合农村的实际情况,在各个居民点保留初等学校。这一阶段农村十年制普通中学逐渐占据主导地位,农村学校的就学人数、学校数量尤其是寄宿学校的数量都有所增加。此外,政府还继续加强对农村普通学校的物质基础的投资,注重农村师资队伍的建设。

这一时期,农村职业技术教育体系也日趋成熟,政府把振兴农业的希望寄托在发展职业技术教育上,把各类农村职业学校纳入中央统一管理。以大型和先进的国营农场为基础,兴建成套的农村职业技术学校,其中有80%的学校兼施中等普通教育。农村教育在较高水平上实现了普通教育与职业教育的结合。随着农村教育的调整与完善,苏联农业、普通教育、职业教育的发展带动了农村文化的进步,学习农业技术知识成为农村社会的热点,是农村居民业余生活中的重要部分。

四、深化改革农村教育阶段

20世纪80年代初到解体前夕,苏联农村教育受到产业结构变革的影响,在质量上有了很大程度的提高。农村普通学校普及九年制义务教育,普通学校的教育水平明显提高,劳动教学和职业培养也得到了加强,推动了农村普通教育和职业教育在培养目标和学习内容等方面的相互接近。在空间结构上,苏结合农村人口分布特点规划学校网的布局,学校趋近小型化,充分考虑学校所在位置的圆半径距离对在四年级和九年级继续学习人数、教育教学效果及学习费用的影响,得出一致结论:在人烟稠密的1 000平方公里区域内应当有两所以上的中学;中学间的距离不应超过25公里,而八年制学校不超过12~13公里;学生住地与学校间距离不超过10~12公里;因此中学设在农村企业中心,八年制学校设在生产单位,所有农村居民点都应设立小学,普遍成立幼儿园——学校联合体①。

普通学校深化改革的同时,农村职业学校努力向专业化发展。农村职业教育一方面扩大招生人数,一方面在兼顾地区和部门利益的基础上合理调整学校布局,改善职业教育学校网的分布。在实践中,苏联摸索出一套经验,认为调整学校的布局原则应兼顾地区和部门的利益,同时参照以下条件:1. 所在区农业的经济发展愿景;2. 农业部门对熟练工人的需要;3. 该地区已形成的职业技术学校的数量和质量指标;4. 该地区普通学校九年级和十一年级的毕业生人数②。此外,农村职业教育的培养方向和课程设置也更加明确,培训农业工人的制度也更加完善。

在农村成人教育方面,本阶段主要是加强在职青年的职业教育和提高中老年的教育水平,积极把在职农民教育提高到普通学校中高级班的水平。

第二节 俄罗斯农村学校布局调整的基本历程与现状

受人口分布的影响,俄罗斯农村学校在布局与结构上呈现出学校分布分散、生源流失、校与校之间人数差异明显等显著特点。苏联解体后,俄政府针对以上问题采取了一系列措施改革农村教育、完善学校布局,并取得了一定的进展。俄罗斯现在拥有比较完善的教育体系,与俄政府实施的一系列改革与调整有着重要的关系。

一、20世纪后十年俄罗斯农村学校布局调整

1992年7月,俄罗斯颁布了第一部教育法案——《俄罗斯教育法》。总体思想继承了苏联奉行的国家政策,规定中等学校在发展类型多样化的同时,要保留一定数量的初等学校和不完全中学。法案的颁布扩大了地方和学校的办学自主权,将农村普通教育学校的投资从国家层面转移到地方,明确了联邦、地区和地方三级教育管理体制。

1996年1月,《俄罗斯联邦教育法》(新教育法)出台。新教育法规定俄罗斯农村的地方普通学校的学制为11年,学校体系包括三级:初等学校(1~4年

---

①② 曾天山:《苏联农村教育的演变及其历史成因》,载《外国教育研究》1991年第2期,第44~49页,第34页。

级)、基础教育学校(5~9年级)和完全中等学校(10~11年级)。就办学体制而言,当时的俄罗斯有三种类型的学校:一是由国家权力和管理机关办的国立(公立)学校;二是由地方自治机关办的地方学校;三是由个人和社会组织及宗教团体办的非国立(私立)学校。此外,还有多方(包括跨国)联合创办的学校。新教育法还允许私人和社会力量办学,但不降低质量要求。在师资方面,法案规定,在远离城市的乡村学校工作的教师,有权享受所在地区为农业专家提供的优惠待遇。

然而,由于受到历史、地理、气候和文化等方面的影响,农村学校普遍呈现出在校生人数较少、学校布局分散、生源流失等特点。针对这样的现状,俄政府意识到农村学校结构布局的不合理直接影响农村学校教学的质量与效率,继续延续苏联时期形成的农村学校网络既无可能,也无必要。此时的联邦政府已经具备了对农村学校进行结构布局调整计划的条件。

二、21世纪初俄罗斯农村学校结构布局调整

进入21世纪后,俄罗斯政府加强了对农村教育的重视,在相继出台的《2000~2005年俄联邦教育发展纲要》、《俄联邦国民教育要义》等文件中都对农村教育给予了特别的关注。此外,俄政府先后制定了一系列专门性的政策文件以支持农村学校的发展,如《关于农村教育体系发展的联邦—区域纲要》、《俄罗斯农村学校信息化方案》、《2010年前农村社会发展联邦专项计划》等[1]。这些文件为21世纪初10~15年俄罗斯农村学校的发展确定了方向。

为了解决村落分布过于分散、资金短缺、硬件陈旧、优质师资不足等问题,俄罗斯联邦政府于2001年12月颁布了《俄罗斯农村学校结构调整构想》(简称《构想》)。该《构想》是俄联邦政府解决农村问题的主要政策依据。

《构想》强调以"集中和合作"为学校结构重组的基本原则,制订了2002~2010年俄罗斯农村普通学校改革计划。改革的内容主要包括五个方面[2]:第一,建立基本的农村学校网,保证期望获得中、高级职业教育的学生获取足够的科学文化知识。第二,在自然条件恶劣、交通不发达的农村地区建立远程教育中心及必要系统。第三,农村小学无论其学生人数多少均予以保留。学生在10人以下人数极少的小学,可以变为另一处居民点的初中和完全中学的分校;学生人数为

---

[1] 乔桂娟、张德伟:《俄罗斯农村完全中学的改革与发展》,载《外国教育研究》2009年第4期,第92~96页。
[2] 肖甦、姜晓燕:《俄罗斯农村学校结构改革评述》,载《比较教育》2003年第12期,第64~69页。

10~100人的小学，可以改为学前和低学龄儿童学校（又称"小学—幼儿园学校"），根据实地需要实施学前和初等普通教育计划；现有小学在有空余校舍的条件下，可组织五六年级学生的教学，并将其视为其他居民点的初中或完全中学的分校。第四，学生超过40人的初中必须保留。少于40人的学校，如果具备交通条件或与学生人数多的另外居民点距离不超过3公里，可以进行学校间的重组。重组的一种模式是在普通学校实施补充教育的教学计划，甚至实施学前教育计划，另一种是在其他居民点的初中开设分校，为当地居民点的低年级和五六年级学生实施教学。第五，对完全中学的整合改组：（1）在完全中学附设五六年级，为附近居民点的小学毕业生提供相当于初中一二年级的教育。（2）在初中缺少足够教师却拥有必要设施条件的情况下，可以以完全中学为基地建立包括邻近村落的小学和初中在内的区域性学校联合体。（3）将城镇、工人新村、行政村的普通中学改建为重点中学、高级重点中学或加深某类课程的特科学校。在改变普通中学结构的过程中，增加实施侧重专业性教学的学校的比例。（4）不受学生人数的限制，在农场集中的地区以普通中学为基础建立突出中心环节的学校—社会文化综合体。

三、现阶段俄罗斯农村学校布局情况

根据《俄罗斯农村学校结构调整构想》的计划，俄罗斯农村学校逐步形成了以下几种模式[①]：

（一）区域内网络互动模式

为了落实农村学校网络结构改革的计划，联邦政府经过几年的尝试成功开发出了区域内的农村学校网络互动模式，主要包括：

1. 基础性学校或示范性学校

基础性学校通过集中本地区的物质、技术、财政、人力、管理资源和组织学生的接送，为农村学生获得更高质量的教育提供便利。现在它已经发展成为本地区教学法和资源的中心、向分校网络体系内的所有普通教育机构推行创新举措的中心。

2. 信息—资源中心

该中心的创建可以借助于互联网和其他通信网络获取信息资源的现代化信息

---

① 乔桂娟：《俄罗斯农村普通教育学校的改革战略》，载《上海教育》2009年第4A期，第42~43页。

环境；为教师和学校管理人员提供高水平的再培训；建立区域和地区间的远程教学体系，加强各级普通教育、普通教育与初等、中等和高等职业教育之间的联系。

3. 可移动实验室

在教学演示、实验设备缺乏和教师不足的小型不完全中学和完全中学，可以使用移动实验室。实验室由基础性学校和资源中心负责，按预订计划在本地区每一所农村学校开展工作，而教学由学校课任教师和实验室教学法专家共同承担。

4. 教育机构联合体

这是一种加强农村教育机构之间横向联系的网络合作模式。在互利基础之上，各教育机构通过共享教育资源、自由交换意见、非正式地推行教育创新举措等方式联合解决共同存在的问题。

5. 学校—社会文化综合体

这是一种将普通教育学校与当地的补充教育、文化、体育、卫生机构及其他一些社会组织联合起来的模式。该综合体是附设分支机构的统一法人，各种机构要以签约方式加入并根据统一计划开展工作，统筹各学校的文化和体育工作人员、物质基础和设备的配给。

6. 专业式农村学校

这是为了在农村地区高中阶段组织专业式教学而创建的一种模式。组织专业式教学必须充分考虑学校的现有物质—技术基础和教学方法条件，特别是在偏远农村，还要考虑与其他教育机构进行网络互动、吸引新资源和教育技术的可行性。

（二）农村教育机构普通协会

巴拉赫特地区是克拉斯诺亚尔斯克边区参与农村学校网络结构改革的两个实验区之一。该地区共有 54 所农村普通教育机构，学生 3 982 人。2002 年，巴拉赫特地区成立了农村教育机构普通协会，其成员有科扬诺夫中学、格鲁津中学、丘雷姆中学、秋里科夫中学、雅库什的一所基础性学校和第八十职业学校。这些学校都分布在巴拉赫特—乌茹尔公路沿线，并且都拥有一定实力。大部分农村学校都是小型学校，所以，有必要将它们与基础性学校联合起来。而职业学校参与联合，是希望普通教育和初等职业教育的学生数量不断地增加。为了发挥每所学校的优势，克服其不足，各学校通过农村教育机构普通协会进行联合。这种联合具有网络互动性质，即每一所学校都有自己的经验，它们在按自己的方式运行的同时，又共同协作，互相支持。这不仅保证了教育质量，也使各学校及其资源获得了可持续发展的动力。

(三) 农村学校教学—生产中心

马拉霍夫中学是下诺夫哥罗德州索斯诺夫斯克区一所市立完全中学,为来自5个村庄的学生提供教学服务,至今已有90多年的历史。现在,它已成为影响当地其他学校发展的社会文化中心,也是成功实践农村普通中等教育新模式的典型。农村学校教学—生产中心旨在通过与企业合作培养农村学生合理地从事农业劳动的能力;创造条件发展农村学生的个性;组织对农村学生的职前和初等职业教育;在坚持自我管理原则和奉行教育新经济机制的基础上,开展教学—生产和其他形式的活动;通过在教学—生产、文化和教学方面的合作提高利用地区学校资源潜力的效能。教学—生产中心在对学生进行职前和初等职业教育训练的同时组织他们从事生产实践。目前,这种教学—生产中心已能完全满足本地区12个居民点的教育需求。它活跃了当地农村社会经济环境,有效地利用了当地农村学校的经济资源,基本满足了当地农村社会发展的需求。

第三节　困扰俄罗斯农村学校布局调整的问题

一、人口减少,生源不足

俄罗斯城乡人口数量相差悬殊。俄罗斯联邦国土面积1 710万平方公里,人口1.47亿人,根据2002年俄罗斯国家人口普查,只有26.7%的人口居住在农村地区[1]。由于农村人口不断净流出,城乡人口比例还在扩大。另外,近15年俄罗斯人口持续负增长[2],在现有的4 100万个家庭中,34%的家庭只有1个孩子,15%的家庭有2个孩子,只有3%的家庭有3个或3个以上孩子,没有孩子的家庭竟高达50%。仅从1999~2002年,俄罗斯农村人口就减少了约1 600万人[3]。

雅罗斯拉夫尔州是俄罗斯农村教育改革首批实验区,"该州农村教育存在的

---

[1] 李芳:《俄罗斯教育面临新一轮重大改革》,载《黑龙江高教研究》2006年第2期,第167~170页。
[2] 中国网:《"生育奖金"杯水车薪俄罗斯人口15年持续负增长》,载http://www.china.com.cn/,2006年11月9日。
[3] M. P. Gur'ianova. A Typology of the Rural Schools of Russia. Russian Education and Society, 2006, Vol. 48, No. 4, pp. 58–74.

问题具有典型性，在整个俄罗斯地区几乎都存在"①。雅罗斯拉夫尔州拥有137万人口，340所各类学校分布在农村地区（占全州学校总数的64%），有27 158名学生（占全州学生总数的19%）。过去几年，农村学校学生数量在递减，偏远地区尤甚。从出生率看，2000年的农村人口出生率比1983年下降了一半。人口出生率的降低直接导致了农村学校学生数量减少。据2002～2003学年初的统计，在整个俄罗斯农村47.7%的小学招生不足10人，34.2%的初中招生不足40人，20.2%的高中招生数少于100人②。

农村学校学生数量减少势必导致农村教育生均成本的增加，改变这一现状有两个途径。一是撤并招生数过少的学校，这对教育管理者来说是最容易的。然而，这一措施与俄罗斯文化中一直信奉的"学校存在是村庄存在的前提"这一法则相悖，他们认为农村如果没有了学校就仿佛教堂失去了十字架，如果这一措施执行"将导致3 000座村庄'消亡'"③。二是在"维持农村学校现状"的基础上，对农村教育的结构、经费、师资、管理进行统筹布局，但这种思路对农村教育经费投入、教育管理水平等提出了挑战。经过摸索、权衡后，俄罗斯农村教育选择了后一种模式④。

二、缺少优秀师资，教学质量下降

21世纪初期，俄罗斯农村学校中有70%的教师受过高等职业教育，23.3%的教师受过中等职业教育，而其余的教师只具有中等以下教育水平⑤。一项来自俄罗斯农村教育试验区的调查表明⑥，在岗位分工上，农村学校中有85%的工作人员是教师，其中，35%的教师要做班主任，6.8%的教师要负责教务工作，3.9%的教师从事社会教育；从教龄上看，10.3%是工作1～5年的年轻教师，17.6%的教师工作了5～10年，67%的农村教师已经在自己学校工

---

① Tat'iana Stepanova. *Modernization of the Rural School. Russian Education and Society*, 2004, Vol. 46, No. 12, pp. 18–29.

② M. P. Gur'ianova. *A Typology of the Rural Schools of Russia. Russian Education and Society*, 2006, Vol. 48, No. 4, pp. 58–74.

③ Хачетлов Суфьян Мухамедович. *Управление качеством образования учащихся в условиях сельского социокультурного комплекса. Вестник Адыгейского государственного университета. Серия 3：Педагогика и психология*, 2007, No. 3, pp. 150–157.

④ V. G. Bocharova and M. P. Gur'ianova. *Strategy for the Modernization of the Rural Educational Socium. Russian Education and Society*, 2006, Vol. 48, No. 12, pp. 28–37.

⑤ 肖甦、姜晓燕：《俄罗斯农村学校结构改革评述》，载《比较教育》2003年第12期，第64～69页。

⑥ Силласте Галина Георгиевна. *Сельское учительство：образ жизни и адаптационный ресурс. Социологические исследования*, 2002, No. 9, pp. 50–59.

作了 10 年以上，2% 的教师工作不足 1 年，此外，还有很少的已经达到退休年龄的教师。

农村学校教师数量较少缘于市场经济改革后，俄罗斯农村教师的生活水平不断下降。首先，在俄罗斯农村，教师很重要的一笔开销就是购买住房。但实际上只有 22.2% 的被调查老师拥有自己的房子，31% 的教师生活在单位提供的住宅里，26.3% 的教师贷款买了房子，11% 的教师生活在父母家里，5.4% 的教师要租房过日子。有学者呼吁，虽然租房的教师所占比例不大，但它却和成千上万无房教师的命运联系在一起。其次，医疗福利和健康状况也不尽如人意。2002 年的一项调查表明，"俄罗斯人健康状况在最近十年急剧恶化"，只有 11.1% 的农村教师认为自己的健康状况良好，66.5% 的农村教师认为勉强过得去，19% 的农村教师认为自己的健康状况不好，还有 0.8% 的教师认为很不好。虽然，被调查的农村教师中有 81% 的教师享受免费的公费医疗，但其中只有 11% 的教师认为自己充分享受到了福利，约有 14% 的教师认为自己完全没有享受医疗福利。再其次，由于社会剧烈震荡，部分农村教师缺乏安全感。调查表明，只有 10.8% 的教师承认他们的家庭完全处于安全之中，59.2% 的教师认为他们的家庭处于安全威胁中，15.4% 的教师认为村庄生活不安全。最后，与城市相比，农村教师收入明显偏低，但是工作负担却很繁重。只有 5% 的教师对收入和生活水平很满意，有一半的教师认为自己收入低、生活贫困。与此形成鲜明对比的是，农村教师要付出更多的劳动，比如经常要处理学生的辍学问题、违法问题和被遗弃问题等等。

正是由于农村艰苦的生活、工作环境以及不完善的待遇，致使一些教师从农村教育系统中流失。试验区调查表明，虽然 62.2% 的被调查农村教师表示不会离开农村（甚至其中有 15.4% 教师根本没有考虑过这个问题），但是有 8.3% 的教师表示坚决要离开农村教育，还有 16.5% 的教师正处于犹豫之中，10.5% 的被调查者不愿意回答这个问题。总体而言，至少会有 25% 的农村教师希望迁离农村，这还不包括不接受调查的 10.5%[①]。

三、教育机构松散，监控不利

俄罗斯的教育管理体制仍残留着苏联教育的浓厚色彩[②]。联邦科学与教育部

[①] Силласте Галина Георгиевна. *Сельское учительство: образ жизни и адаптационный ресурс. Социологические исследования*, 2002, No. 9, pp. 50 – 59.

[②] 陈永明：《发达国家教育管理体制的改革》，载《比较教育研究》2004 年第 1 期，第 62~66 页。

统管全俄罗斯从学前教育到高等教育的整个教育体系,同时地方也有相当的自治权。这既使地方在农村教育管理中具有一定灵活性,也容易造成管理的缺失、错位和低效。落后的教育管理是制约俄罗斯农村教育进一步发展的重要因素,一方面农村学校分布过于分散、联系不畅,影响教育管理的效率;另一方面农村学校已有管理机构松散、管理行为不科学,造成农村教育管理低效。改革过程中,俄罗斯的农村教育管理体制也在不断变化,以适应新环境的要求。学者们强调,农村教育质量管理体系的改革"是农村学校教育活动新特点的要求,是社会经济条件下农村学校教育改革与创新的要求,也是农村学校教育迈向人性化、民主化、综合化的要求"[1]。

俄罗斯农村教育管理的目的在于提高教学质量,而焦点在于解决"人少事多"、"教师工作缺乏积极性"、"保持学校与社会的沟通"、"维护农村教育的文化特殊性"等问题。俄罗斯农村教育遇到的这些难题,具有复杂性、长期性、艰巨性特征。对这些问题的破解不仅吸引了很多教育家,而且很多社会学家也很感兴趣。

第四节 俄罗斯政府针对农村学校布局调整的新举措

在农村教育发展过程中,俄罗斯始终坚持整体性、经济性、连续性和高效性原则,强调教育现代化的目的在于"恢复乡村社会的活力、挖掘农村教育系统的潜能、优化农村文化生态环境和促进农村教育系统自身的可持续发展"。无疑,这些改革目标赋予农村教育宽泛而艰巨的任务,实现这些目标需要创造一个统一、开放、集约化的农村教育系统——农村教育综合体来实现。俄罗斯农村教育改革的理想是通过农村教育综合体建设促进教育与科学、文化、社会的沟通和互动,"使普通教育学校成为儿童和成人的教育中心,使乡村所有教育机构的教育行为充满活力(包括学前教育机构、普通教育学校、辅助教育、文化机构、大众传媒等)"[2],进而促进农村社会的健康发展。围绕农村教育综合体建设,近年俄罗斯在推进农村学校结构改革、加大财政投入力度和加强农村教育质量管理

---

[1] Хачетлов Суфьян Мухамедович. *Управление качеством образования учащихся в условиях сельского социокультурного комплекса. Вестник Адыгейского государственного университета. Серия 3: Педагогика и психология*, 2007, No. 3, pp. 150–157.

[2] V. G. Bocharova and M. P. Gur'ianova. *Strategy for the Modernization of the Rural Educational Socium. Russian Education and Society*, 2006, Vol. 48, No. 12, pp. 28–37.

方面做出了努力,并取得了可喜的进展。

一、积极进行农村学校结构调整

依据 21 世纪以来政府颁布的各项法律条文,俄罗斯积极地对农村学校进行合理的结构调整,并取得了一定的成绩。除了上文中介绍的以"集中和合作"为原则进行学校结构重组而取得的成果外,为了配合农村教育综合体的建设,俄罗斯很多农村教育试验区实施了"校车"计划。雅罗斯拉夫尔州就进行了有益的尝试。调查表明[①],对于那些居住在适龄儿童人口数偏少、办学条件较差的村庄里的学生而言,实施校车计划,能够增强他们的可流动性,这样一来,更有利于促进学校间的整合。而且在校车计划实施后,选择寄宿的学生明显减少了,这使儿童与家人有更多的接触时间。除此之外,校车计划还为村庄的存亡带来了希望,因为开通校车需要修公路,而"公路为村庄带来了生机。人们因学校被关闭将使村庄'消亡'的担心消失了。现实是,两三个或三五个学生从村里被车接走,送到大的学校读书,而为校车通行修建的公路给村子带来了全新的生活……农村学生能够参加校际活动,参观州级文化中心,这充分扩展了农村青少年的生活和视野。作为一个社会影响,乡村居民的焦虑度下降了。由于每个人都知道,良好的公路能够带走许多困难,村民的生活也备受鼓舞。如今,校车计划正在推动 76 条公路的建设"。校车计划不仅推动了教育综合体的建设,而且带动了农村经济、社会全面发展。

二、改善财政投入实现农村教育公平

教育投入一直是制约俄罗斯农村教育发展的重要因素。由于资金不足,校舍得不到正常维护、教师工资难以按时发放、教学仪器设备不能及时更新。近年来,俄罗斯联邦及各地方政府纷纷采取措施保证教育投入向农村倾斜,以实现农村教育公平和教育现代化的顺利推进。以雅罗斯拉夫尔州教育投入改革为例,首先,强调农村教育的基础地位、优先地位。例如,该州校车计划要求,要先为未通校车的村庄修公路,然后才会为其购买校车。在该州,农村教育不仅被视为一个维护稳定的要素,更被看成是地区发展的基本动力。其次,坚持向农村教育倾斜的基本原则。例如,该州培养一个学生的平均成本是 2 900 卢布,而农村学校

---

① Tat'iana Stepanova. *Modernization of the Rural School. Russian Education and Society*, 2004, Vol. 46, No. 12, pp. 18 – 29.

的生均投入为 3 800 卢布，一些学校达到 3 万卢布，个别学校甚至高达 10 万卢布。最后，改进农村教育投入方式。从 2004 年 1 月起，雅罗斯拉夫尔州开始采用按学生实际人数计算的教育财政拨款方式，并以地区补助金的形式列入州财政预算。预算的计算标准包括学校职工的税后薪酬、超成本补贴、课本与出版物补贴、加薪资金、教育日常支出。学校房屋维修基金则被单独列入地方财政预算。按人头计算的标准化地方财政预算，"使州政府恢复了处理学校事务的权威，也使学校预算变得透明。财政投入方式改革保证了教育机构的普通工作者能够及时拿到工资。同时，这种规范正在成为提升教育质量的经济杠杆，因为在人口下降的条件下，即使是居住在农村的学生及其父母现在也有选择学校的权利。"[1]

三、注重提高农村教师职业素质

近几年，俄罗斯一直把提高农村教师职业素质作为一项重要工作，积极寻求解决措施，其主要从提供法制保障、稳定师资队伍和提高农村教师信息素养几个方面进行，并取得了较好效果。

进入 21 世纪，俄罗斯颁布的《2010 年教育优先发展构想》、《2010 年前俄罗斯教育现代化构想》、《俄罗斯农村学校的结构改革构想》、《2001～2010 年俄罗斯教师教育发展纲要》、《俄罗斯国家教育标准（第二版）》等，几乎每一项法规、政策都涉及农村教师问题，从而为农村教师教育和教师培训提供了法律保障。2004 年颁行的《国家教师教育标准》突出了教师职业活动的综合性特点，除了一系列关于普通文化、教育心理学以及具体课程知识和技能要求外，"还要求实现专业的综合化，这为学生选择同一方向的两个专业提供了可能。例如，数学和物理、地理和生物、心理学与教育学等等，这对于农村学校教师的培养尤为重要"[2]，这既为农村教师从事多学科教学提供了准备，也提高了农村教师的综合素质，有利于未来的农村教师顺利工作。有学者认为，除了一般的教师标准之外，还应该对农村教师素质提出特殊要求，具体包括三个方面："1. 对农村教育价值和俄罗斯农村价值的积极态度和不懈努力；2. 特殊的知识基础；3. 教育和

---

[1] Tat'iana Stepanova. *Modernization of the Rural School. Russian Education and Society*, 2004, Vol. 46, No. 12, pp. 18 – 29.

[2] 杜岩岩：《教师教育国家标准的制定与实施：俄罗斯的经验及启示》，载《大学·研究与评价》2007 年第 2 期，第 88～92 页。

培训农村儿童所必需的专业技能。"[1]

在过去,俄罗斯主要通过两种方式保证农村教师供给:一是提供国家助学金、食宿保障、运动场所等条件,吸引地方城市和农村学生就读师范院校;二是依靠国家分配制度——大学毕业后学生要为国家义务工作2年。这样一来,就可以"补足教师、哪怕是最边远的市镇和农村学校的教师队伍"[2]。经济转型后,上述办法基本失效,俄罗斯开始寻求新的解决途径。首先,扩大师范院校招生数量。近些年在经济环境改善缓慢的情况下,俄罗斯大量扩招师范专业考生,希望通过培养过剩的师范毕业生来弥补年轻教师的流失。大多数地区的师范院校都招收了高比例的农村学校学生,目前教师培养规模已经超出国家各类型教育机构所需总量的70%[3]。其次,提高教师工资水平,改善生活条件。近年来俄罗斯开始实施全国教育提升计划,该计划要求逐步提高教师工资水平。新的工资水平虽不足以吸引新人投身到农村教育事业中来,但还可以挽留在岗的老教师继续从教[4]。同时,俄罗斯还采取各种措施改善农村教师生活条件,例如,在过去两年里,俄联邦就为3.2万包括农村教师在内的在农村工作的专家提供了住房,并且在未来五年里规模还将扩大五倍[5]。第三,完善农村教师评价制度。例如,将教师评价与教师工资直接挂钩,激发农村教师自我发展的积极性和主动性;再如,将教师评价与学校评价进行捆绑,吸引农村学校关注本校教师职业素质提高问题,促使其采取必要措施对教师进行职后培训。通过评价制度改革,为教师提供发展的平台和机会,鼓励其留在农村学校。

除上述两方面外,俄罗斯把农村中小学信息化问题放在教育改革和社会发展的优先地位,先后于2000年和2001年制定了《俄罗斯农村中小学信息化发展计划》和《联邦目标计划——"发展统一的教育信息环境(2001~2005年)"》(630号决议),提出要大力开展农村中小学信息化建设。俄罗斯意识到推进教育信息化不仅要加强中小学信息基础设施建设,还需要提高教师的信息素养。近年,俄罗斯提高农村教师信息素养的措施主要包括三个方面。一是,配备硬件设施。尽快使所有农村中小学的计算机配置达到基本要求甚至更高水平,并且规

---

[1] Ilghiz M. Sinagatullin. *Expectant Times: Rural Education in Russia. Educational Review*, 2001, Vol. 53, No. 1, pp. 37 – 45.

[2] [俄] H. X. 罗佐夫著,张男星译:《俄罗斯的教师教育:过去与现在》,载《大学·研究与评价》2007年第1期,第69~78页。

[3] 孟繁红:《俄罗斯中小学教师培训过程中存在的问题与策略》,载《黑龙江教育学院学报》2006年第5期,第55~57页。

[4] 伊凡:《俄罗斯中小学教师将获加薪》,载《中国教育报》2002年1月26日,第004版。

[5] Гордеев. Сельхозпроизводство в РФ за последние годы выросло на 40%. http://ria.ru/economy/20071127/89802079.html.

定，学校计算机要与网络连接，能够为学生提供有效的上网服务，也使教师能更有效地检索、使用网上教学资源。2001 年，俄罗斯投入 22.24 亿卢布，为 30 715 所农村中小学安装了 7.6 万多台计算机与设备，其中，8 543 台教师用计算机，48 065 台学生用计算机，6 987 台外部调制解调器，3 582 套网络设备①。到 2003 年年初，俄罗斯农村中小学的计算机配备工作已全部完成。在农村学校配置计算机，不仅对实现教育现代化有一定的意义，同时，对合理改善农村学校布局、推行远程教育具有一定的铺垫作用。二是，开展信息技术培训。将中小学教师信息技术培训纳入教育信息化整体规划中，在"630"框架下完成"信息技术领域教育工作者的培训与进修"。到 2002 年年底，俄罗斯 89 个地区的 4.8 万名教师在因特网教育联盟中心完成了培训②。三是，利用信息化网络开展远程教育。到 2005 年，仅互联网教育联盟中心就开放了 50 个远程教学区域中心支持远程教师培训，每年有 5 万名俄罗斯教师在这里进修③，通过远程教育，农村教师信息素养与职业技能都得到了提高。

四、加强农村教育质量管理

提高教育质量是俄罗斯发展农村教育的主要目标和任务。因此，建立农村教育质量管理系统具有重要意义④。目前，俄罗斯希望建立一个与只关注工作职能的传统管理系统完全不同的农村教育综合体质量管理系统。这一系统从全局视角规划教育机构的任务，确定相应的工作等级和程序，协调各种任务之间的关系，明确不同教育调控部门的权利和责任。农村教育综合体教育质量管理系统包括六级（见表 14-1），其主要职能是监控和调整"学校与环境"、"管理机构与社会团体"、"领导与属下"、"教师与教师"、"教师与学生"的关系，并力争使其工作效率最大化。具体而言，农村教育质量管理主要关注六个方面：（1）教育质量；（2）教师的业务专长；（3）学校的影响力；（4）农村学生"社会—文化"与"心灵—道德"素质的培养；（5）解决成人和社会群体教育问题的能力；（6）对教育硬件、技术和教学方法的改善情况。

---

① 孔淼、解月光：《俄罗斯促进农村教育信息化发展的策略》，载《信息技术教育》2000 年第 6 期，第 92～94 页。

②③ 李雅君、秦俭：《俄罗斯中小学教师信息技术培训》，载《中小学教师培训》2006 年第 12 期，第 62～63 页。

④ Хачетлов Суфьян Мухамедович. Управление качеством образования учащихся в условиях сельского социокультурного комплекса. Вестник Адыгейского государственного университета. Серия 3: Педагогика и психология, 2007, No. 3, pp. 150–157.

表 14-1　　　　　　农村教育综合体质量管理模型

水平 1	农村教育综合体负责人	农村教育综合体委员会 督学委员会 学校发展战略委员会 综合体的社会机构 大教务委员会
水平 2	农村教育综合体负责人的第一助手	财务—经济部 主管经济的副主任 秘书
水平 3	农村教育综合体负责人的主要助手（主要来自不同学校）	学校行政委员会 家长委员会 教师委员会
水平 4	学校负责人	考评委员会 小教务会议 社会教育、心理教育负责人会议 学校发展纲要指定小组 教学方法指导委员会
水平 5	教研室主任	班主任委员会 青年教师俱乐部 业余创作小组（实验小组） 教学方法研习小组
水平 6	学生积极分子	学生自治机构 班级委员会 学生科技学会 集体创作活动委员会

第五节　对我国农村学校布局的启示

俄罗斯与我国国情存在很大不同，比如城乡人口比例、人口分布密度、人均自然资源拥有量、农民受教育年限、农村学校结构等方面都存在着明显差异。但中国和俄罗斯农村教育改革也面临着很多相似的问题，比如两国都处于从计划经济向市场经济转轨时期、两国农村儿童就学人数都在减少、两国农村学校物质基础都很薄弱、两国农村教育都存在优秀师资不足现象、两国都在积极推动农村教育改革等等。如果从俄罗斯《联邦教育发展纲要》颁布算起，俄罗斯农村教育改革已经推进了十几年，其各项举措对我国农村教育改革具有诸多启示。

一、学校布局调整的前提是要强化农村教育的基础地位

俄罗斯《教育法》、《联邦教育发展纲要》都明确提出了教育优先发展战略。虽然农村学生只占学生总数的30%，但俄罗斯仍然认识到，农村教育的发展是农村社会、经济、文化发展的要求。因此，俄罗斯的教育政策和改革措施都将农村教育放在首要地位，比如，雅罗斯拉夫尔州的教育投入明显向农村教育倾斜，同时将"校车计划"和学校结构调整视为农村整体现代化的基础。比较而言，我国农村教育量大面广、影响广泛，目前"在全国1.66亿义务教育阶段学生中，农村地区学生（含县镇）有1.41亿人，占84.6%"[1]。因此，农村义务教育质量决定着中国义务教育整体发展水平，"要把我国建设成为人力资源强国，离不开农村教育的普及和提高，离不开办好每一所农村中小学，办好农村义务教育对提高全民族素质具有重大意义"[2]。近年，我国在农村优质师资补充、学杂费减免、教育经费增加等多方面做了努力。如何进一步巩固、推进农村教育的基础地位和优先发展战略将是我国农村教育改革的重要任务。

二、农村教育改革、学校布局调整需要统筹规划

俄罗斯一方面，将农村教育视为农村社会系统的重要组成部分，重视教育对农村经济、文化的推动作用，并在教学内容和方式上予以体现，同时积极发挥农村学校对农村地区的文化辐射功能和教化功能。另一方面，农村学校的布局完善并非是单一乡村的孤立尝试，而是结合区域村落的分布、经济条件、适龄学生人数等特点统筹规划。此外，在教育系统内部主张资源共享、优势互补，建设农村教育综合体，正如上文所述，这一系统可以从全局视角规划教育机构的任务，确定相应的工作等级和程序，协调各种任务之间的关系，明确不同教育调控部门的

---

[1] 崔丽、程刚：《〈义务教育法〉执法检查牵动人心：有多少钱真正用到了学生身上》，载《中国青年报》2007年6月29日，第6版。

[2] 周济：《坚持教育优先发展　办好让人民满意的教育》，载 http://www.moe.gov.cn，2007年10月17日。

权利和责任,统筹规划既可以降低教育成本又能够提高教育质量。

在我国,农村教育系统经常被视为孤立的系统,尤其是基础教育与社会、文化、经济的联系、沟通和相互作用没有得到充分重视。这使农村教育的功能被弱化、窄化。社会文化部门,如文化站、科技馆、图书屋、少年宫、博物馆等还没有对农村教育发挥应有的作用。而农村学校也很少关心农村的社会教育问题。此外,我国农村教育长期受升学率的困扰,导致农村教育在学校定位、教育目标、课程内容上与城市教育相差无几,农村教育的特色和任务不明确。在教育系统内部,我国农村教育各部门、学校之间往往也是"各自为战",缺少充分的沟通与协作。有学者指出,"在农村,实施义务教育、基础教育、职业技术教育、高等教育和成人教育'五教统筹',……是实施教育优先发展战略的明智选择。[①]"如何从大视野来统筹农村教育,对我们来说还是一个艰巨的课题。

三、结合地域特点,进行区域学校布局调整

尽管从整体上看,我国城乡人口比重、村庄分布以及农村学校教育年限等都与俄罗斯有很大不同,俄联邦现在实行的很多教育改革与措施在很大程度上也并不适用于我国大部分农村学校,但对于我国西部欠发达地区及部分少数民族地区而言,地广人稀、师资匮乏、物质基础薄弱等同样是现阶段农村学校所面临的现实问题。《俄罗斯农村学校的结构改革构想》中所强调的以"集中和合作"为基本原则的学校结构重组工作,以及针对俄农村各类学校所进行的教育改革、结合农村人口数量及农庄分布而进行的农村学校布局合理调整、相应教学体系模式的建立、农村学校校车计划的实施等等,在我国人口分布较少的西部农村及部分少数民族地区都具有一定的可行性。例如,若在经济欠发达地区施行"区域内的农村学校网络互动模式",不仅能够节约教育投入,减少不必要的开支,而且可以提升农村学校的教育教学质量。

四、提高农村教师整体素质

在我国,农村教师整体素质的高低直接决定着农村教育改革的成败。与俄罗斯相比,我国农村教师队伍也面临着教师结构老龄化、整体素质偏低、优秀师资短缺、师资流失严重等问题,总体上难以适应农村教育改革和社会发展需要。俄

---

① 袁桂林:《农村实施教育优先发展战略初探》,载《东北师大学报(哲学社会科学版)》2000年第2期,第13~19页。

罗斯针对这些实际问题所采取的一系列提高农村教师素质的策略，对我们具有借鉴意义。

据统计，1991年以来，俄罗斯颁布的联邦一级教育法规就有250部之多，在相关法规中对农村教育给予了充分重视。同时，还专门制定了多部与农村教育有关的法规政策，比如《俄罗斯农村学校的结构改革构想》、《俄罗斯农村中小学信息化发展计划》等。在法律法规中明确农村教师问题，为提高农村教师素质提供法律保障，有助于调动整个社会资源为农村教师职业发展服务，也有利于明确农村教师的职责、权利和标准。近年来我国出台了一系列教育方面的法律法规，新修订的《义务教育法》特别强调要"进一步加强农村教师的队伍建设"，但目前教育法规还不能完全满足实际需求，需要进行适当补充和调整。例如，对农村地区民办教师问题缺少明确的法律规定，对农村教师的工资、住房、医疗、保险、养老等还缺乏行之有效的法律保障。因此，如何健全和加强教育立法，为农村师资队伍建设提供法律依据和保障，是迫切需要解决的问题。

为促进教师培养培训专门化，俄罗斯把培养农村教师当作高等教育的一项特别任务，专门指定10所师范院校（占全部师范院校的10.2%）和1所综合大学培养农村教师。这种专门化的农村教师教育考虑到了农村社会、农村教育的特殊性，培养的教师更具针对性、适应性和实用性。相比之下，我国尽管已经形成了高等师范院校、中等师范学校、教育学院、教师进修学校、广播电视大学等层次分明，功能完备的中小学教师培养和培训体系，但尚无专门面向农村师资培养、培训的教育机构。2007年，6所教育部直属师范大学进行师范生免费教育试点，要求毕业生至少到农村学校工作2年，体现了国家对提高农村学校师资水平的重视。但如何把价值导向转变为实质调整还有很多工作要做。尽快设立专门的高等院校或院系培养、培训农村师资具有一定的紧迫性和可行性。

在提高农村教师信息素养方面，俄罗斯制订了系统的农村教师信息技术培训方案，对低年级教师、学科教师和信息学教师进行全面培训。近年来，我国非常重视农村基础教育信息化建设，并取得丰硕成果，但从发展进程和总体水平来看，还处于起步阶段。相比之下，整体状况相对薄弱，硬件装备、软件资源落后，师资匮乏、教师信息素养不高。因此，如何加强对学科教师、信息技术专任教师、相关管理人员的信息技术培训，提高农村教师利用现代教育技术进行教学的能力和利用现代信息手段进行自我提高的能力，是弥补农村教师水平不高、弥合城乡教师数字鸿沟、提高农村教师整体素质的重要任务。

五、增加对农村义务教育的投入

近年来俄罗斯也在完善对教育的经费投入,强调农村教育的基础地位和优先地位。例如,为校车计划兴修村庄公路;改善农村学校的校舍环境;提高农村教师工资水平、改善工作生活条件、加强职后培训等。除了硬件条件欠佳以外,我国农村教师职业成长同样面临着资金短缺问题,农村教师工资拖欠现象仍然存在,教师培训经费不足,教育信息化资金短缺。由于经费拮据,许多农村聘用低水平的代课教师,仅西部农村代课教师就超过了50万人[1];教师培训经费在许多地方没有得到真正落实,个别地区甚至出现教师培训经费"零运转"状况[2]。从2012年起,中央财政已按全国财政性教育经费支出占国内生产总值的4%编制预算[3],因此,切实落实"优先发展教育,建设人力资源强国"的发展战略[4],需要完善国家教育经费投入机制,比如,提高农村教师培养、培训经费额度,并将其纳入财政预算单独列支;又如,教育经费要向农村、边远、民族地区学校倾斜,推进教育均衡发展;再比如,在改善农村教师工作生活条件、加强农村教师职后培训的经费上提供法律保障;等等。

六、农村教育改革、学校布局调整要坚持以人为本

农村学校是传播正规知识体系与孕育乡村民俗文化的场所,在俄罗斯文化中,乡村学校一直被视为是村落存在和发展的希望。因此,俄罗斯政府历来重视农村学校的文化功能,并一直强调农村教育的改革与布局都要坚持以人为本。俄罗斯《联邦教育发展纲要》强调教育目标在于促进个人发展,并由此谋求整个社会的发展和进步,这是"以人为本"教育理念的具体体现[5]。这一理念在俄罗斯农村教育发展过程中随处可见,比如在学校结构调整过程中,小学无论在校人数多少均要保留,其初衷就是要使低年级学生"留在母亲身边"在家庭中成长;

---

[1] 朱永新:《农民教育和农村教师队伍建设》,载《教育研究》2006年第5期,第3~5页。

[2] 符德新:《培养让人民满意的教师队伍——教育部师范教育司负责人就加快推进教师网联计划、实施新一轮中小学教师全员培训答记者问》,载《中国教育报》2004年9月27日,第3版。

[3] 温家宝:《在十一届全国人大五次会议上作的政府工作报告》,载《人民日报》2012年3月6日,第002版。

[4] 胡锦涛:《高举中国特色社会主义伟大旗帜,为夺取全面建设小康社会新胜利而奋斗——在中国共产党第十七次全国代表大会上的报告》,人民出版社2007年版,第38页。

[5] 叶玉华:《俄罗斯教育改革10年回顾与新世纪展望》,载《复旦教育论坛》2005年第1期,第46~56页。

再比如农村学校的课程设置充分考虑到了学生的兴趣和需求，等等。此外，对农村教师的生活和工作条件也给予了重视，虽然经济不景气，但各级政府通过改革教育投入方式力保教师工资按时发放和晋升。近年，有关农村教师的社会学研究也日渐增多。"以人为本"是"科学发展观的核心"，是教育改革的指导思想。我国教育改革中也非常重视以人为本，有学者指出，"坚持以人为本，体现了教育的本质特征。"[1] 国家已经出台了各种政策、措施解决农村儿童上学难问题，比如减免学杂费、改善办学条件、增加困难学生补助等，并制定了 2020 年实现"学有所教"的教育目标。此外，农村教师也得到了充分的关心，国家在大力解决拖欠农村教师工资问题，等等。目前，如何将以人为本的理念进一步贯彻、落实到具体的改革措施和教育活动中还需努力探索。例如，要处理好提高教育质量和方便孩子们就近上学的关系，因地制宜、科学规划农村中小学布局；建立适当的补偿制度，解决农村中小学布局调整后农村家庭教育费用增加问题；加快完善生活设施，办好农村寄宿学校；解决安全隐患问题，加强对校车的配置和管理；等等。

---

[1] 李卫红：《坚持以人为本　加快教育发展》，载《中国教育报》2006 年 1 月 18 日，第 001 版。

第十五章

日本学校撤销合并的趋势与"区域社会和学校"

——探寻小规模学校教育的可能性

学校合并是指将两所以上的学校合并成一所的情形,这种学校的合并现象必然促使某些学校被废止,也可能产生区域内的社会问题。而且,对于学校废止现象出现的原因来说,由于没有适龄儿童使学校自然消亡的情况很少见,相反,以各种各样的理由为依据,因为政治层面、行政层面上的原因使学校消亡的事例占据了压倒性的多数。学校的撤销合并是受到学习环境与条件、就学、学校的经营组织、教育财政、学校与区域社会的关系等多方面因素影响的。因此,从不同的条件和关系对学校撤销合并的政策进行评价,结果将大相径庭。有人认为,学校的撤销合并是对学习条件的改善。有的学生家长出于对学校教学能力的怀疑,要求进行学校合并。另一方面,支持附近的小规模学校的意见也是存在的。而且,以这些意见为依据将居民们分割开来,对区域社会的共同利益产生影响的情况也并不少见。

本章主要以学校和区域社会的关系为线索来思考学校撤销合并的问题。孩子在父母、祖父母、居民日常生活的区域进行学习是极其常见的事情。特别是幼年时期的孩子在居住地附近进行学习的习俗,时至今日仍然在以各种方法延续着。笔者曾经听说,在法国的比利牛斯山脉的游牧民社会,游牧民也将教师请到日常生活的地方为孩子们进行授课。日本的"分校"与"季节分校"的设置也是基于同样的想法而产生的。对于实行义务教育的学校来说,就算只有一名学生,为了保障这名学生受教育的权利也要配备教师进行教学,这条原则到现在也还是有效的。

　　但是，日本自从义务教育制度起步以来，每次发生改革都会很重视学校的废除与合并，坚持推行学校和区域社会的分离。明治20年代町村合并后的学校合并运动、明治末年地方改良运动期间的一村一校制、农村恐慌期为了削减町村教育财政支出所进行的学校合并运动、战后町村合并之后及20世纪60年代经济高速增长时期以"恰当的学校规模"为主题的改革等，都在有意图地推行将学校从区域社会中剥离的策略。但是，伴随着学校撤销合并政策的发展历史，以如今的少子化倾向为立足点，我们更应该关注的是小规模学校如今已经在全国各地普遍出现这一事实。虽然决定学校的设置与否、设置的区域范围的主体是地方公共团体，但学校毕竟是在有民众基础作为支持的前提下才得以设置和维持的事物，民众们希望保障孩子在生活空间附近的区域进行学习的权利，这种很平常的想法也是民众情感的代代延续。

第一节　开放区域学校与孩子的学习

　　在某个区域社会内存在一所学校的价值，多数情况下，要等到惋惜地看着学校失去的时候才能明晰。学校就像这样被隐藏在我们日常生活的空间中。如果学校和区域社会处于相对近距离的位置，孩子们在放学后就可以拥有充足的游戏时间和空间，也可以享受放学途中的乐趣。或者，参加到区域内的各种活动中去，将学校的活动扩展到区域内，与区域内的居民一起享受快乐等，对于学校来说，势必将获得许多这样来之不易的学习机会。再者，因为学校距离区域社会很近，可以向区域社会提供帮助或者解答育儿问题等。例如，学校的志愿活动或者由当地提供学校食品，这些都是因为学校处于区域空间中才得以实现的。

　　特别是最近20年间，通过开放学校进行的实践，学校和区域社会间的关系逐渐增强，孩子的学习和区域内居民对学校的目光变得逐渐多样这一事实也逐渐受到关注。民间教育研究运动在研究解决"扎根区域内的教育"的实践积累上得出结论：各学科、小学低年级的"生活课"或者"综合学习时间"等，因为与区域社会结合进行学习，得以将孩子们的生活状态延续给下一代。

　　特别是"综合学习时间"，在区域内居民的帮助下，不仅仅是在教室内学习，更可以到区域内学习人们多样的生活经验，从学校内到学校外是一个由文字世界向经验世界转变的过程，在接受区域社会内隐藏于人们生活经验中的智慧和力量的同时，孩子们的知识也变得丰富了。

另一方面，区域居民也参加到学校教育中，在与孩子们的交往中，居民们以逐渐形成的力量重新找回自信，学校也变成了区域居民发挥自身作用的场所。学校和区域社会应该关注的，依靠新关系进行相互学习的领域其实是多样的，例如，农业、环境、福祉、食品、传统艺术、传统仪式等。根据笔者的调查可知，在孩子们面前出现的居民，大多是掌握所在行业智慧和技术的专家。注重自然、掌握农业耕作方法的居民，作为农业和环境的指导者在孩子们面前出现，让孩子们产生探索人类生活中的智慧和技术的欲望，并且传授给孩子们生活的力量。学校应该重视作为知识之源的"生活的力量"，但凡那些能够对知识给予支撑的力量，都能在区域社会中的某件事情上得到实践。也就是说，区域的价值正在被作为教育价值的学校组织化。这样的学校和区域社会的关系，即使是在偏远地区的小规模学校也是有其丰富内涵的，同时也是能够得以延续的。区域社会和学校的关系的远近程度，已经可以说是孩子们知识的丰富程度的基础了。

第二节 推行中的学校与区域社会的分离

在创造开放学校的基础上，区域社会和学校在进一步推进良好关系的同时，根据学校撤销合并的原则，学校与区域社会的分离正在进行。学校的撤销合并对于区域居民来说，不仅仅是失去了一所学校这样简单的问题。因为区域社会中的教育文化空间的改变，区域居民甚至失去了作为依靠的共同据点。而且，对于孩子们来说，这也意味着知识空间在逐渐被狭窄化。可以预见，在听不到孩子声音的区域社会中，有可能在某一时刻，社会自身也会逐渐消亡。

像这样在区域社会中处于重要地位的小学，由于学龄儿童数量急速下降的少子化倾向的影响，数量锐减。因为几乎没有听说过重置区域社会中已经被废除的学校的事例，所以，这也就是加速未来学校和所处的区域社会共同崩塌的原因。这构成了关系到日本的区域社会存在与否的大问题。

一、正在推行中的学校小规模化

在学校撤销合并之际，作为说服居民的理论，必须公之于世的是：学校的合适规模论（12个班~18个班）。而且，由于这个规模是以"法令"的形式展现的，所以对于居民来说是有力度的。对于小规模学校来说，每个孩子所需要的教育经费也就有所提高，这是谁都能自明的问题。但是在公开场合，"小规模学校的条件不能令人满意"才是"天下的声音",如果我们彻底分析这个问题就会发现,学校合适规模论实际是教育费用的削减策略。所以,合并与国家或者地方公共团体的财政危机问题联系颇深。

可是,在不考虑学校增设与学校规模间的学校数的变动这两个问题的前提下,班级数的区别和学校规模的动向如下图所示。无论是小学(见图15-1)还是中学(见图15-2),都存在着大量的小规模学校。小学的情况是:从第二次生育高峰的1981~2006年的25年间,大规模学校(19个班以上)逐渐减少,合适规模学校逐渐增加;另一方面,过小规模学校(5个班以下)也在减少,小规模学校(6个班~11个班)呈增加趋势。特别需要指出的是,过小规模学校数量的减少,多数情况是由于分校的废除与合并造成的。这25年间,分校数从1 178所下降到345所,减少了近800所。但是在2006年,平均每个年级有一个班的学校数量是2 644所(占总数的11.7%),以下的过小规模学校的数量是3 497所(15.3%),小规模学校以大约1∶3的比例存在于区域社会中。在第二次生育高峰的孩子升入中学后的1986~2006年间,中学的倾向是:大规模学校向合适规模学校变化,合适规模学校向进一步的小规模学校变化。并且,中学中每个年级有一个班的学校共有1 353所,占总数的13.3%,以少子化为根源的小规模学校还是继续存在着。如上所述,无论是小学还是中学,少子化倾向都是促使学校规模变小的直接原因。所以不能下结论说,以求得合适学校规模的学校撤销合并制度在向前发展。但是,由于我们可以预测到今后少子化现象还会有更进一步发展的趋势,所以,这还是会对以合适规模或"期望规模"为主题的学校撤销合并运动起到促进作用。接下来,本书就来探讨一下学校撤销合并运动的发展动向。

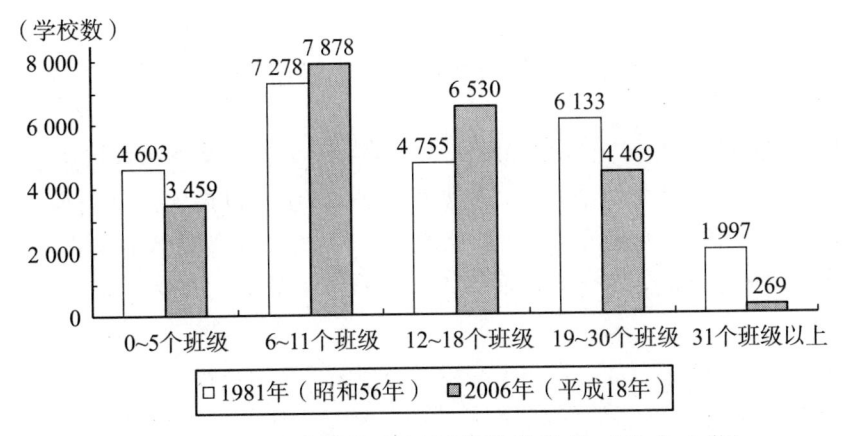

图15-1 以班级数量为区别的学校数量(公立小学)

资料来源:根据《学校基本调查报告书》(文部省、文部科学省)完成。

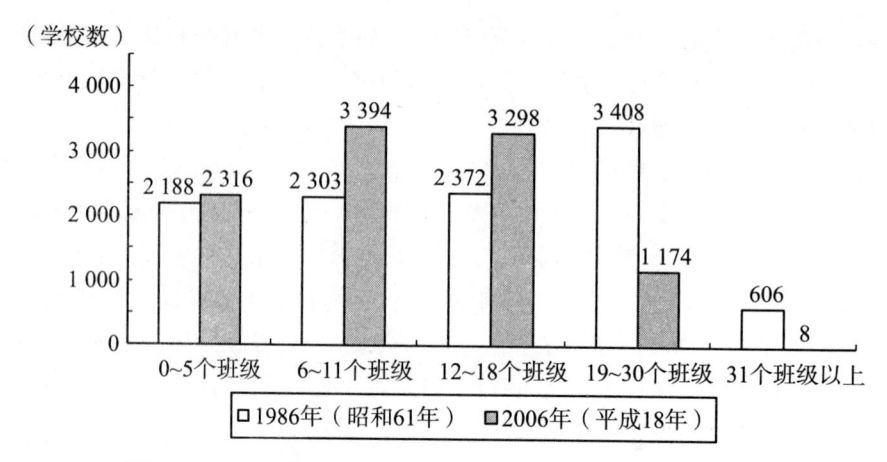

图 15-2　以班级数量为区别的学校数量（公立中学）

资料来源：根据《学校基本调查报告书》（文部省、文部科学省）完成。

二、町村合并、财政危机下的学校废除

在学校撤销合并运动的作用下，被废除学校的数量已经呈图 15-3 的变化趋势。1992 年（平成 4 年）到 2005 年间，有 2 687 所小学被废除，废除率大约达到了学校总数的一成以上。这就意味着学校与区域社会所组成的学校区域的消亡和再构造。此外，政府也采取了很多措施。一方面，1980 年的《过疏区域振兴特别措施法》，针对愈演愈烈的过疏化现象提出，"充实小规模学校教育"（第 19 条），意在发展过小规模学校这一模式。另一方面，合并的校舍、运动场的辅助率只占 1970 年（《过疏区域振兴法》）的 2/3，在合并中通过财政诱导的措施来维持学校规模。另外，虽然同样的规定被沿袭为《过疏区域活性化特别措施法》（1990 年），但是国家的国库辅助率在全面下调的方针指引下，已经下降到了 55%，从财政诱导的侧面看，学校撤销合并运动逐渐沉寂下来了。

但是 2000 年（平成 12 年）以后，被废除学校数的增长趋势每年都在 200 所以上，2003 年以后增加到 300 所。地方税收自 2001 年以后首次呈减少的趋势，在以人口为差别进行衡量的市町税收状况中，1 万人以下的地区的税收减少率极高。这个结果表明，小规模的自治团体已经陷入了供给公共设施经费的困难境地[①]。

---

① ［日］荒木田岳：《地方税收的演变与以小规模町村的情形近况》，载《居民与自治》2006 年第 9 期。

（学校数）

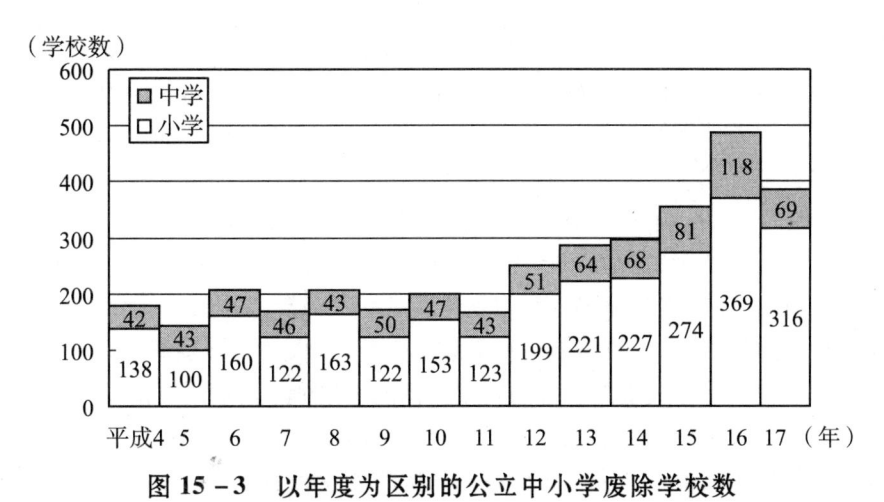

图 15-3 以年度为区别的公立中小学废除学校数

资料来源：杉浦久弘：《关于学校规模的最佳规模》，载《教育委员会月报》19 卷第 1 期。

2003 年以后，由于町村的合并，小规模的町村数量锐减。可以说，学校的撤销合并是作为统合政府财政合理化的结果被推广开来的（文部科学省为了配合町村合并，于 2001 年 3 月出台了学校撤销合并的支援政策——《关于市町村合并的计划》，在之后的 2005 年 4 月又出台了"新计划"）。在这样的背景下，"三位一体的改革措施"被首先实施，目的是从实质上削减地方财政，但是市町村在保证自主财政来源这一问题上仍然存在很大困难，而且从地方税收的分配基准上来看，对小规模的自治团体的缩减率也是很大的，这对小规模团体来说，如同遭受一场"酷刑"。也就是说，这种小规模的自治团体如果不考虑节约、合理化经营的话，就会面临严酷的经济状况。所以，如果学校数量众多，那么用在学校的维持、管理上的费用和教育振兴费等的花销就会很多，这样一来，向削减学校数量的方向改革已经成为了不得不进行的选择。但是，最近在撤销合并的过程中，却呈现出了一种被削减学校增多的特征。福岛县的旧安达郡东和町（现二本松市）将町内的 7 所学校合并为 1 所，无视地形和区域性特征进行大规模的合并运动。2005 年由 10 个町村合并而成的宫城县栗原市，计划从 2006 年开始用 13 年的时间，将学校总数从 30 所减少到 10 所，并且提出了以曾经的町作为单位，每町保留 1 所小学的合并计划。另一方面，没有进行合并的、选择自立的小规模自治团体，在财政危机的影响下，不得不削减经费，进行学校的撤销合并运动。

三、围绕学校撤销合并的两个动向

第一个动向是，地方财政破产，自治团体只能不得已地将公共设施进行废除，就算在区域内根基很深的、拥有悠久历史的学校也成为机构调整的对象，并且不得不采取大规模的学校撤销合并政策。在面对极其深刻的状况的同时，对于孩子们的学习条件和居民们的意见等均无暇顾及。我们可以观察一下由于赤字而重建的夕张市，或者是最近新潟县佐渡市的例子。佐渡市的情况是，在财政情况极度严峻的情况下，包含幼儿园的撤销合并在内的学校撤销合并计划正在进行，到2018年为止，现在的31所学校（包含1个分校）将被削减到13所。对于这样的现状，我们很难看出要保证孩子学习条件的国策的影子。这是由于学校撤销合并政策被当作方针进行贯彻，义务教育所应承担的责任和义务就被削弱了。

另一个动向是，在应对合并和财政危机的过程中，前面没有出现过的、在学校撤销合并过程中所产生的积极方面的意义被逐渐提出，这样，合并工作多数在居民们的支持中被推广开来。一般我们期望的学校规模是："在切磋和琢磨的过程中养成社会性的学校规模"、"依靠集团的优势开展教育活动的学校规模"、"在校内的日常时间，尽可能地充实教科研究和指导……使教师能够充分形成集团效应的学校规模"等。可是，还有一种观点是从小规模学校的优缺点开始进行论述。在小规模学校中具有"教师可以将目光投向每一个学生并进行细致的指导"、"可以更好地了解每个人的特性，更好地处理人际关系"等优点，但是由于规模太小，学生的教育活动也受到了限制，小规模学校的优势在大规模学校中也可以被考虑到，但是大规模学校的优势对于小规模学校来说，在表面上就无法实现，所以也应该注重学校规模扩大化的重要性。这个规模被定义为："为了能够进行必要的交流，每个年级应该保证两个班以上"，这样就在最低程度上满足了合适规模学校（12个班~18个班）的改革方向①。单就小规模学校的学习条件不好而应该扩大学校规模这样的主张来说，不能提供任何有意义的数据。将学生学习知识的世界仅仅限定在学校，只重视高效的学习指导，反而完全忽视了在区域社会中进行学习的知识世界，这样的计划只能被看作是单纯的数量上的合并。市町村所形成的这种，不考虑儿童培养或与区域社会关系的撤销合并计划，现在正处于实施的过程中。

第三节 "义务教育改革"与学校合并

中小学的设置主体不仅仅是市町村这样的行政单位，最近的新动向表现为，

---

① 根据远藤忠所作《废除学校的理论》整理而成，原载于《人类教育物语的悖论——现代学校文化论》，川岛书店。

都道府县级别的地区也开始订立学校撤销合并的计划和方针。但是，为了维持义务教育的发展，就必须要给教职员工发放工资，以前是采取国家和都道府县分别负担一半的方式来维持义务教育的发展，到 2006 年（平成 18 年）为止，国库不再负担教职员工的工资，转而由都道府县自行解决。从义务教育的公平性和维持发展的角度来看，反对地方负担教职员工工资的意见也很多，2006 年国家的义务教育费用负担率变成了 1/3，剩下的部分由地方自行填补。但是，就算是小规模学校，人员开支也是很多的。于是，国家的财政制度审议会也开始关注与财政削减密切相关的学校撤销合并运动。为了维持现有的"教育水平"，并最大限度地削减财政支出，学校撤销合并作为最有力度的手段再次被人民所关注。正是由于这个原因，市町村不得不进行学校的撤销合并。

但是，无论怎样，决定公立小学设置和废止的主体都是市町村这样的地方政府。但是，像长崎县教育委员会等政府部门却做出了这样的回答："有关学校的合适规模问题，市町有自己的判断权，但还是强烈希望在改革中能够贯彻县教育委员会对这一问题的想法。"同时，在对理想的教育环境进行讨论的时候，也将问题总结为："对公立中小学的合适规模的讨论，都是在为建设理想的教育环境做准备。"政府在应对由于少子化现象产生的学生数量的减少和增强学校的抗震程度等问题的同时，提出了取消混合班级、班级变化的规模、尽量在避免与邻近学校班级数额有明显差距的情况下进行学校撤销合并等建议。以这些建议为依据，市町村政府被催促开始进行具体计划的构思①。

同样的情况也发生在和歌山县教育委员会，他们认为，"从维持并发展学校教育活动活力的观点出发，有必要探讨面向于中小学合适规模化的学校撤销合并运动"②，并要求市町村政府对此进行讨论。县政府将小学撤销合并的内容定义为：合适规模的下限是每个年级有 2 个班，这样可以使班级得到相互交流的机会，这样算来，学校的合适规模就是以 12 个～18 个班级为基准。虽然和歌山县以混合班级形式授课的过小规模学校和每个年级只有一个班级的小规模学校占全部学校总数的 70%；但是，和歌山县提出了以下的建议："1. 合并有混合班级形式的学校；2. 将分校并入校本部；3. 促进处于城市中心地带的小规模学校的合并；4. 虽然在探讨废除与合并，但是如果不能达到合适规模的话，可以将每个年级的班额定为 20 人进行合并。"根据这些意见，和歌山县正在全面推行合并，特别是城市周边地区学校以及过小规模学校的合并计划。

新潟县也将合适规模定义为："为了使班级间的交流具备可行性，每个年级

---

① 长崎县教育委员会：《公立中小学的合适规模——以创造最好的教育环境为目的》，2008 年 2 月。
② 根据《开创和歌山未来的义务教育（报告）》整理而成，义务教育的新前景研讨会 2006 年 1 月。

必须有 2 个班级以上，全校要求有 12 个班级以上"，为了小组学习和团体体育项目的开展，每个班级不得少于 20 人的规模被认为是"理想的学习模式"，而且提出要最大限度地减少混合班级的存在①。在新潟县，有混合班级形式存在的小学（98 所）加上小规模学校（137 所），接近全体学校总数的 70%。为了解决父母对于孩子升学或者进入混合班级学习的不安心理，学校合并正在加紧进行。区域社会对于孩子知识的传授和成长的促进，或者学校与区域社会间的历史关系等问题被完全置之度外。

另外，文部科学省以创造未来的"新教育体系"为题，从 2006 年开始，每年投资 1.5 亿日元，公开征集对制度设计的调查研究。其中也在征求"理想的学习环境的实现"这样的课题，同时，"学校合适规模的研究等对新学校模式的探求"成为重中之重。而且，在评审的过程中，把实施的可行性作为了重要的标准。前面提到的和歌山县的计划就是这个征集计划的一个产物。而且，文部科学省在 2006 年 6 月正式决定推行学校合并计划，对于其中涉及的学校规模和推行合并的方式等也都委托中央教育审议会进行讨论。一年以后，关于学校合并和学校配置等多种奖励政策出台。在这种自上而下的奖励政策的鼓励下，区域社会与学校的分离趋势将会进一步加强。

第四节　小规模学校教育的可能性

学校的撤销合并，将学校成立以来构建起的区域社会和学校的关系、孩子学习的空间变得狭窄化了。但是，在推进学校撤销合并的计划中却没有任何重视学校与区域社会关系的视点。虽然也有合并后还可以再建立新的关系这样的议论，但这还只是停留在表面的空谈而已。正是由于学校在区域社会内出现的原因，才使区域内的居民有机会与教师、孩子建立联系。推行学校合并计划的人们，是如何认识作为养育孩子和区域居民生活的一部分的学校的呢？将培养孩子和社区居民的人格形成的空间狭小化，这样做可以吗？学校的撤销合并问题不是单纯的学习条件问题，而是孩子学习空间的问题。将孩子的培育空间仅仅局限在学校，将会凸显培育孩子的艰难。还不能依靠文字进行学习的孩子们，是不能失去这样一个学习空间的。在区域社会中活跃地展现自身智慧和力量的人数众多，将这样的

---

① 新潟县市町村中小学理想的教育环境建设研讨委员会：《理想的教育环境的实现——总结报告》，2008 年 1 月。

人们组织在一起，与他们进行有目的的交流，可以扩展学生学习的空间。区域社会内的学校，就可以创造出这样的学习机会。

现在，学校的撤销合并问题也成为一个社会性问题，不仅仅是与教育科学接近，与地理学或者城市社会学的部分，或者社会福祉领域中的作为福祉社区的学校区域等领域也都存在着相关性，已经成为一个多领域的话题。作为区域社会的根据地的学校（酒川茂）、具有"场所尊严性"的学校（奥田道大）、与世代交流的区域社会的根据地（广井良典）等观点都是在考虑了区域社会与教育、学校的关系的基础上提出的。学校存在于区域社会中，包含着不同的区域特性，学校的存在被赋予了深刻的内涵。从区域社会中去除学校的学校撤销合并运动，应该从区域特性的角度，运用不同领域的观点进行探讨才行。

第十六章

韩国农村小规模学校合并政策及对中国的启示

自 1982 年韩国政府决定实施小规模学校合并政策以来,就一直存在着"支持"和"反对"两种不同的声音,反对者甚至联合学生家长和地区居民组成"反合并"联盟。韩国的学校合并政策无论对农村的儿童成长还是对当地社区的和谐发展都具有重要的影响。学校合并政策的背后,实质是教育公平的问题。为了农村地区学生能获得公平的、有质量的教育,韩国学术界对农村小规模学校的合并政策进行了较为深入的研究和反思,韩国的经验和教训对正在进行农村学校布局调整的中国来说,无疑具有重要的借鉴意义。

第一节 小规模学校合并政策的实施背景与基准

一、小规模学校合并政策的实施背景

20 世纪 60 年代以后,随着产业化的飞速发展、城市化进程的快速推进,城市人口集聚现象日益突出。1970 年韩国的城市化水平只有 41.1%,1985 年增长到 73.8%,2000 年则增长到 86.3%,到 2006 年更是高达 90.2%,到目前为止

城市化还在呈急速上升趋势①。在 WTO 体制下，韩国国内农产品市场开放对农村的影响甚大，使农村陷入非常恶劣的境况。尽管几届政府为了改善农村的生活环境、居住条件，提出和推进了各种有力政策，但是均没有达到预期的改善效果，时至今日，韩国的教育、医疗和文化设施等都不尽如人意②。在这种状况下，每年大约有 50 万名的农村居民移居到城市，使城市学校学生密度过大，导致农村学龄人口骤降。越来越多的农村学校因学生人数、班级数的锐减而停办，也使越来越多的农村学校变为"小规模学校"③。所谓"小规模学校"是指因学校适龄学生数量过少而把 2~3 个年级编制成一个班级进行复式教学的学校。这种复式教学导致学生被指导的学习时间减少至 30%~50%，学生的听课权被剥夺，老师很难对各年级进行深度指导。同时，由于学生人数少，交友关系受到限制，学生也丧失了善意的竞争意识、学习动机以及上进心，社会交往能力变弱。这种小规模学校的激增使教育质量越来越差，学生家长们不满意学校的教育而离开农村来到城市，进而造成农村的定居人口数量越来越少，形成了恶劣的恶性循环。此外，学校由教育部统一分配教育经费，而小规模学校所消耗的教育费用是适当规模学校教育费用的 2~7 倍，被认为是教育财政拨款的极大浪费，由于规模小导致学校的软硬件设施难以达到国家规定的办学标准。

二、小规模学校合并的政策标准

自 1981 年以来，韩国政府计划并实施的小规模学校合并政策大致经历了三个阶段④：

（一）1982~1992 年小规模学校合并政策的标准

随着国家工业化、城市化的发展，农村地区人口减少。为解决此类地区适龄人群少的问题，1981 年韩国教育部准备开展"小规模学校合并政策"。1982 年韩国教育部以"面"（韩国行政区划名称）为基础开始推进"小规模学校合并政

---

① 朴继植：《通过教育共同体的自律和参与的小规模学校发展可能性的摸索——以克服忠南牙山巨山小学停办危机事例为中心》，韩国教员大学教育政策学院 2007 年，第 13 页。
② 孔琪铎：《农村地区教育实况分析与改善方案——以陕川郡事例为中心》，庆尚大学行政学院 2005 年，第 54 页。
③ 黄仁成：《关于小规模学校合并问题的提出》，载《韩国教育研究所》1997 年第 32 期。
④ 韩国教育部：《农村小规模学校合并和适当规模扶植计划》，2006 年。

策"。在同一面中对学生人数未满180名或班级总数少于6个且学生上学距离不超过4 000米的"学校"推行合并政策。对于上学距离超过4 000米的学生,乘班车或公共汽车(由公共经费报销)可以到达的,可扩大到4 000米范围以外推进学校合并政策。对于"学校"人数少于100人或由于种种因素该地区小规模学校合并政策不能实现的,则降级为"分校"(本校的下属学校,受本校的指导和监督)。对于"教学点"(分校下属学校的名称)则以10名学生作为合并基准,凡少于10名学生的"教学点"则一律合并。

(二) 1993～2004年小规模学校合并政策的标准

自小规模学校合并政策推进以来一直受到很大的阻力。1993年"市"、"道"(韩国行政区划名称)教育厅长决定根据地区实际情况推进"自律合并",扩大地方的自由裁量权。1995年,韩国教育部扩大了小规模学校合并政策的宣传力度,对于确定实施合并的地区预先通知,保障该地区的居民有"知情权"。对于"学校"的合并基准由原来的180名学生减少到51～100名学生,由地方自由裁量推行合并政策。对于少于100名学生的"学校"则降级为"分校"。为了确保偏僻地区文化发展的平衡性,对于岛屿地区或边境地区,即使在校学生人数少于100人的,也不得降级为"分校"。

(三) 2005年至今小规模学校合并政策的标准

随着居民反对呼声的高涨,"市"、"道"教育厅长开始将学生的上学条件和家长的意见列入考虑范围,只在超过50%学生家长同意合并的地区才能实施"自律合并"政策。2005年,开始对于"学校"学生人数在100人以下,"分校"学生人数在20人以下的小规模学校推进合并政策,但要保证每个"面"至少有1所学校存在。在岛屿地区、僻地地区和居民反对呼声较高地区、学生人数有"回暖"可能地区,不得推进合并政策。现在,农村地区学生人数在100人以下的小学数占整个农村学校数的60%,大部分小学都成了合并的对象,这导致地区居民和非政府团体的强烈不满,地区文化问题、教育问题、教师的去向问题都成了实施合并政策必须解决的难题。所以,韩国教育部综合考虑以上实际情况,由原来的100名为基准降低到60名,且必须保证在合并后每个"面"至少有1所学校。

第二节 小规模学校合并政策的实施效果

一、小规模学校合并政策的积极效果

自 1982 年开始的小规模学校合并政策取得了良好的政策效果,主要表现在[①]:

(一)合并政策对学生产生的积极影响

1. 促进了学生学习能力的提高

小规模学校合并政策弥补了复式教学的许多弊端,使得同一知识层次的学生能够集中起来得到适合其知识深度的教育,班主任能尽量从社会角度考虑学生的个人差异,学生会比在复式教学的班级获得更多的个人关注和适应性启发。因为只有维持适当规模的学生数量才能保证教育过程的正常运行,提高教育效果,实现学生之间的善意竞争,增加学习兴趣,提高学生学习能力。

2. 促进了学生社会交往能力的提高和素质教育的实现

合并政策使学校年级和班级数量维持在适当范围内,学生能够与具有不同社会背景的同班同学一起生活学习,从而开阔了视野,拓宽了知识体系,加深了知识层次。这样的社会关系,比在岛屿僻地或农村地区的小规模学校把所有年级编成一个班级或两个年级编成一个班级的那种年龄和成熟度具有很大差异的复式教学形成的社会关系更容易让人接受,能够为孩子提供更多的适合其年龄段的伙伴进行协同学习,实现了孩子从以自我为中心到以集体为中心的社会性行为的转变。如果学生数增多、学校规模扩大,家长和当地社会对学校的关心和理解程度必然会增加,这也是学生学习的契机。学生和教师人数少、设施不齐全、规模小的学校不能像规模大的学校充分进行校内外活动,例如运动会、各种发表会、展览会、个性教育等都无法正常进行。这些活动是学生做人所必须经历的过程,同时对学生兴趣的培养和"德、智、体、美"素质的全面提高也有帮助。经研究发现,适当规模学校的学生比小规模学校的学生参与特别活动的次数更多、表现

[①] 朴淮伦:《农渔村地区小规模学校合并的优缺点分析》,载《清州教育大学小学教育研究所月报》1999 年第 1 期。

得也更有自信。相对于小规模学校，只有适当规模的学校才能达到素质教育的理想结果。

3. 促进了学生个人性格的完善

从发展心理学角度看，学生的智力在 13 岁以前（即小学教育阶段）被开发 92% 以上，因此在小学阶段实行正常的基础教育是非常重要的。班主任或其他指导教师的素质对学生的学业成就或人格形成产生了极大影响，教师的言行就是学生的学习内容和经验与人格形成的原动力。教师数量的增多、师生间形成的相互帮助的良好氛围对学生人格的完善有着重要的作用。适当规模的学校学习使同龄学生在相互交往的过程中形成了全面人格，实现社会性发展，保障了和正常规模的学生同样的学习权利。

（二）合并政策对教育现状改善的积极影响

1. 有利于减轻教师的工作负担，提高教学质量和教学效率

韩愈曾说："师者，所以传道授业解惑也。"这是老师的基本工作。然而不管在哪个学校，教师除主要业务外都存在着附带业务所带来的压力。所谓附带业务是指从教育行政机关发来的各种文件，从教育现场发来的对各种计划、实践、结果记录的保管和利用，以及其他各种管理活动业务。这些附带业务过重严重影响教师的情绪，从而导致教师教学效率不高、教学质量低下，进而对学生产生一连串连锁反应。在小规模学校，由于教师人数少，平均分配到每位教师的附带业务就多，教师的压力就大；相反，在适当规模学校，除了给每位教师分配主要业务之外，附带业务的分配范围扩大，每位教师的负担就会相对减少，这使得他们有更多的时间投入到正常的教育工作中。随着小规模学校的合并，对于在合并成适当规模学校工作的教师来说，人际关系会扩大，由于政府的再投资会为教师提供更好的工作条件，使教师感到新鲜，增加他们执行教学职务的动力。

2. 有利于改善教育条件和教育环境

据教育部门统计，所有小规模学校经合并成适当规模学校后，教育财政拨款可节减 5 400 多亿元（韩币）。通过集中投资，合并后的农村学校教育条件可以得到明显改善（教育设施和设备、各种教育器材、教师的工作条件都得到了充足的财政保障），教师的情绪也会提升，并能更认真地投入到教育工作中，促使城乡间的学力差距减小，同时教育效果也会增大。为了有效地管理学校，韩国《基础教育法》制定了学校运行的基本标准，如预算案及结算、教育过程管理、授课用图书及教育资料的选定、学校供食、对学校管理的提案和建议等 10 项标准。根据地区实情和学校特性，由学校行政机构制定具体标准，

并最终由学校运营委员会决定是否实施。学校运营委员会一般由学生家长代表、教师代表、地区具有一定社会地位的代表共同组成，是支持学校行政管理的决策机构和监督机构，对提高学校管理的自律性，促进学校实施适合于地区实情和特性的全面教育有非常积极的作用。作为决策机构，学校运营委员会对学校工作进行积极的管理和审核，这种严格的审核程序增加了学校校长的行政压力和负担，牵制校长的个人臆断，对学校管理起到了有力的制衡作用。小规模学校合并成适当规模学校后，使得运营委员会的规模相应扩大，委员会的构成和运营更加灵活，使学校与更多的家庭、更广泛的社区齐心协力，以能动的和积极的态度参与学校管理，为自己的子女、为地区社会、为整个国家做出巨大的贡献。

3. 有助于促进闲置校舍的有效使用

小规模学校经合并后，出现了一批闲置校舍。为了提高闲置校舍的利用率，首先，韩国教育部制定了个人用途出租、多数用途出租、出售、整体利用等特别法，地方政府根据特别法规定可采取出售、出租或整体利用等办法提高地方教育财政收入，改善教育条件，提高教育效果。其次，闲置的农村小规模学校经过修缮后用于农村开发设施建设。具体来说，农业方面用于牲口的圈养、海产品的养殖、食品的加工、各种农副产品的存放；社会福利方面用于作为孤寡老人或身体、智力有障碍的弱势群体的栖息地；文化事业方面用于作为农村文娱活动的主要场所等。这样的利用方式不但可以增加地区居民的整体收入，而且提高了农村居民的生活水平，促进了社会的和谐发展。

（三）合并政策对社会安定团结和地区文化水平提升的积极影响

1. 有利于减少青少年犯罪率，实现地区安定

小规模学校合并后，大批废弃闲置的校舍成了当地青少年寻求刺激生活的便利场所，例如抽烟、酗酒、打架、寻衅滋事甚至吸毒等事件经常发生。为了减少青少年可能发生的犯罪行为，按照教育部的规定，当地政府将这些废弃的校舍利用起来，减少了青少年利用空白区域犯罪的可能性，减少了社会的不安定因素，实现了社会的安定团结。

2. 有利于当地社区整体文化的发展

农村学校设施简陋、师资力量薄弱，在这种情况下很难发挥其作为当地社区居民教育和社会文化中心的功能。实行小规模学校合并政策后，学校的整体办学条件与城市学校相当，因此成了当地居民素质和知识提升的供应处、社区文化发展的调节器。同时，由于实施合并政策后农村小规模学校的教育条件得到改善，由城市向乡村回流人口不断增多，在一定程度上提高了农村的整体文化素质，促进了农村的全面建设。

二、小规模学校合并政策的弊端

教育部以改善农村教育环境和提高教育预算效率为目的，对学生人数未满 100 人的农村学校实施合并。由于小规模学校合并政策未充分考虑学生的教育环境或地区条件，也未充分考虑学生家长、教师及社区居民的意见而擅自推进，造成了一系列恶劣影响，表现在：

(一) 合并政策与国家现行法律制度相冲突

1. 国民平等权和受教育权受到侵害

韩国《宪法》第十一条第一款规定，"所有国民在法律面前一律平等"；第三十三条第一款规定："无论是谁都有保障受均等教育的权利。"《教育法》第九条规定："教育法基本精神是保障不分学校地域，不分学校种类都给予公平待遇。"在某些情况下，小规模学校的合并侵害了国民受宪法保障的这种平等权和受教育权。虽然教育部在小规模学校合并过程中考虑到了学校的教学条件、教育设施和支撑这些条件的财政基础以及当地学校的历史和地域上的作用等，但是这种缩减政策仍然增加了特定儿童监护人的经济负担。譬如，某农村的 a 家庭的儿童，在合并前从居住地到上学地的距离是 500 米，可以自行独立上学。学校合并后，学生从居住地到新学校的距离增加至 5 000 米，由于家校距离变远、学生不能独立上学，不仅增加了学生家长的经济负担，还增加了学生的上学路程、时间和不安全因素。由此造成的不同地区学生受教育便利性的不平等，实质上是对特定人群的受教育权利的侵害，是违法的。

2. 违背岛屿僻地教育振兴法

根据《岛屿僻地教育振兴法》，教育部为了保障那些不能受地理、经济、文化、社会惠泽的山区、孤岛、边境地区及矿山地区的学生的利益，为这些地区提供教室、医务室和其他教育所必需的设备、无偿提供教材、在学生通勤和教师住宿等方面提供一定的优惠措施，对在农村任教的老师给予更多的经济补偿[①]。然而，教育部为减少财政负担而实施的小规模学校合并政策剥夺了岛屿僻地所享受的优惠措施，违背了教育振兴法的基本宗旨。

---

① 闵德基：《农渔村小学合并在法律上的问题》，载 http：//www.hakbumo.or.kr/bbs/view.php，2001 年。

（二）合并政策给学生带来了极大的困扰

1. 合并政策使学生上学路途花费时间延长，不安定因素增加

合并政策实施后，学校虽为远距离上学的学生提供了学校班车，但大部分学校出于对所有学生的时间和经费等方面的考虑进行定点运行，这造成了距离学校较远的学生相比别的学生更加需要早出晚归，花费在上学途中的时间更长。而且由于学年班级不同，放学的时间也不同，早放学的学生们需要在学校周围等上一段时间，这样就增加了学生在脱离家长和老师控制的情况下发生各种危险的可能性，如交通事故、青少年打架斗殴等。班主任为防止这种危险的发生就需要增加在校时间，也加重了老师的负担。

2. 合并政策使学生心理负担加重，影响学习成绩和成长发育

由于学生人数少，再加之农村民风淳朴，被合并学校的学生们在原学校里相互之间一直保持着团结友爱、互帮互助的状态，但在合并后来到陌生的环境，同原合并学校同学（这些学生具有"东道主"身份的优越感）一起生活时会感到自卑、受到欺负，这样在他们的心理上就形成了阴影，影响了他们以后的身心发展。还有一部分由于家里居住地点的限制不能坐班车或其他通勤工具的小学生在身心尚未成熟的情况下离开父母到学校寄宿，可能会产生孤独、不安、焦躁等负面情绪，学习成绩很难保证[①]。

（三）合并政策使教师面临人事堆积、升职艰难、各种优惠措施被剥夺的困境

相比按班级数和授课门数设置教学职位的教师人数，每个学校只各设1名负责行政管理的校长和副校长（教育部规定学校班级数超过43个可各设2名），本身教师升职的机会较一般公务员就少，而且自小规模学校实施合并政策以来，全国合并了1 800多所学校，约1 000个学校被停办，相应的学校校长和副校长职位被取消，造成教师和副校长的升职机会被冻结，即使是在合并中幸存下来的学校，如果规模小，教育部也要废除其副校长职位。这种人事堆积使教师失去升职机会，内心极度不满，工作热情下降。此外，教育部为了鼓励更多的优秀教师到农村地区教学，为他们提供了一些快速升职的优惠政策，但如果以"面"（韩国行政区划的名称）所在地区学校为中心的合并被实现，这些老师就会失去优惠政策的照顾，根据"趋利避害"的哲学理论，人们都希望能在条件好的地区

---

① 刘景真：《农渔村地区小规模学校的合并研究》，庆北大学行政学院2010年，第90页。

工作生活,所有教师都会离开农村地区转到城市学校,这样僻地的教学质量就很难保障①。

(四) 合并政策预期设定的财政目标难以实现

因近期世界经济低迷,国家整体经济状况不好,政府打算利用合并政策实施后的闲置校舍为地区居民和学生谋取利益的计划很难实现。闲置校舍不好出售或出租,而且越推迟出租、出售,设施被破坏的越严重,还有可能成为青少年聚众闹事的场所,有的还留在村子里成了毫无用处的废地等,这种情况造成极大的财政损失②。如果通过合并政策节减的资金不能为教育条件的改善做出贡献的话,在某种意义上就是对国家财政投资的另一种浪费。

(五) 合并政策导致农村地区荒漠化加剧

学校不仅是教育的孕育场,而且还具有休息间、大会场、演讲会场、投票场、灾民收容所等多种功能。农村地区学校是该地区的文化中心。随着城市化的发展,教师和学生都相继离去,使得农村地区的学校失去了传统功能,其他教育活动也被迫停止,那里的气氛是非常凄凉的。如果政府实施强制小规模学校合并政策,则使一些有归农意愿的人群因考虑到自己儿女的教育问题而不得不离开自己的家乡。如果剩下的高龄人陆续去世,则农村社会构造的小型化、虚弱化甚至消灭化现象将会加剧,最终会导致农村的荒漠化。

第三节 韩国农村小规模学校发展的政策建议

综上所述,我们可以看出农村小规模学校合并政策从根本上否认了《宪法》的平等精神,剥夺了国民的平等受教育权,同时对该地区老师和学生产生了不利影响,导致了农村荒废化加剧,国家财政的预期目标也未能实现。如果我们的教育制度受到撤除"小的"、只运营"大的"这种经济理论的影响,那么小规模学校只能不分理由地逐渐消失。我们认为,要尽可能地发挥农村的优点,研究切实有效的解决策略来弥补其缺点,为实现农村小规模学校教育环

---

① 丘中必:《关于农渔村小规模学校合并政策的研究——以忠清南道论山教育厅的政策事例为中心》,公州大学经营行政学院2001年,第50页。

② 李明汉:《江原地区闲置校舍情况与利用方案研究》,江原大学产业学院2007年,第30~31页。

境的优化提供条件。

一、积极投资改善小规模学校的教育环境，为适龄人群提供良好的教育条件

由于经济条件限制和社会资源分配不平衡等因素的影响，韩国农村的教育环境相对恶劣，因缺乏修缮资金，漏雨和危房教室时有存在；同时，由于小规模学校为节约教育资金进行复式教学、非专业教师讲授专业知识，致使学生成绩下降，更加剧了家长的不安。在这种情况下，许多家长为了使自己的子女能接受到良好的教育，选择纷纷逃离农村来到城市，导致了小规模学校越来越小，环境越来越恶劣，最终面临停办、合并的结局。因此，努力增加教育投入，改善这些学校的基础设施和办学条件，完善教育运行体制，提高教师个人素质，对农村留住学龄人口来说已迫在眉睫。

二、积极利用农村环境资源，开发特色教育项目

考虑到农村地域条件的多样性和特殊性，可以积极开发农村的教育资源，争取在学校停办之前把小规模学校变成有名的特色学校。在韩国，大城市人口往往过密，学校规模过大，受教育条件的限制，城市里的孩子大都"四体不勤，五谷不分"，而农村学校的"小规模"和特殊的地理因素则有其独特的优势。学生和老师可以一起奔跑在大地之上，亲自动手栽培白菜、萝卜等农作物，与大自然亲密接触，相互之间的了解更深，感情更浓。农村学校还可以接受外籍教师以提高学生的外语口语能力，引进计算机设备实现学校教育与现代科技的接轨。这些有特色的教育会吸引更多的城市学生和家长。另外，城市学生能受到学校艺术体育方面的专门教育和课外辅导的私下教育，而农村则可以利用经济和地理环境方面的独特性，在课后活动时间或假期邀请专门老师到农村来进行集中性的文化艺术培养，为农村学生提供多样化的教育机会，使他们与城里的学生站在同一起跑线上。

三、积极扶植解救农村教育

目前所推进的小规模学校合并政策削弱了之前的优惠照顾政策和特别法给予的保护，实施以"60"名学生为基准的学校合并政策实质上是瓦解农村教育的政策，摧毁了国家所建立的民主体制。所以，积极扶植解决农村教育，使已经荒

废化的农村教育更加活性化已迫在眉睫。首先应在立法上给予农村小规模学校以根本性的保护,制定"因时制宜"和"因地制宜"的调整性政策,改变"一刀切"的合并模式。具体来说就是,以农村之间的地理位置和村民之间的感情基础为标准,对于地理位置相互靠近、村民之间感情深厚、适宜合并的地区应积极推行合并政策,并给予各方面资金援助;对于地理位置相距较远、村民之间感情薄弱的,应在当地完善小规模学校建设。其次还应赋予学校在教育运营过程中更多的"自律性",使学校能够根据自己的情况采取新的教育内容和方法。

四、把农村地区学校建设成具有"终身化"功能的教育机构

学校除了正规上课时间外,其余时间如放假时间基本上处于闲置状态,教育设施的使用效率很低。我们主张把农村学校办成地区社会和家长的终身教育场所,学校可以与地方自治团体协作,为家长、家庭主妇、老年人提供再受教育的机会,也可以用来作为地域社会问题讨论的场所,还可以成为地区村民培养兴趣爱好、锻炼身体的基地。学校应该发挥其作为文化中心的作用,通过多种多样的教育模式提高农村地区居民的整体文化水平,降低文盲率,使其真正成为具有"终身化"意义的教育机构。

五、加强农村地区学校间的联系,为农村教育完善提供有力支柱

按照地域划分,使地区间邻近的 2~3 所小规模学校构建一个学校群,他们可以共同召开运动会、展示会、文艺演出,老师与老师之间、学生与学生之间也可以实现跨学校、跨区域的交流,从而克服农村地区小规模学校因规模小而造成的不足[①]。

第四节 给中国的启示

中国有句俗话,"取其精华,去其糟粕"。韩国在推进城镇化的过程中所走

---

① 李胜日:《小规模学校合并的效果、费用分析与对策摸索——以全罗北道农村小学为中心》,韩国教员大学教育政策学院 2007 年,第 91 页。

过的农村小规模学校合并路程，既有成功的经验，也有失败的教训。中国可以从中吸取教训，减少社会发展过程中不必要走的弯路。虽然中国和韩国的国情不同，我们不能照搬他国的教育制度，但可以结合中国实际情况予以借鉴，为中国农村教育建设提供参考。从韩国政府在农村小规模学校合并政策推行过程中，我们可以得出以下几方面的启示：

第一，政府部门一定要给予合并政策以足够的认识。认清我们之所以实施合并政策不仅是为了解决教育问题，更是为了解决社会问题，应该平衡国家和国民之间的利益冲突，分清经济价值和社会价值的位阶关系（社会价值第一性，经济价值第二性），抓住主要方面，实现经济和社会的协调发展。

第二，政府在实施合并政策时应听取和考虑当地居民的意见和建议。国家民主建设的前提条件就是保障国民的民主权利，只有在国民的意见被充分尊重的情况下，政府推行农村教育政策过程中的阻力才能减小，才能得到有效的贯彻和实施。

第三，政府在实施新政策前应当进行充分的宣传，减少当地居民的盲目性。政府应当告知当地居民实施合并政策的必要性、支援计划、期待效果等，使居民能够充分理解国家的政策，体会国家的苦心，并看到光明的前景。在信息充分对称的前提下，由当地居民做出自己的选择，而不是盲目地推行或阻止。

第四篇

政策研究

第十七章

农村学校布局调整的政策变迁研究

"所谓'政策变迁',基本上就是一种对现行政策所从事的变革活动。政策变迁本身所隐含的意义为,不论是否受到外在条件或内在因素的影响,很少有政策一直维持着当初被采纳时的形式,相反,它们是持续不断在演化之中。"[①] 林德布罗姆(Charles E. Lindblom)等提出了"渐进主义"的政策变迁模型,赫克洛(Hugh Heclo)等则认为政策变迁是一个政策学习的过程。研究者认为,"政策变迁在本质上以三种样态出现,一为现行政策的渐进调试,二为在特殊的政策领域制定崭新的政策,三为选民于大选中进行政党支持对象的重组而导致往后的政策变迁。"[②] 研究政策变迁可使我们从以往的政策中体验出哪些政策工具更受青睐,哪种执行结构最具有协力精神,因由政策变迁加以扭转,使政策更能达到效能、效率、公平、充足、妥当与回应性[③]。

我国农村学校布局调整政策变迁一是在特殊的教育发展时期制定的政策,二是对现行教育政策的渐进调试,属于前两种样态。新中国成立以来,我国农村学校共经历过几次大规模的布局调整。由于学校布局调整受人口因素、经济状况、社会对教育的需求和教育自身发展程度等因素的限制与影响,农村学校布局调整的政策变迁表现出在特定时期内的特定需要,即特定社会对教育发展的迫切要求。马克思主义认为,教育既受到经济基础与上层建筑、生产力与生产关系的影

---

① 杨代福:《西方政策变迁研究:三十年回顾》,载《国家行政学院学报》2007年第4期,第104~108页。
② James E. Anderson. *Public Policymaking: An Introduction*. Houghton Mifflin, 1997, pp. 255 – 295.
③ 林水波:《政策变迁的三面向分析》,载《南华政策研究学报》2006年第6期,第1~18页。

响,又为经济基础与上层建筑、生产力与生产关系服务。因而,学校布局调整政策是解决社会发展、教育发展、人的发展三者之间教育需求矛盾的突破口。学校布局调整政策的变迁就是这些因素相互作用以及政策颁布与执行过程中政策子系统既受外部因素影响又受政策体系内部因素作用的相互调试。

保罗·萨巴蒂尔（Paul A. Sabatier, Hand C. Jenkins - Smith）曾提出研究政策变迁把十年乃至数十年作为时间期限的必要性,他们认为:"使用这个长度的时间段,至少能完成从政策制定、政策实施到政策修正的一个循环圈,而且对政策成败也能形成合理、准确的描述。"① 对我国农村学校布局调整（从扩大到减缩）的整个历程进行研究,对学校布局调整政策来龙去脉及变迁进行研究,能从整体上把握我国农村义务教育布局的动力与价值取向,把握这一政策体系的更迭与变化,从而能更加合理地思考义务教育学校的布局与规划问题,反思我国当前农村学校布局调整政策中的影响因素与类型,从历史发展与政策体系上来思考这一问题,形成我国农村学校布局调整政策的发展经验、发展模式,避免政策设计上的缺陷,为未来进行决策提供参考依据,以促进农村教育更好的发展。

第一节 供不应求阶段的学校布局政策（1949~1965年）

一、1949~1965年学校布局调整的社会背景

新中国成立后,百废待兴。伴随着新的政治经济制度的建立,需要建立与之相适应的教育制度。面对解放区的革命教育和国统区的旧教育两种教育制度,需要全面改革和发展教育,确立新的教育制度,建立起与社会主义国家发展体系相一致的新的教育方针、教育目的、教育规划和教育体系。新中国以解放区的教育为经验,改造旧教育封建的、帝国主义及官僚资本主义的性质,提出教育要向工农群众打开大门、向社会的最底层人民开放,让广大人民群众都有机会接受教育的新思想。为了适应新中国建设初期的历史社会背景,满足经济发展的需要,应对社会主义建设人才广泛匮乏的挑战,改变90%人口在农村、80%为文盲的状况,毛泽东提出识字扫盲运动,要让所有人民尤其是工人和农民,让80%的文

---

① ［美］保罗·A·萨巴蒂尔、汉克·C·詹金斯—史密斯著,邓征译:《政策变迁与学习:一种倡议联盟途径》,北京大学出版社2011年版,第16页。

盲都能够接受教育。在这一背景的影响下,我国的学校布局调整蜿蜒曲折,周期虽然不长,却经历了很多个阶段。

(一) 新中国成立前直至新中国成立初期的招生扩学阶段

新中国成立前直至新中国成立初期,我国基础教育的状况是学龄人口入学率极低。新中国成立前,我国"全国学龄儿童入学率仅为20%,人口中文盲率达80%以上。15岁以上人口平均受教育年限低于美国和英国1820年的水平"。[1] 以上海市为例,刚解放时每万人中在校学生数小学仅为623人,中等学校仅为135人,高等学校仅为26人[2]。1949年我国的小学在校生人口数为2 439.10万人,小学学校数量为34.68万所,小学班级数为61万个。这一阶段教育的主要目标就是面向所有人扩学招生,加速培养为社会主义建设服务的大量人才。

(二) 上学供求矛盾由小学向初中延伸阶段

由于当时的学校体系呈金字塔式的结构特征,所以随着小学学生入学人数的激增,导致出现这些小学生要毕业时无法全部升入初中、初中毕业生无法全部升入高中的现象。例如,1953年我国有高小毕业生293.4万人,而初中只能招收81.8万人,小学升学率仅为27.8%;1957年我国有高小毕业生405万人,初中只能招收196万人,小学毕业生升学率为48%[3]。针对高一级学校校容有限问题,各地采取了增班增额增校、应试教育等解决方法。人民对教育的无限需要与教育有限供给能力之间的矛盾由入小学转为入初中、由入初中转为入高中,供求矛盾只是向后延伸了,并没有得到真正的解决。

(三) 针对供求矛盾"放慢速度,适当收缩"阶段

1953年中共中央批评教育的急躁冒进,指出在基础教育事业的发展上,应放慢速度,适当收缩。在这一政策影响下,我国小学数量由1952年的52.70万所减少到1953年的51.21万所,一年就减少了1.49万所。而新中国成立初期形成的扩学招生态势已势不可当,供求矛盾日益突出。1957年基础教育事业采取保证重点、适当收缩的方针,但由于我国当时的教育接纳能力有限,国家又无财

---

[1] 中华人民共和国教育部:《谋百年大计兴千秋伟业——党中央关心教育改革和发展纪实》,载 http://www.moe.gov.cn,2010年7月12日。

[2] 上海地方志办公室:《上海人民政府志·教育》,载 http://www.shtong.gov.cn,2012年4月20日。

[3] 宋乃庆等:《中国基础教育改革与发展(征求意见稿)》,西南大学2011年版,第102页。

力和师资力量开办更多的学校,虽然循序渐进地发展教育的思路是符合当时实际的,但却更加剧了供求紧张这一矛盾。

(四) 针对供求矛盾基础教育"大跃进"阶段

1958年党的八大二次会议召开以后,刘少奇总结了"两种教育制度,两种劳动制度",采取两条腿走路的教育政策,鼓励学校教育制度和工厂农村的劳动制度同时并行。此后,半工半读教育实验在全国迅速铺开。1958~1959年仅天津市就有100多个工厂办起了半工半读学校[①]。1958年中共中央和国务院颁布《关于教育工作的指示》明确提出"党的教育工作方针,是教育为无产阶级的政治服务,教育与生产劳动结合",要"多快好省地扫除文盲,普及教育"[②],不仅要求所有学校必须把生产劳动列为正式课程,每个学生必须依照规定参加一定时间的劳动,还提出了一些响亮而不太切合实际的口号。1958年我国小学校数从新中国成立时的34.68万所猛增到77.68万所,增长了一倍多。

(五) 基础教育"调整、巩固、充实、提高"阶段

1959年针对1958年的教育大跃进开始进行调整和纠正。同时在社会发展上,1959~1961年,我国以牺牲农业发展工业的"大跃进"政策的问题暴露出来,导致全国性的粮食短缺和饥荒,期间面临3年自然灾害与国际上苏联撤离援助,国计民生遭到了前所未有的打击,教育的大跃进表现出与经济发展完全不相适应的状况。1961年中共中央召开会议指出基础教育事业的发展要贯彻"调整、巩固、充实、提高"的八字方针。在这一政策影响下,我国小学数量由1959年的73.74万所骤减到1941年的64.52万所,3年共减少9.22万所,减幅达12.5%。

二、学校布局调整政策变迁的驱动力与问题指向

1949~1965年学校布局调整主要表现为扩充学校,解决人民群众无限教育需求与有限教育供给之间的矛盾。驱动学校布局调整的原因主要有以下几个方面:

第一,新中国成立初期人才不足、素质不高,为迅速提高教育质量、扩大教育规模,解决人口增长、人民对教育的迫切需求与当时学校数量有限、供求不足

[①] 段锋:《天津实验半工半读》,载《中国教育报》2009年8月21日,第1版。
[②] 《中共中央、国务院关于教育工作的指示》,载《浙江日报》1958年9月20日,第1、3版。

的矛盾，促使党和国家开始在学校布局政策的决策上考虑扩张规模与增加学校数量，以满足让人民群众自由接受教育的需要，这成为我国这一时期学校布局调整政策变迁的第一驱动力，也促使1956年我国颁布《关于扫除文盲的决定》，这是新中国成立以来我国第一次大规模思考设计学校布局问题。

第二，由于第一阶段的矛盾没有得到很好的解决，演变为教育发展的大跃进，导致教育体系矛盾冲突，人民对教育的需要与教育供给能力有限的矛盾由小学延伸到初中和高中。一方面各学段增加的学生数量随着学生毕业将压力逐渐堆积到下一教育阶段，另一方面因人力、物力和财力所限，国家对教育扩张形成的学校布局进行控制与回缩，导致矛盾进一步加剧，促进下一阶段新的学校扩张。

第三，针对供求矛盾持续未决的状况，根据陆定一"教学必须改革"[①]、"教育必须与生产劳动相结合"[②]提议、刘少奇"半工半读、半农半读"两种教育制度政策设计，以及中央《关于教育工作的指示》精神，教育内涵出现泛化现象，表现在学校布局上不仅广设学校，而且出现大量半工半读、半农半读学校。

第四，在基础教育事业必须贯彻执行"调整、巩固、充实、提高"方针的指导下，对"大跃进"以来形成的数量多、质量差的中等学校进行大量裁并，对重复建设的不合理的学校布局进行重新规划，压缩了大量的中等类型学校。在允许人民办教育的情况下，部分学校性质发生改变也影响了教育质量，因此以裁并和精简教育的方式来保证基础教育事业稳定健康发展。

三、学校布局调整政策变迁的文本分析

1949年，新中国成立并通过《中国人民政治协商会议共同纲领》（简称《纲领》）。《纲领》确定新中国教育的性质为新民主主义教育，并规定了这一时期教育的主要任务。同年，教育部召开全国教育工作会议，明确了我国的教育目的是为人民服务，尤其是为工农和当前的革命斗争与建设服务。1951年颁布《关于改革学制的决定》，这是新中国成立以来的第一个学制，它以法令形式保障工农劳动人民和工农干部受教育的机会，在学制中给职业技术教育和业余教育以适当的地位。1956年国务院发布《关于扫除文盲的决定》，同年中国共产党第

---

① 1960年4月9日，陆定一在二届全国人大二次会议上作《教学必须改革》的发言，提出在中小学教学改革中应"适当缩短年限，适当提高程度、适当控制学时，适当增加劳动"。此后，全国各地开始较大规模的学制改革试验。

② 1958年8月，陆定一撰写《教育必须与生产劳动相结合》一文，受到毛泽东主席的高度重视，毛泽东同志三次批示，五作修改，并在毛泽东同志的授意下发表在《红旗》1958年第7期上，后来成为《中共中央、国务院关于教育工作的指示》中教育方针表述中的重要内容。

八次代表大会报告要求根据"掌握重点、照顾其他"及需要与可能相结合的方针,进行全面教育规划,争取在 12 年内分期普及小学义务教育。1960 年,根据陆定一《教学必须改革》的提案,二届全国人大二次会议通过《1956~1967 年全国农业发展纲要》,提出要大力提倡群众办学、集体办学,在 12 年内基本扫除青壮年文盲,全国各地开始较大规模的学制改革试验。1962 年,中共中央批发教育部党组《关于进一步调整教育事业和精简学校教职工的报告》,指出必须进一步贯彻执行国家办学和人民办学两条腿走路的方针,坚决改变国家对教育事业包得过多的办法。同年,教育部发出通知,要求各地首先集中力量,在省、区、市范围内办若干所全日制中学,在每一县(市)和市属区范围内办好一至几所小学,以提高教育质量。针对教育大跃进等新中国成立以来教育的曲折反复,1963 年,中共中央颁布《中学五十条》和《小学四十条》,对中小学教育的任务和培养目标作了具体而明确的规定,对恢复教育秩序以及对新中国教育的发展起到了深远影响。1963 年 10 月,周恩来召集教育部及有关部委、团中央、全国妇联负责人讨论中小学教育和职业教育问题,指出中小学教育和职业教育量大,关系也很大,绝不能忽视。教育部工作不能"大大、小小",要"小大、大小"。要有一个规划,加强中小学教育,扩大职业教育。这一时期的教育文件表现出了紧紧围绕教育面向广大人民群众尤其是工农群众,稳固和确立社会主义社会的性质,以提高教育为政治、为社会服务能力的学校扩张布局规划。

表 17-1 农村学校布局调整政策年表(1949~1965 年)

	阶段 I:1949~1957 年
	加速培养社会主义建设人才、"普及教育"、扩学招生的学校扩张布局阶段
1949 年	《中国人民政治协商会议共同纲领》规定:中华人民共和国的文化教育为新民主主义的,即民族的、科学的、大众的文化教育。人民政府的文化教育工作,应以提高人民文化水平,培养国家建设人才,肃清封建的、买办的、法西斯思想,发展为人民服务的思想为主要任务。
1951 年	10 月,政务院公布实施《关于改革学制的决定》。这是新中国成立以来的第一个学制,它以法令形式确立和充分保障工农劳动人民和工农干部受教育的机会;明确规定了职业技术教育和业余教育在学制中的适当地位。
	阶段 II:1958 年教育大跃进阶段
1958 年	中共中央和国务院《关于教育工作的指示》提出"多快好省地扫除文盲,普及教育"。《关于教育工作的指示》要求必须把生产劳动列为正式课程,也为教育指明了方向。

续表

	阶段Ⅲ：1959~1965年"调整、巩固、充实、提高"阶段
1960年	4月，根据陆定一《教学必须改革》提案，二届全国人大二次会议通过《1956~1967年全国农业发展纲要》，提出要大力提倡群众办学、集体办学，在12年内基本扫除青壮年文盲。全国各地开始较大规模的学制改革试验。
1962年	5月，中共中央批发教育部党组《关于进一步调整教育事业和精简学校教职工的报告》指出，必须贯彻执行国家办学和人民办学两条腿走路的方针，坚决改变国家对教育事业包得过多的办法。12月21日，教育部发出通知，要求各地首先集中力量，在省、区、市范围内办若干所全日制中学，在每一县（市）和市属区范围内办好一至几所小学，以提高教育质量。
1963年	3月，中央颁布《全日制中学暂行工作条例（草案）》和《全日制小学暂行工作条例（草案）》。总结1949年中华人民共和国成立后，特别是1958年以后中小学教育经验的基础上制定的符合中国国情的一整套中小学工作制度。条例对办好中小学作了具体而明确的规定，对恢复教育秩序发挥了重要作用，而且对新中国教育的发展起到了深远影响。
1963年	10月，周恩来召集教育部及有关部委、团中央、全国妇联负责人讨论中小学教育和职业教育问题，指出中小学教育和职业教育量大，关系也很大，绝不能忽视。教育部工作不能"大大、小小"，要"小大、大小"。要有一个规划，加强中小学教育，扩大职业教育。

四、学校布局调整政策的实施效果与存在问题

这一时期我国的教育还处于不断尝试与探索发展的阶段，所进行的基础教育布局调整也是根据国家当时的发展状况进行的不断摸索与调试，在一定程度上是对社会主义社会发展初期建设迫切需要的反馈，是与当时的经济发展水平与政治决定相适应的，正是在相互调试的过程中才逐渐明确了教育的发展方向。宋乃庆教授指出："20世纪50年代末60年代初，我国社会主义建设事业取得了巨大的成就，但也经历了众多的曲折，有过重大失误，其根本原因在于对社会主义本质的认识不明确，对我国所处的社会主义初级阶段不清晰，因而在基础教育的指导思想上左右摇摆，难免产生片面性。在不同时期将某些方面拔高到特别突出的地位，有时是政治思想教育、有时是生产劳动教育、有时是共产主义道德教育等。忽视了基础教育为社会主义现代化服务这个首要任务，仅仅过分强调基础教育的上层建筑属性，而忽视了基础教育具有生产性，将基础教育视为纯粹的消费型产业。即便是强调教育与生产劳动相结合，结果既没有促进生产，也没能很好地发

展基础教育。"①

第二节 "文革"十年教育工农化阶段（1966~1976年）

一、1966~1976年学校布局调整的社会背景

1966年5月，由于经济大跃进的失败以及党内在经济建设认识问题上的分歧和矛盾，不断扩大提升为政治路线错误进而演化为政治斗争，促成了无产阶级"文化大革命"。政治动乱使社会陷入无序的状态。1950~1960年我国还没有实行计划生育政策，人口无限制增长，"人多力量大"、"众人拾柴火焰高"等传统思想在人们的心里根深蒂固，加之新中国成立初期经济发展缓慢，教育发展跟不上，大量的人口也导致大量的文盲出现。"文化大革命"末期，人民公社化体制与平均主义思想在部分地区已经开始行不通，使农业发展受到了严重影响，人民生活困顿。在教育上，继1958年的教育大革命之后，群众运动和人民公社化持续高涨。"文化大革命"中提出社会就是大课堂，要学工学农学军，上山下乡，走与工农相结合的道路。学校要办工厂和农场，人民公社也要办学校，建立广泛而普遍的教育形式，对基础教育产生了严重的影响。突出表现为"在教学内容上，削弱基础知识的学习，突出政治挂帅"；"在教学方式上，轻视课堂教学，突出生产劳动和政治运动。"② 农村中的公办小学和中学被下放到公社和大队，形成大队办小学，公社办中学的模式。全国没有统一的学制，各地各自为政地缩短学制，删减与合并课程，学校的教育制度被废除，教学秩序遭到破坏，使教育发展陷入混乱和停滞的局面。过度强调教育与生产劳动相结合与教育的实用性质，使新中国成立以来所建立起的教育体系和教育结构完全遭到破坏，政治的极端化使社会经济文化的发展全面陷入困境。

二、学校布局调整政策变迁的驱动力与问题指向

这一时期布局调整的驱动力，一是继续了1949~1965年间遗留的供求矛盾

---

① 宋乃庆等：《中国基础教育改革与发展（征求意见稿）》，西南大学2011年版，第113页。
② 左进峰：《"文化大革命"时期山东的教育革命》，载《当代中国史研究》2010年第4期，第57页。

持续未决的问题。尽管在 1961 年中共中央提出了"调整、巩固、充实、提高"的八字方针，但学校数量依然获得了快速发展，由 1961 年的 64.52 万所猛增到 1966 年的 100.70 万所，净增了 56.08%。虽然供求矛盾有所缓解，但当时的政治形势还是使毛泽东转变思路，把广大人民群众想进学校学习的热情引导到一个新的领域中去，即"社会就是大课堂"，"广阔天地，大有作为"，"要学工、学农、学军"，"要上山下乡，走与工农相结合的道路"。在这一新的理念引导下，教育与生产劳动相结合泛化为直接从事生产劳动，扩大化为将校、工、农、军四者融为一体，在学校布局上则广设学校，在整个"文革"期间小学数量一直维持在 100 万所，初中则由 1965 年的 1.4 万所猛增到 1976 年 13.2 万所，增长了 8.4 倍。由于广设初中，导致初级中学的教育性质含混不清，教育质量难以保证。二是在城市有工宣队等进驻学校接管领导权、整顿学校的情况下，在农村没有相应的解决办法，将公办小学下放到大队的"队办小学、社办中学"形式做法导致农村小学迅速扩张。在农村进行的整顿学校、回收教育权的做法，符合了社会意识形态和无产阶级政治斗争的需要，阶级斗争严重影响了教育的方向，教育完全变成了政治的附庸和工具，失去了自己应有的地位和独立性质，教育的政治属性极端化成为驱动当时农村学校乃至整个教育布局调整政策变迁的重要驱动力。

三、学校布局调整政策变迁的文本分析

1967 年 10 月，中共中央、国务院发出《关于大、中、小学复课闹革命的通知》，要求全国各地大学、中学、小学一律立即开学，一边进行教学，一边进行改革①。1968 年 8 月，中共中央、国务院、中央军委、中央文革小组发出《关于派工人宣传队进学校的通知》，要求各地应该仿效北京的做法，把大中城市的大、中、小学校逐步管起来，以优秀的产业工人为主体，配合人民解放军战士，组成毛泽东思想宣传队，分批分期进入各学校②。1968 年 10 月，《人民日报》刊登了山东教师侯振民、王庆余的来信《建议所有公办小学下放到大队来办》，信中提出："建议所有公办小学下放到大队来办，国家不再投资或少投资教育经费，教师国家不再发工资，改为大队记公分。"③ 1969 年 8 月，中共中央下发了《全国教育工作会议纪要》，对学校党组织、工宣队和革委会的职权进行了明确

---

① 《中共中央、国务院、中央军委、中央文革关于大、中、小学校复课闹革命的通知》，中发 [67] 316 号。
② 《中共中央、国务院、中央军委、中央文革关于派工人宣传队进学校的通知》，中发 [68] 135 号。
③ 侯振民、王庆余：《建议所有公办小学下放到大队来办》，载《浙江日报》1968 年 11 月 14 日，第 1 版。

划分，明确了工宣队在学校党组织的一元化领导下的地位和政治作用。面对"文革"期间人口无限增长的状态，中央提出"有计划地增长人口"，到1974年开始在全国全面推广计划生育政策。

表17-2　　　　农村学校布局调整政策年表（1966~1976年）

年份	内容
1966年	"五七"指示中提出，全国各行各业都要办成亦工亦农，亦文亦武，又批判资产阶级的社会组织。学生也应该"以学为主，兼学别样"。"学制要缩短，教育要革命，资产阶级知识分子统治我们学校的现象再也不能继续下去了"。
1967年	10月，《关于大、中、小学复课闹革命的通知》要求全国各地大学、中学、小学一律立即开学，一边进行教学，一边进行改革。
1968年	8月，《关于派工人宣传队进学校的通知》要求各地应该仿效北京的办法，把大中城市的大、中、小学校逐步管起来，以优秀的产业工人为主体，配合人民解放军战士，组成毛泽东思想宣传队，分批分期，进入各学校。
1968年	11月，《人民日报》刊登了山东省嘉祥县教师侯振民、王庆余的来信《建议所有公办小学下放到大队来办》。信中提出："我们建议所有公办小学下放到大队来办，国家不再投资或少投资教育经费，教师国家不再发工资，改为大队记公分。"
1969年	8月，中共中央下发了《全国教育工作会议纪要》对学校党组织、工宣队和革委会的职权进行了明确划分。明确了工宣队在学校党组织的一元化领导下的地位和政治作用。
1974年	9月，计划生育政策在全国全面推广。

四、学校布局调整政策的实施效果与存在问题

1966年我国小学校数总量为100.70万所，1976年为104.43万所，其中城市小学和县镇小学数量无显著变化，有略微减少的趋势，农村小学数量显著增加，由1971年的93.10万所，增加到1976年的100.80万所，6年间增长了7.7万所。这与我国人民公社化运动建议有关，也使农村小学的在校生数由1971年的9 366.50万人猛增到1976年的13 285.30万人，农村普通初中学校数由1965年的1.81万所增至1975年的12.35万所。"文革"期间的人民公社化对学校布局影响在一定程度上调动了农村办学的积极性，促进了农村中小学，尤其是小学教育的发展，但由于教育投入的严重不足，导致教育质量下降等一系列问题。"文革"中倡导的建立广泛的教育模式"使半工半读与全日制学校之间的界限变得相当模糊。使普通中学、戴帽中学在'文革'的10年间增长了700%，'普

及'了初级中等教育"。①"文革"10年使新中国成立以来努力建立起来的教育制度被破坏,教育事业的发展受到了全面的阻碍,使教师队伍分崩离析,教育质量严重下降,以及这一时期提倡的向社会大课堂学习的泛化的教育形式违背教育自身发展规律和组织结构方式,在教育布局上的盲目下放、盲目建设等都成为后来我国教育格局缺乏设计、需要重新进行布局调整问题的起因。

第三节 恢复和整顿不合理教育布局阶段(1977~1985年)

一、1977~1985年学校布局调整的社会背景

20世纪80年代初期,我国刚经历的"文革"期间的人民公社化体制与平均主义弊端逐渐暴露出来。人口多,经济落后,经济文化发展很不平衡。特别是贫困地区多,人口居住分散,办学条件极差。据不完全统计,20世纪80年代初,全国中小学危房占校舍总面积的16%②。1982年我国人口普查报告显示,除港、澳、台外,我国29个省、区、市的文盲和半文盲人口为2.36亿人,占总人口的23.5%。也就是说,将近每4个中国人就有1人不识字或识字很少③。党的十一届三中全会以后,中共中央指出当前我国社会的主要矛盾是人民群众日益增长的物质文化需要与落后的社会生产力之间的矛盾,解决这一主要矛盾,必须大力发展生产力,把社会主义的建设重心转移到以经济建设为中心上来,提出"解放思想、实事求是"。改革开放以来,我国开始在经济上实行家庭联产承包责任制,大大促进了农业的发展;在政治与政策方针上避免阶级斗争等影响社会主义经济建设的倾向;在教育上进一步明确了国民教育在国家经济建设中的基础作用和战略地位,强调教育对培养人才、促进科技发展的巨大作用和全面发展教育的重要性。这一时期教育的主要任务,一是对"文革"期间教育事业受到全面的破坏进行整顿和恢复,修复"文革"期间遭到荒废的教育体系和教育秩序;二是在整顿旧业的基础上改革教育管理体制,确立新的教育方针,发展新时期的教育。

---

① 袁振国:《论中国教育政策的转变:对我国重点中学平等与效益的个案研究》,广东教育出版社1999年版,第31页。

②③ 顾明远:《改革开放30年中国教育纪实》,人民教育出版社2008年版,第313页。

二、学校布局调整政策变迁的驱动力与问题指向

这一时期学校布局调整的驱动力,一是在全面恢复教育体系、教育秩序的基础上,对"文革"期间被侵占、关闭、挪用的校舍进行恢复;二是对"文革"期间形成的"上小学不出村,上初中不出队,上高中不出社"的不合理教育布局的调整;三是对"文革"期间广泛设校,普设初级和普通中等学校性质上的改变与布局上的重新规划;四是在新的历史时期意识到扫除文盲、普及义务教育的任务刻不容缓。

三、学校布局调整政策变迁的文本分析

1978年国务院《政府工作报告》(简称《报告》)中提出,"二十八年来,在毛主席革命路线指引下,我国科学、教育、文艺、卫生、体育、新闻出版等事业有了很大发展。原子弹、氢弹的爆炸,人造卫星的发射与回收,标志着我国科学技术的发展达到了新的水平。全国城市基本普及了初中教育,农村基本普及了小学教育,高等学校和中等专业学校培养了大批专门人才。近几年来,我国同世界科学技术先进水平本来已经缩小的差距又拉大了。学校教育质量严重下降。"[①]《报告》在总结过去28年经验教训的基础上,提出"必须正确执行教育为无产阶级政治服务、与生产劳动相结合的方针,端正方向,认真搞好教育革命,加速培养德智体全面发展的有社会主义觉悟有文化的劳动者"[②]。在提倡要大办农业、大力发展基础工业、大兴科技文化口号的影响带动下,对基础教育也提出了"到1985年,在农村基本普及8年教育,在城市基本普及10年教育"[③] 的口号。1980年中共中央、国务院发布《关于普及小学教育若干问题的决定》,提出"在20世纪80年代,全国应基本实现普及小学教育的历史任务,有条件的地区还可以进而普及初中教育"[④]。1985年党中央召开了改革开放以来第一次全国教育工作会议,会后颁布的《中共中央关于教育体制改革的决定》指出,"教育体制改革的根本目的是提高民族素质,多出人才,出好人才","教育必须为社会主义建设服务,社会主义建设必须依靠教育"[⑤],提出了"实行九年制义务教育,实

[①②③] 华国锋:《团结起来,为建设社会主义的现代化强国而奋斗——1978年2月26日在第五届全国人民代表大会第一次会议上的政府工作报告》,载《浙江日报》1978年3月7日,第1~5版。

[④] 《中共中央、国务院关于普及小学教育若干问题的决定》,中发〔1980〕84号。

[⑤] 《中共中央关于教育体制改革的决定》,载《浙江日报》1985年5月29日,第1、3版。

行基础教育由地方负责、分级管理的原则"等一系列教育改革内容,成为引领中国教育发展的纲领性文件。为了推进义务教育的顺利实施,根据经济文化发展的不平衡性,把全国划分为三类地区分步实施:约占全国人口 1/4 的城市、沿海各省区市中的经济发达地区和内地少数发达地区在 1990 年前后完成;约占全国人口 1/2 的中等发展程度的镇和农村在 1995 年前后完成;约占全国人口 1/4 的经济落后地区要不同程度地推进,国家给予支持。邓小平同志在大会上指出,我们国家,国力的强弱,经济发展后劲的大小,越来越取决于劳动者的素质,取决于知识分子的数量和质量。教育搞上去了,我们的目标就有把握达到。

表 17 – 3　　　　农村学校布局调整政策年表（1977~1985 年）

1978 年	2 月,华国锋在第五届全国人民代表大会第一次会议上做《政府工作报告》提出必须正确执行教育为无产阶级政治服务、与生产劳动相结合的方针,端正方向,认真搞好教育革命。努力办好各级各类学校,提高教育质量。其中对基础教育的要求是到 1985 年,在农村基本普及八年教育,在城市基本普及十年教育
1980 年	中共中央、国务院发布《关于普及小学教育若干问题的决定》,提出要在 20 世纪 80 年代基本普及小学教育
1985 年	党中央召开了改革开放以来第一次全国教育工作会议,会后颁布了《中共中央关于教育体制改革的决定》,指出"教育体制改革的根本目的是提高民族素质,多出人才,出好人才",提出了"改革管理体制"、"调整教育结构"等一系列教育改革内容,成为引领中国教育发展的纲领性文件

四、学校布局调整政策的实施效果与存在问题

20 世纪 80 年代以来我国虽然将普及义务教育作为基础教育事业发展的重点,但普及率与普及的效果还比较缓慢。从全国总体情况看,学生入学率稳定上升,但升学率却呈下降趋势,学生中途留级和辍学的问题也没有得到很好的控制。以小学为例,1980 年我国适龄儿童的入学率为 93%,升学率为 75.9%;1981 年入学率为 93%,升学率为 68.1%;1982 年入学率为 93.2%,升学率为 66.2%;1983 年入学率为 94%,升学率为 67.3%;1984 年入学率为 95%,升学率为 66.2%;1985 年入学率为 95.5%,升学率为 68.4%（见图 17 – 1）[①]。这一时期的基础教育事业得到了一定程度的恢复和发展,但也突出了一些问题,表现

---

① 宋乃庆等:《中国基础教育改革与发展（征求意见稿）》,西南大学 2011 年版,第 179~180 页。

在布局调整上是教育发展的规模、布局、结构等比例失衡,"1986 年何东昌在全国教育工作会议上就教育领域中的效益问题指出:当前教育中存在一些突出问题。基础教育中盲目追求升学率的倾向一直没有纠正过来……教育事业的发展只注重数量和速度而轻视质量和整体效益的攀比指标之风盛行;各级各类教育事业规模、布局、结构的比例、发展速度不合理……"① 这些对于今天的教育仍然是有深刻的借鉴意义的。

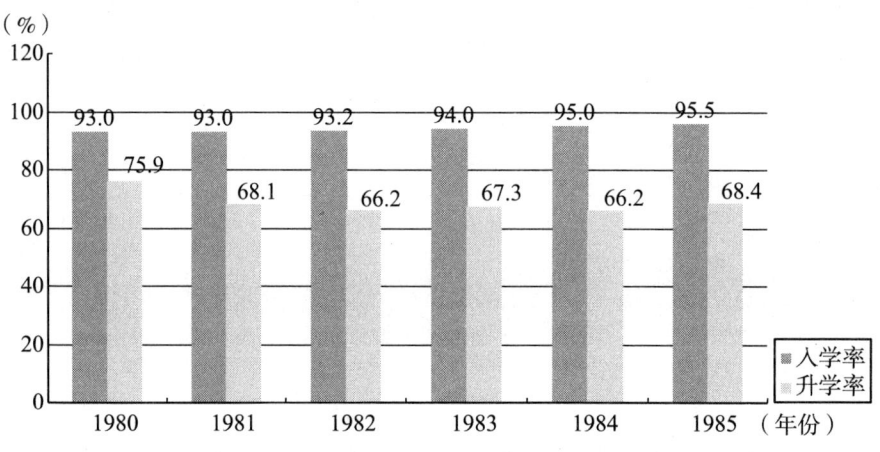

图 17-1 1980~1985 年我国小学适龄儿童入学率与升学率

年份	入学率	升学率
1980	93.0	75.9
1981	93.0	68.1
1982	93.2	66.2
1983	94.0	67.3
1984	95.0	66.2
1985	95.5	68.4

第四节 义务教育巩固普及阶段(1986~2000 年)

一、1986~2000 年学校布局调整的社会背景

20 世纪 80 年代中后期我国义务教育的普及有所提升,但义务教育的巩固率还有待提高,学生辍学问题还比较明显,"1989 年我国小学生辍学率是 3.2%"②。因此,巩固和普及九年义务教育仍是当时教育发展的重点。其中造成当时学生辍学的原因之一就是部分地区自然条件恶劣、地理环境复杂,人口稀少、居住分散,造成学生上学不便或路程太远。一些家长担心孩子的上学安全,

---

① 廖其发等主编:《当代中国重大教育改革事件专题研究》,重庆出版社 2007 年版,第 199 页。
② 同上,第 271 页。

不得不让其辍学①，致使我国义务教育的普及率不稳定。进入20世纪90年代，党和政府开始把实施"科教兴国"作为我国发展的战略重点，明确提出"把教育摆在优先发展的战略地位"，把九年义务教育作为科教兴国的奠基工程，全面贯彻党的教育方针，实施素质教育。在教育上要求推进完成"普九"、"扫盲"工作。1986年我国颁布了《中华人民共和国义务教育法》，确立了义务教育的法律地位，也保障了青少年与适龄儿童的受教育权利。同时根据1985年的《中共中央关于教育体制改革的决定》提出的改革义务教育管理体制，农村地区实施"分级办学、分级管理"的原则，由县、乡、村三级办学，县、乡两级分担义务教育投资。在新的管理体制下，乡镇财政和农民成为义务教育的主要投资主体，义务教育经费以向农民征收教育费附加和教育集资为主。在城乡经济发展上，20世纪80年代中期我国的乡镇企业还比较发达，筹措资金比较容易。进入20世纪90年代，由联产承包体制所焕发的活力已经达到顶峰，由于国家在总体上控制农产品价格，导致农民增产不增收，再加上向农民征收的各种费种，使农民再次陷入收入困境。为了减轻农民负担，1994年我国实行分税制改革，优质税种层层上收，导致乡镇一级再也难以承受教育发展的各种经费，拖欠教师工资已成为一种非常普遍的现象。以经济较为发达的广东省为例，1996年以来各地拖欠教师工资达6.4亿元，其中拖欠最严重的湛江市就达2.3亿元②。实行分税制改革后，乡镇投资主体难以支撑农村义务教育发展，再加上国家教委1994年9月24日颁布《普及义务教育评估验收暂行办法》，要求"省、自治区、直辖市人民政府对在2000年前普及九年义务教育的县，应就其初等和初级中等教育普及情况，分段或一并进行评估验收；对在2000年前只普及初等义务教育的县，应就其初等教育阶段普及情况进行评估验收；对在2000年前只普及小学三年或四年义务教育的县，可组织阶段性评估。"③ 在"普九"验收的推动下，我国许多农村中小学借债完成普九达标任务，在教育欠债日益严重的情况下，出现了拖欠教师工资、不再对教育投入、无法对校舍进行继续维修改造的状况，甚至一些学校因无法偿还债务而被迫关闭。

二、学校布局调整政策变迁的驱动力与问题指向

这一时期学校布局调整政策变迁的驱动力，一是普及九年义务教育的要求，

---

① 廖其发等主编：《当代中国重大教育改革事件专题研究》，重庆出版社2007年版，第271页。
② 邬志辉主编：《农村义务教育经费保障新机制》，北京大学出版社2008年版，第59页。
③ 国家教育委员会：《普及义务教育评估验收暂行办法》，教基〔1994〕19号。

以巩固普及率、减少辍学率与留级率为核心指标进行布局是当时学校布局调整政策变迁的驱动力之一。二是义务教育投资管理体制的改革使地方义务教育财政紧张,统筹教育资源、集中办学、提高规模效益、节约成本是影响当时布局调整政策变迁的重要驱动力。《国家教委关于在九十年代基本普及九年义务教育和基本扫除青壮年文盲的实施意见》重申:"在农村实行县、乡、村三级办学,县、乡两级管理,以县为主的管理体制。县级政府在组织'两基'实施方面负有主要责任,包括制定落实到乡、村的规划;统筹管理教育经费,保证义务教育、扫除文盲的经费投入和中小学教师工资实行全额预算,按时足额发放(财政收入不足以支付工资的地区,其不足部分应从上级政府给予的财政补贴中支付);管理中小学校长、教师,指导中小学教育教学工作等。乡政府落实'两基'的具体工作,包括保障办学条件、适龄儿童少年按时入学和扫盲对象接受培训等。在经济发展程度较高地区,义务教育可以实行县乡两级管理,充分发挥乡财政的作用。"[①] 三是社会转型过程中城乡结构调整、农村乡镇的大量合并也是影响这一阶段学校布局调整的重要原因。1984 年我国有乡镇 97 521 个,1991 年有 55 542 个,2001 年有 40 470 个,2005 年有 35 473 个,2010 年 33 981 个[②]。乡镇布局发生变化,也是促使学校布局调整的一个主要原因。

三、学校布局调整政策变迁的文本分析

1986 年《中华人民共和国义务教育法》规定:"地方各级人民政府适当设置小学、初级中等学校,使儿童、少年就近入学。"[③] 1988 年颁布《扫除文盲工作条例》、1991 年颁布《关于大力发展乡(镇)、村农民文化技术学校的意见》、1993 年颁布《中国教育改革和发展纲要》提出要合理规划教育事业的规模,调整教育结构和布局。1994 年颁布《关于在九十年代基本普及九年义务教育和基本扫除青壮年文盲的实施意见》提出:"到 2000 年,普及地区人口覆盖率为 85%,初中阶段入学率(注)争取达到 85% 左右,在校生达到 5 500 万人左右。"1994 年实施分税制改革。1999 年《中共中央国务院关于深化教育改革全面推进素质教育的决定》,成为指导我国教育改革发展的纲领性文件。1986 ~ 2000 年间,我国在"人民教育人民办"指导思想下,以普及九年义务教育为核

---

① 全国人民代表大会:《国家教委关于在九十年代基本普及九年义务教育和基本扫除青壮年文盲的实施意见》,教基 [1994] 18 号。
② 中华人民共和国国家统计局编:《中国统计年鉴 (1985 ~ 2011)》,中国统计出版社 1995 ~ 2011 年版。
③ 《中华人民共和国义务教育法》,1986 年中华人民共和国主席令第 38 号。

心的学校布局总体学校数量上处于减少状态，但教学点数量在这一阶段有较大幅度增长，由1987年的17.08万个增加到2000年的17.81万个。1986~2000年的15年间，我国教育的中心问题、突出问题一直是围绕在以"普九"与"扫盲"展开的，义务教育学校布局调整所表现出的趋势是"村村有学校"教育布局的适度回收。

表17-4　　农村学校布局调整政策年表（1986~2000年）

1986年	4月，第六届全国人民代表大会第四次会议通过《中华人民共和国义务教育法》，其中第九条规定地方各级人民政府应当合理设置小学、初级中等学校，使儿童、少年就近入学。
1988年	2月，国务院颁布《扫除文盲工作条例》。
1991年	6月，国家教委发出《关于大力发展乡（镇）、村农民文化技术学校的意见》。
1993年	8月，国务院发布《关于修改〈扫除文盲工作条例〉的决定》，对扫盲的组织工作、基本扫除文盲单位标准、巩固扫盲成果等条款做出修订。
1993年	2月，颁布《中国教育改革和发展纲要》，提出要合理规划教育事业的规模，调整教育结构和布局。
1994年	9月1日，国家教委发出《关于在九十年代基本普及九年义务教育和基本扫除青壮年文盲的实施意见》。 9月24日，国家教委颁布《普及义务教育评估验收暂行办法》。
1999年	6月，《中共中央、国务院关于深化教育改革全面推进素质教育的决定》提出基本普及九年义务教育和基本扫除青壮年文盲（简称"两基"）是全面推进素质教育的基础。地方各级人民政府要继续将"两基"作为教育工作的"重中之重"，确保2000年"两基"目标的实现和达标后的巩固与提高。

四、学校布局调整政策的实施效果与存在问题

1986~2000年，我国小学校数量总体上呈持续缩减的趋势。1986年我国小学总数为82.80万所，在校生数量为13 182.50万人，2000年我国小学总数下降到55.36万所，在校生数为13 013.25万人，小学在校生人数并没有随着小学校数的大幅递减而减少。这一时期小学在校生数总体趋势为1986~1991年呈下降趋势，1991年后持续增加，到1997年和1998年达到最高峰，分别为13 995.37万人和13 953.80万人，1999年后开始回缩。其中，城市小学总体上呈递增趋势，从1986~2000年增长了4.81万所，县镇小学数量呈明显的下降趋势，从1986~2000年下降了32.28万所，农村小学数量变动趋势与小学在校生数变动

趋势基本一致。小学教学点的数目总体上呈现增长的趋势，其中城市教学点1987~2000年增加了0.34万所，县镇教学点增加了0.9万所，而农村教学点却减少了0.51万所。从这些变化趋势可以看出，这一时期的学校布局调整在"三级办学、两级管理"的体制下，一方面是受财政投资体制的影响开始集中办学，另一方面是为巩固"普九"成果在县镇设立了很多教学点。

我国农村教育实施"分级办学、分级管理"的管理体制，在一定程度上扩大了地方办教育的自主权，在筹措教育经费、推进"普九"进程等方面取得了一定的成绩。但从1985~2001年间我国农村教育管理体制不断在地方县乡与县之间移动，在中央和地方之间变动，显示了我国农村义务教育的投资主体不稳定，依附于经济体制改革的教育改革成效及其限度的局限。教育依附于经济发展的属性使其发展受到社会经济发展水平的制约，决定了教育政策制定和执行与经济发展之间必要的张力与局限。20世纪90年代中后期我国开始进行农村税费体制改革，伴随着经济上的"分级包干"，义务教育管理和投资体制也开始实行分级管理，将由国家承担主要投资责任的农村义务教育下放给了乡镇政府，农村税费改革以后，县乡财政收入减少，各级地方政府承担教育的财政压力增大，农村义务教育投资主体过低，使其发展受到了严重制约。有研究者指出，我国教育改革依附于经济体制改革的从属附庸地位，依附于经济改革需要的教育改革忽视了义务教育发展的基本规律和需要[①]。使教育改革变成是有限改革条件下的微小调试，使教育政策文本的可执行具有限度。萨巴蒂尔等认为，社会经济条件等非认知性因素的根本性变迁，有可能改变政策倡议联盟的基本政治资源，从而成为导致根本政策变迁的主要决定因素[②]。我国农村义务教育的投资主体经由国家—乡镇财政—县统筹，使义务教育尤其是农村义务教育的财政投资主体呈现出从分级下放到逐渐上移的变动调试过程。这使农村义务教育责任归属与实际承担含混不清，处于不断的调试与变动之中；使我国农村义务教育的相关政策包括农村学校布局调整政策的决策执行具有波动性，并且重复了历史上新中国成立前解放区学校布点布局的经验。教育政策都不是孤立存在的，是在历史发展中的，是和当时历史情境相关的经济政治政策相互影响的。重复历史的状况说明，在教育政策决策中、在政策发展的体系、系统、方向与连续性上没有长远的规划和统筹，以至于农村教育改革跟随、依从农村与城市经济发展的步伐呈现出波动的、不确定的趋势。表现在农村教育的方向上的"离农"和"为农"上的波动，没有基本稳定的立场。

---

① 鲍传友著：《教育公平与政府责任》，北京师范大学出版社2011年版，第303页。
② [美]保罗·A·萨巴蒂尔、汉克·C·詹金斯—史密斯著，邓征译：《政策变迁与学习：一种倡议联盟途径》，北京大学出版社2011年版，第108页。

专栏 17-1　我国解放区时期的学校布局调整过程

老解放区，特别是延安时期的教育，是我国教育发展中的一个重要阶段，对新中国成立后的教育有重要影响。延安时期的口号"教育为人民服务"、"教育与生产劳动相结合"、"教育走群众路线，教育从实际出发"等，都成为新中国成立后一贯的教育思想。延安时期的一些工作特点，如充分利用各种教育资源、动员群众力量办学、积极开展校外教育活动等，也都成为我国教育的重要特点。

延安教育最初是由徐特立领导，根据苏区的教育模式建立起来的。当时边区的经济和文化极为落后。据1939年的估计，当地的文盲率为99%。1937年起，边区政府逐步建立了5种性质的教育制度，即红军部队教育、在职干部教育、干部学校教育、小学教育、校外成人及儿童教育。抗日战争前，据当时官方统计，整个陕北边区只有120所小学。1937年增至320所，1940年急速发展到1 341所。当时的小学多半是初小三年级的学生，适应于当时当地的农村水平。小学的学生从5 600人增加至43 625人，4年增加了近10倍（见表17-5）。

表 17-5　　　1937~1940年陕甘宁边区小学教育的发展情况

单位：所、人

年份	1937	1937	1938	1938	1939	1939	1940	1940
季度	春	秋	春	秋	春	秋	春	秋
小学校数	320	545	705	733	890	993	1 341	1 341
学生人数	5 600	10 396	19 799	15 348	20 401	23 089	42 458	43 625

资料来源：陈元晖：《老解放区教育简史》，教育科学出版社1982年版，第104页。

但20世纪40年代以后，新来的知识型干部主管了教育。他们认为，小学的发展速度太快了，质量毫无保证，组织也过于混乱："在实施'普及教育'和'强迫义务教育'的过程中，只追求学校学生数字的形式主义的作风相当普遍。当时学生的流动性很大，有的学校，从开学到放假都在动员学生，因此学生文化程度非常不齐。在教学上则计划性不够，更主要是过分强调了社会活动和文娱活动，有些学校把演习打霸王鞭当成了主要任务，占去大部分时间，忽视了文化课的学习。"

1940年下半年开始了为期4年的对教育的"正规化"整顿，主要目的是提高教育的质量，提高办学效率，"决定精简、合并学校，重质不重量"。采取的主要办法有：①小学学制以完全小学（五年制）为核心，"每县宁可取消10个普校（初级小学），一定要办好一个中心小学"；②若学校学生人数不够20人或30人则不准开办；③若教员资格和学校设备等方面不符规定的须停办；④"年限、班级、开学放假等制度，必须'整齐划一'"；⑤在5里以内的学校必须尽量合并。从国统区来的知识分子被委派负责建立新的教育制度和骨干教师，教材也改用正规的教科书。

早在 1938 年，教育部就提醒过，不要用"兼并"或关闭学校的方法来提高教育质量。以往的经验证明，提高质量将以损失数量为代价，因为父母不愿将孩子送到距离很远的村庄上学。学校的数量减少了，学生的数字也必定减少。然而，这一警告很快就被遗忘了。"正规化"的教育制度逐步建立起来，学校和学生人数被大大地压缩了。到 1942~1943 学年，小学已差不多被压缩了一半，至 725 所；注册学生也减少到 26 816 人。保留下来的学校则被要求按照规则和规范办学。只有"必要的制度"，即统一的教科书、教学资料、规定的标准、统一的教学计划，规范的作息时间表，以及分成不同年级和班级的学生，才能办成"现代学校"。

资料来源：袁振国著：《论中国教育政策的转变：对我国重点中学平等与效益的个案研究》，广东教育出版社 1999 年版，第 10~12 页。

回顾历史可以发现，从 20 世纪 50 年代开始直至 2012 年的我国农村学校布局调整政策变迁过程与我国 40 年代强调普及与强迫义务教育的政策具有很多的相似性，从中可以吸取一些经验和教训。

第五节 农村学校大幅度撤并阶段（2001 年至今）

一、2001 年至今学校布局调整的社会背景

为了适应我国农村适龄儿童大幅度减少、农村税费体制改革、农村教育教学质量偏低等实际情况，也为了整合教育资源、提高教育教学质量、提升办学经济效益，从 2001 年开始"因地制宜"地调整农村中小学布局。当时，国家的初衷是撤减与合并农村中的一些"麻雀"式、低质量学校及教学点，以提高农村学校的规模效益，促进教育资源的合理利用，使贫困及边远地区的学生也能享受到优质的教育资源。但是，地方面对适龄入学人口不断减少、过于分散的学校布点造成的教育资源闲置与浪费问题，往往从经济利益角度而进行学校撤并。2001 年开始的农村学校布局调整是根据我国农村社会发展的现实状况、社会转型与社会变迁过程中，对教育质量与教育公平的诉求，与对农村适龄儿童入学率锐减与农村税费体制改革等不同程度的回应。21 世纪以来的农村学校布局调整被认为是我国"社会结构转型与农村教育现代化进程中发生的重要社会现象"[①]，是实

[①] 邬志辉、史宁中：《农村学校布局调整的十年走势与政策议题》，载《教育研究》2011 年第 7 期，第 24~32 页。

现城乡教育一体化，促进义务教育均衡发展的重要议题。

二、学校布局调整政策变迁的驱动力与问题指向

（一）人口与社会动力

我国于 1974 年开始在全国推广计划生育政策以控制人口数量的增长，1975 年和 1976 年我国小学在校生数达到新中国成立以来的最高峰，分别为 15 094.10 万人和 15 005.50 万人。1949 年我国小学生在校生数仅为 2 439.10 万人，新中国成立 60 多年的时间里我国小学在校生数量呈现先增后降的趋势，其中有三个时间段在校生数量达到最高，分别为 1974~1981 年小学在校生数量超过了 1.4 亿人，1973~1986 年、1995~2000 年间小学在校生数量都超过了 1.3 亿人。2000 年我国小学生在校生数量为 13 013.25 万人，2000 年以后小学生在校生数量逐年递减，到 2010 年我国小学在校生数量已经降到 9 940.70 万人。1986 年我国颁布《义务教育法》时，农村小学在校生数量为 10 913.90 万人，此后开始逐渐呈现下降趋势，1995~2000 年间稍有回升，2000 年以后又逐渐下降，到 2010 年时农村小学生在校生数量只有 5 350.22 万人，比 2000 年减少了 3 000 多万人（见图 17-2）。农村小学生在校生数量的急剧变化，一方面是与我国 1974 年开始推行的计划生育政策有关。新中国成立初期我国人口总数为 54 167 万人，由于没有实行人口控制和某种程度上对人口增长的鼓励态度，使人口数量迅猛增长，出现了 1952 年和 1962 年的两次生育高峰，1959~1961 年间因受自然灾害影响，我国妇女总体生育率下降，人口死亡率大幅度上升，使 1960~1961 年我国人口出现负增长[①]。面对"文革"期间无管制的人口增长状态，1969~1972 年，政府适时提出了"有计划地增长人口"的口号，1973~1976 年，国家在"有计划地增长人口"的基础上形成了"晚、稀、少"的人口政策[②]，直到 90 年代我国人口生育率才逐渐进入稳定时期。另一方面原因是我国处于社会转型与社会变迁时期，城乡二元形态及城镇化进程的加速发展，致使许多农民舍弃田地进城务工，也带走了大批的随迁子女，导致农村小学在校生数加剧减少。农村小学在校生数的大幅度减少，生均教育经费也随之大幅减缩，导致农村小规模学校难以正

---

① 杨垣国：《历史地看待新中国成立以来的人口政策及其演变》，载《江西社会科学》2009 年第 1 期，第 177~180 页。
② 蒋太菱：《"文化大革命"期间中国人口政策演变探讨》，载《湖南涉外经济学院学报》2010 年第 12 期，第 51~55 页。

常运转，被迫关闭或撤并。

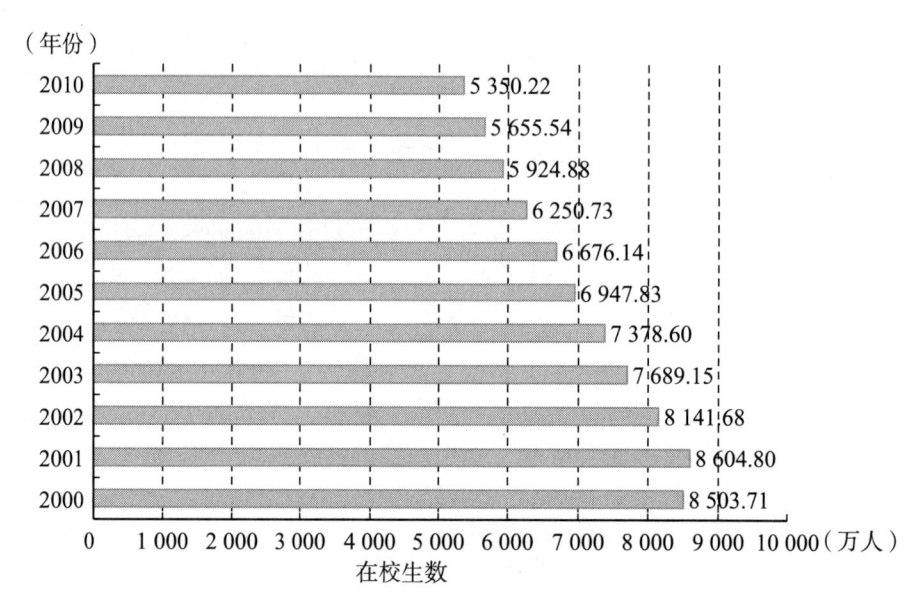

年份	在校生数（万人）
2010	5 350.22
2009	5 655.54
2008	5 924.88
2007	6 250.73
2006	6 676.14
2005	6 947.83
2004	7 378.60
2003	7 689.15
2002	8 141.68
2001	8 604.80
2000	8 503.71

图 17-2　2000~2010 年我国农村小学生在校生数的变化趋势

（二）体制与政策动力

1986~2000 年间的义务教育投资管理体制改革导致农村义务教育财政困难，成为驱动农村地区进行学校布局调整、提高规模效益、节约成本的动因。有研究者指出，"凡在义务教育公共投资中承担责任的一级政府，均应具有相应的财政能力，这是履行投资责任的基本条件。但在中国义务教育公共投资体制中，由于投资主体的重心过低，更由于投资主体的责任与其财政能力不相称，导致农村许多地区特别是国家级与省级贫困县的义务教育举步维艰，处于缺少政府足够财力保障的境况之中。"[①] 另一方面，国家采取经济诱导的方式鼓励农村学校布局调整，如我国先期实施的"国家贫困地区义务教育工程（二期）"、"中小学危房改造工程（一期、二期）"、"农村中小学寄宿制学校建设工程"、"中西部农村初中校舍改造工程"等支持贫困地区的"普九"工程，总投资 864 亿元，其中中央财政 399 亿元，都是以"集中投入"和"提高规模效益"的方式给贫困地区以支持，这在一定程度上切合农村学校布局调整的意图，对布局调整产生了很大的驱动作用。我国农村教育自"普九"验收、"中小学危房改造"和"寄宿制学

---

① 廖其发等主编：《当代中国重大教育改革事件专题研究》，重庆出版社 2007 年版，第 270 页。

校建设"等项目实施以来,地方教育财政压力持续增长而得不到缓解,2001年国家为鼓励更好地实施农村学校布局调整工作,通过教育部、财政部发布《关于报送中小学布局调整规划的通知》和《中小学布局调整专项资金及项目管理办法》等政策,要求各地明确目标,并规定以每年10亿元,连续6年的方式下拨给布局调整的地区,成为驱动农村学校布局迅速调整(主要是撤并)的重要驱动力。2006年针对调整中出现的问题,教育部下发了《关于切实解决农村边远山区交通不便地区中小学生上学远问题有关事项的通知》和《关于实事求是地做好农村中小学布局调整工作的通知》(简称《通知》),对调整原则和要求作了进一步明确规定,但与2001~2005年间学校布局调整相比,2006年《通知》发布后,学校撤并的数量并没有得到及时减缓,甚至超过了2001~2005年间的撤并势头,延续了之前大幅度撤并的趋势,可以看出背后的经济推力和前台的行政抑制力之间的不平衡。也就是说,在地方财力有限的情况下,简单的政策调试已无法抑制地方强大的学校撤并冲动。

三、学校布局调整政策变迁的文本分析

2001年国务院颁发的《关于基础教育改革与发展的决定》提出:"因地制宜调整农村义务教育学校布局。按照小学就近入学、初中相对集中、优化教育资源配置的原则,合理规划和调整学校布局。农村小学和教学点要在方便学生就近入学的前提下适当合并,在交通不便的地区仍需保留必要的教学点,防止因布局调整造成学生辍学。学校布局调整要与危房改造、规范学制、城镇化发展、移民搬迁等统筹规划。调整后的校舍等资产要保证用于发展教育事业。在有需要又有条件的地方,可举办寄宿制学校。"[①] 同年,教育部、财政部下发的《关于报送中小学布局调整规划的通知》也提出:"对于布局不合理的有危房学校要优先安排撤并。小学布局调整要在坚持学生就近入学的前提下,重点调整村小和教学点。要打破村村办学的'小而全'的办学方式,除交通十分不便的地区继续保留必要的低年级教学点外,有计划、有步骤地撤并一些村小和教学点,积极推动村与村联办完全小学,发展乡镇示范性中心小学。平原和交通方便的地区,要尽可能扩大小学的规模。山区和其他交通不便的地区要积极创造条件,在考虑群众经济承受能力的前提下,举办小学高年级寄宿制学校。""初中布局调整要充分考虑城镇化进程,以满足城镇人口增长对初中办学的需求。原则上一个乡镇举办一所初中,人口特别多的地方可增办一所,人口稀少的地方由县统筹布点,也可举办

---

① 《国务院关于基础教育改革与发展的决定》,国发〔2001〕21号。

九年制学校。要有计划、有步骤地撤并规模小、质量低、效益差的初中,扩大乡镇所在地的初中办学规模;交通不便地区的农村初中要积极创造条件,实行寄宿制。"① 2006年教育部下发《关于实事求是地做好农村中小学布局调整工作的通知》发现了前五年农村学校布局调整存在的问题:"有的地方工作中存在简单化和'一刀切'情况,脱离当地实际撤销了一些交通不便地区的小学和教学点,造成新的上学难;有的地方盲目追求调整的速度,造成一些学校大班额现象严重,教学质量和师生安全难以保证;有的地方寄宿制学校建设滞后,学生食宿条件较差,生活费用超出当地群众的承受能力,增加了农民负担;有的地方对布局调整后的学校处置不善,造成原有教育资源的浪费和流失等。这些问题,造成了一些边远山区、贫困地区农民群众子女上学的不便,违背了布局调整的初衷,需要认真加以解决。"②

(一)农村学校布局调整政策变迁的阶段性发展特征

1. 以合理优化教育资源—提高教育质量为主要目标的大幅度撤点并校阶段

2000年《中共中央、国务院关于进行农村税费改革试点工作的通知》农村税费改革试点配套措施中提出:"农村税费改革后,县、乡政府因收入减少影响的开支,主要通过转变政府职能、精简机构、压缩财政供养人员、调整支出结构等途径解决"③。教育上"要适当合并现有乡村学校,对教师队伍进行必要的整顿和压缩。"④ 2001年《教育部、财政部关于报送中小学布局结构调整规划的通知》发布,要求各地区上报布局调整规划,制定中小学布局调整规划的目标、要求与组织领导,正式启动农村学校布局调整工作。同年,财政部发布《中小学布局调整专项资金及项目管理暂行办法》提出:"中小学布局调整专项资金是指中央财政安排的、支持地方中小学布局调整的专项资金。""专项资金的使用范围包括地方各级政府举办的普通中学(包括初级中学和高级中学)和小学,重点支持农村中小学。专项资金用于支持标准化、具有示范效应的中小学校改扩建和教学实验设备购置,不得挪作他用。"⑤ 2002年《国务院办公厅关于完善农村义务教育管理体制的通知》要求认真贯彻落实2001年《国务院关于基础教育改革与发展的决定》,确保新的农村义务教育管理体制在2002年全面运行。县级人民政府负责制定本地区农村义务教育发展规划,组织实施农村义务教育;从实

---

① 《教育部、财政部关于报送中小学布局调整规划的通知》,教财函 [2001] 32号。
② 《教育部关于实事求是地做好农村中小学布局调整工作的通知》,教基 [2006] 10号。
③④ 《中共中央、国务院关于进行农村税费改革试点工作的通知》,中发 [2000] 7号。
⑤ 《财政部中小学布局调整专项资金及项目管理办法》,教财函 [2001] 39号。

际出发，因地制宜，逐步调整农村中小学布局①。2003年颁布《关于进一步加强农村教育工作的决定》（简称《决定》），要求进一步加快农村教育发展，深化农村教育改革，促进农村经济社会和城乡协调发展，促进农村教育工作。《决定》提出要继续推进中小学布局结构调整，努力改善办学条件，重点加强农村初中和边远山区、少数民族地区寄宿制学校建设，改善学校卫生设施和学生食宿条件，提高实验仪器设备和图书的装备水平②。

2. 以反思学校撤并问题—规范农村中小学布局调整为主要目标的稳定控制阶段

2006年6月7日教育部办公厅下发《教育部办公厅关于切实解决农村边远山区交通不便地区中小学生上学远问题有关事项的通知》，要求"各地教育行政部门要按照科学发展观的要求，高度重视农村边远山区、交通不便地区中小学生上学远问题"。"要进一步加强对农村边远山区、交通不便地区中小学校布局调整、寄宿制学校建设等方面的调查研究工作，慎重对待撤点并校，确保当地学生方便就学。""要坚持以人为本，以学生为本，以方便和满足学生和家长的需求为出发点，合理规划，统筹安排学校的布局和建设。要切实担负起责任，为每一个孩子提供就近入学的便利。原则上低年级学生应就近入学。对于低学龄儿童上学道路偏远、交通不便的，要保留、改建一批小学或教学点。对于学龄儿童少，学生居住相对分散的，要采取合校分班、走教送教和普及推广教学光盘等方法，为低年级学生创造学习条件。寄宿制学校建设以初中为主，小学高年级学生确需住校的应征得当地学生家长同意后也可以寄宿。"③ 同年6月9日，教育部下发《关于实事求是地做好农村中小学布局调整工作的通知》要求："各地要认真落实科学发展观，按照'以人为本'的要求，立足本地实际，充分考虑教育发展状况、人口变动状况和人民群众的承受能力，按照实事求是、稳步推进、方便就学的原则实施农村中小学布局调整，确保适龄儿童少年顺利完成九年义务教育。""要会同当地发展改革、建设、财政等部门，将农村中小学布局调整纳入当地教育发展规划，充分论证、统筹安排，稳妥实施。""要防止原有教育资源的浪费。校园、校舍等办学条件较好，又具有一定生源的学校，要尽量予以保留；确需调整的学校，调整后的教育资源应主要用于举办学前教育、成人教育等机构；确实闲置的校园校舍，应由县级教育行政部门统一处置，处置所得应用于

---

① 《国务院办公厅关于完善农村义务教育管理体制的通知》，国办发〔2002〕28号。
② 《国务院关于进一步加强农村教育工作的决定》，国发〔2003〕19号。
③ 《教育部办公厅关于切实解决农村边远山区交通不便地区中小学生上学远问题有关事项的通知》，教基厅〔2006〕5号。

当地发展义务教育。"① 2010 年 1 月，教育部下发《关于贯彻落实科学发展观进一步推进义务教育均衡发展的意见》要求："地方各级教育行政部门在调整中小学布局时，要统筹考虑城乡经济社会发展状况、未来人口变动状况和人民群众的现实需要，坚持实事求是，科学规划，既要保证教育质量，又要方便低龄学生入学，避免盲目调整和简单化操作。对条件尚不成熟的农村地区，要暂缓实施布局调整，自然环境不利的地区小学低年级原则上暂不撤并。对必须保留的小学和教学点，要加强师资配备，并充分利用现代远程教育手段传送优质教育资源，保证教育教学质量。对已经完成布局调整的学校，要改善办学条件特别是寄宿条件，保障学生的学习生活。要进一步规范学校布局调整的程序，撤并学校必须充分听取人民群众意见，避免因布局调整引发新的矛盾。"② 7 月 29 日公布的《国家中长期教育改革和发展规划纲要（2010～2020 年）》也强调要"合理规划学校布局，办好必要的教学点，方便学生就近入学"。③ 2012 年 4 月 9 日，国务院正式发布《校车安全管理条例》提出："县级以上地方人民政府应当根据本行政区域的学生数量和分布状况等因素，依法制定、调整学校设置规划，保障学生就近入学或者在寄宿制学校入学，减少学生上下学的交通风险。实施义务教育的学校及其教学点的设置、调整，应当充分听取学生家长等有关方面的意见。""县级以上地方人民政府应当采取措施，发展城市和农村的公共交通，合理规划、设置公共交通线路和站点，为需要乘车上下学的学生提供方便。""对确实难以保障就近入学，并且公共交通不能满足学生上下学需要的农村地区，县级以上地方人民政府应当采取措施，保障接受义务教育的学生获得校车服务。"④

（二）农村学校布局调整的政策争议

1. 教育非均衡发展与"就近入学"

我国在教育法及政策法规中都对"就近入学"做出了的规定。1986 年《中华人民共和国义务教育法》规定："地方各级人民政府适当设置小学、初级中等学校，使儿童、少年就近入学。"⑤ 2006 年《中华人民共和国义务教育法（修订案）》规定："适龄儿童、少年免试入学。地方各级人民政府应当保障适龄儿童、少年在户籍所在地学校就近入学。"⑥ 对"就近入学"政策，1986 年国家计委发

---

① 《教育部关于实事求是地做好农村中小学布局调整工作的通知》，教基〔2006〕10 号。
② 《教育部关于贯彻落实科学发展观进一步推进义务教育均衡发展的意见》，教基一〔2010〕1 号。
③ 《国家中长期教育改革和发展规划纲要（2010～2020 年）》，2010 年 7 月 29 日。
④ 《校车安全管理条例》，2012 年 4 月 5 日。
⑤ 《中华人民共和国义务教育法》，1986 年 4 月 12 日。
⑥ 《中华人民共和国义务教育法（修订）》，2006 年 6 月 29 日。

布的《中小学校建筑设计规范》对校址选择规定:"中学服务半径不宜大于1 000米;小学服务半径不宜大于500米。"①1987年国家教委发布《关于制定义务教育办学条件标准、义务教育实施步骤和规划统计指标问题的几点意见》规定,"学生居住地与学校距离原则上应在3公里以内";1998年教育部发布的《关于义务教育阶段办学体制改革试验工作的若干意见》中规定,"办好义务教育是政府义不容辞的职责,各级政府要下大力量办好公办学校,确保公办学校能够满足适龄儿童少年就近入学的需求。"②从1980~2010年的30年间,国家先后对"就近入学"政策进行了规定与补充,但当某单一指标与学校布局调整政策冲突时,其执行边界和限度还并不是十分明确。对我国义务教育"就近入学"政策的规定是伴随着我国义务教育从非均衡发展(即优先发展重点校、先进地区)到均衡发展(即全面推进义务教育均衡发展、重点发展西部农村等)进程而不断探索变化的。对少年、儿童来说,"就近入学"是教育法规赋予他们的一项法定的可享有的权利③,同时也是教育法规规定给政府的一项义务,要求政府根据服务半径合理设置义务教育学校,适龄儿童有权在自己的户籍所在地和规定的服务半径内接受法定的义务教育④。但是,"就近入学"是以假设义务教育均衡发展为前提的,在教育非均衡发展的历史情况下,必然会出现公众教育选择与教育公平相违背的矛盾。研究者们讨论了对"就近入学"政策的争议,其中赞同者认为"就近入学"是入学平等权利思想的反映,体现了对教育公平的诉求,使"就近入学"与择校共存、互相制约,有助于真正实现教育的机会均等。反对者则认为"就近入学"政策的实施强化了公立学校的垄断地位,在解决教育公平问题上多有局限;"就近入学"会引起重点初中的消失、质量下滑和生源流失;"就近入学"也为寻租活动创造了空间,与教育发展的大趋势背道而驰⑤。

2. 农村学校布局调整与"就近入学"

1986年《国家教育委员会关于在普及初中的地方改革初中招生办法的通知》规定,"凡准予毕业的小学生就近直接升入初中学习","搞好初中合理布局,确定各校招生范围和招生规模。"⑥1992年《中华人民共和国义务教育法实施细则》第二十六条规定,"实施义务教育学校的设置,由设区的市级或者县级人民政府统筹规划,合理布局。小学的设置应当有利于适龄儿童、少年就近入学。寄

---

① 《中小学校建筑设计规范》,1986年10月1日。
② 《关于义务教育阶段办学体制改革试验工作的若干意见》,国办发[1998]96号。
③ 朱茹华:《"就近入学"与教育公平》,载《基础教育研究》2005年第5期,第5~7页。
④ 陈根芳:《"就近入学"探究》,载《杭州师范学院学报》2000年第4期,第118~122页。
⑤ 苑健:《学校布局调整背景下农村学生就近入学问题研究》,东北师范大学2011年硕士学位论文,第4~5页。
⑥ 《国家教育委员会关于在普及初中的地方改革初中招生办法的通知》,[86]教中字002号。

宿制小学设置可适当集中。普通初级中学和初级中等职业技术学校的设置，应当根据人口分布状况和地理条件相对集中。"① 2001 年《国务院关于基础教育改革与发展的决定》中规定："因地制宜调整农村义务教育学校布局。按照小学就近入学、初中相对集中、优化教育资源配置的原则，合理规划和调整学校布局。农村小学和教学点要在方便学生就近入学的前提下适当合并，在交通不便的地区仍需保留必要的教学点，防止因布局调整造成学生辍学。"② 2010 年《国家中长期教育改革和发展规划纲要（2010~2020 年）》规定："适应城乡发展需要，合理规划学校布局，办好必要的教学点，方便学生就近入学。"③ 纵观以往所发布的文件和教育政策规定可以看出，"就近入学"与学校布局调整几乎总是同时出现在一个文件中，合理地规划学校布局与"就近入学"具有内在的一致性，二者并不矛盾，"就近入学"是学校布局调整应该遵循的一个底线原则。2001 年以来的学校布局调整是以撤减与合并农村中的一些"麻雀"式、低质量学校，避免过多、分散的教学点造成的教育资源上的闲置与浪费，采取合并缩减、整合资源的方式进行规划与调整，在操作过程中存在程序不合理问题，大量撤减与合并乡村学校，致使贫困地区及边远地区的学生一时难以解决上学距离远和教育负担过重问题，造成新的上学难，严重违背了就近入学原则。有研究者指出，规模学校的效益提升是以增加农民的教育支出，如交通费、住宿费和伙食费等为代价的，使政府节约的成本几乎全部转嫁到农民身上，农村学校规模的普遍性扩大也损害了农村儿童的"就近入学"权益④。

3. 政策文本可执行的边界模糊

从国家对义务教育"就近入学"的政策及法规的规定中可以看出，"就近入学"包含了合理布局的成分，反过来说，合理布局应该以"就近入学"为参照标准和指导原则，对于贫困地区、边远地区、特别是交通不便地区，应该作为底线原则。在教育的终极目标上，合理地规划农村中小学校布局与方便学生"就近入学"有内在的一致性，两者之间并不矛盾，但在现实的教育发展过程中（尤其是教育作为经济或政治的附庸而受到当时的经济或政治发展水平制约的情况下）和在教育政策文件的执行或政策调试过程中，不以教育自身发展为最重要取向而进行的学校布局，就会与"就近入学"发生冲突。"就近入学"是在假设"教育均衡发展"的前提下，针对适龄儿童身心发展特点体现出教育的基础

---

① 《中华人民共和国义务教育法实施细则》，1992 年 3 月 14 日。
② 《国务院关于基础教育改革与发展的决定》，国发〔2001〕21 号。
③ 《国家中长期教育改革和发展规划纲要（2010~2020 年）》，2010 年 7 月 29 日。
④ 邬志辉、史宁中：《农村学校布局调整的十年走势与政策议题》，载《教育研究》2011 年第 7 期，第 24~32 页。

性、义务性与公平性。在我国教育发展的历史中,曾经有非常长的时间教育发展处于非均衡状态,"就近入学"在失去了它的合理性前提的情况下,自然难以避免产生择校、择师、择优质教育资源等与教育公平相悖的问题。合理地规划学校布局是促进教育从非均衡向均衡发展的一种过渡方式,在最终的目的与意义上,它与"就近入学"具有根本的一致性,但在发展的特定阶段,尤其是以大量撤并和缩减农村学校为主要调整方式的情况下,学校布局调整与"就近入学"形成了明显的矛盾。因此,只有促进城乡教育均衡发展,缩小城乡之间、城区内部、农村内部、同一社区内部的教育差距才能从根本上缓解选择性上学的矛盾,实现教育公平。而在具体的执行中,无论是学校布局调整还是"就近入学",都应该清晰界定政策可执行的边界,从而降低政策之间的矛盾。

表 17-6　　农村学校布局调整政策年表(2001 年至今)

	阶段Ⅰ:2001~2005 年 以合理优化教育资源—提高教育质量为主要目标的大幅度撤减阶段
2001 年	1.《国务院关于基础教育改革与发展的决定》提出:"因地制宜调整农村义务教育学校布局。按照小学就近入学、初中相对集中、优化教育资源配置的原则,合理规划和调整学校布局。农村小学和教学点要在方便学生就近入学的前提下适当合并,在交通不便的地区仍需保留必要的教学点,防止因布局调整造成学生辍学。学校布局调整要与危房改造、规范学制、城镇化发展、移民搬迁等统筹规划。调整后的校舍等资产要保证用于发展教育事业。在有需要又有条件的地方,可举办寄宿制学校。" 2.《教育部、财政部关于报送中小学布局调整规划的通知》提出了各地制定中小学布局调整规划的目标、要求及组织领导。要求"通过调整中小学网点布局,合理配置教育资源,减少中小学校数量,扩大校均规模,提高教学质量和教育投资效益,逐步实现学校布局合理、教育结构优化和学校用人机制健全、经费使用高效的目标,促进基础教育事业持续、稳步、健康发展。""各地在制定中小学布局调整规划时必须实事求是,因地制宜,立足长远,统筹规划。对于布局不合理的有危房学校要优先安排撤并。" 3.《中小学布局调整专项资金及项目管理办法》提出了专项资金的目的是"为进一步推动全国中小学布局调整工作,支持和鼓励各级地方政府进行中小学布局调整,加快中小学规范化、标准化建设,提高办学质量和效益,加强中小学布局调整项目的管理,提高中小学布局调整专项资金使用效益",并提出了"客观公正、科学合理;鼓励先进、择优扶持;点面结合、统筹兼顾;优化结构、注重效果"的专项资金分配原则。
2002 年	《国务院办公厅关于完善农村义务教育管理体制的通知》要求,认真贯彻落实 2001 年《国务院关于基础教育改革与发展的决定》,确保新的农村义务教育管理体制在 2002 年全面运行。

续表

	阶段Ⅰ：2001～2005 年 以合理优化教育资源—提高教育质量为主要目标的大幅度撤减阶段
2003 年	《国务院关于进一步加强农村教育工作的决定》对新时期农村教育工作发展做出了全面部署，重点突出了改革目的、改革内容、改革方向、经费保障、队伍建设等，是新时期推进农村教育工作的纲领性文件。
	阶段Ⅱ：2006 年至今 以反思学校撤并问题—规范农村中小学布局调整为主要目标的稳定控制阶段
2006 年	1. 6 月 7 日，教育部下发《教育部办公厅关于切实解决农村边远山区交通不便地区中小学生上学远问题有关事项的通知》，要求"各地教育行政部门要按照科学发展观的要求，高度重视农村边远山区、交通不便地区中小学生上学远问题"，"要进一步加强对农村边远山区、交通不便地区中小学校布局调整、寄宿制学校建设等方面的调查研究工作，慎重对待撤点并校，确保当地学生方便就学"。 2. 6 月 9 日，教育部下发《关于实事求是地做好农村中小学布局调整工作的通知》，要求各地"要认真落实科学发展观，按照'以人为本'的要求，立足本地实际，充分考虑教育发展状况、人口变动状况和人民群众的承受能力，按照实事求是、稳步推进、方便就学的原则实施农村中小学布局调整，确保适龄儿童少年顺利完成九年义务教育"。"各地教育行政部门要会同当地发展改革、建设、财政等部门，将农村中小学布局调整纳入当地教育发展规划，充分论证、统筹安排，稳妥实施。""各地在农村中小学布局调整过程中，要防止原有教育资源的浪费。""各地要进一步加强寄宿制学校的建设和管理，按照国家和省级规定标准建设校舍、学生宿舍、食堂、厕所等设施，严格寄宿制学校的管理，及时消除各种安全卫生隐患，确保学生在校的安全。""各地要切实做好政策宣传工作，在实施布局调整前，要将调整方案向当地群众公示，充分听取社会各界的意见，对群众反映强烈的问题要认真做好解释工作，并及时修改、完善方案，不得简单从事，强行撤并。"
2010 年	1. 1 月 4 日，教育部下发《关于贯彻落实科学发展观进一步推进义务教育均衡发展的意见》，提出"地方各级教育行政部门在调整中小学布局时，要统筹考虑城乡经济社会发展状况、未来人口变动状况和人民群众的现实需要，坚持实事求是，科学规划，既要保证教育质量，又要方便低龄学生入学，避免盲目调整和简单化操作。对条件尚不成熟的农村地区，要暂缓实施布局调整，自然环境不利的地区小学低年级原则上暂不撤并。对必须保留的小学和教学点，要加强师资配备，并充分利用现代远程教育手段传送优质教育资源，保证教育教学质量。对已经完成布局调整的学校，要改善办学条件特别是寄宿条件，保障学生的学习生活。要进一步规范学校布局调整的程序，撤并学校必须充分听取人民群众意见，避免因布局调整引发新的矛盾。" 2. 7 月 29 日，中共中央、国务院印发《国家中长期教育改革和发展规划纲要（2010～2020 年）》提出："适应城乡发展需要，合理规划学校布局，办好必要的教学点，方便学生就近入学。"

续表

	阶段Ⅱ：2006 年至今
	以反思学校撤并问题—规范农村中小学布局调整为主要目标的稳定控制阶段
2012 年	4月9日，国务院正式发布《校车安全管理条例》提出："县级以上地方人民政府应当根据本行政区域的学生数量和分布状况等因素，依法制定、调整学校设置规划，保障学生就近入学或者在寄宿制学校入学，减少学生上下学的交通风险。实施义务教育的学校及其教学点的设置、调整，应当充分听取学生家长等有关方面的意见。""县级以上地方人民政府应当采取措施，发展城市和农村的公共交通，合理规划、设置公共交通线路和站点，为需要乘车上下学的学生提供方便。""对确实难以保障就近入学，并且公共交通不能满足学生上下学需要的农村地区，县级以上地方人民政府应当采取措施，保障接受义务教育的学生获得校车服务。"

四、布局调整政策的实施效果与存在问题

20 世纪 90 年代末开始实施的大规模农村学校布局调整工作在促进农村教育资源的合理配置、提高农村学校的规模效益、促进区域内教育均衡发展和提高农村学校教育质量上取得了一定的效果，但也存在调整中急功近利、"一刀切"和片面化的问题，造成了布局调整中新的上学难、城镇大班额、教学点大量撤销、寄宿制与校车等问题，全面、深入地分析我国农村学校布局调整成效与问题，对走好农村学校布局调整的下一步有重要意义。

（一）影响我国农村学校布局调整政策变迁的根本原因：城乡之间、农村内部间教育发展的严重不均衡事实

"我国各地经济社会发展极不平衡，城乡二元结构矛盾突出。当前，教育发展最突出的问题之一是城乡之间、地区之间，甚至同一社区范围内的教育发展不均衡。这种不均衡一方面体现在各级各类教育的普及率上；另一方面，也是更重要的，是教育质量的差异。"[1] 这种不均衡的情况与袁振国教授提出的重点中学"政策变异"类似，其后的中心校模式使同一社区内部的中心校容易演变成重点校，这并非否定中心校，而是政策在执行中往往偏离了它原本的方向，即中心校是否发挥了中心"带动"的作用，而非仅仅是"示范"，是以什么样的体制来促进区域学校的成长与发展，将影响和决定农村学校新的布局模式，城乡发展不均

---

[1] 范先佐：《农村学校布局调整与教育的均衡发展》，载《教育发展研究》2008 年第 7 期，第 55 页。

衡的背景与矛盾,与布局调整问题相互作用。袁振国教授在《缩小差距——中国教育政策的重大命题》中把中国教育差距归纳为四大类,即教育的城乡差距、地区差距、阶层差距和类别差距,指出与二元社会结构相适应的城市偏向的政策设计和制度安排,与二元社会结构相互形塑,是中国教育差距产生和扩大的主要原因[①]。改革开放以来,教育差距的严重程度和拉大的速度在许多方面比经济的差距更大更明显[②]。城乡之间、甚至农村内部教育的严重不均衡状况是导致学校布局调整"集中教育资源"、"优化资源配置"的重要原因,是对教育公平和教育质量的内在诉求。我国"十二五"规划与《国家中长期教育改革和发展规划纲要(2010~2020年)》提出在未来的10~20年间以促进教育公平、推进基础教育均衡发展为主要目标,学校布局调整作为一项关系农村和整个基础教育发展的重大问题,是实现有质量教育公平的重要手段,但其本身也蕴含着重要的价值,事关农村百姓的切身利益。只有把农村学校办好了,农村百姓才会致力于新农村建设,发展现代化农业,实现城乡教育的一体化发展。

(二)影响我国农村学校布局调整政策变迁的深层次原因:对我国教育独立性地位的反思

农村学校布局调整是与我国城乡发展不均衡的背景与矛盾相互作用的。通过学校布局调整及其过程中出现的问题也可以看出,影响我国教育发展与教育公平的根本症结与深层矛盾是教育发展的不平衡问题以及教育的独立性地位问题。通过回顾我国教育政策体系的变化可知,有些政策是针对当时特殊时期的特殊环境制定的,教育发展经常要受到经济发展与社会发展的矛盾制约。但是,学校布局调整政策变迁,不仅是布局调整政策本身的问题,也是我国教育发展历程的反映。鲍传友认为,"教育政策中没有理顺教育与经济和政治的关系,教育成为政治和经济发展的附庸是城乡义务教育差距产生的又一重要因素。"[③] 纵观我国农村学校布局调整政策变迁及农村学校布局调整过程中出现的问题能够反映出,我国教育作为经济政治的附庸还不具有完全的独立的地位,在教育为社会服务和教育培养人的价值选择上有时候会失去教育的本真,在政策者、行政者、研究者、实践者之间没有形成普遍同一的"共识性知识"与共同一致认可的价值观。教育的不完整独立性地位问题影响了我国教育政策从教育本身出发,影响了教育政策决策的长期性、一贯性、稳定性和持久性,影响了教育政策设计的独立性与教

---

① 转型期中国重大教育政策案例研究课题组著:《缩小差距:中国教育政策的重大命题》,人民教育出版社2005年版,第146页。
② 同上,第3页。
③ 鲍传友著:《教育公平与政府责任》,北京师范大学出版社2011年版,第302页。

育政策的教育价值取向。使教育政策决策忽略了教育的普世价值与对弱势的补偿。鲍传友指出:"教育发展与政治、经济发展有着高度的相关性。一定的政治文明程度和经济发展水平是教育发展的基础,但并不意味着教育发展是经济和政治发展的附庸。作为培养人的一项基本的社会活动,教育也有其自身独特的发展规律。只有按照教育发展的内部规律,而不是依附于政治和经济,教育发展才能获得持久的动力,才能实现培养人的最终目标。"[1] 农村学校布局调整应结合城镇化进程中人口分布、人口流动情况、城乡布局结构调整的需要因地制宜地规划农村学校布局,认真反思我国农村学校布局调整问题。

---

[1] 鲍传友著:《教育公平与政府责任》,北京师范大学出版社2011年版,第302页。

第十八章

农村学校撤并决策程序公正研究

《国家中长期教育改革和发展规划纲要（2010~2020年）》明确提出：要"适应城乡发展需要，合理规划学校布局，办好必要的教学点，方便学生就近入学"。随着2000年我国"农村税费改革"政策的实施和2001年"以县为主"农村义务教育管理体制的确立，农村教育经费缺口日益增大，县级政府通过学校布局调整来缓解财政压力的动力不断被强化。从2001~2010年，全国小学数由49.13万所减少到25.74万所，减幅达47.6%，在十年中减少的23.39万所小学中有87.79%是纯农村小学[1]。农村学校布局调整过程实质上是对村民教育利益进行重新分配的过程。学校是农村社区中村民最为关注和敏感的公共利益，农村小学撤并决策不仅考验着我国基层教育行政部门决策的科学化与民主化水平，更彰显着国家推进"民主决策、民主管理和民主监督"等村民自治改革的效果状况。

2008年东北师范大学农村教育研究所在对全国6省区市77个乡镇下辖的村级被撤并学校调查发现，有45.4%的县级教育决策部门在村小撤并过程中没有进行认真调研，更没有召开村民大会让利益受影响主体参与讨论，领导只是走走过场，开一个会就直接宣布学校被撤并了。由于强制推行村小撤并、缺少必要的民主程序，结果引发诸多认识性、情感性和利益性的矛盾，甚至直接导致官民对立和肢体冲突，有的地方村民为了防止教育行政部门实行突然袭击还自发地成了

---

[1] 根据《中国教育统计年鉴》的统计指标，学校数按"城市、县镇和农村"进行统计。此处的农村是纯农村，不包括县镇。如果按包括县镇的大农村概念进行统计，十年间农村小学减少数占国家小学总减少数的95.78%。

"保校会",日夜看护学校免遭撤并。村小撤并程序不民主、不公正已成为农村社会不安定的重要甚至直接原因,成为上至党和国家领导人、下至人民群众普遍关心的焦点问题,迫切需要在理论上给予探讨、在政策上做出回应。

第一节 学校撤并决策程序公正的内涵与意义

一、学校撤并决策程序公正的内涵

根据《辞海》的解释,"程序"有"行事的先后次序;有序的步骤"之意[①]。从词源学上看,"程"有"典范、法度"和"步骤、过程"两种解释;"序"则有"次第、次序"的含义。所以,程序就是行事过程的规范标准和逻辑步骤。

"程序公正"(procedural fairness)原是法学的概念,与"结果公正"(或"实质公正")相对,指在立法和司法过程中应当遵循的公正合理的程序安排。"程序公正"源于英美法系的"自然正义"原则(natural justice)。"自然正义"原是关于公正行使权力的"最低限度"和"最自然"的程序要求,它包括两个基本的程序规则:(1)任何个人或团体不得自己审理自己或与自己有利害关系的人或团体的案件;(2)任何个人或团体在行使权力可能导致别人受到不利影响时必须听取对方意见,每一个人都有为自己辩护和防卫的权利。一条著名的法律格言说:"正义必须要实现,而且必须以看得见的方式实现",所以"程序公正"也被视为一种"看得见的公正"。

美国哲学家罗尔斯(John Rawls)根据程序公正与结果公正的关系,将程序公正分为纯粹的(pure procedural justice)、完善的(perfect procedural justice)和不完善的(imperfect procedural justice)三种。罗尔斯认为,"在纯粹程序正义中,不存在对正当结果的独立标准,而是存在一种正确的或公平的程序。这种程序若被人们恰当地遵守,其结果也会是正确的或公平的,无论它们可能会是一些什么样的结果。"[②] 譬如赌博,只要程序规则被严格地遵守,那么任何结果都是公正的。所谓"完善的程序公正"是这样一种情况,即"对什么是公平的分配有一个独立的标准,一个脱离随后要进行的程序来确定并先于它的标准",且

---

① 夏征农、陈至立:《辞海》,上海辞书出版社2009年版,第291页。
② [美]约翰·罗尔斯著,何怀宏、何包钢、廖申白译:《正义论》,中国社会科学出版社1988年版,第82页。

"设计一种保证达到预期结果的程序是可能的"。"有一个决定什么结果是正义的独立标准,和一种保证达到这一结果的程序"① 是"完善的程序公正"的两个要件。譬如等分蛋糕,只有在程序上做出"切蛋糕的人最后领取蛋糕"的规定,那么等分蛋糕的结果公正就可以实现。而"不完善的程序公正"则是这样一种情况,即"当有一种判断正确结果的独立标准时,却没有可以保证达到它的程序"②。譬如刑事审判,"即使法律被仔细地遵循,过程被公正恰当地引导,还是有可能达到错误的结果……不正义并非来自人的过错,而是因为某些情况的偶然结合挫败了法律规范的目的。"③

"撤并"还是"保留"农村学校是一个教育行政决策问题。所谓"学校撤并决策的程序公正"就是在学校撤并问题上事先要有一套程序性的制度安排,确保信息公开、多方参与、过程民主、决策科学。尽管学术界积极努力地探索确保结果公正的农村学校布局调整标准④,但是如果没有一个公正的程序,也很难保证结果的公正。

二、学校撤并决策程序公正的意义

为什么农村学校撤并决策需要一个公正的程序呢?

(一)小学是农村社区的公共利益所在,"撤并"还是"保留"学校的决定必须听取可能受到不利影响的利益相关主体的意见

莱森(Thomas A. Lyson)对美国纽约州"有学校的农村"和"没有学校的农村"进行比较后发现,有学校的农村有更高的房地产价值、更先进的市政基础设施、更高的就业率、更多的在经济上具有独立性的中产阶级人口、更低的社会福利依赖率⑤。我们可以推论,学校撤并极有可能导致农村社区经济的衰败。道奈(James Downey)的研究认为,学校对于农村社区不仅具有经济价值,还具有非经济的无形价值。他说:"在较小的乡镇和农村,学校在形成农村社区认同中扮演着重要的角色。在只有一所学校的地方,学校常常是唯一的公共机构。它

---

①③ [美]约翰·罗尔斯著,何怀宏、何包钢、廖申白译:《正义论》,中国社会科学出版社1988年版,第81页。

② 同上,第82页。

④ 邬志辉:《中国农村学校布局调整标准问题探讨》,载《东北师大学报(哲学社会科学版)》2010年第5期,第140~149页。

⑤ Thomas A. Lyson. What Does a School Mean to a Community? Assessing the Social and Economic Benefits of School to Rural Villages in New York. Journal of Research in Rural Education,2002,Vol. 17,No. 3,pp. 131 – 137.

是地方娱乐、活动和政治参与的中心,其教育成就也是地方自豪感的源泉。"①村民反对撤并学校有时并不仅仅是因为教育方面的考虑,更重要的是因为学校撤并会导致农村社会联系纽带和身份独特性的丢失,所以它直接影响的是村民的生活。侯尔本(Brent E. Wholeben)强调了学校关闭的非教育性影响:"学校关闭的负面影响包括:作为社区自豪感和团结力的中心焦点的丧失、地产价值的破坏、潜在生育家庭(无论现在有没有孩子)不愿意定居于此、学生社会联系与学业的中断。"② 由于学校撤并会降低村庄的重要性,因此在这一敏感问题上征询村民的意见,有助于保障村民的利益和权利不受到侵害。

(二)"撤并"还是"保留"学校是一个权力博弈的决策过程,为了防止行政权力的不当使用必须事先限制权力

谁有权力做出"撤并"还是"保留"学校的决定?按照新修订的《中华人民共和国义务教育法》的规定,"义务教育实行国务院领导,省、自治区、直辖市人民政府统筹规划实施,县级人民政府为主管理的体制。""县级以上地方人民政府根据本行政区域内居住的适龄儿童、少年的数量和分布状况等因素,按照国家有关规定,制定、调整学校设置规划。""县级以上人民政府教育行政部门具体负责义务教育实施工作"。也就是说,县级以上地方人民政府及其教育行政部门有权决定学校"撤并"还是"保留"。但是,政府和教育行政部门并不总是着眼于公共利益的,跟一般人一样,在很多情况下它也是"理性的"、"自利的"和"追求自我利益最大化的"。由于"国家有关规定"较为模糊③,为了缓解因税费改革导致的教育经费不足压力,县级政府和教育行政部门可能会使用行政自由裁量权,采取损失部分农民教育利益的方法来实现经费节约最大化的目的。由于行政自由裁量权是国家赋予行政机关的、在法律法规规定的幅度范围内行使的、有一定选择余地的处置权力,在官民权力不对称、政策规定不清晰的背

---

① James Downey. *Strengthening Education in Rural and Northern Ontario*: Report of Rural Education Strategy. Rural Education Strategy, 2003.

② Brent Edward Wholeben. *How to Determine which School to Close*. NASSP Bulletin, 1980, Vol. 64, No. 439, pp. 7 – 12.

③ 进入21世纪以来,尽管全国撤并农村学校的风潮十分强劲,但是国家并没有出台详细的治理政策。2001年国务院颁布的《关于基础教育改革与发展的决定》(简称《决定》)中算是较为全面的政策规定。《决定》指出要"因地制宜调整农村义务教育学校布局。按照小学就近入学、初中相对集中、优化教育资源配置的原则,合理规划和调整学校布局。农村小学和教学点要在方便学生就近入学的前提下适当合并,在交通不便的地区仍需保留必要的教学点,防止因布局调整造成学生辍学。学校布局调整要与危房改造、规范学制、城镇化发展、移民搬迁等统筹规划。调整后的校舍等资产要保证用于发展教育事业。在有需要又有条件的地方,可举办寄宿制学校。"

下，十分容易导致政府权力的不当使用。孟德斯鸠曾说："一切有权力的人都容易滥用权力，这是万古不易的一条经验。有权力的人们使用权力一直到遇有界线的地方才休止。"① 因此，事先设计一套限制教育行政部门权力滥用和保证利益相关主体权力得以表达的程序规范，有助于避免农村小学的过度撤并，切实保障农村儿童方便就近入学的权利。

（三）"撤并"还是"保留"学校是一项敏感度极高的决策议题，程序的公正性有助于协调复杂的利益关系，形成社会认同

我们在调研中经常听到村民说这样的话："如果学校撤了，村子将来就没有希望了！"村民已经把学校的"撤并"还是"保留"与自己村子的未来希望联系起来，与自己的未来命运联系起来，与乡村的精神寄托联系起来了，足见学校在村民心目中的崇高与神圣地位。所以，当我们要对村民心目中的精神象征与文明符号做出去留决定的时候，其敏感性是可想而知的。美国社会心理学家蒂鲍特（John W. Thibaut）和瓦尔克（Lanren walker）的研究认为，程序的公正性是当事人对决策制定者使用政策、程序、准则以达成某一争议或协商结果的公平知觉，是决策过程被判断为公正的程度，是对决策程序本身的评价。程序的公正性将直接影响人们对决策结果的态度、行为及其评价。如果决策的程序是公平的，那么即使当事人得到了不利的结果，也会持比较肯定的评价。不仅如此，公平的程序还能提高当事人的结果满意度和行为配合度②。所以，当面临高敏感和复杂性的利益冲突问题解决时，程序的公正性有助于化解矛盾、提升利益受影响主体对结果的满意度和在行为上配合决策执行的力度。

第二节 学校撤并决策程序的最低限度公正标准

关于"什么是公正"是一个古老的话题，至今尚未获得一个完整准确的公认界定。社会心理学有研究表明，人们对非公正的感觉常常要比对公正的感觉更为敏锐。人们也许无法准确地说出什么是公平和正义，但却能够确知什么是不公平的和非正义的。基于对消极正义的理解，尽管人们无法确保程序公正理想的完

---

① [法]孟德斯鸠著，张雁深译：《论法的精神（上册）》，商务印书馆1995年版，第154页。
② John Thibaut and Laurens Walker. *Procedural Justice*: *A Psychological Analysis*. Lawrence Erlbaum Associates，1975.

美实现，但可以尽量减少或克服明确的不公平和非正义情况的发生，这些旨在克服人们不公正感的程序公正标准就是最低限度的公正程序标准，"坚持这些价值标准不一定能确保程序公正绝对实现，但不坚持这些价值标准程序肯定是不公正的，是非正义的。"[1]

最低限度的程序公正标准是实现程序正义的底线，是学校撤并行政决策最基本的、不可缺少的、不可放弃的程序要素，缺少了这些程序要素，人们感受到的程序就会是不公正的和不可接受的。作为最低限度的程序公正标准要符合以下要求。

一、受到决策影响主体的实质性参与

"参与"不同于"参加"或"到场"，它是行为主体有目的的、自主自愿参加的，且通过努力试图或能够影响某种结果的行为。"参与"在本质上是主体性的张扬，是对人作为利益主体所应当享有的权利和尊严的应有承认与尊重。杰里米·沃尔德伦（Jeremy Waldron）区分了两种权力：人权和公民权。人权是由允许个人拥有私人财产、安全和宗教自由组成的权利，而公民权则包括投票权、行政机关任职权、言论自由权和公共事务批评权等[2]。参与权就是社区成员共同行使的用以做出影响他们生活之决策的政治权力。

受学校"关闭"或"合并"影响的农村居民都是受决策影响的主体，都是利益相关者，他们不能被当作可以任由教育行政部门支配的客体对待，作为有利益、情感和尊严的人，他们能否自主地参与到决策程序中来是判断程序公正与否的首要标准。为了去形式化，确保实质性参与，一要建立受决策影响主体的利益充分表达机制。受决策影响主体要有平台和机会充分表达自己对学校关闭或合并政策的认识、情感和利益诉求。二要建立教育行政部门的意见听取机制。教育行政部门要认真听取学校撤并受影响主体的意见。"听取意见"不能只"听"不"取"，教育行政部门要对学校撤并后可能给村民带来的交通成本、食宿成本、时间成本增加，以及对农村社区发展带来的破坏性影响进行认真研究与评估，并在最后决策中给予充分考虑。

让受决策影响主体参与学校撤并决策过程中来，有助于多元利益主体充分表达自我利益，有利于加深教育行政部门与受决策影响主体之间的沟通与理解，使

---

[1] 王万华：《中国行政程序法立法研究》，中国法制出版社2005年版，第87页。

[2] Jeremy Waldron. Participation: The Right of Rights. The Proceedings of the Aristotelian Society, 1998, Vol. 98, No. 3, pp. 307–337.

学校布局调整决策拥有更广泛的群众基础，进而增加社会对教育行政行为的满意度，增加学校撤并决策的科学性和执行力，维护社会稳定。

二、学校撤并决策过程的理性化运作

程序理性即程序的合理性，指行政决策过程不是随机的、任意的，而是有计划的、可预测的，最后的决策结果是建立在完整的事实、充分的证据、合理的论证（决策参与者之间的平等对话与理性说服）基础之上的，而不是教育行政部门恣意、专断的决定。美国著名法学家富勒（Lon L. Fuller）在论述司法审判程序的合理性时强调，司法者必须做到：（1）仔细地收集证据并对各项论点进行讨论；（2）仔细地对这些证据和论点进行衡量；（3）冷静而详细地对案件做出评议；（4）公正而无偏见地解决问题并以事实为依据；（5）对判决和决定提供充足的理由[1]。

学校撤并决策程序主要包括三大环节：一是事实、数据、意见等信息的全面收集与整理，这是决策程序合理性的前提和基础，因为建立在虚假事实和数据欺骗基础上的决策永远也不可能是公正的；二是对事实数据的分析、对决策方案的讨论、对不同意见的评议、对教育政策的解读等，这是决策程序合理性的核心和重点，目的是限制教育行政部门的自由裁量权，尽可能地保证自由裁量权行使的理性化；三是决定的提出及理由的说明，这是决策程序合理性的本质要求。因为说明理由有助于增强人们对决定合理性的信心，有助于使受决策影响主体考虑是否要提出进一步的申诉及以何种理由申诉，有助于排除教育行政部门的恣意、专断、偏私行为，也有助于表达对受决策影响主体之人格与尊严的应有尊重。

那么，在整个学校撤并决策程序中，究竟谁有权提供信息、谁有权参与讨论、谁有权做出决定呢？换句话说，"是谁最后说了算？"（Who has the Final Say?）弗雷迪—夸尔滕（E. Fredua - Kwarteng）在对加拿大安大略省学校关闭法院判例进行研究的基础上认为，学区教育局如果在行为上符合自己制定的学校关闭政策和政府部门制定的法规条例，那么他们就拥有实质性的关闭学校的权力，只不过教育局在做出学校关闭决策时要更加合法化，并充分发挥社区成员参与决策的合法化作用[2]。这提示我们，正是由于教育行政部门有学校是否可以撤并的最后决定权，所以由当事人双方或者第三方提供信息、受决策影响主体充分参与

---

[1] 转引自陈瑞华：《刑事审判原理论》，北京大学出版社 2003 年版，第 67 页。
[2] E. Fredua - Kwarteng. School Closures in Ontario: Who has the Final Say? Canadian Journal of Educational Administration and Policy, 2005, No. 46, pp. 1 - 26.

讨论、教育行政部门对决策结果做出理由说明，才使整个决策在程序上凸显了公正性。

三、教育行政权力运行的公开化设定

"公开"是与"专横独断"、"黑箱操作"、"封闭限制"相对应的。美国行政法学专家戴维斯（Kenneth C. Davis）曾说："公开是专横独断的自然敌人，亦是对抗不公正的自然盟友。[①]"公开犹如阳光，是最好的消毒剂，公开犹如灯光，是最有效的警察。阳光总会让人感觉到一切都那么美好，黑暗总会让人联想到丑陋和恐惧。教育行政程序的公开就是"将行政权力运行的依据、过程和结果向相对人和公众公开，使相对人和公众知悉。[②]"在学校撤并决策中，教育行政部门与受决策影响的主体—村民之间存在着明显的权力不对称，如果没有一个行政程序公开化的权力约束机制，很容易导致行政自由裁量权的滥用。

教育行政权力运行的公开化至少要包括三个方面的内容：一是学校撤并决策依据的公开。决策依据既包括国家的法律法规等政策性依据，还包括学龄人口变化、教育运转成本、教育发展趋势等现实性依据，更为重要的是受学校撤并影响主体的理由性依据。教育行政部门所掌握的信息要向受决策影响主体传达，以确保利益相关者的知情权，同时也要积极听取各方面的意见和建议，以切实履行教育行政部门的知情义务。二是学校撤并决策过程的公开。决策过程的公开并不仅仅限于受学校撤并影响主体的积极参与，专业组织、社会公众、新闻媒体等都可以通过直接或间接的方式，如专业评论、网络论坛、新闻报道等参与学校撤并决策过程。党的十七大报告明确提出，要"推进决策科学化、民主化，完善决策信息和智力支持系统，增强决策透明度和公众参与度，制定与群众利益密切相关的法律法规和公共政策原则上要公开听取意见。"三是学校撤并决策结果的公开。决策结果的公开包括在规定的时间内、以正式的方式向受决策影响主体宣布行政决定，也包括向受决策影响主体公布各种不同意见的争论焦点，说明最后做出决定的理由及证据。

教育行政权力运作的公开化，有助于让学校撤并决策的受影响主体—学生、教师、家长、社区居民等享有基本的表达权和知情权；有助于推进事关农民切身利益之重大教育问题决策的科学化和民主化，推进依法行政；有助于加强对教育

---

① Kenneth Culp Davis. *Discretionary Justice: A Preliminary Inquiry*. Louisiana State University Press，1970，P. 97.

② 王万华：《中国行政程序法立法研究》，中国法制出版社 2005 年版，第 97 页。

行政权力的监督与制约，防止行政权力的滥用和行政腐败。

第三节　学校撤并决策的公正性程序建构

学校撤并决策程序属于行政程序范畴，是县级教育行政机关运用行政权力、做出农村学校"关闭"或"合并"决定所应遵循的方式、步骤、时间和顺序的总和。由于我国尚未正式通过《行政程序法》，因此还缺少完备的学校撤并行政决策法律依据。美国加利福尼亚州教育部网站公布的《学校撤并最佳实务指南》①和北卡罗来纳州公共教学部发布的《学校撤并程序》②，都较为详细地介绍了撤并学校所应遵循的程序规范及时间顺序。这里主要结合中国实际来建构中国学校撤并决策的公正程序步骤。

一、收集与分析学校运营事实

撤并学校决定必须建立在坚实的经验证据基础之上，只有这样才能获得广泛的信服与支持。为了全面了解哪些学校需要"合并"、哪些学校需要"关闭"，哪些学校需要"保留"，教育行政部门应该对全县范围内的学校进行全面了解、评估和分析。为了保证事实收集的全面性与可靠性，需要做出如下程序制度设计：

1. 成立专门的事实收集组织

为了保障学校撤并相关事实收集的可靠性、透明度和非行政干预性，可成立由村民代表、学生家长代表、教师和学校领导代表、人口统计专家、上一级行政机关代表等组成的"学校撤并咨询委员会"，本级教育行政负责人及成员不参与事实收集工作，但负责对事实进行评价。"学校撤并咨询委员会"要充分考虑代表的多元性（代表多方利益且对学校撤并相关事务有专门性知识）、积极性（代表是自愿的、委员会领导最好由代表推荐或选举产生），以及运作的效率性（建立由7~11人组成）和中立性（人员要保持客观性且不受教育行政部门或其他政府职能部门的控制）。

2. 向教育局和村民报告调查结果

"学校撤并咨询委员会"将自主开展的调查结果形成报告向教育局和村民汇

---

①　California Department of Education. *Closing a School Best Practices Guide*. http：//www. cde. ca. gov/ls/fa/sf/schoolclose. asp.
②　North Carolina Department of Public Instruction. *School Closing Procedure*. http：//www. schoolclearinghouse. org/pubs/SchoolClosingProcedure. pdf.

报,报告需要确切地回答以下事实性问题:学校生源趋势预测及对学校资源的影响、盘点学校现有设施设备的状况与接纳能力、计算每一设施设备的生均运转成本、考察每一校点的教育特色与教育质量状况、评估本校往返其他学校的环境与安全状况、判断如果撤并该所学校可以节约多少开支、测算转移学生所需的住宿和交通成本、改变校产用途和资产配置的成本收益分析、调转策略建议、学校撤并对农村社区经济、社会和文化生活带来的影响等。综合以上信息,"学校撤并咨询委员会"既可以给出一个学校"合并"、"关闭"或者"保留"的初步建议,也可以寻找其他更富有意义的替代性方案,如通过扩大班级规模来减少对班级数量的需求、处置过剩的便携物品或可出租的设备、多校联合使用某一设施、改作新农村建设的文化站、变成教学点或不完全小学、转换成全日制幼儿园、申请变成国家文物保护单位,等等。

二、研究与制订学校撤并标准

如何来决定一所学校究竟应该"保留"还是"撤并"呢?我认为仅仅以在校生人数为标准是不合适的。事实上,无论从国内还是国际经验看,有许多规模较小的学校,其教育质量是很高的。所以,在学校撤并问题上,建立一个相对比较完整的标准是非常必要的。严格来说,决定一所学校去留的标准应该包括两个方面:一是一票否决的标准,即底线标准;二是仅供参照的标准,即弹性标准,弹性标准分值越低则越应该考虑撤并。具体标准如表18-1所示[1]。

表18-1　　　　　　　　农村小学撤并标准

		分数				
		5	4	3	2	1
弹性标准	1. 在校生人数	81人以上	61~80人	41~60人	21~40人	20人以下
	2. 学生学业测试成绩	90分以上	81~90分	71~80分	61~70分	60分以下
	3. 居住地到学校的距离	3公里以上	2.1~3公里	1.6~2公里	1~1.5公里	1公里以内
	4. 可用的交通方式	只能步行	骑自行车	自费公交车	半费公交车	免费公交车
	5. 学校历史	81~100年	61~80年	41~60年	21~40年	20年以下
	6. 学校与农村社区关系	高度依赖	较高依赖	中度依赖	较低依赖	低度依赖

---

[1] 邬志辉:《中国农村学校布局调整标准问题探讨》,载《东北师大学报(哲学社会科学版)》2010年第5期,第140~149页。

续表

		分数				
		5	4	3	2	1
弹性标准	7. 社区的学龄人口结构	20%以上增长率	10%以下增长率	基本稳定	10%以下外移率	20%以上外移率
	8. 地方政府年度资金投入	8 000万元以上	6 001万~8 000万元	4 001万~6 000万元	2 000万~4 000万元	2 000万元以下
	9. 原校区用途	仍为教育所用	由教育部门出租	拍卖资金归教育	归村集体所有	荒芜闲置
	10. 社会治安安全感率	60%以下	61%~70%	71%~80%	81%~90%	90%以上
	11. 其他					
底线指标	1. 小学低年级段 2. 该乡镇只有一所小学 3. 跨越不同民族、宗教群体的学校，或邻近宗族之间存在矛盾冲突 4. 到邻近学校的交通道路存在重大安全隐患，如泥石流、山体塌方、江河决堤、野兽出没等 5. 学校建筑历史超过100年以上 6. 30%以上社区居民强烈反对 7. 其他					

三、讨论与决定学校撤并名单

根据"学校撤并咨询委员会"研究报告中的分析与结论，县教育局局长要向县政府报告学校撤并初步意见。在这一阶段，教育局局长可能会根据教育行政部门内部的讨论，对"学校撤并咨询委员会"提出的建议进行修改。与此同时，教育行政部门要马上组织召开"学校撤并公开会议"。在公开会议中，参加人员除了包括"学校撤并咨询委员会"代表外，还要包括县政府领导代表、被初步列入撤并名单的学校领导和教师代表、拟接收撤并校学生与教师的学校代表、拟撤并校所在村庄的村民代表和学生家长代表、学校撤并受影响主体的其他代表、媒体代表以及农村社会的权威人士等。为了保证公开会议的有序进行，需要安排一名有较高专业素养的主持人主持公开会议，并严格规定和控制发言时间。在必要的情况下，公开会议还可以到拟撤并学校所在的村庄召开。

讨论与决定学校撤并问题的公开会议参与模式有许多种，诸如听证会（public hearing)、审议民调（deliberative polling）、公民小组（citizen panel）、公民陪审团（citizen jury）等。

听证会是起源于英美的司法审判模式，后来引入到行政决策领域。学校撤并听证会参与模式就是模拟司法审判，由持学校应该"撤并"或"保留"意见的双方互相辩论，在会议陈述中，公众提出的反映强烈的重要意见，决策者必须在最后决策中做出回应，否则受影响利益主体可以以程序不公正为理由拒绝接受学校撤并决策。

审议民调是审议式民主的一种重要形式。埃尔斯特（Jon Elster）认为，所谓审议民主是指所有受到决策影响的公民或其代表，都能以理性与无私的态度参与集体决定，并经由论理的方式来形成最后的决策[①]。审议民调反对传统简单化的投票方法，倡导参与者应该在信息充分、发言机会平等与决策程序公平的条件下，对学校撤并决策进行公开的讨论，并以说理、协商的方式提出可行的方案或意见。

公民小组是公民会议（citizen conference）的一个重要组成部分。公民会议亦称共识会议（consensus conference），它源于丹麦公众参与的行政决策理念。公民小组模式首先要在报纸、电视或网络上刊登公民会议的目的与讨论主题，向社会征求自愿参加者，形成公民小组并作为公民会议的正式代表。他们会事先获得并要求研读有关学校撤并政策和调研的相关资料，然后就相关困惑问题在公共论坛上向专家质询，最后在有一定知识信息的基础上，对争议性的问题进行相互辩论并作判断，将他们讨论后的共识观点写成正式报告，向社会大众公布，并供决策参考。

公民陪审团的运作模式与公民小组大致相同，但有一处是明显不同的。公民小组的组织方式是临时性的，以议题为中心，根据议题之不同可能会招募不同的志愿者参加。而公民陪审团则源于"全体雅典公民作为一个整体都有审判它的成员的资格"的理念。陪审员是在社区或地区公民中随机选择出来的，考虑到在现代社会中许多公民都没有足够的信息和时间来形成理性的判断和形成对决策有足够影响力的意见建议，所以作为一个相对常设的组织，他们要对包括学校撤并在内的许多公共政策议题进行研究讨论，然后将形成的决定和建议提交给教育行政部门。

四、告知与公布师生调转计划

学校布局调整的最直接受影响群体就是学生和教师。在学校撤并决策形成

---

① Jon Elster. *Deliberative Democracy*. Cambridge University Press, 1998, P. 8.

后，教育行政部门应立即着手进入告知环节。为了保证撤并校与接收校之间衔接的有序性，告知的时间选择是非常重要的。如果告知时间太早则会引发学校教育教学秩序的动荡，不利于学校教学工作的稳定，如果告知时间太晚，又不利于教师和学生家长提前做准备。所以，一般来说告知时间以一个学期时限为宜。在告知顺序上，最好的方法是先告知教师，教师一般会通过学校与家长之间的网络，让学校撤并信息第一时间告诉给每一位家长。但是，告知作为撤并学校程序中的一个重要环节，需要通过正式的方式进行而不是通过小道消息来传播。作为正式告知的方式一般有：印发告知单、新闻通讯报、网络公告或者村民大会。无论采取何种方式，告知不仅是要告诉哪一所学校被撤并了，更为重要的是告知决策做出的过程、理由、师生调转计划、师生接收学校的分配原则及具体分配方案、时间表、由学校布局调整引发的交通食宿成本补偿方案，以及与教育行政部门联系的主要方式。教育行政部门要确保每一个受学校撤并影响的人员都被明确地告知，并派专人负责解答利益相关人提出的疑问、处理他们对师生调转方案的意见和建议。

在被撤并学校还要举行教职员工会议。教育行政部门要派人向教师解释学校撤并的原因并介绍教师调转的基本方案。对于考核合格的教师，教育行政部门要负责安排工作。在新方案中，要向教师公布哪些学校可以接收教师、接收什么岗位的教师，要给教师选择接收学校的权利，并让教师提出三个优先选择的接收校，以便按教师意愿安排新的教学岗位，同时也要给接收学校选择被撤并学校教师的权利。对于在双向选择中没有被选中的合格教师，教育行政部门要积极提供其他适合教师的工作岗位。在这一过程中，需要给教师一定的选择时间，目的是让他们多方面了解新学校、与接收校进行事先沟通，避免事后决策引发不必要的矛盾与冲突。为了保证整个师生调转事务的顺畅进行，可成立专门的师生调转工作组，负责师生的整个调转工作，包括与接收学校联系和安排工作与学位。

五、评估与处置学校空闲资产

学校撤并后的空闲资产一般指学校占有和使用的流动资产和固定资产，它既包括学校直接投资购置形成的资产，也包括利用学校资源开发所得的资金投资形成的资产，还包括学校接收捐赠的资产。具体来说，这些资产主要有：学校房屋及附属设施、校田及植物、机电设备、电子设备、文体设备、图书资料、行政办公设备、家具、文物和陈列品、牲畜、现金、银行存款、应收票据、应收销货款、待摊费用、材料和一些低值易耗品等。对于可以直接移动的资产，教育行政部门可以统筹规划分配到接收学校中去，或者统筹安排在其他方面使用；对于不可移动的资产，则需要保养、维修、耕种和饲养等，所有这些维护性行为都需要一定的经费开支。因此，可以采取"以校养校"的策略，如通过出租等方式获得学校养护资金。对于出租价格的确定，需要由专门机构经评估后做出，并经公开招标的方式出租，切实避免被撤并校产出租过程中的权力滥用与腐败问题。对于出租资金的使用，原则上要用于教育事业发展，并设立专门账户进行管理。

目前，学校资产处置中的难点是校产的产权问题[①]。现在的许多农村小学是由乡办学校或村办学校发展而来的，即便是公办的农村小学，在很长一段时期内也是通过多元化的筹资策略来维持学校运转的。这就造成了我国学校资产来源的多样化，特别是学校用地、校田、校舍等不可移动资产的产权归属争议比较大。在农村土地实行长期承包和经营权流转制度的背景下，如果村校被撤并了，他们会想方设法地要回自己的土地和资产。尽管《关于基础教育改革与发展的决定》明确提出了"调整后的校舍等资产要保证用于发展教育事业"，但是由于许多校产的产权不清晰，导致这一政策缺少必要的法理依据，在实践中比较难以执行。建议国家要尽快研究制订被撤并学校资产的处置办法，避免校产的闲置、荒芜甚至浪费。

---

① 邬志辉、王存：《农村被撤并学校资产处置的政策选择》，载《教育发展研究》2009年第21期，第6~10页。

第十九章

农村学校布局调整的后续政策研究

农村学校布局调整是一项系统工程,绝不是撤并学校那么简单,它涉及被撤并学校学生与教师的重新分配、接收校的接纳能力与师生认同、被撤并校资产的处置与使用、学生上学交通工具的配置与安排、学生食宿问题的解决,等等。国家在2001年《国务院关于基础教育改革与发展的决定》中就明确提出"学校布局调整要与危房改造、规范学制、城镇化发展、移民搬迁等统筹规划。调整后的校舍等资产要保证用于发展教育事业。在有需要又有条件的地方,可举办寄宿制学校。"但是在实践中,受经费不足、认识不到位、考虑不周等主客观因素的影响,一些地区在撤并学校过程中相关配套建设没有完全跟上,出现了部分闲置校舍没有有效利用、城镇学校大班额和超大班额、食宿条件不达标、交通工具不配套、校车管理不规范、司机不合格、农民子女上学成本增加等问题。我们认为,今后一段时间农村义务教育学校应该在数量上保持总体稳定,即政府不应再用行政的力量推动农村中小学撤并,要加强对目前农村中小学布局的后续建设,同时对可能出现的自然消亡型学校的善后工作做好充分准备。为了完成这些任务,就必须加强学校布局调整的相关后续政策研究。

第一节 农村学校撤并后的成本分担政策

我们根据东北师范大学农村教育研究所2008年10月大型调查所获得的资

料，从教育局领导、学校领导和家长三个方面来分析农村中小学布局调整对农村家庭教育支出的影响。

一、农村中小学布局调整的状况

对农村中小学布局调整的时间、效果、对撤并后存在问题等现状的了解，有利于我们从多维视角认识布局调整对农村家庭教育支出的影响。

（一）教育局：学校撤并势在必行

当我们访谈教育局长"你县共进行过几次学校布局调整？分别是哪一年进行的学校布局调整？每次布局调整的动因是什么？每次调整的依据是什么？调整后效果如何？"时，可以发现各县学校布局调整开始的时间都比较早，由于适龄儿童减少，有的从20世纪90年代就开始自发地调整了。

局长1：我们的布局调整弄的比较早，实际上是一个不断完善的过程。我在小学工作的时候，2000年以前我们就在做这个事，大概是1995年以后就在做，每年按照这个地方的情况，一步一步地推进。原先我所在的乡镇，学校点多密广，一共有60多所学校，我一天到一个学校，需要两月才能检查完，很难管理。还有就是教育投入分散。所以鉴于以上（情况），我们进行了布局调整。学校撤并的具体标准教育部门提出来以后，由县政府颁布实施推进。主要是教育行政部门、县政府（来主导实施），下边是学校和乡政府来推行。之后我们大力宣传，和当地民众调解，开始的时候我们做了示范点，建了宿舍，慢慢家长就理解了。现在调整后，全县只有24个教学点，存在的原因是他们是特少民族，不愿意和我们在一起。

局长2：我们县从2002年开始进行布局调整。2002年新建了天山一中，原有一中的校舍及其他资源移转给了义务教育，用于普九达标。2003年8月16日遭受了6.1级（国家认定震级为5.9级）地震，校舍（特别是牧区村小的校舍）遭到毁灭性打击。2004年3月24日又遭遇了一次余震，校舍再次受到破坏。2005年，面临自治区两基达标验收。上述原因为布局调整提供了契机，我们的布局调整就是在这样的背景下进行的。我们按照根据区划，按照"一乡一校"或者"多乡一校"的原则进行调整。我们县的调整在今年就基本结束了，调整后教学质量上去了，也节省了很多资金。

局长3：虽然我们这个地方比较穷，但是山里的农民、老百姓对教育还是比较重视。在20世纪80年代末和90年代初的时候，有一轮村村建学校的高潮。从2002年以后，基本上学生人数逐年减少。我到教育局的时候，那是2003年，到现在五年了，2002年一年入学的（学生也就）7 000来人，到现在入学的（学生）每年3 000~4 000来人，几乎是降了一半。这种情况存在一个问题，就是原来建的好多楼现在都空了。我们感觉到资源的浪费。另外一个根本的问题就是，根本实现不了现代的教育。我们现在开艺术课、英语课、各项专业课、各种实验，如果一个学生一个老师，那就没法开了。当时在这种情况下，2003年我们启动第二轮（1998年是第一轮）布局调整，大力度地撤并，到2006年，基本上结束，我们撤并掉百十来所（学校）。从2003~2010年（我们）做了规划，现在还没有完全完成。现在只完成了阶段性任务，大的框架我们有了。

局长4：我能记住的最早的是七几年，70年代那时候讲的是村村有小学，村村有初中，一个乡一个高中，当时就是这样的，全民办教育。这就是70年代左右。最近的一次是2002年吧，教育局把所有的学校进行规划，把一些学校撤并，做了规划，对学校进行了编号，一个学校一个编号，像我们把一中，就是我们的中学，高中部分分出去，等等，我们做了很多工作。现在布局调整结束了，因为整合了教育资源，学校变大了，教师资源也多了。

由上可以看出：第一，各县布局调整开始得都比较早，而有计划的、大规模的学校布局调整是在2001年以后开始的。第二，各县中小学布局调整的高峰期基本过去，学校布局调整步伐很快，大多已完成阶段性任务或基本结束。第三，各县学校布局调整规划是由上级主管部门统一制定的。除了政策文件的要求外，各地区布局调整的动因大多来自校点分散、管理困难这一现实需要。

（二）教育局和学校：家庭经费负担较重

随着出生率的下降，农村中小学规模缩小，造成学校资源闲置、浪费。因此，从2001年开始各县开始农村学校布局调整。从方式上看，学校布局调整主要以撤并为主，小学和教学点的撤并数量较多。考虑到大部分县学校布局调整的时间为2001~2006年，所以，我们选择调整前和调整后的2000年和2007年的数据作为对比，以发现前后的总体情况（见表19-1）。

表19-1　　　　四县农村学校布局调整的总体状况

布局调整规划	样本县1	样本县2	样本县3	样本县4
2000年小学数	573	304	196	297
2007年小学数	284	122	26	247
2000年初中数	42	22	27	14
2007年初中数	33	12	3	13

续表

布局调整规划	样本县1	样本县2	样本县3	样本县4
保留教学点	43	74	0	32
撤并小学、教学点	263	153	124	116
异地新建小学	3	0	0	3
撤并中学	9	10	14	1
异地新建中学	0	0	3	0

农村中小学布局调整作为农村教育的一项重要变革，在优化资源配置、提高办学质量、规范教学管理方面对农村教育发展产生的影响意义深远。但是任何改革和发展的举措都如同一把"双刃剑"，布局调整在给农村基础教育产生积极影响的同时，也带来了不少问题。当我们问及教育局长和中心校校长"学校布局调整后，出现了哪些问题，都采取了哪些措施"时，他们如是说。

局长1：最大的问题就是学生上学远了。但是我们有寄宿，远道的学生可以住宿。从教育局和学校来说，我们并不愿意办寄宿制。原来8个小时的责任，早上送来，中午回去，晚上回去。现在是24个小时的责任。小孩到一年级以后，甚至初中高中，都住宿，孩子的生活和教育的责任全部落到学校和教师（的身上）。从（事情）本身来说，大家都不愿意这样，但是从现实的条件来说，不这样办不行。

中心校校长1：（被）撤销学校的学生不愿意到别的地方上学，怕远、太辛苦、不安全。当时老百姓接受不了，从感情上来说，这么小的孩子就离了娘和爹了，出去了。到现在也有家长担心我的孩子会不会有危险啊，能不能被学校照料好啊。另外就是学生家长（的负担问题），因为我们这个山区比较穷困，出去住宿，起码吃饭，这个钱得拿，这个是生活费的问题。原来住宿费也需要交，后来我们考虑免去了住宿费，但生活费得拿，这是最起码的，另外有一些道路交通上边的交通费，得交。这几个方面，家长不太能接纳。还有就是交通安全的问题，我把孩子放（在）学校了，离家远了，安全上有了问题怎么办。从我们县里的领导或市教委的领导来说，也没有提倡低龄寄宿，上级领导考虑到的是安全问题，这么多学生住宿到学校、生活在学校，食堂和宿舍的安全能不能保证（是个问题）。

局长2：第一个问题是生活用房严重短缺，没有足够的宿舍，导致大量学生在校外住宿，这已经成为现（在）急需解决的严重问题。例如，三小一间宿舍住了208名小学生。第二个问题是部分观念相对落后的老教师不情愿地入后勤岗位。以三小为例,后勤做饭的师傅在撤并前是一个高级教师,以前的校长甚至也在后勤工作。第三个问题是学校负担重。调整后,老百姓求学愿望空前提高。城区学生共有6万人,占全旗学生总数的60%。第四个问题是学生安全等问题。学校撤并后教学费用增加,父母对子女的教育问题(包括孩子缺失母爱)、食宿安全问题等(比较担心)。

局长3:最大的问题是增加学生负担问题。学生在家里也要生活,也要吃,在学校也是吃,可能这里有个问题就是说,在家里吃家长不感到心疼,可能家长不用花钱啊,因为家里有粮食,有菜地就行了。一出去就要交现钱了,如伙食费。这是最初(阶段的情况)。现在情况比较好一点了,随着经济条件的改善,这个问题不大。在2003年、2004年搞布局调整的时候,我们有一个政策,就是你家里没有钱的话,你不用交钱,孩子在家里吃需要一袋粮食,如果你家里有粮食的话,你可以把粮食交到学校或就地的粮站、粮店,或面粉厂,然后学校从那里购置面粉的时候按市场价给你折合。如果你家里有鸡蛋,你可以交蔬菜和鸡蛋。我们叫以粮折款、以菜折款,解决穷困的学生家长的负担问题。另外就是在2004年、2005年的时候,国家有个寄宿生补助政策,最大限度地把"两免一补"落实到寄宿生身上。(但)大多数(还得)交钱,一个月100来块钱的开销。

通过访谈发现,学校布局调整后农村中小学迫切需要解决的问题是学生上学路远和安全问题。大部分地区的解决办法是:有条件的学校采取寄宿制;办食堂;校车接送学生等。

(三)家长:想说爱你不容易

随着学校的减少,一部分中小学生尤其是小学生的上学半径加大了,随之带来的是学生上学难、不安全和家长接送不方便等问题。在权衡布局调整利弊之后,家长们对布局调整的整体态度是怎样的呢?当我们问及家长"学校合并时教育部门是否征求过你们的意见?你对合并持什么态度"时,家长的态度较为复杂。

家长1:没征求过我们的意见,合并完了我们才知道。现在的学校前不着村后不着店,全村的小学生如果到这里来上课,远的有5公里,近的也有2公里。孩子们大多10来岁,小的才6、7岁,30多个孩子每天往返,要牵扯多少父母的心。听说学校也将准备班车,可孩子们坐车、在校吃饭,每天至少得花5元钱,一个月就要100多元。

家长2:听说要撤了学校,我们家长不同意,还去乡里上访过呢。后来学校和乡里干部给我们开会,说调整是为了孩子好,跟我们说了一堆要撤的理由。虽然上学远点,但是现在的学校条件好,老师也认真,住宿能多点时间学习,他们还上电脑课。要是小孩成绩好，多花点钱也值。别人去市里的学校花的钱更多呢，现在中心校条件也不差。

家长3：没征求过，原来的学校也没几个人了，就一个老师教，估计也该撤了。现在小孩才10岁，上学太远，住宿舍好几十人一个屋子，都生虱子了。吃的也不好，天天白菜萝卜的，也没有荤腥，白交那么多钱了。他们班76个人，我儿子坐后面也看不着黑板，老师也不管他。

家长4：没征求过。不应该全部合并，应该区别对待，我们村原来教学质量就不错，这就不能给撤了。现在中心校学生多，老师管不过来，小孩晚上去游戏厅打游戏老师也不管。

从访谈中可以发现，家长对学校布局调整的态度是复杂的，既有赞成的方面，也有反对的方面。从赞成角度看，主要是因为学校合并后学校老师教得好；学校条件好、教学设备齐全；孩子住宿学习时间多等。从反对的角度看，主要原因有合并后孩子上学远，不安全；合并后学校班额过大；增加经济负担；住宿和食堂条件不好等。

二、学校布局调整对家庭教育支出的影响

（一）家庭教育支出项目

学校布局调整后，特别是对于那些上学路远，必须在学校吃午饭甚至在学校住宿的家庭来说，负担更重。住宿费、生活费、交通费、伙食费再加上其他费用是一笔不小的数目。即使是走读的孩子，家长因不放心路上的安全，或者让孩子坐车上学或者购买交通工具接送孩子，给钱让孩子中午在学校或学校附近吃午餐。这些都是学校没撤并之前不必花的费用，现在却不得不额外开支。为方便研究，我们把农村家庭因为学校布局调整而多为子女支出的项目界定为主要的三项：即交通费、伙食费和寄宿费。

（二）家庭教育支出额度

学校布局调整过程中，许多撤并后的学校都办了寄宿制。据了解，农村寄宿制学校的收费情况不是太统一，且有些学校的收费存在着不合理因素，导致一些农村学生家长怨声载道。但大多数学校收费是合理的，且家长也能够认同。寄宿制学校收费一般包括寄宿费和伙食费两部分。有些学校的寄宿条件很简陋，宿舍是多年失修的平房，十几个孩子住一间宿舍。学校收取的住宿费一般包括了水电

费、燃料费、床铺费以及宿舍管理人员的工资。表 19-2 中样本县 2 和样本县 4 免收小学生住宿费。样本县 1 和样本县 3 小学生和初中生的住宿费相同，分别为每学期 120 元和 80 元。

表 19-2　　　　四县级教育主管部门规定的收费标准

样本县	小学		初中	
	月伙食费	年住宿费	月伙食费	年住宿费
样本县 1	90	240	260	240
样本县 2	120	免费	220	180
样本县 3	120	160	180	160
样本县 4	90	免费	180	90

由于个别地区学校布局调整步伐过快，导致学校撤并后没有马上建宿舍或食堂来解决学生上学远、吃午饭不方便的问题；有的地区没能根据当地的实际情况因地制宜地撤并学校，合并后学校规模变大，原有的宿舍不能满足所有家远学生住宿。这两种情况导致一些学生在校外租房、在校外吃饭，这样吃住花费要远远高于寄宿制学校收取的费用。表 19-3 是根据"小学生调查问卷"和"初中生调查问卷"得到的中小学生布局调整后的月伙食费、月交通费和年住宿费数据。以样本县 1 为例，一名小学五年级学生一年的伙食费、交通费和住宿费加起来在 1 100 元左右，初中二年级要 1 500 元左右。

表 19-3　　小学生和初中生伙食费、交通费、住宿费表

样本县	小学五年级			初中二年级		
	月平均伙食费	月平均交通费	年住宿费	月平均伙食费	月平均交通费	年住宿费
样本县 1	71.75	18.57	214	110.79	12.07	256
样本县 2	69.18	32.8	262	112.34	13.77	293
样本县 3	87.65	50.87	80	96.84	36.31	80
样本县 4*	65.42	15	300	77.92	21.47	288.02

注：*样本县 4 大部分农村中小学是免寄宿费的，这里的数字包含是一些在校外住宿的样本，所以统计后的样本平均值较高。

我们根据所调查学生"家庭年均纯收入"指标，把所有学生分为五组，第一组和第五组分别是收入最低的 20% 群体和收入最高的 20% 群体；中间三组分别是第二个 20%、第三个 20% 和第四个 20%。结果最低组家庭年均纯收入在

1 000 元以下，第二组家庭年均纯收入在 1 001~1 500 元之间，第三组家庭年均纯收入在 1 501~2 500 元，第四组家庭年均纯收入在 2 501~5 000 元，最高组家庭年均纯收入在 5 000 元以上。从调查结果看，各种不同家庭收入组的教育支出都占到家庭总支出的 1/4（见表 19-4）。

表 19-4　　　　　　　　　　家庭基本教育支出

家庭收入与支出	最低组	第二组	第三组	第四组	最高组
家庭纯收入（元）	2 328.00	5 088.00	9 362.38	16 703.02	32 052.00
家庭人均纯收入（元）	599.62	1 183.26	2 026.49	3 958.06	7 613.05
家庭总支出（元）	5 463.00	7 782.14	10 800.00	13 420.00	16 140.00
家庭人均支出（元）	1 313.43	1 809.80	2 337.66	3 180.90	3 635.14
家庭饮食支出（元）	3 394.00	3 310.00	3 538.93	4 720.00	4 136.00
家庭恩格尔系数	62%	42%	39%	35%	27%
家庭教育支出（元）	1 845.26	1 922.59	2 883.33	3 532.93	4 544.45
教育支出占总支出的百分比	33.78%	24.71%	26.40%	26.32%	28.16%

对家庭而言，家庭的教育支出即教育的私人成本，通常包含直接私人成本和间接私人成本也即机会成本[①]。仅从直接私人成本看，它又包括交给学校的和家庭购买的两个部分。前者包括学费、杂费、课本练习册费、其他费用等，后者包括为上学而花费的交通费、伙食费、寄宿费和其他费用等。在交给学校的费用中，杂费和书本费为主要部分。义务教育实施免费政策后，免除了学费和杂费，各校根据当地教育主管部门的规定也收取其他一些费用（如教材费、作业本费），这些项目往往数额较少，所占比例很低。在家庭购买的部分中，以往的研究都侧重家庭为子女自行购买的各类学习用品、书报、家教、校外补习班费、择校费等扩展性和选择性教育支出。这里主要研究布局调整背景下的家庭购买部分，如布局调整后家庭为孩子上学所负担的交通费、寄宿费、伙食费、铺盖行头费等。调查发现，在家庭教育支出中伙食费是教育支出中的最大部分，其次是交通费和寄宿费。在免除学费和杂费后，交给学校部分的课本费和作业本费只占很少的一部分，仅占家庭教育总支出的不到 5%。贫困家庭的伙食费支出平均每天不到 5 元钱，经济条件较好的家庭伙食费每天 10 元左右。在调查的样本校中，

---

① 孙志军、杜育红：《农村居民的教育水平及其对收入的影响》，载《教育与经济》2004 年第 1 期，第 19~22 页。

有10%的学校免收寄宿费,贫困家庭大都选择在学校宿舍住宿,每学期费用在60~120元;部分高收入家庭选择在校外租房,环境相对较好;也有经济条件非常好的家庭为了孩子上学方便,在学校附近租房子,他们把租房子的费用也算在了孩子的寄宿费用上,在外租房子的家庭占调查样本的9.64%,租房子的费用在130~550元/月之间,平均租房费用每月227元(见表19-5)。

表19-5　　　　　　　家庭教育支出项目表　　　　　　　单位:元/%

支出项目	最低组	第二组	第三组	第四组	最高组
家庭教育总支出	1 845.26	1 922.59	2 883.33	3 532.93	4 544.45
交通费[①]	438.24	432.90	786.50	926.09	980.83
住宿费	173.30	253.11	565	372.67	396.00
伙食费	1 050.36	1 046.67	1 259.40	1 884.00	2 376.00
铺盖行头	113	100	159	187	182
课本费	50.36	64	77	90	88
作业本费	22	26	36	73	66
交给学校的费用[②]所占的比例	3.92%	4.68%	3.92%	4.61%	3.39%

注:①调查中有些家长把为接送孩子而购买的电动自行车、摩托车等交通工具也算在交通费中。②交给学校的费用指课本费和作业本费。

在家庭的各项教育支出中,伙食费、住宿费和交通费三项所占比重最大,这三项的总和占家庭教育支出的80%以上(由于问卷列出的教育支出项目是侧重布局调整背景下发生的支出项,并没有把家庭为子女教育投入的所有项目都包含进去,导致问卷中列出的六项支出项目的总和少于教育支出总额)。家庭经济条件好的"最高组"中,六项教育支出占全部教育支出的83%,这说明随着家庭收入的增加,对子女的扩展性支出如择校费、课外辅导费、参考书费等增多(见表19-6)。

表19-6　　　　　各支出项目在教育支出中所占比重　　　　　单位:%

项目	最低组	第二组	第三组	第四组	最高组
交通费	23.75	22.52	27.28	26.21	21.58
住宿费	9.23	13.17	19.60	10.55	8.71
伙食费	56.92	54.44	43.68	53.33	52.28
铺盖行头	6.12	5.20	5.14	5.29	4.00
课本费	2.73	3.33	2.67	2.55	1.94
作业本费	1.19	1.35	1.25	2.07	1.45

三、减轻农民因学校布局调整所增加额外负担的政策建议

(一) 增加农民收入、减轻农民教育负担

1. 千方百计增加农民收入、缩小收入差距

首先继续提高主要农产品价格、加大农业补贴力度、培育新的收入增长点;其次要采取有力措施促进农民工就业,加快城镇化步伐,拓展农民外出就业空间,加强农民工就业技能培训,提高农民工就业创业能力。最后,应重视农村居民家庭收入差距问题。同样的教育支出对不同收入层次的家庭来说负担是不一样的。同时要通过大力发展农村经济、增加农民收入,解决农民增收难的问题。当农民的经济条件改善了,农村的教育负担问题就会得到更好的解决。

2. 减轻农民教育负担

农民教育负担问题不仅仅是一个重大的经济问题,也是一个重大的政治问题和社会问题。农民教育负担过重,对农民发展生产、增加收入都有很大的不利影响。要进一步改善农村办学条件,逐步提高农村中小学公用经费的保障水平。防止因布局调整后,增加农民教育负担,导致农民贫困。

(二) 科学制定布局调整规划、完善相应的经费保障机制

1. 科学制定农村中小学布局调整规划

在布局调整之初,可能被一些地方政府利用,成为减轻财政负担、大搞形象工程的工具。但是,布局调整是一项系统而复杂的工程,要科学合理地规划,依据当地的实际情况、经济条件,按照实事求是、稳步推进、方便就学的原则实施。深入实际、调查研究,结合乡镇机构改革和撤乡并镇的行政区规划,考虑校点的布局和撤并,以达到优化教育资源、提高办学效益、方便学生上学的目的。

2. 加大资金投入、切实加强布局调整的后续建设

布局调整后的农村中小学设施不足、贫困寄宿制学生生活补助、校车等问题已成为当前农村中小学布局调整过程中遇到的普遍问题。农村中小学布局调整的顺利实施需要一定的经费保障机制来支撑,但是目前政府的资金投入远远没有达到布局调整规划的要求,这些在布局调整中由于资金不足引发的问题需要通过国家财政转移支付、专项拨款、省级配套资金,加大对农村尤其是贫困地区农村布局调整的支持。同时要确保资金分配公平、合理。

（三）加强农村寄宿制学校建设

在布局调整的过程中，很多农村地区建设寄宿制学校，来解决因学校布局调整带来的上学远问题。寄宿制学校的建立同时也带来了学生管理、卫生安全、心理健康以及教育负担增加等一系列新问题。建议政府确保资金投入，建设标准化寄宿制学校，规范寄宿管理。要充分考虑小学低年级学生的实际情况，要更加重视对低年级的寄宿生的关爱和管理，要增加寄宿制学校生活教师的编制，促进生活教师的专业化。

（四）做好对贫困家庭学生补助政策的宣传

各地区都有一些针对贫困家庭学生的补助政策，主管部门要加强对这些政策的宣传，要让大家了解这些政策的具体内容，把获得资助或减免费用的政策标准公开，避免贫困家庭的学生因无力承受教育负担而辍学。

（五）建立完善的利益补偿机制、推行真正的免费义务教育

义务教育从收费转变为免费，这是一个非常大的成就。但问题在于，实施免费政策后虽然学杂费已不是家庭的主要经济负担，可学校布局调整却使农村家庭要为子女接受义务教育支付更多的费用。这种利益的损失就需要相应的措施来给予补偿。如学校布局调整时，以提供免费午餐或免费校车来减少家庭因学校调整而带来的额外经济负担。在我国部分地区，已经建立了相关的补偿机制，如为学生提供伙食补助以及为寄宿学生提供住宿补助等，但覆盖范围还非常有限，补偿力度还抵不上农民在这方面的实际支出[1]。

很多发达国家，甚至是像巴西这样的发展中国家，都提供免费午餐、免费课本、免费校车，甚至还有免费校服。我们目前还只是最基本的免费。建议把免除农村地区义务教育阶段学生的午餐、课本、交通和住宿等各项费用提到议事日程上来。

第二节 学校布局调整后农村富余教师安置政策研究

农村学校布局调整并不是简单的学校撤并的问题，而是涉及教育资源的整

---

[1] 张源源、邬志辉：《美国乡村学校布局调整的历程及其对我国的启示》，载《外国中小学教育》2010 年第 7 期，第 36~41 页。

合与重组、人事结构的变迁与重构，甚至教育投入机制的变革等问题，这诸多问题的妥善解决要求我们不能以简单的思维和逻辑来看待农村学校布局调整。在这诸多需要慎重面对的问题中，师资结构重组是一个极为重要的方面，长期以来，我国农村学校存在着教师总量不足、结构失衡、补充困难等问题。随着农村学校布局调整步伐的加快，越来越多的农村学校被撤并，一些农村学校又出现了富余教师的安置问题。农村富余教师安置问题并不是一个独立的问题，从本质上讲是农村学校人事制度的改革问题，其中涉及农村学校人事制度的很多方面，包括教师的编制管理、教师聘任制，以及教师的退出机制等。优化学校师资结构，妥善安置富余教师成为农村学校布局调整后需要面对的重要问题。

一、富余教师的概念界定及成因分析

要优化农村学校师资结构，妥善安置富余教师，首先需要对富余教师的概念加以界定。我们首先要追问，哪些教师是富余教师？区别富余教师的标准是什么？富余教师与代课教师、不合格教师有什么区别？在概念上厘清富余教师的内涵是制定农村学校布局调整后富余教师安置政策的前提基础。

（一）富余教师的概念界定

富余教师不仅是一个数量的问题，即多出多少教师的问题，更是一个标准问题，也即哪些教师不会被本校聘用到教学岗位而成为富余的教师。具体言之，依照农村中小学教师编制标准，我们只能确定一个学校的教师超出了多少，也即超编多少位教师，这是一个数量的概念。但从学校需求的角度出发，优化本校师资结构，在已有教师中择优录用较为优秀者负责本校教学工作后，按照编制标准，剩余的超出编制的在编教师，即为本校的富余教师。由此，我们可以从两个维度确定农村学校富余教师的概念内涵：从数量的角度而言，农村富余教师是指农村学校中依照农村教师编制标准而超出的在编教师；从标准的角度而言，农村富余教师指农村学校在优先择用已有教师中较为优秀的教师满足本校教学与管理工作后，剩余的超出编制标准的在编教师。综合以上分析，本书中所谓农村学校富余教师是指农村学校按照农村教师编制标准，在优化本校教师结构，满足本校教学与管理需求后，剩余的超出编制标准的在编教师。在做出这一规定性定义后，为了更好地理解农村富余教师的内涵，我们还需要就富余教师、代课教师与不合格教师的关系做一说明。

代课教师与富余教师都是农村教育发展到一定阶段的必然产物，在农村学校布局调整后,代课教师与富余教师却有着本质的区别[①]。首先,从产生时间看,代课教师问题在 20 世纪 80 年代便已经存在并持续至今,而富余教师问题则是在 20 世纪 90 年代末,尤其是 2001 年农村学校布局调整后才出现的问题。其次,从编制状态看,代课教师属于编外人员,而富余教师则是指拥有国家编制的教学人员,有一部分富余教师可能是由之前的代课教师转正而来。另外,富余教师也不等同于不合格教师,二者的性质有所区别。富余教师是由于编制的限制而形成的,而不合格教师则是由于未能达到教师任职的最基本资格。当然,富余教师中有一部分可能是不合格教师,由于我国目前教师的准入门槛尚低,拥有教师资格证的教师,并不能代表其素质的高低。

(二) 农村学校富余教师的成因分析

从历史的角度看,20 世纪 70、80 年代开始,我国兴起的办学风潮在催生大量学校产生的同时,教师队伍的总体素质也出现严重下滑。"文革"后期出现的县办大学(五一七劳动大学)、社办高中、村办初中,使得"戴帽"初、高中遍地,由于师资总量不足,农村教师不断被拔高使用,另外,80 年代又有一批以前从事过教育工作的复退军人,企事业单位辞退的合同工等重返教师队伍,使得教师队伍的整体素质进一步下滑,90 年代一些地方政府制定政策将一些不具备教师资格的干部家属通过考核以合同制工人的名义吸收进教师队伍,而这种考核的标准并不严格。近 20 年来,这些累积的民办教师经过反复的"民转公"筛选,次次降格,最后将"择优"线划定在三科总分 100 分上,也就是说凡达到小学三四年级文化水平的民办教师,均被"择优"转为公办教师了[②]。在此背景下,农村学校存在着大量不合格教师,他们已经日益不能满足当前农村学校的教学需求了。这些教师逐渐成为农村富余教师的重要构成部分。

另外,近年来农村学校布局调整的加速进行是农村富余教师出现的又一重要原因。据教育部《全国教育事业发展统计公报》统计,2001 年全国有小学 49.13 万所,有小学教职工 637.97 万人(其中专任教师 579.77 万人),全国小学总体专任教师和在校生的比例为 1∶21.64;2010 年全国有小学 25.74 万所,小学教职工 610.98 万人(其中专任教师 561.71 万人),全国小学总体专任教师和在校生的比例为 1∶14.70,10 年间小学数量减少 23.39 万所,减少了 47.61%,小学教职工减少了 26.99 万人(其中专任教师减少了 18.06 万人,占小学教职工

[①] 陈立坤:《农村中小学布局调整背景下富余教师安置问题研究》,东北师范大学 2009 年硕士学位论文,第 6~7 页。

[②] 文庆标、王凤良:《农村教师队伍中不称职人员的成因及调整对策》,载《广西教育》2002 年第 10 期,第 7~9 页。

减少总量的 66.91%），只减少了 4.23%。初中方面，2001 年全国有初中学校 6.66 万所，有初中专任教师 338.57 万人，全国初中总体专任教师和在校生的比例为 19.24∶1；2010 年全国有初中学校 5.49 万所（其中职业初中 0.01 万所），初中专任教师 352.54 万人，全国初中总体专任教师和在校生的比例为 14.98∶1，10 年间初中数量减少 1.17 万所，减少了 17.56%，初中专任教师却增加了 13.97 万人，增长 4.13%[①]。从农村学校历年生师比[②]的变化情况可以更为直观地了解这一趋向。从近 20 年（1991~2010 年）农村中小学生师比的走势看，农村小学生师比在 1997 年达到峰值，为 25.4∶1，之后开始快速下降，到 2010 年这一比率为 16.8∶1，初中方面，农村学校生师比在 2000 年达到峰值，为 20.4∶1，之后开始逐年下降，到 2010 年这一比率为 13.0∶1（见图 19-1）。从时间范围来理解，农村学校布局调整对农村学校生师比产生了重要影响，按照现行教师编制标准，农村学校出现了一定的富余教师。

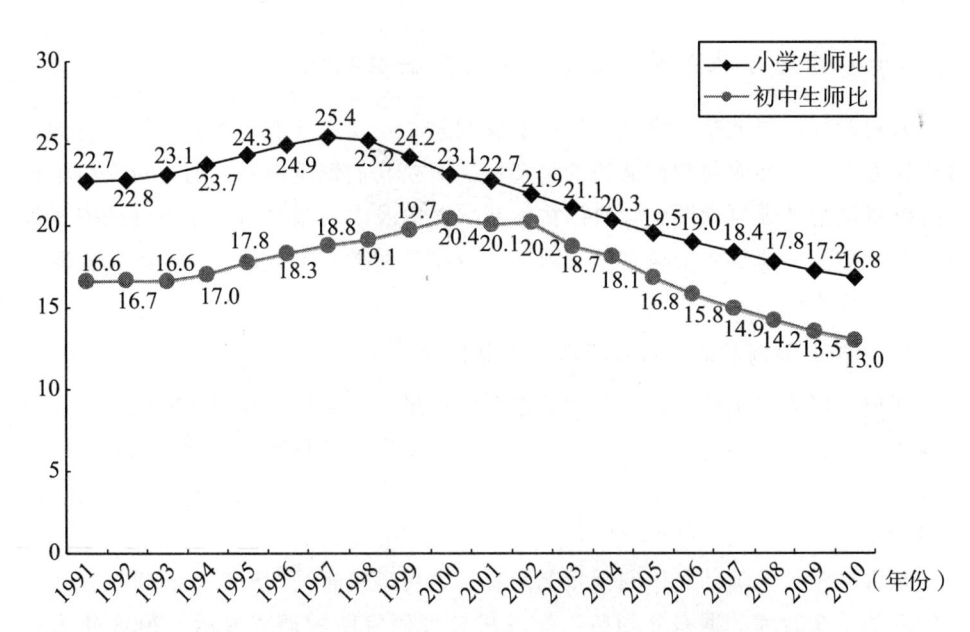

图 19-1　1991~2010 年农村中小学生师比（学生数/专任教师数）走势

资料来源：据《中国教育统计年鉴（1991~2010）》整理。

农村学校布局调整过程中富余教师的安置问题是一个该引起关注的问题。需要注意的是，农村学校富余教师安置问题并非一个独立的事件，而是涉及农村学

[①]　教育部：《全国教育事业发展统计公报（2001，2010）》，载 http：//www.moe.gov.cn/。

[②]　这里的生师比为学生数与专任教师的数量比率，采用这一比率的原因在于专任教师与学校教学的关系更为直接，通过这一比率可以更为直观地了解学校在教学方面的师资情况。

校人事结构的重组,教师准入标准和教师评价机制完善等的系统性问题,对当前的教师编制标准也会产生一定的反馈作用。同时,农村学校富余教师的安置问题也涉及教师队伍的稳定性甚至社会的稳定等问题,这就要求我们在科学规划的基础上慎重处理这一问题。

二、农村学校布局调整后富余教师安置现状及存在的问题

在宏观方面了解了农村学校的师资现状后,我们需要在政策层面和微观的学校层面对农村学校教师的富余现状进行了解,并就农村学校在富余教师安置方面的具体措施和问题进行一些必要的描述和分析,探究农村学校在富余教师安置方面存在的困难和问题,以期能够提出改进的政策建议。

(一)农村学校布局调整后富余教师安置现状

农村学校布局调整后富余教师的安置问题,不仅关涉农村教育资源整合的有效性问题,更关涉农村教师队伍的稳定性,需要我们慎重面对。通过对农村学校层面教师的总体编制状况、学科结构编制状况以及农村学校对富余教师的安置策略的现状梳理,能够更为清楚地了解当前我国农村教育实践层面富余教师安置问题的现实样态。

1. 学校布局调整后农村教师富余状况分析

当前我国农村学校存在着教师数量总体不足,但又结构性过剩的问题。在布局调整之后,这一问题更为明显地表现出来。从农村学校教师总体编制状况,以及各学科结构编制方面来了解农村学校教师的富余状况,可以为合理的政策制定提供素材。

从农村学校教师的总体编制状况来看,农村学校布局调整后农村学校存在一定数量的富余教师。据东北师范大学农村教育研究所的调查显示,2008年农村小学存在富余教师的比例为36.62%,初中学校的这一比例有所上升,为40.30%。从城乡角度而言,县城小学存在富余教师的比例最高,达46.15%,乡镇次之,村屯学校最小。初中方面,乡镇初中学校存在富余教师的比例要高于县城初中,比例分别为43.14%、31.25%(见表19-7)。由此看来,农村学校尤其是县城、乡镇学校存在一定数量的富余教师,如何安置这些富余教师是这些农村学校所要面对的重要问题。

表19-7　　　　　　　县域内中小学存在富余教师的情况

	小学		初中	
	比例（%）	样本数（所）	比例（%）	样本数（所）
县城	46.15	13	31.25	16
乡镇	40.00	45	43.14	51
村屯	15.38	13	—	—
合计	36.62	71	40.30	67

2. 布局调整后农村学校对富余教育的安置策略分析

分流是农村学校富余教师安置的主要措施。农村学校目前的富余教师分流措施主要有内退、校内转岗、进修培训和转到其他学校等。调查显示，农村中小学在富余教师的具体安置措施上具有很高的一致性，安置措施排在前两位的均为"校内转岗"、"进修培训"。小学选择让富余教师"校内转岗"和"进修培训"的比例分别为61.54%、26.92%，而中学的这一比例分别为70.37%、55.56%（见表19-8）。

表19-8　　　　　布局调整后农村学校富余教师安置策略　　　单位：%

	小学	初中
内退	15.38	25.93
校内转岗	61.54	70.37
进修培训	26.92	55.56
转到其他学校	19.23	11.11
样本数（所）	26	27

县域学校教师分流措施中，城乡学校间存在较为明显的差异。小学方面，县城学校更多地选择将富余教师转到其他学校，这一比例高达66.67%，而校内转岗则是乡镇小学安置富余教师的重要措施，选择本校富余教师进行校内转岗的乡镇小学比例为72.22%，村屯小学方面安置富余教师的方式则全为进修培训；初中方面，县城初中安置富余教师的方式较为多样化，相较而言，乡镇初中安置富余教师的措施选择则要少一些，主要是校内转岗和进修培训，二者的比例均为54.55%（见表19-9）。

表19-9　布局调整后县域内城乡学校富余教师安置策略　　单位：%

		内退	校内转岗	进修培训	转到其他学校	样本数（所）
小学	县城	16.67	50.00	0.00	66.67	6
	乡镇	16.67	72.22	27.78	5.56	18
	村屯	0.00	0.00	100.00	0.00	2
初中	县城	20.00	100.00	60.00	40.00	5
	乡镇	27.27	54.55	54.55	4.55	22

（二）农村学校布局调整后富余教师安置存在的问题

农村富余教师安置并不是一个孤立的问题，而是对农村教师队伍的整合和重构的过程，其中涉及农村教师的考核筛选、退出，也涉及农村教师的准入标准问题，总体而言，农村富余教师安置涉及农村教师人事制度的方方面面，需要各级教育行政部门和学校在科学评定、规划的基础上谨慎做出安排。然而，据东北师范大学农村教育研究所调查发现，当前我国农村学校富余教师的安置问题还存在很多不规范的地方，诸如富余教师标准不一或模糊不清、安置程序缺乏公正性、安置措施缺乏统一性等，这都将严重影响农村学校富余教师安置问题的妥善解决，也必将对农村教师队伍的稳定性造成创伤。

1. 富余教师甄别标准模糊不清

从编制的角度看，我们只能确定一所学校的教师超编了多少位，但究竟哪些教师算是这所学校的富余教师，则需要一个明确的界定标准。对一所学校而言，在甄别哪些教师为富余教师之前，需要完成两项重要的工作，一是对本校学科师资结构进行合理的规划，录用较为优秀的教师来满足本校教学工作，二是要本着持续发展的理念对本校总体的师资结构进行优化，甄别出不利于本校持续发展的超编教师为富余教师，也即是说，学校在甄别富余教师的过程中必须要考虑学科师资的合理布局以及学校的可持续发展两个方面的内容。然而，现阶段各学校在富余教师的甄别方面还存在标准模糊的问题，究竟哪些教师算是本校的富余教师，各学校的标准是不一的，在没有明确的统一的标准之下，难免出现富余教师认定困难的问题，同时也给"人情"活动留有很大的生存空间，其导致的一个严重后果是，本校真正的富余教师未必能够被甄别出来，而由于缺乏明确而又令人信服的甄别标准，那些被甄别出来的富余教师并不认可这一结果，从而导致教师队伍的不稳定。

政策层面对富余教师的界定是模糊的，从政策文本的解读可以了解到，其出发点是立足于现行中小学教师编制标准，对农村学校中超出编制的富余教师进行转岗分流有着宏观的政策规定，但并未对学校层面如何筛选本校的超编教师做出具体的标准设计，譬如甘肃定西市规定对实施布局结构调整后出现的富余教师可担任寄宿学校的生活指导教师[①]，安徽省泗县规定撤并学校的教师原则上通过竞争上岗等方式调剂到并入学校，富余教师将适当分流到师资紧缺的中小学[②]等。虽然政策文本在宏观上为富余教师的安置问题指明了方向，但并未就如何界定农村学校的富余教师给出一个上任的标准设计，导致农村学校在富余教师的界定方面出现标准不一或模糊的混乱局面，从而为进一步的富余教师安置问题埋下隐患。从学校层面来看，上位政策设计的缺失为农村学校在富余教师的界定上留出了很大的政策空间，同时也增加了农村学校富余教师甄别标准主观性过强的可能性，为"人情"作用的发挥留出了灰色地带。

2. 富余教师甄别程序缺乏公正性

程序公正性的缺乏是农村学校在甄选富余教师中普遍存在的问题。在当前富余教师甄别机制尚不健全的情况下，没有必要的程序公正作为保证是难以保证甄别结果的公正的，也即是说，其甄别结果是难以服众的，程序公正是结果公正的必然前提。调查发现，农村学校在富余教师的甄别方面并没有严格的程序可言，学校领导握有绝对的权力，通常在并未征询教师的情况下，便草率地用一些教师可能并不认可的标准将之划分为富余教师，从而进行进一步的安置计划，这往往会引起教师的强烈反弹，对学校教师队伍的稳定构成不利影响。学校领导对富余教师甄别的过程往往是不透明的，当事教师通常只能在最后一刻才被告知结果，而对甄别的标准是什么，甄别的程序是否合理通常并不了解，这往往很难让教师感到满意。对教师而言，被甄别为本校的富余教师，即意味着只有两种选择：要么离开本校去另外的缺编的学校，要么在本校或被转入非教学岗，或被降级进入低年级或其他学科任教，亦或者被要求接受培训以提升自身素质等。从教师理性的角度而言，这些结果大多都不是理想的选择，从而产生抵触情绪，对本校教师队伍的稳定性产生消极影响。

3. 富余教师安置措施缺乏统一规划

各地政府对布局调整后农村学校富余教师的安置措施并没有形成统一的规划，从而导致农村学校在富余教师的安置问题上带有很强的随机性。有些地方政府的政策要求将布局调整后出现的富余教师安排到寄宿学校当生活指导教师，有些地方则规定将富余教师分流到其他师资短缺的学校任教，而有些地方政府则出台了相对较为详细的政策规定，对合格教师、不合格教师以及年龄较大教师都有

---

① 《甘肃省定西市人民政府关于进一步加快全市中小学布局结构调整的意见》，载 http：//www.dx.gansu.gov.cn/。

② 《关于印发〈泗县中小学布局调整三年规划〉的通知》，载 http：//www.ahsx.gov.cn/。

相应的安置措施。如果地方政府的富余教师安置政策可以视为是因地制宜的政策设计的话,那么学校层面的教师安置措施则带有更大的主观性,调查发现,农村学校在安置富余教师的策略选择方面并没有进行完善的规划,而是采取"随机应变"的措施,后勤缺人便安排富余教师去后勤工作,本校无适合岗位才分流富余教师到其他学校等,且对富余教师的工作安置带有很大的主观性,从而招致很多教师的不满与愤慨。

三、农村学校布局调整后富余教师安置的政策建议

要妥善解决布局调整后农村学校富余教师的安置问题,地方教育部门可以从三个方面来考虑进行政策设计:首先,必须要明确富余教师的界定标准;其次,在甄别富余教师的过程中要遵行程序公正的原则;最后,农村学校富余教师的安置需要进行统一的规划(见图19-2)。富余教师标准的制定是有效、合理甄别富余教师的前提基础,在对富余教师进行甄别的过程中遵循程序公正的原则是富余教师甄别结果公正的先决条件,另外,统一合理的政策规划是农村学校富余教师合理安置的重要保障,此三者相互联系而又缺一不可。

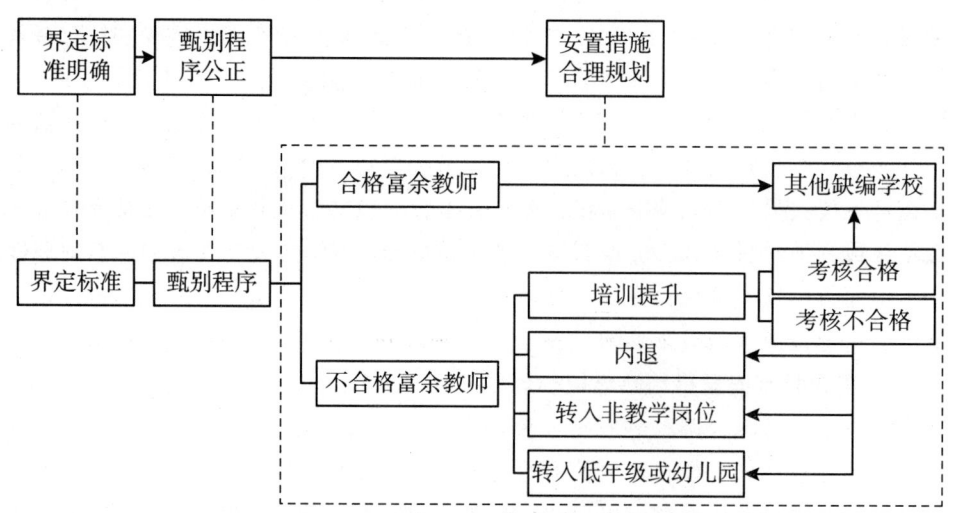

图19-2 布局调整后农村学校富余教师安置过程示意

(一)地方教育行政部门应该明确富余教师标准

标准的界定是富余教师甄别、安置的前提条件,为了保证富余教师标准在区域内的统一性和客观性,地方教育行政部门应当担此责任,在充分考量的基础上制定合乎现实的农村学校富余教师标准,并以此为甄别农村学校富余教师的先决

条件。明确富余教师标准，首先我们需要追问何为富余教师，富余教师与不合格教师有什么区别，前文已经就此问题做过一些论述，在此有必要做进一步的说明。从编制的角度而言，富余教师是指学校中超出编制的那一部分教师，而从学校的角度而言，富余教师是指在满足本校教学工作的前提下所超出的那部分教师，其中包含两个方面的意思：一是本校择优录用，二是学科结构合理。在此基础上，农村学校才会将多余出来的编制教师确定为富余教师。由此，地方教育行政部门在确定富余教师标准时必须考虑到学校的良性的持续发展，也即是说，应该尊重学校合理的甄别程序。因此，在地方教育行政部门的标准设计中，必须优先关照合并校的持续发展，在不损害合并校良性发展的基础上解决农村学校富余教师问题。基于此，农村学校富余教师标准必须包含"择优录用"、"学科教师结构"等关键词。

（二）学校在甄别富余教师中应遵循程序公正原则

"程序公正"源于英美法系的"自然正义"原则（natural justice）。"自然正义"原是关于公正行使权力的"最低限度"和"最自然"的程序要求，它包括两个基本的程序规则：（1）任何个人或团体不得自己审理自己或与自己有利害关系的人或团体的案件；（2）任何个人或团体在行使权力可能导致别人受到不利影响时必须听取对方意见，每一个人都有为自己辩护和防卫的权利。罗尔斯（John Rawls）根据程序公正与结果公正的关系，将程序公正分为纯粹的（pure procedural justice）、完善的（perfect procedural justice）和不完善的（imperfect procedural justice）三种[1]。程序公正是结果公正的前提保证，在农村学校富余教师的甄别过程中应坚持程序公正的原则，这就要求学校在此过程中首先要对全校教师的基本情况有充分的了解；其次，要充分听取来自不同相关主体的意见，包括拟被确定为富余教师的教师意见；最后，要保持甄别过程的透明性，杜绝暗箱操作。只有这样，才能保证甄别结果的客观性和公正性，才能甄别出本校真正的富余教师，对富余教师而言，程序的公正性使其能够更为容易地接受甄别结果，从而可以最大限度地降低农村学校教师队伍的不稳定风险。

（三）学校应合理规划富余教师安置措施

在明确富余教师标准，并严格遵守程序公正原则对学校的富余教师进行甄别后，如何安置这些富余教师便成为一个重要的问题。合理的安置规划是妥善解决富余教师问题的最后保障，如果缺乏合理的富余教师安置规划，富余教师的安置

---

[1] [美]约翰·罗尔斯著，何怀宏等译：《正义论》，中国社会科学出版社 2009 年版，第 65~69 页。

问题可能会变得更为复杂。根据程序公正原则，并基于学校的现实情况，可以将富余教师甄别为两类：合格富余教师和不合格富余教师，合格的富余教师可以直接分流到其他缺编的学校继续任教，而对于不合格的富余教师，应在坚持以培训提升为主的前提下采取灵活多样的安置策略，譬如对年龄较大者可劝其内退，对能力不足但又不想或很难通过培训得到提升者可转入非教学岗位或降级使用，对于多数教师尤其是年轻的不合格富余教师应坚持进行培训提升，通过规定时间的培训后再参加考核，如果合格则转入其他缺编学校继续任教，如果还不合格，可要求其继续进修，也可考虑让其转入非教学岗、内退或降级使用等。由于现行师资退出机制尚不完善，农村不合格教师的退出存在很大的制度性障碍，在面对富余教师的安置问题时，我们所能采取的可行的方式均以轮换岗位或培训提升素质为主。

第三节　农村学校布局调整后的寄宿政策

一、寄宿制学校政策的变迁

（一）大规模学校布局调整前的寄宿制学校政策（1949~2000年）

寄宿制学校早已有之，虽然在2001年大规模的学校布局调整之前，农村寄宿制中小学校就已经广泛存在。但是，国家很少针对所有的寄宿制中小学校制定相关政策，已有的一些政策主要集中在民族寄宿制中小学校方面。寄宿制民族中小学校是国家专为少数民族举办的一种特殊办学形式。主要在少数民族牧区、边远山区和经济不发达地区设立，面向农村、牧区、边远山区招收少数民族学生。寄宿制学校以公办为主和助学金为主，实行全日制中小学教学计划。学生食宿在校，享受助学金，减缴或免缴学杂费、书本费，特别困难者还发给日常生活用品、服装等。根据"分级办学、分级管理"的原则，寄宿制民族中小学校办学经费由各级人民政府负责，分为省办、州办、县办等几种形式。国家在经费、师资、设备等方面给予特殊照顾[①]。

寄宿制民族中小学校在五六十年代就在部分省、自治区开始举办。1980年

---

① 吴仕民：《中国民族政策读本》，中央民族大学出版社1998年版，第250~251页。

教育部、国家民委在《关于加强民族教育工作的意见》中提出："对于大多数文化教育扩分落后的民族，特别是对于边远地区、牧区、山区的民族，必须采取特殊的办法，在相当的时期内，集中力量，办好一批公办的民族中小学，给予较多的助学金，特别要大力办好一批寄宿制学校，采取由国家管住、管吃、管穿的办法。对这些民族中小学，在经费上要给予必要的照顾，调配较好的教师，校舍和教学设备也要好一些，把这批民族中小学办好了，就可以确保出一批人才，奠定进一步发展的基础。同时，还可以发挥各方面的积极性，实行多种形式办学"。此后，各地积极贯彻落实这一文件精神，使寄宿制民族中小学校得到较快恢复并获得很大发展。1984年颁布的《中华人民共和国民族区域自治法》又重申，"民族自治地方的自治机关可以为少数民族牧区和经济困难、居住分散的少数民族山区，设立以寄宿为主和助学金为主的公办民族小学和民族中学。"[①] 1992年印发的《关于加强民族教育工作若干问题的意见》再次提出要尊重民族特点和形式，并提出民族教育要走出符合自己特色的办学路子。文件指出：在人口稀少、居住分散的地方或经常流动的牧区，学校的布局要相对集中，从一定年级起举办寄宿制学校[②]。

不仅如此，除民族学校外，改革开放以后，普通寄宿制学校尤其是初中的普通寄宿制学校普遍存在。20世纪90年代，农村寄宿制学校尤其是寄宿制小学开始逐渐增多，并逐渐成为农村地区一种重要的办学方式[③]。但这时，由于寄宿制学校规模并不大，且主要集中在中学，问题相对较少，国家并没有把普通寄宿制学校纳入国家重要的政策议题，制定的相关政策也不多见。

（二）大规模学校布局调整后的寄宿制学校政策（2001年至今）

随着我国农村地区人口自然增长率的降低和城镇化速度的加快，农村学龄儿童人数不断减少，使我国农村地区尤其是西部农村地区存在的办学规模小、教学点分散问题变得更为突出，这种情况使得教育资源存在浪费的同时，教学条件也不能得到很好的改善，于是，农村学校的布局调整成为必然。

2001年，《国务院关于基础教育改革与发展的决定》将调整农村义务教育学校布局列为一项重要工作，各地要"因地制宜调整农村义务教育学校布局。按照小学就近入学、初中相对集中、优化教育资源配置的原则，合理规划和调整学校布局。农村小学和教学点要在方便学生就近入学的前提下适当合并，在交通不

[①] 吴仕民：《中国民族政策读本》，中央民族大学出版社1998年版，第168页。
[②] 吴仕民：《中国民族政策读本》，中央民族大学出版社1998年版，第241页。
[③] 叶敬忠、潘璐：《农村小学寄宿制问题及有关政策分析》，载《中国教育学刊》2008年第2期，第1~5页。

便的地区仍需保留必要的教学点,防止因布局调整造成学生辍学。"并指出,在有需要又有条件的地方,可举办寄宿制学校。2002 年 7 月 26 日第五次全国民族教育工作会议明确提出要重点支持有关省区市对民族寄宿制中小学校舍、学生宿舍及食堂的建设和维修工程,进一步改善民族地区办学条件。2003 年 9 月,全国农村工作会议通过了《国务院关于进一步加强农村教育工作的决定》,提出继续推进中小学布局结构调整,努力改善办学条件,重点加强农村初中和边远山区、少数民族地区寄宿制学校建设,改善学校卫生设施和学生食宿条件,提高实验仪器设备和图书装备水平。2004 年,在国务院领导下,教育部、发展改革委、财政部和地方人民政府共同组织实施《国家西部地区"两基"攻坚计划》,计划从 2004～2007 年,用 4 年时间帮助西部地区基本普及九年义务教育、基本扫除青壮年文盲,提高国民素质,促进西部地区经济发展和社会进步。2004 年,为贯彻《国务院关于进一步加强农村教育工作的决定》、落实《国家西部地区"两基"攻坚计划》,教育部、国家发展和改革委员会、财政部共同印发《西部地区农村寄宿制学校建设工程实施方案》,即所谓的"农村寄宿制学校建设工程"正式实施。"工程"计划从 2004 年起,用 4 年左右的时间,中央共投入 100 亿元,新建、改扩建一批以农村初中为主的寄宿制学校,解决好西部未"普九"地区新增 130 万初中学生和 20 万小学生最基本的学习、生活条件;同时,在合理布局、科学规划的前提下,加快对现有条件较差的寄宿制学校和不具备寄宿条件而有必要实行寄宿制的学校进行改扩建的步伐,使确需寄宿的学生能进入具备基本条件的寄宿制学校学习。结合我国农村经济发展的实际情况,农村寄宿制学校建设工程以广大西部地区为主,兼顾其他地区。"工程"实施范围以 2002 年年底西部地区尚未实现"两基"的 372 个县和新疆生产建设兵团的 38 个团场为主,包括纳入国家西部开发计划的部分中部省份的少数民族自治州和中部地区到目前尚未实现"两基"的县,兼顾中西部虽已实现"两基"但基础仍然薄弱的部分地区。事实上,在布局调整和"工程"的双重影响下,在"工程"实施范围以外的其他地区也开始大力发展寄宿制学校。据教育部公布的统计数据,2006 年全国中小学共有寄宿学生近 3 000 万人,西部地区小学、初中的寄宿学生最多。西部地区小学寄宿学生占 10%,中西部地区初中寄宿学生比例都在 40% 以上,农村地区寄宿学生的比例更高,西部农村寄宿学生比例达到 52%,其中,西藏、广西、云南 3 省(自治区)的比例超过 70%[①]。

随着"农村寄宿制学校建设工程"的实施,许多新问题也渐渐暴露出来。

---

① 中央教育科学研究所课题组:《贫困地区农村寄宿制学校学生课余生活管理研究——基于广西壮族自治区都安县、河北省丰宁县的调研》,载《教育研究》2008 年第 4 期,第 9～12 页。

一些地方存在不按批准的规划和年度计划组织实施的倾向；一些地方在工程建设各环节收取了名目繁多、数额较大的费用；一些学校在安全、卫生、饮食、集体活动的组织管理等方面缺乏经验、存在隐患；一些地方在工程实施中管理机构不健全，管理力量单薄，对工作缺乏指导和检查。为认真解决这些问题，进一步做好"寄宿制工程"实施工作，确保西部地区"两基"攻坚目标如期实现。2005年6月，教育部、发展改革委、财政部、国土资源部、建设部联合下发了《关于进一步做好农村寄宿制学校建设工程实施工作的若干意见》，要求地方各级政府和相关部门结合本地实际，严格按照规划和年度计划实施"寄宿制工程"，确保西部地区"两基"攻坚目标如期实现；出台优惠政策，尽量减免"寄宿制工程"建设收费；切实加强项目前期工作，严格履行建设程序；因地制宜采取措施，切实加强寄宿制学校管理；强化责任意识，严把工程质量关；通过多种形式，加强对"寄宿制工程"的检查和指导等，保证"农村寄宿制学校建设工程"顺利实施。

此后，针对寄宿制学校当中的各种具体问题，国家又出台了许多针对措施，如2008年教育部、财政部发布的《关于认真做好未"普九"县农村寄宿制学校建设工程实施工作的通知》；2010年教育部办公厅发布的《关于做好农村寄宿制学校冬季采暖安全工作的通知》；2011年教育部、卫生部印发的《农村寄宿制学校生活卫生设施建设与管理规范》的通知，等等。

对比寄宿制学校政策发展的两个阶段我们可以看出，2001年大规模的农村学校布局调整之前，寄宿制学校也是存在的，其相关政策主要集中在民族中小学方面，而对于普通的寄宿制中小学国家关注的较少。2001年大规模的农村学校布局调整之后，农村寄宿制中小学激增，所引发的问题也日益受到人们的关注，相关政策文件密集出台。在此，我们要问，既然寄宿制中小学早已存在，为什么以前人们对它的关注比较少，现在人们却对它的存在产生了这么多的非议呢？原因何在？

这就需要我们分清两类问题，一类是由"寄宿制"自身性质所导致的问题；另一类是在特定背景与环境下引发的问题。第一类问题的研究侧重于对"寄宿制"概念自身本质与功能的"本体论"研究，属于理论研究的范畴；第二类问题侧重于对"寄宿制学校"问题产生的外在因素的研究，属于政策研究的范畴。

二、寄宿制学校本身的问题——利弊之辨

寄宿制学校有别于一般学校，从简单意义上讲，寄宿制学校即能够寄宿的学校。学生到寄宿制学校上学，白天在教室上课，课后有自由活动的时间，晚上放

学之后可以不用回到家中，寄宿在学校的宿舍中，学校为学生提供吃饭、住宿等生活服务。期间，学生和老师在学校共同参与教学活动，共同生活在学校这一个大家庭中，学校为学生配备专职的生活教师来为学生提供生活帮助[1]。正是由于寄宿制学校的这种独特性质，使它既具有一般非寄宿制学校所不具备的有利方面，又存在一些弊端。

（一）寄宿制学校的有利方面

1. 对学生成长的优势

在寄宿制学校，孩子许多事情需要亲力亲为，有利于培养学生的独立精神和自理能力；由于和同学们朝夕相处，有利于培养学生的团队精神和交往能力；寄宿制学校科学合理的作息安排有利于培养孩子良好的学习和生活习惯；在集体生活中，有利于培养孩子的自控能力。

2. 有利于解决偏远地区孩子上学难及路上安全问题

农村孩子由于住所分散，不少孩子的家离学校很远，有的学生到校上学需要起早贪黑，孩子每天花在上学、放学路上的时间很多。除此之外，在上下学的途中还存在着许多安全隐患，如交通安全、洪水、野兽等，通过寄宿制，由于学生住校，这方面的安全问题可以在很大程度上得到消除。

3. 可以解放抚养人看护孩子的时间和精力

由于寄宿制学生寄宿在校，在校期间学校对寄宿学生负有监管责任，这可以在最大程度解放抚养人看护孩子的时间和精力，这在我国农村地区存在大量留守儿童的背景下显得弥足珍贵。据有关调查统计，全国农村留守儿童约 5 800 万人，其中 14 周岁以下的农村留守儿童约 4 000 多万人；在全部农村儿童中，留守儿童的比例达 28.29%，平均每四个农村儿童中就有一个多留守儿童，其中五周岁以下的幼童大约 1 566 万人，占全部留守儿童的 27%[2]。这些孩子 57.2% 的留守儿童是父母一方外出，42.8% 的留守儿童是父母同时外出。留守儿童中的 79.7% 由爷爷、奶奶或外公、外婆抚养，13.0% 的孩子被托付给亲戚、朋友，7.3% 为不确定或无人监护[3]。在此背景下，留守儿童的教育与看护成了一个很重要的问题，实行寄宿制，孩子的学习和生活有专门老师料理，解决了家长的后

---

[1] 侯佳：《西部农村寄宿制学校发展现状与对策研究》，陕西师范大学 2011 年硕士学位论文，第 7～8 页。

[2] 尚晓援：《中国儿童福利政策报告（2011）》，北京师范大学壹基金公益研究院 2011 年版，第 13 页。

[3] 高希彬、王秋灵：《山东欠发达地区农村留守与非留守学龄前儿童体质状况比较》，载《中国学校卫生》2010 年第 3 期，第 330～332 页。

顾之忧。

(二) 寄宿制学校的弊端

1. 学生发展方面的弊端

寄宿制学校在一定程度上有利于培养学生的独立自主精神、人际交往与合作能力，加强孩子的集体观念，但同时也给学生带来了很多不利的影响。教育学相关理论认为，一个完整的教育环境应该包括学校、家庭和社会三个方面，三方合力才能实现学生的健康发展。寄宿制学校的学生大部分时间都在学校，弱化了家庭对学生的影响，学生发展环境的完整性受到破坏。尤其是对低年龄阶段的小学生来说，长期不在家庭中，对他们的情感发展、亲情延续等方面都会产生很多消极影响。

2. 成本方面的弊端

就政府及校方而言，举办寄宿制学校，从规模效益看，会降低办学成本；但同时也会出现新的成本，如修建宿舍与食堂的成本，相应的食堂与宿舍的工作人员成本、管理成本、运行成本等，这要比举办普通非寄宿制学校花费更高的成本。

就学生及家庭而言，寄宿制学校增加了他们的教育支出。尤其是在自然经济状态下的广大农村，农民的许多生活必需品都是自给自足的。学生在家里生活时，所需生活费大多并不用现金支付，而是靠家庭生产来满足。一旦学生到寄宿制学校就读，则意味着必须增加家庭的现金支出[1]。如在家就餐与在学校吃饭费用的差距、新增的住宿费以及交通费等。

3. 安全方面的隐患

学生在学校寄宿以后，学习和生活的重心就由家里转移到了学校，一些安全隐患也随之转移或增加。这些安全隐患包括食品安全、住房安全、饮水安全、卫生安全、交通安全、治安安全以及北方地区的取暖安全等。虽然这些安全问题即使不住宿在家里也不同程度地存在，但是由于大量的学生住宿集中在一起，使得这些安全问题涉及面更广，呈现出群体性，因此也更凸显。

从寄宿制学校的利弊分析中我们可以看出，寄宿制学校与非寄宿制学校都存在着利弊，一方的利处恰好是另一方的弊端。因此我们不能从绝对意义上说寄宿制学校与非寄宿制学校孰优孰劣。但是，寄宿制学校的利弊在很多方面和情境下是潜在的而非必然发生的，需要在特定的背景和环境下具体分析才有

---

[1] 杜育红：《农村寄宿制学校：成本构成的变化与相关的管理问题》，载《人民教育》2006年第23期，第9~10页。

意义。

三、布局调整背景下寄宿制学校利弊的总体判断及原因分析

既然寄宿制学校的利弊具有相对性,需要在特定的背景和环境下具体分析才有意义。那么,布局调整背景下寄宿制学校利弊情况如何呢?哪些因素导致了寄宿制学校利弊的此消彼长呢?我们如何评价寄宿制学校发展的是非功过?

(一)布局调整背景下寄宿制学校利弊的总体判断

政府进行布局调整,着力发展寄宿制学校,其政策意图是为了优化教育资源、保障教育公平、提高办学效益。可以说,政府的政策意图在很大程度上得到了实现,并在实践当中对解决家校距离过远、交通不便所造成的上学远上学难问题、留守儿童的监护问题等起到了很大作用。但是,在寄宿制学校数量剧增的同时,其硬件及软件设施配备并不完善,管理也存在很大问题。这导致寄宿制学校原本存在的潜在弊端都不同程度地暴露出来,并出现了许多新问题。这些新旧问题叠加产生,交织在一起,在很大程度上抵消了寄宿制学校所产生的正面效应,人们对寄宿制学校存在问题反映强烈。通过对中国知网(CNKI)的数据检索我们发现,以寄宿制为题名的各类文献共有2 232篇,其中2000年1月1日以后的文献(截至2012年1月1日)有1 932篇,占到了86.56%,2004年教育部启动"农村寄宿制学校建设工程"以后(2005年1月1日~2012年1月1日)有1 643篇,占到了73.61%。可见人们近些年对寄宿制学校问题越来越关注。

(二)布局调整后寄宿制学校问题凸显的原因分析

1. 布局调整后寄宿制学生的大幅增加

世纪之交开始进行的大规模的农村中小学布局调整导致学校数大幅度减少,2000~2009年,全国县域内小学及教学点由69.4万所(个)减少到33.62万所(个),累计共减少35.78万个,减幅达51.56%。全国县域内初中由5.4万所减少至4.9万所,10年间减少了4 991所,减幅为9.24%。在学校数减少的同时,在校生数的减少却并不同步。同期,县域内小学及教学点减幅(51.56%)是县域内小学在校生减幅(25.94%)的1.99倍,两者之间的幅差有25.62个百分

点。初中也呈现出相同的趋势①。学校数与在校生数减少不同步,学校减幅远远大于在校生减幅,这一结果导致很多上学儿童家校距离变远。据东北师范大学农村教育研究所 2008 年对全国 8 县 77 个乡镇的调查表明,经历了学校布局调整的小学生平均家校距离变远 4.05 公里,其中有 10% 的学生家校距离变近,有 31.14% 的学生家校距离没有发生变化,在 58.86% 的家校距离变远的小学生中,平均变远了 9.19 公里②。由此,建设寄宿制学校就成为农村中小学布局调整后农村义务教育发展的必然选择。从全国范围看,2007 年全国农村小学寄宿生总规模达 714.8 万人,占在校生总数的 8.1%;到 2009 年全国农村小学寄宿生总规模达 926.4 万人,占在校生总数的 11.2%,有些省份超过了 30%③。寄宿学生的大幅增加导致相关利益群体数量的增加,也更易于触发寄宿制学校潜在的各种问题,因而受到了社会的广泛关注。

2. 寄宿学生的低龄化

农村学校布局调整后,由于缺乏科学合理的学校撤并标准,在农村寄宿制学校数量大规模增加的同时,寄宿学生低龄化问题也变得日益突出。据 2008 年东北师范大学农村教育研究所对 870 名小学寄宿生的调查显示,小学一年级开始寄宿的达 27.1%,二三年级开始寄宿的分别为 13.6% 和 13.3%,即三年级之前寄宿的小学生累计百分比高达 55.4%④。这些低龄寄宿学生身心发展都还很不成熟,生活自理能力较差,更需要家庭温暖的呵护。这样过早地离开家庭到学校寄宿生活,容易因亲情缺失而引发各种心理健康问题,也为寄宿学校的管理带来很大困难。

3. 人们对教育的关注度持续增加

一般而言,人们对教育关注的高低受很多因素的影响,这些影响因素主要包括家庭对教育价值的认识、家庭的经济状况、教育民主化程度以及社会开放程度等。近年来,由于这些影响因素发生了巨大的变化,人们对孩子教育的关注度也相应地发生了改变。

首先,现代社会的人们越来越认识到,教育不仅是人的一种消费性投资,更是一种生产性投资。在现代社会,教育的作用越来越重要,一个没有接受过教育的人,将很难在社会上立足。因此,父母对子女的教育达到了前所未有的重视程度。如果有可能,他们会让子女接受尽可能多和尽可能好的教育。其次,由于我国经济发展水平的提高,农村居民的家庭收入有了突飞猛进的增长,支付能力也越来越强。这也使得农村居民有能力让孩子接受更好的教育,并对孩子的教育更

---

①②③④ 邬志辉、史宁中:《农村学校布局调整的十年走势与政策议题》,载《教育研究》2011 年第 7 期,第 22~30 页。

加关注。再次，由于教育民主化程度的不断增强和社会开放程度的增加，再加上获取信息的渠道更加多样与便利，居民也更容易获取教育发展方面的信息。这些变化都促使人们对教育给予更高的期望，一旦教育出现这样那样的问题，人们便会产生不满情绪甚至提出批评。寄宿制学校产生的许多问题是由于学校撤并直接或间接产生的，因此，人们很容易把矛头指向政府的决策。

4. 增加了受教育者的上学成本

因布局调整而改为寄宿制之后，农村寄宿生家庭的教育成本普遍增加了。学生寄宿之后上学距离延长，家庭需要额外支付交通费、食宿费以及承担道路交通上的安全风险。据测算，每增加一个寄宿生，中部地区农民家庭每年就平均增加了 657.3 元的支出，西部地区农民家庭平均增加了 787.8 元的支出，由于寄宿而增加的费用是极为明显的。虽然有部分同学能获得住宿减免或学校资助，但金额相对较低，即使同时获得这两项资助，其额外支出仍在 230 元以上。即使 2009 年春季农村义务教育阶段学校取消住宿费后，家庭因寄宿而增加的支出仍不轻，一般在 500 元以上。如果从 2007 年全国农民人均纯收入（4 140 元）来看，一名寄宿制学生的支出就占到收入的 16%[①]。教育成本的增加也导致人们对于寄宿制学校普遍建立的不满。

5. 农村学校撤并缺乏程序公正容易使公众及利益相关者把矛头指向政府决策

农村学校布局调整过程实质上是对村民教育利益进行重新分配的过程。2008 年东北师范大学农村教育研究所在对全国 6 省 77 个乡镇下辖的村级被撤并学校调查发现，有 45.4% 的县级教育决策部门在村小撤并过程中没有进行认真调研，更没有召开村民大会让利益受影响主体参与讨论，领导只是走走过场，开一个会就直接宣布学校被撤并了[②]。在这种情况下，因学校撤并而建立的寄宿制学校，由于缺少必要的民主程序，容易引发诸多认识性、情感性和利益性的矛盾。一旦寄宿制学校出现问题，或者给由于学校撤并而导致利益受损，寄宿生及家长就会把不满及矛头指向政府对学校的撤并决策。

6. 寄宿制学校软硬件建设较差及管理不规范是诱发各种问题的主因

寄宿制学校本身可能产生的问题在很多状况下是潜在的，如果各种软硬件设施配备齐全，管理到位，很多潜在弊端是可以避免的。但这也使得与非寄宿制学校相比，寄宿制学校对各种"软硬件"条件的要求也更高。"硬件"方面，除了

[①] 成刚、莫丽娟：《中国中西部地区农村寄宿制中小学调查》，载杨东平主编：《中国教育发展报告（2009）》，社会科学文献出版社 2009 年版，第 200~211 页。

[②] 邬志辉：《农村学校撤并决策的程序公正问题探讨》，载《湖南师范大学教育科学学报》2010 年第 6 期，第 5~11、22 页。

由于学校规模的扩大需要更多教室、教学设施之外，寄宿生需要数量充足、符合一定要求的宿舍，需要符合标准的食堂，还需要更大的操场和学生活动场地供学生活动。"软件"方面，寄宿学校需要更多的任课教师和受过专门训练的生活教师，寄宿学校的校长需要更多的管理知识和经验[①]。但是布局调整以后，许多农村寄宿制学校是在缺乏资金投入的情况下仓促建立起来的，多数并不完全具备这些条件。导致诸如学校办学条件和基础设施难以满足寄宿生的需要；寄宿制中小学师资力量薄弱与工作负担过重；食堂经营管理不规范，膳食标准过低，学生营养不良；学校管理不规范，漏洞较多，各种安全隐患增加；寄宿生文娱活动很少，承受着超负荷的学习和过度管制；寄宿生普遍心理状况不良等问题。

四、政策建议

目前，农村寄宿制中小学在投入、管理、办学条件、师资等方面并不尽如人意。考虑到我国农村人口的快速城镇化、大规模的人口流动、农村中小学生的显著减少和大量的"空巢"学校，寄宿制又似乎是政府部门的无奈选择。对于农村大量的留守儿童来说，寄宿制学校的存在就显得更为必要。但是，寄宿制学校积极作用的发挥是有条件的：第一，寄宿制学校对不同年龄阶段的学生所发挥的作用是不一样，一般来说，年龄越小寄宿制学校遇到的问题越多，积极作用越不明显；随着年龄的增长，寄宿制学校的积极作用发挥得也越充分。第二，寄宿制学校积极作用的发挥必须在配套政策完善的前提下才能充分发挥，这些配套政策包括充足的投入、必要的寄宿条件、合格的师资、健全的管理等。基于上述考虑，我们提出如下政策建议。

（一）尚未撤并拟建寄宿制学校的政策建议

第一，小学三年级之前原则上禁止办寄宿学校，保留并办好必要的村小和教学点。

第二，对于确需撤并建寄宿制的学校，一定要遵循先按国家的有关标准建设，再寄宿的原则，决不允许先撤并，后建设。

（二）已经运行寄宿制学校的政策建议

我们建议必须尽快完善配套政策，保障投入、完善寄宿条件、加强师资建

---

① 王远伟：《农村寄宿制中小学问题的探索和反思——以内蒙古三个旗县为例》，载《教育理论与实践》2007年第9期，第26~29页。

设、规范管理等。

第一,加强财政经费保障,认真执行和完善《农村寄宿制学校生活卫生设施建设与管理规范》。教育部、卫生部于 2011 年印发了《农村寄宿制学校生活卫生设施建设与管理规范》,重点对饮用水设施、宿舍、食堂、浴室、厕所、垃圾和污水设施等学校生活卫生设施的建设与管理提出了要求。但是,由于农村寄宿制学校正处于建设发展期,资金缺口较大,需要加大财政投入,促使农村寄宿制学校各项设施建设达到国家规定标准。

第二,加强农村寄宿制学校师资建设。①适当放松寄宿学校的教师编制配备标准,增加寄宿学校的教师编制;②加强对寄宿制学校校长和生活教师的专业技能培训;③建立科学合理的教师工作评价和奖励机制,对于因学生寄宿而增加的工作量,给予相应补贴。

第三,建立完善的服务管理体系。①优先安排农村留守儿童和单亲子女寄宿就读,并给予他们更多的关心关爱;②拓宽师生、生生之间沟通交流的方式和渠道,开展丰富多彩的文体活动,减少寄宿生的心理问题,引导学生身心健康发展;③建立流畅高效的家校合作交流制度,尽量降低学生因寄宿而导致的家庭教育弱化问题;④建立岗位责任制,消除寄宿制学校各项安全隐患,确保学生安全;⑤加强学生宿舍管理,为学生学习生活提供一个良好的环境。

第四,做好补助寄宿生住宿和生活费用问题。加大财政投入,切实做好寄宿生的伙食费、交通费和住宿费等的补助工作,避免将因布局调整而增加的寄宿生的这些费用转嫁给学生。

第四节 学校撤并后的校产处置政策

2008 年 10 月中旬,东北师范大学农村教育研究所组织 80 余人对湖北省、内蒙古自治区、浙江省、河南省、云南省、辽宁省、甘肃省、河北省共 8 个县市进行调研,他们共撤并学校 978 所。在被撤并校的资产处置上,校产归教育部门的有 543 所,占 55.52%;归村委会的有 229 所,占 23.42%;因产权不清或其他原因而闲置、荒废或倒塌的有 206 所,占 21.06%。其中,在归村委会的校产中,有 58.52%(134 所)被当成了村委会的办公室或会议室,有 34.93%(80 所)出售或出租,出售或出租的资金全部归村部所有,有 6.55%(15 所)被当作村里的福利院、老人活动室或宗教活动场所等。在归教育部门的校产中,有 53.96%(293 所)被卖掉,或作民房或作工厂,形式不一,所获资金绝大部分用于布局调整过程中新建寄宿制学校、修整操场或围墙等，还有一部分资金用于归还学校在"普九"过程中所欠的债务，其余全部归教育局统一使用。另外有 46.04%（250 所）用于继续办学校，其中绝大部分用于办幼儿园或教学点，还有一部分用于办农民工子弟学校或办成人教育场所，极小部分改建成学生社会实践基地（见表 19-10）。

表 19-10　八个调研县市被撤并中小学校产处置状况统计

地区	共撤并学校数	归村委会 总计	村办公室	福利院	出售或出租	用于教育事业 总计	办学校	卖掉	因产权不明而闲置
湖北（WH）	158	81	65	2	14	11	11	0	66
浙江（YH）	40	25	22	0	3	15	15	0	0
内蒙古（ALKEQ）	203	41	9	0	32	162	53	109	0
河南（YX）	90	78	35	12	31	3	3	0	9
云南（XP）	48	0	0	0	0	46	3	43	2
辽宁（HR）	150	0	0	0	0	150	10	140	0
甘肃（HZ）	20	4	3	1	0	11	11	0	5
河北（JX）	269	0	0	0	0	145	144	1	124
总计	978	229	134	15	80	543	250	293	206
百分比	100%	23.42%	58.52%	6.55%	34.93%	55.52%	46.04%	53.96%	21.06%

一、农村被撤并中小学校产处置过程中存在的问题

各地在被撤并学校的校产处置上，基本上（55.52%）做到了《国务院关于基础教育改革与发展的决定》中有关"调整后的校舍等资产要保证用于发展教育事业"的政策规定。但是，各地在被撤并校产的处置上也出现了不少问题。

（一）村委会抢先作为，导致被撤并学校校产被非法侵占、变卖或出租

由于许多村小是在"三级办学，两级管理"体制下、在"人民教育人民办"运动中、在"再穷不能穷教育，再苦不能苦孩子"的激情里，由村组织或村民投资、献地或集资兴建的，尽管学校撤并后把桌椅、设备、图书等可动产搬至新

校村民们没有意见,但对校舍、校田等不动产的产权归属存在较大争议。村民们认为这些不动校产乃自己捐款献地所建,学校撤并后的不动校产理应归村组织所有。特别是一些地方在建校时还向村民借了钱,迫切需要通过校产、校田的变卖或出租来还账。由于无法在短时间内解决争议,一些被撤并了学校的村委会就以各种名义强行占用、变卖或出租了校舍、私分或转包了校田。由于村里财政较为困难,乡政府对此也是睁只眼闭只眼,甚至有的地方还偏向村委会,导致被撤并的校产无法用于发展教育事业。

(二)相关人员乱作为,导致被撤并学校校产的流失

在学校被撤并过程中,由于缺乏科学严谨的学校资产处置程序,导致相关负责人利用职权之便,或者私自吞占与瓜分学校资产,或者低价变卖、出售或转让,个人从中获利而导致国家资产流失。表现在:

第一,一些管理人员抱着做老好人的思想,在学校被撤并前,图书、电子设备、桌椅等一些可用于家庭的教学设施被一些老师"借"回了家,根本没有登记在册,学校一撤并,这些资产便成了无主之物,造成了资产的流失。

第二,一些即将被撤并的学校领导意识到自己的职权即将失去,怀着"校散人散、不捞白不捞、捞了也白捞"的思想,滥用职权,为己为友为上级批条子、办手续、变通渠道大办所谓的好心事,减少事业单位的债权、物资,使公有财产惨遭不应有的损失。

第三,一些学校管理者为了平息学校布局调整引发的思想动荡,受教职工长期存在的"学校资金就是我们每一个教师的共同财产,撤并了还不分掉更待何时"的思想影响,出现了学校被撤并前以各种名义千方百计把学校积累的现金或存款分光、用光、花光的现象,导致学校资金流失。

第四,一些学校主管部门的领导为了自身利益背地里与人交易,在对一些交通便利、占地面积大、房舍多、便于开发利用的被撤并学校的出售、变卖、转让等过程中,特地为某些当地的"能人"大开方便之门,或被无偿侵占或低价买到,导致国有资产不同程度的流失。

(三)相关部门不作为,导致被撤并学校校产的闲置、荒废或倒塌

学校撤并后,由于原来的机构不复存在、人事关系又发生了变动,导致一些学校的校产基本处于"三不管"的状态,即:村不管、乡不管、教育行政部门不管。

村之所以不管是因为,一些地方没有出台明确的相关政策,特别是在村集体办学期间欠债的学校,村干部不敢擅自"出租"或"出卖",因为出租或出售学

校就会有人上门要钱。把学校当作学习或实习基地吧，村里又没有专门的校舍运转、维修、保护资金，只能闲置荒废。

乡之所以不管是因为，一方面基础教育的管理体制实行了"以县为主"，管理权限上收，乡镇没有权力管，另一方面被撤并学校多是在"三级办学，两级管理"、"人民教育人民办"、"再穷不能穷教育，再苦不能苦孩子"的大背景下由村民捐资兴建的，如何处置这些校产，村民和教育行政部门之间存在分歧，作为最基层的政府组织—乡镇政府很难管。

教育行政部门作为学校的直接管理者，理应对被撤并学校的资产处理有所作为，其之所以不管是因为对"调整后的校舍等资产要保证用于发展教育事业"的政策规定认识不清楚，或是没有引起他们对校产处理问题的足够重视，再或是校产问题实在是过于复杂，一些教育行政部门的同志有畏难情绪，导致问题一拖再拖，以至于造成学校校产问题的搁置。

二、农村被撤并中小学校产处置过程中问题产生的原因分析

农村被撤并中小学校产处置过程中问题产生的原因是多方面的，概括起来有以下几点：[①]

（一）相关规定不具体，过于笼统，缺乏操作性

在政策层面，国家对学校布局调整后的校产处理情况是有规定的。如2001年颁布的《国务院关于基础教育改革与发展的决定》中规定，"要因地制宜调整农村义务教育学校布局，调整后的校舍等资产要保证用于发展教育事业。"2002年，《教育部关于加强基础教育办学管理若干问题的通知》中也指出，"中小学布局调整后的公办学校闲置校产，由教育行政部门进行统筹，继续用于举办基础教育或社区教育机构；确需进行置换的，必须在保证公有教育资源不流失的前提下，经县级以上人民政府批准，并报上一级教育行政部门备案后方可实施。校产置换所得资金必须全部用于基础教育。"在2006年，教育部又发布《关于实事求是地做好农村中小学布局调整工作的通知》，其中又规定，对于"确需调整的学校，调整后的教育资源应主要用于举办学前教育、成人教育等机构；确实闲置的校园校舍，应由县级教育行政部门统一处置，处置所得应用于当地发展义务教

---

① 邬志辉、王存：《农村被撤并学校资产处置的政策选择》，载《教育发展研究》2009年第21期，第6~10页。

育。"这些规定对于被撤并学校应该由谁来处置,处置后的用途都做了明确规定。但是,这些规定都是原则性的,对于如何具体处理,对可能发生的问题都估计不足,后续政策规定也没有及时总结细化,这才导致部分地区被撤并学校的校产处置出现了很大的问题。事实也证明,凡是地方教育行政部门对规定细化工作做得比较好的,校产最终都绝大多数用于教育上了,凡是地方没有明确的行政措施的,则部分被村委会占有或闲置。

(二)产权归属不明确,情况复杂,影响校产处理

当前校产处理问题得不到解决的最重要原因是校产的产权不清晰。由于我国历史上教育管理体制与办学体制一直处在变化当中,现在的许多农村中小学是由乡办学校或村办学校发展而来的。即使一直是公办的农村中小学,其在很长一段时期内采取的也是多元化的筹资策略,来维持学校的运转。这造成我国学校资产来源的多样化,在处理学校资产时,一旦有利可图,相关利益方就会维护自身的利益,要求参与被撤并学校资产的分配;一旦出现问题与纠纷,特别是与"普九"欠债等历史问题纠缠在一起时,相关主体又会撒手不管,导致撤并学校校产处理问题的搁置。因此,解决学校资产的关键是厘清被撤并学校资产的产权,以此为基础进行资产处理。但是由于自新中国成立以来我国的农村土地政策一直处于不断变化之中,即使明晰了学校资产的产权,对于要把资产移交到谁手中,依旧是个难题,因此我们要在保证资产处理合法合理的基础上,尽量使被撤并学校的资产用于教育事业发展,这是基本原则。

(三)激励与监督问责机制不健全,相关部门缺乏对校产处置的动力与压力

一套完善的制度设计需要有良好的激励和问责机制。激励机制从内部激发行动者从事某项活动的积极性,使他们愿意这样做;而监督问责机制则主要从外部给政策执行者以压力,使他们不得不这样做。如果某一项制度设计缺乏激励与问责机制,那么政策在执行过程中很可能就不能有效实施。当前我国农村被撤并学校校产处理所产生的问题与激励与问责机制的缺失有很大关系。这直接导致有些地方的学校资产被侵占、流失、闲置、荒废等。

三、被撤并学校用地处置若干模式

各地对被撤并学校的处置方式不同,同一地方面临具体情况时也采取了不同

的处置方式。总结全国被撤并学校土地处置时的做法，主要有以下几种模式①：

（一）继续用于本地教育模式

被撤并学校用地继续保留用于本地教育模式，即被撤并学校用地直接被留作本村（乡、镇）学前教育、成人教育用地和教学辅助用地。在农村义务教育在普及过程中，为了方便学生入学，各村都建立了学校，后来出于提高教育质量和整合教育资源等目标，教育部门开始合并学校，扩大学校规模，大量农村小学和初中被撤并。而此间农村学前教育和成人教育发展仍然非常落后，许多地区农村学前教育和成人教育缺乏必要的场所和基础设置。在许多农村地区，被撤并学校用地被留作学前教育和成人教育办学用地。

（二）归属并入校模式

被撤并学校用地归属并入校模式，即被撤并学校用地归属并入校，由并入学校管理，这是被撤并学校用地处置的一个重要处置模式。随着农村人口向城镇流动和计划生育政策的实施，农村学校规模不断变小，许多相距较近的小规模学校由两个或几个合成一个学校，有些学校就被撤并。许多地方把被撤并学校用地随被撤并学校其他校产一起归属并入学校，也就是采取了学校用地随学生走的处置模式。被撤并学校学生合并到哪所学校，被撤并学校的用地就归哪所学校。采取非全局化规划的学校布局调整的农村地区，两个或几个学校就近合并时，许多地方都采取了这种模式。

（三）置换模式

置换模式，即中小学布局调整过程中有些学校需要异地新建或扩建校舍，将另外占用土地或增加占有土地面积，用被撤并学校用地与另外占用土地或增加占有的土地置换。在当前，为了优化师资配置和提高教育质量，两所或几所有一定规模的学校也可能合并，学校合并后，教师和学生都较多，几个学校中的任何一个学校都不能容纳这些学生和教师，需要在一个学校的基础上扩建，如果需要额外增加占用土地面积，可能用被撤并学校的用地进行土地置换。另一种情况是，两个或多个学校合并，这些学校中的任何一个学校都不能接纳这些学校的学生，需要在一个新地方另外建立校舍，将来这些学校都要被撤并，可以用这些被撤并学校用地来置换新建校舍所占用地。第三种情况是，被撤并学校与并入学校离的

---

① 秦玉友：《农村被撤并学校用地处置问题研究》，载《教育发展研究》2009年第21期，第11~14、21页。

较近，土地置换比较方便，可以进行土地置换。

（四）卖后用于教育建设和抵债模式

拍卖用于教育建设和抵债模式，即被撤并学校确定不再用于教育活动，通过价值评估后拍卖。目前，许多地区农村义务教育办学条件与教育设置仍然比较落后，许多学校存在一定数量的"普九"欠债和其他债务。为改进办学条件，提高教育质量，许多地方把不再用于教育活动的学校用地和其他固定资产拍卖，以化解学校债务。

（五）归属教育外主体模式

归属教育外主体模式，即被撤并学校用地归教育之外的主体。以上三种模式都是被撤并学校在教育部门内部流转，有些地方被撤并学校用地归属村委会（村民）等教育外主体。从学校用地政策背景看，在20世纪70年代中后期之后，农村小学和初中学校数量都达了最高值。这些学校用地绝大多数是在集体所有土地政策时期获得的，也就是说，现在农村的小学和初中学校多数是合作社集体所有土地政策时期建立的，有的地方村委会据此把被撤并学校用地据为己有或分给村民。

（六）混合模式

混合模式，即被撤前学校用地归学校和其他非教育主体。从归属主体看，以上被撤并学校土地处置模式都是把土地归于一个主体，即被撤并学校土地或归学校，或归非教育主体（村委、村民）。由于历史原因造成学校用地产权手续不完整，各方都拥有被撤并学校土地产权，因此采取了这种妥协的处置模式。

（七）放任模式

放任模式，即被撤并学校用地无人问津，长期闲置。这情况多发生于村民大量外流，被撤并学校没有吸引力，或对学校用地归属没有能够达成一致。我国处于快速城镇化阶段，许多农民自愿放弃土地承包经营权和宅基地使用权，进入城镇自主购房或按政府规划要求进入集中居住区居住；或在城镇打工和生活，长期不回农村。被撤并学校用地在许多农村无法拍卖，也没有人租用，长期闲置。也有一些地方被撤并农村学校归属主体存在一定争议，各方面都想争取被撤并学校用地，问题没有得到解决，被撤并学校长期闲置。

四、处理农村被撤并中小学校产的政策建议

（一）明确产权归属是关键

农村被撤并中小学校产的产权不清是当前校产处理问题得不到很好解决的最重要原因。因此，厘清被撤并学校资产的产权，就成为解决被撤并学校资产问题的关键。对于被撤并学校来说，其产权处理又可以分为两类来讨论。第一类是完全由国家建立的学校。包括土地、校舍、设备等全部是属于国家出资建立，或者是接收民国时期遗留下来的公办学校，在以后的办学中国家一直完全支付学校的教育支出。这类学校的所有资产（包括校园用地、校舍和可动资产）毫无疑问应该属于国家所有。

另一类学校为历史上曾经是乡办初中、乡办小学、村办小学的那部分学校。目前这类学校的教学设备等可动资产能利用上的也基本能用于其他学校的教学，而对于学校用地、校田、校舍等不可动资产的归属争议比较大，问题也主要集中在这方面。从各地方政府或教育行政部门所出台的政策文件来看，对被撤并农村学校有关资产处理的规定差别也很大。有的地方规定这部分学校所占用的土地和校舍等固定资产归乡、村（组）集体所有，如吉林省《关于撤并农村中小学校后有关资产处理的意见》就是如此。而更多的地方则规定这部分学校的校产都属于国有，所得应由教育部门统一处理。

那么，被撤并农村学校的资产到底归谁所有呢？根据校产的不同性质，可以分三类来说明：

1. 学校用地的产权归属

农村被撤并学校的校园用地归属目前争议比较大，有人认为属于国有，有人认为属于乡、村集体所有。目前有关法律条文也没有对此给予明确规定，《确定土地所有权和使用权的若干规定》第十六条倒是对全民所有制单位、城市集体所有制单位使用原农民集体所有的土地所有权进行了规定，但是农村被撤并学校的校园用地归属与条文中所列举的几种情形都不符合，对于这种例外情况，条文中又规定，"凡属上述情况以外未办理征地手续使用的农民集体土地，由县级以上地方人民政府根据具体情况，按当时规定补办征地手续，或退还农民集体。"产权归属问题依然悬而未决。这也是各地对被撤并学校的校园用地归属问题意见不一的根源。

2. 校舍的产权归属

这些资产的产权归属应该遵循"谁投资，谁所有"的原则。历年村集体兴

建的校舍或主要由村集体集资所建的校舍，其产权应该属村集体所有，学校只是享有长期使用权。而对于原来由村集体出资兴建的校舍，后来被国家出资翻修或者重新又兴建的校舍，按照《民法通则》规定，应该属于国家所有。而对于由村集体投资兴建或者捐建，而后来国家仅仅是小修小补的校舍，按照《民法通则》，应该属于村集体所有。

3. 教育设备、资金等产权归属

这些资产的产权归属依然应该按照"谁投资，谁所有"的原则。即如果这些移动财产是国家出资购得，最终的所有权当然是属于国有；如果是由村集体出资购买的设备等资产，那么这些资产的产权当然应该归属于村集体所有。而对于由学校资金获得的各种收益，应属于学校自身所有，学校一旦撤并，这些收益应收归县教育部门所有。

以上只是从法律意义上说明了农村被撤并学校的产权归属，但是教育对这些学校资产享有永久使用权。由于存在产权争议，为了保证资产继续为教育所用，最可行的办法就是对土地及不动产继续当作开办教育活动的场所，如幼儿园、成人教育机构等，而可动产则尽最大可能用于合并校的教育教学，这样既能减少争议，又能保证"调整后的校舍等资产用于发展教育事业"。

（二）细化相关规定是基础

1. 明确管理责任主体

由省或市、区（县）人民政府发文，根据各地实际情况明确规定农村中小学场地、校舍等的产权归属，以县教育局为主、乡镇教办（干事）配合进行管理；因学校布局调整而撤并学校的资产处置，由区县教育局提出意见，经同级人民政府批准，报上级教育局备案方可实施，其他组织和个人无权擅自处理。

2. 加强对撤并学校的资产管理

第一，撤并学校的资产乡镇教办（干事）要安排责任心强的人员进行看管，注意防火、防盗、防倒塌，对危房校舍要及时拆除，消除安全隐患；第二，对农村学校资产进行彻底的清查核对，堵住资产流失的漏洞；第三，区（县）乡人民政府要将撤并学校的安全管理纳入工作议事日程，加强检查与督办；第四，对盗窃、强占撤并学校资产的单位和个人，要依法严肃查处，维护教育的合法权益，防止教育资产的流失；第五，对未经批准改作他用的撤并学校资产，区县教育局要全部收回。

3. 审慎处置校产

撤并后的闲置校产，需由教育行政部门进行统筹，继续用于举办基础教育或社区教育机构。对于实在不能继续用于教育的闲置校园、校舍，一定要谨慎处理，防止随意置换、出租、出售等，因为闲置的校园、校舍继续用于教育当地乡、村集体组织还无话可说，一旦出现置换、出租、出售等变更土地所有权和使用权的行为，他们的反应往往比较强烈，也容易激化矛盾。因此，当地政府或教育部门，应在与当地乡、村集体组织沟通协商的基础上，慎重处理，必要时给予乡、村集体组织一定的实物或资金补偿（因为这部分学校用地原属集体所有，变为公办学校后并没有办理土地变更等一系列的相关手续，且相当一段时期内还是"人民教育人民办"，所以争议较大）。剩余所得由县级教育行政部门统一处置，处置所得应用于当地发展义务教育。

（三）建立健全激励与监督问责机制是保障

对于农村撤并学校资产的处理没有可供借鉴的成套经验，各地的实际情况又有很大差别，需要政府相关部门思想重视、态度明确、认识统一、措施具体，教育行政部门也要积极主动，迎难而上，内外协调，细致工作，以合理利用和规范处理农村撤并学校资产。为了做到这一点，需要建立健全相应的激励与监督问责机制，从内外两方面规约相关部门的行为，增强他们合理处置被撤并学校校产的动力和压力，防止不负责任事件的发生。

第五节　农村学校布局调整后的校车政策

自学校布局调整以来，大量的农村学校被撤并，在提高办学效益和教育教学质量的同时，也引发了诸多的问题，如家校距离越来越远，农民家庭教育成本越来越高、低龄寄宿儿童越来越多等，如何切实解决这些问题，帮助学校布局调整有序推进，需要制定相应的配套政策和规章制度，其中，实行农村中小学校车政策就是非常有效的途径之一。尽管当前我国的学校布局调整并没有把校车服务作为必要的配套措施纳入规划，当然，这里有经济上的原因，也有制度环境的因素，但是，无论如何，为了学校布局调整的平稳过渡，为了农村义务教育事业的长远发展，为了农村受教育群体的切身利益，在今后的一段时期内，构建和完善校车政策将是我们共同关注的重要课题。

一、学校布局调整背景下推行校车政策的价值意蕴

校车是有效实施义务教育的载体和工具，义务教育政策的内在属性也要求政

府权力部门能够为实现义务教育的公平、质量和效率对校车资源做出制度安排。因此，学校布局调整背景下推行校车政策对于促进义务教育全面发展具有重要意义。

（一）推行校车政策是义务教育的重要组成部分

校车在发达国家比较常见，早在 100 多年前校车就已经在美国出现。在美国，儿童所在的社区必须提供完全免费的 12 年基础义务教育，而免费乘坐校车是义务教育法案的一个重要组成部分。在过去一百年里，美国校车至少运载了 5 亿名学生，每年行驶 44 亿英里，这已经成为美国义务教育的标志符号。我国校车起步晚，发展较为落后。20 世纪时，我国只有一些条件和管理比较好的城市学校会有校车，主要是由于择校造成的居住地点和学校间的距离增大产生的校车需求。而农村地区上小学和幼儿园是就近入学，不需要校车，近年来由于实行撤点并校和集中举办乡镇幼儿园使得上学距离增大，校车需求也随之上升。直至 20 世纪后期，我国的校车才有了较快发展。校车主要用于接送儿童上下学，为远距离儿童求学提供便利，它是保障儿童平等受教育权的重要条件。伴随义务教育的发展，校车需求成为一种基本的公共服务需求，它是社会公共服务系统的重要组成部分。作为义务教育的组成部分，在我国校车系统建设中，政府扮演着重要的角色，发挥着不可替代的作用。政府要将校车系统建设纳入基本公共服务体系。与此同时，校车要纳入学校后勤保障系统，明晰教育部门在校车系统中的责任主体地位，赋予教育部门在校车管理上明确的事权和协调权，使其有权协调诸如公安、交通、运营公司等部门，使各部门做到各司其职、各负其责，密切配合，共同为校车的管理和运营服务。

（二）推行校车政策是合理规划学校布局基础上的必要配套措施

随着我国农村学龄人口持续减少、城镇化进程快速推进、农村人口流动日益频繁，农村学校普遍面临着生源危机，农村学校布局调整势在必行。从总体上看，学校布局调整优化了资源配置、改善了办学条件、扩大了教育效益，有利于开足开齐课程，提高了教育质量。但是，由于国家对于学校布局调整的标准模糊不清，导致一些地方教育行政部门盲目加速撤并农村中小学乃至中心校，甚至出现限期定额撤并学校等硬性要求，使不少农村儿童陷入求学困境，严重影响了农村义务教育的持续健康发展[①]。当前，我们认为首先应该按照一定标准对学校布

---

① 邬志辉：《中国农村学校布局调整标准问题探讨》，载《东北师大学报（哲学社会科学版）》2010 年第 5 期，第 140~149 页。

局调整状况进行评估，如果符合调整标准评估合格的，可以根据实际情况因地制宜逐步推行校车政策；如果不符合调整标准、评估不合格的，应该通过重建、新建、改建或扩建等方式重新规划学校布局。从发达国家的经验看，校车起源于学校合并运动，为了保证入学率和学生交通安全，校车服务作为配套措施必不可少。然而，推行校车政策是方便学生就学的手段而不是目的，校车政策是合理规划学校布局基础上的必要配套措施，我国部分地区盲目的学校合并行为并不能仅仅通过推行校车政策来加以补救，否则，只能是本末倒置，并不能解决真正的问题。

（三）推行校车政策是规范校车健康有序发展的重要保障

我国校车发展较晚，在发展过程中又面临着缺乏法律法规，没有监管部门的混乱局面。目前校车大致分为四种形式：学校自备车、学校租用客运公司的车、家长自行组合的车、社会车辆或校办企业联合社会企业一起运营的车。在一些农村地区，农用三轮车、拖拉机和报废车辆等成为营运学生上下学的主要交通工具。我国农村地区频频发生交通事故，校车超载、"黑校车"等现象肆意泛滥，并严重影响到学生的生命安全。从严格意义上来说，我国符合标准的校车微乎其微，即使目前正在运营的校车，也存在数量严重不足的问题。由于大部分校车是社会车辆，归私人拥有，因此司机为了减少运营成本，争取利益的最大化，在运营中往往不顾孩子的安全，缺乏责任意识、违章驾驶等现象尤为突出。校车的公益性、高安全、高成本等属性决定了单靠市场力量无法保障其健康有序的发展，推行校车政策能够在很大程度上规范校车的运营，减少学生及其家庭的交通费用，降低其交通风险。

二、我国中小学校车发展现状

校车发展关系着广大儿童和中小学生的生命安全，关系着众多家庭的切身利益，尽管校车安全及运营等话题一直是社会和媒体关注的焦点，政府为加强校车安全管理也采取了一些措施，但是，校车安全事故仍然时有发生，成为全社会挥之不去的梦魇。目前，我国的校车发展主要存在以下几个问题。

（一）交通事故频发，校车普遍存在安全隐患

在当下的校车建设中，解决农村的校车及其安全问题是重点。近五年来，全国发生的校车安全事故共有48起，其中，仅2011年就有26起。而美国交通运

输委员会统计显示,平均每年只有5名学生在校车事故中死亡,而且事故都与重大灾害有关。美国百万公里事故发生率统计中,非校车的事故发生率为0.96%,而校车仅为0.01%。在美国,坐校车的安全系数是乘家庭轿车和公共汽车上学的40倍。目前,我国校车运营普遍存在车况差、路况差、驾驶员安全意识差等问题,如2011年11月16日,甘肃省庆阳市正宁县榆林子镇小博士幼儿园接送幼儿车辆发生交通事故,造成21人死亡,43人受伤的特大学校校车事故。事故后经查实,该车核载9人,实载64人。从甘肃校车事故来看,在没有学校或政府提供的足够安全的校车前提下,选择坐私人车、违规车上学是家长和孩子无奈的选择。

在农村地区,由于大部分农村地区没有统一的校车,家长只能根据各自的条件接送,许多所谓的校车就是小学生们"拼"车,并且有很多是报废车、拼装车、农用车、无牌证车、未检审车等没有安全保障的车,而这些车辆的安全系数都不高,存在较大的安全隐患。因此,对于农村地区来说,校车运营的安全问题至关重要。即使在城市地区,部分中小学、幼儿园路途过远,孩子上学不便的情况日益严峻,交通拥挤导致很多孩子在路上花费了大量时间,并且在上下学时间学校周围的交通拥堵与安全隐患形成恶性循环。总之,校车安全问题已经引起全社会的广泛关注。

(二)校车费用不断上涨,家长负担大大加重

目前我国的农村校车发展还没有纳入各级政府预算,只有极少数地区的政府对农村校车提供了财政补贴,有的只是采取了一些小金额并且随意性大的拨款。由于校车尚未纳入政府公共服务体系,除个别地区或学校为中小学生提供免费校车外,当前的校车费用基本由家长埋单。由于国家对于校车收费没有相关的政策法规进行规范,各地区和各学校校车收费标准不一,每个学生每学期从几十元到几百元不等。据调查,近年来,中小学校车费不断涨价,家长对此反响强烈。支持校车涨价的校方认为,与校车相关的费用涨了,如校车租赁费、汽油价格、司机薪酬等,校车收费涨价也是无奈。据对吉林省长春市7所中小学的调查数据显示:7所学校的校车费都有不同程度的涨价,其中,校车费涨价最高的一所学校由原来的每月120元涨到每月260元,涨幅达到116%,校车费涨价最低的一所学校由原来的每月110元涨到每月140元,涨幅达到27.3%[①]。

那么中小学校车涨价是否应该呢?我认为这应该取决于校车的定位,校车是属于学校推向市场的一个经营类服务项目,还是属于义务教育的一个延伸部分。

---

① 邢程:《长春多所学校校车调价》,载《新文化报》2011年4月15日A12版。

如果是前者，那么学校就有权力涨价，而家长的选择就是接受涨价或者让孩子放弃继续乘坐校车，如果家长一味地阻止校车涨价，那么结果就只能是学校通过减少校车数量来平衡成本，最终甚至取消校车。如果把校车纳入义务教育的组成部分，那么它的价格，就和学费等其他费用一样，不能随行就市，而应该体现出它的公益性。事实上，我国义务教育阶段的经费投入一直偏低，这也成为导致学校诸多费用涨价以及乱收费问题产生的直接原因。因此，在规范校车高收费、乱收费现象的同时，需要进一步扩大义务教育经费投入。

（三）相关政策法规不完善，校车运营缺乏监管

制定《校车安全条例》和建立包括完善校车标准等在内的校车管理制度是推行校车政策、解决校车安全问题的两个重要方面，然而，我国关于校车的相关政策法规并不完善。2006年教育部等10部委出台《中小学幼儿园安全管理办法》，将校车安全管理纳入中小学幼儿园安全管理的重要内容；2007年公安部、教育部颁布施行《机动车运行安全技术条件》（GB7258—2004）第2号修改单对校车人数核定、技术参数和安全保障措施等提出具体要求；2009年发布《校车标识》、《专用小学生校车安全技术条件》等多个规范校车安全管理的国家标准；2010年7月1日正式实施的《专用小学生校车安全技术条件》对校车的各项参数进行了严格规范，但是政府的职责、校车的管理、财政补贴等方面仍不是很清晰。从我国现有的校车政策法规看，我国现存的校车立法大多属于校车安全技术规范或安全管理规章，校车执法依据的也只是各部门管理办法或通知，并且在立法层次上、处罚力度上也有欠缺。

根据国际经验，校车制度必须依法而建，即统一校车生产制造的全国标准、建立政府监管下的校车运营体系、依法对校车安全与效率进行监督考核和评估、严格司乘人员的选拔与教育等。由于校车制度涉及学校的规划布局、城乡公共交通发展水平、校车和驾驶员的准入条件、校车购置和运行维护资金筹措等，因此，要建立一套符合中国国情的校车制度并不容易。为了确保校车安全，防止和减少校车安全事故对孩子们生命健康的伤害，我国各级政府对校车安全问题重要性的认识不断增强，并不断采取措施加强校车安全管理工作。2011年12月11日国务院法制办公室发布《校车安全条例（草案）》征求意见稿，对于校车的提供单位、校车的使用许可、校车驾驶人、校车的通行和乘坐安全以及校车的法律责任都做出了明确地规定。至此，我国的校车立法开始走上不断规范、不断完善的道路。

三、学校合并后推行校车政策的相关建议

随着学校布局调整的不断推进,中小学校车问题已经从单一的道路交通问题,逐步发展为牵涉家庭幸福、社会稳定的一个关键环节。一方面,校车的出现为离家较远的孩子们上学提供了便利;另一方面,与校车相关的问题也在不断增多,如交通安全问题、高收费问题等。到目前为止,国内的中小学校车使用状况仍然十分混乱,新的标准并未获得真正落实。因此,构建和完善校车管理体系,推行校车政策已经到了刻不容缓的地步。

(一) 明确校车及相关费用的分担机制

目前,美国已形成了联邦、州以及地方政府三级共同管理的校车服务机制。美国中小学校车的资金,主要通过发行市政债券来筹集,同时,各级政府财政对校车产业给予补贴,每年每个学生的校车补助多达420美元。有研究表明,为学生提供交通服务的费用一般占学区经费的5%～10%。在财政拨款体制上,美国各州在公用经费中将"学生运输"专项列支。从经费来源看,州政府和地方政府是校车经费的主要承担主体,财政拨款和发行债券是筹措校车经费的两种主要途径。在我国现阶段,由国家为中小学校车全部买单可能在短期内还难以实现,因此,现阶段可以由国家、地方和家长共同承担校车及相关费用。一方面,校车由国家统一调配,按照一定标准根据农村地区的需求分配校车,购买校车的费用由国家承担。另一方面,地方政府和家长共同负担养车的费用,包括校车的维修损耗、校车的燃油、校车司机的薪酬待遇等。地方政府对于学校要有专门的校车补贴,学校要有专门的预算,专款专用。在一定时期内,学生乘坐校车要付一定费用,乘坐校车费用在保证农民经济利益的基础上由国家制定统一标准,各地方严格按照标准执行。

(二) 探索多元化的校车运营模式

校车得以安全、高效的运营还与美国先进的校车运营管理模式有关,根据学校规模以及资金状况的不同,美国中小学形成了购买式、租赁式以及招标承包式三种主要的校车运营管理模式。这三种模式各有不同的特点,结合不同学区的财力状况和学校的规模大小等具体情况灵活运用,在美国当前的校车运营中均占一定的比例。目前我国校车经营模式主要有两种类型:第一是完全市场化模式,其主要特点是靠私人缔结合约租车上下学,如包车现象。这种模式存在较大的安全

隐患，儿童生命安全得不到保障。第二是半市场化模式，主要是在相关部门的协调下，学生家长与运输公司签订合约，按市场方式运作。这种模式增加了家庭的经济负担，同时校车公司的市场也会受到影响。因此，推行校车政策，各地区要因地制宜，探索多元化的校车运营模式，使校车安全、高效运营。如山东省威海市政府公开招标、统一采购校车，并给予补贴和税费减免，将贫困学生"两免一补"中"补助寄宿生生活费"改为"补助乘班车、寄宿生生活费"，每生每年补助300元，保证贫困学生也能坐上安全的校车。

（三）因地制宜分阶段逐步推行校车政策

我国农村中小学校车制度不能盲目推行，应该根据各地方具体情况逐步推行。《校车安全条例（草案）》提出：县级以上地方人民政府应当按照校车服务总体规划和分阶段实施方案，结合本地区实际情况，制定校车服务的具体办法并组织实施。第一，慎重对待教学点的撤留问题。偏远农村地区的学生大多来自贫困家庭，而就近入学能节省相当数量的交通费和食宿费。因此，不能根据单一的标准来判定教学点的撤留，如果撤掉教学点导致学生上学偏远又不能解决其寄宿问题的就要保留。第二，良好的交通路况和便利的交通路线是实行校车政策的前提条件。我国地形复杂多样，全面实行校车政策难度非常大。就目前来说，校车政策应该分地区分阶段实施，在一些路况较好和交通便利的农村地区可以先行，而一些偏远山区和交通不便的地区应该暂时放缓学校布局调整的步伐，保留必要的小学和教学点，在一段时期内着力解决校车的交通路线问题，即先修路再通车。第三，实行校车政策应该先考察各地区对于校车的需求状况，例如各地区的学校数量、学校规模、学龄人口、乘坐校车人数等情况，然后根据各地区的乘坐校车人数和人口分布的密集程度来分配校车数量和确定行车路线。一般来说，中小学生单程乘坐校车的时间不宜超过40分钟，家校距离过远的学生仍然要以寄宿为主，避免乘坐校车时间过长给学生的学习和生活带来消极的影响[①]。

（四）制定严格的校车安全标准和管理条例

国外校车制度的发展以美国最具代表性，同时美国也是世界上最早制定校车安全及标准的国家。美国中小学校车使用历史较长，并且已经形成了相对完善的校车政策体系和校车产业发展模式。据美国校车委员会数据显示，在美国的城市和乡村，每天有大约48万辆校车，运送2 600万学生往返学校和参加学校组织

---

① 安晓敏、邬志辉：《美国中小学校车制度及其对我国的启示》，载《外国教育研究》2011年第4期，第60~64页。

的各种活动，一年运送学生100亿人次。在美国，每天坐校车去学校的学生占所有中小学生总数的54%。而我国近年来校车事故频发，校车的质量和运营的安全等都没有得到很好的监管。推行中小学校车要制定严格的一系列安全保障措施，把中小学生乘坐校车的风险降到最低。首先，制定校车生产的安全标准。校车不同于普通客车，由于儿童的安全意识和自我保护能力都较差，应该有针对性地设计装有特殊安全设施的专门校车。其次，校车司机的选用要严格。校车司机除了要有合格的驾驶技术之外，还要有一定的驾龄限制，在正式上岗之前，还要进行专业的心理测试和专门培训。对于低年级的儿童，要尽可能选用谨慎细心的女性司机。如江西省高安市对校车及驾驶人建立专门的管理档案，校车运营要确保行驶证、保险、检验、资格审查"四证"齐全。最后，对于校车要制定专门的交通规则和管理条例。如校车可以灵活停车，校车的载客量要有明确规定等。

第二十章

农村小规模学校政策研究

自20世纪80年代中期国家提出实行九年制义务教育以来,就逐步以加强和发展农村教育为重点,在农村教育布局调整中结合标准化学校建设、低龄寄宿制学校建设和校园危房改造,撤并了大量的农村小规模学校,这种做法极大地整合了有限的教育资源。但从目前实际情况来看,在我国偏远贫困农村地区仍然大量存在着小规模学校,在对待这些农村小规模学校的态度方面,我们应该看到这些小规模学校有其存在价值;农村小规模学校的生存呈现出边缘化的特征;它们因"小"而表现出来的独特运行特征;应该认识到农村小规模学校具有教育效率提升的潜力,在合理的政策指导下农村小规模学校不仅能够提高农村教育质量、实现有质量的教育公平,而且还能使其越来越适应教育和社会发展的要求。

第一节 农村小规模学校的存在价值

随着我国农村城镇化逐步深入,计划生育政策充分显现效应,农村中小学生源逐渐减少,一些地方的村小生源不足,办学规模日趋萎缩。尤其我国农村多居于偏僻地区,村庄稀疏、居民居住分散,再加上交通不便、信息闭塞、经济落后。为方便低年级学生就近入学,至今仍保留相当多的规模小的学校或教学点。

《中国教育统计年鉴》中的数据显示,虽然,全国小学教学点数从2005年的94 500所降到2009年的72 483所,但是农村小学教学点占全国小学校总数的百分比变化并不是很大，一直保持在 25% 左右。但农村小学教学点占全国小学教学点的百分比却一直居高不下在 98% 左右。农村小学教学点占农村小学校数的百分比不仅没有下降，反而有上升的趋势，从 2005 年的 29.32% 提高到 2009 年的 30.30%，其中 2008 年达到 30.63%（见表 20 – 1）。

表 20 – 1　　我国农村小学教学点数量及其相关比例（2005 ~ 2009 年）

年份	2005	2006	2007	2008	2009
全国小学校总数	366 213	341 639	320 061	300 854	280 184
全国小学教学点数	94 500	89 287	84 992	79 088	72 483
全国农村小学校数	316 791	295 052	271 584	253 041	234 157
全国农村小学教学点数	92 894	87 590	83 118	77 519	70 954
农村小学教学点占全国小学校总数的百分比	25.37%	25.64%	25.97%	25.77%	25.32%
农村小学教学点占全国小学教学点的百分比	98.30%	98.10%	97.80%	98.02%	97.89%
农村小学教学点占农村小学校数的百分比	29.32%	29.69%	30.60%	30.63%	30.30%

资料来源：中华人民共和国教育部发展规划司：《中国教育统计年鉴（2005 ~ 2009）》人民教育出版社 2006 ~ 2010 年版。

无论从绝对数量还是从相对数量来看，在农村及偏远地区小规模学校存在是普遍的现象。这种情况说明我国农村的地区特征和人口分布特点与小规模学校存在有着直接关系，这种为农村学生提供教育服务的学校有其存在的必要性、重要性和长期性。

一、农村小规模学校存在的必要性

农村小规模学校是适合农村地区的有效办学模式。由于小规模学校的存在降低了农村适龄儿童的辍学率，所以同其他类型的学校一样，小规模学校是农村教育的重要载体；是实施义务教育的一种重要组织形式[1]，是农村地区实现教育公平的重要途径。其次，农村小规模学校的存在可以避免偏远贫困农村地区文化的

---

[1] 范先佐、郭清扬、赵丹：《义务教育均衡发展与农村小规模学校的建设》，载《教育研究》2011 年第 9 期，第 34 ~ 40 页。

荒废问题，它是农村地区的文化标志。

（一）小规模学校是适合农村地区的有效办学模式

随着我国农村中小学布局调整工作的推进，大量农村教学点被撤并，但这并不意味着要消除"小规模学校"这种办学形式。目前，小规模学校是农村地区需要的办学模式。因为农村小规模学校是适应偏远农村特殊需要的，因此它的存在必有其存在合理性。农村小规模学校同其他学校是一样的，是农村教育的重要载体，它与大规模学校地位应该是平等的。它为偏远山区学生提供着义务教育，和大规模学校一样都是实施义务教育的组织形式，不能认为农村小规模学校是一种过时的、被淘汰的办学模式。这是由当今中国农村的现状所决定的。这种办学模式不仅在目前情况下对农村偏远地区学生就近入学发挥着重要作用；而且从长远来看，作为一种灵活的办学模式，也能发挥出积极的教育教学作用。在保证一定的经费投入和师资供给的情况下，小规模办学形式同样能够提供较高质量的教育，促进教育质量的提高和教育资源的合理配置。

（二）小规模学校是农村地区实现教育公平的重要途径

在我国现阶段尤其是寄宿制学校建设困难重重的情况下保留一些小规模学校是必要的。小规模学校是实现教育公平的有效办学形式，[①] 如果小规模学校都被撤销，那么小规模学校就会变成"失学点"，很多儿童会因为贫困、路程太远、在学校吃不好等原因辍学。这样的结果是我们这么多年努力提高的入学率就会下降，教育需求得不到满足，严重影响教育公平的实现。农村小规模学校的存在有助于偏远地区学生顺利接受义务教育，促进教育公平。由学校撤并所带来的偏远地区学生上学远、上学难问题确实存在。因此，小规模学校不仅有助于向偏远地区儿童提供更便利的入学机会，符合义务教育的本质要求，也能够促进教育公平。因此，在目前条件下，必须发挥小规模学校的积极作用，同时努力促进教育公平。

（三）小规模学校是农村地区的文化标志

撤并农村地区小规模学校而不加以其他形式的文化设施补偿，将导致偏远贫困农村地区文化的荒废。在教育社会学视域中，小规模学校和教学点是偏远贫困农村地区"文化"存在的一个重要标志，兴办学校往往被视为"国家作为"进

[①] 王莹、黄亚武：《农村中小学布局调整中的教学点问题研究——基于河南、湖北的调查分析》，载《江西教育科研》2007年第2期，第60~62页。

入乡村的一个重要标志。同时，乡村教师在偏远贫困农村地区有着较高的社会声望，在很大程度上是当地社区居民的行为楷模和文化文明的代言人。小规模学校的撤并意味着小规模学校教师向文化教育资源相对丰富地区的单向文化流动，这种单向流动使得偏远贫困农村地区失去了"文化精英"和"行为楷模"。撤并小规模学校在很大程度上等于抽空了偏远贫困农村地区居民的文化意识寄托，客观上促成了文化空壳化农村社区的出现，并最终导致农村地区的文化荒漠化[①]。

二、农村小规模学校存在的重要性

保留必要的小规模学校有着重要性。尤其是在农村学生就近入学方面的作用是不可替代的。在解决学生上学远和安全问题的同时，可以降低农村家庭教育成本。在保证农村学生接受义务教育方面，小规模学校具有独特的存在价值。

（一）小规模学校能够方便而且有助于农村当地学生就近入学

农村小规模学校的存在主要是与其所处的地理位置有关。农村小学布局调整过程中很多农村学校和教学点被撤并，学生被转入中心校或其他完小读书。农村地处偏远，而且这些地区地形复杂，交通不便，这种现状直接导致了当地学生面临上学远的困境。例如，陕西省汉中市勉县小砭河中心小学有学生家住张家河，家校距离达80里，而且山路崎岖，这些学生从家到学校需要步行10多个小时、再坐2个小时汽车才能到达。学生平时住校，周末家长都是拿着火把来接孩子，因为路太远回家已至半夜。学生们也都反映愿意在本村上学，在中心校上学即使住宿，周末回家也很不方便，而且路途中经常有野兽出没。就近上学，就可以避免上学远和安全问题[②]。

小规模学校在孩子就近入学、解决目前孩子上学远和安全问题等方面的作用是不可替代的。首先，小规模学校给低学龄儿童提供了跟父母生活在一起的便利条件，这种亲子家庭教育更利于低龄儿童情感和身心的健全发展。同时，还可以规避远距离上学途中的不确定风险和确保人身安全，这是人性化教育资源配置的底线要求之一。其次，保留农村小规模学校有利于农村家庭、学校和农村社会的密切联系。农村社会是基于家族、血统和姻亲关联的熟人社会，诸多偏远贫困的

[①] 崔东植、邹志辉：《韩国农村小规模学校合并政策评析》，载《教育发展研究》2010年第10期，第58~63页。

[②] 赵丹：《适当保留农村教学点的必要性分析——基于中西部六省的调查研究》，载《上海教育科研》2008年第2期，第20~22页。

农村居民往往是聚族而居,农村学校的教师跟学生及学生家长往往有着直接的宗族血缘或姻亲联系,并有辈分高低之分。这种特征密切了农村居民、农村学校和农村社会的联系,非常便于农村居民、社会与学校的沟通交流,形成教育合力。

(二) 小规模学校能够有利于降低家庭教育成本

在不能为学生提供最起码的免费的寄宿、餐饮补助和校车接送的情况下,保留偏远农村地区的小规模学校,让农民子女就近接受高质量的义务教育,具有独特的存在价值。首先,有利于减少偏远贫困地区农民的教育成本和降低时间成本。保留小规模学校,可以降低农民个人的直接教育成本投入。小学生如果能在本村小规模学校上学,就能够节省去中心校上学所增加的家庭教育成本。这些学生去中心校或完小上学的花销要远远高于在本村上学。除了正常的上学花销外,他们还要额外支付住宿费、生活费和交通费。这些看似较少的支出对于大多数偏远农村家庭来说其实是一笔不小的开销,一个孩子的家庭好一些,两个孩子的家庭每月的花销就得双份,任务更重。全国妇联 2010 年 5 月发布的《中国和谐家庭建设状况问卷调查报告》显示,子女教育费用(占 46.6%)、收入较低(占 43.1%)和家人生病(占 32.0%)是家庭生活面临的三大困难。其中,农村受访者对"孩子的教育费用越来越高"的感受比城市受访者更为强烈,高出 13 个百分点;对于"收入低,家庭生活窘迫"的感受,也比城市受访者明显,高出 5.4 个百分点。农村选择"家务负担太重"的比重高于城市 8.4 个百分点[1]。其次,在离家较近的小规模学校上学,对于偏远农村的学生来说,这样不仅生活方便、能够节省家庭开销,并帮助家人做力所能及的家务或轻便农活,减轻父母的负担,同时,还可以增加家长因为不用接送孩子而能有更充足的时间和精力去从事其他经营而产生的收益。这可以在一定程度上增加家庭收入,降低农民子女的教育机会成本。

三、农村小规模学校存在的长期性

目前,农村小规模学校普遍存在着办学条件困境、教育质量困境、师资困境等。有些人据此认为小规模学校不会存在太久。实际上,农村小规模学校是一种有生命力的办学形式,尤其在偏远山区将长期存在,而且在一定程度上小规模学校的复式教学将作为一种重要的教学组织形式得到推广并长期发展。

---

[1] 全国妇联宣传部:《中国和谐家庭建设状况问卷调查报告主要成果》,载《中国妇运》2010 年第 7 期,第 38~39、46 页。

(一) 小规模学校是有生命力的,在偏远山区将长期存在

小规模学校给当地学生上学带来了便利,这将使当地人民对教育的态度及对教育的评价产生非常积极的影响。因此,从偏远地区学生对小规模学校的客观需求来看,小规模学校在未来很长时期内都将继续存在。农村偏远地区山区居多、人口分散的客观现实是长期存在的,特别是人口出生率虽然逐年降低,但每年的出生率并不为零。在调查中很多村民和小规模学校教师都谈道:尽管小规模学校所在的村人口少,出生率很低,但每年都有四五个孩子出生。有小孩就需要有学校,小规模学校,尤其是教学点是有必要长期保留的。在贵州省正安县,从各乡镇上报的材料来看,新州镇尖山子村红官坝教学点,小学一至六年级102名学生只一个老师上课,实在很难想象该校是如何开展教学工作的。只有一个老师的教学点全县有37间,他们多数要负责三个年级,30名上下学生的教学任务,但也有好几间教学点,如果不加学前班,一个老师就只教几名学生。但不论怎样,由于相当一部分教学点地处偏远山区,交通落后、信息闭塞,这种小规模学校长时间处于"撤不了,办学难"的状态①。对未来几年出现人口数量回升状况的偏远山区,应保留当地小规模学校或教学点并加大投入。

(二) 小规模学校的复式教学将作为一种重要的教学组织形式得到推广并长期发展

世界各国都在采取一切措施使教育制度适合农村人口的需要。同样,对于我国来说,也有必要将小规模学校的复式教学作为一种灵活的教学组织形式继续保留,为偏远地区学生顺利接受义务教育提供条件。偏远农村地区学生家庭远离学校,由于学校硬件设施有限及缺少师资等原因,难以满足小学生的入学需求。为实现"全民教育"目标,农村当地政府一般采取鼓励或支持复式教学的策略。这种小规模学校或教学点由政府出资,社区合作,目的是帮助边远贫困山区孩子接受基础教育,促进教育公平。

第二节 农村小规模学校的生存边缘化

小规模学校是在我国偏远山区、林区、牧区等地方广泛存在的一种教学场

---

① 《关于我县农村教学点办学情况的调研报告》,载 http://www.zazx.gov.cn/。

所、地理位置偏远、规模小、管理上依附于其他完全小学、多采用复式教学是小规模学校的基本特征。改革开放以来，随着计划生育政策的贯彻实施和农村剩余劳动力逐年向城镇转移，使得小规模学校在校学生数量逐渐减少，不少完全小学因生源不足而变成小规模学校。因办学效益低下且难以满足农村群众逐渐提升的优质教育诉求，造成小规模学校生源进一步流失，因此撤并小规模学校成为很多农村地区教育布局调整的一项重要内容。许多农村地区通过积极努力有效地整合了小规模学校的教育资源。但鉴于多方面的原因考虑，目前在农村地区仍然保留着许多的小规模学校。这些小规模学校的生存境遇呈现出以下边缘化特征。

一、小规模学校服务对象的边缘化特征

目前，小规模学校主要集中分布在经济相对不发达的省区市，地域上处于偏远且居住环境不佳的农村。这些不发达省区市包括一些经济欠发达的人口大省（如河南、四川）、地势以高原或山地为主的边远省区市（如贵州、广西）和多民族混居省区市（如云南、湖南）。截至2007年，全国共有农村小学271 584所，小规模学校83 118所，占全国农村小学总数的30.6%。河南、湖南、广西、四川、贵州、云南、甘肃和江西八个省区市的小规模学校均超过了3 000所，八省区市小规模学校总数57 444所，占全国总数的69.11%[①]。小规模学校的区域分布体现出我国目前区域、城乡和农村义务教育内部校际间发展不均衡的特征。小规模学校辐射的主要教育服务对象是处于弱势群体地位的农村贫困人群子女，体现出小规模学校服务对象的边缘化特征。

二、小规模学校师资的边缘化配置

在以生均标准为前提进行师资配置且小规模学校难以吸引优秀师资的情况下，教学活动中具有核心影响力的师资队伍，表现出诸多问题。其中师资配置被严重边缘化已经成为制约小规模学校教育质量提高的瓶颈。从人员分配看，小规模学校教师年龄结构偏大，缺乏骨干教师。以华中师范大学对广西六县六个小规模学校的调研为例，其中三个小规模学校为一师一校小规模学校，六个小规模学

[①] 中华人民共和国教育部发展规划司编：《中国教育统计年鉴（2007）》，人民教育出版社2008年版，第524页。

校教师平均年龄均超过 40 岁，最高达 51 岁，最低也有 42 岁①。从专业发展看，数量严重不足、学科结构性矛盾突出问题十分严峻。据中西部 9 个省区市的学校数据统计，2006 年，3 万多所村小的班师比平均仅为 1:1.3，4 万多个小规模学校的班师比平均仅为 1:1，均远低于全国小学 1:1.9 的平均配置水平②。同时，教师学科结构性矛盾十分突出，很多小规模学校外语、音乐、体育、美术和信息技术等学科的教师严重不足，相关课程难以开齐。在这种情况下，小规模学校教师承担了几乎全学科教学任务，繁重的工作使他们缺乏专业培训机会，呈现发展机遇的边缘化特征。从学习工作生活条件看，小规模学校学习工作和生活条件极端简陋。以湖北南漳县为例，该县 2006 年小规模学校共有 51 所，占该县小学总数的 35%。大多数小规模学校只有一名"全职"教师，且多为当地农村的"半边户"。他们在学习、工作、生活等方面常常遇到困难，甚至生病后因请不到人代课也难以离校治疗③。

三、小规模学校办学条件的边缘水平

通过农村学校布局调整，大量撤并小规模学校，扩大农村学校的办学规模和提高办学效益，成为不少经济发展状况较好，且具备足够撤并条件的农村地区教育发展的首选之举。但对于经济欠发达的地区而言，当地政府在学校布局调整过程中的预期目标和动力之一就是追求规模效益。在公用教育经费投入有限和以生均标准分配教育经费的情况下，学生数量的多少就决定了公用教育经费的多寡和教育资源配置数量的多寡。如严格按照城乡同一标准配置教育资源，许多小规模学校的生存将处于难以为继的边缘化境地。而为了整合教育资源，当地政府必然要对规模过小的农村小学和小规模学校进行合并，甚至采取了一刀切全部撤并的做法，要求在短期内完全撤并小规模学校。对于已经纳入撤并计划而近期依旧不能撤并小规模学校，通常的做法是进一步减少经费投入和其他教育资源配置，甚至抽调原本紧张的师资去新近合并学校任教。这些做法把小规模学校推向被二元教育体制因素和人为教育行政因素双层边缘化的境地。

---

① 赵丹：《农村教学点师资状况的调查与思考——以中西部地区的调研为基础》，载 2008 年中国教育经济学年会会议论文集，第 1461~1466 页。

② 国家教育督导团：《国家教育督导报告 2008（摘要）——关注义务教育教师》，载《教育发展研究》2009 年第 1 期，第 1~5 页。

③ 唐登才：《教学点教师群体亟须关注》，载《人民政协报》2006 年 12 月 11 日第 B03 版。

四、新增农村小规模学校的边缘化生成

1995 年全国小规模学校数量达到顶峰，为 193 614 所[①]，以后逐年减少，到 2002 年全国共有小规模学校 108 250 所，8 年当中减少了 85 364 所。2003 年全国农村共有小规模学校 101 674 所，截至 2007 年，全国共有农村小规模学校 83 118 所，5 年当中减少了 18 556 所，减少幅度趋于缓和。近年来个别省区市结合农村标准化学校建设、低龄寄宿制学校建设和校园危房改造，合并了一部分完全小学的高年级，保留了低年级，使得不少完全小学被边缘化为新增小规模学校。如河南省，2003 年小规模学校共 3 400 余所，2004 年数量为 4 103 所。截至 2007 年，河南省共有小规模学校 4 969 所。再如江西省，2000 年全省共有农村小规模学校 4 068 所，2002 年全省共有农村小规模学校 2 497 所，为近年来最低数目；2003 年数量反弹为 2 747 所，截至 2007 年，全省农村小规模学校数量增加到 4 044 所[②]。全国小规模学校在绝对数量减少的同时，又出现了相对的数量新增。

第三节 农村小规模学校的运作特征

在我国农村地区，特别是那些偏远的农村地区，农村学校规模一般都比较小。当然，不是人为设计"故意"让这些学校"小"。农村小规模学校往往是由于许多客观原因形成的，这些"小"学校有的是由于人口分散、地形复杂、交通不便，不能集中办学，学校规模从学校创立之初就比较小；有的是由于计划生育人口自然减少或城镇化过程中人口外流，学校规模被动变小。

从道理上讲，如果大规模学校和小规模学校是一种有价值倾向的政策选择，并且选择大规模学校和选择小规模学校具有相同方便性，那么，大规模学校和小规模学校应该是各有利弊的。但是，这些农村小规模学校不是基于教育学追求而进行的自觉设计，也不是因为考虑到小规模学校的优势而进行政策设计的产物，而是在客观条件下被动形成的，因此，在教育实践中，人们更多地看到的是小规

---

① 中华人民共和国国家教育委员会计划建设司编：《中国教育事业统计年鉴（1995）》，人民教育出版社 1996 年版，第 240 页。

② 以上数据来自中华人民共和国教育部发展规划司编：《中国教育统计年鉴 2000～2007》，人民教育出版社 2001～2008 年版。

模学校存在的劣势。缺少对农村小规模学校优势的正确认识，缺乏对小规模学校可能的教育优势的充分挖掘。我们应该正确认识小规模学校因"小"而产生的优势与劣势。只有在充分认识的基础上，我们才能在争取相对充足的教育资源配置的同时，积极挖掘小规模学校的潜力，最大可能地发挥小规模学校的教育优势，提高小规模学校教育绩效。

一、因"小"而带来的优势

农村小规模学校之所以能够存在，有其内在的原因。其中因"小"而带来的优势就是之一。这种由"小"带来的优势我们不能一概而论，因为这些优势中有的可以通过采取措施将其放大，充分发挥其积极影响与作用；但有一些优势不能放大，因为这些优势受到某些条件的限制。只有对这些优势有一个正确认识，才能更好地促进农村小规模学校的发展。

（一）小规模学校可以放大的优势

小规模学校作为一种办学模式，自产生之日起就有其因小而自带的优势。其中有些优势是其他学校所不及的。这种优势主要从学生发展优势和教师责任优势两方面表现出来。在一定条件下这两种优势是可以放大的，可以充分地体现出"小"的特殊优势。

1. 学生发展优势

任何一个学校中学生的发展都是通过教育教学活动完成的，小规模学校也不例外。但是小规模学校中的教育教学过程中人际互动，尤其是师生互动和参与教育教学活动的机会、频率较高。因此，小规模学校更利于学生自我发展[①]。

（1）互动优势。一般来说，小规模组织比大规模组织具有更高的凝聚力，因为规模小的组织能够为成员们提供更多的相互交往的机会。组织中成员间相互交往、相互作用的机会越多，彼此的信息交流与沟通效果越好，越有助于提高组织的工作效率。农村小规模学校，作为一种小规模的组织有利于教师和学生、家长等相关利益者的人际互动。

农村小规模学校人数少，师生联系更加密切，教师有机会关注到每一位学生的特点。在小规模学校里，教师对学生更多的关注有利于学生良好行为的培养。同龄学生在较多的相互交往过程中也会形成全面人格，实现社会性发展，保障其

[①] 章婧、王鑫：《小规模学校更具优势：来自西方的经验》，载《上海教育科研》2010 年第 10 期，第 42~45 页。

学习权利。农村小规模学校离学生家近，家长参与程度高①，教师有更多机会与学生家长联系，就学生的教育问题进行交流与探讨，家长也会对此有一个积极的反应。因此，人际互动会影响到学生和家长参与学校活动的积极性。

（2）参与优势。如果学生和家长经常参与学校的各种活动，学生的成绩会更好，就会有更强的归属感，学生辍学的可能性更小；这有助于减少甚至消除学生的疏离感，而且相应地能够促进学生的自信、自尊、自我控制以及责任感，减少行为问题。

因为学生人数较少，小规模学校能够为学生提供更多地参与活动的机会，对学生发展有着积极影响②。尤其是与大规模学校的学生相比，在农村小规模学校的学生参加活动的机会较多、较普遍③。这也是小规模学校中学生发展获得的一个优势。例如，在一所农村小规模学校中，如果开展一个活动需要 10 名学生，那么在一所 50 人的小规模学校中的学生参与的机会就是 500 人的大规模学校学生的 10 倍。这就是说，农村小规模学校的学生会比大规模学校的学生得到更多地参加活动的机会，而且在各种活动中农村小规模学校的学生往往更有可能通过更多的课外活动，并有机会在活动中承担责任较重、困难较大的角色得到锻炼，促进其成长。

2. 教师责任优势

与大规模学校的教师相比，农村小规模学校中教师有着责任优势。对学校、教学、学生都认真负责，都有着更多的敬业精神。在人手短缺的小规模学校中比人手充裕和人手过剩的大规模学校中，更能促使学校中的工作人员参与和维护行为情境。这主要是因为小规模学校的教师由于数量不足，会使教师承担更多的责任，他们能积极参与到学校的管理与教学中，规模较小学校的教师工作更加投入，帮助学生学习的责任感更强。同时，由于小规模学校的教学时间安排更为灵活，更易于采用新的教法与实行教改，教师有着更小的压力④，教师对其工作和管理者的态度也更为积极，增强了教师执行教学职务的动力，从而促进教师教学效率的提高、教学质量提升，进而也对学生成绩产生连锁反应。

---

① 谭春芳、徐湘荷：《大就好吗——美国小规模中小学校（学区）合并问题研究》，载《外国中小学教育》2009 年第 2 期，第 19～22 页。
② 杜屏、赵汝英：《美国农村小规模学校政策变化分析》，载《教育发展研究》2010 年第 3 期，第 66～69 页。
③ 范国睿著：《教育生态学》，人民教育出版社 2000 年版，第 226 页。
④ 贾建国：《美国农村小规模学校运动及其对我国的启示》，载《外国教育研究》2010 年第 4 期，第 74～78 页。

（二）小规模学校不可以放大的优势

小规模学校在学校管理和社会成本效率方面有着独特的优势。因"小"使得小规模学校的管理更趋于灵活性和人性化。从降低农村适龄儿童辍学率角度分析，小规模学校的社会成本效率要优于大规模学校。这种优势是有限度的优势，一旦被无限放大的话，这些优势就会减弱或消失。

1. 学校管理优势

学校规模的大小影响着学校的管理。学校的管理中追求的是如何使学校恰好拥有的人、财、物等硬性资源得到充分而恰到好处的运用以实现学校管理的经济最优化。在小规模学校中由于资源相对比较少，在教学开展过程中学校拥有的资源可以被充分利用起来并加以恰当使用。所以小规模学校就不会像大规模学校出现学校组织管理的官僚化、制度化、严密化，以及在一定程度上学校管理秩序的僵化问题。小规模学校往往会因为师生数量少而顾及教师特别是学生的个别差异，管理上更趋人性化与灵活性，有利于提高学校管理效率。在一定程度上使小规模学校的师生形成个人价值观和归属感。小规模学校创建了一个更好的学校运转平台，能够让学校改革在这个平台上取得更佳成效，为个体的成长提供更好的环境。

但是，这种比较优势是不可以放大的，因为学校管理效率会受到规模限制。一旦学校规模变大，就会出现人际关系的疏离和行政的僵化难以管理等方面问题，使管理越来越复杂，使管理效率下降，浪费现象随时可能产生，规模报酬将会出现递减的趋势，会规模不经济。当然如果学校规模变得太小，也会因为工作人员和组织机构的不完善给管理带来麻烦。

2. 社会成本效率

经济学中规模经济理论假定规模大的组织要比小的组织运行得更有效率。"规模经济"理论认为"规模较小"容易造成生均成本的上升[①]。但是与小规模学校相比，大规模学校的教育支出直接运用于与教学相关的活动的比例要低得多。很大的比例用于学校非经济的运转上。例如，用于管理、指导与交通等费用上。大规模学校中非教学人员数量庞大，需要多层管理者、更多工作人员、学校建筑的管理员与维修员，这些教学外的花费的增加在一定程度上抵消了合并小规模学校所得的节省。

另一方面在对学校规模的效率进行评价时，如果以生均社会成本代替生均成

---

① 李进忠：《美国学校规模小型化：政策研究与实践》，载《全球教育展望》2004 年第 2 期，第 78～80 页。

本作为评价指标时，小规模学校显得更有效率。因为农村小规模学校解决了农村本地小学生就近入学的问题，避免了由于交通、安全等问题导致的辍学，这种农村小规模学校的存在降低了辍学率。大规模学校中学生的辍学率远高于小规模学校[1]。因此，如果与高辍学率的社会成本（低收入水平、高失业率、对社会福利的依赖等等）相比较，农村小规模学校的成本的效率优势更加明显。尽管农村小规模学校的生均成本高于大规模学校，然而由于农村地区学生的低辍学率，却使得每个毕业生的社会成本降低了，社会为那些没有完成中学学业就离开学校的学生付出的代价也会降低。

二、因"小"而导致的弊端

与农村小规模学校的优势相比，其弊端表现得更为突出与明显。这些劣势的存在，导致农村小规模学校的教育教学质量差，学校得不到充分的发展。对于这些劣势，我们应该辩证地看待，有些劣势是可以通过一些措施避免的，而一些是不可以避免的。

（一）小规模学校可以避免的劣势[2]

在普及义务教育的过程中，农村出现了一定数量的小规模学校。小规模学校暴露出来的一个重要问题是教育质量低下。因为教育质量低下主要受限于办学条件、经费总量、教师数量与质量等问题，在推进教育发展的过程中这些劣势是可以避免的。

1. 农村小规模学校办学条件达标与更新困境

在义务教育普及过程中，国家和地方对农村义务教育学校办学基本条件及标准有一定的要求。在我国提出普及九年义务教育的政策要求后，绝大多数农村义务教育学校先后完成了"普九"验收。农村学校的办学条件达到了国家和地方规定的标准。但是，由于小规模学校教育资源使用效率较低，而农村地区教育投入又有限，当学校教学设施和办学条件老化时，学校很难更换教学设施和更新办学条件。特别是在农村出现了许多空巢学校，农村小规模学校的存留很难预期时，有限的教育资源更不会选择投入小规模学校。小规模学校教育资源使用效率相对较低和小规模学校撤留难以预期这两个问题，使农村小规模学校办学条件达

---

[1] 朱秀艳：《美国小规模学校经济价值分析》，载《外国教育研究》2004 年第 5 期，第 20~23 页。
[2] 秦玉友：《农村小规模学校教育质量困境与破解思路》，载《中国教育学刊》2010 年第 3 期，第 1~4 页。

标后又陷入办学条件达标与更新的困境。特别是在办学标准要求不断提高、办学条件和教学手段日益陈旧的情况下，保持办学条件达标与教学手段更新面临更多挑战。

2. 农村小规模学校经费总量不足与效率困境

学校经费是基于理想学校规模假设进行配置的。农村小规模学校由于远离理想学校规模标准，学校经费总量明显不足。这种不足与农村小规模学校难以产生规模效率有着直接关系。农村小规模学校在经费总量不足的同时，面临经费使用的效率困境。以我国北方甲乙两所小学为例，两个小学都有六个年级，每一个年级都是单班，甲小学每班有45人，乙小学每班有15人。冬天给两个学校买（分）煤，如果按照人数拨经费（分煤），乙小学得到的煤量是甲的三分之一，而实际上甲乙两个小学用煤量是相同的。这样一来像乙小学这样的小规模学校，由于许多支出项目的经费不能随着学生数量的减少而减少，经费总量如果按生均标准进行配置就显得严重不足。从经费使用效率来看，有一个理想规模问题，当学生数量低于这个理想规模时，学校经费使用效率就会随着学生数量减少而降低。尽管对于理想学校规模并没有达成精确一致，但是农村小规模学校的学生数量是远远低于理想学校规模的，农村小规模学校经费使用效率偏低。

3. 农村小规模学校教师数量超编与素质困境

在其他条件相当的情况下，教学的成功很可能会深受支持教学过程的可用资源以及直接的资源管理方式的影响。很显然，没有教师或者缺少教师的学校显然不可能有效运作。从这个意义上讲，教师数量对教育质量至关重要，教师是学校教育质量的核心影响因素。教师对农村学校教育质量的影响可以从两个维度加以描述，即学校教师数量和素质。农村学校教师的数量一般是根据国家规定的师生比配置的。对于农村小规模学校，特别是超小规模学校来说，按照国家师生比配置教师，一般都会超编，但从农村小规模学校教学需要看，还显得不足。

从教师素质分布看，师范毕业生的选择倾向和在职教师的流动倾向影响着农村小规模学校教师的整体素质水平。有中小学教师资格的毕业生，一般优先选择大城市学校，然后是中小城市学校、县镇学校，最后是农村学校。在农村学校校际间做出选择，教师往往也不倾向于选择处于偏远地区的小规模学校。在农村中小学执教的教师特别是优秀教师，也不同程度地存在由偏远地区小规模学校向其他农村学校流动、由农村学校向乡镇学校流动、由乡镇学校向县城学校流动的倾向。这种倾向加剧了农村小规模学校教师的素质困境。

4. 农村小规模学校教师校内交流与合作效果困境

学校与任何其他教育机构一样，需要经常对其开展的教学活动进行反思，从而提高教学成效。要做到这一点，他们必须定期开展有效教学经验和信息的交流。农村小规模学校教师校内交流与合作机会较少、效果不佳。教师教学的有效性需要持续的职业支助，需要有经验的同事和教师培训机构长期提供支持。教师交流与合作的主要目的是希望教师得到更好的指导教学的技术训练与培训方面的内容，对他们的教学行为有所改善。目前，农村小规模学校的教学运行过程中，由于教师数量较少，每人承担的教学任务较重而"身兼数职"，这些教师承受着忙于多科教学的各种压力而没有时间和精力进行有效的交流与合作。即使是进行农村教师交流与合作，他们从中实际学到的有价值的东西也很少。来自农村学校内部之间的交流与合作也会因为农村教师教学处于"共同贫穷"的处境，不会有太多的先进理念和技术。这就导致农村教师校内交流与合作并没有带来所希望的保证教学有效性的结果。

5. 农村小规模学校课程门数开齐与小科困境

当普及任务完成后，义务教育面临的两个重要任务是提高质量和促进公平。这两个任务，可以一言以蔽之，即实现有质量的教育公平。有质量的教育，从课程实施层面看，就是课程不仅要能开齐，而且要能上好，即要同时满足"开齐"和"上好"的双重要求。而对农村小规模学校而言，课程开齐面临很大困难，许多学校一个教师教若干不同学科，教师面临专业提升的困境。特别是面临课程改革时，教师同时上若干不同科目的新课，讲懂每门新课程都很吃力，讲好当然就面临更大困难。因此，对许多小规模学校来说只能抓大放小，小科得不到应有的重视，教师在努力对所教各门课程熟悉后，也只能就一个科目进修，进行专业提升，其他所教课程只能保证有时间教，而不能保证教好。特别是在一些超小规模的学校，由于优先配置语数等大科教师或教师数量有限，小科课程方面出现教师难以胜任和无法开齐等现象，出现了小科困境。

（二）小规模学校无法避免的劣势

小规模学校的劣势与困境有些是可以通过人为力量避免，而有些是不能避免的。其中地理位置偏僻，对外交流与合作经费花销大就是两个不可避免的劣势。这两个劣势是农村小规模学校根本无法避免的，是一种客观事实。但这些不可避免的劣势可以通过适当的策略解决，从而促进小规模学校的发展。

1. 地理位置偏僻

正如前面所述，农村小规模学校的产生与存在有着多种客观原因。在我国农村地区，农村小规模学校一般都集中在地理位置偏僻的地区。特别是那些人口分散、地形复杂、交通不便的地方。这些地区不能集中办学，但考虑到当地许多农村学生上学的需要而设置这些小规模学校。这种地理位置上的劣势是无法避免的[①]。因此，由于地理位置导致的学校、教师等方面的问题，例如学校缺少吸引力、交通安全等问题，我们就应该考虑用补偿性方式解决。

2. 对外交流与合作经费花销大

农村小规模学校由于其地理位置偏僻，师资队伍、科研水平等方面的优势不足，必然会对教育均衡发展带来障碍。因此，对外交流与合作是提高农村小规模学校教育质量和促进学校发展的重要途径。加强教育对外交流与合作，不仅有利于农村小规模学校师资队伍的建设，而且有利于教学与科研水平的提高，更有利于从整体上促进农村学校与城市学校的均衡发展。

农村小规模学校经费不足一直是客观存在的且难以解决的问题。学校对外交流，尤其是为教师提供各种对外交流与合作的平台固然重要，但是经费资助是一个至关重要的前提。由于经费不足，即使有对外交流与合作的计划也是难以实施的。因为它需要走出学校，走出农村，这必然要涉及经费的花销问题，对于农村小规模学校来讲，对外交流与合作就意味着一项成本不低的活动。从学校整体的发展衡量，可能就会因为学校经费总量不足，为了能够确保基本教学活动的正常开展而放弃对外交流的机会，就更不会给教师提供这种能够提升专业发展水平和能力的平台。

第四节　农村小规模学校的教育质量提升潜力

从农村经济社会发展和农村教育发展的现状看，农村小规模学校的发展面临着重大挑战；而从我国经济社会发展战略和教育政策看，农村小规模学校呈现出来的问题的解决则是发展中的问题。因此，在正视农村小规模学校存在的价值以及其运行的优势和劣势的同时，我们也必须认识到农村小规模学校的教育质量提升潜力：教育发展成就为解决这些问题提供的人力资源基础，"以县为主"的教育管理政策为解决这些问题提供的政策空间以及国家经济发展成就和相应政策为解决这些问题提供的社会环境。

[①] 秦玉友：《农村义务教育质量研究——基于质量指标与底线标准》，吉林人民出版社 2011 年版，第 8 页。

一、教育人力资源的储备与农村教师岗位吸引力的增加

近年来,我国高等教育得到飞速发展。从 1998~2008 年,我国高等教育毛入学率已从 9.8% 提高到 23.3%,高等教育在学规模由不到 800 万人增加到 2 907 万人,规模居世界第一。我国高等教育的大发展为我国农村教育发展提供了人力资源储备。在高等教育为农村教育发展提供了相对充足的人力资源储备的条件下,农村教育对高校毕业生的吸引力就成了优秀高校毕业生选择农村义务教育教师岗位的瓶颈。目前,农村教师岗位的吸引力在不断增加。但是,在一些偏远农村地区,小规模农村学校办学条件仍然存在一定差距。农村教育下一步的建设重点之一是提高农村小规模学校的师资水平,改进农村小规模学校办学条件。

二、"以县为主"的农村教育管理政策的政策空间

"三级办学,两级管理"的教育政策框架下,"村办小学、乡(镇)办初中"的农村义务教育办学格局,使学校之间共享教育资源受到教育管理模式的限制。"以县为主"的教育管理体制打破了教育资源条块分隔的格局,为提高农村小规模学校教育质量提供了政策空间。在"以县为主"的教育管理体制框架下,农村小规模学校的教育资源配置可以放在县域内通盘考虑,从"有质量的教育公平"的发展立场,考虑到小规模学校教育资源使用效率的衰减,可对小规模学校进行有倾向性的教育资源配置,实现小规模学校学生与其他学校学生在教育过程层面的公平。

三、"惠农"的宏观社会政策实践与农村的全面发展

从教育自身看,农村教育的吸引力取决于农村教育自身的发展水平,而说到底农村教育的吸引力是由农村的吸引力决定的。目前,我国已经进入到"以工促农、以城带乡"的发展阶段,随着各项"惠农"政策的推进,农村经济社会环境发生了许多重要变化。农村经济社会环境的改善正在不断增加着农村的吸引力,同时,也增加了农村教育的吸引力。而且在一些地方农村的吸引力和农村教育的吸引力形成了良性互促。但是,在一些农村地区特别是偏远农村地区,经济社会环境仍然存在一定差距。这些差距给这些地区的农村义务教育发展带来了一定的负面影响,给偏远农村地区小规模学校带来了更加严峻的挑战。现阶段,我

国应该充分利用"惠农"的宏观经济社会政策,促进偏远农村经济社会的全面发展,以增加这些地区农村的全面吸引力。

第五节 农村小规模学校的政策建议

在教育资源极其有限和追求规模效益的背景下,农村地区小规模学校存在有其必要性和重要性。在我国偏远农村地区,在一定时期内,小规模学校仍然是一种有效的教学组织形式。在对待这些农村小规模学校的态度方面,我们应该看到这些小规模学校有其存在价值,为农村学生提供教育服务的农村小规模学校有其存在的必要性、重要性和长期性。同时也要看到农村小规模学校的生存呈现出的服务对象的边缘化特征,师资的边缘化配置,办学条件的边缘化水平以及新增小规模学校的边缘化生成。对其独特运行特征也要辩证地分析,因"小"而带来的小规模学校可以放大优势我们尽可能地发挥作用;对于那些小规模学校不可以放大的优势,我们也要看到其有限性。在促进农村小规模学校的发展过程中,我们尽量避免可以避免的劣势,对于不能避免的劣势,我们可以通过采取补偿性方式解决。我们应该认识到农村小规模学校具有教育效率提升的潜力,在合理的政策指导下农村小规模学校不仅能够提高农村教育质量、实现有质量的教育公平,而且还能使其越来越适应教育和社会发展的要求。

一、从多个维度核拨小规模学校教育经费

人们理所当然地从"小"去理解小规模学校的特点,但是小规模学校并不是什么都小,什么都少的。一个小规模学校接受上级例行检查的次数不会少,小规模学校中一个学生数量很少的班级的用电量、取暖费不会少。因此,小规模学校按学生数量配置教育经费存在一定问题,政府应该从多个维度核算和拨付小规模学校教育经费。计算小规模学校的经费,可以从三个层面进行:从学校层面计算学校作为一个单位与其他学校同等承担的费用,如接待费、电话费、报刊费等。从班级层面计算课堂教学产生的费用,这些以班级为单位产生的费用不会因为班级人数多少而变化,如教师上课的耗费品粉笔、教师用教学辅助设备等。以学生为单位计算学生学习产生的费用,如学生上机产生电费、学生实验的材料消耗。以这样的思路给小规模学校核拨教育经费,会比完全按学生数量核拨教育经费合理得多,因为这是小规模学校实际使用的教育经费。国家财政部指出,从

2010年起将农村义务教育阶段学校生均公用经费基准定额中西部地区年生均达到小学400元、初中600元。同时，为解决农村小学小规模学校运转困难等问题，对不足100人的农村小学小规模学校按100人核定公用经费补助资金。从2010年起将中西部地区农村义务教育阶段家庭经济困难寄宿生生活费补助标准每人每天提高1元，年生均补助标准达到小学750元、初中1 000元。财政部要求，各级财政安排的公用经费基准定额提标补助资金和农村小学小规模学校公用经费补助资金，要重点用于保障农村小学小规模学校和规模较小学校正常运转[1]。随着国家和地方经济增长，教育经费会持续增加，县级教育行政部门应该充分利用"以县为主"的教育管理模式的政策空间，统筹教育经费使用，把新增教育经费优先增补农村小规模学校教育经费缺额的部分。

二、有序推进农村小规模学校标准化建设

当前我们应该研究农村学校的办学标准，并依据这个标准推进农村小规模学校建设，保证小规模学校教师、教育投入、办学条件等方面达标。具体的建设思路应该是：在农村小规模学校标准化建设过程中，如果小规模学校的生源长期相对稳定，则应该全面提高小规模学校教师质量，充实教育投入，改进办学条件。如果农村小规模学校生源在减少，将来可能被撤并，则应该在其办学和教育投入达到国家和地方要求的标准后，重点加强其教师队伍建设。当然无论是哪种情况，都不应该追求硬件上的奢华，而应该把建设重点放在师资建设上。重庆市在加强农村教师队伍建设、提升农村教师素质方面采取了一系列措施，取得明显成效。一个方面是加大农村教师队伍建设经费投入。教育经费大幅度投向教师队伍建设，每年新增部分70%以上用于农村教师队伍建设[2]。另一个方面是政策倾斜工程，切实提高农村教师待遇。市局明确规定村小必须设置中级岗位，在同等条件下，评优选先晋级优先考虑农村教师（尤其是村小教师）。市政府落实了提高义务阶段农村中小学教师津贴专项补助（每月150元）。各区县政府皆实行了村小教师特殊津贴制度，经费在转移支付中列支。村小教师每月补助交通费、生活津贴50～100元[3]。在农村小规模学校标准化建设过程中，我们应该认识到教师是教育质量的核心影响因素，加强教师队伍建设是有效提高农村小规模学校教育

---

[1] 王泽农：《中央财政新增105亿元支持农村义务教育》，载《农业知识》2011年第2期，第39页。

[2] 胡航宇、谭凯鸣：《重庆城乡教师唱响"同一首歌"——每年教育经费新增部分70%以上用于农村教师队伍建设》，载《中国教育报》2009年3月3日第1版。

[3] 《四川省宜宾市六项工程加强农村教师队伍建设》，载http://cqedu.30edu.com/。

质量的第一要务。同时,教师是最可流动的教育要素,对教师的投资是最保值的和最有投资价值的。

三、建立小规模学校教师编制底线

统一的生师比规定是基于学校理想规模假设制订的,只有当学校达到一定规模,才能保证有充足的教师教学。对小规模学校来说,这种生师比的规定就显得非常不适合了。针对小规模学校编制缺乏的现实,农村教育部门应该制订学校编制底线。小规模学校学生数量和每个班级的学生数量都普遍很少。为学校分配教师时一般是按照在校学生数量进行分配,而学校教学是以班级为单位展开的,因而按照学生数量分配的教师数量不能满足小规模学校的教学实际需要。因此,应该制定小规模学校编制底线,保证小规模学校的基本教学需要。在《宁夏回族自治区人民政府关于完善农村义务教育管理体制的实施办法》提出在确定编制总量时,根据现有学生数、因群众居住情况而形成的学校数、事业发展的需要以及人口数量的增减、学校布局调整等情况定期做出调整,实行动态管理。自治区教育行政部门要对教师工作量、班师比、生师比,以及教师和职员、教辅人员、工勤人员的比例做出原则性规定。学校教师编制底线可以根据一个学校的班级数量、不同班级的课程门数、教师的课时上限等制订,这样农村小规模学校会增加一定比例的教师。不过,高等教育的大发展已为农村教师增加储备了人力资源,只要有效增加农村教师岗位的吸引力,农村学校完全可以招聘到合格的高校毕业生。

四、尝试农村小规模学校的学制改革

目前,农村义务教育学制是小学六年,初中三年。在这种学制中,如果小学不足六年,就被称为不完全小学。我们知道,小规模学校的教育资源使用效率是非常低的,而小规模学校中的小规模班级使教育资源使用效率更低。因此,许多地方就想方设法使小规模学校的班级数量尽量少,如一些农村小规模学校通过隔一(两)年招生的方式,减少班级数量,这种办法简便易行,但它的一个缺点就是同一年级的孩子相差一两岁。也有一些农村小规模学校,只有一至三年级,四年级以后到其他学校读书。这些都是农村小规模学校教育实践中的创新,对提高农村学校教育资源使用效率具有一定意义。但是,这些"民间"的土办法,没有经过科学论证,也没有政策支持。各地农村应该在科学研究的基础上,针对农村小规模学校进行义务教育学制改革,试验二·四·三学制、三·三·三学制、四·二·三学制,即在初中三年不变的情况,把农村小规模学校小学六年分成两段,两年(一、二年级)和四年(三、四、五、六年级)、三年(一、二、三年级)和三年(四、五、六年级)、四年(一、二、三、四年级)和两年(五、六年级)。至于选择哪一种学制,各地农村可以根据当地的研究结果和其他方面的条件而定。江西省章贡区就是根据实际情况进行学制改革的,该区各乡镇(不包括城区)将有 1 800 余名小学生到所在乡镇的初中就读六年级,另外 300 余名小学生仍在原校就读六年级。章贡区各乡镇小学学制将实施"五改六",即小学由现在的五年制改为六年制,导致部分乡镇小学出现校舍不够,师资缺乏,而乡镇中学刚好有闲置的教室和足够的师资力量。基于此,该局要求章贡区湖边镇蛤湖小学、湖边实验小学、龙埠小学三个学校共 300 多人仍在原校就读六年级外,其余乡镇小学的学生则到所在乡镇的初中就读,学费仍按照小学的标准收取。

五、强化省域农村偏向的教师征聘培养模式

省级教育部门需要改变教师征聘培养模式,让教师资源不足的农村地区有更多的人加入教师这一职业。省域农村偏向的教师征聘能够有利于最需要教师地区的教师供给;存在激励惠益,有助于减少教师流失,保证农村小规模学校教师队伍的稳定性。另外,本地征聘的教师可能更熟悉他们工作地区的社区文化,从而为教学质量和关联性带来潜在惠益。如果教师是社区的一分子,父母就更有机会对教师进行更为密切的监测,这可促使教师努力工作[1]。

省级教育部门实施农村偏向的教师征聘培养模式,首先要严格把关,确保这类被征聘的教师都是优秀人才,将来确实能为农村教育服务。其次,这类被征聘教师的培养培训机构应该选择地方高师院校,这样可以根据地方性需求与特征进行教育,如果培养培训机构选择的起点太高,通常会导致培养培训的教师不能很好地适合于当地的农村教育实际。再有,要保证这些被征聘教师的培养培训工作的一体化,有利于教师的成长与发展的有效、优效、高效与持效。最重要的是,为避免被征聘和受过培养的来自农村的教师重返故土执教上出现问题,可以将这类群体的教师征聘培养配额与省域内教育发展规划和本地招聘相结合。

---

[1] The EFA Global Monitoring Report Team. *The EFA Global Monitoring Report* 2009: *Overcoming Inequality*: *Why Governance Matters*. UNESCO,2008,P. 175.

六、平等地考虑提高小规模学校教师素质

教师素质是教育质量的核心指标,教师素质的差异造成了城乡间教育质量的差异,造成了农村校际教育质量的差异。因此,提高农村小规模学校教育质量的一个重要措施是提高农村小规模学校教师素质,通过有效的政策设计选派优秀的教师到农村小规模学校执教。随着农村学校布局调整的推进,农村小规模学校特别是偏远农村地区小规模学校教师所占比例从绝对值看并不是很大,而且"以县为主"的教育管理体制为解决这一问题提供了政策空间、近年来的高等教育大发展又为农村教育发展准备了人力资源,因此,可以通过积极的政策引导加以妥善解决。首先,相关部门可以利用县域教师统筹配置的政策优势,出台一些引导性的措施。例如,提高农村教师岗位的专门奖励,提供农村教师的学术假期和更好的住房条件,也可以实施为改变地理位置偏向而采取的激励措施——为那些接受农村地区岗位的教师提供相应的奖金,但是不论什么奖励与条件都应该足以抗衡居住在偏远地区的种种可预见的劣势,旨在吸引并鼓励县域优秀教师和优秀高校毕业生到农村小规模学校任教。据宁夏教育厅统计,在整个宁夏南部山区长期缺教师,固原市农村教师缺 2 000 多人。而宁夏每年派到南部贫困山区的支教老师近千人。这些从事支教扶贫的老师,不仅有效地缓解了当地教师队伍紧缺的困难,还带着先进的教育和文化思想上山下乡,进村入户,激活了贫困地区山乡教育滞后的"一潭死水",打破了当地教育低质量循环的现状,教学水平实现了跳跃式发展。① 其次,可以出台限制性政策,规定每个教师特别是青年骨干教师都要在农村小规模学校有一定的教学时间,这些政策可以与聘用、评职、提拔或获得荣誉挂钩。再次,对于长期坚持在农村小规模学校任教的优秀教师,学校应该在评职、获得荣誉方面优先考虑。最后,为农村小规模教师素质提高创造条件,可以为小规模学校教师参与教研与培训提供条件,包括找其他人顶岗,保证他们能定期出来培训;定期让他们与其他学校教师一起进行教研活动;多种途径为他们提供必要的学习资源等。

七、为农村教师提供关键职业支助

城乡教育均衡发展本身就需要农村学校有更多训练有素的教师。教师初步培

---

① 张目、顾玲、黄会清:《师资,西部乡村教育的瓶颈》,载《中国民族报》2005 年 3 月 29 日第 007 版。

训和持续的在职教育应该以教师质量为主线体现持续性和连续性。因此，重新反省师资培养培训模式是一个关键的问题。应加强以学校为基础的上岗前培训和在职进修，保证农村教师初步培训和持续的职业支持能够提供关键职业支助。

农村教师职业支助的课程设置问题是关键。在内容的选择和实施的设计方面必须考虑农村教师质量提升需求。这种需求包括在内容选择上教师需要的理论性知识，还有针对农村教学实际的实践知识；在实施层面的设计上应该根据初步培训和持续的在职教育的不同阶段、界定不同对象的培养培训主题。同时建立一种为教师个人提供回报及促进集体提高成绩的培养培训激励体制。应让农村教师看到改变其做法的需要，改变做法应得到回报以及这样做给学校带来的惠益。农村教师职业支助的实施应该选择经验丰富，素质较高的工作人员为培养培训者，把职业支助做实，否则会导致人力和物力两方面的浪费。作为职业支助机构有必要加强彼此之间的联系，以便不同职业支助机构之间、农村教师和培养培训者之间能够开通一种信息交流畅通的渠道，使农村教师能够在充分了解职业支助的基础上，接受职业支助；使培养培训者与农村义务教育教师走得更近些，能够使他们的职业支助真正解决教育中的实际问题，更有实效性。当然，也有必要对各职业支助机构及初等学校的校长进行教学督导技术的强化培训，以保证他们对教师的有效指导。

八、建立小规模学校校际"走教"制度

县教育行政部门可以研究不同学校共享师资的机制，使"走教"政策在有条件的地区尽快落实。有关部门还应该创新条件，鼓励农村教师走教。音、体、美等小科和新开计算机、外语学科都是专业性比较强的学科，需要由专门教师任教。而在农村小规模学校，一名教师要教几门课程，小科课程和新开课程一般都没有专业教师，这严重影响了教学质量。因此，在交通条件允许的地区，学校可以给小科和新开学科教师配置一定的交通工具，发放一定的交通补贴和提供一定的住宿条件，鼓励其"走教"，以使小科和新开学科的教师能够专业对口；同时减少其他科教师的教授科目数量，让农村小规模教师都能把有限的时间和精力更集中地投入到所主教的科目，对其深入钻研，这也为他们专业发展提供了条件。永红小学是陕西省汉中市汉台区的一所农村学校，1~6年级共有7位教师、96名学生，由于师资力量有限，音乐、美术、体育、英语课形同虚设。从2008年10月开始，永红小学所在的汉王镇在全镇选拔出了6名音乐、美术、英语教师，采用流动教学的方式，对全镇薄弱学校、薄弱课程开展教学，弥补了各学校教学的不足。如今，永红小学的孩子们不但会唱许多歌曲、学习了许多乐理知识，还

掌握了一些美术知识，学会了简单的手工制作，并且还能用英语进行简单对话[1]。"以县为主"的教育管理模式打破了教师管理和配置上的条块分割，县教育行政部门可以研究不同学校共享师资的机制，使"走教"政策在有条件的地区尽快落实。

九、探讨小规模学校复式教学模式

由于学生数量非常少，小规模的微型学校就不得不选择复式教学的组织形式进行教学。在复式教学的课堂上，在同一时段教师对不同班级安排不同任务，在教师给一个班级授课时，其他班级学生做作业和复习。这种教学方式，可以最大限度地利用教师资源。复式教学，除了要求教师具备教单式班级的能力之外，还要有特殊的知识和能力。首先，与单式教学相比，从事复式教学的教师要同时准备更多的课，教师有更多的知识掌握压力。其次，教师在课堂上同时要兼顾两种以上不同（年级）群体的任务，同时还要尽可能地避免这些任务相互干扰，这要求教师要有分配自己注意力进行课堂管理和教学的能力和经验。

十、挖掘小规模班级教学管理优势

农村小规模学校中的小规模班级有许多潜在优势。小规模班级有明显的个体化教学优势。小规模班级中，学生数量少，教师更容易关注到所有学生，更容易驾驭课堂，因此，课堂管理难度小，更少有纪律问题。挖掘小规模班级的教学管理优势的策略主要有：首先，小规模班级的教师和所在学校领导要认识到其教学管理优势，并建立展现这些优势的机制。小规模班级为每个学生提供了个体化教学和展现的机会，但是如果小规模班级的教师仍然按照在大班级的教学方式那样以单纯讲授的方式进行教学，那么小规模班级的优势将无法得到发挥。其次，小规模班级的教师应该具备更强的分层教学、分层作业、课堂观察、小组教学、个别指导、倾听学生的能力，并重视这些方面的工作。

十一、改进农村小规模学校教学评价

农村小规模学校一般都是地处偏远的学校，这些地区的学生家庭一般都比较

---

[1] 张永生：《"走教"让城乡走得更近——陕西省汉中市汉台区教学创新的调查》，载《教育》2009年第25期，第31~33页。

贫困，交通不便，学生家庭文化水平低，受学生家庭的文化资本影响，学生的学业成绩也相对较低。另外，学习特别突出的学生家庭会择校到乡镇学校上学。因此，很多小规模学校给人们的印象是学生学习成绩差。通过这些分析，我们可以看出小规模学校学生学习成绩差异与学生的家庭文化资本和优质生源外流不无关系。因此，应客观地评价农村小规模学校的教学质量，改进农村小规模学校教学评价方式，由原来单纯地从学生的绝对成绩评价学校教学质量改为从学生的相对进步水平评价学校教学质量。农村小规模学校教学评价应该以学生每学期提高的相对成绩作为教学评价的主要依据，同时还应全面考虑当地农村学校的教学资源等对学生成绩有影响的外部条件，并应该基于这种评价指标对学校教学进行考核和奖励。

第五篇

规划研究

第二十一章

农村学校布局调整标准研究

改革开放30多年来,我国农村小学由1978年的91.6万所减少到2010年的21.09万所,减少了76.98%,农村初中由1978年的10.71万所减少到2010年的2.87万所,减少了73.23%。农村学校布局大幅度调整,在一定程度上损害了农民子女的切身教育利益,在社会上引起诸多争议。我认为,争议的关键是学校布局调整标准问题。本章试在反思现有农村学校布局调整标准的基础上,研究农村学校布局调整的约束条件,提出适合中国农村实际的学校布局调整标准模型。

第一节 现有农村学校布局调整标准的问题检视

近年来,学术界和教育行政部门渐渐觉悟任意武断之学校布局行为的严重后果,开始研究探索学校布局调整标准问题,国家也颁布了相应的政策规定。尽管关于农村学校布局调整标准的研究仍然不多,但却成为许多县市教育行政部门制订学校布局调整规划的依据。检视教育政策中和学术研究中有关学校布局调整标准存在的问题,对建构符合中国国情和各地区实际的新标准大有助益。

一、国家政策标准模糊不清,引发农村各地盲目撤并风潮

2001年国务院颁布的《关于基础教育改革与发展的决定》中提出:要"因

地制宜调整农村义务教育学校布局。按照小学就近入学、初中相对集中、优化教育资源配置的原则，合理规划和调整学校布局。农村小学和教学点要在方便学生就近入学的前提下适当合并，在交通不便的地区仍需保留必要的教学点，防止因布局调整造成学生辍学。学校布局调整要与危房改造、规范学制、城镇化发展、移民搬迁等统筹规划。调整后的校舍等资产要保证用于发展教育事业。在有需要又有条件的地方，可举办寄宿制学校。"虽然这是对农村学校布局调整最为全面的政策规定，对地方实施农村学校布局调整起到了重要的指引作用，但这些规定基本上是原则性的和模糊性的，缺少可操作性。例如，政策中规定要"因地制宜调整农村义务教育学校布局"，那么何为"因地制宜"？在低密度和高密度人口地区应有什么不同，在山区、丘陵和平原又应有何差别？对于具有悠久文化传统的学校、不同宗教信仰地区举办的学校和不同宗族关系群体所举办的学校应怎样合并？"小学就近入学、初中相对集中"，那么小学多远算"就近"？1.5公里还是2.0公里？在什么条件下的1.5公里是"就近"？初中多大规模算是"相对集中"？校生规模600~900人还是900~1 200人，抑或1 200~2 000人？"农村小学和教学点要在方便学生就近入学的前提下适当合并"，那么家校距离多远算"适当"？步行时间和乘车时间又该有何区别？"在交通不便的地区仍需保留必要的教学点"，何又为"必要"？如何保证教学点的教学质量？"调整后的校舍等资产要保证用于发展教育事业"，可是农村学校的产权关系非常复杂[①]，学校用地、校舍、教育设备和资金等产权，有的属于教育行政部门，有的属于村集体所有，当产权不清时学校撤并后的资产如何保障用于教育发展？"在有需要又有条件的地方，可举办寄宿制学校"，那么在有需要而没有条件的地方怎么办呢？义务教育阶段办寄宿制学校的费用由谁来承担？等等。正是因为国家标准的模糊不清，才导致一些地方教育行政部门盲目加速撤并农村中小学乃至中心校，甚至出现限期定额撤并学校等硬性要求，使不少农村儿童陷入求学困境，严重影响了农村义务教育的持续健康发展。

二、学术界提出的标准过于理性和静态，难以指导复杂的农村实际

目前，学术界对农村学校布局调整标准问题的研究不多，但从仅有的研究成果看，他们提出了很好的农村中小学合理布局设置标准。如王远伟和钱林晓根据

---

① 邬志辉、王存：《农村被撤并学校资产处置的政策选择》，载《教育发展研究》2009年第21期，第6~10页。

服务半径、服务人口、学校规模、班级规模和班级数量五个指标，对不同地理条件（山区、丘陵、平原）地区分别确立了农村中小学的布局标准（见表21-1）[①]。孔云峰、李小建和张雪峰则把学校布局的核心问题凝结为学校的空间可达性问题，即学生从居住地到学校的便捷程度。空间可达性好意味着，学生从居住地到学校的总体（或平均）旅行距离、时间或费用最小，在一定距离范围内学校服务人口最多，学生上学方便程度的差异最小。他们还提出了比例（特定区域内资源总量如学校、教师、班级、图书、资产数量等与人口之比）、最近距离（学生到达最近学校的距离、时间或费用）、机会积累（在一定距离范围内可供选择的学校数目）、重力（所有学校对学生家长的吸引力累计值）和改进重力（考虑了学校周围人口或学生数目距离阻抗的重力）等学校布局指标[②]，但却没有给出具体的最佳或合理标准。

表21-1　　　　不同地形农村小学和初中的合理布局标准

	服务半径 （公里）	服务人口 （人）	学校规模 （人）	班级规模 （人）	班级数量 （个）
山区走读小学	1.5~2，不超过3	2 500~5 000	200~400	30~40	6~12
山区寄宿小学	3~6，不超过6	6 500~12 000	360~600	30~40	12~18
丘陵平原小学	2~2.5，不超过3.5	5 000~10 000	360~600	30~40	12~18
教学点或初小	小学低年级学生最近上学距离超过3公里，上学时间超过50分钟		10~30	可复式教学或多级复式教学，可隔年招生，可放宽入学年龄（提前或推迟1~2年）	
山区初中	7.5~15	13 000~22 000	600~900	45左右	12~18
丘陵初中	10左右	20 000~30 000	810~1200	45左右	18~27
平原初中	10左右	20 000~40 000	810~1200	45左右	18~27

注：此表为笔者根据《关于农村中小学合理布局的设计》一文提供的数据编制，特作说明。

以上有关农村学校布局合理化标准的研究，远远超越了2001年《关于基础教育改革与发展的决定》中提出的政策标准，是一个重大进步，对于各地科学设置学校、合理规划学校布局具有重要的指导意义。但是，与复杂的农村现实相

[①] 王远伟、钱林晓：《关于农村中小学合理布局的设计》，载《华中师范大学学报（人文社会科学版）》2008年第3期，第136~140页。
[②] 孔云峰、李小建、张雪峰：《农村中小学布局调整之空间可达性分析——以河南省巩义市初级中学为例》，载《遥感学报》2008年第5期，第800~809页。

比，以上标准还显得过于理性化和静态化。首先，学校并不是一个没有意义的空间，它与农村社区有着复杂的联系，关闭学校在某种意义上等于抽离乡村社会的意义存在，所以我们不能完全用服务人口、上学距离等理性化的标准去衡量。其次，农村社会是一个文化多元的复杂社会，有的农村学校有百余年的历史，有的村庄与另一个邻近村庄有宗族矛盾，不同的宗教文化和民族文化有不合校的传统等等，如果仅仅以学校规模、服务半径等为标准强行合并，必然会引发冲突与矛盾。再次，虽然近年来农村基础设施建设取得重大进步，但仍有很多地区交通不便，存在重大安全隐患，如果我们仅仅根据山区、平原和丘陵等地理环境为布局标准，而不考虑实际的交通条件，就会引发新的求学难，甚至可能导致辍学率上升。最后，当前我国正处在城镇化快速发展时期，农村人口的向城性流动极为频繁，而且未来农村人口总体发展态势仍然存在变数，如果以目前的学龄人口为基点确立布局调整标准，那么一旦出现返乡潮或人口政策变化，学校布局又会面临新的挑战。

三、地方教育行政部门开发的标准重视客观效果，忽视农民的主观感受和利益诉求

尽管国家的政策标准过于模糊，但这并不意味着现实中全国各县市撤并学校没有标准。从目前搜集到的部分县市中小学布局调整标准看，多注重客观效果。以安徽省怀远县为例，该县在 2010 年 5 月最新公布的《怀远县中小学布局调整规划工作方案》中确定了这样的标准："重点发展乡镇中心小学和较大规模小学。各完全小学可就近招收毗邻乡村的学龄儿童入学，有计划地撤并一批规模小、条件差的完小和教学点。凡保留的完小人口覆盖面应在 3 000～5 000 人；农村每个行政村原则上只保留一所完小。不足 120 名学生的小学原则上予以撤并，就近到其他小学就读。考虑低年级学生年龄实际，可在原校暂设教学点，归属邻近完小管理，不再单独立户。农村完小应逐步达到 12 个教学班 540 人（每班 45 人）的办学规模。积极筹划实施寄宿制学校项目。""3 万人左右的乡镇可办 1～2 所初中，4 万人以上的乡镇可办 2～3 所初中。对规模大、覆盖地域广的农村初中积极创造条件实行寄宿制。通过调整，使多数农村初中达到 12 个班以上、每班学额 50 人、在校学生 600 人以上的规模。除地理环境较为特殊的区域外，原则上不办九年一贯制学校。不足 200 名学生的初中原则上予以撤并，其学生就近到其他初中就读，可不受乡、镇区域限制。"[①]

---

① 怀远县教育局：《怀远县中小学布局调整规划工作方案》，载 http://www.ahhy.gov.cn/，2002 年 5 月 12 日。

应该说，该标准基本代表了我国县级教育行政部门对农村学校布局标准的认识水平，也体现了地方"注重扩大办学规模，加强标准化学校建设；优化教育资源配置，全面提升教育投资效益和教育教学质量"的价值追求。但是，对于"不足 120 名学生的小学"和"不足 200 名学生的初中""原则上予以撤并"，依据是什么？没有明确标准的结果就是"原则上予以撤并"在现实中沦落为"一律撤并"，农民的主观感受被忽视，他们的教育利益诉求得不到尊重。我们在"执政为民"理念下的"为民做主"，在现实中常演变为"替民做主"，农民在关乎自己重大切身利益的问题上缺少知情权、表达权甚至决定权，农民的主体性得不到彰显。

第二节 建立农村学校布局调整标准的约束条件

从严格意义上说，前文所述之标准是关于农村学校"布局"之标准，而非农村学校"布局调整"之标准。如果把农村学校"布局标准"理解为在什么地方设立学校、设立多大规模的学校、学校的服务人口和服务半径是多少的话，那么农村学校"布局调整标准"首先是关于什么样的学校应该被关闭、被合并的问题，然后才是在哪里新建学校、对哪些学校进行扩建、如何变更学校功能和结构的问题。在城市，由于人口密度大、交通条件好，因此在学校布局调整问题上除了会存在一定的组织重构难度外，相对来说比较简单。而在农村，学校布局调整要复杂得多，因此要建立一个符合中国国情的、能满足全国各地实际需要的农村学校布局调整标准，是一件非常困难的事情。在我看来，建立农村学校布局调整标准的问题实质上就是一个多目标线性规划问题，即在一定条件下，如何合理安排教育要素资源，使学生上学距离最近、学校服务人口最多、教育资金投入最省、教育教学质量最高，学校布局调整次数最少。虽然以上目标是各利益相关主体所追求的，但这些目标的实现还受一系列主观或客观条件的限制，这些限制性条件就是约束条件。充分认识农村学校布局调整的约束条件，无论是对于制定学校布局调整标准还是科学规划农村学校布局都具有重要的战略意义。

农村学校布局调整的限制性条件主要包括三大类，即物质性约束条件、社会性约束条件和教育性约束条件。

一、物质性约束条件

所谓物质性约束条件是以物质形态存在并与物质形态相伴附形成的对学校存废以及存在方式的影响条件。一般来说，学校布局调整的物质性约束条件主要包括两大类，一是自然地理条件，二是交通条件。

（一）自然地理条件

所谓自然地理条件，就是学校所在地的地形、气候、地理构造、水文等影响学校存废与存在方式的要素综合体。自然地理条件首先影响人类的居住地选择，进而影响人口的分布与密度，最终影响学校的设立与撤并。从地形上看，我国有山地、高原、丘陵、平原、海岛、库区等，由于不同地形的交通条件不同，学生上学的方便程度也大不一样。山地、丘陵、海岛、森林地区会延长学生的上下学时间，比较适宜于分散布局，在交通条件较好的地区可采用寄宿制方式，对于像高原、平原、库区等地形，则较适合于相对集中的学校布局，便于走读。从气候上看，北方冬季寒冷，南方夏季炎热，如果学生长时间在寒冷或炎热的环境中户外行走，就会造成冻伤或中暑，因此在布局调整上应实施就近入学或寄宿学习的政策。同样，海岛和靠近大海的陆地也会受台风影响，学校的布局需要非同一般的标准。再从地理构造上看，我国有许多地区处于地震多发地带，如果探明学校确实处地震多发区上，就应该撤并学校搬迁至受地震影响较小的地带。从水文上看，由于受季节性降水的影响，江河湖泊会发生洪水或决堤，所以在靠近江河湖泊的地区，要选择地势相对较高的地方设立学校。

（二）交通条件

所谓交通条件是指学生从居住地到学校的便捷程度与安全程度。交通的便捷程度与交通方式、道路状况、地形特点和交通距离四个变量直接相关。从交通方式看，可以步行、骑自行车或摩托车、乘坐公交车或校车、划船或乘船等，由于不同交通方式的动力基础不同，所导致的交通便捷程度也就不一样。从道路状况上说，在乡村既有一级公路，也有乡村公路，还有乡间小道和崎岖山路，不同的道路条件不仅影响着学生的上下学时间，还影响着学生的生命安全。通常情况下，地形特点越复杂、交通动力基础越弱、路况越差，则学生上下学的交通就越不便利。综合以上因素，我们可以把交通的便捷程度凝结为一项指标——交通时间。交通时间长，不仅意味着交通距离远、交通方式不便、道路条件较差、地形特点复杂，还意味着交通费用较高。如果学校布局调整是以增加部分弱势农民的负担为代价的，那么这项改革的正义基础就会动摇。交通的安全程度既与道路状况和地形特点有关，也与自然生态环境有关。如果在学生上下学途中存在发生泥石流、山体塌方、江河决堤、野兽出没等重大安全隐患的可能，则必须保留教学点。

二、社会性约束条件

所谓社会性约束条件是指某一地区的经济社会发展状况、文化传统习俗、政府和百姓意愿等因素对农村学校存废及存在方式的影响和制约。学校是一个社会性存在，不同的社会政治经济文化特征会直接限制学校的布局结构及其调整方式。农村学校布局调整的社会性约束条件包括人口条件，宗族、民族、宗教文化条件，社会治安条件，家庭生存形态条件，地方政府资金供给条件和百姓教育意愿条件六个方面。

（一）人口条件

人口数量、结构与密度的静态分布和人口生育水平与迁移力度的动态变化是影响农村学校布局及其调整的重要变量。在一定空间范畴内，人口的数量和结构变化直接决定着学校生源的增减。随着1973年国家计划生育政策的陆续推行，我国农村不仅人口总量在减少，而且学龄人口数量也在减少。由于在县域范围内人口的城镇化水平还比较低，人口密度小，居住比较分散，因此十分不利于农村中小学的规模化办学。不仅如此，在总体上我国的人口分布以黑龙江漠河与云南腾冲连线为分界线，呈"东南多、西北少"的结构特征。东南地区国土面积虽然仅占全国的43%，但人口却占全国的94%，西北地区国土面积尽管占全国的57%，而人口却只占6%。因此，西北农村地区的学校布局调整难度更大。随着我国人口出生率的下降，农村家庭少子化现象越发明显[①]，原有的学校分布格局

---

① 据统计，我国1978年的人口出生率为18.25%，1988年为22.37%，1998年为15.64%，2008年则是12.14%。尽管目前农村育龄妇女的出生率还高于城市和县镇，但是随着农村家庭生育观念的改变，生育率还会下降，这将对未来的农村学校布局产生重要影响。

2008年全国城乡育龄妇女的出生率、孩次率 单位：%

	出生率	一孩率	二孩率	三孩及以上率
城市	31.21	26.29	4.58	0.23
县镇	38.22	25.91	11.18	1.13
农村	43.10	26.31	14.66	2.13

资料来源：国家统计局人口和就业统计司编：《中国人口和就业统计年鉴·2009》，中国统计出版社2009年版，第107~109页。

使各学校普遍面临生源危机。不仅如此,随着城镇化进程的快速推进,越来越多的进程务工人员将自己的子女带进城市,这将使本来就显得紧张的生源变得更加紧张。然而,进城务工人员子女的就学地点具有不稳定性,随时会根据农村教育政策的变动和时局变化而产生新的迁移动向(如返乡)。所以农村学校布局调整是一个持续不断的过程,不可能做到一步到位。

(二) 宗族、民族、宗教文化条件

宗族亦称"家族",系乡村社会中拥有共同祖先的人基于血缘关系、为了种姓利益而结合成的共同体。宗族通常表现为一个姓氏在特定空间内形成的一个较大居住聚落。改革开放以来,随着家户经济的再兴、政府"公有"力量的部分消减以及宗族文化利用祭奠、族戏、婚丧嫁娶等仪式在乡村社会中所产生的凝聚作用,使农村宗族普遍复兴。在不同宗族之间经常会因荣誉、游戏或利益而发生宗族矛盾或冲突。宗族矛盾不仅影响着不同宗族之间的通婚与经济合作,也影响相互之间的学校合并。我们在调研中发现,两所学校虽然仅有一街之隔,但由于宗族矛盾却无法合并。中国有56个民族129种语言,每一种语言都是一个民族文化的遗传密码。在多民族聚居地区,尽管在经济、社会和文化交往过程中可以理解甚至使用其他民族的语言,但是在教育语言的选择上,每一个民族都愿意使用自己的母语①来授课和学习。如果各民族的出生率减少,即使两个民族学校不存在交通阻隔与距离,也不愿意合并学校。在西方,学校布局最初起源于民众的宗教狂热。在教徒聚集地,教堂承担着教授信徒教义的任务,但随着市镇人数的发展,教堂越来越无法承担教授众多信徒的任务,遂设立学校。在中国,不同宗教之间、同一宗教的不同教派之间也存在着信义的差别,对于信仰相异的信徒来说,他们同样不愿意把"自己的"学校与"别人的"学校相合并。

(三) 社会治安条件

社会治安与农村学校布局之间的制约关系可以从两个维度来理解。一方面,农村学校布局调整在一定程度上引发了社会治安混乱。布局调整使被撤并学校村庄的人口锐减,而新合并学校所在的村庄或集镇人口剧增。家长为了照顾年幼子

---

① 中国境内现有五大语系129种语言,其中117种语言已经濒危或正在走向濒危。在这129种语言中,汉藏语系76种、阿尔泰语系21种、南岛语系16种、南亚语系9种、印欧语系1种、混合语系5种,还有1种朝鲜语,尚难界定合适的语系。中国现今使用的文字有39种,历史上曾使用、现在已经停止使用的"死文字"有17种。

女上学，多随居于学校附近，"熟人社会"被打破，社会治安出现混乱，外来租房者屡有被盗经历。学校被撤后，村庄只剩下老年人，盗窃事件和不法人员时常进村欺骗留村人员。更为严重的是，布局调整使初中学生辍学，他们没有一技之长，闲散于社会，带来许多不安定因素。据调查，在山西中阳县农村近几年社会秩序严重紊乱，入室抢劫、绑架等事件时有发生，多系中途退学初中生所为[①]。另一方面，社会上的不安定因素也使学生安全受到威胁。在寄宿学校，由于管理力量薄弱，时常发生社会不法人员入校侵害学生的事例；对于走读生，由于上学路程变远，学生途中被劫甚至被侵害的案例也时有报道。因此，学校布局调整必须保障学生在学校和上下学途中的安全。

（四）家庭生存形态条件

所谓家庭生存形态系指农村家庭的日常生活形式和主要的经济生活方式。传统上，农村家庭的经济生活是以农耕为主，与之相适应的学校布局文化是耕读传家，学校就设在家门口。在草原，农村家庭的经济生活方式是以放牧为主，与之相适应的学校布局文化是游牧游学，如"马背学校"。在江河湖海，有一些农村家庭的经济生活方式是以捕鱼为主，长期浮居水上，以艇为家，与之相适应的学校布局文化是漂泊教育，如"船上学校"。如今，这些传统的生存形态已经发生了很大甚至是根本性的改变。农村城镇化进程的快速推进和农民经济生活方式的改变，导致农村居民越来越多地进城务工。虽然他们的迁移方式发生了由单身流动到夫妻流动再到举家搬迁的形态转变，但是他们的户口都在农村，这是一种新的家庭生存方式。他们进城后多聚居于城乡接合部，子女多在打工子弟学校或棚户学校上学。2006年新修订的《中华人民共和国义务教育法》第十二条规定："地方各级人民政府应当保障适龄儿童、少年在户籍所在地学校就近入学"，可是这些随迁子女的"户籍所在地"是农村，而人却居住在城市，依据法定的"户籍所在地"原则，他们无论如何也做不到"就近入学"。这是一群特殊的"农村"学生群体，如何保障他们的就学权益成为农村学校布局调整标准必须考虑的问题。

（五）地方政府资金供给条件

为了能让更多的学生群体在学校布局调整后上学距离相对较近，许多县市选择了关闭原有学校、在异地新建学校，或者扩建寄宿学校的调整方式，这种方式

[①] 斛建军、阙祥才：《新农村建设背景下的农村中小学布局调整》，载《榆林学院学报》2009年第2期，第109~112页。

对地方政府提出了较高的资金需求。学校布局调整后,为了优化教育资源配置、改善学校办学条件,就必须购买新的仪器设备、配置新的教育教学设施,这同样需要高额的教育投入。尽管农村学校布局调整的倡导者宣称"撤并学校可以减少政府开支、提升学校的规模效益",但实际上教育的支出不是减少了,而是转嫁了,离学校较远的农民家庭每年要为上学额外支出上千元的交通费、伙食费和住宿费。如果由政府支付超出学生法定上学距离而产生的所有相关费用,那么农村学校布局调整将是一项十分昂贵的教育改革。美国学校撤并的倡导者也相信,学校规模过小会增加生均教育投入,合并学校可以降低办学成本。但是,20世纪90年代美国西弗吉尼亚州的一项研究表明,政府宣称可为纳税人节约数百万美元的目标并没有实现,相反州政府在学校合并上的花费超过了十亿美元[1]。学校布局调整是费钱的,如果县市政府没有足够的资金供给,那么政府承诺的预期布局调整目标就难以实现。

(六) 百姓教育意愿条件

农村学校布局调整是事关7亿多农民教育利益的大事。在事关农民利益的问题上,应该听取并尊重农民的意愿,这是学校布局调整的程序正义。农民对乡村学校是有感情的,因为乡村小学多是在国家投入极为有限的条件下由农民自己掏腰包办起来的,有的村甚至为了"普九"达标还负了债。学校不仅是乡村的标志性建筑,而且还是乡村的精神象征,具有超出实物的符号意义。农民之所以不愿意撤并学校,是因为他们不仅担心孩子上学路途远、额外费用高、无法做家务,更担心到外村就读会受人欺负[2]。我们在调查中发现,一些地方教育行政部门在撤并乡村学校过程中很少征求村委会、村长和农民的意见,只是"告知"农民学校要撤并,因而引发了农民的强烈反对,有的地方农民甚至自发成立了"保校会",保护村校免遭突然袭击式撤并。"以人为本、尊重民意"是学校布局调整的底线要求,是教育行政伦理的直接体现。因此,在撤并农村学校前,要通过听证会、村民大会等形式,充分听取广大农民、乡镇政府、村民自治组织的意见,并尊重大多数人的意见。这是对学校布局调整的过程约束,也是学校布局调整标准不可或缺的内容。

---

[1] 王强:《20世纪美国农村"学校合并"运动述评》,载《外国中小学教育》2007年第8期,第1~4页。

[2] 范先佐:《农村中小学布局调整的原因、动力及方式选择》,载《教育与经济》2006年第1期,第27~29页。

三、教育性约束条件

所谓教育性约束条件是指学校布局调整要尊重教育规律和办学规律，充分考虑教育要素对学校布局的基本要求，使布局调整充分发挥提高教育质量和效益、促进学生身心全面健康发展的教育功能。如果不能实现以上教育性目的，就不应该随意撤并学校。农村学校布局调整的教育性约束条件主要包括学生身心发展条件、学校与农村社区关系条件、学校自身历史文化条件和学校功能发挥条件四个方面。

（一）学生身心发展条件

对大多数农村学生来说，学校布局调整意味着上学距离的变远。小学高年段学生和初中生对上学距离变远似乎还可以适应，但对小学低年段学生而言，却是一段无法适应的距离。6～12岁的小学生，年龄尚小，在身体上正处在发育期，长时间行走容易导致疲劳和受伤害；在情感上正处于对父母的依恋期，长时间与父母分离对其情感的健康发展十分不利；在生活上自理能力还比较差，自我控制能力尚未形成，很容易受客观环境影响；在心理发展上对熟悉的家庭和社区环境具有较强的依赖性，长期间在一个陌生的环境中学习与生活，对其社会性形成有不良影响，尤其是孩子在学校生病、受欺侮时，会对其心理造成严重的伤害。以上的学生身心发展特点决定了在小学低年段不宜采用寄宿制布局，也不宜长时间步行上学。即使是乘车上学，小学生的乘车时间也不宜超过30分钟，初中生不宜超过50分钟。美国学者卢瑶池和卢瑟·特威坦恩（Yao-Chi Lu and Luther Tweeten）的研究就表明，在学业成就方面，每天乘坐校车一小时的小学生比不乘坐校车者平均降低2.6分，高中生的学业成就平均降低0.5分[1]。

（二）学校与农村社区关系条件

"对住在同一地区的人来说，学校是共同性的基础。学校是社区居民一起参加各种活动，交换意见，协商利害关系，积累共同经验，培养相同的回忆和归属感的基础，是社区社会的共同性基础。"[2] 如果学校被撤并，则乡村社区这种共

---

[1] Yao-Chi Lu and Luther Tweeten. *The Impact of Busing on Student Achievement*. Growth and Change, 1973, Vol. 4, No. 4, pp. 44-46.

[2] ［日］藤田英典著，张琼华、许敏译：《走出教育改革的误区》，人民教育出版社2000年版，前言第3页。

同性的基础便会遭到破坏，孩子的生活脱离社区反过来又会破坏社区的活力基础。丧失了凝聚力的乡村社区会进一步促进家庭的孤立化，把孩子的生活封闭在学校与家庭的循环之中①。实际上，在一定聚落空间内，"学校对临近地区的服务远不止教育功能，作为学生及家长关注的焦点，它是临近地区'适于居住性'的象征"②。对乡村社区来说，学校的消失就是具有象征意义和维系社区凝聚力的"纽带"的消失，这不仅会使社区失去重要的社会交往资源，而且还会使乡村社区变成不适宜居住的地区，加剧农村社区瓦解与农村人口外流，进而导致乡村社会的荒漠化。当村民听到校园里朗朗的读书声时，就会想起要提醒自己的孩子读书学习，当孩子的读书声消失的时候，当孩子上学的身影远离视线的时候，随之逝去的是一种文明。因此，学校是乡村社会有机性的重要组成部分，要视学校与社区之间的关系确定学校是否应该撤并。

（三）学校自身历史文化条件

学校是有生命的，它会默默地记录岁月、记录不同人物的生命故事。对于具有几十年甚至上百年传统的老校来说，学校的建筑、学校内的每一个器物都代表着厚重的文化。在浙江和福建，至今仍然保留着许多具有悠久历史的古迹学校。这些学校不仅历史悠久，而且名人辈出，对于这样的学校不能轻言撤并，因为"学校没有了，村子也就没有希望了"。教育是一个民族的"神经系统"，是一个民族传统与期望的最好表达。正如王丽在评论具有 500 年"兴养立教"历史的福建培田村学校撤并现象时所说的："一所所乡村学校相继关闭，随之被切断的是一个个村庄的历史传统与人文血脉。培田村一旦失去了与村落建筑相依存的独特的人文生态，将只剩下一个没有灵魂与血肉的躯壳，成为供人'到此一游'的古董。"③

（四）学校功能发挥条件

一所学校之所以被称之为学校，从社会学的意义上看是因为要发挥一定的社会功能。为了达到这一期望的功能，学校必须有质量地开足开齐国家规定的所有课程，按专业化的标准配足配齐相应的专任教师。根据国家颁布的《基础教育课程改革纲要（试行）》之规定，小学需开设品德与生活（品德与社会）、语文、

---

① ［日］藤田英典著，张琼华、许敏译：《走出教育改革的误区》，人民教育出版社 2000 年版，前言第 4 页。
② 石人炳：《国外关于学校布局调整的研究及启示》，载《比较教育研究》2004 年第 12 期，第 35～39 页。
③ 王丽：《一座村庄的教育血脉》，载《中国青年报》2010 年 1 月 27 日，冰点特稿第 739 期。

数学、科学、外语、综合实践活动、体育、艺术（或音乐、美术）、地方与学校开发或选用的课程共9门，六年累计教学工作量为6 020学时，按每名教师每周20课时为满工作量、每学期工作21周计算，那么一所小学至少需要14名教师才能让小学的基本教育教学功能得以发挥。再按照国家规定的1∶19～23生师比计算，那么小学的最低规模应为266～322人；初中需要开设思想品德、语文、数学、外语、科学（或物理、化学、生物）、历史与社会（或历史、地理）、体育与健康、艺术（或音乐、美术）、综合实践活动、地方与学校开发或选用的课程共10门，三年累计教学工作量为3 502学时，如果按每名教师每周14课时为满工作量、每学期工作21周计算，那么一所初中至少需要12名教师才能完成初中的教育教学任务，按照国家规定的1∶13.5～18生师比计算，那么初中的最低规模应为162～216人，考虑到初中可以适度扩大规模，因此最低规模还可以大幅度地提高。当然，如果教师每周工作量和生师比发生变化，那么学校最低规模也会发生改变。

在以上十二条约束条件中，如果相互之间发生矛盾与冲突，则应以不能通过增加投入加以改变的条件为优先约束条件。比如在学生身心发展条件和学校功能发挥条件之间，后者是充分约束条件，可以通过缩小生师比和增加教师编制配置的方式来加以改变，但前者则是必要约束条件，不可改变。

第三节　中国特色农村学校布局调整标准的理论建构

构建中国特色农村中小学布局调整标准的过程，就是根据各县市提供的约束条件弹性以实现满意的学校布局调整目标的过程。在上述十二项约束条件中，根据主体通过努力可以改变的程度不同，大体上还可以分为三类：第一类是基本不可以改变的约束条件，如自然地理条件，宗族、民族、宗教文化条件，学生身心发展条件和学校自身历史文化条件，这些条件将成为学校布局调整的底线标准。第二类是在一定条件下可以改变的条件，如人口条件，家庭生存形态条件，百姓教育意愿条件和学校与农村社区关系条件。第三类是完全可以改变的条件，如交通条件，地方政府资金供给条件，社会治安条件和学校功能发挥条件。第二类和第三类条件是确定农村学校布局调整"一次弹性标准"和"二次弹性标准"的依据。当然，以上三种类型的划分并不是绝对的，在一定条件下三者之间可能会相互转化。

全国有2 859个县级行政区划，由于各县市所处区位、经济发展水平、城镇化程度、自然资源环境、地方文化传统、居民受教育年限等条件各不相同，因此能为学校布局调整提供的约束条件弹性也不一样。根据1983年我国颁布的国家标准（GB3953.1—83）中的界定，标准是对重复性事物和概念所做的统一规定。它以科学、技术和实践经验的综合成果为基础，经有关方面协商一致，由主管机构批准，以特定形式发布，作为共同遵守的准则和依据。由于学校布局调整的复杂性远远高于技术标准，所以不可能有完全统一的国家标准，但是我们可以根据上述约束条件理论，提出"底线 + 弹性"的学校布局调整标准设计思路，以供各县市在制订学校布局调整规划时参考。

一、农村学校布局的撤销合并标准

在学龄人口总量趋于减少的大背景下，农村学校布局调整首先表现为撤并学校。学校撤并包括两层含义：一是撤销或关闭学校；二是把原来的学校变更为初小或教学点[1]，在隶属关系上归邻近的完小或中心校管理，俗称"撤点并校"。

农村小学撤并的主要对象是村小和教学点，主要目标是根据生源变动性、交通便利性、文化相融性和学校历史性等原则，有计划分步骤地撤并一些村小和教学点，鼓励在交通不便和道路不安全地区保留教学点，积极推进乡村办初小、联村办完小、乡镇办中心小学。小学三年级之前原则上禁止办寄宿学校。

笔者参考中国台湾教育部制订的"小型学校发展评估指标"[2]，提出"底线标准 + 弹性标准"的学校布局调整标准设计思路。所谓"底线标准"就是一票否决标准，只要符合其中任何一条，原则上学校就不宜进行撤并。"弹性标准"

---

[1] 在小学阶段，有5种不同性质的初等教育组织：教学点、初小、完小、非完小和中心校。所谓教学点是只有一名教师，对不同年级的孩子采用复式教学的教育组织形式。近年来，随着教学点体制改革的深化，传统的一师一校局面有了很大的改变，现在教学点的教师隶属于中心校并由中心校派出，可以实现多位教师同时走教到教学点上课。所谓初小亦称初等小学，系民国时期"壬子癸丑学制"规定的小学教育制度，即初等小学校4年，收7~10岁儿童；高等小学校3年，收初小毕业生。现在，人们常常习惯于把仅有小学前三年教育的学校称为初小，为了保证学校的办学规模，许多地方在初小还附设了学前班或幼儿园。所谓完小亦称完全小学，是指从一到六年级（五年制学校是一到五年级）每个年级都有班级，且分班正常上课的小学。但在一些边远地区，由于交通不便、师资匮乏等原因，导致学校年级不完整，只设部分年级，这样的小学为非完全小学。中心小学也称中心校，是2001年实行"以县为主"管理体制后，为有效发挥乡镇对所辖中小学的管理职能，受县（市）教育局委托，在辖区内行使部分行政管理职能和教育教学的研究、管理和指导职能的乡镇小学，每个乡镇仅设一所中心学校。

[2] 为了保障学校撤并工作科学有序推进，台湾省教育部研究制订了"小型学校发展评估指标"作为评估小学是否应该被撤并的筛检工具。小型学校发展评估指标分为"一般性指标"及"特殊性指标"两类，"一般性指标"系指需要通过综合评断来确定学校是否应该撤并的指标，评分越低，表示学校越应考虑撤并；"特殊性指标"系指不宜撤并的因素，只要学校符合其中的任何一项指标，即表示学校不宜进行撤并。详见 http://tnta.tnc.edu.tw/tntaxoops2/uploads/dc8e2644 - aa5b - d856.doc。

又分"一次弹性标准"和"二次弹性标准"两类。所谓"一次弹性标准"是经过综合评分,分值在满分的 40%～60% 区间的学校,此类学校比较适宜变更为初小或教学点。所谓"二次弹性标准"就是经过综合评分,分值低于满分 40% 以下的学校,此类学校可以考虑撤并。

表 21-2　　　　农村小学撤并的"底线+弹性"标准

		分数				
		5	4	3	2	1
弹性标准	1. 在校生人数	81 人以上	61～80 人	41～60 人	21～40 人	20 人以下
	2. 学生学业测试成绩	90 分以上	81～90 分	71～80 分	61～70 分	60 分以下
	3. 居住地到学校的距离	3 公里以上	2.1～3 公里	1.6～2 公里	1～1.5 公里	1 公里以内
	4. 可用的交通方式	只能步行	骑自行车	自费公交车	半费公交车	免费公交车
	5. 学校历史	81～100 年	61～80 年	41～60 年	21～40 年	20 年以下
	6. 学校与农村社区关系	高度依赖	较高依赖	中度依赖	较低依赖	低度依赖
	7. 社区的学龄人口结构	20% 以上增长率	10% 以下增长率	基本稳定	10% 以下外移率	20% 以上外移率
	8. 地方政府年度资金投入	8 000 万元以上	6 001 万～8 000 万元	4 001 万～6 000 万元	2 000 万～4 000 万元	2 000 万元以下
	9. 原校区用途	仍为教育所用	由教育部门出租	拍卖资金归教育	归村集体所用	荒芜闲置
	10. 社会治安安全感率	60% 以下	61%～70%	71%～80%	81%～90%	90% 以上
	11. 其他					
底线指标	1. 该乡镇只有一所小学 2. 跨越不同民族、宗教群体的学校,或邻近宗族之间存在矛盾冲突 3. 到邻近学校的交通道路存在重大安全隐患,如泥石流、山体塌方、江河决堤、野兽出没等 4. 学校建筑历史超过 100 年以上 5. 60% 以上社区居民强烈反对 6. 其他					

　　与农村小学相比,农村初中的撤并压力相对较小。由于初中生的生活自理能力增强,对家庭的依赖性减弱,情感发展日益完善、身体日益强壮,因此可以适度扩大办学规模,发展寄宿制初中。按照新的乡镇建设规划,原则上每个乡镇只办一所初中,人口超过 4 万人的乡镇可增办一所初中,人口不足 2 万人的乡镇可举办九年一贯制学校。以前文测算的初中最低规模 162～216 人为底线,凡满足

以下条件的，均可以考虑实施撤并：(1) 规模小于 6 个班、在校生人数不足 210 人、条件差、潜力小的初中；(2) 学生学业测试成绩平均不足 65 分的初中；(3) 初中适龄人口下降较快、未来五年内达不到最低在校生规模、服务人口不足 15 000 人的初中。

二、农村学校布局的新建扩建标准

根据上述农村学校撤并标准，凡符合"不适宜撤并学校"、"性质或功能适宜变更学校"标准之外的所有布局调整对象学校，都属于新建扩建学校。新建扩建学校可按学校规模经济（economics of scale）[①] 理论进行设计，同时适当参考相关弹性变量。学校布局调整中的新建扩建学校之所以要遵循规模经济逻辑，是因为：第一，它排除了许多不适宜撤并的弹性变量的干扰，诸如地理环境、交通条件等，可以相对地按理性的原则进行设计；第二，学校资源的运用具有整体性与不可分割性。所谓资源的整体性指学校中的校园占地、建筑设施、仪器设备等资源不会因为学生人数的减少而节约，而学校资源的不可分割性系指某些资源是按固定单位使用的，它不会因为需求不及一个单位而将其分割，如教室的冬季取暖。第三，学校教学与管理的专业化分工有助于提升教育质量与效率。学校规模增大可以突破教师全科教学或多科教学带来的困扰，有助于促进教师的专业发展。由于教师编制的扩大，还可以让校长按标准配备更多的学校管理人员，分工协作，推动学校管理的专业化。第四，可以为学生提供更丰富多样的、能满足学生个性发展需要的课程或活动，增加学生的选择空间与发展机会。

农村学校布局的新建扩建标准应按学校的服务半径、服务人口、学校规模（班轨数量、班额）、资源配置、占地面积（建筑面积）五大指标全面考量。

（一）农村小学的新建扩建标准

远边山区新建扩建小学的服务半径以 1.5~2.5 公里为宜，服务人口 3 000~5 000 人，学校规模 250~400 人，1~2 轨共 6~12 个教学班，班额在 35~40 人，要配足配齐教师、开足开齐课程，教学仪器设备和音体美设施标准化，校园占地

[①] 学校规模经济理论是以成本—产出模型来计算学校布局是否经济的理论。该理论以"教育资源投入"为单位成本（教育成本通常分为"固定成本"和"变动成本"两部分。固定成本以学校土地、建筑及设备等为主，通常固定不变，当学生人数不断增加时，单位成本则相应减少。变动成本以生均公用经费、教师工资、校舍维修资金等为主，通常随人员多少和事情大小而变），以"学生人数"为产出，认为当学生人数增加的比例大于单位学生成本增加的比例时，便为"学校规模经济"，反之，则为"学校规模不经济"。

在 10 亩以上，建筑面积 2 000 平方米以上。对于边远山区的寄宿制学校（招收 4~6 年级的小学生），服务半径可扩大到 3~5 公里，服务人口扩大为 6 000 万~10 000 万人，学校规模在 375~600 人，1.5~3 轨共 9~18 个教学班，在配足配齐教师、开足开齐课程的前提下，每 50 名住宿生要配备 1 名生活老师，每校配备 2 名以上专职医务人员，校园占地可扩大到 15 亩以上，建筑面积可扩大到 4 000 平方米以上，生均住宿面积不低于 3 平方米。

丘陵平原新建扩建小学的服务半径一般应为 2~3 公里，服务人口 7 000~12 000 人，学校规模 600~1 000 人，3~4 轨共 18~24 个教学班，班额在 40~45 人，教学仪器设备、音体美设施标准化，校园占地在 30 亩以上，建筑面积 8 000 平方米以上。在留守儿童较多的地区可兴办寄宿制学校，生均住宿面积亦保持在 3 平方米以上。对于县镇新建扩建的小学，由于人口密度相对较大，在不扩大服务半径的前提下可把服务人口数适当增加至 15 000 万~20 000 万人，学校规模可扩大到 1 000~1 500 人，4~6 轨共 24~36 个教学班，班额控制在 40 人左右，校园占地可增至 50 亩以上，建筑面积在 12 000 平方米以上。

（二）农村初中的新建扩建标准

边远山区新建扩建的初中服务半径应为 7~12 公里，服务人口 15 000~25 000 人，学校规模 600~950 人，5~7 轨共 15~21 个教学班，班额在 45 人左右，教师结构合理化，生化实验室、音乐美术功能教室和体育运动场地设施标准化，校园占地 35 亩以上，建筑面积 7 000 平方米以上。对于边远山区的寄宿制学校，服务半径可扩大至 15~20 公里，服务人口扩大为 25 000 万~30 000 万人，学校规模 840~1 200 人，7~9 轨共 21~27 个教学班，每班 45 人，每 70 名住宿学生配备 1 名生活老师，每校配备 3 名以上专职医务人员，校园占地可扩大到 45 亩以上，建筑面积扩大到 9 000 平方米以上，生均住宿面积不低于 4 平方米。

丘陵平原新建扩建初中的服务半径一般应为 10 公里左右，服务人口 25 000~30 000 人，学校规模约 900~1 200 人，7~9 轨共 21~27 个教学班，每班 45 人左右，教师结构合理化，生化实验室、音乐美术功能教室和体育运动场地设施标准化，校园占地在 45 亩以上，建筑面积 9 000 平方米以上。对于实行寄宿制的初中，服务半径、服务人口、校园占地和建筑面积均可适当扩大，并保证每生住宿面积不低于 4 平方米。对于县镇新建扩建的初中，服务半径可扩大至 30 000 万~40 000 万人，学校规模可增加到 1 600~2 200 人，12~16 轨共 36~48 个教学班，班额控制在 45 人，校园占地面积 90 亩以上，建筑面积 16 000 平方米以上。

第二十二章

农村学校布局调整合理化模型建构研究

在学校布局调整的过程中,实践者关心的核心问题是"学校布局应该如何调整",而学校布局调整本质上是一个决策问题,核心问题也即是"学校布局调整应该如何进行决策"。然而,学校布局调整受限于诸多影响因素,为此,因素整合是学校布局调整需要面临的重要问题。通常通过合理化的模型来整合因素,基于合理化的模型,不同方案的优劣可以在相同的标准下进行比较,因此,方案的优化选择有了可以参考的依据。在学校布局调整时,需要明确决策的根本目的,也即决策者的效用,同时,也应该明确决策的外部限制条件和风险。最终的决策模型本质上是度量决策者在特定条件限制下的效用,最好的方案也即是效用最优的方案。

第一节 学校布局调整决策的效用分析

在经济学中,效用(utility)是指商品或劳务满足人的欲望或需要的能力,一种商品或劳务是否具有效用,具有多大的效用,取决于它能满足或在多大程度上满足人的欲望或需求[①]。人们在决策时选择的往往不是期望收益最高的方案,而是最为满意的方案。按照西蒙的观点,人只具有有限的理性(bounded ration-

---

① 郭立夫、李北伟:《决策理论与方法》,高等教育出版社2006年版,第86页。

ality），这不仅是因为决策问题是复杂的，而且因为决策主体的时间、精力、知识、信息获取能力与判断能力等是有限的，人们无法在有限的时间内找到问题的所有答案或解决方案，因而只能在所能形成的有限方案中选择"最为满意的"（Satisfied or better enough）一个。农村学校布局调整就是一项复杂的决策，它所涉及的影响因素不下于几十种，难以用完全的理性（complete rationality）去寻求最佳的决策。

在公共决策领域，效用是个体或组织决策的目标归属和基本准则。效用函数具有多主体性的特征，也即需要回答"谁的效用"。学校布局调整并非只是满足当地政府的效用，还需满足利益相关主体的效用，最终的效用是多个主体效用的综合和平衡。公共领域的效用应该具有多维价值的关注，而不仅仅是经济维度，因此，在学校布局调整过程中，不仅仅要关注于经济效益，还应该关注教育效益和社会效益。效用也表明了对风险的一种态度，在经济领域，风险指的是某一决策方案可能带来的经济上损失，收益大的方案往往风险也较大，依据对风险的态度不同可以界定不同的效用。而在公共领域，效用与风险的关系要复杂得多，经济上收益的最大化有可能会导致教育或公共安全等其他维度上的风险，风险和效益在维度上并不完全是统一。作为学校布局调整的引导者和驱动者，地方政府对效用的追求是其决策原始动力，并且是方案设计和选择的基本依据。在学校布局调整决策时，当地政府应综合考量经济、教育和社会三个维度上的效用，并且还需要寻找到这三个维度上的平衡点。当前许多地方的学校布局调整决策完全是政府一手操办的，反映的完全是地方政府这一单一主体的效用。虽然地方政府也在一定程度上代表当地农民的利益，也即意味着二主体的利益并不对立，但是在很多时候也不完全一致，因此，这种决策模式显然不吻合民主化的本意，最终调整的结果当然是政府满意但是当地农民却并不一定满意。为此，需要构建包含这两个主体意愿或满意程度的综合效用，也即在此二者之间寻找到平衡点。对于方案 M_i 而言，学校布局调整的效用应该为政府 $F_1(M_i)$ 和农民效用 $F_2(M_i)$ 这两个效用的加权值：

$$U = \alpha F_1(M_i) + \beta F_2(M_i), \quad i = 1, 2, \cdots, p$$

其中权重满足下式：

$$\alpha + \beta = 1$$

无论是地方政府的效用还是当地农民的效用，均是综合性的效用，而非仅仅是经济效用，也即效用函数受诸多因素的影响。

一、学校布局调整决策中地方政府的效用

地方政府在决策之前，应该综合分析学校布局调整对经济、教育、社会等多

个方面的影响，系统度量其中的得失，而不仅仅满足于短期内的经济效益的增加，更不应该盲目地进行学校布局调整，否则该决策将不可能达到预期。这就意味着 $F_1(M_i)$ 应该是一个多维度变量的整合：

$$F_1(M_i) = \frac{\gamma_1 E_1(M_i) + \gamma_2 E_2(M_i) + \gamma_3 E_3(M_i)}{\mu_1 R_1(M_i) + \mu_2 R_2(M_i) + \mu_3 R_3(M_i)}$$

其中 $E_1(M_i)$、$E_2(M_i)$ 和 $E_3(M_i)$ 分别表示经济损益、教育损益、社会损益，显然损益越大，政府的决策效用也就越高，权重因子 γ_1、γ_2 和 γ_3 代表的是一种决策偏好，其值越大说明地方政府在决策的时候占的分量越大，这三种效用之间并不一定是一致的，也即一个方案并不一定会使上述三种效用同时达到最大，有可能某个效用变小，当然这三种效用的关系在一定程度上取决于方案的设计。地方政府在决策时应该充分考虑各种风险的影响，特别是一些底线性的风险。$R_1(M_i)$、$R_2(M_i)$ 和 $R_3(M_i)$ 分别表示安全风险、辍学风险和其他风险，风险越大，政府决策的效用值越低，μ_1、μ_2 和 μ_3 表示对风险的厌恶因子，其值越大表示政府对这种风险的厌恶程度越高，因子应该满足归一化的条件：

$$\gamma_1 + \gamma_2 + \gamma_3 = 1, \quad \mu_1 + \mu_2 + \mu_3 = 1$$

(一) 经济损益

经济损益表示的是收益与成本之间的比例。经济损益具有明确性的特征，它能够通过教育成本的支出计算获得。在教育领域探讨经济损益时，需要明确节约办学成本的最终目的并不是减少教育上的总投入，而是把节约的教育成本投入到教育的其他方面上去，提高资金的利用效率，最终提高总体的办学水平。但是，当前却有许多地方政府把减低成本作为减少财政支出的一个重要手段，从此目的来看，提高经济效率似乎对教育发展的促进作用值得探讨，需要通过实证研究才能获得准确的结果。范先佐提出，税费改革后，随着农业附加税以及集资等的废除，县乡财政收入减少，2001 年国家对农村义务教育体制进行了重大调整，实行"在国务院领导下，由地方政府负责，分级管理，以县为主"的基础教育管理体制和财政体制，但由于投入机制没有建立起来，资金投入出现"空档"，导致农村义务教育投入普遍减少，基本办学条件不能得到保证，特别是农村中小学的危房改造面临困境[①]。由此可知，许多地方政府把学校撤并作为减少财政压力的重要手段。然而学校撤并是否能够降低办学成本，可以根据各地的具体情况获得精确的测算数据。

---

① 范先佐：《农村中小学布局调整的原因、动力及方式选择》，载《教育与经济》2006 年第 1 期，第 26~29 页。

如果纯从经济学的角度来看该问题,以学校撤并为主的布局调整只可能给地方政府减少支出,而不太可能给学生家长减少支出,除非地方政府提供相应的补助。地方政府可能减少的支出项目包括:(1)校舍的修缮费用,学校撤并带来学校总量减少,使校舍的总面积减少,其修缮费用可以获得降低;(2)专任教师的人员费用,学校撤并使班级规模变大,以生师比配置教师的方式能够减少教师的总量,从而降低人头费。

增加的支出应该包括政府相关经费和学生家长相关费用,许多地方政府只算自己的账,这显然是不合理的,学校撤并有可能出现成本转嫁现象的发生,即政府支出的减少是建立在农民部分费用增加的基础上的。可能增加支出的项目应该包括:(1)校舍扩建费用。学校撤并导致部分学校生源大量增加,由此需要进行学校扩建,其中有些学校需要新建寄宿制学校、教师宿舍、教工和学生食堂等;(2)生活教师的人员费用。有许多学校为了应对学生上学距离远的问题,为寄宿学生配备生活教师所增加的费用。调查发现,许多地方的学校直接让专任教师兼任生活教师,在不增加工资的条件下增加其额外的工作量,这显然有违《劳动法》的相关规定,是不合理的,因此应该按照相关待遇标准核算这一部分费用。(3)学生的交通费用。由于路途变远,有些地方配备校车,有的是购买校车,有的则是租赁校车,无论哪种方式均会产生购租车费用,还会产生一些与之相关的费用,如司机的工资,车辆的油钱,车辆的维修保养、保险等费用;而如果学校没有配备校车,许多学生需要自己花钱乘坐相应的交通工具上学,因此也会产生相关费用。(4)学生的食宿费用。如果学生需要住校的话,涉及食宿费用,虽然学生在家里的时候也需要吃饭睡觉,但是农村在家吃的一般是田间地里自产,其成本极低,对农村家庭在经济上并不构成很大影响。(5)原有校产的流失或浪费。如果学校没有进行撤并的话,校舍可以发挥一定功用,撤并后有可能直接废弃。有些地方校产产权不是特别明确,学生走了之后容易引发社会矛盾;有些地方的校舍刚刚建了几年,学生走了之后就废弃不用了。调查甚至发现,某些地方的校舍已经被农民用来养猪。决策时应该考虑资源的浪费情况。

从以上学校撤并减少的和增加的相关费用来看,并不是任何地方均能够通过学校撤并达到节约成本的目的,有些地方撤并学校后的相关费用有可能增加。孙强、刘海红对陕西省汉中市西乡县的调查发现,这个县调整前有186所小学,调整后减少为33所,以30年投入资金为单位进行比较,按2007年的校舍建设、维修、教职人员经费支出为依照,如果不调整,共需投入263 816万元;调整后,生源聚集,办学效益提高,教职工相应减少,经费投入随之降低,总计投入213 744万元。也就是说,今后30年可以节约资金50 072万元,平均每年节约

1 670万元①。但是，范铭、郝文武指出，学校布局调整使教育资源大量闲置和浪费；外延教育投资急剧膨胀，而内涵投资捉襟见肘；加重农民教育负担，最终合理配置教育资源的目的并未达到②。通常情况下，地方政府在教育上的支出分为一次性支出和常规性支出。学校撤并之初，一次性支出比较多，此后趋于平稳状态，而如果未经过撤并，其支出比较平稳。因此，在理论上有三种情况，第一种情况是撤并后预计支出要高于撤并前的预计支出；第二种情况是撤并后预计支出低于撤并前的预计支出；第三种情况是此二者之间有交叉，先是撤并后的预计支出高于撤并前，而后低于撤并前。地方政府在考虑撤并前后的经济效用时应该先进行精确测算，之后再把它作为决策的依据之一（见图 22-1）。

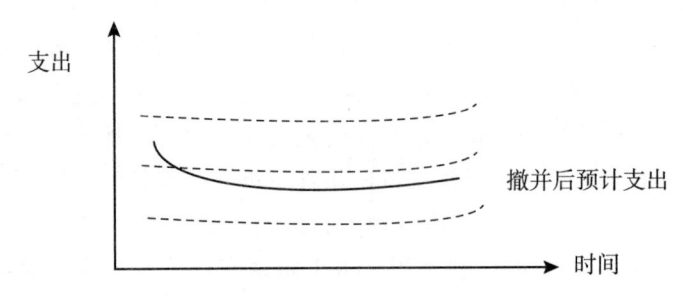

图 22-1　撤并前后地方财政的义务教育学校支出状况对比

（二）教育损益

学校布局调整决策的教育损益主要指的是由决策带来的教育质量的变化。教育质量受诸多因素的影响，包括学校规模、班级规模、教师素质、上学距离和上学时间等，学校布局调整显然在这些方面均会产生影响。以学校撤并为主的决策对教育质量可能产生的有益作用有：（1）课程质量更高了。在学校撤并之前，存在一个教师带多门课的情况，包括英语和音乐、体育、美术等一些小科。撤并后，学校有了整合了教师资源，小科目开齐率自然提高了，有利于学生全面发展；此外，教师资源整合后跨年级跨学科教学的情况将会得到改善，有利于教师的专业化发展。（2）学生之间交往的机会更多了。学校撤并后，学校规模和班级规模显然扩大了，学生接触的同学和老师更多了，并且群体也更丰富了，能够和其他村子的学生交流，这为交往能力的提高营造了一个很好的氛围。（3）学校的硬件设施更健全优良了。许多小规模学校的校舍由于经费不足出现年久失修

---

① 孙强、刘海红：《走向空壳的乡村学校——乡村教育调查报告》，载《华商报》2009 年 11 月 9 日第 13 版。

② 范铭、郝文武：《对农村学校布局调整三个"目的"的反思——以陕西为例》，载《北京大学教育评论》2011 年第 4 期，第 178~187 页。

的状况，危房大量存在，学校撤并后将能够改变这些状况；同时运动场地、实验设施和音乐、体育器材也将更加齐全，学生能够享受更加优良的硬件设施。

学校撤并改变了学校的规模，在增加学校与家庭之间距离的同时也增加了学生与家长之间的沟通距离，它极有可能给教育质量带来诸多不利的影响：（1）上学距离过远、上学时间过长对学生学习质量带来不良影响。如果上学路途时间过长的话，学生上课容易疲劳，必定影响学生的上课质量；（2）由于住校带来的亲情缺失。对学生的健康成长会带来不良的影响。上学距离过远，部分学生需要住校，这也就意味着学生与自己父母在一起的时间将会大大减少，这会影响子女与父母之间的感情交流，尤其是对那些低年龄段的学生来说，对其心理将也会产生一系列不良的影响。（3）单个学生的教学关注度下降。由于班级的规模变大，教师对学生平均关注度将会下降，受时间和精力的影响，教师容易对某些学生忽略。

从国外相关研究来看，学校撤并对教育质量影响的研究结论并不一致，有的甚至出现相反的结论。国内的相关研究结论也不完全一致，东梅、常芳和白媛媛在运用 DID 方法对陕西省农村小学布局调整对学生学习成绩的影响进行了实证分析，研究表明合并学校与未合并学校的学生在学习成绩上并没有显著差异，这在一定程度上否定了学校撤并对学生学业成绩有积极影响的假设[①]。然而，刘善槐、史宁中在对西南某县农村小规模学校学业成绩的调查分析发现，与大中规模学校相比，学生的语文与数学成绩显著偏低；学科发展不均衡，数学学科偏弱；语文的知识应用能力以及数学各层次能力显著较弱[②]。这在一定程度上说明，大中规模学校的教育质量要高于小规模学校。

为了精确度量学校撤并对学生的影响，需要经过严密的对照实验设计才能获得可信的度量结果，而这是在学校布局调整之前就应该完成的。在义务教育阶段，与学生直接相关的作用主体有学校、家庭和社会，其中学校对学生的影响作用通过学校的硬件设置、师资状况，教师的教学理念、教学方式，以及学校的文化氛围等来发挥；家庭对学生的作用通过家庭的物质条件、家庭成员的文化水平等发挥；社会对学生既有直接作用，也有间接作用，直接作用通过学生参与各种社会活动发挥，而间接作用表现为社会对家庭和学校教育活动产生影响，进而间接对学生发挥作用。学生的发展内涵取决于义务教育阶段的教育目标，而教育目标是由质量观所确定的。各个国家以及同一国家的不同时期对教育质量的理解或

---

① 东梅、常芳、白媛媛：《农村小学布局调整对学生成绩影响的实证分析——以陕西为例》，载《南方经济》2009 年第 9 期，第 42~49 页。
② 刘善槐、史宁中：《农村小规模学校学生学业成绩问题研究——以西南某县为例》，载《中国教育学刊》2011 年第 4 期，第 17~20 页。

认识都是不一样的,但多元取向的质量观获得了广泛认可。因此,教育质量的内涵可以多种方式进行划分。如果从发展水平的维度进行划分,则可以表示为德、智、体、美、劳等维度,而如果从课程目标维度划分,则又可以表示为知识与技能、过程与方法、情感态度价值观等。从义务教育发生的过程来看,它既不是教育的起点也不是教育的终点,它的两端连接着学前教育和高中阶段教育,义务教育在教育系统中的作用体现为学生在这一中间环节获得的教育增量。基于对义务教育作用主体、质量观以及义务教育的发生过程的分析,可对义务教育阶段形成以下基本认识:(1) 学生的发展是多主体综合作用的结果。学生在义务教育阶段获得的教育增量不仅仅是学校系统的作用,还受社会、家庭以及学生自身特质的影响。并且各主体也可自成系统,由作用通过内部各种要素组合成的有机体共同发挥。(2) 学生的发展是多元的。义务教育不仅仅对学生的学业成绩等某个方面发挥作用,还对许多其他方面诸如良好习惯的养成、道德水平的提高等产生影响,并且其中有些方面的影响是深远的,在学生进入社会后仍能发挥作用。(3) 学校系统对学生的作用取决于教育增量。作为学生教育过程中的一个中间环节,义务教育在学生身上的成效体现学生在这一过程中所获得的教育增量,而不是学生离开义务教育阶段时的基本状况。

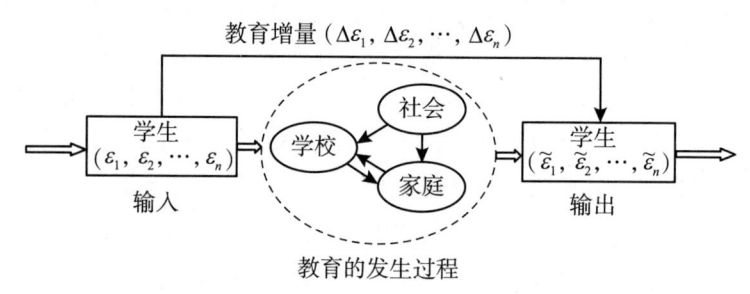

图 22-2 学生教育质量提升过程

对学生而言,学校、社会和家庭构成了一个教育系统,但是学生在这一系统中获得的提升不仅取决于这三者,还取决于自身特质,如学生在身体素质方面的提高不仅取决于学校的培养,还取决于学生的身体状况。为了表达学生义务教育阶段在教育系统中各个方面的提升量,需要经过前测和后测,即在学生进入义务阶段教育之前以及完成义务阶段教育之后对学生某些方面的素质进行测量,而后测与前测之差,在剥离由学生自身特质、家庭以及社会系统所获得的提升后便是学生在学校系统中获得的提升量。评价维度的选取取决于评价内容,而评价的内容取决于对教育质量的不同价值的解读或理解。如果在学生进入义务教育系统之前,其各维度上的基本特性为 $(\varepsilon_1, \varepsilon_2, \cdots, \varepsilon_n)$,经过教育系统的作用后可表示变为 $(\tilde{\varepsilon}_1, \tilde{\varepsilon}_2, \cdots, \tilde{\varepsilon}_n)$,在这一过程中学生的许多方面获得了提高,提高的

幅度为 $(\Delta\varepsilon_1, \Delta\varepsilon_2, \cdots, \Delta\varepsilon_n)$，那么评价内容与评价对象的基本关系可表示成下式：

$$(\Delta\varepsilon_1, \Delta\varepsilon_2, \cdots, \Delta\varepsilon_n) = (\tilde{\varepsilon}_1, \tilde{\varepsilon}_2, \cdots, \tilde{\varepsilon}_n) - (\varepsilon_1, \varepsilon_2, \cdots, \varepsilon_n) = f(社会，学校，家庭，上学距离与时间，自身特质，其他)$$

为了便于比较和说明，有时需要对学生的各种特质进行整合，而整合最简单和常用的方法就是加权法。权重可通过定性或定量的方法确定，定性的方法有 Delphi、AHP 法等，而定量的方法通常有因子分析法、熵值法、回归分析法等。

$$\sum_{i=1}^{n} \alpha_i \Delta\varepsilon_i = f(社会，学校，家庭，上学距离与时间，自身特质，其他)$$

以上理论模型体现了义务教育质量是由社会、学校、家庭、上学距离与时间、自身特质共同决定的，因此在评价学校在教育质量中的作用时应该剥离社会、家庭和自身特质等变量，常用的方法是随机法，通过多所家庭背景、生源等无显著差异的学校进行横向比较来抵消无关变量的干扰作用，在实际操作过程中可通过实验设计利用方差分析方法来计算出学校的具体作用。需要说明的是，"f"表示的是社会、学校和家庭这一综合系统在学生群体上的作用机制，其中，这些外部因素在学生身上的作用属于外生变量，而学生的自身特质为内生变量，只有当外生变量的作用机理吻合学生个体内生变量的发展规律时，才能到达一个较好的教育效果，而教育效果的好坏取决于学生进入义务教育阶段前后所获得的教育增量。通常对"$\Delta\varepsilon_1, \Delta\varepsilon_2, \cdots, \Delta\varepsilon_n$"的评价是描述性和监测性的，对"$f$"的评价为诊断性和改进性的。

(三) 社会与文化损益

学校布局调整并非所有的损益都是物质性的，还包括符号性的（非物质性的）。虽然符号性的效益并不能像经济效益一样可以通过测算直接获得数值，也不能像教育效益一样通过实证获得影响大小方面的结论，但是它也是学校布局调整决策的价值目标，并且有些具有不可替代性的作用。作为一项公共决策，它自然要接受社会的评价，这也就意味着学校布局调整必须吻合社会的基本公共价值。决策是一个取舍的过程，虽然符号性的效益不能通过赋值比较，但是在决策的时候依然面临着优选，也即需要评价它的重要性，而评价的过程通常通过民主化的程序加以实现。一般来说，学校布局调整的过程中需要考量的符号性效益包括以下几个方面：(1) 文化价值。村小不仅是学龄儿童的教育基地，它还是许多农村文化活动中心，村民能够在学校举办许多文化活动。而教师作为农村的知识分子，也能够发挥一定的知识普及与信息传递的作用。在不同的历史时期，我国的农村知识分子发挥着重要的不可替代的作用。学校一旦消失，也就意味着对农村文化的一种抽离,许多农民将会离开农村,最终加速农村社会的"空心化"。(2)民族与宗教。我国有许多民族具有独特的语言和文化,有一些具有自己的宗教信仰,并且他们对自己的文化具有独特的认同,对此应该尊重和保护。学校布局调整时应该尊重他们自己的选择,关注学校的民族和宗教的独特性。(3)历史价值。有一些学校由于开办的历史较长,学校具备一定的文物价值,其存在能够发挥教育基地的重要作用。还有一些学校具有一定的革命文化传统,能够发挥重要的革命教育的作用,如中国少先队队歌《我们是共产主义接班人》就诞生于厦门的一所小学(前身为厦门禾山区第四中心小学,现为厦门何厝小学),诸如这样的学校在青少年革命教育中具有不可替代的作用。

二、学校布局调整决策中农民的效用

与政府不同的是,农民是一个具体的个体,其决策模式与政府有很大的差别。农民在决策时不一定基于完全理性,通常绝大部分时候是基于不完全理性。其可能的原因在于许多农民未能掌握充分的信息;部分农民即使掌握充分的信息,其知识背景也未能使其进行正确决策等。在学校布局调整决策时,农民的知情权和参与权受许多因素的制约,除了信息不充分,文化资本匮乏、缺乏正确决策的能力和没有参与决策的动力外,还有如决策权未能得到保障,而这些是学校布局调整决策民主化需要解决的核心问题。为了便于分析,需假定农民在完全理性下对自身效用的考量。

(一)经济损益

学校布局调整对农民经济上的影响主要体现在以下几个方面:交通费用、食宿费用和劳动力减少的影响,学校布局调整会使部分学生上学距离变近,但是对大部分学生变远,交通和食宿费用自然增加。而对于许多较为贫困的家庭而言,学生路途花费的时间过长或者住宿会让其减少劳动力,有一些简单的体力劳动没有人干。而如果学生年龄过小的话,家长还必须接送,这自然也会占用家长的劳动时间。

(二)教育损益

许多调查研究已表明,学校教育质量已成为学生家长选择学校的重要依据甚至唯一依据,有部分学生家长甚至为了让其子女到更好的学校上学,不惜搬到城镇或城市过陪读生活。从经历过学校撤并学生家长的态度来看,学校撤并未必带来了学校教育质量的提高,一方面学校整合了教师资源,提高了教师队伍的整体质量;另一方面随着班级规模的不断扩大,单个学生的受关注度必定下降。

(三) 心理与情感损益

这一因素是学生家长最为关注的方面,当学生上学路上有安全隐患时,家长通常会表现出极大的担忧。而如果学生住校,家长一开始会非常不习惯,会经常想念自己的孩子,正常的亲情需求未能得到有效满足。

第二节 学校布局调整决策的风险分析

决策的风险指的是由决策引起损失的可能性,决策风险有两个基本的特性,一是引起损失的可能性要大于不进行重新决策引起损失的可能性,也即进行学校布局调整后的损失发生的可能性要大于不进行学校布局调整;二是不确定性,风险度量的是不确定性的大小,如果某一损失一定会发生,那么这种损失就不能称之为风险。风险并不能完全被杜绝,只能控制其大小。经济学中的风险与受益成正比,但是决策的效用与风险却没有这种必然的联系,也就意味着低效用达成度的方案风险未必就小,高效益达成度的方案风险也不一定就会很大。学校布局调整决策的主要风险有三类:安全风险、教育风险和冲突风险。

一、安全与健康风险

安全与健康风险指的是学校布局调整决策可能对学生生命安全或身心健康带来的损害的可能性。与学校布局调整决策相关的安全风险包括交通安全风险、食宿安全风险等,其中交通安全风险要大于食宿安全风险。自学校布局调整以来,各地交通事故频发,安全风险逐步凸显,这与各地方政府对风险的预计不足有直接的关系。据《中国经济周刊》统计,仅 2010 年 10 月 ~ 2011 年 9 月,我国共发生校车事故 22 起,死亡人数达 47 人,即每月平均有 4 名儿童惨死于上学的路上[1]。由此可见,当前交通事故的发生率是相当高的。事故是否发生是一个随机性的事件,受诸多因素的影响,而决策方案最终会导致某些因素发生改变,而这一改变可能会导致某些事件发生的可能性增加。对于某个学生 i 而言,在选择方

---

[1] 张璐晶:《配校车要花 4 500 亿吗》,载《中国经济周刊》2011 年第 46 期,第 36 ~ 39 页。

案 A 的情况下，安全事故的发生可能性可以表达为下式：

$$p_i = \frac{e^{\varphi(x_{i1},x_{i2},\cdots,x_{it})}}{1+e^{\varphi(x_{i1},x_{i2},\cdots,x_{it})}}$$

其中（x_{i1}，x_{i2}，…，x_{it}）表示学生 i 交通安全风险的影响因素，φ 表示这些因素的作用机理。风险的影响因素可分为两类：可控因素和非可控因素，可控因素指的是通过一些人为的手段或方法能够得到有效的控制，如校车的硬件配置、校车司机的素质、校车行驶的路面、学生的安全管理等；非可控的因素指的是一些很难改变或根本不可能改变的因素，如气候，某些地方到冬天后大雪天气较多；还有就是地理，有许多地方是盘山路，遇到雨水天气容易发生泥石流等自然灾害；另一个非常主要的因素是社会因素，如果有明显标识的校车行驶在公路上时其他车辆是否有避让的意识，这一因素与当地公民的素质和交通意识有着密切的关系，在短时间内改变是非常难的。可控的因素对安全风险产生系统性的影响，非可控的因素对安全风险产生随机性的影响。所有安全风险影响因素整合在一起将有一个敏感区域，一旦超过了这一阈值，风险将变得很大。

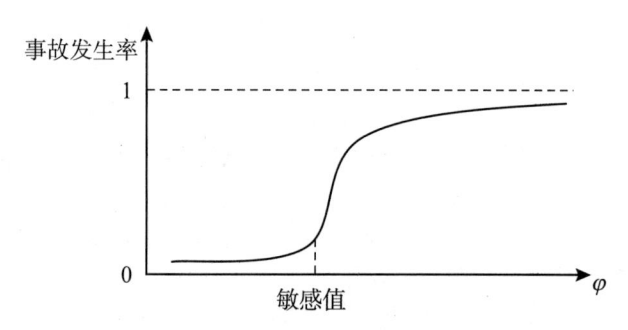

图 22-3　学生交通风险的变化状况

如果全校有 n 个学生的话，那么事故发生的可能性为：

$$p = 1 - \prod_{i=1}^{n}(1-p_i)$$

风险控制的目的是使所有学生事故的发生率小于某一数值。由于受众多随机因素的影响，风险的发生可能性不可能为 0，但是可以限定在一个极小的范围内。也即设定某一极小的发生概率（这一概率是可接受的），使事故发生率在该范围以内，也即事故发生率小于某一阈值 Δ_0。

$$p = 1 - \prod_{i=1}^{n}(1-p_i) \leq \Delta_0$$

学生的健康风险包括两个方面：身体健康风险和心理健康风险。身体健康风险主要是当学生生活条件和上学距离发生变化时对身体带来的不利影响。如果有学生住校的话，那么住宿条件和食堂条件应该达到一定的标准，而这些硬件的配置应该作为成本进行核算，在损益分析中进行充分度量，同时应该加强安全管理，配备生活教师对学生的生活进行管理。学生上学距离过远、上学时间过长不仅对学生的学业成绩有不良影响，对学生的健康也有不利影响。我国绝大多数山区的行政区划是不规则的，加上居民分散，学生的上学时间和距离的差别也较大。学校的所在地往往是人口集中地，而并不一定是行政区划的地理中心，所以我们在决策时应该度量最远距离而不是平均距离。

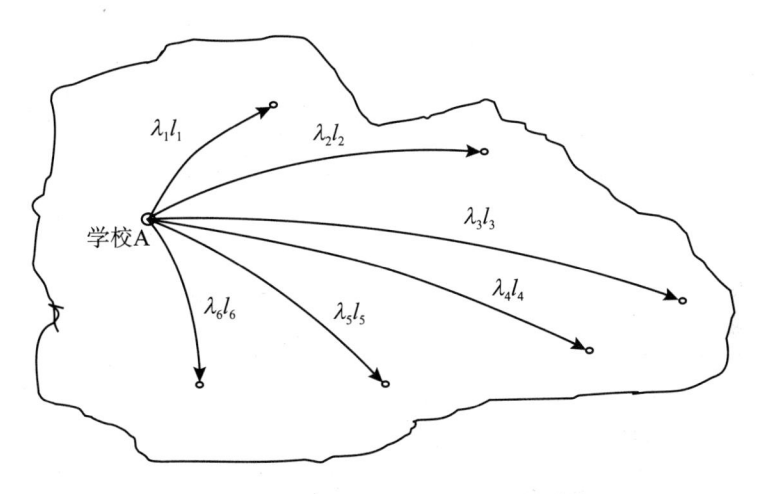

图 22-4 学生上学交通距离的分布

在特定的学区内，n 个学生家庭与学校的空间距离为 $(l_1, l_2, \cdots, l_n)$，受交通条件的影响，有些路段较为艰险，在消耗相同体力的条件下行走的时间是不同的，为此，需要把空间距离转化为标准上学时间，即利用标准化参数转化为 $(\lambda_1 l_1, \lambda_2 l_2, \cdots, \lambda_n l_n)$，为了减少上学距离过远对学生健康的影响，上学时间的最大值应该小于特定的阈值。

$$\max\{\lambda_1 l_1, \lambda_2 l_2, \cdots, \lambda_n l_n\} \leq \Delta_t$$

二、学生辍学风险

学生是否辍学是由农民个体的教育决策模型决定的，决策模型的因变量是一个二分类变量：辍学或者不辍学，而自变量有许多，如家庭的经济条件，农民是否选择让其子女辍学是受这些因素综合作用的结果，单纯地认为学生辍学是由经济负担过重或者学习成绩差等单一因素决定的观点显然是不客观的。若以 $y=1$ 表示选择辍学，而以 $y=0$ 表示不辍学，那么当影响因素 $(\omega_1, \omega_2, \cdots, \omega_t)$ 的作用函数 ψ 小于特定的值时，农民将会让其子女辍学，否则会继续让其子女接受教育，其中 ψ 表示农民的决策模式。

$$y = \begin{cases} 1, & \psi(\omega_1, \omega_2, \cdots, \omega_t) + \varepsilon \leq \Delta \\ 0, & \psi(\omega_1, \omega_2, \cdots, \omega_t) + \varepsilon > \Delta \end{cases}$$

在给定 $\psi_i(\omega_1, \omega_2, \cdots, \omega_t)$ 的条件下，y_i 的期望值为：

$$E[y_i/(\omega_1, \omega_2, \cdots, \omega_t)] = E[\psi_i(\omega_1, \omega_2, \cdots, \omega_t) + \varepsilon]$$
$$= \psi_i(\omega_1, \omega_2, \cdots, \omega_t)$$

由此可以得出学生辍学的概率为：

$$P[y_i = 1/(\omega_1, \omega_2, \cdots, \omega_t)] = P[\psi(\omega_1, \omega_2, \cdots, \omega_t) + \varepsilon \leq \Delta]$$
$$= P[\varepsilon \leq \Delta - \psi(\omega_1, \omega_2, \cdots, \omega_t)]$$
$$= \int_{-\infty}^{\Delta - \psi(\omega_1, \omega_2, \cdots, \omega_t)} f(\varepsilon) d\varepsilon$$

如果某个学校是由 n 个学生构成，那么至少有一个学生辍学的概率 P 为：

$$P = 1 - \prod_{i=1}^{n} \left[1 - \int_{-\infty}^{\Delta - \psi_i(\omega_1, \omega_2, \cdots, \omega_t)} f(\varepsilon) d\varepsilon \right]$$

其中 $f(\varepsilon)$ 为 ε 的分布函数，通常情况下为 logistic 分布或正态分布，无论是哪种分布，学生辍学的概率均是关于 ψ 的递增函数，并且当 ψ 的值超过某一阈值时，辍学的概率将会突增。

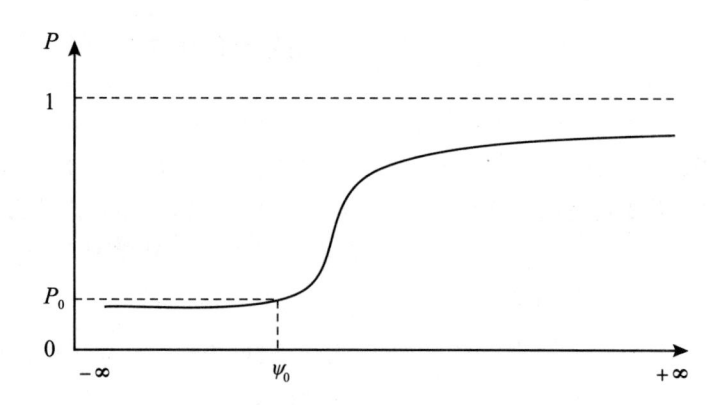

图 22-5 学生辍学风险的变化状况

辍学风险控制的基本原理是控制每个个体 $\psi_i(\omega_1, \omega_2, \cdots, \omega_t)$ 的数值，最终使学生辍学的发生概率小于一个特定的数值，也即：

$$1 - \prod_{i=1}^{n} \left[1 - \int_{-\infty}^{\Delta - \psi_i(\omega_1, \omega_2, \cdots, \omega_t)} f(\varepsilon) d\varepsilon \right] \psi_i(\omega_1, \omega_2, \cdots, \omega_t) < \Delta_l$$

影响农民教育决策的因素有很多，如农民对义务教育的价值认同与定位、农民家庭的经济状况、上学的距离、上学的安全状况、学生的教育支出等。苏群、丁毅在对闽北农村地区初中学生的实证研究表明，学生辍学与父母的受教育程度、户主职业、子女个数、人均收入、子女性别、子女成绩、家校距离等因素显著相关[①]。而与学校直接相关的变量数量是相对有限的,如学校教育质量、学生的教育支出等,对农民而言,学校布局调整改变的是学校的规模、距离、相关的费用支出、学校的教育质量等。因此,学校布局调整是否增加了学生的辍学风险可以进行量化分析获得结论。通过上述模型,可以计算学校撤并前后学生辍学发生概率的差值。

$$P - P' = \int_{-\infty}^{\Delta - \psi(\omega_1, \omega_2, \cdots, \omega_t)} f(\varepsilon) d_\varepsilon - \int_{-\infty}^{\Delta - \psi(\omega'_1, \omega'_2, \cdots, \omega'_t)} f(\varepsilon) d_\varepsilon$$

如果上述表达式的值小于 0,那么学校布局调整使学生的辍学率增加了,否则减少了辍学率。

表 22 - 1　　　　　　　　学生辍学的可能影响因素

变量	与学校直接相关的变量	学校布局调整可能改变的变量
父母受教育程度		
家庭收入状况		
家庭支出状况	√	√
子女教育支出	√	√
子女学业成绩	√	√
学校教育质量	√	√
家校距离	√	√
上学安全状况	√	√
民族		
宗教信仰		

在度量学生辍学风险时有一个关键的技术性问题,需要精确刻画 ψ_i 的结构和参数,通常情况下假设其为线性模型并且利用回归分析估计参数的大小。通常情况下不同地区所建构的模型是不同的。

三、抵制与冲突风险

调查显示,学校布局调整决策也存在抵制与冲突的风险。如果学校布局调整

[①] 苏群、丁毅:《初中阶段农户子女辍学行为影响因素分析——以闽北农村地区为例》,载《中国农村经济》2007 年第 6 期,第 39~45 页。

决策过程中没有民主化的程序，并且在农民看来学校布局调整决策违背了其根本性的利益或者某些方面的利益，农民有可能会自发组织起来，以集体上访等方式来抵制学校布局调整。在当前网络普及率较高的现实背景下，这种事件一旦发生，将会在社会上产生一系列不良反应，严重损害当地政府和教育行政部门在农民心中的形象。农民抵制的原因是多方面的，有的是学校布局调整的确损害了农民的利益，有的是在决策过程中并未征求农民的同意，有的是受农村某些有威望的人的引导和组织，这些人从心理上是无法适应没有学校的村庄的，从而发动农民来共同抵制学校撤并。为了消除抵制的风险，只能通过决策的民主化来消解群体矛盾。

此外，学校布局调整决策还存在群体冲突的风险。如果是学校撤并的话，那么需要几个村庄学校的学生和教师并在一起，如果不同的村庄在民族、宗教信仰、文化和生活习惯等方面存在差异，或者同一村子学校的学生有一些小团体观念的话，极容易由一些小事情引发学生群体冲突。为此，学校应该实时掌握学生的思想动态，采取有针对性的教育来消除隐患，使不同学生群体能够较快地融合在一起，营造一个良好的学校氛围。而不同学校的教师合在一起也存在教师岗位的重新配置的问题，如果在学校领导选拔、教师岗位等方面存在不公的话，也容易导致教师的软抵抗，影响教师正常教学水平的发挥，这对构建一个和谐积极的教师团队是不利的。为此，学校在岗位的重新分配时应该做到公平透明，通过民主化的程序来消除这些问题，使教师团队形成合力，进而提高学校的整体教学水平。

四、教育资源浪费的风险

如果教育资源的配置未考虑学龄人口的变化的话，那么有可能会导致教育资源浪费。为此，需要对学龄人口进行预测。人口预测的基本原理是通过此前的人口变化来预测未来人口的变化，如果设 r_t 表示时间为 t 时的人口数量的话，那么如果存在以下关系：

$$r_t = f(r_{t-1}, r_{t-2}, \cdots, r_{t-n}) + \varepsilon, \quad \varepsilon \sim N(\mu, \sigma^2)$$

那么说明该时段的人口可以通过此前几个时段的人口进行预测，也即人口的变化是有规律可循的，这也就意味着未来人口是可预测的。在一固定的区域内人口的变化受两个因素的影响：出生率和学龄人口的外迁状况，出生率能够获得精确的预测结果，但是学龄人口的外迁状况却受许多因素的影响，当城市的经济状况发展较好提供的就业机会较多时，许多农民通常会外出打工，有时会把子女带在身边，让其在流入地接受义务教育，而如果城市的经济状况不好时，他们也有可能回迁，因此，外迁人数的不稳定变化会给预测带来很大的问题。如果学龄人口的变化是有规律可循的，并且通过时间序列的分析方法获得了较好的预测结果，那么教育资源的配置就有了可参照的标准，资源浪费的风险可以大大降低。

第三节 学校布局调整决策的理论模型

学校布局调整必须基于现实并且面向未来，以往的学校布局调整决策并不科学，导致许多地方学校布局不合理，为此需要重新布局调整，而政府与农民的效用、决策的风险构成了评价合理布局的标准。

一、学校布点决策的理论模型

在某一固定的行政区划内，无论是否经历过学校兴建、撤并，一旦学校的布局无法满足农村学生正常的教育需求，那么就面临重新布点的客观需求。此处学校未能满足学生的正常教育需求并不是指学生没有学校可去，而是指学生已经不能非常便利地到达学校，也即存在某些学生达到学校的时间超过了特定的阈值：

$$\max\{\lambda_1 l_1, \lambda_2 l_2, \cdots, \lambda_n l_n\} > \Delta_t$$

或者学生上学路上的安全风险非常大，该风险是政府和农民都无法承受的，也即事故的发生概率已经大于特定的阈值：

$$p = 1 - \prod_{i=1}^{n}(1 - p_i) > \Delta_0$$

在固定的区域内，布点本质上是增加外部教育资源，其关键的问题是应该如何布点才能使政府和农民的效用最大化。政府的效用有三个维度：经济效益、教育效益以及社会与文化效益，农民的效用有三个维度：经济效益、教育效益、心理与情感效益。从经济效益来看，使布点的学校离让所有学生的平均交通距离最短可以最大程度上节约交通费用和学生的时间成本，同时达到政府与农民经济效用的最大化，而教育效益的最大化取决于新布点学校与之前学校教育质量之间的差异，如果新增的学校教育质量比附近的学校好，那么提升教育效益的目的就达成了，而如果新增的学校教育质量较差的话，那么教育效益就没有达成。而增加学校肯定能够使学生的上学距离变近，这能够增加农民的情感与心理效益。因此，问题转变为如何在特定区域内寻找到合适的学校布点，这一布点需要满足下列三个条件：一是所有学生到学校的平均距离最近，二是每个学生到新学校的距离应小于到原来学校的距离,三是学生到学校的距离应小于某一阈值(即学生的可承受距离)。

$$L_A = \min_A \left\{ \frac{\sum_{i=1}^{m} \lambda'_i l'_i}{m} \right\}, A \in \Omega$$

并且有:

$$\lambda'_i l'_i \leq \lambda_i l_i, \ i \in \{1, 2, \cdots, m\}$$

$$\max\{\lambda'_1 l'_1, \lambda'_2 l'_2, \cdots, \lambda'_m l'_m\} \leq \Delta'_t$$

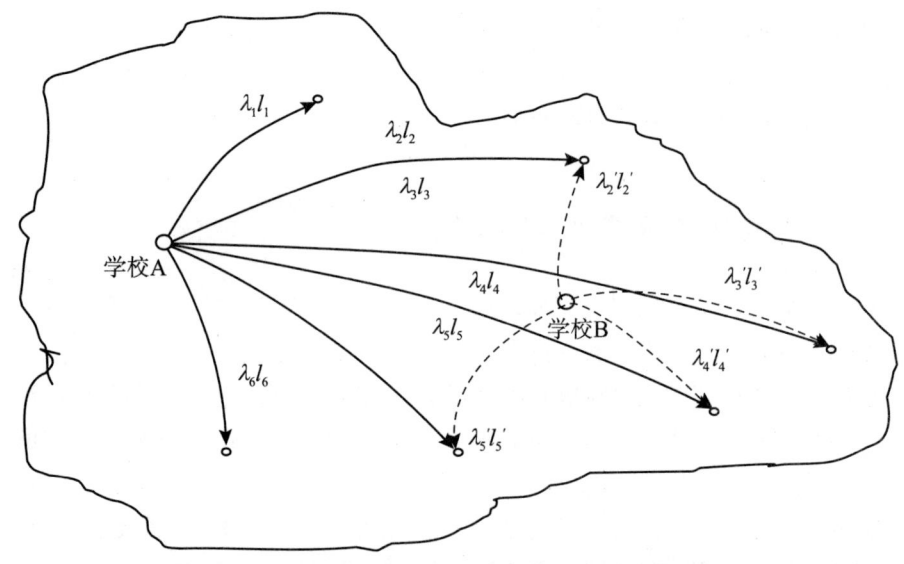

图 22-6 新增学校后学生上学交通距离的分布

为了获得学校在区域内不同位置每个学生到学校的距离,需要对不同的点进行网格化,并且需要获得网格中不同的点交通距离的分布矩阵。假定平面中所有的点有 $p \times q$ 个,通过地理交通测绘可获得遍历矩阵为:

$$\begin{bmatrix} l_{11} & l_{12} & \cdot & l_{1q} \\ l_{21} & l_{22} & \cdot & l_{2q} \\ \cdot & \cdot & \cdot & \cdot \\ l_{p1} & l_{p2} & \cdot & l_{pq} \end{bmatrix}$$

其中,l_{ij} 表示第 i 到第 j 个点的交通距离。由上述矩阵可以计算空间中任意两个点的交通距离,由此可知当学校处于任意位置时每个学生到学校的交通距离,借此可以获得平均距离和最大距离。如果知道学校固定行政区划内儿童的年龄和家庭位置,并且不外迁的话,那么可以计算出未来 6 年学生上学的平均距离和最大距离(假定学生 6 岁开始接受义务教育)。

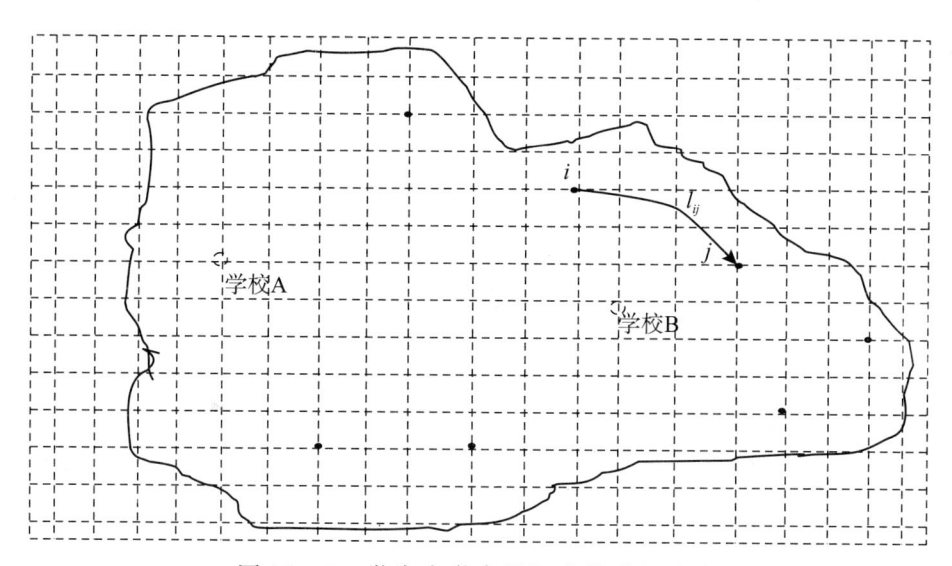

图 22-7　学生上学交通距离的遍历矩阵

通过以上方法获得的是交通地理上的学校最佳设置点，除此之外，还应该关注学校附近的地理和人文环境，学校附近不应该有重大的安全隐患和污染性的工厂企业等，并且学校应该远离一些娱乐场所。

二、学校整合与撤并决策的理论模型

方案的设计与对比，它本质上是对各种要素的重新组合与搭配，而选择什么样的方案最终由决策主体的效用确定。效用是一种价值偏好，是度量方案好或者不好的基本标尺。这也就意味着只有明确了效用，不同的方案才能进行对比。学校布局调整的决策主体是政府和农民，其效用基本要素有两个：损益和风险。对政府而言，学校布局调整决策的损益是多维度的，有经济、教育、社会和文化方面等。对农民个体而言，损益包括经济、教育、心理和情感方面等。为了获得令政府和农民满意的方案，方案各个维度的损益需要满足政府与农民的效用定位，本质上需要满足决策主体的价值偏好。方案之间是可以对比的，并且可以把当前学校布局的基本状态作为参考系，这也就意味着不对学校进行整合或撤并也是一种方案。基于对效用和风险的分析，可以建立起方案的基本分析框架。

表22－2　　　学校布局调整决策的分析框架

分析层面	分析维度		度量因子 （原方案为参考系）	因子说明
效用分析	政府	经济损益	Δc_g	政府教育资金支出增减数额
		教育损益	Δe_g	总体教育质量提升的作用
		社会与文化损益	Δs_g	对社会价值与文化保护作用
	农民	经济损益	Δc_g	农民教育资金支出增减数额
		教育损益	Δe_g	农民子女学业成绩提升状况
		心理与情感损益	Δp_g	农民与子女交流的时间与空间
风险分析	安全风险		Δr_s	安全事故发生概率的变化状况
	辍学风险		Δr_d	辍学发生概率的变化状况
	抵制与冲突风险		Δr_r	群体抵制与冲突状况
	资源浪费风险		Δr_r	人口减少导致资源浪费
否决条件	交通距离		$\max\{\lambda_1 l_1,\ \lambda_2 l_2,\ \cdots,\ \lambda_n l_n\} < \Delta_t$	上学距离大于学生可承受距离
	辍学发生率		$P_d \geq \Delta_d$	辍学率非常大
	事故发生率		$P_a \geq \Delta_a$	有重大的安全隐患
	宗教与民族		$r=1$ 或 $e=1$	信仰或民族风俗、语言差别较大
	历史与文化价值		$h=1$	学校具有重要历史或文化价值
	总的经费支出		$c > \Delta_c$	经济支出超出了可承受的范围

在分析框架中，政府的效用集中于经济、教育、社会和文化几个维度，其中经济维度的损益可以获得很好的度量，可以通过计算不同方案的教育支出获得。而教育维度的损益需要通过实证研究才能明确。通常情况下社会和文化损益很难获得量化的分析，但是作为决策的一个重要的影响因素，需要评价其重要程度，否则决策无法进行。而农民的效用集中于经济、教育、心理和情感几个主要维度，其中不同方案对教育支出的影响可以直接计算获得，而对教育、心理和情感的重要程度的定位不需要计算，可以通过农民的教育决策模式获得。

决策中的风险需要决策主体共同承担，其中安全风险影响的是学生的生命，可以通过分析学生上学的交通距离和交通工具进行细致的评估。有一些影响安全风险的因素可以通过增加经费投入进行较好的控制，如校车的硬件配置，聘用高素质的司机等，但是此时政府在经济上的损益数值需要重新调整。是否让其子女辍学取决于农民的教育决策模式，辍学也是农民理性选择的结果，但是这一选择转化为了公共决策的风险,从任意一个角度评价一个导致学生辍学的方案都是失败的方案。此外,抵抗和冲突的风险通常可以通过一些内部的管理制度进行较好的控制。

学校布局调整决策的方案还需要满足一定的底线要求,决策方案一旦触碰这些底线,必须对其进行无条件否决,否则决策方案将会引发系列社会问题,在社会中产生巨大的不良影响。否决条件包括学生上学距离过远,远远超过了学生的可承受范围;导致大量的学生辍学,决策导致农民承受不了上学的成本或不良影响;使学生上学途中面对重大的安全隐患,有些隐患是无法消除的。此外,如果需要把不同民族和宗教信仰的学生整合在一起的时候,需要考虑他们在信仰或民族风俗、语言差别较大,整合在一起是否会引发矛盾等。而对于某些具有重要历史意义学校,应加以保留。

基于以上分析,可以把政府与农民的效用、决策风险和否决条件整合在一起,构建决策的基本判断模型。对于方案 M_i 而言,其决策判定函数为:

$$\begin{aligned} y &= \frac{\alpha F_1(M_i) + \beta F_2(M_i)}{\mu_1 R_1(M_i) + \mu_2 R_2(M_i) + \mu_3 R_3(M_i) + \mu_4 R_4(M_i)} (1 - I(B_1 \cup B_2 \cup B_3 \cup B_4 \cup B_5)) \\ &= \frac{\alpha(\gamma_1 E_1(M_i) + \gamma_2 E_2(M_i) + \gamma_3 E_3(M_i)) + \beta(\eta_1 D_1(M_i) + \eta_2 D_2(M_i) + \eta_3 D_3(M_i))}{\mu_1 R_1(M_i) + \mu_2 R_2(M_i) + \mu_3 R_3(M_i) + \mu_4 R_4(M_i)} \\ &\quad (1 - I(B_1 \cup B_2 \cup B_3 \cup B_4 \cup B_5)) \end{aligned}$$

其中,分子 $\alpha F_1(M_i) + \beta F_2(M_i)$ 为政府和农民的效用加权和,一个方案只有同时满足政府和农民的价值时,上述的效用值才能达到最大,从而判定函数的数值才会较大。分母 $\mu_1 R_1(M_i) + \mu_2 R_2(M_i) + \mu_3 R_3(M_i) + \mu_4 R_4(M_i)$ 为决策的风险,这一风险组合的值越大,决策的判定函数就越小。示性函数 $I(B_1 U B_2 U B_3 U B_4 U B_5)$ 表示决策的否决条件,包括距离过远、辍学风险和安全风险过大、需要考虑民主、宗教和文化等特征等,只要有任意一个条件满足,方案将被无条件否决。

第二十三章

农村教育布局调整分类规划研究

农村教育布局不等于农村学校布局。从教育形态上看,农村教育既包括义务教育,还包括学前教育、普通高中阶段教育、职业教育、社区教育。从整体的意义上看,农村教育布局也要对以上形态与阶段的教育进行规划。

第一节 农村学前教育布局调整规划研究

学前教育作为终身教育的开端,其对个人、国家和社会的重要价值日益被人们所重视。关注学前教育,加大对学前教育投资,尤其是对贫弱群体的学前教育进行科学合理规划,已经成为当前国际社会的广泛共识。我国自2010年始,相继出台了《国家中长期教育改革和发展规划纲要(2010~2020年)》、《国务院关于当前发展学前教育的若干意见》等政策文件,将发展学前教育摆在了当前教育工作的重要位置,并强调重点发展农村学前教育,构建覆盖城乡、灵活多样、公益普惠的学前教育公共服务体系。由此,我国学前教育尤其是农村学前教育事业迎来发展史上的春天。

一、发展农村学前教育的重要意义

（一）发展农村学前教育，有利于农村儿童的健康发展

哈佛大学儿童发展研究中心主任、美国国家研究院脑科学与儿童发展研究委员会主席杰克·肖可夫（Jack Shonkoff）引用大量实证研究说明了早期经验对儿童的大脑及身心发展的重要性。他指出，"良好的学前教育能够促进儿童社会性、情感、语言、基本认知技能以及身体和动作发展，改善入学准备情况，培养一生学习最为重要的品质——积极的自我形象、独立性、注意力和学习倾向（如学习和探索动机），提高入学学习的适应性、保留率、结业率和成绩水平，为其一生的发展奠定良好的基础。"[①] 学前教育阶段处于整个儿童期的初始阶段，也是儿童身心发育的重要阶段，是其许多重要的性格品质形成的关键期。大力发展农村学前教育，对农村儿童的早期教育进行科学合理规划，可以保护和培植儿童身体以及各种精神官能的发育成长，对其未来发展、健康成长都将产生重要影响。

（二）发展农村学前教育，有利于教育起点公平，减少社会分层

"早期干预可以有效降低社会不平等"。根据已有的国际社会经验，对处境不利儿童进行科学合理的早期教育，可以有效改善他们的学业成绩，降低和抵消不利地位（社会等级、贫穷、性别、种族等潜在因素）对其发展的负面影响，使其更容易接受高等教育，顺利就业。在我国，受二元经济社会结构影响，农村儿童与城市儿童相比，在家庭经济、社会地位、文化教育等各方面都还存在着很大差距，这严重影响与制约了农村儿童的未来发展。通过大力发展农村学前教育，为广大农村和低收入家庭幼儿提供基本、均等的学前教育机会，创造公平良好的学习资源与条件，可以改善农村儿童的学习动机与能力，提高学习兴趣，帮助他们较好地适应今后的学校学习，降低辍学率、复读率，取得良好学业成就，获得较高的经济收入，从而通过保障教育的起点公平而打破贫困的代际循环，减少社会分层。

（三）发展农村学前教育，有利于国家人力资源开发与社会稳定

美国经济学家杰弗里·萨克斯（Jeffery Sachs）从投资与产出的角度对学前教

---

① 冯晓霞、周兢：《世界学前教育大会情况汇报》，载 http://www.cnsece.com/，2012 年 4 月 20 日。

育的效能进行研究,证实了早期教育投入对于社会具有极高的回报价值,特别在提高国家人口素质、减少贫困、犯罪等社会问题等方面,起到社会发展问题早期预防的效果,并为国家未来人力资源的开发奠定基础。北美洲、西欧、美国、玻利维亚、埃及等国的多项早期教育成本效益研究也表明,通过降低辍学率、复读率、对社会救济的依赖率、犯罪率等费用节约公共资金;拥有优质保教经验的儿童更容易接受高等教育,顺利就业,获得较高的收入,为社会做出更大的贡献。肖克夫也根据已有的实证研究指出学前教育的良好社会效益性,"儿童的早期发展状况会影响到一个国家未来劳动者的素质和效率、国民的生活质量以及社会的公平、稳定与发展。"正因如此,联合国教科文组织以《儿童权利公约》、《世界全民教育宣言》和《达喀尔行动纲领》为依据,督促各国加快实现"扩大和改善幼儿,尤其是最脆弱和条件最差的幼儿的全面保育与教育"的承诺。投资早期教育就是投资于国家的未来,尤其是对于处境不利儿童的早期教育进行投资,不仅可以更好地节约公共救济资金,维持社会稳定,更有利于开发与储备人力资源,会为国家带来更多更大的收益。教科文组织总干事伊琳娜·博科娃在莫斯科召开的首届世界学前教育大会上特别呼吁,"投资学前教育计划比投资任何其他阶段的教育都拥有更大的回报","投资于儿童就会有繁荣、公平、光明的未来!"因此,大力发展学前教育,尤其是农村学前教育,已经成为我国政府当前的重要性国家行动。

二、我国农村学前教育发展现状与主要问题

学前教育,广义上讲,包括出生后至学龄前阶段的儿童教育,教育机构主要是指幼儿园。我国学前教育事业,在国民教育体系中一直处于弱势地位。尤其是在 20 世纪 90 年代末,受市场经济体制改革影响,大量的单位部门和集体办幼儿园被关闭,学前教育的发展在"九五"、"十五"期间出现停滞,甚至滑坡,与我国经济、社会和教育发展趋势相背离。尽管近几年来,各级政府与社会多方面努力,使学前教育事业呈现恢复性回升的态势,但是由于历史和现实等多方面原因,发展仍然相当滞后,而且城乡学前教育的发展差距也非常显著。2007 年全国城镇学前三年毛入园率为 55.6%,农村只有 35.6%,两者相差 20 个百分点[①]。具体来说,当前我国农村学前教育事业主要存在以下几大问题。

---

① 庞丽娟:《落实政府责任,加快学前教育普及进程》,载《全国人大常委人民政协报》2010 年 3 月 10 日第 D06 版。

(一) 学前教育机构数量不足，幼儿园所设立存在盲目性

2009 年，我国幼儿园数量共有 138 209 所，农村幼儿园有 66 366 所，县镇幼儿园有 33 496 所[①]。虽然农村幼儿园数量在全国幼儿园的总数中所占比例（农村幼儿园数占 48.0%，县镇幼儿园数占 24.2%）与我国的人口分布比例相差并不明显，但我国农村地区尤其像西部地区幅员辽阔，人口居住分散，当前的学前教育机构数量及布局情况明显不能满足农村幼儿的教育需求。有学者根据实地调查发现，"6 个样本县除了城关镇外共有 97 个乡镇，1 652 个行政村，然而仅有 180 个幼儿园，也就是说平均每个幼儿园需要服务 9 个行政村。一个乡镇通常只有一个幼儿园，而整个张家川县的 15 个乡镇仅有 2 个农村幼儿园。"[②] 如此的幼儿园数量与分布情况导致的一个后果就是很多儿童需要到离家很远的幼儿园就读，甚至很多幼儿无法去幼儿园就读。

为了适应不断增长的农村学前教育需要，除了幼儿园之外，我国农村学前教育的另一种主要形式是学前班。2007 年农村学前班数量为 20.3 万个，2009 年减少至 17.2 万个，占农村幼儿班级总数的 44.1%。但农村学前班也主要是根据方便与利于管理的原则，附设在一些规模较大的完全小学，这使得许多没有设完全小学的行政村没有任何学前教育机构可以提供。这种没有科学规划的幼儿园所的设立，实质上造成了一部分适龄儿童接受学前教育的困难。

(二) 民办园所占比例较大，办园水平与教育质量参差不齐

农村幼儿园主要由教育部门办、民办、集体办和其他部门办园组成。教育部门办园被认为是公办园。公办园和民办园是农村幼儿园的办学主体，2009 年两者之和共占到农村幼儿园总数的 80.7%。农村公办幼儿园的数量从 2001～2007 年逐年减少，从 2007 年开始恢复性上升，至 2009 年，农村公办园数量为 14 741 所，占农村幼儿园总量的 22.2%；而民办园则逐年上升，2006 年的增长率为 111.6%，2007 年的增长率为 98.3%，2008 年增长率为 110.9%，2009 年增长率为 109.1%[③]。至 2009 年，农村民办幼儿园数量为 38 806 所，占到农村幼儿园总量的 58.5%。而且民办园的在园人数也呈快速增长之势。2007 年农村民办园在园幼儿数为 272.2 万人，2009 年增长到 371.7 万人，增长率为 136.6%；公办园

[①] 本文相关的统计数据均来自《中国教育统计年鉴（2009）》，人民教育出版社 2010 年版。"农村"数据范围与《中国教育统计年鉴（2009）》"农村"指标所指范围相同。
[②] 罗仁福等：《贫困农村学前教育现状调查》，载《学前教育研究》2009 年第 1 期，第 7～10 页。
[③] 邬志辉、秦玉友主编：《中国农村教育发展报告（2011）》，北京师范出版社 2012 年版，第 6 页。

在园幼儿数则有略微下降，2007年农村公办园在园幼儿数为645.2万人，2009年为641.9万人，减少3.3万人。

民办园成为农村学前教育的主体力量，在当前缺乏有效的监督与管理的情况下，其办园水平和教育质量很难得到保证。由于民办园是按照市场规律运行，农村公办园的紧缺为其迅速发展提供了巨大空间，在这种供不应求的背景下，民办园的收费混乱，教育质量参差不齐，直接影响我国农村学前教育的整体水平。

（三）大多数幼儿园办园条件简陋，未达到全国平均标准

由于农村学前教育经费严重匮乏，农村幼儿园的办园条件与城市幼儿园相比，还有很大差距，有大多数幼儿园的办园条件未达到标准，整体处于不达标状态。2009年，农村幼儿园数为66 366所，占全国幼儿园数的48.0%；农村幼儿园在园人数为1 126.0万人，占全国幼儿园在园人数的42.4%。而农村幼儿园的校舍面积2009年有所增加，达到2 906万平方米，才占全国幼儿园校舍面积的24.9%；教学及辅助用房面积1 972.8万平方米，占全国总数的25.5%；拥有图书2 403.8万册，占全国总数的24.3%；教学用录音录像带316.3万盘，占全国总数的比例为22.9%。相比于幼儿园数、在园幼儿数，农村幼儿园的办园条件仍然落后于城市和县镇。尤其是农村存在的大多数民办幼儿园，在乡镇及村一级都是"家庭作坊式"。在缺乏教育行政部门统一规范与管理的情况下，这些幼儿园办园条件简陋，园舍条件差，基本设施不健全。幼儿园的卫生、消毒、安全都极不规范，幼儿的饮食也很粗糙、单一，严重影响农村幼儿身心健康发展。

（四）农村学前专任教师短缺，师资队伍不稳定

由于我国农村学前教育教师身份不明，大多数农村幼儿教师没有编制，待遇偏低，导致教师队伍老化，人数不足，流动性大。从师幼比上来看，1997～2006年，我国幼儿园师幼比基本在1∶24～1∶26之间，其中城市幼儿园稳定在1∶15～1∶17之间，而农村幼儿园则在1∶31～1∶71之间。近几年来虽然学前教育师资数量不断增加，但农村幼儿园师幼比仍然达不到全国平均水平，城乡差距依然很大。根据2009年教育统计年鉴数据，全国幼儿园师幼比为1∶17；城市师幼比为1∶10；而农村幼儿园师幼比则为1∶32；农村教育部门办的幼儿园师幼比高达1∶93；按照全国平均师幼比1∶17进行计算，农村幼教师资缺口达308 250人。

在农村学前教育教师学历方面，也与城市乃至全国平均水平存在较大差距。2009年，全国幼儿园园长与专任教师具有本科学历的达到11.8%，城市16.1%，农村则是5.0%，与城市相差近11个百分点；而具有高中及高中以下学历的园长与专任教师，农村为59.0%，全国为40.3%，城市则为28.7%。农

村学前教育师资的学历水平低，专业素质与能力普遍不足，难以满足当前农村幼儿家长的期望与需求。

三、我国农村学前教育现阶段发展需求与目标

随着近些年来经济生活水平的不断提高，人们对学前教育价值认识的日益增强，广大人民群众对子女接受学前教育的发展需求日趋强烈。日益热切的社会需求和相对滞后的学前教育发展状况，成为当前我国学前教育发展的主要矛盾，各地对"入园难"、"入园贵"问题反映强烈。加快普及学前教育是社会经济发展的必然要求，也是加强我国公共服务体系建设和满足民生重大需求的重要环节。尤其是大力发展农村学前教育，为广大农村和低收入家庭幼儿提供基本、均等的学前教育机会，既是普及学前教育的重点和难点，也是促进教育公平的基础。

2010年我国颁布的《国家中长期教育改革与发展规划纲要》，明确提出"积极发展学前教育，到2020年，普及学前一年教育，基本普及学前两年教育，有条件的地区普及学前三年教育。""重点发展农村学前教育。努力提高农村学前教育普及程度。"同年11月，国务院下发了《关于当前发展学前教育的若干意见》，把大力发展学前教育作为保障和改善民生的重要内容，并提出"努力扩大农村学前教育资源。各地要把发展学前教育作为社会主义新农村建设的重要内容，将幼儿园作为新农村公共服务设施统一规划，优先建设，加快发展。"同时要求各地以县为单位编制实施学前教育三年行动计划，争取尽快缓解"入园难"问题。在国家政策的如此强势主导下，各地纷纷将制定学前教育发展规划纳入政府工作任务重点，清晰地勾画出学前教育发展的路线图和时间表。例如，陕西省政府在"十二五"规划中就明确提出："逐步把学前教育纳入基本公共服务体系，到2015年全省实现学前一年免费教育。省财政每年安排学前教育经费2亿元，支持1200所乡镇中心幼儿园建设和学前一年免费教育。"从学前教育三年行动计划的具体落实、实施，到五年、十年的发展目标确立，长短结合，主次分明，农村学前教育必将得到迅速发展。

四、我国农村学前教育布局规划的制定原则

学前教育布局主要是指学前教育机构或服务的设置与安排。农村学前教育的布局设计，要在充分考虑当地经济发展状况、人口变化趋势的情况下，努力与社会主义新农村建设相结合，与城镇化建设相结合，科学规划，合理布局，为每个农村幼儿提供公平高质的学前教育，促进农村学前教育健康、可持续发展。各地

在制定农村学前教育布局规划时,应着重考虑以下几项原则:

(一) 根据适龄人口的变化趋势,科学规划幼儿园数量建设

我国幅员辽阔,各省区市的发展情况并不相同,各地在制定农村学前教育布局规划时,应当从本地实际出发,根据本区域经济社会发展状况、适龄人口分布、出生率变化趋势、人口的流动趋势等科学测算入园需求及其变化,合理规划幼儿园的数量建设。随着我国近些年城镇化水平的不断提高与扩大,农村人口向县镇持续流动与聚集,县镇在园幼儿数量大幅度增加,2000~2007年的增长率达到25.3%[①],农村幼儿持续减少。因此,农村幼儿园建设要对人口的变化趋势进行科学预测,避免盲目建设、跟风建设、政绩建设,既要解决好当前幼儿入园高峰期的入园问题,又要关注入园高峰过后大量学前教育资源可能的闲置问题,妥善处理学前教育的当前发展与可持续发展的关系问题。

(二) 坚持就近入园,保障每个适龄幼儿公平的学前教育机会

刘利民2012年2月23日在国家学前教育项目工作会议上指出,"不能够依靠大量使用校车来接送幼儿园孩子,合理布局就近入园才是确保幼儿安全的根本。"[②] 就近入园是保障幼儿生命安全、身心健康以及提高入园率的基础条件,也是保障农村适龄幼儿享受公平学前教育机会的基本要件。幼儿阶段正处于人的一生身体和心理发展的重要阶段,其学习和教育都要以其身心健康发展为准则。如果幼儿接受学前教育需要每天爬山越岭,起早贪黑,或者坐车颠簸几个小时,这样的学前教育不要也罢,对孩子的成长损害比不上幼儿园还要大。因此,农村地区幼儿园的规划和建设,必须以方便就近为基本原则,可以充分利用中小学布局调整富余的校舍改扩建幼儿园,甚至可以租用适宜的房屋举办幼儿园,多渠道多种方式扩展学前教育资源,保证农村幼儿享受基本且公平的学前教育。

(三) 在大力扩增幼儿园数量的同时,着力提高农村学前教育质量

《国家中长期教育改革与发展规划纲要》提出"基本普及学前教育"的十年战略目标后,各地纷纷加大学前教育经费投入,新建或改、扩建幼儿园以增加公办幼儿园数量。例如,"贵州省省级财政三年将投入2.5亿元专项资金,实施公办中心

---

① 中国学前教育发展战略研究课题组著:《中国学前教育发展战略研究》,教育科学出版社2010年版,第242页。

② 刘利民:《幼儿安全不能全靠校车,就近入园是根本》,载《商用汽车》2012年第2期,第44页。

幼儿园建设工程，重点实施农村学前教育发展推进工程，支持新建500所乡镇（街道）公办中心幼儿园，计划总投资48亿元。""黑龙江省计划投入40亿元（其中省级财政6亿元），以农村为重点，未来三年新建、改扩建1 200所公办幼儿园，逐步完善县、乡学前教育辐射指导网络"，"陕西省通过新建、改扩建、购买服务等方式，大力推动县、乡公办幼儿园建设，预计未来三年投入30亿元（其中省级财政7.5亿元），建设1 000所公办乡镇中心幼儿园"等。然而，农村学前教育布局规划，不仅仅是增加幼儿园数量，为公办园"筑巢"的问题，在保证每个农村幼儿都有园上的基础上，还要考虑农村幼儿接受学前教育的质量问题。"保障适龄儿童接受基本的、有质量的学前教育"同样是发展农村学前教育的重要目标。

（四）以政府为主导，提供灵活多样多种层次的学前教育服务

发展农村学前教育，必须坚持公益性和普惠性。在当前农村学前教育需求迫切，学前教育资源不足的情况下，需要落实政府责任，大力发展农村公办幼儿园，以政府为主导，提供广覆盖、保基本的学前教育公共服务；同时，鼓励社会力量以多种形式举办幼儿园，扶持民办幼儿园，并提供普惠性服务。对于人口特别分散地区，可以通过开展学前教育巡回支教、利用现代信息技术同步施教等方式，实现农村幼儿享受基本的学前教育服务。在学前教育的服务层次上，除了设立学前一年、两年、三年制的幼儿园，还应有计划地在农村相应部门设立早期教育服务机构，通过农村妇委会等组织对家长进行科学育儿方面的知识介绍与宣传，引导农村幼儿的早期教育能够遵循幼儿身心发展规律，从而促进幼儿健康快乐成长。

第二节 农村职业教育布局调整规划研究

职业教育在农村教育体系中具有战略性地位，对农村经济、社会和环境发展具有支撑性意义。

一、农村职业教育布局调整的理念

（一）农村职业教育的概念及其布局调整的本质

1. 农村职业教育概念的演变

农村职业教育是一个外延宽泛的概念。在广义上，农村职业教育通常被理解

为以农业为主要产业的县域内各种形式职业教育和职业培训的总和；在狭义上，农村职业教育指的是县域内的中等职业教育，特别是县级的职教中心（职业高中）。

《国家中长期教育改革和发展规划纲要（2010~2020年）》（简称"规划纲要"）提出：加快发展面向农村的职业教育①，丰富了农村职业教育的内涵，拓宽了农村职业教育的外延。"面向农村"的要求，使农村职业教育的概念发生了以下重要演变：

（1）农村职业教育不仅要适应县域经济特别是本地农业生产发展对劳动力的要求，还要适应农村富余劳动力转移的职业需求；

（2）农村职业教育不仅要满足农村中现实劳动力的各种职业教育需求，也要致力于提升农村中潜在劳动力的职业素质；

（3）农村职业教育不仅是县域内新生劳动力就业前的学历教育及其他形式的岗前教育，还要包括提升县域内各方面劳动者职业素质的岗位培训和继续教育；

（4）农村职业教育的实施领域不仅限于农村，还要包括城市中面向农村、为农村发展服务，特别是为提高农村中各类在乡与离乡人口职业素质服务的职业教育与技能培训方式；

（5）农村职业教育不能局限于县域，还要包括县域外的职业教育；

（6）农村职业教育不仅要有正规的全日制学校教育，还应包括非正规的其他各种职业教育与技能培训形式；

（7）农村职业教育不仅要有公办的职业学校，还应包括民办的其他职业教育和培训机构。

农村职业教育概念内涵与外延的演变，反映了农村职业教育布局调整的需要。这一概念的演变，必然会影响农村职业教育的布局及其调整的进程。应当看到，基于"面向农村"理念的职业教育布局调整，不仅是指县域内的及公办职业学校的布局结构调整，还包括了县域外的以及各类非公办的和非正规的职业教育及培训机构的设置及布局。这是它与农村基础教育特别是义务教育的学校布局调整的重要区别所在，也是"面向农村"的职业教育布局调整的困难与复杂性所在。

2. 农村职业教育布局调整的本质

概括而言，农村职业教育的布局指的是农村（主要指县域）中职业教育机构的空间分布，以及职业教育资源的配置和利用方式。

---

① 《国家中长期教育改革和发展规划纲要（2010~2020）》，2010年7月29日。

确切而言，农村职业教育布局调整的本质，就是依据"面向农村"的要求，优化城乡以及县域内外各类职业教育的资源配置，使这些职业教育机构及资源能够满足农村各方面受教育人群的职业教育需求。

农村职业教育布局的调整，有三个要点：一是要增加"面向农村"的职业教育资源总量；二是要提升"面向农村"意义上的职业教育品质；三是各级各类职业教育机构在空间上得到相对合理的配置与分布，使农村中各方面人群都能接受较好的适合他们的职业教育。

基于上述观点，农村职业教育的布局调整是构成"面向农村"的职业教育体系的途径与手段，构建切实有效"面向农村"的职业教育体系是农村职业教育布局调整的目的。

（二）农村职业教育布局调整应有的理念

农村职业教育的布局调整需遵循正确的价值取向，这是构建"面向农村"的职业教育结构体系的基本前提。

1. 面向人人、服务社会

我国职业教育的先驱黄炎培认为："凡用教育方法，使人人获得生活的供给及乐趣，一面尽其对群众之义务，此教育名曰职业教育"。[①] 这一界定清晰地阐述了职业教育"面向人人、服务社会"的宗旨与理念。

（1）农村职业教育要坚持"面向人人"的理念

"面向人人"是面向大众的平民教育理念，它要满足社会各个阶层、各方面受教育人群的职业教育需求，并特别关注那些处境不利条件下的弱势（"边缘化"的）人群的教育与发展需求。联合国教科文组织第二届国际职业技术教育与培训大会"关于职业技术教育与培训：展望21世纪的建议"中指出：职业技术教育课程必须"使所有人都能接受这种教育。对原先已处于'边缘化'的群体，要付出特殊艰辛使他们也能接受职业技术教育"[②]。这说明"面向人人"的职业教育追求的是真正的教育公平。

当前，要使"人人"的教育需求都能得到满足，这种职业教育就应当是有差异的，应当针对和适应不同人的教育需求。"面向人人"的职业教育首先要考虑如何为那些"上不起学、读不起书"的"边缘化群体"提供适合他们的"特殊"的教育。这种教育不仅要使受教育者"机会均等"，而且要力求"结果公

[①] 中华职教社：《黄炎培教育文选》，上海教育出版社1998年版，第165页。
[②] 戴荣光译：《联合国教科文组织第二届国际职业技术教育与培训大会关于职业技术教育与培训：展望21世纪的建议》，载《中国职业技术教育》2000年第5期，第55页。

平"。只有在承认现实"差别"的基础上,实施适应"弱势群体"的补偿性教育,才有可能促进弱者的发展,实现真正的教育公平乃至社会公平。

在我国,农村职业教育的绝大多数受众都属于"弱势群体"[①],他们在物质资本、人力资本、社会资本等方面都处于弱势地位,以致在社会竞争中难获成功,他们更需要社会的关怀和教育的支撑。职业教育的使命就在于提升受教育者生存与发展的潜能,帮助他们获得生活的供给及乐趣,在人生旅程中走出一条"自强之路",同时也使社会更加富强与和谐。这是农村职业教育"面向人人"根本要义之所在。

(2) 农村职业教育要致力于"服务社会"

服务社会,促进经济与社会的发展,是职业教育内在的社会功能。它是农村职业教育的又一重要使命。职业教育是通过培养社会所需要的人来为社会服务的,它要促进社会发展与个人发展的和谐统一。职业教育必须满足受教育者个人的学习、生存与发展的需求,这是职业教育得以有效实施的动力源泉。但受教育者的个人需求并不都是合理的,只有与社会发展要求统一起来的个人需求,才能有效地引导受教育者的发展,成为教育发展的动力。职业教育必须引导受教育者正确认识经济与社会发展的趋势,认识与适应社会的人才需求,把个人的需求与社会的需要统一起来,这是职业教育"服务社会"的基本要求。

职业教育应当面向经济与社会发展的多方面人才需求,满足各方面受众的教育需要。这样的职业教育才能有效地实现其"服务社会"的功能。在农村职业教育受众的需要中,既有新生劳动力的"入职教育"的需要,又有各行业劳动者"继续教育"与"岗位培训"的需要;既有农业及农村中其他行业劳动者的教育需要,又有农村富余劳动力转移的教育需要;既有接受各级各类职业教育"学历教育"的需要,也有接受相关行业"职业资格培训"的需要;既有初、中级职业教育的需要,也有高级职业教育的需要。面对这些需要,"服务社会"的农村职业教育与培训必然是一种多方办学和多渠道投入,具有多种类型和多个层次的结构体系与格局。

2. 面向农村

所谓"面向农村",主要是指职业教育特别是农村的职业教育要面向和适应包括农业在内的地方经济与社会发展的需要,要面向与满足农村中各方面职业教育受众的教育与发展需求。

忽视农村经济与社会发展对教育的要求,把农村受教育者的教育需求片面地

---

① 吴启迪在教育部 2006 年第 17 次新闻发布会上指出:目前中等职业学校 1 600 多万名在校生中,绝大多数来自农村和城市中低收入家庭,其中贫困家庭学生约占 30%。

归结为"离农",是当前农村教育中的一种错误倾向。据有关报道,截至2006年年末,全国农业从业人员中,20岁以下的占5.3%,21～30岁的占14.9%,50岁以上的占32.5%。在校读书的"90后",即便是来自农村的学生,他们中的绝大多数从未将农民作为未来的职业选择。在外找工作或经商的80后、90后也大部分不愿意回到农村务农。农业技能人才的严重不足将对新农村建设带来严重后果。一些"两院"院士认为,国家在继续大力推动农村劳动力转移的同时,应高度关注农业生产后继乏人的问题①。造成上述问题的原因固然是多方面的,但是农村教育各个领域忽视"面向农村"的要求以及农村职业教育乃至农村教育整个结构的失衡是重要原因。

为了真正实现教育公平乃至社会公平,更好地为建设社会主义新农村服务,构建"面向农村"的职业教育体系,必须切实关注与满足农村中每个受教育者的需求,必须牢牢把握农村经济与社会发展的趋势及其对职业教育的要求,并据此调整相关职业教育的布局与结构。

3. 为农村人口终身学习与可持续发展服务

我国农村职业教育长期以来一直因循传统的教育观念,其结构与布局已远远不能适应"信息化社会"与"学习化社会"的要求。"为农村人口终身学习与可持续发展服务"已成为农村职业教育布局调整的发展趋势。

从"终身教育"的角度看,农村职业教育结构与布局存在着很多欠缺。如重视新生劳动力的培养,忽视在业劳动者的继续教育与岗位培训;重视青壮年劳动力的"转移"培训,忽视在乡劳动者特别是中老年农业劳动者的技能培训以及农村实用人才的培训;重视中等职业学校,忽视乡镇职业教育机构、社区成人教育机构以及其他技术推广培训机构;重视"现实形态"教育资源的开发与利用,忽视远程教育、网络教育等"虚拟形态"教育资源的开发与利用,等等。

二、我国农村职业教育布局的现状

(一) 我国农村职业教育的体系与布局

我国职业教育实行"政府主导、依靠企业、充分发挥行业作用、社会力量积极参与,公办与民办共同发展"的多元办学格局②。农村职业教育体系主要由

---

① 李剑平:《两院院士:提防人口大国无人种地》,载《中国青年报》2012年3月19日第11版。
② 《国务院关于大力发展职业教育的决定》,国发〔2005〕35号。

四个部分构成：县域中的中等职业教育、农民及其他产业职工的职业技术岗位培训、农村富余劳动力转移培训、渗透于农村基础教育课程中的职业技术教育。其体系的外在结构如图23-1所示。

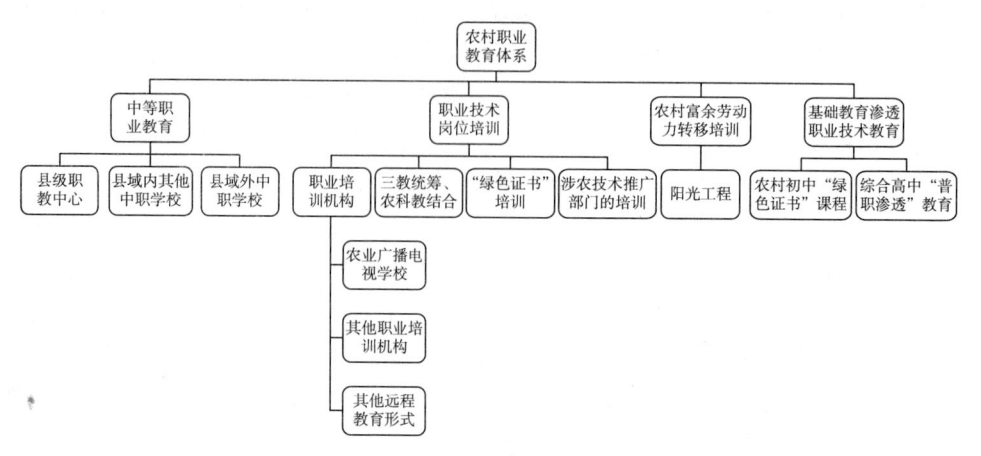

图23-1 农村职业教育体系外在结构

1. 县域中等职业教育

中等职业教育是农村职业教育体系的主要构成，是县域职业教育体系的龙头与核心。中等职业教育格局的演变直接影响着县域职业教育体系的构成与布局。

20世纪80年代~90年代，我国中等职业教育基本上是与计划经济体制相适应的"条块结合，以块为主"的管理格局。中专与技工学校的毕业生由国家统一分配工作，对于家境贫寒的农村初中毕业生具有极大的吸引力。1999年以后，大多数中职学校划归地方教育部门管理，中职学校与行业、企业原有的"天然"联系被割断。招生和毕业生就业制度的改革，使中职学校的生源一度急剧减少，受影响最大的是县属的中职学校。

近年来，欠发达地区的中职学校积极与城市及发达地区的职业学校联合办学，把本地生源输送到城市和发达地区学习。国家为了推进欠发达地区和农村职业教育的发展，实施了"中等职业教育资源整合与东西合作推进计划"。

2. 面向农民及县域其他产业职工的岗位培训

在农村职业教育体系中，面向农民以及其他产业职工的职业技术培训形式主要有四种。

（1）农广校等职业教育培训机构。农业广播电视学校是集教育培训、技术推广、科学普及和信息传播等多种功能为一体的综合性农民教育培训机构。它运用现代远程教育手段，多形式、多层次、多渠道开展农民科技教育培训，是覆盖广大农村的远程教育培训体系[①]。一些经济发达地区的政府为发展面向农民及其他社会成员的职业技术培训，采取了各种形式。浙江省长兴县以"教育券"形式分配教育资源的职业培训方式是其中的代表。长兴县通过发放"教育券"，促进了各类教育的协调发展，体现了政府引导教育需求、调整教育结构、保证教育公平的宏观调控功能，开启了市场经济条件下公共教育财政运行的新模式[②]。

（2）三教统筹、农科教结合。这是 20 世纪 80 年代兴起的农村教育综合改革实验中调整农村教育结构及其布局的举措。三教统筹和农科教结合，开发与利用了教育系统内外的各类资源，促进了教育与经济、社会的统筹发展。

（3）"绿色证书"培训。"绿色证书"是农民达到从事某项工作岗位要求具备相应基本知识和技能后，经当地政府认可的从业资格凭证。农业部从 1990 年开始组织实施"绿色证书"制度试点工作，从 1994 年开始全面组织实施"绿色证书"工程。至 2001 年，全国有 1 994 个县（市）开展了绿色证书培训，覆盖面达 69.8%，培训人数达 1 300 多万人，有 600 万人获得了绿色证书[③]。

（4）涉农技术推广部门的培训。多年来，一些大中专院校、科研院所、行业协会为服务"三农"做了大量的技术推广与培训工作。河北农业大学等农业院校及科研部门服务农业、农村的"送教下乡"、"太行山道路"、"百名教授兴百村"、"百名专家进百村"、"农业科技专家大院"等，取得了显著的效益。

3. 农村富余劳动力转移的培训

农业部等六部门为加快农村劳动力转移、促进农民增收，遵循"政府推动、学校主办、部门监管、农民受益"的原则，组织实施了农村劳动力转移培训阳光工程。2004 年，全国培训各类农村富余劳动力 150 万人，120 万人实现成功转移，培训就业率达到 80% 以上[④]。

4. 渗透于农村基础教育课程中的职业技术教育

渗透于农村基础教育课程中的职业技术教育，主要有农村初中的"绿色证书"课程和综合高中的"普职渗透"两种形式。

2001 年，教育部在《基础教育课程改革纲要（试行）》中提出了在农村初中开展"绿色证书"教育，规定：在初中阶段的劳动技术课时和地方安排课时中安排"绿色证书"培训课程。这是我国农村初中课程改革的一项新举措。各

---

① 《中央农业广播电视学校简介》，载 http：//www.ngx.net.cn/，2012 年 4 月 20 日。
② 高庆蓬、洪俊：《浙江省长兴县职业教育调研报告》，载《教育与职业》2007 年第 12 期，第 31～33 页。
③ 《绿色证书工程简介》，载 http：//www.cqagri.gov.cn/，2012 年 4 月 20 日。
④ 夏珺：《中国阳光工程成功转移 120 万农村富余劳动力》，载《人民日报》2004 年 10 月 28 日第 1 版。

地为推进这项改革做了很多工作，取得了一定成效，但也遇到许多困难。

综合高中是 1995 年国家教委在"全国普通高级中学教育工作会议"提出的普通高中四种办学模式的设想之一①。综合高中的学生一般在学习了两年普通高中的文化课程后，可以根据自己的意愿实行学业分流。准备升学的学生侧重接受升学预备教育，准备就业的学生侧重接受就业预备教育。2000 年以后，综合高中在各地纷纷兴办，然而这些学校的职业技术教育大都不是为了"就业"，而是为了"对口升学"，偏离了综合高中的宗旨。

（二）欠发达地区农村职业教育布局"失衡"的表现

1. 办学规模小，影响力差

在欠发达地区，作为县域职教体系"龙头"的职教中心的办学规模普遍较小。据东北师范大学农村教育研究所调查，东北某省三个县的职教中心 2011 年秋季在校生人数分别是 713 人、538 人和 480 人，都未达到教育部《中等职业学校设置标准》"学历教育在校生数应在 1 200 人以上"的要求。学校规模小，影响力差，难以形成品牌效应，严重影响了各方面人员就读职业学校的积极性以及行业、企业与职业学校建立合作关系的主动性。

2. 办学形式单一、县域职教结构不完整

在欠发达地区，很多县域的职教体系大都只剩一所县级职教中心，这些县级职教中心又大都以招收初中毕业生的中等职业教育为主，很少兼顾县域内其他受众的需求，其作为"中心"的龙头与辐射作用基本未得到体现。

其他类型及层次的培训机构大都各自为政。面向农民及职工的岗位培训机构有名无实；面向农村富余劳动力转移的培训因本地非农产业不发达、吸纳就业的能力差，以及培训力量薄弱等原因而难以开展；农村初中"绿色证书"课程因缺乏开课条件难以继续，综合高中的"普职渗透"被纳入"对口升学"的轨道；"远程教育"方式的农民技术培训因为缺乏技术条件而难以有效实施。

3. 专业设置与地方经济发展需求脱节，办学特色不鲜明

在欠发达地区的县域经济中，企业规模大都较小，产业离散度较高，支柱性产业不突出，给与职业教育紧密结合的地方经济以及行业、企业的发展带来很大困难。

一些县级职教中心专业设置大都"小而全"，中职校专业设置的重复率高，

---

① 这四种办学模式是升学预备型高中、就业预备型高中、兼顾升学预备教育与就业预备教育的高中和特色高中。兼有升学预备教育和就业预备教育的普通高中后来被简称为"综合高中"。

存在"同质化"倾向。近年来，一些职教中心因社会上的"幼师热"，便一哄而起，纷纷开设"学前教育"专业。一些学校设置专业的随意性很大，基本上是凭经验与想象办学。这些学校每年"招生简章"所列专业可能有 10 个之多，但实际上开班的只有 4～5 个专业。一些拟设专业招生时基本无人报名或报名人数很少，开班时或是取消这些专业，或是把招上来的学生调剂到其他专业。一些学校"对口升学"专业的数量及招生人数超过了"就业"专业。真正意义的"涉农专业"，如种植、养殖、畜牧、兽医等专业因招生困难难以开班。"农业机械使用与维修"专业虽然顶着"涉农"的名称，但实际开设的是"汽车维修"类课程。

4. 城乡及地域间办学水平差异大，发展不均衡

由于城乡及地域间职业教育发展水平差距很大，城市及发达地区的就业机会更多，许多农村学生都纷纷进城或到外地求学。在国家政策鼓励下，一些发达地区实行了"跨省招生"，东部与西部、发达地区与欠发达地区、城市与农村的许多职业学校实行了"联合办学"。在这些"联合办学"中，欠发达地区及农村的职业学校负责职教生的招生与前期培养，并为发达地区及城市的职业学校输送生源。这种做法虽在一定程度上维持了农村职业学校的"生存"，又使求学者受到较好的教育，但对于农村职业学校增强办学能力和提升办学水平却未见有明显效果。

5. 不同层次职业教育的发展"失衡"

近十几年来，中职教育与普通高中教育及高职教育之间存在着严重的发展"失衡"。在教育系统内部，高中段教育的"普职失衡"已十分显见，职教系统的中职与高职发展的比例及其布局的"失衡"也相当严重，县域职业教育是这种"失衡"的"重灾区"。

（三）影响农村职业教育布局调整的主要因素

1. 生源的流向

"生源外流"是欠发达地区农村职业学校"招生难"以及学校办学规模难以达标的重要原因。一项针对西部农村学生的专题调研发现：愿意选择中职的仅有 22.7%，希望升入高中继续学习的高达 70%[①]。这种取向相对于国家关于中职与普高发展规模"大体相当"的要求，是一种"逆势"。

2. 就业信息的对称性

农村职业教育面对着就业信息"不对称"的困境。一方面，县域经济很难

---

① 谢湘：《上中职成为农村初中生最不情愿的选择》，载《中国青年报》2011 年 5 月 30 日第 11 版。

为职业教育受众提供充足的就业机会，县域职业教育难以直接面对本地经济发展的需求；另一方面，农村职业教育的受众能够获得的就业信息十分有限。这种状态直接导致了农村职业教育布局的"盲目性"。

3. 地域经济发展水平

东北师范大学农村教育研究所 2005 年有关国内部分地区农村职业教育调研资料表明，不同经济发展水平地区中等职业教育发展存在明显的差距（图 23-2 2004 年不同经济发展水平地区 5 县初中应届毕业生升学去向统计）。发达地区的中等职业教育和普通高中的发展大体均衡，职业教育的发展规模甚至还略超过普通高中。欠发达地区的普职比例严重失衡，职业教育招生人数远远低于普通高中。

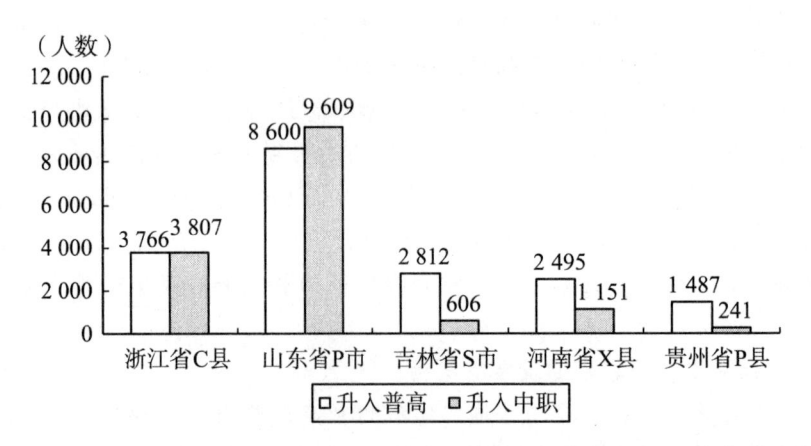

图 23-2 2004 年不同经济发展水平地区 5 县初中应届毕业生升学去向统计

资料来源：东北师范大学农村教育研究所 2005 年农村职业教育调研资料。

4. 社会文化

在社会上，职业教育特别是中等职业教育往往被视为"差生"教育。在现行的考试选拔机制下，进入职业教育特别是中等职业教育领域的学生，绝大多数是教育竞争与社会竞争中的"失败者"，他们往往被视为教育中的"差生"。

农村职业教育的学生中，绝大部分是农民和城市低收入家庭的子女[①]。就读中等职业学校，他们通常被认为"断了向'上层'流动的路，今后再无出头之日"。然而，生活在社会下层的父母却有一个强大的信念：绝不能让儿子输在城乡这条分界线上。他们渴望通过教育改变孩子的命运[②]。在这种状况下，让自己

[①] 《中国着力发展"面向人人"的中等职业教育》，载 http：//politics.people.com.cn/，2012 年 4 月 20 日。

[②] 樊未晨：《教育焦虑城乡大蔓延》，载《中国青年报》2012 年 3 月 16 日第 6 版。

的孩子就读中等职业学校是大多数家长的"无奈之举"。

5. 办学水平与教育质量

提高办学水平和教育质量,是优化农村职业教育体系与布局结构的根本,其关键在于专业建设。农村职业教育的布局与九年义务教育有着本质的不同。职业教育的学生具有独立的人格与自主行为能力,有其自己的学习与发展需要。因此,职业教育的布局不仅是教育资源的空间配置,更是学校如何适应学生的学习与发展需求,建立适当的专业,形成自己的专业特色。只有加强专业建设,形成自己的品牌,职业教育才可能吸引学生前来就学。

6. 办学与管理体制

我国职业教育实行的是"在国务院领导下,分级管理、地方为主、政府统筹、社会参与"的管理体制[①],农村职业教育主要由县级政府实行统筹(简称"县级统筹")[②]。

从农村职业教育发展及布局所面对的困境可以看出,"县级统筹"的办学与管理体制已不适应县域职业教育发展的需要,欠发达地区尤为突出。欠发达地区县域经济相对薄弱,县级财政难以保证对农村职业教育的投入,使县域职业教育的发展规模及其水平受到很大限制。新兴产业和市场经济的发展、农村城镇化和农村富余劳动力转移等因素,更使县域的职业教育与技能培训资源难以满足经济与社会发展的要求以及本地教育受众的需要,导致受众到县域以外寻求更好的资源。

7. 政策的适切性

改革开放以来,国家出台了许多政策,有力地促进了农村职业教育的发展。但从农村职业教育布局调整的角度看,有些政策的适切性较差。

一些政策滞后于时代的发展。"县级统筹"的办学与管理体制是基于城乡二元结构的现实提出的,这一体制与当前"城乡统筹"发展的趋势已不相适应,难以全面满足县域内各方面职业教育与技能培训受众的需要。

一些政策在执行中理解有偏差。国家要求"每个县(市、区)都要重点办好一所起骨干示范作用的职教中心(中等职业学校)"[③],一些县却把"重点办好一所职教中心"变成了"只办一所职教中心",且这唯一的职教中心大都以中等职业教育为主,忽视了其职教的"龙头"与"辐射"作用。

一些政策缺乏制度保障。许多文件都要求"校企结合",然而中等职业教育

---

① 《国务院关于大力发展职业教育的决定》,国发〔2005〕35号。
② 《中华人民共和国职业教育法》,1996年5月15日第八届全国人民代表大会常务委员会第十九次会议通过。
③ 《国务院关于大力发展职业教育的决定》,国发〔2005〕35号。

由按行业"归口举办"变为由教育部门和劳动部门集中管理,在体制上切断了职业教育与相关行业、企业的联系。农业部"绿色证书工程"构想的制度设计及配套措施有很多不完善之处,它与我国现行的农村土地承包制度的规定难以衔接,使"绿色证书工程"难以取得令人满意的结果。

8. 职业教育的理念与发展模式

职业教育的理念与发展模式是影响农村职业教育体系构建与布局的深层次原因。农村职业教育的结构及布局调整,是转变教育发展方式的要求。徐国庆认为:"长期以来,我国职业教育是通过设计模式得到发展的,这一模式使职业教育成为政府的职业教育,而不是社会的职业教育,其发展缺乏牢固的社会之根,这是导致我国中等职业教育在世纪之交出现不正常滑坡的根本原因。因此,要使我国职业教育获得可持续发展之根,要使职业教育真正发挥其社会功能,职业教育办学就必须从设计模式转向内生模式。"[①]

迄今为止,我国农村职业教育体系带有明显的计划经济痕迹。主要体现在:政府是职业教育的办学主体和管理者;职业的教育体系框架是在政府主导下构建的;学校管理者由政府委派,教师由政府招聘;办学经费主要依靠政府投入,专业设置与培养模式也要遵循政府的规定;学校招生以及学生的就业、升学要靠政策支持,等等。在这种状态下,农村职业教育的发展动力不足,结构与布局不合理,学校缺乏生机与活力,效益与质量不高,势在必行。解决这些问题,都要从转变农村职业教育的发展方式入手。

三、"面向农村"职业教育体系的构建

农村职业教育布局调整要解决的根本问题在于建立一个既能适合城乡经济与社会统筹发展需要,又能够满足农村各类受众需求的"面向农村"的职业教育体系。这一体系要为职业教育发展要素的有序流动与有效组合奠定基本框架,使"面向农村"的职业教育能够更好地发挥育人及社会服务功能。

(一)"面向农村"职业教育体系的基本特征

基于农村职业教育发展的理念,面对我国教育发展方式转变的要求及职业教育发展的趋势,针对我国农村职业教育布局中的实际问题,"面对农村"的职业教育体系的构想如图 23-3 所示。这一体系有如下特征。

[①] 徐国庆著:《职业教育原理》,上海教育出版社 2007 年版,第 102 页。

```
                    面向农村的职
                    业教育体系
            ┌───────────┤
    "市级统筹"的县域外  │
    职业教育与培训机构   │
            └───────────┤
                    县级职教中心
        ┌──────────┬──────────┼──────────┐
    中等职业教育  县域内职业技  农村富余劳动  基础教育渗透
              能岗位培训    力转移培训    职业技术教育
                    │              │              │
              农广校等        阳光工程       农村初中"绿
              培训机构                       色证书"课程
                    │                              │
              三教统筹、                     综合高中"普
              农科教结合                     职渗透"教育
                    │
              "绿色证书"
              培训
                    │
              涉农部门技
              术推广培训
```

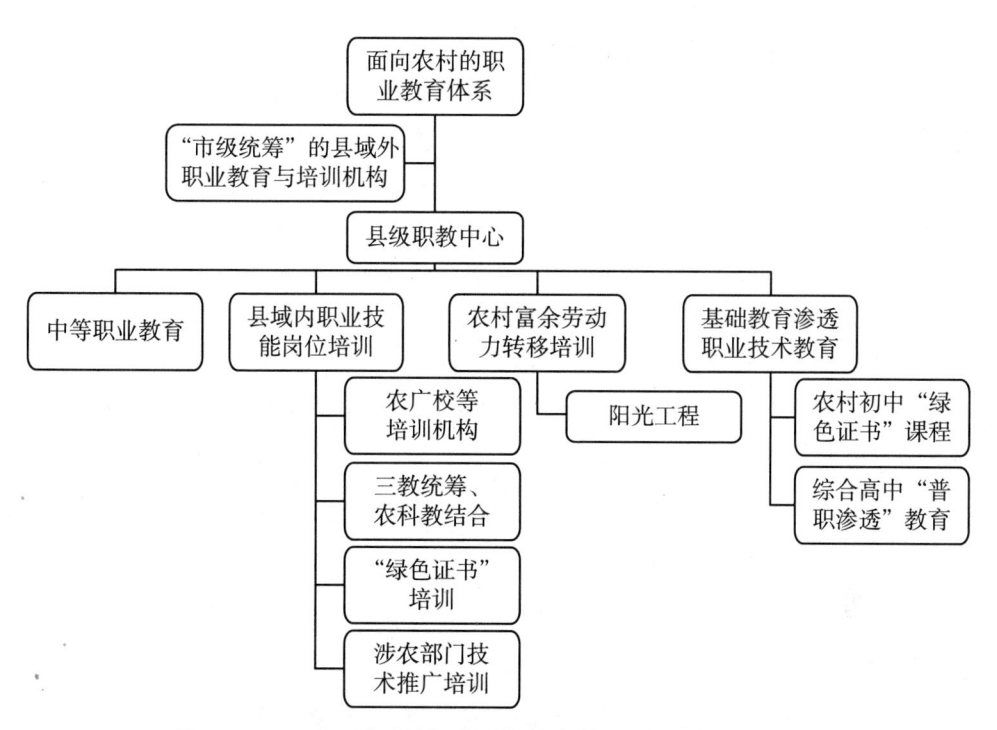

图 23 – 3　"面向农村"职业教育体系的内在关系结构

1. 面向农村各方面职业教育受众的需要

面向农村各方面职业教育受众的需要，是"面向农村"职业教育体系的本质特征。它与以往农村职业教育的不同，在于它要坚持"面向人人"的理念，要满足农村中每个受众的需要，使每个受众都能得到发展。

2. 以"城乡统筹"为基础

传统的以县域为基础的农村职教体系已难以适应每个受众的需要，迫切要求突破传统的城乡二元的视角及其思维模式，建立新的以"城乡统筹"为基础的职业教育体系。"城乡统筹"的职教体系，既要立足于县域内资源的开发，又要致力于县域外的资源利用。要通过区域合作、东西合作、城乡合作、产学研合作、校企合作、校校联合、公办民办并举，以及县域内三教统筹、农科教结合等各种方式，满足农村中各方面受众的需求。

3. 发挥县级职教中心的"龙头"与"辐射"作用

在"面向农村"的职教体系中，县级职教中心居于核心地位。县级职教中心与其他职业教育及培训机构不是并列的关系，它要发挥"龙头"与"辐射"作用，引导和带动县域内各种职教形式，有效开展适应县域中各方面受众的中等职业教育、职业技能岗位培训、农村富余劳动力转移培训及渗透于基础教育中的职业技术课程。

4. 多类型、多层次的职业教育与技能培训并举

"面向农村"的职教体系应当根据县域产业结构和农村劳动力市场的需求，合理规划高职、中职和初职，以及职业教育与技能培训的内在比例和规模，统筹设置、调整、优化各类职业教育的专业内容，从而进一步提升职业教育质量，发挥职业教育在促进经济结构调整、产业优化升级和经济发展方式转变中的积极作用。一方面，要搞好各层次就业前的学历教育，满足农村各方面受教育者通过系统学习提高自身文化水平与职业技能的要求；另一方面，要加强对本地各类劳动者的岗位培训与继续教育，以及适合农业劳动者的实用技术培训。

实施"面向农村"的职业教育，最困难的在于对农业劳动者的培训。我国农业劳动者具有个体劳动、居住分散、作息不定、接受能力差的特点，他们难以适应"坐而论道"的教育方式。因此，农民的教育与培训要"接地气、不离乡、不离土"[①]，要依据农业劳动者的生活起居与劳作的特点，以及农业生产的规律和农时季节的要求，采取农业劳动者易于接受的方式，施以方便易行、实用有效的技能培训。

（二）构建"面向农村"职业教育体系的主要策略

1. 以地级市为主，统筹构建区域内职业教育体系

"面向农村"职业教育体系要突破以往"县级统筹"的局限。2002年，《国务院关于大力推进职业教育改革与发展的决定》提出：强化市（地）级人民政府在统筹职业教育发展方面的责任（简称"市级统筹"）[②]。市（地）级政府在统筹农村职业教育发展、构建"面向农村"职业教育体系方面的作用应当大大加强。

"市级统筹"有利于职业教育在"城乡统筹"的基础上更好地发展。通过"市级统筹"，可以整体规划市级区域（含所辖县）内的职业教育体系，并完善其结构；可以整合市域内的各类职业教育资源，引导职业教育的规模化与集团化；可以促进市域内中职学校的专业分工与特色发展，避免各学校的"同质化"；可以引导市域内不同职教受众的教育分流，使其教育与培训需求得到更好的满足；可以使市域内的职业教育在更高层次上与产业、行业、企业接轨，与就业市场接轨，推进产学研结合及校企结合。

在发展农村职业教育的意义上，"市级统筹"可以引导中职教育的生源及需

---

① 李剑平：《培养职业农民 让农民过上体面有尊严的生活》，载《中国青年报》2012年3月26日第11版。

② 《国务院关于大力推进职业教育改革与发展的决定》，国发〔2002〕16号。

要转移的农村富余劳动力获得市域中的优质教育资源，化解与减轻农村职业教育因资源匮乏、"小而全"带来的各种压力；可以集中与优化县域内职业教育资源，并有效利用县域外职教资源，使职业教育资源更好地面向农村、服务农村；可以提高县域职业教育的投入重心，加大对农村职业教育的投入。

2. 以"面向农村、服务农村"为县域职业教育的首要任务

在欠发达地区，农业是县域经济的主要产业，农村人口占县域人口的大多数。面向农村，为"三农"发展服务，是农村职业教育应当遵循的基本宗旨，然而这一宗旨多年来却被忽视。许多县域中的职业教育大都背离这一宗旨，把"离农教育"视为正途，以致"将来'谁来种地'"成为社会各界关注的焦点。农村中的"离农热"是我国社会进步的表现，然而从我国经济与社会发展的长远考虑，"务农"更关系到国计民生的根本利益。农村条件艰苦、农业生产现代化程度低、务农收入不高，以致新生代农民"弃农"现象日趋突出，农业劳动力短缺问题日益严重[1]。一些识者指出：要"吸引有志青年投身农业，成为新一代职业农民，获得较高收入，过上体面的、有尊严的生活。"[2] 面向"三农"发展需要，培养新型的职业农民，应当作为农村职业教育的重要使命。"面向农村、服务农村"作为县域职业教育的首要任务，实际是农村职业教育基本宗旨的回归。

县域职业教育是"市级统筹"职业教育体系的重要组成部分，它的一切活动应以职业教育的"市级统筹"为基础。县域职业教育在"市级统筹"职教体系中的分工，应侧重于"为'三农'服务"和"为本地经济与社会发展服务"，其原来的"中等职业教育"和"农村劳动力转移培训"的任务可在一定程度上交给"市级统筹"体系中的其他教育与培训机构。这样做的好处有三：一是有助于县域职教体系通过"三教统筹"和"农科教结合"等方式集中各方面的优质资源，加强对新型职业农民的培养和培训；二是有助于中职学生和接受转移培训的农村劳动力获得优质教育资源及得到更好的就业；三是有助于构建"城乡统筹"的新型职教体系，为更高层次的"城乡职教一体化"奠定基础。

3. 把农村职业教育纳入公共财政保障范畴

职业教育具有鲜明的公益属性，农村职业教育更是事关国计民生。农村职业教育理当纳入公共财政保障范畴。当前，国家为了推进农村职业教育的发展，已经采取了一些公共财政措施，如对农村学生实行国家中等职业教育助学金和免学费政策，等等。为了加快农村职业教育的发展，应当像"普九"那样采取更得

---

[1] 李剑平：《两院院士：提防人口大国无人种地》，载《中国青年报》2012年3月19日第11版。

[2] 李剑平：《培养职业农民 让农民过上体面有尊严的生活》，载《中国青年报》2012年3月26日第11版。

力的措施。

4. 建立县域职业教育体系的合理结构

建立县域职业教育体系的合理结构，主要有两个环节：一是增加资源总量；二是优化资源配置。

增加县域职业教育的资源总量，关键在于增加投入。鉴于欠发达地区县域财政大都比较薄弱，亟须上级财政通过转移支付予以支持。同时，也应当在"开源"基础上"节流"，力求资源的有效利用。

优化资源配置，首先在于健全培训组织与增加培训人员。县域职教体系的最薄弱之处在于缺少服务于农业生产第一线的培训机构与培训人员。20世纪90年代，我国部分地区曾采取"三教统筹"和"农科教结合"方式来整合各方面的职教资源，这一经验仍有其现实意义。

县级职教中心作为县域职业教育的"龙头"，要在改善其办学条件和加强其师资力量的同时，进一步完善其管理体制与运营机制，使其切实成为全县职业教育的"中心"。为此，必须引导其转变办学理念和教育观念、加强专业建设、构建科学的人才培养模式和"工学交替"的培训体系、建立促进职业教育教师专业发展的培训机制，以及完善学校的各方面管理。

构建"面向农村"的县域职教体系，必须改变以往县域内各种职业教育和培训机构各自独立、互不往来、重复建设的局面。要加强对各级各类教育与培训机构资源整合与管理，力求资源共享、优势互补。县级政府应当建立由政府主要领导挂帅、各相关行业主管部门领导参加的县域职业教育领导机构，以实现各方面资源的有效开发与利用。

5. 加强与完善各方面制度建设

制度建设是构建"面向农村"的职教体系的基础。为促进"面向农村"职教体系的构建，迫切需要建立以下几方面的制度。

一是实行农业经营资格准入制度，确保宝贵的农业资源让高素质的农民来使用和经营。我国业已试行的"绿色证书"制度已为此奠定了一定基础。虽然我国在一定时期内还不可能普遍实行农业经营资格准入意义上的"绿色证书"，但首先要让农业的规模经营者及先进技术的使用者具有"经营资格"，并保证其权益，进而使这一资格的含金量逐渐得到社会认可。

二是实行农村职业教育及培训资源合理配置与科学布局的制度。原则上，应当要求在"县级统筹"的基础上县、乡、村三级行政区划都要设有服务于"三农"的专职的职业教育与培训机构，并使其构成县域职业教育网络。政府要通过公共财政来保障这些专职机构的运营。

三是实行农村职业教育教师制度。为保证各级农村职业教育与培训机构有充足的高质量的教师，应当在农村职业教育领域中实行类似农村义务教育的"特岗教师"和"免费师范生"制度。要实行适当的政策，使他们能够"下得去、留得住、干得好、受尊重"，从而为提高农村职业教育的质量奠定人才基础。

第三节 学校布局调整后农村社区教育的规划研究

在研究学校布局调整背景下农村社区教育的功能实现问题之前，我们首先需要对农村社区教育的内涵作以学术上的解读，同时，对农村社区教育的功能定位或预期必须要有清醒的认识，在此基础上我们才能对学校布局调整后农村社区教育出现的问题进行更为深入的解读和分析。

一、农村社区教育：概念界定及功能定位

（一）社区教育的概念界定

严格意义上讲，社区教育（Community Education）是一个舶来的概念，其肇源于杜威"学校是社会的基础"这一思想。第二次世界大战结束之后，社区教育的概念在国际上正式确立并不断应用、丰富和发展，成为现代国际教育的一种普遍现象和趋势[①]。国外对社区教育概念内涵的认识主要有以下几种观点：第一，社区教育是实现教育民主与公平的手段，这里的社区教育主要指民众教育，以北欧的民众学校和学习小组为代表；第二，社区教育是社会教育的一个基本单位，日本学界主要侧重教育的社会化，"公民馆"是社区教育的主要组织形式，英国学者德·朗特从教育社会化、社会教育化的角度分析了社区教育，认为社区教育是一种教育工作计划，它跨出了学校或学院的范围，并让社区其他人参与，这些人既可作学生，也可作教师，或兼任两者[②]；第三，社区教育是为社区发展服务的非正规教育，以美国社区学院为代表；第四，社区教育是国家新社区运动的组成部分，以韩国为代表。由此可见，国外有关社区教育的概念界定因国情的不同而不同，但对我国社区教育内涵的界定不无借鉴意义。

我国关于社区教育内涵的研究往往存在社区本质属性是"社区性"还是

---

① 鲁洁、吴康宁：《教育社会学》，人民教育出版社2002年版，第331页。
② 孙亚玲：《社区教育的基本问题》，载《云南教育学院学报》1995年第1期，第69页。

"教育性"的分歧：一部分学者强调社区教育中的"社区"，认为社区教育就是为社区发展服务，这一观点主要从社会角度出发，强调构建学习化社区的重要性；另一部分学者则着重社区教育中的"教育"，通过探讨社区教育内容和追寻社区教育发展的合理模式来促进社区成员身心健康发展，这一观点主要从个体角度出发，强调社区成员自主学习和发展，突出全民教育和终身教育的重要性。还有一些学者将社区教育的"社区型"和教育性进行综合分析，提出了一些新的观点。尽管社区教育的内涵众说纷纭，但共有社区教育的区域性、全员性、全面性以及建立学习化社区、促使社区学习化等方面特点。因此本研究的所谓社区教育是指将教育置于一定区域的社会政治、经济、文化背景中，通过学校—家庭—社会一体化的教育体系促进学校和社会的交流与沟通，开发社区人力资源，最终建立学习化社区，促进社区教育的全面、均衡发展。

（二）农村社区教育的功能定位

国内关于农村社区教育的研究尚有不足，但就已有研究来看，不同学者对农村社区教育的功能定位所持的观点有所不同。李少元指出我国农村社区教育是对农村社区内共同生活的人群组合所进行的由学校教育、家庭教育和广泛的社会教育组成的"大教育"[①]；刘洋认为社区教育既是一种区域性、整体性的教育活动，又是一种组织协调社区内、外各种力量参与本社区内的各种学习与教育活动，为提高社区成员素质，促进经济、文化发展而提供服务的教育新机制，农村社区教育在类别上包括该区域内基础教育、职业教育、成人教育和继续教育，在形式上包括学校教育、家庭教育和社会教育，其教育对象则是从幼儿到老年的社区全体居民[②]；易红郡认为农村社区教育是指在以城镇为界定的农村社区内，依靠农村社区力量，优化配置和使用社区资源，对社区全体成员施与各种形式的教育，以满足社区成员各种层次的需求，以提高社区成员的整体素质和生活质量水平[③]；苏民认为农村社区教育是能够及时、准确、真实地反映区域经济和社会发展需要的"本土化"教育，是大众化、普及化教育，也是休闲文化或者职业技能教育，其实质是社区学习化与学习化社区、教育社会化与社会教育化、阶段性教育与终身性教育的辩证和谐统一[④]。

由此可见，虽然不同学者在对农村社区教育功能的界定上侧重点不同，但他

[①] 李少元：《农村教育论》，江苏教育出版社 2000 年版，第 237~238 页。
[②] 刘洋：《探讨我国不同发展地区农村社区教育模式的选择》，载《教育与职业》2006 年第 24 期，第 9~10 页。
[③] 易红郡：《我国农村成人教育的发展趋势》，载《成人教育学刊》2001 年第 5 期，第 61~62 页。
[④] 苏民：《面向 21 世纪社区教育模式探索》，载《北京成人教育》2001 年第 7 期，第 13~16 页。

们依然达成了以下几点共识：第一，社区教育的全民性，换言之，农村社区教育是要动员全部社区成员参与的"大教育"；第二，社区教育的联合性，农村社区教育并非基础教育所能独立完成的，而是家庭教育、基础教育、职业教育等联合发挥作用的，是一种全方位的教育模式；第三，社区教育的服务性，农村社区教育是以提高社区成员的素质和生活质量水平为价值追求的教育模式，针对不同年龄、不同学历农村社区成员的不同需求而提供形式多样的教育提升活动，以提升社区成员的整体素质，促进农村社区的均衡、和谐发展。综合以上分析，我们可以总结出农村社区教育的功能定位是：面向全体农村社区成员，以家庭教育、学前教育、基础教育、职业教育等多阶段多层次教育为依托，以提升农村社区成员整体素质、增强社区凝聚力、促进社区均衡和谐发展为价值追求的全方位的、服务型的教育模式。

二、学校布局调整之于农村社区教育：利弊之辩

在我国义务教育的战略重点由数量普及转入质量提升之后，整合教育资源，提升教育质量成为农村义务教育发展的必然选择，改变以往农村学校布局点多、面广、规模小、质量低的局面，实行农村学校布局调整成为近年来农村教育的重要工作。然而，我们需要注意的是，农村地区的撤点并校工作并非一项孤立的事件，并非单一的义务教育学校布局结构的调整，而是牵涉农村教育的方方面面，同时也牵动着农村社区的敏感神经。义务教育农村学校作为农村社区的中心地，其撤并必然会对农村社区教育产生重要影响；而农村社区作为农村中小学的嵌入母体，学校布局调整必然引发农村社区内部既成结构的震荡与重构。基于此，对学校布局调整之于农村社区教育的利弊进行深入阐释具有重要意义。

（一）有利方面

农村学校的撤点并校为农村社区教育的发展提供了契机，这一契机通过农村教育资源的优化整合和教育重心的上移集中表现出来，地方政府和教育行政部门应该努力把握这一良好契机，优化整合农村社区教育资源，提升农村社区教育水平。

1. 资源的整合有利于农村社区教育功能的更大发挥

农村学校布局调整的目的在于优化整合农村教育资源，提高农村教育质量，然而这并不是一个独立的过程，学校布局调整过程中教育资源的整合重组也必将影响着农村社区教育的结构稳定性。我国的农村社区教育长期以来存在着同农村义务教育学校相类似的诸如点多、面广、效率低下等问题，借由农村学校布局调

整的契机，农村社区教育资源也会在一定程度上得到优化整合，从而能为农村社区教育的开展提供更为强大和持久的动力，这是农村学校布局调整为农村社区教育带来的最大利好之一。然而，我们并不能因为存在这一契机便过度乐观，因为教育资源的优化整合是一个系统的过程，在有政策保障的前提下，还需要有统一的、科学的、系统的规划，以及公正的操作程序，所有这一切都要求地方教育行政部门应该保持清醒的头脑，立足现实，有条不紊地开展工作，切忌盲目的撤并和"一刀切"现象的出现，从而违背学校布局调整的良好初衷，也对农村社区教育既有体系构成严重损伤。

2. 教育重心的上移为农村社区教育的统筹规划提供便利

农村学校布局调整在优化整合教育资源的过程中会客观地带动农村教育重心的上移，这在当前的农村学校布局调整中表现得非常明显。在方便学生入学口号下的农村学校向城镇转移，必然提升了农村教育的重心所在，多数镶嵌在村落中的学校被撤并进入乡镇。在此背景下，农村社区教育的重心也在悄然地发生着向城镇的转变，虽然这种转变会对乡村社会的发展产生一定的负面影响，但不可否认的是，从教育行政部门统筹规划农村社区教育的角度而言，其不乏积极意义。教育重心的上移使得教育行政部门能够更为方便地规划农村社区教育的发展，不论从政策的制定、教育投入的配置，还是农村社区教育各参与主体的联动效应，甚至社区居民的参与程度方面都将是具有积极意义的，换言之，教育重心的上移使得教育资源的配置距离有所缩短，而教育资源的利用程度则会有所提高，另外，教育重心的上移使得农村社区教育各主体（家庭、幼儿园、中小学等）更为高效的合作成为可能，从而为农村社区教育体系内各功能的实现提供可能。

（二）不利方面

学校布局调整在为农村社区教育提供契机的同时，也对既有的农村社区教育体系构成了一定的威胁，这种威胁主要从农村社区教育体系断裂以及农村社区空心化危险两个方面表现出来。我们应清醒认识农村学校布局调整对农村社区教育以及农村社区带来的挑战或威胁，最大可能地降低这些威胁多带来的损失，使得农村社区教育能够持续、健康地发展。

1. 学校布局调整引发既有农村社区教育体系的震荡甚至断裂

学校布局调整形同一把"双刃剑"，在优化整合农村教育资源的同时，也震荡着既有农村社区教育体系，甚至撕裂农村社区教育体系的完整性，对农村社区教育的功能发挥产生不可挽回的损伤。从理论层面讲，学校布局调整是对区域内教育资源的优化整合，是一个多主体参与的联动过程，然而在现实层面，地方教育行政部门在政绩观、节省投入等考虑的影响下，农村学校布局调整俨然演化成为了一场盲目的学校撤并风潮,不甚严格的审定程序忽视了农村社区普罗大众的现实教育需求,同时,单纯的学校撤并割裂了学校与社区的联动功能,在既有的农村社区教育体系中,强行将义务教育学校分离出去且鲜有对农村社区的整体发展做出合理规划,农村学校撤并更加削弱了原本薄弱的农村社区教育功能。忽视农村社区居民现实教育需求的农村学校撤并行为在加深人民内部矛盾的同时,也助长了农村社区居民对农村社区教育的不信任,在此背景下,农村社区教育体系势必因断裂而日渐式微,这是我们应该警惕的。

2. 文字上移加剧农村社区的边缘化和空心化风险

从目前的趋势看,很多农村地区义务教育学校布局调整的必然趋向是农村学校的向城性集中,镶嵌在村落社区中的农村学校被撤并意味着百年来教育现代化进程所造成的村落学校在短时间内突然急剧消失,这对于村落社会的影响必然是巨大的。学校从乡村分离而进入城镇,其实质是一个文字上移的过程,熊春文指出,文字上移的趋向表明乡村教育坚决地摒弃乡村经验,一味地向城市化、抽象化、普遍化进发,中国社会因此越发走向一种单面社会,这种社会因为缺乏多面向而将变得很脆弱①。另外,文字上移的联动效应是可怕的,学校的向城性集中必然要求学生的向城性集中,而学生的向城性集中则势必带动社区居民的向城性集中,大量农村社区居民的向城性流动必然使得农村社区的功能遭到严重削弱,农村社区的空心化危险进一步加剧。还需要说明的是,由于农村经济发展相较于城镇的落后地位,在一个经济发展主宰一切的社会里,经济发展的边缘化必然导致文化的边缘化,导致乡村文化本身的虚化②,这所有一切,都对农村社区教育的发展提出了严峻的挑战。

三、学校布局调整促进农村社区教育发展:应坚持的原则

学校布局调整对农村社区教育的重要影响迫使我们在进行布局调整设计中必须考虑去规避一些损害农村社区教育健康发展的因素,只有这样,农村社区教育才能在布局调整的过程中得到改进和提升,这就要求在学校布局调整过程中坚持一些基本的原则,从而最大可能地降低农村社区教育的倒退风险。遵守底线标准原则和程序公正原则基础上的学校布局调整对农村社区教育的水平提升是具有促进作用的。

---

① 熊春文:《"文字上移":20世纪90年代末以来中国乡村教育的新趋向》,载《社会学研究》2009年第5期,第110~140页。
② 刘铁芳:《乡村的逃离与回归:乡村教育的人文重建》,福建教育出版社2008年版,第36页。

（一）底线标准原则

农村学校布局调整是一项系统的工程，而并不是简单的学校撤并的问题。作为嵌入农村社区的国家机构，其往往是农村社区的文化中心和活动中心，农村学校的去留直接关系着农村社区教育开展的顺利与否，甚至关系着农村社区教育能否开展的问题。对住在同一地区的人来说，学校是共同性的基础。学校是社区居民一起参加各种活动，交换意见，协商利害关系，积累共同经验，培养相同的回忆和归属感的基础，是社区社会的共同性基础①。如果学校被撤并，则乡村社区这种共同性的基础便会遭到破坏，孩子的生活脱离社区反过来又会破坏社区的活力基础。丧失了凝聚力的乡村社区会进一步促进家庭的孤立化，把孩子的生活封闭在学校与家庭的循环之中②。因此，学校作为维系社区凝聚力的纽带，对农村社区教育的意义是重大的。缺乏科学规划的撤点并校对农村社区教育的伤害可能是无法弥补的。因此，在农村学校布局调整过程中应坚持底线标准的原则，应根据村屯与乡镇距离的远近适当保留农村学校，在地处偏远的农村地区必须保留学校，使得作为农村社区教育中心地的农村学校能够继续发挥其建设性作用。

（二）程序公正原则

"程序公正"源于英美法系的"自然正义"原则（natural justice）。"自然正义"原则是关于公正行使权力的"最低限度"和"最自然"的程序要求，它包括两个基本的程序规则：（1）任何个人或团体不得自己审理自己或与自己有利害关系的人或团体的案件；（2）任何个人或团体在行使权力可能导致别人受到不利影响时必须听取对方意见，每一个人都有为自己辩护和防卫的权利③。罗尔斯根据程序公正与结果公正的关系，将程序公正分为纯粹的、完善的和不完善的三种④，只有程序公正才能保证结果的公正。由于农村学校与农村社区教育的重要关系，在农村学校布局调整中相关部门必须遵循程序公正的原则，通过举行听证会，了解社区居民对农村学校撤并的意见，并充分评估学校和社区的关系，以及学校撤并对社区尤其是社区教育带来的不利影响，然后再做出是否撤并的决定。遵循程序公正的原则，可以让农村社区居民最大化地参与与自己关系密切的

---

① ［日］藤田英典著，张琼华、许敏译：《走出教育改革的误区》，人民教育出版社2000年版，前言第3页。
② 同上，前言第4页。
③ 邬志辉：《农村学校撤并决策的程序公正问题探讨》，载《湖南师范大学教育科学学报》2010年第6期，第5~11、22页。
④ ［美］约翰·罗尔斯著，何怀宏等译：《正义论》，中国社会科学出版社2009年版，第65~69页。

农村学校的撤并问题,并就学校撤并对其的利害关系做出理性的判断和抉择。更为重要的是,遵循程序公正的原则,可以使得相关部门对农村学校在农村社区中发挥的教育功能得到恰当的评估,避免盲目撤并给既成的农村社区教育结构带来严重的负面影响。

(三) 协调统一原则

农村社区教育与农村义务教育的密切关系使得我们在义务教育学校布局调整过程中必须坚持协调统一的原则。义务教育农村学校通常作为农村社区的文化中心和活动中心,在社区内发挥着社区中心地的作用,因此,农村义务教育学校的撤并对农村社区教育功能的发挥会产生影响。在一个既成的农村社区教育体系内,义务教育学校的撤并必然导致农村社区教育结构的震颤或重构,为了将学校撤并的消极影响降到最低以及维持农村社区教育基本功能的正常发挥,农村社区必然要做出相应的调整以适应这种变故。坚持协调统一的原则,在学校撤并的邻近社区,可根据现实情况构建"大社区",同义务教育农村学校的相对集中一样,相邻农村社区的教育功能也可相对集中,实现功能互补,在增强义务教育农村学校的资源利用效率和辐射能力的同时,周围社区的联合更能增强农村社区教育的涵盖力和水平。

四、学校布局调整背景下农村社区教育水平的提升:改进策略

在学校布局调整背景下提升农村社区教育水平,首先需要考虑的是学校布局调整对农村社区教育既有结构和功能的影响,在将不利影响控制到最小程度的前提下,努力使得学校布局调整能够朝着促进农村社区教育水平提升的方向迈进。另外,农村社区教育是一项由社区全体成员参与的、社区内不同阶段不同层次的教育主体或机构联动发挥作用的教育体系,因此,提升农村社区教育水平必须要有社区内不同主体发挥相应的作用。虽然国家层面一直在大力提倡农村社区教育,但由于种种原因,我国的农村社区教育并未能取得特别瞩目的成就。近年来,学校布局调整政策的实施对农村社区教育的既有格局产生了深刻影响,要充分利用农村学校布局调整契机,努力提升农村社区教育水平,促进社区成员总体素质的提升和农村社区的良性发展,地方教育行政部门必须统筹规划区域内农村社区教育的总体实施,同时,学校必须充分发挥其中心的作用,带动农村社区教育水平的提升,另外,社区成员对社区教育的认知水平及参与程度对农村社区教育功能的发挥有不可忽视的影响。

（一）强化地方政府对农村社区教育的宏观调控作用

中国教育管理体制和中国行政管理体制的对接口是政府，中国教育管理体制与中国行政管理体制在类型上的一致性，使面向教育体制又面向社会系统的社区教育责任主体必然是相关层级政府。政府的重视对于树立现代教育思想的地位，促进民众思想观念的转变有着极为重要的作用，政府的投入与支持更是一种实质性的推动。因此，地方政府应该在农村社区教育的发展中发挥责任主体的作用。针对政府直接介入微观层面农村社区教育所引发的"表面化"、"形式化"问题，一方面地方政府应随社区居民对社区教育自觉性的提高和社区教育组织系统的逐步完善，使社区教育组织成为具有一定权威的中介性协调管理组织，而减少其直接管理社区事务的具体行为，把社区教育具体事务管理权归之于社区；另一方面，在宏观层面对社区教育发展的方向等重大方针性问题加以指导、调控。另外，政府还需要考虑各种影响社区教育管理中政府行为的要素，因势利导，采取针对性的管理措施[①]。

（二）加强教育行政部门对农村社区教育的统一规划能力

农村社区教育是一项系统的工程，从人口覆盖角度看，它覆盖了农村社区的所有人口；从参与主体看，它囊括农村社区所有阶段所有层级的教育机构或组织；从发展阶段看，它辐射社区人口从生到死的整个阶段；从资源利用角度看，它需要充分调动农村社区一切可以利用的资源。对于这么一项庞大的工程，作为主管部门的区域教育行政部门应该在统筹规划的基础上进行科学的指导和引领，以促使农村社区教育的良性和谐发展。地方教育行政部门一方面要制定科学合理的政策规划，为区域内农村社区教育的发展提供政策保障，另一方面，地方教育行政部门需要统筹区域教育资源的合理配置，激发各教育主体对农村社区发展的建设热情，同时通过宣传等手段，提升社区居民对农村社区教育的认可程度与参与热情，努力提升农村社区教育的发展水平。

（三）提升社区成员对农村社区教育的认知水平和参与程度

农村社区教育的核心目的是促进农村社区成员素质的提升以及增强农村社区的凝聚力，最终推进农村社区的均衡、良性发展。在此过程中，农村社区成员对农村社区教育的认知水平和参与程度对这些目的的实现产生决定性影响。一方

---

① 刘洋：《中国农村社区教育研究》，西北农林科技大学2003年博士学位论文，第164页。

面，社区成员对农村社区教育的认可程度影响着其对农村社区教育的接受程度，这是农村社区教育得以顺利开展的前提基础；另一方面，社区成员对农村社区教育的参与程度直接决定着农村社区教育功能和目的的实现程度，只有社区成员的高度参与，才能保证农村社区教育功能的有效发挥。因此，提升社区成员对农村社区教育的认知水平和参与程度是促进农村社区教育发展的关键变量。在此过程中，地方教育行政部门应该发挥主导作用，加大宣传和提高投入是解决这一问题的重要措施，地方教育行政部门应加大农村社区教育积极功能的宣传力度，同时在教育投入方面加大力度，让社区居民在感受到实实在在好处的前提下逐渐认同农村社区教育，并逐渐参与到农村社区教育中去。

（四）鼓励义务教育农村学校对农村社区辐射功能的发挥

在农村地区，义务教育学校往往在农村社区扮演着中心地的角色，义务教育农村学校不仅在农村社区充当文化传递者的角色，同时，农村学校的校舍、场地等通常也是农村社区的集体活动中心。然而，随着义务教育应试化和城镇取向的日趋严重，农村学校与社区的关系显得日益微妙，农村学校作为村落中的"国家"，运行着一套与农村社区完全不同的制度，对于农村社区而言，农村学校也日益成为封闭的禁止场所，社区与学校的沟通功能被严重削弱，这一定程度上对农村社区教育的发展起到了严重的阻碍作用。借着义务教育农村学校布局调整的契机，重构农村学校与农村社区的关系，鼓励义务教育农村学校对农村社区发挥辐射功能是农村社区教育良性发展的必然要求。可以从两个方面入手：一是强化农村学校教师在农村社区的公共知识分子的角色，对教师施以一定的激励措施，鼓励农村学校教师对农村社区教育事务的参与；二是开放农村社区场所，鼓励农村学校将特定课程（技能实践类课程等）场所选择在农村社区，农村社区也尽量为农村学校课程的实施提供最大的便利，以增强农村社区与农村学校的双向沟通。只有这样，在逐渐的政策引领和实践激励的基础上，农村学校对农村社区的辐射功能才能逐渐发挥出来，农村社区教育必然走向良性的发展道路。

参考文献

著作类

[1] 21世纪教育发展研究院编：《中国教育发展报告（2009）》，社会科学文献出版社2009年版。

[2] [美]保罗·A·萨巴蒂尔、汉克·C·詹金斯—史密斯著，邓征译：《政策变迁与学习：一种倡议联盟途径》，北京大学出版社2011年版。

[3] 鲍传友：《教育公平与政府责任》，北京师范大学出版社2011年版。

[4] 陈瑞华：《刑事审判原理论》，北京大学出版社2003年版。

[5] 陈元晖：《老解放区教育简史》，教育科学出版社1981年版。

[6] [美]戴维·波普诺著，李强译：《社会学（第十版）》，中国人民大学出版社1999年版。

[7] [美]德尼·古莱著，高铦、温平、李继红译：《发展伦理学》，社会科学文献出版社2003年版。

[8] 丁刚主：《中国教育：研究与评论（第14期）》，教育科学出版社2011年版。

[9] 范国睿：《教育生态学》，人民教育出版社2000年版。

[10] 范先佐：《教育经济学》，人民教育出版社1999年版。

[11] [美]菲利普·库姆斯著，赵宝恒等译：《世界教育危机》，人民教育出版社2001年版。

[12] 费孝通：《江村经济：中国农民的生活》，商务印书馆2001年版。

[13] 顾明远：《改革开放30年中国教育纪实》，人民教育出版社2008年版。

[14] 郭立夫、李北伟：《决策理论与方法》，高等教育出版社2006年版。

[15] 郭梅枝：《农业产业化发展研究》，郑州大学出版社2008年版。

[16] 郭清扬等：《中小学布局调整与教学点建设研究》，人民教育出版社2011年版。

［17］国际21世纪教育委员会著,联合国教科文组织总部中文科译:《教育——财富蕴藏其中》,教育科学出版社1996年版。

［18］国家统计局农村社会经济调查司:《中国农村统计年鉴（2010）》,中国统计出版社2010年版。

［19］国家统计局农村社会经济调查司:《中国农村统计年鉴汇编1949~2004年》,中国统计出版社2005年版。

［20］国家统计局人口和就业统计司:《中国人口统计年鉴》,中国统计出版社2005年版。

［21］何东昌:《中华人民共和国重要教育文献:1998~2002》,海南出版社2003年版。

［22］［美］赫伯特·马尔库塞著,刘继译:《单向度的人:发达工业社会意识形态研究》,上海世纪出版集团2005年版。

［23］胡锦涛:《高举中国特色社会主义伟大旗帜,为夺取全面建设小康社会新胜利而奋斗——在中国共产党第十七次全国代表大会上的报告》,人民出版社2007年版。

［24］胡平平、张守祥:《农村义务教育投入保障机制及管理体制问题研究》,科学出版社2007年版。

［25］井陉县文教局:《井陉县教育志》,河北人民出版社1991年版。

［26］《井陉县志》编撰委员会:《井陉县志》,新华出版社2006年版。

［27］［美］劳伦斯·A·克雷明著,周玉军、苑龙、陈少英译:《美国教育史（2）——建国初期的历程（1783~1876）》,北京师范大学出版社2002年版。

［28］李强等:《城市化进程中的重大社会问题及其对策研究》,经济科学出版社2009年版。

［29］李少元:《农村教育论》,江苏教育出版社2000年版。

［30］李书磊:《村落中的"国家":文化变迁中的乡村学校》,浙江人民出版社1999年版。

［31］联合国教科文组织国际教育发展委员会编著,华东师范大学比较教育研究所译:《学会生存——教育世界的今天和明天》,教育科学出版社1996年版。

［32］廖其发等:《当代中国重大教育改革事件专题研究》,重庆出版社2007年版。

［33］刘明等:《现代农村经济学》,中国林业出版社1997年版。

［34］刘铁芳:《乡村的逃离与回归:乡村教育的人文重建》,福建教育出版社2008年版。

[35] 鲁洁、吴康宁：《教育社会学》，人民教育出版社2002年版。

[36] 罗明东：《教育地理学》，云南大学出版社2003年版。

[37] [法] 孟德斯鸠著，张雁深译：《论法的精神（上册）》，商务印书馆1995年版。

[38] [美] 乔纳森·特纳著，邱泽奇、张茂元译：《社会学理论的结构》，华夏出版社2006年版。

[39] 秦玉友：《农村义务教育质量研究——基于质量指标与底线标准》，吉林人民出版社2011年版。

[40] 尚晓援：《中国儿童福利政策报告（2011）》，北京师范大学壹基金公益研究院2011年版。

[41] 宋乃庆等：《中国基础教育改革与发展（征求意见稿）》，西南大学2011年12月印。

[42] 滕大春：《美国教育史（第二版）》，人民教育出版社2002年版。

[43] [日] 藤田英典著，张琼华、许敏译：《走出教育改革的误区》，人民教育出版社2000年版。

[44] 田家盛：《教育人口学》，人民教育出版社2000年版。

[45] 王万华：《中国行政程序法立法研究》，中国法制出版社2005年版。

[46] 邬志辉、秦玉友：《中国农村教育发展报告（2011）》，北京师范出版社2012年版。

[47] 邬志辉：《现代教育管理专题》，中国广播电视大学出版社2008年版。

[48] 邬志辉：《农村义务教育经费保障新机制》，北京大学出版社2008年版。

[49] 吴康宁：《教育社会学》，人民教育出版社1998年版。

[50] 吴仕民：《中国民族政策读本》，中央民族大学出版社1998年版。

[51] 夏征家、陈至立：《辞海》，上海辞书出版社2009年版。

[52] 新平年鉴编纂委员会：《2007新平年鉴》，德宏民族出版社2007年版。

[53] 新平县教育局：《新平县教育志（1978~2005）》，云南大学出版社2008年版。

[54] 新平县教育局：《新平彝族傣族自治县教育志（1978~2005）》，云南大学出版社2008年版。

[55] 徐国庆：《职业教育原理》，上海教育出版社2007年版。

[56] 徐勇等：《中国农村与农民问题前沿研究》，经济科学出版社2009年版。

[57] 徐勇：《非均衡的中国政治：城市与乡村比较》，中国广播电视出版社

1992年版。

[58]［美］英格尔斯著，殷陆君译：《人的现代化——心理·思想·态度·行为》，四川人民出版社1985年版。

[59] 袁桂林等：《中国农村教育发展指标研究》，经济科学出版社2009年版。

[60] 袁振国：《论中国教育政策的转变：对我国重点中学平等与效益的个案研究》，广东教育出版社1999年版。

[61]［美］约翰·罗尔斯著，何怀宏、何包钢、廖申白译：《正义论》，中国社会科学出版社1988年版。

[62]［美］约翰·罗尔斯著，何怀宏等译：《正义论》，中国社会科学出版社2009年版。

[63] 云南省统计局：《云南省统计年鉴》，中国统计年鉴出版社2007年版。

[64] 翟振武、李建新：《中国人口：太多还是太老》，社会科学文献出版社2005年版。

[65] 郑金洲等：《学校教育研究方法》，教育科学出版社2003年版。

[66] 中国教育年鉴编辑部：《中国教育年鉴（2000~2009）》，人民教育出版社2000~2009年版。

[67] 中国教育与人力资源问题报告课题组：《从人口大国迈向人力资源强国》，高等教育出版社2003年版。

[68] 中国学前教育发展战略研究课题组：《中国学前教育发展战略研究》，教育科学出版社2010年版。

[69] 中华人民共和国国家教育委员会计划建设司：《中国教育事业统计年鉴（1995）》，人民教育出版社1996年版。

[70] 中华人民共和国国家统计局：《2011年中国发展报告》，中国统计出版社2011年版。

[71] 中华人民共和国国家统计局：《内蒙古自治区统计年鉴》，中国统计出版社2006年版。

[72] 中华人民共和国国家统计局：《中国统计年鉴（1985~2011）》，中国统计出版社1995~2011年版。

[73] 中华人民共和国教育部财政司、国家统计局社会和科技统计司：《中国教育经费统计年鉴2004~2007》，中国统计出版社2004~2007年版。

[74] 中华人民共和国教育部财政司等：《中国教育经费统计年鉴》，中国统计出版社2005~2009年版。

[75] 中华人民共和国教育部发展规划司：《中国教育统计年鉴（2007）》，

人民教育出版社 2008 年版。

［76］中华人民共和国教育部发展规划司：《中国教育统计年鉴 2000～2007》，人民教育出版社 2001～2008 年版。

［77］中华人民共和国教育部发展规划司：《中国教育统计年鉴（2008）》，人民教育出版社 2008 年版。

［78］中华人民共和国教育部发展规划司：《中国教育统计年鉴（2009）》，人民教育出版社 2010 年版。

［79］中华职教社：《黄炎培教育文选》，上海教育出版社 1998 年版。

［80］中央教育科学研究所：《老解放区教育资料（二）：抗日战争时期（上册）》，教育科学出版社 1986 年版。

［81］转型期中国重大教育政策案例研究课题组：《缩小差距：中国教育政策的重大命题》，人民教育出版社 2005 年版。

论文类

［82］［俄］H. X. 罗佐夫著，张男星译：《俄罗斯的教师教育：过去与现在》，载《大学·研究与评价》2007 年第 1 期。

［83］安晓敏、邬志辉：《美国中小学校车制度及其对我国的启示》，载《外国教育研究》2011 年第 4 期。

［84］曾天山：《苏联农村教育的演变及其历史成因》，载《外国教育研究》1991 年第 2 期。

［85］曾毅：《中国人口老龄化的"二高三大"特征及对策探讨》，载《人口与经济》2001 年第 5 期。

［86］陈根芳：《"就近入学"探究》，载《杭州师范学院学报》2000 年第 4 期。

［87］陈薇：《撤校后的惊心动魄》，载《中国新闻周刊》2012 年第 7 期。

［88］陈卫：《中国未来人口发展趋势：2005～2050 年》，载《人口研究》2006 年第 4 期。

［89］陈永明：《发达国家教育管理体制的改革》，载《比较教育研究》2004 年第 1 期。

［90］崔东植、邬志辉：《韩国农村小规模学校合并政策评析》，载《教育发展研究》2010 年第 10 期。

［91］戴荣光译：《联合国教科文组织第二届国际职业技术教育与培训大会关于职业技术教育与培训：展望 21 世纪的建议》，载《中国职业技术教育》2000 年第 5 期。

［92］邓智团、但涛波：《论我国农村剩余劳动力转移与区域产业结构演

变》,载《中国农村经济》2005年第12期。

[93] 东梅、常芳、白媛媛:《农村小学布局调整对学生成绩影响的实证分析——以陕西为例》,载《南方经济》2009年第9期。

[94] 杜屏、赵汝英:《美国农村小规模学校政策变化分析》,载《教育发展研究》2010年第3期。

[95] 杜岩岩:《教师教育国家标准的制定与实施:俄罗斯的经验及启示》,载《大学·研究与评价》2007年第2期。

[96] 杜育红:《农村寄宿制学校:成本构成的变化与相关的管理问题》,载《人民教育》2006年第23期。

[97] 段成荣:《21世纪上半叶我国各级学校适龄人口数量变动趋势分析》,载《人口与经济》2000年第4期。

[98] 范铭、郝文武:《对农村学校布局调整三个"目的"的反思——以陕西为例》,载《北京大学教育评论》2011年第4期。

[99] 范先佐、曾新:《农村学校布局调整必须慎重处理的若干问题》,载《河北师范大学学报》2008年第1期。

[100] 范先佐、郭清扬、赵丹:《义务教育均衡发展与农村教学点的建设》,载《教育研究》2011年第9期。

[101] 范先佐:《布局调整后的寄宿制学校建设问题》,载《新课程研究》(教育管理)2007年第6期。

[102] 范先佐:《农村学校布局调整与教育的均衡发展》,载《教育发展研究》2008年第7期。

[103] 范先佐:《农村中小学布局调整的原因、动力及方式选择》,载《教育与经济》2006年第1期。

[104] 方展画:《农村教育发展亟待三大突破》,载《中国农村教育》2010年第3期。

[105] 高庆蓬、洪俊:《浙江省长兴县职业教育调研报告》,载《教育与职业》2007年第12期。

[106] 高希彬、王秋灵:《山东欠发达地区农村留守与非留守学龄前儿童体质状况比较》,载《中国学校卫生》2010年第3期。

[107] 郭清扬:《我国农村学校布局调整问题、原因及对策》,载《华中师范大学学报》2008年第1期。

[108] 国家教育督导团:《国家教育督导报告2008(摘要)——关注义务教育教师》,载《教育发展研究》2009年第1期。

[109] 何卓:《对我国农村学校布局调整的思考》,载《教育发展研究》

2008年第1期。

[110] 胡鞍钢、吴群刚：《农业企业化：中国农村现代化的重要途径》，载《农业经济问题》2001年第1期。

[111] 胡鞍钢：《从人口大国到人力资本大国》，载《中国人口科学》2002年第5期。

[112] 胡英：《城镇化进程中农村向城镇转移人口数量分析》，载《统计研究》2003年第6期。

[113] 胡英：《中国城镇、农村人口发展趋势预测》，载《中国人口科学》1996年第6期。

[114] 斛建军、阙祥才：《新农村建设背景下的农村中小学布局调整》，载《榆林学院学报》2009年第2期。

[115] [日]荒木田岳：《地方税收的演变与以小规模町村的情形近况》，载《居民与自治》2006年第9期。

[116] 贾建国：《美国农村小规模学校运动及其对我国的启示》，载《外国教育研究》2010年第4期。

[117] 简新华、黄锟：《中国城镇化水平和速度的实证分析与前景预测》，载《经济研究》2010年第3期。

[118] 蒋太葵：《"文化大革命"期间中国人口政策演变探讨》，载《湖南涉外经济学院学报》2010年第12期。

[119] 焦凤君：《区域教育论》，载《教育理论与实践》1995年第1期。

[120] 孔淼、解月光：《俄罗斯促进农村教育信息化发展的策略》，载《信息技术教育》2000年第6期。

[121] 孔云峰、李小建、张雪峰：《农村中小学布局调整之空间可达性分析——以河南省巩义市初级中学为例》，载《遥感学报》2008年第5期。

[122] 李芳：《俄罗斯教育面临新一轮重大改革》，载《黑龙江高教研究》2006年第2期。

[123] 李国青、娄成武：《政府决策中的公民参与》，载《贵州社会科学》2006年第6期。

[124] 李进忠：《美国学校规模小型化：政策研究与实践》，载《全球教育展望》2004年第2期。

[125] 李强：《当前我国城市化和流动人口的几个理论问题》，载《江苏行政学院学报》2002年第1期。

[126] 李慎之：《修改宪法和公民教育》，载《改革》1999年第3期。

[127] 李雅君、秦俭：《俄罗斯中小学教师信息技术培训》，载《中小学教

师培训》2006 年第 12 期。

[128] 林霓裳等：《农村职业教育与产业结构升级的关联性分析》，载《管理学家》2011 年第 2 期。

[129] 林水波：《政策变迁的三面向分析》，载《南华政策研究学报》2006 年第 6 期。

[130] 刘利民：《幼儿安全不能全靠校车，就近入园是根本》，载《商用汽车》2012 年第 2 期。

[131] 刘善槐、史宁中：《农村小规模学校学生学业成绩问题研究——以西南某县为例》，载《中国教育学刊》2011 年第 4 期。

[132] 刘亚平：《"温三农"、张晓山访谈新农村》，载《同舟共济》2006 年第 4 期。

[133] 刘洋：《探讨我国不同发展地区农村社区教育模式的选择》，载《教育与职业》2006 年第 24 期。

[134] 卢乃桂：《教育革命的尝试——延安早期民众教育政策与活动的评价》，载《教育学报》1984 年第 12 期。

[135] 罗仁福等：《贫困农村学前教育现状调查》，载《学前教育研究》2009 年第 1 期。

[136] 吕京：《西部农村小学英语走教背后的矛盾透视——四川省 B 县个案分析》，载《全球教育展望》2008 年第 7 期。

[137] 孟繁红：《俄罗斯中小学教师培训过程中存在的问题与策略》，载《黑龙江教育学院学报》2006 年第 5 期。

[138] 孟向东：《我国农村地区人口年龄结构变化特点与趋势分析》，载《人口学刊》1996 年第 5 期。

[139] 庞丽娟、韩晓雨：《我国农村代课教师：现实状况及政策建议》，载《教育发展研究》2007 年第 7 期。

[140] 庞丽娟：《当前我国农村中小学布局调整的问题、原因与对策》，载《教育发展研究》2006 年第 2B 期。

[141] 乔桂娟、张德伟：《俄罗斯农村完全中学的改革与发展》，载《外国教育研究》2009 年第 4 期。

[142] 乔桂娟：《俄罗斯农村普通教育学校的改革战略》，载《上海教育》2009 年第 4A 期。

[143] 秦玉友、孙颖：《学校布局调整：追求与限度》，载《教育研究》2011 年第 6 期。

[144] 秦玉友：《农村被撤并学校用地处置问题研究》，载《教育发展研究》

2009年第21期。

[145] 秦玉友：《农村小规模学校教育质量困境与破解思路》，载《中国教育学刊》2010年第3期。

[146] 秦玉友：《农村学校布局调整的认识、底线与思路》，载《东北师大学报（哲学社会科学版）》2010年第5期。

[147] 全国妇联宣传部：《中国和谐家庭建设状况问卷调查报告主要成果》，载《中国妇运》2010年第7期。

[148] 《人口研究》编辑部等：《中国的人口，安全吗？》，载《人口研究》2005年第4期。

[149] 容中逵：《当前我国乡村学校布局调整问题研究》，载《中国教育学刊》2009年第8期。

[150] 上官子木：《四种校长与四种管理类型——来自个案访谈的调查与思考》，载《教育科学研究》2003年第5期。

[151] 石人炳：《国外关于学校布局调整的研究及启示》，载《比较教育研究》2004年第12期。

[152] 石人炳：《我国人口变动对教育发展的影响及对策》，载《人口研究》2003年第1期。

[153] 石人炳：《用科学发展观指导中小学校布局调整》，载《中国教育学刊》2004年第7期。

[154] 苏民：《面向21世纪社区教育模式探索》，载《北京成人教育》2001年第7期。

[155] 苏群、丁毅：《初中阶段农户子女辍学行为影响因素分析——以闽北农村地区为例》，载《中国农村经济》2007年第6期。

[156] 孙来勤、秦玉友：《"后普九"时代农村小学教学点边缘化境遇和发展思路》，载《当代教育科学》2010年第8期。

[157] 孙立平等：《中国社会结构转型的中近期趋势与隐患》，载《战略与管理》1998年第5期。

[158] 孙强、刘海红：《走向空壳的乡村学校——乡村教育调查报告》，载《华商报》2009年11月9日第13版。

[159] 孙亚玲：《社区教育的基本问题》，载《云南教育学院学报》1995年第1期。

[160] 孙志军、杜育红：《农村居民的教育水平及其对收入的影响》，载《教育与经济》2004年第1期。

[161] 谭春芳、徐湘荷：《大就好吗——美国小规模中小学校（学区）合并

问题研究》，载《外国中小学教育》2009 年第 2 期。

[162] 万明钢、白亮：《教育公平、教育资源整合的路径反思——对农村寄宿制学校的重新解读》，载《教育理论与实践》2009 年第 9 期。

[163] 王海英：《农村学校布局调整的方向选择——兼谈农村学校"撤并"之争》，载《东北师大学报》2010 年第 5 期。

[164] 王海英：《西部农村寄宿制小学：问题与对策》，载《湖南师范大学教育科学学报》2011 年第 5 期。

[165] 王铭铭：《小地方与大社会：中国社会的社区观察》，载《社会学研究》1997 年第 1 期。

[166] 王强：《20 世纪美国农村"学校合并"运动述评》，载《外国中小学教育》2007 年第 8 期。

[167] 王莹、黄亚武：《农村中小学布局调整中的教学点问题研究——基于河南、湖北的调查分析》，载《江西教育科研》2007 年第 2 期。

[168] 王远伟、钱林晓：《关于农村中小学合理布局的设计》，载《华中师范大学学报（人文社会科学版）》2008 年第 3 期。

[169] 王远伟：《农村寄宿制中小学问题的探索和反思——以内蒙古三个旗县为例》，载《教育理论与实践》2007 年第 9 期。

[170] 王泽农：《中央财政新增 105 亿元支持农村义务教育》，载《农业知识》2011 年第 2 期。

[171] 文庆标、王风良：《农村教师队伍中不称职人员的成因及调整对策》，载《广西教育》2002 年第 10 期。

[172] 邬志辉、任永泽：《精神培育：新农村建设背景下农村教育的使命》，载《东北师大学报（哲学社会科学版）》2008 年第 1 期。

[173] 邬志辉、史宁中：《农村学校布局调整的十年走势与政策议题》，载《教育研究》2011 年第 7 期。

[174] 邬志辉、王存：《农村被撤并学校资产处置的政策选择》，载《教育发展研究》2009 年第 21 期。

[175] 邬志辉：《农村学校撤并决策的程序公正问题探讨》，载《湖南师范大学教育科学学报》2010 年第 6 期。

[176] 邬志辉：《中国农村学校布局调整标准问题探讨》，载《东北师大学报（哲学社会科学版）》2010 年第 5 期。

[177] 吴先满等：《农村产业结构变迁的经济效应实证分析》，载《现代经济探讨》2003 年第 4 期。

[178] 项贤明：《人口空间位移背景下的教育问题》，载《教育研究》1998

年第 4 期。

[179] 肖甦、姜晓燕：《俄罗斯农村学校结构改革评述》，载《比较教育》2003 年第 12 期。

[180] 熊春文：《"文字上移"：20 世纪 90 年代末以来中国乡村教育的新趋向》，载《社会学研究》2009 年第 5 期。

[181] 杨代福：《西方政策变迁研究：三十年回顾》，载《国家行政学院学报》2007 年第 4 期。

[182] 杨垣国：《历史地看待新中国成立以来的人口政策及其演变》，载《江西社会科学》2009 年第 1 期。

[183] 叶敬忠、潘璐：《农村小学寄宿制问题及有关政策分析》，载《中国教育学刊》2008 年第 2 期。

[184] 叶敬忠等：《不同社会行动者对农村学校布局调整政策的回应》，载《中国农村经济》2009 年第 11 期。

[185] 叶文虎：《中国农村人口问题与中国可持续发展》，载《中国人口资源与环境》2005 年第 3 期。

[186] 叶玉华：《俄罗斯教育改革 10 年回顾与新世纪展望》，载《复旦教育论坛》2005 年第 1 期。

[187] 易红郡：《我国农村成人教育的发展趋势》，载《成人教育学刊》2001 年第 5 期。

[188] 于海波：《农村学校布局调整要警惕辍学率反弹》，载《求是》2009 年第 16 期。

[189] 于学军：《中国人口转变与"战略机遇期"》，载《中国人口科学》2003 年第 1 期。

[190] 玉丽：《教师何时告别"代课"——我国代课教师相关问题研究》，载《教育科学研究》2005 年第 8 期。

[191] 袁桂林：《农村实施教育优先发展战略初探》，载《东北师大学报（哲学社会科学版）》2000 年第 2 期。

[192] 张继、杨晓明：《21 世纪上半叶我国农村学龄人口规模预测分析》，载《教育科学研究》2001 年第 4 期。

[193] 张璐晶：《配校车要花 4500 亿吗》，载《中国经济周刊》2011 年第 46 期。

[194] 张维仪：《苏联农村教育介绍》，载《教育研究与实验》1987 年第 1 期。

[195] 张永生：《"走教"让城乡走得更近——陕西省汉中市汉台区教学创

新的调查》，载《教育》，2009年第25期。

[196] 张源源、邬志辉：《美国乡村学校布局调整的历程及其对我国的启示》，载《外国中小学教育》2010年第7期。

[197] 张云间、张秀岩、王晓明：《关于社区教育若干基本问题的思考》，载《教育研究》1995年第5期。

[198] 张志增：《农村职业教育专业结构改革的紧迫性和保障条件》，载《职业技术教育》2001年第16期。

[199] 章婧、王鑫：《小规模学校更具优势：来自西方的经验》，载《上海教育科研》2010年第10期。

[200] 赵丹：《适当保留农村教学点的必要性分析——基于中西部六省的调查研究》，载《上海教育科研》2008年第2期。

[201] 郑杭生：《中国社会的巨大变化与中国社会学的坚实进展——以社会运行论、社会转型论、学科本土论和社会互构论为例》，载《江苏社会科学》2004年第5期。

[202] 中国人口与发展研究中心课题组：《中国人口与教育发展战略研究》，载《人口研究》2009年第2期。

[203] 中西部地区农村学校合理布局研究项目赴云南课题组：《云南省农村学校布局结构调整的现状及改革建议》，载《教育财会研究》2007年第5期。

[204] 中央教育科学研究所课题组：《贫困地区农村寄宿制学校学生课余生活管理研究——基于广西壮族自治区都安县、河北省丰宁县的调研》，载《教育研究》2008年第4期。

[205] 朱茹华：《"就近入学"与教育公平》，载《基础教育研究》2005年第5期。

[206] 朱秀艳：《美国小规模学校经济价值分析》，载《外国教育研究》2004年第5期。

[207] 朱永新：《农民教育和农村教师队伍建设》，载《教育研究》2006年第5期。

[208] 左进峰：《"文化大革命"时期山东的教育革命》，载《当代中国史研究》2010年第4期。

学位论文类

[209] 陈立坤：《农村中小学布局调整背景下富余教师安置问题研究》，东北师范大学2009年硕士学位论文。

[210] 贺新向：《农村学校布局调整问题研究》，华东师范大学2007年博士学位论文。

[211] 侯佳：《西部农村寄宿制学校发展现状与对策研究》，陕西师范大学 2011 年硕士学位论文。

[212] 胡延鹏：《农村寄宿制小学情感关怀缺失问题研究》，东北师范大学 2009 年硕士学位论文。

[213] 刘洋：《中国农村社区教育研究》，西北农林科技大学 2003 年博士学位论文。

[214] 苑健：《学校布局调整背景下农村学生就近入学问题研究》，东北师范大学 2011 年硕士学位论文。

报纸类

[215] 艾丰：《论农业产业化》，载《人民日报》1995 年 12 月 11 日第 7 版。

[216] 崔丽、程刚：《〈义务教育法〉执法检查牵动人心：有多少钱真正用到了学生身上》，载《中国青年报》2007 年 6 月 29 日第 6 版。

[217] 段锋：《天津实验半工半读》，载《中国教育报》2009 年 8 月 21 日第 1 版。

[218] 樊未晨：《教育焦虑城乡大蔓延》，载《中国青年报》2012 年 3 月 16 日第 6 版。

[219] 符德新：《培养让人民满意的教师队伍——教育部师范教育司负责人就加快推进教师网联计划，实施新一轮中小学教师全员培训答记者问》，载《中国教育报》2004 年 9 月 27 日第 3 版。

[220] 胡航宇、谭凯鸣：《重庆城乡教师唱响"同一首歌"——每年教育经费新增部分 70% 以上用于农村教师队伍建设》，载《中国教育报》2009 年 3 月 3 日第 1 版。

[221] 教育部：《国家教育督导报告 2008（摘要）——关注义务教育教师》，载《中国教育报》2008 年 12 月 5 日第 2 版。

[222] 李剑平：《两院院士：提防人口大国无人种地》，载《中国青年报》2012 年 3 月 19 日第 11 版。

[223] 李剑平：《培养职业农民　让农民过上体面有尊严的生活》，载《中国青年报》2012 年 3 月 26 日第 11 版。

[224] 李卫红：《坚持以人为本　加快教育发展》，载《中国教育报》2006 年 1 月 17 日第 1 版。

[225] 庞丽娟：《落实政府责任，加快学前教育普及进程》，载《全国人大常委人民政协报》2010 年 3 月 10 日第 D06 版。

[226] 唐登才：《教学点教师群体亟须关注》，载《人民政协报》2006 年 12 月 11 日第 B03 版。

[227] 涂重航：《陈锡文：有些地方政府"合村并居"说白了就是要地》，载《新京报》2011年3月8日第A13版。

[228] 王丽：《一座村庄的教育血脉》，载《中国青年报》2010年1月27日，冰点特稿第739期。

[229] 温家宝：《在十一届全国人大五次会议上作的政府工作报告》，载《人民日报》2012年3月6日第002版。

[230] 邬志辉：《恢复和建设是布局调整的重要内涵》，载《中国教育报》2012年8月14日第004版。

[231] 夏珺：《中国阳光工程成功转移120万农村富余劳动力》，载《人民日报》2004年10月28日第1版。

[232] 谢湘：《上中职成为农村初中生最不情愿的选择》，载《中国青年报》2011年5月30日第11版。

[233] 邢程：《长春多所学校校车调价》，载《新文化报》2011年4月15日第A12版。

[234] 徐锦庚：《"合村并居"带来什么？》，载《人民日报》2010年7月4日第1版。

[235] 杨丽明：《美国校车：足以撞烂"悍马"》，载《中国青年报》2011年12月17日第04版。

[236] 伊凡：《俄罗斯中小学教师将获加薪》，载《中国教育报》2002年1月26日第004版。

[237] 袁新文：《让孩子最安全家长更放心》，载《人民日报》2011年4月7日第001版。

[238] 张目、顾玲、黄会清：《师资，西部乡村教育的瓶颈》，载《中国民族报》2005年3月29日第007版。

[239] 张新平：《质疑巨型学校》，载《中国教育报》2006年10月31日第4版。

外文类

[240] Alan J. De Young and Craig B. Howley. *The Political Economy of Rural School Consolidation. Peabody Journal of Education*，1990，Vol. 67，No. 4，pp. 63 - 89.

[241] Alan Peshkin. *Growing up American: Schooling and the Survival of Community*. University of Chicago Press，1978.

[242] Alan Richard. *Fla. Measure Would Allow Breakups of County Districts. Education Week*，2006，Vol. 25，No. 20，P. 20.

[243] Beth Spence. *Long School Bus Rides: Stealing the Joy of Childhood*. http://www.wvcovenanthouse.org/challengewv/.

[244] Beth Spence. *Long School Bus Rides: Their Effect on School Budgets, Family Life, and Student Achievement*. Educational Resources Information Center, 2000.

[245] Brent Edward Wholeben. *How to Determine which School to Close. NASSP Bulletin*, 1980, Vol. 64, No. 439, pp. 7 – 12.

[246] California Department of Education. *Closing a School Best Practices Guide*. http://www.cde.ca.gov/ls/fa/sf/schoolclose.asp.

[247] Claude C. Turner and James M. Thrasher. *School Size Does Make a Difference*. Institute for Educational Management, 1970.

[248] Craig B. Howley. *School District Size and School Performance: Rural Education Issue Digest*. http://www.eric.ed.gov.

[249] David H. Monk. *Secondary School Size and Curriculum Comprehensiveness. Economics of Education Review*, 1987, Vol. 6, No. 2, pp. 137 – 150.

[250] David H. Seibold. *A History of Grand Haven Schools*. http://www.macagency.com/bevsblog/images/History%20of%20Grand%20Haven%20Schools.pdf.

[251] David Strang. *The Administrative Transformation of American Education: School District Consolidation 1938 – 1980. Administrative Science Quarterly*, 1987, Vol. 32, No. 3, pp. 352 – 366.

[252] Deborah W. Meier. *The Big Benefits of Smallness. Educational Leadership*, 1996, Vol. 54, No. 1, pp. 12 – 15.

[253] Delwyn L. Harnisch. *Characteristics Associated with Effective Public High Schools. Journal of Educational Research*, 1987, Vol. 80, No. 4, pp. 233 – 241.

[254] Dennis M. Mulcahy. *Rural Education Reform: The Consultation Process*. National Rural Education Association 89th Annual Convention & Research Forum Tucson, 1997.

[255] Dennis Purcell and Rexanna Shackelford. *An Evaluation of the Impact of Rural School Consolidation: What Challenges may a New Round of Rural School Consolidations have on the Safety, Educational Performance and Social Environment of Rural Communities?*. National Rural Association Executive Committee, January 13 – 15, 2005.

[256] Douglas Lehman. *Bringing the School to the Children: Shortening the Path to EFA*. The World Bank, 2003.

[257] E. Fredua – Kwarteng. *School Closures in Ontario: Who has the Final Say? Canadian Journal of Educational Administration and Policy*, 2005, No. 46, pp. 1 – 26.

[258] Ed Young and Harry A. Green. *School System Consolidation. Staff Education Brief*, 2005, No. 8, pp. 1 – 15.

[259] Emil J. Haller. *High School Size and Student Indiscipline: Another Aspect of the School Consolidation Issue? . Educational Evaluation and Policy Analysis*, 1992, Vol. 14, No. 2, pp. 145 – 156.

[260] George Bailey. *A Consolidation Model for K – 12 Consolidation within Missoula County*. Annual Rural Educational Conference, June 22 – 24, 1994.

[261] Herbert J. Walberg and Herbert J. Walberg III. *Losing Local Control. Educational Researcher*, 1994, Vol. 23, No. 5, pp. 19 – 26.

[262] Ilghiz M. Sinagatullin. *Expectant Times: Rural Education in Russia. Educational Review*, 2001, Vol. 53, No. 1, pp. 37 – 45.

[263] James Downey. *Strengthening Education in Rural and Northern Ontario: Report of Rural Education Strategy*. Rural Education Strategy, 2003.

[264] James E. Anderson. *Public Policymaking: An Introduction*. Houghton Mifflin, 1997.

[265] Jeremy Waldron. *Participation: The Right of Rights. The Proceedings of the Aristotelian Society*, 1998, Vol. 98, No. 3, pp. 307 – 337.

[266] Joe Bard, Clark Gardener and Regi Wieland. *Rural School Consolidation Report: History, Research Summary, Conclusions and Recommendations. The Rural Educator*, 2006, Vol. 27, No. 2, pp. 40 – 48.

[267] Joe L. Jackson. *School Size and Program Quality in Southern High Schools*. George Peabody College for Teachers, 1966.

[268] John R. Slate and Craig H. Jones. *Effects of School Size: A Review of the Literature with Recommendations*. http://www.usca.edu/essays/vol132005/slate.pdf.

[269] John Thibaut and Laurens Walker. *Procedural Justice: A Psychological Analysis*. Lawrence Erlbaum Associates, 1975.

[270] John W. Alspaugh. *The Effects of Geographic and Management Factors on the Cost of Pupil Transportation. Journal of Education Finance*, 1996, Vol. 22, No. 2, pp. 180 – 194.

[271] Jon Elster. *Deliberative Democracy*. Cambridge University Press, 1998.

[272] Karin Barty, Pat Thomson, Jill Blackmore and Judyth Sachs. *Unpacking*

the Issues: Researching the Shortage of School Principals in Two States in Australia. The Australian Educational Researcher, 2005, Vol. 32, No. 3, pp. 1 – 18.

［273］ Kathleen Cotton. School Size, School Climate, and Student Performance. http: //educationnorthwest. org/webfm_send/513.

［274］ Kenneth Culp Davis. Discretionary Justice: A Preliminary Inquiry. Louisiana State University Press, 1970.

［275］ Kenneth Leithwood and Doris Jantzi. A Review of Empirical Evidence About School Size Effects: A Policy Perspective. Review of Educational Research, 2009, Vol. 79, No. 1, pp. 464 – 490.

［276］ L. F. Jameson Boex and Jorge Martinez – Vazquez. Structure of School Districts in Georgia: Economies of Scale and Determinants of Consolidation. Fiscal Research Center of the Andrew Young School of Policy Studies, 1998.

［277］ Linda Champion. Impact of the Class Size Amendment on the Quality of Education in Florida. http: //www. cepri. state. fl. us/pdf/2005% 20Class% 20Size% 20Impact% 20Exec% 20Summary. pdf.

［278］ M. P. Gur'ianova. A Typology of the Rural Schools of Russia. Russian Education and Society, 2006, Vol. 48, No. 4, pp. 58 – 74.

［279］ Mabel Carney. Country Life and the Country School: A Study of the Agencies of Rural Progress and of the Social Relationship of the School to the Country Community. Row, Peterson and Company, Chicago, 1912.

［280］ Michigan Department of Education. School District Reorganization. http: //www. michigan. gov/documents/school_district_reorganization_122545_7. pdf.

［281］ New York State Education Department. Guide to the Reorganization of School Districts in New York State. http: //www. emsc. nysed. gov/mgtserv/sch_dist_org/GuideToReorganizationOfSchoolDistricts. htm.

［282］ Nicola A. Alexander. Race, Poverty, and the Student Curriculum: Implications for Standards Policy. American Educational Research Journal, 2002, Vol. 39, No. 3, pp. 675 – 693.

［283］ North Carolina Department of Public Instruction. School Closing Procedure. http: //www. schoolclearinghouse. org/pubs/SchoolClosingProcedure. pdf.

［284］ R. Govinda and Y. Josephine. Para Teachers in India: A Review. UNESCO, 2004.

［285］ Robert B. Pittman and Perri Haughwout. Influence of High School Size on Dropout Rate. Educational Evaluation and Policy Analysis, 1987, Vol. 9, No. 4, pp. 337 – 343.

[286] Robert Bickel and Craig Howley. *The Influence of Scale On Student Performance*: *A Multi-level Extension of the Matthew Principle. Education Policy Analysis Archives*, 2000, Vol. 8, No. 22, pp. 1 – 32.

[287] Robert Bickel, Craig Howley, Tony Williams and Catherine Glascock. *High School Size*, *Achievement Equity*, *and Cost*: *Robust Interaction Effects and Tentative Results. Education Policy Analysis Archives*, 2001, Vol. 9, No. 40, pp. 1 – 32.

[288] Roger Garlock Barker and Paul V. Gump. *Big School*, *Small School*: *High School Size and Student Behavior*. Stanford University Press, 1964.

[289] Tat'iana Stepanova. *Modernization of the Rural School. Russian Education and Society*, 2004, Vol. 46, No. 12, pp. 18 – 29.

[290] The EFA Global Monitoring Report Team. *The EFA Global Monitoring Report* 2009: *Overcoming Inequality*: *Why Governance Matters*. UNESCO, 2008.

[291] The Wing Institute. *Does School Size Effect Student Performance?* http://www.winginstitute.org/Graphs/Systems/Does – School – Size – Effect – Student – Performance/.

[292] The Wing Institute. *What is the Most Cost Effective Enrollment Size for a School?* http://www.winginstitute.org/Graphs/Systems/What – School – Enrollment-is-the – Most – Cost – Effective/.

[293] Thomas A. Lyson. *What Does a School Mean to a Community? Assessing the Social and Economic Benefits of School to Rural Villages in New York. Journal of Research in Rural Education*, 2002, Vol. 17, No. 3, pp. 131 – 137.

[294] Thomas B. Gregory and Gerald R. Smith. *High School as Communities*: *the Small School Reconsidered*. Phi Delta Kappa Educational Foundation, 1987.

[295] Torberg Falch and Bjarne Strøm. *Teacher Turnover and Non-pecuniary Factors. Economics of Education Review*, 2005, Vol. 24, No. 6, pp. 611 – 631.

[296] Tyler J. Bowles and Ryan Bosworth. *Scale Economies in Public Education*: *Evidence from School Level Data. Journal of Education Finance*, 2002, Vol. 28, No. 2, pp. 285 – 300.

[297] V. G. Bocharova and M. P. Gur'ianova. *Strategy for the Modernization of the Rural Educational Socium. Russian Education and Society*, 2006, Vol. 48, No. 12, pp. 28 – 37.

[298] William F. Fox. *Reviewing Economies of Size in Education. Journal of Education Finance*, 1981, Vol. 6, No. 3, pp. 273 – 296.

[299] William J. Fowler Jr and Herbert J. Walberg. *School Size, Characteristics, and Outcomes. Educational Evaluation and Policy Analysis*, 1991, Vol. 13, No. 2, pp. 189 – 202.

[300] Yao – Chi Lu and Luther Tweeten. *The Impact of Busing on Student Achievement. Growth and Change*, 1973, Vol. 4, No. 4, pp. 44 – 46.

[301] Гордеев. *Сельхозпроизводство в РФ за последние годы выросло на 40%*. http://ria.ru/economy/20071127/89802079.html.

[302] Силласте Галина Георгиевна. *Сельское учительство: образ жизни и адаптационный ресурс. Социологические исследования*, 2002, No. 9, pp. 50 – 59.

[303] Хачетлов Суфьян Мухамедович. *Управление качеством образования учащихся в условиях сельского социокультурного комплекса. Вестник Адыгейского государственного университета. Серия 3: Педагогика и психология*, 2007, No. 3, pp. 150 – 157.

后 记

书稿历时一年多的修改完善，终于要同读者见面了。回顾课题五年来的研究历程，我们切实地感受到了自己研究成果的价值——依据课题研究成果所提出的政策咨询建议已经变成国家政策，农村小学盲目过度撤并的现象得到了有效遏制，这对广大农村儿童来说不能不说是一个福音。但是，问题总是两面的，在我们保留了农村学校的同时，我们也深切地感到，如何为农村学校吸引、留住优秀教师，如何提高农村学校特别是小规模学校的教育质量就成为另一个紧迫的课题。本课题研究的收获不只是国家政策的出台，更重要的是我们的研究团队开始把目光转向了这一新的后续课题，开始了新的研究征程。我们确信，随着国家经济社会发展进步和学界同仁的不懈努力研究，这一新的难题终究会得到圆满的解决。

这本著作是在首席专家史宁中教授的整体设计下经研究团队集体智慧共同完成的。各章撰写人员分别是：导言：邬志辉；第一章：凡勇昆；第二章：秦玉友；第三章：秦玉友；第四章：邬志辉；第五章：刘善槐；第六章：任永泽；第七章：刘水；第八章：孙来勤；第九章：安晓敏；第十章：杨卫安；第十一章：凡勇昆；第十二章：孙颖、李娟、赵忠平；第十三章：张源源；第十四章：于海波；第十五章：境野健儿；第十六章：崔东植；第十七章：姜荣华；第十八章：邬志辉；第十九章：第一节　王志学；第二节　赵忠平；第三节　杨卫安；第四节　邬志辉；第五节　安晓敏；第二十章：于海英、孙来勤、秦玉友；第二十一章：邬志辉；第二十二章：刘善槐；第二十三章：第一节　王海英；第二节　洪俊；第三节　李伯玲。

任琳琳、赵忠平参与图表的设计，李静美校对整理了脚注和参考文献。最后由邬志辉对全书进行了统稿。

项目结题、成果出版并不代表问题的终结，毋宁说这是一个新的开始。随着国家城镇化中长期发展规划的出台,农村学校布局又将面临新的更大的挑战。愿本书能对关心和研究此问题的学者提供进一步研究的基础,也期盼更新的研究成果问世。

史宁中
2013 年 10 月 10 日
于长春

教育部哲学社会科学研究重大课题攻关项目成果出版列表

书　名	首席专家
《马克思主义基础理论若干重大问题研究》	陈先达
《马克思主义理论学科体系建构与建设研究》	张雷声
《马克思主义整体性研究》	逄锦聚
《改革开放以来马克思主义在中国的发展》	顾钰民
《新时期　新探索　新征程 ——当代资本主义国家共产党的理论与实践研究》	聂运麟
《当代中国人精神生活研究》	童世骏
《弘扬与培育民族精神研究》	杨叔子
《当代科学哲学的发展趋势》	郭贵春
《服务型政府建设规律研究》	朱光磊
《地方政府改革与深化行政管理体制改革研究》	沈荣华
《面向知识表示与推理的自然语言逻辑》	鞠实儿
《当代宗教冲突与对话研究》	张志刚
《马克思主义文艺理论中国化研究》	朱立元
《历史题材文学创作重大问题研究》	童庆炳
《现代中西高校公共艺术教育比较研究》	曾繁仁
《西方文论中国化与中国文论建设》	王一川
《楚地出土戰國簡册［十四種］》	陳　偉
《近代中国的知识与制度转型》	桑　兵
《中国抗战在世界反法西斯战争中的历史地位》	胡德坤
《京津冀都市圈的崛起与中国经济发展》	周立群
《金融市场全球化下的中国监管体系研究》	曹凤岐
《中国市场经济发展研究》	刘　伟
《全球经济调整中的中国经济增长与宏观调控体系研究》	黄　达
《中国特大都市圈与世界制造业中心研究》	李廉水
《中国产业竞争力研究》	赵彦云
《东北老工业基地资源型城市发展可持续产业问题研究》	宋冬林
《转型时期消费需求升级与产业发展研究》	臧旭恒
《中国金融国际化中的风险防范与金融安全研究》	刘锡良
《中国民营经济制度创新与发展》	李维安
《中国现代服务经济理论与发展战略研究》	陈　宪

书　名	首席专家
《中国转型期的社会风险及公共危机管理研究》	丁烈云
《人文社会科学研究成果评价体系研究》	刘大椿
《中国工业化、城镇化进程中的农村土地问题研究》	曲福田
《东北老工业基地改造与振兴研究》	程　伟
《全面建设小康社会进程中的我国就业发展战略研究》	曾湘泉
《自主创新战略与国际竞争力研究》	吴贵生
《转轨经济中的反行政性垄断与促进竞争政策研究》	于良春
《面向公共服务的电子政务管理体系研究》	孙宝文
《产权理论比较与中国产权制度变革》	黄少安
《中国企业集团成长与重组研究》	蓝海林
《我国资源、环境、人口与经济承载能力研究》	邱　东
《"病有所医"——目标、路径与战略选择》	高建民
《税收对国民收入分配调控作用研究》	郭庆旺
《多党合作与中国共产党执政能力建设研究》	周淑真
《规范收入分配秩序研究》	杨灿明
《中国加入区域经济一体化研究》	黄卫平
《金融体制改革和货币问题研究》	王广谦
《人民币均衡汇率问题研究》	姜波克
《我国土地制度与社会经济协调发展研究》	黄祖辉
《南水北调工程与中部地区经济社会可持续发展研究》	杨云彦
《产业集聚与区域经济协调发展研究》	王　珺
《我国民法典体系问题研究》	王利明
《中国司法制度的基础理论问题研究》	陈光中
《多元化纠纷解决机制与和谐社会的构建》	范　愉
《中国和平发展的重大前沿国际法律问题研究》	曾令良
《中国法制现代化的理论与实践》	徐显明
《农村土地问题立法研究》	陈小君
《知识产权制度变革与发展研究》	吴汉东
《中国能源安全若干法律与政策问题研究》	黄　进
《城乡统筹视角下我国城乡双向商贸流通体系研究》	任保平
《产权强度、土地流转与农民权益保护》	罗必良
《矿产资源有偿使用制度与生态补偿机制》	李国平
《生活质量的指标构建与现状评价》	周长城
《中国公民人文素质研究》	石亚军
《城市化进程中的重大社会问题及其对策研究》	李　强
《中国农村与农民问题前沿研究》	徐　勇

书　名	首席专家
《西部开发中的人口流动与族际交往研究》	马　戎
《现代农业发展战略研究》	周应恒
《综合交通运输体系研究——认知与建构》	荣朝和
《中国独生子女问题研究》	风笑天
《我国粮食安全保障体系研究》	胡小平
《城市新移民问题及其对策研究》	周大鸣
《新农村建设与城镇化推进中农村教育布局调整研究》	史宁中
《中国边疆治理研究》	周　平
《边疆多民族地区构建社会主义和谐社会研究》	张先亮
《中国大众媒介的传播效果与公信力研究》	喻国明
《媒介素养：理念、认知、参与》	陆　晔
《创新型国家的知识信息服务体系研究》	胡昌平
《数字信息资源规划、管理与利用研究》	马费成
《新闻传媒发展与建构和谐社会关系研究》	罗以澄
《数字传播技术与媒体产业发展研究》	黄升民
《互联网等新媒体对社会舆论影响与利用研究》	谢新洲
《网络舆论监测与安全研究》	黄永林
《教育投入、资源配置与人力资本收益》	闵维方
《创新人才与教育创新研究》	林崇德
《中国农村教育发展指标体系研究》	袁桂林
《高校思想政治理论课程建设研究》	顾海良
《网络思想政治教育研究》	张再兴
《高校招生考试制度改革研究》	刘海峰
《基础教育改革与中国教育学理论重建研究》	叶　澜
《公共财政框架下公共教育财政制度研究》	王善迈
《农民工子女问题研究》	袁振国
《当代大学生诚信制度建设及加强大学生思想政治工作研究》	黄蓉生
《从失衡走向平衡：素质教育课程评价体系研究》	钟启泉　崔允漷
《处境不利儿童的心理发展现状与教育对策研究》	申继亮
《学习过程与机制研究》	莫　雷
《青少年心理健康素质调查研究》	沈德立
《WTO主要成员贸易政策体系与对策研究》	张汉林
《中国和平发展的国际环境分析》	叶自成
《冷战时期美国重大外交政策案例研究》	沈志华
*《中国政治文明与宪法建设》	谢庆奎
*《非传统安全合作与中俄关系》	冯绍雷
*《中国的中亚区域经济与能源合作战略研究》	安尼瓦尔·阿木提
……	

＊为即将出版图书